医药信息检索与利用

（第 2 版）

主　编　周晓政
副主编　王云峰　孙大权　陈　萍
编写人员　（按姓氏笔画排名）
　　　　　王云峰　尹二林　孙大权　陈　萍
　　　　　杨晓雯　范晓磊　周晓政

东南大学出版社
南　京

内容提要

本书以识别信息需求、获取信息、评估信息以及修订策略以获取信息并以合乎伦理和法律的方式去利用医药信息,并致力于终身学习的一系列能力为编写框架,在现代医药文献信息环境下,将传统检索与现代检索相结合,文献信息检索的理论与应用相结合,文献信息检索技能培养与素质教育相结合,文献信息检索的针对性与普遍性相结合。整部教材围绕医药文献信息的检索与利用深入浅出,难易适度,并具有一定的扩展性。不仅适用于医药院校教育学生,也适用于医药工作者的学习与提高。

图书在版编目(CIP)数据

医药信息检索与利用/周晓政主编.—2版.—南京:东南大学出版社,2012.10 (2020.1重印)
 ISBN 978-7-5641-3691-8

Ⅰ.①医… Ⅱ.①周… Ⅲ.①医药学-情报检索
Ⅳ.①G252.7

中国版本图书馆 CIP 数据核字(2012)第 171217 号

东南大学出版社出版发行
(南京四牌楼2号 邮编210096)
出版人:江建中
江苏省新华书店经销 江苏凤凰数码印务有限公司印刷
开本:787mm×1092mm 1/16 印张:29.25 字数:711千字
2012年10月第2版 2020年1月第8次印刷
ISBN 978-7-5641-3691-8
印数:30001~30500 定价:59.00元

(凡因印装质量问题,可直接与读者服务部联系。电话:025-83791830)

第二版前言

《医药信息检索与利用》第一版自2006年5月出版以来,经多次修改印刷,发行量达到万册以上。较好满足了医药院校文献信息检索课教学的需要。近几年由于文献信息检索技术的不断发展,用户群信息技术水平的提高以及教学内容增加(例如数据库增多)和课时不足之间的矛盾凸现,推出二版《医药信息检索与利用》已是迫在眉睫。二版编写成员在医药文献信息检索课程教学中积累了丰富的教学经验,注意到了当前我国医药院校文献信息检索与利用教学的现状和存在的问题,也意识到了文献信息检索课程在医药教育和医务工作者职业生涯中的重要性和必要性。经过几番讨论和精心规划,经过两年多的不懈努力,二版《医药信息检索与利用》终于得以问世。二版在一版的基础上做了如下一些调整。

第一,传统与现代相结合。

一版只介绍常用医药信息源的网络数据库,二版对常用的医药信息源采用传统与现代相结合的方法,从常用医药信息源的源流开始介绍,使读者能够借助于传统,更加深刻理解常用网络数据库的基本知识、基本方法和原理。对于现代网络资源,增加搜索引擎的原理介绍、公共服务资源,以及新兴的网络检索服务。

第二,理论与应用相结合。

如何解决教学内容增加(例如数据库增多)和课时不足之间的矛盾,以及各种网络数据库的不断改版,"授人以鱼",不如"授人以渔"。二版在一版的基础上,强化了信息检索的原理、技术、方法和步骤。不同的检索条件会得到不同的检索结果;不同的检索工具检索效率也不同。每种数据资源的介绍,强化了检索结果的评价、分析、管理和利用,可以使用户的文献信息利用事半功倍。

第三,技能培养与素质教育相结合。

在一版强调"信息素养"的基础上,将每种数据库利用的技能与信息素养的教育相结合,注重检索结果的评价、分析、管理和利用的介绍与知识创新相结合,"信息素养"的培养落实在具体每个单元学习的信息交流中。增加了信息素养和学术诚信教育部分。

第四,针对性与普遍性相结合。

本教材从基础的信息概念入手,逐步深入介绍各种医药信息资源的检索方法,从身边熟知的图书、期刊、网络入手,逐步扩展到各种专业的信息资源类型和新兴的网络服务。整部教材深入浅出,难易适度,并具有一定的扩展性。不仅适合作为医药院校的教材,也适用于医药工作者的学习与提高。

在本书编写过程中,我们参考并吸取了国内外专家和同行们的研究成果,在此表示感谢。

囿于作者的学识、水平以及仓促的时间,书中难免有疏漏及不当之处,恳请读者不吝批评指正。

编 者

2012 年 10 月

目　录

第二版前言 （1）
第一章　信息检索与利用概论 （1）
　　第一节　信息学 （1）
　　第二节　信息素养 （13）
　　第三节　信息技术 （18）
　　第四节　计算机信息检索概述 （21）
　　第五节　计算机检索方法 （36）
　　第六节　计算机信息检索策略与检索步骤 （39）
第二章　中文信息资源检索 （45）
　　第一节　中国生物医学文献服务系统 （45）
　　第二节　维普资讯 （64）
　　第三节　万方数据知识服务平台 （84）
　　第四节　中国知网 （95）
　　第五节　读秀学术搜索 （114）
　　第六节　台湾中文电子期刊 （122）
　　第七节　药学信息数据库 （123）
第三章　外文信息资源检索 （127）
　　第一节　美国医学索引与 Medline （127）
　　第二节　PubMed 与 NCBI （131）
　　第三节　荷兰医学文摘与 EMbase （160）
　　第四节　美国生物学文摘与 BIOSIS Preview （170）
　　第五节　美国化学文摘与 SciFinder （177）
　　第六节　国际药学文摘 （189）
　　第七节　OCLC FirstSearch （191）
　　第八节　EBSCOhost （194）
　　第九节　Dialog 与 STN （197）
　　第十节　其他网络数据库 （210）
第四章　特种文献资源检索 （216）
　　第一节　会议文献 （216）
　　第二节　科技报告检索 （220）
　　第三节　学位论文检索 （223）
　　第四节　标准文献检索 （225）
　　第五节　专利文献检索 （229）

第五章　引文信息资源检索 (240)
第一节　引文检索概述 (240)
第二节　外文引文检索资源 (242)
第三节　中文引文检索资源 (259)
第四节　引文数据检索 (263)

第六章　网络信息资源检索 (270)
第一节　概述 (270)
第二节　著名搜索引擎——Google(谷歌) (275)
第三节　著名搜索引擎——Baidu(百度) (289)
第四节　学术搜索引擎 (294)
第五节　医学搜索引擎 (300)

第七章　外文全文资源 (305)
第一节　Elsevier 与 ScienceDirect (307)
第二节　MD Consult 数据库 (313)
第三节　Wiley Online Library (319)
第四节　OvidSP (326)
第五节　EBSCOhost (333)
第六节　Springer (341)
第七节　Karger (345)
第八节　Thieme (348)
第九节　SAGE (352)
第十节　日本电子期刊出版系统 J-STAGE (354)
第十一节　OA 资源 (357)
第十二节　信息资源共享平台 (362)
第十三节　全文获取 (366)

第八章　常用参考工具资源 (370)
第一节　词典 (371)
第二节　百科全书 (377)
第三节　药典 (382)
第四节　年鉴、手册 (385)
第五节　循证医学数据库 (388)
第六节　常用医药参考工具 (396)

第九章　文献信息管理与利用 (424)
第一节　文献信息管理 (424)
第二节　医药信息分析与挖掘 (434)
第三节　知识产权 (439)
第四节　文献利用与学术规范 (442)

第十章　科研项目申报与科技查新 (448)
第一节　科研项目申报 (448)
第二节　科技查新 (455)

参考文献 (460)

第一章 信息检索与利用概论

第一节 信息学

信息学是研究信息的获取、处理、传递和利用规律性的一门学科。

一、信息概述

(一)信息(Information)

自古以来,人们随时都在自觉不自觉地接收、传递、存贮和利用信息,人类的信息活动也从来没有间断过。

信息一词在中国南北朝时就已经开始被人们使用了。人们常引用南唐诗人李中的诗句:"梦断美人沉信息,目穿长路倚楼台"。当时,信息是指音信、消息。

圣经记载,在上古时期,洪水泛滥,诺亚自造方舟,避免了灭顶之灾。方舟在洪水中漂荡许久,诺亚想知道洪水是否已退,就放出飞鸽,待飞鸽衔回一支橄榄枝,诺亚根据飞鸽的返回时间及新嫩的绿枝这样的信息,推断洪水已退,和平来临了,人类获救了。这是人类利用信息的最早文字记载。

信息作为一门严密的科学,主要应归功于美国科学家克劳德·申农(C. Shannon)。1948年,其著名论文《通信的数学理论》中把"信息"解释为"两次不定性之差",即通信的意义在于消除某种不定性,该论文成为信息论诞生的标志。申农认为:信息的多少意味着消除了的不确定性的大小。

信息传递、交流的目的就是要消除信息接收者对其所获取信息的不确定性。简单地说,即"信息是指有新内容、新知识的消息"。例如,人们收听广播,听到了一些新闻,也就是接收到了一些消息。这些消息的内容可能是已经知道的,也可能是还不知道的。事先已经知道的不是信息,因为人们不能从中获得新内容或新知识,以消除不确定性。在接收者看来,信息必须是事先不知道其内容的新消息。可见,申农的信息定义是从信息在通信过程中作用的角度提出的。

同年,美国科学家维纳(N. Wiener)在发表的《时间序列的内插、外推和平滑化》一文和《控制论》一书中表明,从控制论的角度出发,"信息是人们在适应外部世界,并且这种适应反作用于外部世界的过程中,同外部世界进行互相交换的内容的名称"。即著名的论断:信息就是信息,既不是物质,也不是能量……

到目前为止,围绕信息定义所出现的流行说法已不下百种。例如,信息是加工知识的原材料(Brillouin,1956);现代科学指信息是事物发出的消息、指令、数据、符号等所包含的内容。人通过获得、识别自然界和社会的不同信息来区别不同事物,得以认识和改造世界。1988年,我国信息论专家钟义信教授在其《信息科学原理》一书中把信息定义为:"事物的运动状态和状态变化的方式",被国内多数教材接受采用。

(二) 信息的特征

信息之所以区别于物质与能量,并具有与物质、能量同等的重要作用,是源于信息所拥有的特性。物质在使用中是消耗的;能量就其个体而言在使用中也是消耗的,就其整体而言则是永恒的;而信息在其传递和使用过程中,可以重复使用,并可通过信息的加工处理而产生信息增值。信息作为一种资源,主要具有以下特性:

1. 普遍性　信息是事物运动的状态和状态变化的方式,事物的运动普遍存在。世界上任何运动着的事物无时无刻不在生成信息,只要有事物存在,只要有事物在运动,就存在着信息。所以信息是普遍存在的。

2. 传递性　信息在事物之间的相互联系必定在信息流动中发生。信息的传递性表现在人与人之间的消息交换,人与机器、机器与机器之间的信息交换,动物与植物的信号交换。信息的传递和流通过程是一个重复使用的流通过程,在这一过程中,信息的占有者不会因传递信息而失掉信息,一般说来,也不会因多次使用而改变信息的自身价值。

信息在时间上的传递通常被称之为信息的存贮。

一个完整的信息传递过程必须具备信源(信息发出方)、信宿(信息的接收方)、信道(媒介)和信息四个基本要素。其中,信道对信息传递有干扰和阻碍作用。例如,索引数据库提供的线索型信息,不少信息受到标题、作者、主观的分类和主题的标引等干扰,会给信息用户的分析和判断产生或多或少的干扰和阻碍。

3. 依存性　信息总是依附于一定的物质载体而存在,需要某种物质承担者。信息必须依附于一定的物质形式(如声波、电磁波、纸张、化学材料、磁性材料等等)之上,不可能脱离物质单独存在。

4. 相对性　客观上信息是无限的,但相对于信息用户来说,人们实际获得(实得)的信息总是有限的,并且由于不同的信息用户有着不同的感受能力、不同的理解能力和不同的目的性,因此,同一信息对不同认知水平的用户所产生的作用和有效性也不相同。

5. 可加工性　信息可以加工处理,可以压缩、扩充和叠加,也可以变换形态。在流通和使用过程中,经过综合、分析、再加工,大量的原始医药信息可以变成医学文摘数据库和Cochrane Library 的系统评价。

6. 时效性　现代社会中,信息的使用周期迅速缩短,信息的价值实现取决于及时地把握和运用信息。信息是活跃的,不断变化的,及时地获取有效的信息将获得信息的最佳价值,如时效性很强的天气预报、经济信息、交易信息、科学信息等。不能及时地使用最新信息,信息的价值就会随其滞后使用的时差而减值或贬值。

7. 可共享性　信息作为一种资源,不同个体或群体在同一时间或不同时间可以共同享用。这是信息与物质的显著区别。信息交流与实物交流有本质的区别。实物交流,一方有所得,必使另一方有所失。而信息交流不会因一方拥有而使另一方失去拥有的可能,也不会因使用次数的累加而损耗信息的内容。信息可共享的特点,使信息资源能够发挥最大的效用。在以因特网传播信息的当今信息社会,信息的共享性尤为显著。

(三) 信息的作用

作为一种知识交流和社会交流,信息在人类社会和科技发展中具有重要作用。

1. 信息是人类认识客观世界及其发展规律的基础。信息是客观事物及其运动状态的反映,客观世界里到处充满着各种形式和内容的信息,人类的认识器官,包括感觉器官和思维器官,对各种渠道的信息进行接收,并通过思维器官将已收集到的大量信息进行鉴别、筛选、归纳、提炼、存贮而形成不同层次的感性认识和理性认识。在这一认识过程中,人类是认识论的主体,信息是认识论的客体。

2. 信息是科学研究的必要条件。人类的知识具有继承性和共享性。科学的大厦是千万个科学家在历史的进程中逐步建立起来的,任何一位科学家在从事科学研究时,都不能不借鉴前人的成果和依靠同时代其他人的帮助,也就是说,他同时需要在时间上和空间上的信息传递。在这个问题上,自然科学家和社会科学家各具特色。自然科学研究是一个比较严格的循序渐进的过程,其每一个成果都是在前人建立的基础上发展起来的。由于自然科学研究的抽象性、准确性和严格性,独立研究是非常困难的,因此,信息交流就十分必要,并且对信息的数量和质量等都有较高的要求。对于社会科学而言,其研究成果不具有像自然科学研究成果那样的准确性,但在多样性上远远超过前者,并更多地受社会政治和人为因素的影响,其不同观点和理论的统一,较之自然科学也往往更困难和更需要时间,因此,需要更多地占有信息资源,充分地认识和把握各种不同的信息观点。

3. 信息是管理和决策的主要参考依据。从广义上讲,任何管理系统都是一个信息输入、变换、输出的信息与信息反馈系统。这是因为,管理者首先要知道被管理对象的一些基本情况,在一定程度上消除对管理对象认识的不确定性后,制定相应的对策,进而实施管理。更进一步讲,任何组织系统要实现有效的管理,都必须及时获得足够的信息,传输足够的信息,产生足够的信息,反馈足够的信息。只有以一定的信息为基础,管理才能驱动其运行机制,只有足够的信息,才能保证管理功能的发挥。

从某种意义上讲,信息都是为决策服务的,是为人们未来行动服务的。正确的决策与多种因素有关,如决策体制、决策方法、领导者的能力和素质等,但决定性的因素,还是取决于对客观实际的了解,对未来行动及其后果的正确判断,而正确的判断又主要依赖于全面、及时和准确的信息。

4. 信息是社会发展的资源。信息作为一种资源,可以创造财富,通过直接或间接参与生产经营活动,为国家经济建设的各个方面发挥出重要的作用。

(四)知识、情报和文献

1. 知识(Knowledge)

中国大百科全书定义知识为"人类认识的成果。它是在实践的基础上产生又经过实践检验的对客观实际的反映。人们在日常生活、社会活动和科学研究中所获得的对事物的了解,其中可靠的成分就是知识。依照反映对象的深刻性和系统性程度,知识可以分为生活常识和科学知识。生活常识是对某些事实的判断和描述。科学知识是通过一定的科学概念体系来理解和说明事物的知识。科学知识也有经验的和理论的两种不同水平。科学知识是全人类认识的结晶,又是人类实践和社会发展的必要的精神条件。知识与无知相对立。从无知到有知识,知识由少到多、由浅入深、由片面到全面的不断运动,是人类思维发展的基本过程"。

根据传统知识分析,知识具备三个特征:被证实的(justified)、真的(true)和被相信的(believed)。

在工业经济时代,由培根、洛克、笛卡尔等人所建立的现代认识论,特别是其中知识的认识观(或现代知识观)广为传播,深刻地影响和支配着人类的生活。知识的认识观认为,知识就是对事物属性与联系的认识,表现为对事物的知觉、表象、概念、法则等心理形式。即是说，知识是对事物本质及联系的认识。根据这种知识观，人们把知识分为直接知识与间接知识两大类。

20世纪后期，人类信息技术的发展导致了整个社会的生产方式、生活方式以及文化观念的深刻变化，人类进入了工业化社会的高级发展阶段——信息化时代。因此，人们的知识观也随之更新，出现了带有信息社会特征的知识观，称为知识的信息观（或当代知识观）。

知识的信息观认为，知识是人类通过信息对自然界、生物界、人类社会运动规律的认识和概括，是人的大脑通过思维重新集成整合的系统化信息，是信息中最有价值的部分。即是说，信息是产生知识的原材料，知识是信息加工的抽象化产物。

英国哲学家波兰尼(Polanyi, M.)提出了人们有着共识却又忽略了的命题："我们所知道的多于我们所言传的。"波兰尼推断出人类大脑中的知识可以分为两类：有形知识（又称显性知识，Explicit knowledge）和无形知识（又称隐性知识，Tacit knowledge）。有形知识是个人具有有意识的提取线索，能直接用语言表达，便于与他人共享，以命题和命题网为其表征的明确信息；无形知识是个人不具有有意识的提取线索，不能用语言系统表达，不便与他人共享，以活动中的发生式系统为其表征的意会信息。人类的无形知识远远多于有形知识，其镶嵌于实践活动之中，具有情境性和个性化特征。如果要获取他人的无形知识，有效办法是在实践活动的特定情境中，注意观察、体验（体会）他人的行为方式，从他人的观点出发来看待事物，进行领悟式情境学习。

知识的认识观所指的知识仅属于"有形知识"范畴，而"无形知识"则是知识的信息观的特有内容，是对知识的认识观的重要发展。知识的信息观揭示了知识的信息本质（明确信息与意会信息），适应了信息化时代社会经济与科学技术进步的趋势和要求。

经济合作与发展组织(OECD)对知识的分类被广泛接受。1996年OECD在题为《以知识为基础的经济》的报告中，为便于经济分析之目的，把对经济有着重要作用的知识分为4类并分别作出说明。

一是关于事实方面的知识，即know—what，类似于数据。比如中国医药行业有多少企业、某企业何时推出新产品等，这类知识与通常所称的信息概念比较接近，它可以计量。

二是关于客观原理和自然规律方面的知识，即know—why，类似于科学等。这类知识是许多产业里技术进步和产品工艺发展的基础，有专门的组织和机构来进行此类知识的生产。

三是关于做某些事情的技艺、能力，即know—how，类似于智能、技能。一般组织都拥有自己独特的、核心的技能和技巧。

四是涉及谁知道如何做某些事情的信息，即know—who，类似于信息。它还包括谁知道什么和特殊社会关系的形成，利于和有关专家建立联系从而有效地利用他们的知识，也就是关于管理的知识和能力。

2. 情报(Intelligence, Information)

我国图书情报界普遍认为，情报是指传递着的有特定效用的知识。知识性、传递性和效用性是情报的三个基本属性。

（1）情报的知识性

人们在生产和生活活动中，通过各种媒介手段（书刊、广播、会议、参观等），随时都在接收、传递和利用大量的感性和理性知识，这些知识中就包含着人们所需要的情报。情报的本质是知识，可以说，没有一定的知识内容，就不能成为情报。

(2) 情报的传递性

情报的传递性是说知识要变成情报，还必须经过运动。钱学森说情报是激活的知识，也是指情报的传递性。人的脑海中或任何文献上无论贮存或记载着多少丰富的知识，如果不进行传递交流，人们无法知道其是否存在，就不能成为情报。情报的传递性表明情报必须借助一定的物质形式才能传递和被利用。这种物质形式可以是声波、电波、印刷物或其他，其中最主要的是以印刷物等形式出现的文献。

(3) 情报的效用性

运动着的知识也不都是情报，只有那些能满足特定要求的运动的知识才可称之为情报。例如，每天通过广播传递的大量信息，是典型的运动的知识。但对大多数人来说，这些广播内容只是消息，而只有少数人利用广播的内容增加了知识或解决了问题。这部分人可将其称之为情报。

信息与知识、情报之间是属种关系，信息是属概念，知识、情报是信息之下具有交叉关系的种概念。

3. 文献(Literature, Document)

1983年颁布的国家标准《文献著录总则》中，文献的定义为"记录有知识的一切载体"。这个定义揭示了文献所包含的知识内容、信息符号、载体材料和记录方式四个基本要素。其中，知识内容是文献的灵魂所在。信息符号是赖以揭示和表达知识信息的标识符号，如文字、图形、数字、代码、音频、视频等。载体材料是可供记录信息符号的物质材料，如纸张、胶片胶卷、磁性介质、光盘、穿孔纸带等。而记录方式，包括印刷、复制、篆刻、拍摄、录制等，将知识信息内容与载体统一成为文献。

(五) 信息源

信息源是个人为满足其信息需要而获得信息的来源。

(1) 信息检索实际上是对信息的一个加工过程，按照信息的产生次序和加工整理的程度不同，可将信息划分为四个层次结构：

1) 零次信息：从信息理论来讲，零次信息是信息的一个部分，是一切信息产生的源信息。即客观存在于社会生活中，通过人的视觉、听觉、触觉等形成的言语、神情、动作、气氛等表象形式。其主体是口头信息及行为表现，包括广义的网络语言。在此基础上延伸到记录在非正规物理载体上的未经任何加工处理的源信息叫做零次信息，比如书信、论文手稿、笔记、实验记录、会议记录等。

2) 一次信息：又称原始信息。它是人类社会实践活动中直接产生或得到的各种数据、概念、知识、经验及其总结。人们直接以自己的生产、科研、社会活动等实践经验为依据生产出来的文献，这类文献是脑力劳动的正式产品，是科研成果的一种主要表述方式，代表新知识，组成了可供交流的系统性信息。也常被称为原始信息(或叫一级信息)，其所记载的知识、信息比较新颖、具体、详尽。一次信息在整个文献中是数量最大、种类最多、所包括的新鲜内容最多、使用最广、影响最大的文献，如期刊论文、专利文献、科技报告、会议录、学位论文等，这些文献具有创造性、原始性和多样性等明显特征。

一次信息有如下特点：

① 创造性：一次信息是人们根据自己在生产和科学研究中的成果撰写的，是创造性劳动的结晶。它报道新成果、新技术、新发明、新创造。例如专利，它具有新颖性和创造性，反映了发明创造、技术革新与改进的创造性劳动成果。正由于一次信息的创造性，所以受到人

们重视。

②原始性：一次信息是一种原始的创作，也必然是初次发表的，一般是作者根据自己所积累的原始素材、原始数据创作而成，故其既有真实可靠的一面，又有特定性和不成熟的一面。

③多样性：一次信息是每个作者的不同成果，故在内容上多样化；另外，在表现形式上也呈现出多样性，有文学读物、期刊论文，也有研究报告、学位论文等等。

3）二次信息：指根据实际需要，按照一定的科学方法，将特定范围内的分散的一次信息进行加工整理使之简化和有序化而形成的文献信息。它能较为全面系统地反映某学科某专业文献的线索，是检索一次信息的工具。这类文献有书目、题录、索引和文摘等。

二次信息具有以下特点：

①集中性：二次信息集中了某个特定领域范围的文献信息。它可以是某个信息部门的所有书刊资料，某个学科领域的信息，某个作者的所有信息等。二次信息是在所集中的某个特定范围的信息基础上，用科学的方法加工整理、组织编排而成，它比较完整地反映了某信息部门、某学科、某作者等的信息情况。

②工具性：二次信息可称之为工具性的文献，它以特定的方法、简练的语言揭示文献的外部特征和内容特征，并加以科学的编排。它是累积、报告和查找文献线索的一种工具。一般所说的信息检索，即指对于此类文献的有效利用，从中查检到一定的知识信息或某项课题的文献线索。

③系统性：二次信息本身具有自己的系统结构，为了方便利用，一般提供多个检索途径。所以一种好的二次信息往往具有比较固定的体系结构。

4）三次信息：指通过二次信息提供的线索，选用一次信息的内容，进行分析、综合、改编、重组、综合概括生成的信息。一般包括专题述评、动态综述、系统评价、进展报告、学科年度总结、年鉴、指南和百科全书等。

三次信息具有以下特点：

①综合性：三次信息是在大量有关文献的基础上，经过综合、分析、改编、重组、概括而成。综合性就是将大量分散的有关特定课题的信息、事实和数据进行综合、评价、筛选，以简练的文字扼要叙述出来，内容十分概括。它可以是纵向综合，如某学科的过去、现状和将来的综述；也可以是横向的综合，如对各产业部门同类产品的比较综述等。

②针对性：三次信息是为了特定的目的，搜集大量相关的文献，进行分析、综合而编写出来的。因此，具有很强的针对性，即针对特定用户的信息需求，为特定的目的服务。

③科学性：三次信息是在已有的知识成果的基础上，对特定专业课题的总结和综述，因此，其观点比较成熟，内容比较可靠，有材料、有事实、有数据、有建议、有结论，具有较高的科学性，一般可直接提供参考、借鉴和使用，因而普遍为科研人员和管理者所重视。如循证医学中的系统评价和实践指南。

(2) 按信息的出版类型划分，可分为以下十种类型：

1) 图书(Book)：联合国教科文组织将凡由出版社(商)出版的不包括封面和封底在内49页以上的印刷品，具有特定的书名和著者名，编有国际标准书号，有定价并取得版权保护的出版物称为图书。图书提供的知识一般比较系统、全面、可靠，起着综合、积累和传递知识的重要作用。从时间上看，图书报道的知识比期刊和特种文献晚，且出版周期较长。主要有专著、教科书、论文集、会议汇编等。

2) 期刊(Journal)：又称杂志，是有固定刊名，以期、卷、号或年、月为序，定期或不定期连续出版的印刷读物。它根据一定的编辑方针，将众多作者的作品汇集成册出版。其特点是出版周期短，报道速度快，数量大，内容多，发行面广。因此，期刊论文是获取新信息的主要来源，是极其重要的信息源。期刊主要是从英文"magazine"、"periodical"、"journal"三个词翻译过来，periodical的含义比较广，通常包括报纸(newspaper)与杂志。它们都属于广义的连续出版物(serials)，magazine一词来源于阿拉伯文"makhazin"，原意为仓库。

期刊按照不同的标准，可以划分出多种类型。按出版周期划分，有定期期刊和不定期期刊两种。定期期刊的特点是年(卷)出版期数固定，出版频率均等，主要有年刊、半年刊、双月刊、月刊、半月刊、旬刊、双周刊、周刊。不定期期刊的特点是年出版期数不等、出版日期不定，包括各种无限期连续出版的丛刊、报告论文集等。

按出版机构划分，可划分为：
- 学术团体期刊：指各种科研机构、学会、协会、大专院校、国际性学术团体等编辑发行的刊物，代表了该团体的学术水平，反映了他们当前的研究任务。
- 商业出版机构的期刊。
- 政府部门及所属机构所出的期刊。
- 公司企业的期刊。

按内容性质划分，主要有：
- 动态性期刊：以新闻的形式简要介绍学术动态、科技消息的期刊，常在刊名下冠以"消息"、"快报"、"动态"、"通讯"的字样。
- 学术性期刊：以刊载科研成果为主旨的学术性较强的期刊，包括各学科的核心期刊，各学会的学报，以及高等学校的学报。

学术期刊按主管单位的不同，可以分为省级、国家级、科技核心期刊(统计源期刊)、中文核心期刊(北大中文核心)、中文社会科学引文索引来源期刊(CSSCI)、中文科学引文数据库来源期刊(CSCD)、双核心期刊等。

国家级期刊：即由党中央、国务院及所属各部门或中国科学院、中国社会科学院、各民主党派和全国性人民团体主办的期刊及国家一级专业学会主办的会刊。

省级期刊：即由各省、自治区、直辖市及其所属部、委、办、厅、局主办的期刊以及由各本、专科院校主办的学报(刊)。

核心期刊：学术界通过一整套科学的方法，对于期刊质量进行跟踪评价，将期刊进行分类定级，把最为重要的一级称之为核心期刊。国内外影响比较大的核心期刊目录有：《中文核心期刊要目总览》、《中国科技论文统计源期刊》和《期刊引用报告》(全称Journal Citation Reports，JCR)。

- 通报性期刊：报道科研现状及成果的专门性期刊，内容的学术深度介于前两者之间。
- 知识性期刊：用浅显易懂的语言、生动有趣的形式、图文并茂的篇幅介绍综合性或专门性的科学、文化、生活知识的科普期刊。

从载体分，有印刷版、缩微版、声像磁带版、计算机磁带版等。

按作用和阅读对象不同，一般可分为学术型、科普型、情报型与检索型。

3) 科技报告(Scientific and technical report)：是关于某项科学研究和革新成果的报告或研究过程中的阶段进展情况的实际记录。它反映的科学研究和技术革新成果比期刊论文新，内容高度专门化，且具有一定的保密性。一般以单行本的形式出版。

4) 专利文献(Patent)：专利是国家对发明创造的法律保护。广义的专利文献应该是一切与专利有关的文献，包括专利说明书、专利公告、专利分类表、专利文摘等。狭义的专利文献一般指专利说明书，它是专利文献的主体。专利文献是极其重要的信息源，蕴藏着丰富的科技信息。

5) 会议文献(Conference literature)：一般是指各种会议上的论文或书面发言。随着科学技术的发展，各种科技会议日益增多，已成为科技交流的一种重要渠道。许多学科中的重要发现有很大一部分是在会议文献中公开的，加上一些会议论文不在其他刊物或出版物上发表，或者即使发表，也要经过较长一段时间，因此，会议文献越来越受到科技界的重视，它已成为科技人员了解本专业的发展水平和最新研究成果的有效工具。

6) 政府出版物(Government publication)：指各国政府部门及所属机构发表、出版的文件，大体上可分为行政性文件(如法令、方针政策、规章制度、统计资料等)和科技文献两大类。科技文献中包括政府各部门的科研报告、技术政策等，对了解某一国家的科学技术和经济政策及其演变等情况有一定的参考价值。

7) 学位论文(Dissertation)：指完成一定学位必须撰写的论文，格式等方面有严格要求，学位论文是学术论文的一种形式。根据所申请的学位不同，又可分为学士论文、硕士论文、博士论文三种。它们的特点是：论文的水平和质量差别较大，论题比较专一，阐述系统、具体，有一定的独创性观点，且经过一定的审查，故有一定的参考价值。

8) 标准文献(Standard literature)：狭义指按规定程序制订，经公认权威机构(主管机关)批准的一整套在特定范围(领域)内必须执行的规格、规则、技术要求等规范性文献，简称标准。广义指与标准化工作有关的一切文献，包括标准形成过程中的各种档案、宣传推广标准的手册及其他出版物、揭示报道标准文献信息的目录、索引等。

标准按性质可划分为技术标准和管理标准。技术标准按内容又可分为基础标准、产品标准、方法标准、安全和环境保护标准等。管理标准按内容分为技术管理标准、生产组织标准、经济管理标准、行政管理标准、管理业务标准、工作标准等。标准按适用范围可划分为国际标准、区域性标准、国家标准、专业(部)标准和企业标准，按成熟程度可划分为法定标准、推荐标准、试行标准和标准草案等。

标准一般有如下特点：① 每个国家对于标准的制订和审批程序都有专门的规定，并有固定的代号，标准格式整齐划一。② 它是从事生产、设计、管理、产品检验、商品流通、科学研究的共同依据，在一定条件下具有某种法律效力，有一定的约束力。③ 时效性强，它只以某时间段的科技发展水平为基础，具有一定的陈旧性。随着经济发展和科学技术水平的提高，标准不断地进行修订、补充、替代或废止。④ 一个标准一般只解决一个问题，文字准确简练。⑤ 不同种类和级别的标准在不同范围内贯彻执行。⑥ 标准文献具有其自身的检索系统。一个完整的标准一般应该包括以下各项标识或陈述：a. 标准级别。b. 分类号，通常是《国际十进分类法》(UDC)类号和各国自编的标准文献分类法的类号。c. 标准号，一般由标准代号、序号、年代号组成。如 DIN—11911—79，其中 DIN 为联邦德国标准代号，11911 为序号，79 为年代号；GB1—73，其中 GB 是中国国家标准代号，1 为序码，73 为年代号。d. 标准名称。e. 标准提出单位。f. 审批单位。g. 批准年月。h. 实施日期。i. 具体内容项目。

9) 产品样本(Catalogue)：是厂商为推销产品而印发的一种宣传性出版物，包括产品的性能、规格、尺寸、重量、构造、用途、使用方法等。产品样本的特点是技术上比较新颖，参数比较可靠,能给人以直观形象。利用它可了解国内外技术水平及有关技术的演变和发展动向,可获得设计、制造、使用中所需要的数据和方法,也可以为判断产品的价值提供依据。

10) 科技档案(Scientific and technical archives):是在科研生产活动中形成的有一定具体工程对象的技术文件、图样、照片、原始记录的原本或复制本,内容包括任务书、技术指标、研究方案、实验记录、设计图纸等。它是科技活动的真实记录,内容一般真实、准确可靠。

(3) 按信息的保存性划分,可分为正式记录的信息源、非正式记录的信息源。

(4) 按信息产生的时间顺序划分,可分为先导信息源、实时信息源、滞后信息源。

(5) 按信息表现形式划分,可分为文字信息、图像信息、数值数据信息和语音信息。

(6) 按信息的内容划分,可分为社会科学信息源、自然科学信息源和科技信息源。

(7) 按信息的存储载体划分,可分为刻写型、印刷型、缩微型、声像型和机读型。

二、信息需要与行为

(一) 信息需要

信息需要,就是指人们在从事各项实践活动的过程中,为解决所遇到的各种问题而产生的对信息的需求。美国心理学家马洛斯将人的基本需要划分为生理需要、安全需要、社交需要、尊重需要、求知需要、求美需要和自我实现需要七个层次。当人们在行动中遇到某些问题时,就必须获得各种信息的支持才能使问题得到解决。

1. 信息需要的特征

广泛性:人类的实践活动的广泛性也决定了信息需要是普遍存在着的心理现象。

社会性:信息需要的产生和发展是由社会环境和社会活动决定的。所以信息需求不仅仅是个体的特性,而且主要是一种社会需要。

发展性:社会实践活动的发展,社会现象日趋复杂,刺激了信息需要的日益增长。

多样性:信息用户的知识结构、专业、地位、职责等的多样性决定了信息需要千差万别,即使对于同一信息用户,在不同的时间、地点和环境条件下,由于具体任务的变化,其信息需要也会有很大的差别。

2. 信息需要的层次

现实生活中,人们随时都会有信息需要产生,只不过有的人能够意识到,有的人没有意识到自己信息需要的存在。这就是信息需要层次结构的反映。

(1) 未知的信息需要

有些现实问题过于复杂和隐蔽,或个人的认知能力有限或缺乏信息意识,因此没有或没有意识到自己处于信息需要的状态,属客观信息需要。

(2) 潜在的信息需要

有些人可能认识到了自己的信息需要,但却没有表达出来,致使信息需求无法用信息符号表达出来而处于"意会"的状态。人们认识到而未表达出来的信息需要称为潜在信息需要。

(3) 现实的信息需要

当人们意识到信息需要,而且明确表达出来的,称之为现实信息需要。用户在表达出来后,向信息服务机构提出具体的信息要求的称之为信息提问,用户自己动手寻找信息的称之为信息自问。

用户能够认识到信息需要的层次结构是十分重要的。在日常工作中,潜在信息需要和未知的信息需要是经常存在的。如果用户自己不能意识到,就不会有足够的激发动力向信息机构作出信息提问或设法信息自问,那么工作中的问题就不会得到解决。在许多情况下,用户对存在的问题熟视无睹,根本没有想到如何去解决,就是没有意识到这两个层次的信息需要。

需要特别提出的是,信息需要和信息需要表达常常是不能完全一致的。我们常常遇到这样的问题,如信息需要是"糖尿病足的护理",但信息需要表达出的概念也许是"糖尿病人的足部护理"。信息表达往往不能充分和完全地表达信息需要的全部内涵。

3. 信息需要的内容

对信息本身的需要是用户信息需要的最终目标。人们在从事各种社会活动的过程中,为了解决所遇到的问题,就需要了解情况,增长知识,及时作出有效的决策。由于信息本身的诸多属性,用户对信息的需求也涉及许多方面。如内容上要求有助于特定问题的解决;类型上要求各种类型的信息;质量上要求准确、可靠、完整、全面的信息;数量上要求适度、能够有效消化的信息,避免"信息过载"等等。

4. 各类信息用户的需要特点

各类信息用户的信息需要在内容上、质量和数量上、类型上根据解决问题的属性均有所区别,同时各类人员的信息需要特点也有所差异。如科研人员需要的是理论性强、原始的、完整的信息;管理决策人员需要内容综合广泛,具有战略性、全局性和预测性的涉及决策对象内外各方面的、经过浓缩加工的信息;工程技术人员的信息需要主要集中于某一专业方向,具体的、经过验证的数据、技术信息,信息的类型往往是专利、标准、技术报告、工程图纸、产品样本等等。医务人员注重解决临床难题的方法、数据等具体情报信息,如疾病诊断和治疗方法,特别注重信息的准确性与可靠性。信息类型均以国内外期刊为首选,获取方式上,十分注重同行之间交流获取信息,与阅读期刊所获占同样比例,获取手段上要求快捷。

(二) 信息行为

信息行为是人们满足自己信息需要的社会活动的过程。用户的信息行为主要有信息检索行为、信息选择行为和信息利用行为。

(1) 信息检索行为

信息检索行为指的是用户自己查找、采集和寻求所需要信息的活动。

由于在实际中可以有许多查找信息的路线,用户在查询时就面临着查找路线的选择。每个用户在多次查找之后就会逐步形成适合自己的相对稳定的信息查找路线。

通常,人们总是首先在自己的信息源中查找,比如个人藏书、本单位藏书和资料室、档案室等,然后转向非正式渠道,取得同行、朋友、同事的帮助,在还不能解决问题时才考虑利用信息机构的信息服务。

而在寻找信息源的过程中,信息查询者对于信息查询路线的选择,往往总是首先选用最便于接近的信息源,而对于这些信息源的质量与可靠性的考虑,则处于次要地位。

此外,信息查询者比较注重信息源系统的易用性。就是说,如果一个信息源系统,在使用其获取信息时比不获取信息时更费心更麻烦,那么这个系统就不会得到利用。这是可近性的延伸,二者相辅相成,决定着某个信息源系统能否得到利用。

(2) 信息选择行为

信息选择行为指的是信息采集者从某一信息群中把符合自己需要的一部分信息挑选出来的过程。

信息选择的核心标准是相关性和适用性。所谓"相关"和"适用"指的就是对于用户来说是相关的和适用的。

(3) 信息利用行为

信息利用是用户寻求信息的根本目的。信息利用行为指的是用户利用信息解决其所面临问题的过程。

(三) 信息检索

信息检索是指为达到某一特定目的,将信息源与用户需求连接起来,查询、鉴别、选择并确定相关信息的过程。广义的信息检索包括信息的存储和信息的检索,所以又称为"信息存储与检索"(Information Storage and Retrieval)。信息的存储主要包括对在一定专业范围内的信息选择基础上进行信息特征描述、加工并使其有序化。这项工作目前已经基本由专业机构借助计算机这一工具承担,不需要读者自己来做读书卡片,并按一定方式组织自己的卡片了。但由于个人计算机的普及和性能的提高,也可以采用国内外流行的文件管理软件(如医学文献王、EndNote、Reference manager 等),并借助各类数据库的套录数据,建立自己感兴趣的专题数据库,以便经常检索、阅读、笔记和管理,这也是一种信息的存储。信息的检索是借助一定的设备与工具,采用一系列方法与策略从数据库中查找出所需信息的过程。在现代信息检索技术条件下,信息检索从本质上讲,就是指人们希望从一切信息集合中高效、准确地查询到自己感兴趣的有用信息,而不管它以何种形式出现,或借助于什么样的媒体。

信息检索至少包括三层含义:一是按某一主题或某一特征从信息源或数据中查找到相关的信息及其获取线索,如 OPAC 检索;二是为解决某一问题从信息源或数据库中获取隐含于文献中的事实、数据、图像或理论等未知的知识,如全文检索;三是将查询的信息及其知识进行分析加工,提供给用户使用,如科技查新。

信息检索经历了三个发展时期:手工检索时期,机械检索时期,计算机检索时期。

手工检索起源于 19 世纪下半叶的图书馆参考工作,到 20 世纪 40 年代发展为包括回答事实性咨询,编制书目、文摘,进行专题文献检索,提供文献代译等工作。机械检索时期是 20 世纪 50 年代开始使用各种机械装置进行信息检索,是手工检索向现代检索的过渡阶段。机械检索主要包括机电检索系统和光电检索系统,前者使用诸如打孔机、验孔机、分类机等机电设备记录二次文献,用电刷作为检索元件的检索系统;后者使用缩微照相记录二次文献,以胶卷或胶片边缘部分若干黑白小方块的不同组合作检索标志,利用光电检索元件查找文献的系统。计算机与网络检索时期又可划分为三个阶段:1971 年以前建立的信息检索系统,其工作方式是传统的批处理检索,这一阶段的数据存取与数据通信能力很差;1971 年以后产生并发展的联机检索系统,其特点是联机数据库集中管理,具有完备的数据库联机检索功能,但其数据通信能力较差;以因特网的产生为标志,系统大多采用分布式的网络化管理,全文检索、数字化和网络化检索、自动检索等的发展,使信息检索具有广泛的应用价值和广阔的前景。

信息检索的意义如下:

(1) 信息控制的手段:现代社会中,信息量爆炸性增长。国外统计资料表明:科技成果每增加 1 倍,信息量就增加几倍;生产翻一番,信息量就增加 4 倍。据联合国教科文组织统计,全世界发行的图书,20 世纪 50 年代为 20 多万种,60 年代为 40 万种,70 年代为 60 万种,80 年代为 80 万种,平均每 20 年图书品种增长 1 倍,图书册数增长 2 倍。全世界的期刊,20 世纪 50 年代约 2 万种,60 年代约 4 万种,70 年代约 8 万种,80 年代约 15 万种,基本上是每10年翻一番。全世界的专利文献每年增加40万件,技术标准增加20万件以上,产品资料增加50~60万件,而会议文献每年出版量则高达100万篇。今天,信息的迅猛增长与读者对信息的需要之间的矛盾日益尖锐,对信息进行控制的要求也愈来愈强烈。信息检索正是为了解决这一矛盾而发展起来的。通过信息检索,可以全面地了解和掌握信息发展的概貌,可以有效地管理各种分散的信息流,可以在信息的海洋中快速找到所需的资料。

(2) 获取知识的门径,学习的助手:世界著名的柏林图书馆的大门上刻有这样一句名言:"这里是人类知识的宝库,如果你掌握了它的钥匙,那么全部知识都是你的。"在现代社会,如何进入知识的大门呢?信息检索是一把金钥匙。例如"读秀学术搜索"的全文检索系统,运用超文本阅读和计算机自动检索方法,从中查找气象方面"青蒿"的资料,只需0.002秒钟,计算机就会从中筛选出相关的条目94 805条,组成含"青蒿"的文本供用户阅读。

(3) 科学研究的工具和指南:信息检索对科学研究的最大功用在于节约科研人员的科研时间和经费,避免研究的重复。一般认为,科研人员用于查找资料的时间约占整个科研时间的30%左右。美国科学基金委员会、凯斯工学院基金会以及日本国家统计局所作的统计表明,一个科研人员用在查找和阅读情报资料的时间占完成某研究课题时间的50.9%。今天,任何一个学科的科学家都无法阅读完本学科的全部文献,只有依赖于信息检索,才能获取最新的情报信息,了解科学发展的动态,掌握本领域的最新进展。以生物医学为例,该领域每年出版的论文约200万篇。假定一研究人员以每小时两篇的阅读速度阅读这些论文,每天用1个小时来阅读杂志,一年连续阅读365天,要读完全世界出版的生物医学论文,将需要27.4个世纪。在化学领域,《化学文摘》1907年创刊的当年只收化学论文7 975篇,而到了1946年就达到100万篇(40年),到1960年第二个百万篇用了14年,到1967年第三个百万篇用了7年,到1971年第四个百万篇用了4年,到1975年第五个百万篇用了4年,到1978年第六个百万篇用了3年,到1980年第七个百万篇用了2年,到1983年初第八个百万篇用了两年多,而到1984年第九个百万篇也仅用了2年。如果一位通晓56种语言的化学家,每周工作40小时,每小时阅读4篇,一年只能阅读8 000篇论文,要读完全世界一年内发表的全部化学论文,需要阅读62年,而阅读文摘至少可以节省阅读全文的9/10。因此,科研人员必须利用数据库等工具通过检索而节省查找资料的时间,可以利用情报检索系统中的文摘综述等,节省阅读文献的时间。信息检索还可以起到科研选题论证、科研成果鉴定等方面的支持作用,避免科学研究的重复,获取科研成果的评价。美国20世纪50年代为了搞"继电器接点电路合成研究",曾联合几家实验室研究了5年,耗资50万美元终于成功,但当发表成果时才发现该项目早已有其他人完成了。美国某轧钢厂一位化学家花了一万美元完成了一系列实验,并解决了问题,当他不无得意地向图书馆员谈起此事时,图书馆员告诉他,有一份德国人的报告,就是做这个实验,全部资料只需花5美元。因此,通过信息检索特别是查新服务,可避免科研课题和科研成果的重复现象。

(4) 决策与管理的支持与参考:信息是决策的依据,是决策与管理的关键因素,没有信息,人们就难以决策与管理,甚至无法决策与管理。例如,1973年底,美联社发布一条消息,说1974年将出现的第四次天文对点(太阳、地球、月亮在一条线上)可能会引起异常大潮。我国气象部门检索到这一信息,提请紫金山气象台核实后,向中央有关部门报告,由周恩来总理等圈阅后通知沿海各省、市做好防护。

果然,1974年8月17日第四次天文对点正遇上十三级台风,形成新中国成立后最大的风暴潮,影响到福建、江苏以北广大地区,由于事先作了防备,因而大大减轻了灾情。这说明信息检索对管理者、决策者都是十分有用的。

第二节　信息素养

信息素养（Information Literacy）概念是从图书检索技能演变发展而来。传统图书检索技能中，包含很多实用、经典的文献资料查找方法。计算机和网络技术的发展，使传统图书检索技能同当代信息技术结合，成为信息时代的每个公民必须具备的基本素养，引起世界各国教育界的高度重视。

Literacy在词典上的解释为：识字、有文化、有读写能力，倾向于文化层面。国内对"Information Literacy"有"信息素质"和"信息素养"两种译法。根据《现代汉语词典》的解释：素养指平日的修养，如艺术修养；素质指事物本来的性质，或在心理学上指人的神经系统和感觉器官上的先天的特点，再一释义就是素养的意思。所以，我们在此都采用信息素养的用法。

1974年，信息素养这个术语第一次由美国信息产业协会主席保罗·车可斯基（Paul Zurkowski）在美国全国图书馆与情报科学委员会上提出来，"所有经过训练把信息资源运用于工作中的人，成为具有信息素养的人，他们已学会利用大量的信息工具及主要的信息源使问题得到解答的技术和技能"。

1989年，美国图书馆协会对信息素养定义为：具有信息素养的人能够知道什么时候需要信息，能够有效地获取、评价和利用所需要的信息。

1992年"信息素养"一词正式被ERIC数据库纳入索引词典，标志着信息素养教育得到确认。

1994年麦克鲁尔（C. R. McClure）将信息素养界定为四种素养，包含了"传统素养"（Traditional Literacy）、"电脑素养"（Computer Literacy）、"网络素养"（Network Literacy）及"媒体素养"（Media Literacy）。传统素养指具备读、写、算的能力。就图书馆的利用而言，要能够认识图书馆功能、图书数据类型、排架目录与运用文献撰写研究报告。电脑素养指具备使用计算机软硬件，例如利用文书处理、电子表格等工具来处理档案资料的能力。网络素养指具备了解网络功能、应用网络资源、检索、处理、利用和评估网络资源的能力。媒体素养指具备了解非文字印刷形式媒体以解读、评估、分析、制作的能力。

2000年1月18日，美国大学与研究图书馆协会（ACRL）通过了《高等教育信息素养能力标准（Information Literacy Competency Standards for Higher Education）》。美国高等教育协会和独立学院理事会分别于1999年10月和2004年2月认可。2006年美国科学与工程技术学科信息素养研究委员会基于ACRL标准，制订《科学和工程技术学科信息素养标准》，创设了5项标准（一级指标）和24个表现指标（二级指标），每一表现指标下分设了一个或多个成果指标（三级指标），以评估科学与工程技术学科类的学生在各个层次高等教育中的信息素养能力。列举如下：

标准一：有信息素养的学生确定所需信息的性质和范围
1. 定义和描述信息需求
（1）识别并/或能对研究课题或其他信息需求（如指定的实验室活动或项目）进行关键词重述或转换。
（2）向教学人员或专家咨询研究主题、研究项目或实验等问题的合理性。
（3）草拟一个论题或假设，并根据信息需求列出相关问题。

(4) 通过浏览广泛的信息源来熟悉课题。

(5) 限定或修改信息需求以抓住重点。

(6) 确定可以描述信息需求的关键概念和术语。

2. 可找到多种类型和格式的信息来源

(1) 确定信息源的目标和受众。（例如：大众信息 vs. 学术信息、当前信息 vs. 历史信息、外部信息 vs. 内部信息、一次文献 vs. 二次文献 vs. 三次文献）

(2) 将专家和其他研究者作为信息源。

(3) 识别并区分各种格式（例如多媒体、数据库、网站、数据集、专利、地理信息系统、三维技术、公开文件报告、音视频报告、书籍、图表、地图等）存在的潜在信息源的价值和不同之处。

(4) 认识到信息可能需要从一次文献或实验的原始数据中析出。

(5) 认识到各种潜在有用的信息数据可能属于保密的、限制访问的或在线免费使用的。

(6) 认识到这些潜在有用的信息可能需要特定的数据管理经验并了解生产信息的组织结构。

3. 具备学科领域文献的应用知识并了解其产生过程

(1) 了解科技相关信息是如何正式或非正式产生、组织以及传播的。

(2) 认识到学科中一次、二次、三次文献源的不同重要性。

(3) 知晓该领域的行业协会及其产生的文献。

(4) 了解本学科领域的特殊文献源知识，如手册、小册子、专利、标准、材料/设备规格说明，当前的规章制度，工业常用参考资料、工业生产方法及实践手册、产品资料等。

(5) 认识到知识可按学科分类，并考虑到复合学科可能会影响到信息获取方式，同时，其他学科文献也可能与信息需求相关。

(6) 认识到档案信息的价值以及在不同学科专业中的用途和重要性，并认识到信息长期保存的重要性。

4. 权衡获取所需信息的成本与收益

(1) 确定所需信息的可用性，并决定是否扩大检索范围以查询本地馆藏以外的信息。如咨询同事、独立信息经纪人、行业专家或顾问，以及利用馆际互借服务或附近的图书馆或信息中心等。

(2) 认识到获取信息需要付出的时间和费用。

(3) 拟定一份现实可行的信息获取总体规划和时间表。

(4) 认识到各研究领域保持竞争优势、跟踪新产品、改进过程，并监控竞争对手的营销策略等方面信息的重要性。有些还将涉及向专家和行业顾问咨询专利许可和知识产权方面的内容。

(5) 认识到所需信息可能是外文文献，有必要进行翻译。

标准二：有信息素养的学生有效地获取所需信息

1. 选择最合适的调研方法或信息检索系统来获取所需信息

(1) 确定适当的调研方法（例如：文献检索、实验、模拟、实地调查）。

(2) 研究信息检索系统的适用范围、内容及组织。

(3) 挑选可有效从研究方法或信息检索系统获取所需信息的方法。

2. 构思和实现经有效设计的检索策略

(1) 创建一个与调研方法相符的研究计划。

(2) 确定所需信息的关键词、同义词和相关术语,挑选特定学科或检索系统中合适的受控词。

(3) 使用其他的检索词输入方式,如特定学科或检索系统中的结构式检索和图像检索。

(4) 利用恰当的信息检索命令构建检索策略(例如:布尔逻辑运算符、截断符和搜索引擎的模糊检索、图书内部索引等)。

(5) 在不同信息检索系统和搜索引擎中用不同的命令语言、协议和检索参数实施不同的检索策略(如电子邮件提醒和检索选项、字段以及受控词的保存等)。

(6) 通过参考与引用的文献去查找更多的、相关的文献。

3. 运用多种方法检索信息

(1) 利用各种相关信息检索系统检索不同格式的信息。

(2) 运用不同分类法及其他系统(如图书索书号或索引)来定位文献信息资源在图书馆中的物理位置。

(3) 当无法识别或定位合适的文献资料时,使用所在机构的专业化的网上或面对面的服务来获取信息(如馆际互借、文献传递、图书馆员、图书馆职员、专业协会、科研机构、社区资源、学科专家和从业者等)。

(4) 在适当的学科或研究领域中运用调查、通信、访谈、实验以及其他方式去获取信息或数据。

4. 必要时改进检索策略

(1) 评估检索结果的数量、质量、查准率、及时性以及相关性与检索系统或研究方法的局限,以确定是否应该寻求和使用其他信息检索系统或研究方法。

(2) 找出现有信息的不足并确定是否应该修订现有检索策略。

(3) 必要时采用修订的检索策略或新系统、新的方法再次检索。

5. 提炼、记录、传递、转换和管理信息及信息源

(1) 选择最合适的技术提取所需信息。例如:软件的复制/粘贴功能、复印机、扫描仪、音视频设备、勘测仪、信息或记录输出结果、笔记等。

(2) 创建一个信息组织系统,包括实验结果跟踪、实地实验等。

(3) 区分不同类型的引用源,了解多种信息源引用的组成部分和正确语法。

(4) 通过下载、打印、发送电子邮件或手动标注等方式记录所有相关的引用信息以备将来参考。运用各种技术来管理经过挑选和组织的信息,如书目管理软件、文本转换软件、电子制表软件。

标准三:有信息素养的学生批判性地评价采集的信息及信息源,决定是否需要调整最初的信息需求和/或寻求更多信息源,并创建一个新的研究过程

1. 从收集的信息中提炼信息,总结要点。

(1) 了解科学论文的结构,并利用其摘要、结论等部分来提炼其主要思想。

(2) 从正文中摘录主要观点。

(3) 确定适合引用的逐字无误的原文信息。

2. 通过对信息及信息源的清晰表述和其评价标准的应用来选择信息及信息源

(1) 区分一次、二次、三次文献,并认识到学术信息周期中信息源所处位置与其可信度相关。

(2) 区分事实、观点和意见之间的不同。

(3) 考察和比较不同信息源的信息以进行信度、效度、准确性、权威性、及时性、观点或偏见等评价。
(4) 分析支持性论据或论证方法的结构和逻辑。
(5) 了解并利用数据的统计处理作为评价指标。
(6) 识别信息及其利用中的偏见、欺骗以及操纵。
(7) 找出信息产生时的文化的、物质的或其他背景信息，并认识到上下文对诠释信息的影响。

3. 综合利用主要思想来构建新的概念
(1) 认识到概念之间的相关性，初步把它们组合成有论据支持的语句。
(2) 在可能的情况下，扩展初步分析，在更高抽象层次上建立需要更多信息的新假设。
(3) 利用计算机和其他技术（如电子表格、数据库、多媒体、音频或视频设备）来研究新概念和其他现象的相互作用。

4. 比较新旧知识来确定信息是否增值、是否前后矛盾、是否独具特色。
(1) 确定信息是否满足研究或其他信息需要。
(2) 运用有意识地选择的标准来确定信息是否相互抵触或验证其他信息源的信息。
(3) 在收集到的信息的基础上得出结论。
(4) 运用适合学科的方法（例如模拟和实验）来检验现有的理论。
(5) 通过质疑信息源、信息收集工具和策略的不足以及结论的合理性来确定大致准确性。
(6) 融合新旧信息。
(7) 确定提供的信息是否与信息需求或研究问题相关。
(8) 收录而且不曲解与个人价值体系矛盾的相关信息。

5. 通过与他人、小组或者团队、本学科区域专家和/或从业人员之间的讨论来验证对信息的理解和诠释
(1) 参与能够有效促进信息理解和诠释的课堂和虚拟/电子讨论（如电子邮件、公告栏、聊天室等）。
(2) 在小组和团体中有效地工作。
(3) 通过多种方式（例如采访、电子邮件、邮件列表）征求专家意见。

6. 确定是否应该调整查询需求
(1) 确定信息是否满足之前的需求，或是否需要更多信息。
(2) 复查检索策略并在必要时结合其他概念。
(3) 复查和评估现有信息源，确定扩检其他所需的信息源。

7. 评价获取的信息及整个信息获取过程
(1) 复查并评价获取的信息，确定信息查询过程中可能需要改善之处。
(2) 在后续的项目过程中进行改善。

标准四：作为个体或团队成员，具有信息素养的学生了解信息及信息技术利用相关的经济、道德、法律和社会问题，有效地、合乎伦理和法律地实现特定目的。

1. 了解与信息和信息技术有关的伦理、法律和社会经济问题
(1) 找出并讨论印刷和电子出版环境中与隐私和安全相关的问题。
(2) 找出并讨论与免费、收费信息相关的问题。

(3) 找出并讨论与审查制度和言论自由相关的问题。
(4) 显示出对知识产权、版权和合理使用受专利权保护的资料的认识。

2. 遵循法律、法规、规章制度以及行业礼仪，规范地获取和利用信息资源
(1) 按照公认的惯例（例如网上礼仪）参与网上讨论。
(2) 使用经核准的密码和其他身份信息来获取信息资源。
(3) 按规章制度获取信息资源。
(4) 保持信息资源、设备、系统和设施的完整性。
(5) 依法获取、存储和传播文字、数据、图像或声音。
(6) 了解剽窃行为，不能将他人（包括研究团队里的其他成员）的作品归于自己。
(7) 了解联邦、州政府关于人体和动物试验研究方面的规章制度。

3. 在宣传信息产品或功能时声明引用信息的出处
(1) 始终用适宜格式为每一研究项目的信息源做引用标记。
(2) 使用受专利权保护的资料时显示所需的版权及免责声明。
(3) 致谢所有贡献者，提供资金源、资金拨款等的单位或个人，资金拨款符合报告和其他相关要求。

4. 把信息有创意地应用到策划和创造特定的信息产品或功能中
(1) 从各种信息资源中挑选、分析、组织、概括和/或综合信息。
(2) 探讨先进信息技术的使用，如数据挖掘、可视化检索、复杂研究数据集的趋势和模式等。

5. 对最终信息产品或功能的开发步骤做必要的修订
(1) 在信息查询、评估、交流过程中坚持日志记录。
(2) 日志记录中反映出过去的成功经验、失败教训以及可替代策略。
(3) 在后续项目中运用经改进的策略。

6. 能够有效地与他人就信息产品或功能进行交流
(1) 选择信息产品或功能的用途和目标受众最适合的交流介质和格式。
(2) 运用一系列的信息技术应用软件来创造产品或功能。
(3) 结合设计和传播的原理。
(4) 采用一种最适合目标受众的风格与他人清晰地交流。

标准五：有信息素养的学生能认识到信息素养是一个不断发展的过程，是终身学习的一个重要组成部分，认识到需要时刻保持对自己研究领域最新发展的关注。

1. 认识到不断吸收和保存研究领域知识的价值
(1) 认识到作为专业人员，必须随时关注本领域所发表的最新进展文献。
(2) 认识到信息收集的学习是一个持续渐进的过程，需要了解信息源、格式、软件要求以及所需信息的发展变化而带来的信息交流方式等。
(3) 能够将学到的信息技术运用到另一个学科领域中。
(4) 了解档案信息的重要性，它可以使公司在合并重组、过时存取以及人员离职等情况下求得生存。

2. 使用各种方法和新兴技术，紧跟学科领域发展
(1) 建立最新资料通报服务，并遵循相关论文的引文和参考文献的规范。
(2) 使用在线目次快览、综述期刊以及其他新闻快报文献。

(3) 管理已阅或获取到的论文的引文档案（如利用文献管理软件）。

(4) 利用文献计量分析工具去了解信息技术和产品在生命周期中的更新变化。

(5) 识别领域内学术出版的新兴形式和方法。当前的实例有博客、RSS、开放存取期刊、免费的在线研究数据。

该标准由于具备表现指标和学习成果评估的指标，比较实用，很快被翻译成德文、西班牙文和中文等十多种文字，迄今已被墨西哥、澳大利亚、南非和西班牙等若干国家采用或参照采用。

信息素养教育的理论仍在发展之中，信息素养的定义除上述以外还有很多个，但基本内容大体上是一致的，加以归纳，可以认定信息素养是贯穿于从信息获取到使用全过程的一系列思想、意识、技能和知识。美国另一个关于信息素养内容的表述是信息素养六大技能，即所谓 Big6 技能，是一个综合了信息检索技能和相关的计算机技能的实用体系，主要在美国中小学得到较广泛的应用。

在联合国教科文组织（UNESCO）的资助下，在美国国家图书馆和信息科学委员会（NCLIS）与国家信息素养论坛（NFIL）组织下，国际信息素养专家会议于 2003 年 9 月在捷克共和国召开，会议发表了题为《迎接有信息素养的社会》的布拉格宣言。宣言认为，信息素养包括人们对信息重要性和需要的知识，以及为解决面临的问题确定、查询、评价、组织和有效生产、使用与交流信息的能力，这是有效进入信息社会的前提条件，是终身学习的基本人权的一部分。各国政府应当制定强有力的跨学科的计划，促进全国范围信息素养的提高，通过养成有信息素养的公民，形成有效的文明社会、有能力的工作团队，作为缩小数字隔离的一个必要步骤。

传统教育中读、写、算的能力和必要的文化素养，要通过系统的教育获得。在信息时代，为有效应对知识信息急剧扩张和不断变化的环境，人们不仅需要一个恰当的知识基础，还需要有扩展其知识信息的意识和技能（信息素养）来与其已有的知识结构相配合，并在实践中使用。信息素养教育本质上是要教会学生学习，并且是使用现代技术和方法进行高效率的学习，树立起终身学习、在干中学习的观念，真正成为学习的主人。

信息素养是一个比较宽泛的概念，它着重于信息内容的分析、检索和评价，是一种理解、发现、评估和利用信息的认知能力和逻辑辨析推理能力，属于人的智能，是独立于技术的，而信息技术则主要是对技术的了解和应用。但是信息素养能力要依赖于信息技术方能"广、快、精、准"地收集信息，二者关系密切、相互交叉，信息技术越来越成为信息素养的支撑。

第三节　信息技术

概括地说，信息技术是指扩展人类信息器官功能的一类技术。

广义上，凡是涉及信息的产生、获取、检测、识别、变换、传递、处理、存储、显示、控制、利用和反馈等与信息活动有关的，以增强人类信息功能为目的的技术都可以叫做信息技术。信息技术中比较典型的代表，就是信息处理技术、感测技术、通信技术和控制技术，它们大体上相当于人的思维器官、感觉器官、神经系统和效应器官。未来最重要的技术趋势，就是要求将以计算机技术为核心的现代信息处理与通信技术、感测技术和控制技术融合在一起，形成具有信息化、智能化和综合化特征的智能信息环境系统，以有效地扩展人类的信息功能。

一、计算机信息检索概述

（一）数据库技术

数据库是指为满足多个用户的多种应用需要，按一定的数据模型在计算机中组织、存储和使用的相互联系的数据集合。它由相关数据集合以及对该数据集合进行统一控制和管理的数据库管理系统 DBMS 构成。

数据库的实现依赖于计算机的超高速运算能力和大容量存储能力。随着社会的发展，人们已不再满足于简单的数据操作，而是进一步产生了使用数据的需要，即充分利用现有的数据进行分析推理，从而为决策提供依据。为此，数据仓库（Data warehouse）、联机分析处理（Online analytical processing）和数据挖掘（Data mining）等概念应运而生。

（二）数据通信技术

通信是人体信息传送机能的延伸，是人类赖以生存和发展的基本意义要素之一。如果说以计算机技术为核心的现代信息处理技术是社会的"大脑"，那么网络通信技术就是现代社会的"中枢神经系统"。传递信息的通信网络已经成为社会经济发展的生命线。

人类社会通信技术的发展源远流长。从古代的烽火、信鸽和驿站，近代的邮政、电报和电话，到现代的卫星、光纤和计算机网络，其主要任务是通过一定媒介将承载一定信息的信号从一点快速准确地传输到另一个点，人类总是在不停地开发越来越先进的信息传递技术手段，以便能够更加充分地利用信息资源。

通信系统是实现通信过程的系统。其基本组成包括信源、信宿、变换器和反变换器、信道以及噪声源。

① 信源：信息的发出者，它把各种可能的信息（如语言、文字、图形和图像等）转换成原始电信号，这个原始的电信号如果不适合在信道上传输，就必须通过某种变换器将原始电信号转换成适合在信道上传输的电信号。例如，利用模拟传输系统传输数字信息就需要调制解调器（modem）这种变换器。接收端则进行反变换。

② 信宿：信号的接收者，它将接收到的信号转换成信息。

③ 信道：信息传输的通道。

④ 噪声：信号在传输过程中受到的干扰。噪声过大将影响被传送信号的真实性或正确性。

数据进入计算机，首先要通过发送设备转换为适合通过传输信道的信号波形，这一转换过程称为调制。经过调制的数据信号通过传输信道，到达另一端的终端，接收设备从调制过的数据信号中恢复出数据，这一转换过程称为解调。

（三）多媒体技术

多媒体技术就是将文字、声音、图形、静态图像、动态图像等信息媒体与计算集成在一起，使计算机应用由单纯的文字处理进入文、图、声、影集成处理的技术，其核心特性是信息媒体的多样性、集成性和交互性。

由于多媒体技术提供了更多的交互手段，给人类信息交流以更多的方便，所以它有着极其广阔的应用前景，如可视电话、电视会议、商业宣传、电子出版、多媒体教学和电子游戏等。

二、信息检索关键技术——数据库技术

(一) 数据库技术简介

数据库(database)简称 DB。顾名思义,数据库是计算机中存放数据的仓库,这仓库可以建立在计算机硬盘中,也可以建立在外存储媒介中,如磁盘、光盘等存储器中。

数据库系统实质上就是一个记录保存系统。它可以将各种数据很方便地保存到数据库中,数据库中的数据由一个称为数据库管理系统的软件进行管理,对数据库的访问必须通过数据库管理系统。

一个数据库系统的主要功能之一就是允许数据操作,还需要有许多的附加功能(例如屏幕格式定义、菜单定义、打印输出控制等)和数据定义(即建库功能)功能。上述这些功能准确地说就是支持一种数据库语言。

每一种数据库系统都有它自己支持的语言(命令)来实现对数据的操作,这有点类似于地球上不同的国家和民族使用各自的语言来表达各自的思想。但是,语言不同给不同民族之间的交流带来了困难,数据库的语言同样如此,因而国际标准化组织(ISO)选定了 SQL 语言作为数据库的标准语言。

由于数据库是一个很复杂的系统,涉及面很广,因而许多专家从不同角度给数据库下过定义。总的来说,数据库是存储在一起的相关数据集合,数据被结构化。这些数据去掉了有害的或不必要的冗余,为多种应用服务,数据的存储独立于使用它的程序;对数据库插入新的数据、修改和检索原有的数据,均可按一种公用的可控制方式进行。

(二) 数据库特点

1. 数据共享

这是数据库系统区别于文件系统的最大特点之一,也是数据库系统技术先进性的重要体现。共享是指多用户、多种应用、多种语言互相覆盖地共享数据集合,所有用户可同时存取数据库中的数据。

2. 面向全组织的数据结构化

在数据库中,数据不再像文件系统那样从属于特定的应用,而是按照某种数据模型组织成为一个结构化的整体。它不仅描述了数据本身的特性,而且也描述了数据与数据之间的种种联系,这使数据库具备复杂的结构。数据结构化有利于实现数据共享。

3. 数据独立性

在文件系统管理中,应用程序严重依赖于数据文件,如果把应用程序使用的磁带顺序文件改成磁盘索引文件,则必须对应用程序进行修改。而数据库技术的重要特征就是数据独立于应用程序而存在,数据与程序相互独立,互不依赖,不因一方的改变而改变另一方,这大大简化了应用程序的设计与维护的工作量。

4. 可控数据冗余度

数据共享、结构化和数据独立性的优点可使数据存储不必重复,不仅可以节省存储空间,而且从根本上保证了数据的一致性,这也是有别于文件系统的重要特征。

5. 统一数据控制功能

数据库是系统中各用户的共享资源,因而计算机的共享一般是并发的,即多个用户同时使用数据库。

(三）数据库的构成

从计算机信息检索的观点来看，数据库主要由"文档—字段—记录—数据项"四个层次构成。

1. 文档

从数据库内部结构来看，文档的概念是指数据库内容的组成的基本形式，是由若干逻辑记录构成的信息集合。有顺排文档和倒排文档。

2. 字段

字段是记录的基本单元。它是对实体的具体属性进行描述的结果。在各类数据库中字段的内容都是不相同的，一般字段与信息的著录项目相对应。如在 OPAC 中，记录中含有题名、著者、出版年、主题词、文摘等字段。另外，根据与文献内容相关与否，信息数据库的字段通常分为基本字段和辅助字段两类，如表 1-3-1 所示。

表 1-3-1 信息数据库中常见的字段

基本字段			辅助字段		
字段名称	英文全称	英文简称	字段名称	英文全称	英文简称
题目	Title	TI	记录号	Document No	DN
文摘	Abstract	AB	作者	Author	AU
叙词	Descriptor	DE	作者单位	Corporate on Source	CS
标识词	Identifier	ID	期刊名称	Journal Name	JN
			出版年份	Publishing year	PY
			出版国	Country	CO
			文献性质	Treatment Code	TR
			语种	Language	LA

3. 记录

记录是文档的基本单元。它是对某一实体的全部属性进行描述的结果。在全文数据库中，一个记录相当于一条完整的信息；在书目数据库中，一个记录相当于一条文摘或题录，或者相当于图书目录中的一个款目。

4. 数据项

数据项是依据字段内容所做的描述，是组成记录的最小单位。总之，一个文档中设有若干的字段，根据字段的定义包含有大量的相对字段的记录，而每个记录又由具体的数据内容组成，它们之间存在一种层次关系。

第四节 计算机信息检索概述

手工检索简称手检，又称纸质型或书本式(含卡片)检索，通常使用一些书本型的检索工具和参考工具书，通过人脑的思考、比较和选择，同时结合手工操作来完成检索任务。这些检索工具的内容丰富、编排有序，一般都具备分类号、主题词、著者姓名、文献序号和号码代号等必要的检索标识，能提供各种体系的辅助索引，如分类索引、主题索引、作者索引、号码

索引等。手工检索是检索人员采用人工匹配的方法进行检索的,它具有以下特点:

1. 检索过程灵活

手工检索过程通过检索者手查、眼看、思考、比较、选择等步骤来完成,在检索过程中检索者可以边查边考虑,看提问标识和文献标识是否一致,如不符可以及时改变检索策略。因此,手工检索过程非常灵活。

2. 检索结果准确

手工检索如果准备充分、策略得当,就能较准确地命中检索结果,最终提供明确的文献线索或确切的知识内容,如数据、定义、公式、结论等。

3. 检索不易查全

由于手工检索文献的标引深度较低,检索点较少,使得文献不容易被检索出来,检索的全面性就较难得到保证。另外,手工检索结果与检索者的检索策略和对检索工具的熟悉程度也有很大关系,如果检索者选择的检索策略不当,信息也很难查全。

4. 检索速度不快

手工检索是通过手工翻阅检索工具书来检索的,其速度比计算机检索慢得多,尤其在检索较复杂的课题时,更是费时费力,效率不高。

计算机检索自1954年开始经历了脱机批处理检索阶段、联机检索阶段、光盘检索阶段,到20世纪90年代以后,计算机检索已经进入了计算机和网络检索(又称网络化检索)阶段。

一、计算机信息检索的原理

计算机信息检索是指利用计算机存储信息和检索信息。具体地说,就是指人们在计算机或计算机检索网络的终端机上,使用特定的检索指令、检索词和检索策略,从计算机检索系统的数据库中匹配出所需的信息,再由终端设备显示或打印的过程。为实现计算机信息检索,必须事先将大量的原始信息加工处理,以数据库的形式存储在计算机中,所以计算机信息检索广义上包括信息的存储和检索两个方面。

计算机信息存储过程是用手工或者自动方式将大量的原始信息进行加工,具体做法是将收集到的原始信息进行主题概念分析,根据一定的检索语言抽取出能反映信息内容的主题词、关键词、分类号以及能反映信息外部特征的作者、题名、出版事项等,分别对这些内容进行标识或者编写出信息的内容摘要。然后再把这些经过"前期处理"的信息按一定格式输入计算机中存储起来,计算机在程序指令的控制下对数据进行处理,形成机读数据库,存储在存储介质上,完成信息的加工存储过程。

计算机信息检索过程是用户对检索课题加以分析、明确检索范围、弄清主题概念,然后用系统检索语言来表示主题概念,形成检索标识及检索策略,输入到计算机进行检索。计算机按照用户的要求将检索策略转换成一系列提问,在专用程序的控制下进行高速逻辑运算,选出符合要求的信息输出。计算机检索的过程实际上是一个比较、匹配的过程,检索提问只要与数据库中的信息特征标识及其逻辑组配关系相一致,则属"命中",即找到了符合要求的信息。

在用户输入单个检索词的情况下,例如输入"视盘脉管炎"一词时,系统首先查找索引词典倒排文档,并在显示器上响应,给出含有"视盘脉管炎"一词的记录数,系统同时将这些记录的地址调入内存。在系统接到用户显示命中记录的指令后,调用记录号倒排文档,根据记录号从顺排文档中读取并显示记录。有的系统则在接收用户检索词后,顺次搜索索引词典文档、记录号文档和顺排文档,用户可同时看到命中的记录数和首记录的全部内容。

在用户输入两个以上检索词的情况下,计算机信息检索系统除了进行上述操作以外,还要对记录号集合之间进行逻辑运算,包括逻辑"与"、"或"、"非"运算。需要指出的是,用户在检索过程中,如果发现以下三种情况可以通过关键词重述或转换,或者换用其他数据库,或者调整检索策略的办法予以解决:① 对所输入的检索词系统响应为"0",即检索词与索引词典中标识词不匹配。② 对所输入的检索词,系统响应的篇数或者太多,或者太少。③ 对所输入的检索词,系统最后给出的记录并不合乎课题要求。

二、计算机信息检索系统

计算机信息检索系统,是指按某种方式、方法建立起来的供用户检索信息的一种有层次的信息体系,是表征有序的信息特征的集合体。在这个集合体中,对所收录的信息的外部特征和内容特征都按需要有着详略不同的描述,每条描述记录都标明有可供检索用的标识,按一定序列编排,科学地组织成一个有机的整体,同时应具有多种必要的检索手段。其中,二次信息或三次信息是信息检索系统的核心和概括。

1. 检索系统的功能

① 报道职能:通过报道的方式来揭示信息,方便用户及时了解和掌握信息的内容。

② 存储职能:把大量分散的和不同形式的信息集中起来,依据一定规则组成系统,由分散到集中,由无序到系统化。这是由一次信息转化为二次信息的过程。

③ 检索职能:通过对信息的报道和存储,把大量的带有外表特征和内容特征的信息有系统地集中起来,并按某一组织方式排列,使用户可以很快地检索到所需的信息。

2. 检索系统的评估标准

① 信息的收录范围:是指信息系统所覆盖的学科面、所收录的信息源类型及数量是否广泛、全面。

② 信息特征标识的详略:检索系统对信息的外表特征和内容特征标识或描述的详略程度。例如,SinoMed 收录的学术论文的外表和内容特征的描述十分详细,为用户提供了多种检索途径。

③ 信息摘录及标识的质量:这是指在编制检索系统的过程中,分析信息内容所达到的深度。它还包括标识是否能反映信息的内容特征、标识项目是否完全、标识是否符合标准化等方面。

④ 信息报道的时差:报道时差是指从原始信息发表到相应的索引或文摘在信息系统中报道的时间间隔,这也是国际信息咨询服务所追求的目标之一。

⑤ 检索功能的完善:信息检索系统的使用方法是否简单易学、一目了然,系统组织是否科学,各种辅助检索方法是否完善、实用,是否有检索历史记录,各种标识项目是否容易识别。此功能的评价指标将会随着数据库编制技术水平和客观需要的提高而改变。

3. 检索系统类型

从检索服务的角度出发,再以数据库所含信息内容的表现形式作为分类标准,可将信息数据库划分为三个类型:参考数据库、源数据库、混合型数据库。

① 参考数据库(Reference database)：指用户从中获取信息线索后，还需要进一步查找原文或其他资料的一类数据库。它包括书目数据库和指南数据库。

② 源数据库(Source database)：在欧洲也被称为数据银行(Data bank)。它是能够直接为用户提供原始资料或具体数据的一类数据库。它包括数值型数据库、术语数据库、图像数据库、全文数据库、超文本数据库和新闻型数据库。

③ 混合型数据库(Mixed databases)：这类数据库综合了上述两大类数据库的数据。

4. 检索系统的构成模式

信息检索系统是由若干个互相关联的子系统共同构成的。

(1) 信息数据的选择、处理、录入、维护子系统

这个子系统是对原始信息进行选择、处理、录入、追加修改和索引的组织。系统的工作结果是形成各种数据库。例如，处理的是全文型数据则为全文数据库，处理的是索引、题录或文摘型数据则为书目数据库，处理的是百科全书、年鉴、手册型数据则为事实数据数据库。

(2) 词表和标引子系统

数据库中的信息需要通过检索语言加以表征和组织，检索者需要借助检索语言表达检索提问，系统的词表通过程序自动地予以更新维护。由于存储容量和处理速度的提高，计算机信息检索系统不仅采用主题词和分类号，还大量采用关键词(或称自由词，由计算机通过剔除禁用词自动产生)或识别词(准主题词，由计算机通过统计使用情况自动产生)标引信息，以提高信息揭示深度，增加检索入口，同时方便检索者以近乎自然语言的词汇检索所需的信息。

(3) 检索子系统

检索子系统接收用户从键盘等入口向系统提出的检索要求，编译转换成系统语言词汇，并输出检索结果。检索策略的质量直接影响着检索子系统的功能发挥。

(4) 用户接口子系统

这个子系统包括检索者同系统之间的通信方式、检索指令及交互能力等。

5. 检索系统的组织

(1) 组织的要求

① 信息内容有序化：从各类信息源采集到的信息大部分属于零散的、孤立的信息，因此需要对信息内容进行有序化整理。具体来说，一是要将内容相同或相关的信息集中在一起，将内容无关的信息区别开来；二是集中在一起的信息要有系统、有条理，按一定标识呈现出某种秩序，并能表达出某种意义；三是相关信息单元之间的关系要明确化，并能产生某种关联效应或能给人以某种新的启示。

② 信息流向明确化：信息作用力的大小取决于信息流动的方向。信息检索系统组织要做到信息流向明确化，首先要认真研究用户的信息需要和信息行为，按照不同用户的信息活动特征确定信息的传递方向；其次要注意根据信息环境的发展变化不断调整信息流动的方向，尽量形成信息合力。

③ 信息流速适度化：信息流速的不断加快使人们感受到了巨大的信息压力，眼花缭乱的信息流可能会降低决策的效率。同时，人们面对的问题在不断地发展变化，信息需要也在不断地更新。为此，必须适当控制信息的流动速度，把握住信息传递时机，即用户在决策活动中遇到某种问题而产生了与解决该问题有关的信息需要这一时机，提高信息的效用。

④ 信息质量最优化：由于社会信息污染现象日益严重，从信息源中采集到的信息常常

是新旧并存、真假混杂、优劣兼有的。信息组织要求优化信息的质量，提高信息的精确度，就必须对信息进行鉴别、分析和评价，剔除陈旧过时、错误无用甚至是自相矛盾的信息，提高信息检索系统的可靠性和先进性。

（2）组织的方法

所谓信息检索系统组织方法，就是指对每一信息的各种外表特征和内容特征进行描述，并确定其标识，然后按一定方式或规则将其内容组织起来以供检索的方法。从编辑者的角度，称之为组织法；从检索使用者的角度，称之为检索法。

1）传统组织方法包括：

① 分类组织法：这是一种把知识、信息单元，按学科内容、事物性质分门别类加以组织排序的方法。它把性质相同的内容集中在一起，以反映学科知识的系统性、完整性，符合人类的认知习惯。例如《本草纲目》的药物的分类、《中华本草》各学科分卷等。

② 主题组织法：这是用信息的主题特征来组织排列信息的方法，为人们提供了一种直接面向具体对象、事实或概念的信息检索途径。即首先分析标引对象，从中抽取能够代表主题特征的词语，如关键词、主题词等，然后再按照一定的排序规则，把标引过的信息按照主题的异同组织起来。

③ 字顺组织法：这是一种完全采用语词符号的发音与结构特征作为排序依据的方法，大致可分为形序法和音序法，操作简单。

④ 号码组织法：这是按照每个信息被赋予的号码次序或大小顺序排列的方法。某些特殊的信息，如科技报告、标准文献、专利说明书等，在生产发布时都编有一定的号码。该方法对信息组织排列十分简单易行，尤其适用于计算机信息处理、存储与检索。国际有关组织和我国有关部门已经发布了许多标准化代码表。

⑤ 自然组织法包括：

时序组织法：按照信息发生、发展的时间顺序进行组织的一种方法。

地域组织法：也称为地序法。这是按照地域、区划等地理顺序组织的一种方法。

2）现代组织法：数据库的出现使得文档记录中所有的数据项目都可以成为字段，并以字段组织所有信息，在数据库的记录中，字段与信息的著录项目相对应。通常可以分为基本字段和辅助字段。每个字段都可以作为检索入口，为用户提供多途径的检索入口。

现代组织法包括：

① 字段组织法：就是将所有获得的信息资源按照固定的记录格式存储组织，用户通过关键词及其组配查询就可以找到所需要的信息线索，再通过信息线索连接到相应的网络信息资源。数据库技术是对大量的规范化数据进行管理的技术，它可以大大提高信息管理的效率。因为数据库的最小存取单位是字段，所以可根据用户需求灵活地改变查询结果集的大小，从而大大降低网络数据传输的负载。数据库方式对于信息处理也更加规范化，特别是在大数据量的环境下，其优点更为突出，但它对用户提出了一定的要求，要求用户掌握一定的检索技巧，包括关键词及其组配的选择。

② 网络组织法：在网络环境下，信息资源在其数量的巨大、分布和传播范围的广泛、信息内涵的扩大、信息类型的多样以及信息传递的快速等方面，远远超出了传统的非网络信息资源组织管理方式和技术所能覆盖的范围。网络环境为信息资源的管理制造了空前复杂的环境，对信息资源的组织与管理提出了更高的要求。

目前对网络信息资源进行组织使用得较多的方式主要有：

文件组织方式：以文件为单位共享和传输信息。以文件方式组织网络信息资源简单方便，但随着网络信息资源利用的不断普及和信息量的不断增多，以文件为单位共享和传输信息会使网络负载越来越大；而且当信息结构较为复杂时，文件系统难以实现有效的控制和管理。因此，文件方式只能是组织网络信息资源的辅助形式。

主题树组织方式：将所有获得的信息资源按照某种事先确定的概念体系结构，分门别类地逐层加以组织，用户通过浏览的方式逐层加以选择，层层遍历，直到找到所需要的信息线索，再通过信息线索连接到相应的网络信息资源。该方式具有严密的系统性和良好的可扩充性，但它不适合建立大型的综合性的网络资源系统。因为该方式要求体系结构不能过于复杂，每一类目下的索引条也不宜过多，只有在建立专业性或示范性的网络信息资源体系时才显出其结构清晰、使用方便的优点。

超文本组织方式：超文本（hypertext）是一种非线性的信息组织方法，它的基本结构由结点（node）的链（link）组成。结点用户存储各种信息，链表示各结点（即各知识单元）之间的关联。通常的文本信息是用字符串来表达、以线性方式顺序进行组织的。这种组织方式并不完全符合人们的思维习惯，因为人类的思维很少是线性的，更多是联想式、跳跃式的，是在多角度、多层次上同时展开的过程。利用迅速发展的计算机信息处理技术，把文本信息中若干可产生联想的内容（通常称为知识单元或结点）以非线性的方式组合在一起，即通过建立各结点间的超文本链接（hypertext link），构成相关信息的语义网络，就可以实现超文本的信息组织方式。并且随着多媒体技术的发展，人们还可将文字、图形、图像、声音和影像等多种媒体形式的信息集成在一起，由计算机实现交互控制和综合利用，超文本的信息组织方法也将逐步走向超媒体（supermedia）的信息组织方法。

超媒体组织方式：就是将超文本与多媒体技术结合起来。它将文字、表格、声音、图像、视频等多媒体信息以超文本方式组织起来，使人们可以通过高度链接的网络结构在各种信息库中自由航行，找到所需要的信息。这种方式符合人们思维联想和跳跃的习惯，加上通过浏览的方式搜寻所需信息，避免了检索语言的复杂性。但当超媒体网络过于庞大时，就难以避免地会造成用户"迷航"的现象。

元数据组织方式：在网络进行信息检索时，信息量浩如烟海。搜索引擎的出现，使用户在迷茫之中有了导航灯。在搜索引擎的检索中，输入一个检索词瞬间能得到相关的网页，其搜索能力固然是非常强的，但检索结果往往是站点很多。然而，在精确地返回用户所需信息方面还远远不能满足要求，一个重要的原因是信息资源的提供者只重视信息资源的内容，而忽视了信息资源的描述。

元数据又称为"描述数据"。简单来说，就是关于数据的数据（data about data），它是对数据内容的描述。元数据日趋重要的主要原因是网络信息量的激增，给网络数据的管理、数据的使用、数据的共享、数据的检索带来一系列的问题，而通过元数据，可以在一定程度上解决上述问题。

元数据中具有代表性的是都柏林核心集（Dublin Core），它作为电子信息资源描述的解决方案，通过电子资源提供者对Web资源属性信息的描述，粗略地对资源内容进行编目，帮助人们尽快地在网上找到所需要的资源，因此可以把都柏林核心集资源描述方案称为网上资源的编目。

三、计算机信息检索语言

检索语言(Retrieval Language)是检索信息所使用的人工语言。就检索语言的实质而言,它是从自然语言中精选出来并加以规范化的一套词汇符号,用以对信息内容进行概括其内容或外在特征的概念及其相互关系的概念标识体系。检索语言由词汇和语法两部分组成。

① 词汇:是指登录在类表、词表中的所有的标识(分类号、检索号、代码等),是可识别的语词,见图1-4-1。

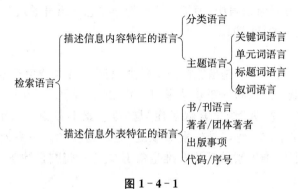

图 1-4-1

② 语法:是指如何运用标识来准确表达信息内容和特征,以有效实现信息检索的规则。

在存储和检索过程中,检索语言起着重要的语言保障作用。它既是沟通信息存储和检索两个过程中信息标识和信息检索双方思路的桥梁,又是编制检索数据库的各种索引的依据。检索语言是为了达到信息标识和信息检索一致性的一种受控语言。

1. 检索语言基础知识

任何一种检索语言,无论其表达形式是词、词组或符号,都是一种用概念及其相互关系表达信息内容特征的标识系统。它们都建立在概念逻辑的基础上,并以此为依据。

在信息检索过程中,为了揭示事物与其他各种事物之间的区别与联系,达到检索的目的,检索语言不仅要表达事物的不同概念,还要揭示概念之间的逻辑关系。逻辑概念的关系如图1-4-2所示。

(1) 等同关系

等同关系指两个或两个以上的词所表达的概念完全相同或基本相同。它包括同义关系和准同义关系两种类型。

1) 同义关系:指所表达的概念完全相同。其逻辑关系如图1-4-2(a)所示。

图1-4-2(a)中A和B分别表示两个同义词,重合的A、B两圆代表这两个同义词所表达的概念具有同一关系,即A和B外延完全重合。同义词的形式主要有规范词与俗称(如守宫与壁虎)、全称与简称(如获得性免疫缺陷综合征与艾滋病)、新词与旧词(如肝性脑病与肝昏迷)、正式译名与其他译名(如艾滋病与爱滋病)等。

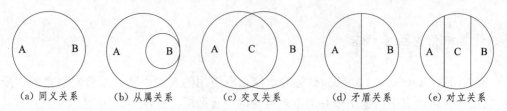

图 1-4-2 检索语言概念间逻辑关系

2）准同义关系：指所表达的概念基本相同或相近。准同义词的形式主要有近似词之间（如 tumor 与 cancer）、泛指词与专指词之间（乳房 X 线摄影术与钼靶 X 线）、部分反义词之间（阳性与阴性）等。在检索语言中，为了保持事物—概念—语言形式一一对应的关系，只能选择一个概念作为正式的标引词。

（2）从属关系

从属关系又称上下位关系，是指这样两个概念：其中一个概念完全被包括在另一个概念的外延里，是另一个概念外延的一部分，如图 1-4-2(b)所示。外延较大的称为上位概念，外延较小的称为下位概念，如"维生素缺乏症"与"维生素 B 缺乏"之间的关系便是从属关系，"维生素缺乏症"是上位概念，"维生素 B 缺乏"是下位概念。一系列从属关系的概念总称为一个概念系。例如，维生素缺乏症—维生素 B 缺乏—硫胺素缺乏—脚气病，就是一个概念系。

（3）相关关系

相关关系是指概念之间关系密切，又不同于等同关系和从属关系，互相联系得不像前两种那样关系密切，灵活性较大。相关关系一般有三种类型。

1）交叉关系：又称部分重合关系，是指有一部分外延相重合的概念之间的关系，如图 1-4-2(c)所示。两个交叉概念外延的重合部分（即相同部分）往往形成一个新概念。这个新概念对原来两个概念中任何一个来说，都是下位概念。以"生物学"与"信息学"为例，其逻辑关系是：A 代表"生物学"，B 代表"信息学"，它们的外延重合部分 C 是"生物信息学"。

2）矛盾关系：指两个在外延上互相排斥，而它们的外延之和等于其共同上位概念的外延总和的概念间的关系，如图 1-4-2(d)所示。以"英语文献"和"非英语文献"为例，其逻辑关系就是矛盾关系，A 与非 A 的外延之和为图 1-4-2(d)中的圆，表示"文献"。

3）对立关系：指在外延上互相排斥，但其外延之和不等于其上位概念外延概念间的关系，如图 1-4-2(e)所示。以"水污染"与"水净化"为例，其逻辑关系就是对立关系。图 1-4-2(e)中的 A 代表"水污染"，B 代表"水净化"，它们的概念外延之和并不等于"环境污染"这个上位概念的外延。因为"环境污染"除了"水污染"和"水净化"外，还包括"空气污染"、"食品污染"等内容。也就是说，"水污染"与"水净化"概念的外延之和小于其共同上位概念的外延，它们之间还存在着中间概念，即图中的 C。这是它与矛盾关系最本质的区别。

4）并列关系：也称同位关系，是指一个上位概念之下的几个下位概念之间的关系。例如，"肺肿瘤"概念下的"癌，支气管原"、"癌，非小细胞肺"、"肺胚细胞瘤"等，它们之间就是并列关系。

检索语言在表达各种概念及相互关系时，普遍应用了上述概念逻辑的原理，并且利用了概念的划分与概括、概念的分析与综合这两种逻辑方法来建立自身的结构体系。

概念的划分和概括是概念的分类过程。利用划分和概括过程中所产生的概念隶属、相关和并列关系，可以建立某些形式的信息检索语言结构体系——概念等级体系，这样就可以显示信息内容和形式千差万别的联系。

概念的分析与综合是概念的组配过程。用此种方法建立的检索语言形成了另一种形式的结构体系——概念组配体系。这种检索语言不但可以提供多种途径来进行信息的标引和检索，而且可以任意选择检索标识的专指度，随具体情况而扩大、缩小或改变检索范围。

为了使信息检索语言能够适合科学研究的需要，必须把各种概念之间的关系建立在知识分类的基础上，信息检索语言除了以概念逻辑为划分依据外，还要以知识分类为依据，只有较充分全面地反映当代知识分类水平的信息检索语言，如美国医学主题词表每年根据医学知识的发展，修订词表，才能保证信息检索的系统化和科学化。

2. 检索语言的类型

（1）分类语言

分类语言是建立在科学分类的基础上，运用概念划分与概括的方法，将大大小小的概念进行层层划分，每次划分，就产生许多类目，逐级划分就产生许多不同级别的类目。所有不同级别的类目层层隶属，从而产生不同级别且存在隶属关系和体现知识等级体系的类目，形成了一个严格有序、层次分明的知识门类等级制体系。每一类目分别以不同的符号作为标志，每个分类号都是表达特定知识概念的语词，即分类语言的语词，这种标志就是分类语言。大多数分类表都是根据该语言编制而成的。

优势：能体现学科的系统性，反映事物的派生、隶属与平行关系，符合人们从学科角度检索信息的习惯，使读者能鸟瞰全貌、触类旁通，便于随时扩大或缩小检索范围；能从学科和专业角度检索信息，族性检索效果比较理想。使用分类标识（分类号）来表达事物的主题概念比较简单明了，易于掌握。特别对于外文检索工具，即使不懂其文字，只要掌握其采用的分类法，就可以借助分类号进行检索。

缺陷：在标引和检索主题概念复杂的信息时不够准确，也就是说，分类表的类目专指度不很高，影响到查准率；分类表不能随时修改、补充，对边缘学科和新兴学科缺乏有效的方法；检索时，要将信息的主题内容转换成学科或专业名称，还要将类目转换成学科，影响检索效率和准确性，不利于特性检索。例如，"肺的解剖"、"尘肺预防"、"肺炎"都是论述"肺"这个主题的，但在分类语言中被分别归入"肺解剖学（R322.35）"、"职业性疾病预防（R135）"、"肺疾病（R563）"类，同一主题的信息却被分散在分类法的各类之中。

利用分类途径查找信息的步骤：① 分析研究所需要查找信息的内容主题。② 判断该主题在分类法中属于哪一大类。③ 然后再从大类一级一级往下寻找，直到查到具体类目和具体的检索结果为止。

（2）主题语言

主题语言是使用词语标识的一类信息检索语。主题语言是一种描述语言，即用自然语言中的名词、名词性词组描述事物概念的中心语义。也就是说，它以语言文字为基础，以反映特定事物为中心，不论学科分野和科学技术的逻辑序列，直接借助于自然语言的形式，作为信息内容的标识和检索依据的一种以主题字顺体系为基本结构的检索语言。它给人们以直观的感觉。

主题语言包含两个内容：一是指表达信息内容特征的、经过规范化了的名词术语（包括词组和短语）；二是把这些名词术语按字顺排列成主题词表，以此作为规范语词标引和检索信息的工具。

主题语言的标识直接从信息论述的问题和研究的具体对象选取,描述时采用组配方式,所以它不论信息主题如何专深,也不论其主题学科性质如何交叉渗透,只要具有明确的表达概念的术语,一般都可以根据需要把它直接选做标识语言,或者通过组配的方法加以表达,而不像分类语言那样受到线性结构和学科体系固定的约束。对于不断出现的新学科、新事物和新概念,主题语言可以随时进行增删和修改,而不像分类语言那样需要瞻前顾后,一类变动,牵动全局。

把主题词按照一种便于检索的方式编排起来,就是主题词表。它是主题标引和检索的主要工具。主题词表揭示和处理了信息提问中有可能出现的各种同义词、近义词、反义词之间的语义关系,展开了同一族系中各主题词的语义等级结构,限定了较含糊主题词的含义及确定其意义与范围。主题词表提供了按字顺、学科专业及等级结构等多种不同角度查找的途径。

由于主题词表列举的概念标识数量较多,多数标识的指代范围较窄,所以利用主题词表检索信息具有直指性强、专指度高的特点。而且同一篇信息可用多个主题词来标引,因此扩大了检索途径。例如,一篇题为《辨证治疗143例视盘脉管炎》的信息,经过主题内容的概念分析,就可以得出"中医药疗法"和"视盘脉管炎"两个概念单元。用两个标准化的语言符号来代表这两个概念单元,这就是主题词。

(3) 关键词

关键词是表达用户信息需求和检索课题内容的基本元素,也是计算机检索系统进行匹配的基本单元。正确的主题分析是制定检索策略的保证,它决定了检索策略的质量和检索效果的好坏。因此,务必要在分析课题的主题概念中掌握课题的内容实质,概括出能最恰当地代表主题概念的关键词。

1) 关键词的选择

① 选择最核心词汇,不要加修饰词,这样查找的范围会大些,得到的结果也多些。

例如,关键词"艾滋病"得到的检索结果一定大大多于"艾滋病预防"或是"艾滋病控制"。因此,在检索前要明确自己的目的,要得到关于某一事物的相关所有信息,就要把关键词范围放大,不加修饰词,只输入核心词。

② 选择概念表达最确切的词语。关键词的选择不仅要从课题名称中分析,更要从学科专业和检索目的的角度,概括出能够反映课题实质内容的检索词,需从概念内涵的深浅程度、概念的属分、整体与部分等,选择最切合实际要求的词作为检索词,以便提高检索的切题程度,如"茶"和"苦丁茶"、"鲜花"和"玫瑰花"等。

③ 选择通用性的术语。切忌使用国际上并不通用的术语,如"第三世界"、"下岗"等查找国外数据库,通常不能达到预期的效果。在选编关键词检索的过程中要尽量使用本学科在国际上通用的、国外文献上出现过的术语,并尽量避免使用冷僻词和自选词。

④ 从相应的规范词表中选定所需的关键词。由于主题词是信息标引和检索中必须共同遵循使用的语言,而且很多数据库都有自己的主题词表,所以应该优先选用词表中的规范词,以便能使检索获得最佳的效果,在计算机检索系统中一般都备有联机查询指令供检索者联机确定关键词用。

⑤ 注意关键词的单复数、拼写变异、单词结尾的不同等。例如:糖尿病肾病。英文要注意单复数问题,如:Diabetic Nephropathy,Diabetic Nephropathies 及瘤的拼写变异 tumor,tumour。

2) 关键词的扩展处理

目前的计算机信息检索系统还不具备智能思考能力,不会对所输入检索词以及涉及的所有词进行自动、全面的检索。在确定检索词时,除了要考虑到被选用检索词的缩写词及不同拼法的词,还要考虑反映主题概念的同义词、近义词等相关词,以便在编制检索式时考虑到这些因素,避免漏检有关的信息。

① 同义词的判断和选择:在同一概念的范畴内,从语言角度选择不同的名称、拼写方法和单复数形式。例如,学名和俗名:守宫(壁虎)、血管炎(脉管炎);简称和全称:AIDS(Acquired Immune Deficiency Syndrome);英式和美式:sulfur(sulphur)等。

② 近义词的判断和选择:在相近概念的范畴内,从概念的微小区别、概念的多义性、概念的相近性等进行选择。例如,tumor(cancer)、瘤(癌)、跨国公司(跨国企业)、法律监督(司法监督)。

③ 以概念为单位,构成组面检索词。例如,检索课题:关于网络营销领域的风险承受心理分析;关键词:网络营销、风险承受心理分析。值得注意的是,关键词的选取应该考虑一些其他因素,例如,关于经济领域的诈骗行为的心理分析;关键词:经济诈骗、诈骗心理(分析)。这里有个概念的重叠和拆分问题。

(4) 关键词的四种变化

关键词的四种变化包括同义词、上位词、下位词、同类词。

① 同义词:某种明确概念,可以有不同的表达词。

这些不同的表达词指的是同一个明确概念、互相等同,可以称为等同词。引起同义词的原因包括但不限于缩写、全称、简称、学名、俗名、简繁体、不同语言说法、不同地区说法(美语、英语)、不同时代说法(古今、代差)、别称、全角半角、大写小写、错别字、网络通假字、敏感词通假……

例如,以下三个是同义词:"守宫""壁虎""天龙"。

② 上位词:指概念上外延更广的检索词。例如,"农药"是"杀虫药"的上位词,"维生素缺乏症"是"维生素B缺乏"的上位词。

一个关键词所表达概念的任何一种属性、任何一种归类方式,都可以是它的上位词。例如,"守宫"的上位词可以是"壁虎科"、"动物药"、"祛风湿药"、"软坚药"。

③ 下位词:指概念上内涵更窄的检索词。例如,"农药"的下位词包括"化学灭生剂"、"除莠剂"、"驱虫药"等。

④ 同类词:指与检索词具有某种相同属性的词。

与关键词有同一个上位词的都是同类词。所以,推算一个关键词的同类词,可以从这个关键词的某个上位词开始反推。

以关键词yahoo为例,looksmart、yahoo是作为"分类目录"属性的同类词;yahoo、altavista、vivisimo是作为"搜索引擎"属性的同类词;yahoo、sina、sohu是作为"中文门户"属性的同类词;yahoo、gmail、网易是作为"电子邮箱"属性的同类词。

(5) 关键词的多重排列组合

改变短语中的词序以创建不同的词语组合。使用不常用的组合组成一个问句,包含同义词、替换词、比喻词和常见错拼词。使用其他限定词来创建更多的两字组合,三字、四字组合。

① 关键词:带宽。可能遇到类似于数字宽带、数字无线宽带、无线数字宽带、宽带加速、宽带新闻、数字无线宽带新闻、数字天线通讯等词组。

② 关键词:软件解决方案。不妨试一试流量分析软件解决方案工具、B2B 软件解决方案、电子商务软件解决方案等。

(6) 关键词的专指和泛指来提高查准率和查全率

为了提高查准率,不用"仪器"(泛指),而用"核磁共振"(专指);不用肺肿瘤(泛指),而用支气管癌(专指)。为了提高查全率,要避免专业词汇而使用大众化的词汇,如不用"移动电话",而用"手机";使用上位概念,或者要尽可能使用一些同义词或近义词。

(7) 使用地理位置

如果地理位置很关键,则把它加入关键词组。

3. 信息检索语言的作用

信息检索语言的基本功能就是知识组织功能,可保证较高的检索效率。情报检索语言的基本功能大致可归纳为如下四点。

(1) 对文献的情报内容(及某些外部特征)加以标引的功能。情报检索语言的这项基本功能,是指它使用受控的人工语言标识来表达文献主题概念,可使文献主题概念的表达规范化。

每种情报检索语言都是由一整套概念标识构成的一个概念标识系统。所谓文献标引,是指用某种概念标识系统的标识来表达文献主题概念的操作过程。

文献中的有价值情报内容在文献标引过程中经过分析被概括为文献主题概念(简称文献主题、主题)。一般来说,情报检索语言的表达对象主要是文献内容特征,即文献主题概念。表达文献的某些外表特征(如少量文献类型特征)则是次要的。文献题名、著者名称等语词,在题名检索系统、著者检索系统中虽可作为检索标识,但不属于情报检索语言的范围。

(2) 对内容相同及相关的情报加以集中或揭示其相关性的功能

情报检索语言的这项基本功能,概括地说就是聚类功能。即通过一定形式揭示情报检索语言所表达的文献主题之间的相同性、相似性和相关性,以构成一个文献主题概念网络,把知识和信息纳入这个概念网络中,可以起到"物以类聚"、"鸟瞰全貌"和"触类旁通"三种作用,既有助于文献标引人员准确选择标引用语,从而提高标引质量,也有助于情报检索人员准确选择检索用语,以及进行族性检索和在检索中根据具体情况扩大、缩小、改变检索范围,从而提高检索效率。

(3) 对大量情报加以系统化或组织化的功能

情报检索语言的这项基本功能,就是将文献款目按检索标识进行分类排序,使之系统化,或按字顺排序使之组织化。

(4) 便于将标识用语和检索用语进行相符性比较的功能

情报检索语言的这项基本功能,是指它作为文献标引人员和情报检索人员共同语言的规范化的、根据检索要求专门设计的标识,有助于情报检索过程顺利地、圆满地实现。情报检索过程实际上是标引用语与检索用语的相符性比较(匹配)过程。一般情报检索语言都有便于将标引用语和检索用语从整体上进行相符性比较(即判断标引用语是否与检索用语完全相符)的功能,而且大多数情报检索语言还有便于将标引用语和检索用语从局部上进行相符性比较(即判断标引用语是否与检索用语部分相符)的功能。

4. 常用主题词表

常用的主题词表有美国医学主题词表(MeSH)、荷兰医学文摘的主题词表(EMTree)和中国中医药学主题词表等，医学主题词表主要由字顺轮排表和树状结构表两部分构成。

（1）美国医学主题词表（MeSH）

字顺轮排表（索引）是将主题词表中中英文主题词和入口词按一定顺序排列而成。入口词，亦称款目词，包括主题词的同义词、近义词、缩略语、不同的拼写方式、倒装或顺装以及已经取消而意义相近的主题词，通过入口词可以查到正式主题词。见图 1－4－3。“lung cancer”是入口词，通过 NLM 主题词索引（http://www.nlm.nih.gov/mesh/2012/mesh_browser/MBrowser.html）指引见“lung Neoplasms”。见图 1－4－4。

National Library of Medicine - Medical Subject Headings

2012 MeSH

Return to Entry Page

Please select a term from list:

Carcinoma, Non-Small-Cell Lung
  Non-Small Cell Lung Cancer
Lung Neoplasms
  Cancer of Lung
  Cancer of the Lung
  Lung Cancer
Small Cell Lung Carcinoma
  Oat Cell Lung Cancer
  Small Cell Lung Cancer

图 1－4－3

MeSH Descriptor Data

Return to Entry Page

Standard View. Go to Concept View; Go to Expanded Concept View

MeSH Heading	Lung Neoplasms
Tree Number	C04.588.894.797.520
Tree Number	C08.381.540
Tree Number	C08.785.520
Annotation	coord IM with histol type of neopl (IM)
Scope Note	Tumors or cancer of the LUNG.
Entry Term	Cancer of Lung
Entry Term	Cancer of the Lung
Entry Term	Lung Cancer
Entry Term	Neoplasms, Lung
Entry Term	Neoplasms, Pulmonary
Entry Term	Pulmonary Cancer
Entry Term	Pulmonary Neoplasms
See Also	Carcinoma, Non-Small-Cell Lung
See Also	Carcinoma, Small Cell
Allowable Qualifiers	BL BS CF CH CI CL CN CO DH DI DT EC EH EM EN EP ET GE HI IM ME MI MO NU PA PC PP PS PX RA RH RI RT SC SE SU TH UL UR US VE VI
Entry Version	LUNG NEOPL
Date of Entry	19990101
Unique ID	D008175

图 1－4－4

树状结构表，也称范畴表，此表将全部主题词按内容分为 16 个类目（详见主题词范畴表），各类主题词按各主题词内涵范围的大小逐级排列，形成树状结构。树状结构表内各主题词均赋予编号，即树状结构号（tree number）。有些主题词分别列在不同的子类目，因而有几个树状结构号。树状结构表的作用：① 便于选用恰当的主题词，根据词树上下位概念主题词的排列，有助于选用专指的主题词或上位概念主题词；② 扩展检索（EXPLODE），扩展检索按此表上下位关系进行。如对“Lung Neoplasms”进行扩展检索，则“Lung Neoplasms”所有下位主题词标引的全部文献均可检出。See Also（相关参照）用来处理具有相关关系的主题词间的参照。如检索肺肿瘤的文献，See Also 提供的主题词有“Carcinoma, Non-small cell lung（癌，非小细胞肺）”和“Carcinoma, Small cell（癌，小细胞）”，需要查全肺肿瘤方面的文献，就要将“癌，非小细胞肺”和“癌，小细胞”也检索。见图 1－4－5。

副主题词（关联词）使用也有明确的规定，其定义和使用范围参见“专题副主题词表”，用户采用主题词检索时,副主题词的使用必须遵守其定义和使用范围。副主题词也有上下位概念关系,参见"专题副主题词树状结构表",以便检索时选择一组副主题词检索,提高查全率。如检索"纵膈肿瘤的诊断和鉴别诊断",就需要选择副主题词"诊断"及其下位副主题词"放射摄影术"、"放射性核素显像"、"超声检查"。

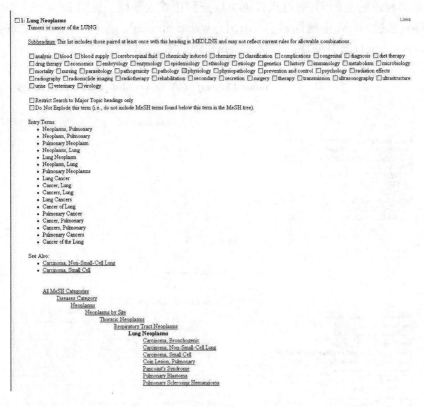

图 1-4-5

(2) 国际系统医学术语集

国际系统医学术语全集(SNOMED)是美国病理学家学会(CAP)编著出版的当今世界上最庞大的医学术语集。1997年10月出版的3、4版共收入146 217条词汇,内容包括人体解剖学、生理学、病生理学、组织形态学等基础临床医学;细菌学、病毒学、真菌学、寄生虫学及动物传媒体等病源学;生物化学、药物、生物制品等;物理因素和致病动因等;手术操作、处理、康复医学等;遗传学、性医学、免疫学、肿瘤学、酶学、核医学、化验及人体检查法等;诊断学、治疗学、护理学、医院管理学、医学社会学等;以及其他贯穿于各个专门领域的医学术语。全集还收入多种国际性编码系统和资料,如 ICD-10-CM、CPT、ICD-O、IUB、ILO、AHFS、NANDA、SNOVDO 等,有利于查询参考。国际系统医学术语全集(SNOMED)由中华医学会、中国医药信息学会、中国医院管理学会、卫生部医院管理研究所、北京大学医学部、香港中文大学、中日友好医院、北京协和医院等部门的70多位专家学者通力合作全文翻译。国际系统医学术语全集(SNOMED)系统性强,采用层次结构的网络编码体系,强调了名词概念之间的相互联系,用途广泛。国际系统医学术语全集(SNOMED)数据库结构支持多种系统间的交叉联系和检索,也是医院信息管理、计算机化病案管理、医学科学研究、医学信息管理等国内外系统联网的基础数据库。2004年 SNOMED 与英国国民医疗保健系统结合,出版了 SNOMED CT，该词表包括 357 000 个具有唯一意义和以形式逻辑为基础定义的概念。

(3) 国际疾病分类法

国际疾病分类法源于 1853—W. Farr(18071883)死因标准术语集。目前最新版为 ICD-10。自 1975 年第九版出版至 1994 年 ICD-10 三卷书的编辑完成，经历了近二十年的时间，终于在 1992 年至 1994 年先后完成并出版了《国际疾病分类》第十次修订本(简称 ICD-10)的三卷书。该分类已于 1989 年被国际疾病分类第十次国际修订会议批准，并在第 43 届世界卫生大会上正式通过，自 1993 年 1 月 1 日起生效。世界卫生组织报告世界上已有几十个国家使用或计划使用 ICD-10。ICD-9 综合运用了病因、解剖部位和表现等轴心进行分类，它不描述某一疾病是如何发生的，也不为某一病人编码。ICD-10 的主要特点是新、全、细，它包括了近年来对疾病的新认识，有一个更为全面、丰富的索引，疾病分组更详细，比 ICD-9 扩展了 1.6 倍的容量，它的应用范围不仅考虑到疾病统计、生命统计，而且照顾到医院管理、科研和医院付款的使用。

(4) 观测指标标识符逻辑命名与编码系统

实验室术语集实际上就是用于标识具体实验室检验项目和临床观测指标结果的一套标准的通用名称与代码集(Logical Observation Identifiers Names and Codes，LOINC)，是由 Regenstrief 医疗保健研究院(Regenstrief Institute for Health Care)主持的一个非官方性的研究项目。Regenstrief 医疗保健研究院，简称 Regenstrief 研究院(Regenstrief Institute)，是国际上备受尊重的一个非营利性医学研究机构。该研究院联合和挂靠于印第安纳大学。LOINC 系统最初由 Regenstrief 研究院于 1994 年启动，并由该研究院及 LOINC 委员会负责开发和维护。该项目的工作旨在满足临床数据从产生数据的实验室以电子消息的形式传送至将数据用于临床医疗护理和管理目的的医院、医生办公室及支付方的实际需求。

(5) 美国统一医学语言系统

美国统一医学语言系统 (Unified Medical Language System，UMLS)是美国国立医学图书馆(NLM)于 1986 年开始研制的一项长期开发研究计划，旨在克服计算机生物医学信息检索中的两个显著障碍(相同的概念具有不同的表达方式；有用的信息分散在不同的数据库系统中)，使用户很容易地跨越了在病案系统、文献摘要数据库、全文数据库以及专家系统之间的屏障。它包含了 MeSH、SNOMED CT、LOINC、RxNorm(药品编码词表)、ICD、NANDA(护理诊断分类)等内容。各种编码方案从不同角度和不同目标出发，试图对复杂的医学文档进行描述。使用自由文本格式描述临床医学记录，其文档的可利用价值很低，人们进行标准化，就是试图对医学文档进行半形式化甚至全部形式化。UMLS 包括 4 个部分：超级叙词表、语义网络、专家词典、情报源图谱。超级叙词表(Metathesaurus)是生物医学概念、术语、词汇及其涵义等级范畴的广泛集成。语义网络(Semantic network)是为建立概念、术语间错综复杂的关系而设计的，它为超级叙词表中所有概念提供了语义类型、语义关系和语义结构。专家词典(Specialist lexicon)是一个包含众多生物医学词汇的英语词典，可以确定英语词汇的范围以及识别生物医学术语和文本词的词形变异，也为超级叙词表提供了确定范围的医学术语和词汇。情报源图谱(Information sources map)是一个关于生物医学机读情报资源的数据库，其目的是利用超级叙词表和语义网络实现以下功能：确定情报源与特定提问的相关性，以便选取最合适的情报源；为用户提供特定情报源的范围、功能和检索条件等人工可读的信息；自动链接相关情报源；在一个或多个情报源中自动检索并自动组织检索的结果。

第五节 计算机检索方法

计算机检索从集合的观点看,检索过程就是对记录集合再划分的过程,而检索条件就是划分的依据。

一、布尔逻辑检索(boolean logic)

逻辑检索是一种比较成熟、较为流行的检索技术,逻辑检索的基础是逻辑运算,绝大部分计算机信息检索系统都支持布尔逻辑检索。布尔逻辑的基本运算形式有三种,逻辑"与"、逻辑"或"、逻辑"非"。

(一)逻辑"与"。逻辑"与"一般用 AND 或"*"号表示。设提问集 A 和 B,如果文献 c 同时满足 A 和 B 中的每一个提问项,则为命中文献,否则为不命中。用数学模型来表示,则 C 为 A 和 B 的交集。见图 1-4-2。

(二)逻辑"或"。逻辑"或"一般用 OR 或"+"号表示。设提问集 A 和 B,如果文献 C 满足 A 或者满足 B,即为命中文献,否则为不命中。用数学模型来表示,则 C 为 A 和 B 的并集。见图 1-4-2。

(三)逻辑"非"。逻辑"非"一般用 NOT 或"-"号表示。设提问集 A 和 B,如果文献 C 满足 A,且不包含 B 为命中,否则为不命中。逻辑"非"实际上反映了 A 集合对 B 集合的差运算。见图 1-4-2。

布尔运算符的优先级为:-、*、+。

二、位置逻辑检索(proximity search)

(一)位置逻辑检索的原理

位置逻辑检索,又称邻近检索、相邻度检索。它是基于文献中或文献记录中语词之间的相对次序或位置不同,它们所表达的意思可能不同。相应地,一个检索提问中语词之间的相对次序和位置不同,其表达的检索意图也不一样。因此,可以使用一些特定的位置逻辑算符来限定检索词之间的位置关系,使检索提问式尽可能表达检索者真正的检索意图,从而既提高检准率,又提高检全率。

(二)几种主要的位置逻辑算符

1.(W)——with。在(W)两侧的检索词顺序不能改变,而且两个检索词之间不能有其他的词或字母,但是允许有空格或标点符号。

2.(nW)——nWords。在(nW)两侧的检索词顺序不能改变,两个检索词之间最多允许插入 n 个词。

3.(N)——Near。在(N)两侧的检索词顺序可以调换,而且两个检索词之间最多可以有 10 个词。

4.(nN)——nNear。在(nN)两侧的检索词顺序可以调换.而且两个检索词之间最多可以插入 n 个词。

5.(F)——Field。在(F)两侧的检索词顺序可以调换,而且两个检索词之间的词的个数也不限,但是,它们必须同时出现在文献记录的同一个字段内。

6. (S)——(S)表示在此运算符两侧的检索词只要出现在文献记录的同一个子字段或同一段内,此文献即被命中,两个词词序不限,且两个词中间可间隔若干个词。如 solar(S) heat。

7. (L)——(L)运算符表示两侧的检索词在同一个叙词单元,且它们之间有一定的从属关系。如"太阳能"与"能源"之间的关系可表示为:solar(L)energy。

三、截词检索(truncation)

截词检索是指在检索词中保留相同的部分,用截词符号代替可变化的部分。它是为了部分解决由于检索式中对同义词列举不全造成的漏检现象而提出的,相当于用逻辑"或"扩展检索范围。截词符号一般用"?"或"*"等。

截词模式有两种:无限截断和有限截断。其中,无限截断又分为前截断(后方一致)、中截断(除中间外,前后一致)和后截断(前方一致)。无限截断有时可能会检出许多与检索主题毫无关系的内容,使检索结果十分庞大。因此,选择合适的词干是很重要的。

有限截断是用来对检索量进行限制的一种方法。其原理是在词干前后加以字符限制,使得检索出的词除词干外,前后缀所含字符必须与限定字符个数一致,或者在限定数以内。例如,银盘公司的 MEDLINE 光盘检索,computer? 可以查到有关 computer、computers、computery 词,但不会检出 computerized、computerizing、computerlab、computerphobia 等词。

截词检索主要用于年代、作者、同根词和单复数词的检索,减少输入负担,节省检索时间和费用,提高检全率。

四、字段限制检索(field limiting)

字段检索是指将检索词的匹配限定在某个或某些特定的字段范围内进行。不同检索系统的字段限定方法可能不同,如有的是在检索词前用一个字段符加"="表示,有的是在检索词后加"in"和一个字段符表示。

五、括号检索(parentheses)

用于改变运算的先后次序,括号内的运算优先进行。

六、短语检索(phrase search)

短语用引号("")表示,检索出与引号("")内形式完全相同的短语,以提高检索的精度和准确度,因而也有人称之为"精确检索"(exact search)。

七、模糊检索（fuzzy search）

又称概念检索，是指使用某一检索词进行检索时，能同时对该词的同义词、近义词、上位词、下位词进行检索，以达到扩大检索范围、避免漏检的目的。

八、加权检索（term weighing retrieval）

加权检索是为了弥补布尔逻辑检索不能揭示检索概念与检索课题相关程度的缺陷而提出来的。其基本思路是，由检索者自行对各检索词设置一个权值，并提出一个阈值，当检索出的提问式的总权值大于或等于阈值时，该文献为命中，否则为不命中。

加权检索使量的概念进入了布尔检索，总权值的大小代表了文献与检索课题的相关程度。最后输出检索结果时，可以根据权值的大小顺序排列，这对用户是非常有用的。

九、自然语言检索（natural language search）

即直接采用自然语言中的字、词、句进行提问式检索，这种基于自然语言的检索方式又被称为"智能检索"（intelligent search），特别适合不太熟悉网络信息检索技术的用户使用。又称自然语言接口方式。其原理就是概念或标识的对应转换，这种转换是借助于计算机自动进行的。其核心是一种自然语言与情报检索语言的对应表。对应表既可以是自然语言与主题检索语言的语词的对应，也可以是自然语言与分类检索语言的语词（即分类号）的对应。自然语言接口用的对应表可在使用过程中不断增补以达到完备，要点是对应关系一定要正确。自然语言接口对情报检索语言的易用化十分有效。PubMed 和 EMBASE.com 都提供自然语言接口。

十、多语种检索（multilingual search）

提供多种语言的检索环境供用户选择，系统按用户选定的语种进行检索并反馈结果，支持多语种检索的如中文天网，英文 AltaVista、Google 等。

十一、区分大小写的检索（case sensitive）

对于具有区分大小写检索功能的工具而言，如果用户输入的检索式用小写字母表示，搜索工具既匹配大写又匹配小写，如输入"china"，将检索出 china（瓷器），China（中国）；但如果用大写字母表示，搜索工具认为用户指定了只要大写，就只会查找那些与用户键入的输入形式完全相同的结果，如输入 China，则只检索出 China。极少数搜索引擎支持区分大小写的检索。

第六节　计算机信息检索策略与检索步骤

一、检索策略和步骤

所谓检索策略(retrieval strategy),是指文献信息检索步骤的科学、合理安排。用户进行大而复杂的课题检索,其检索过程是分步来完成的。所以,检索步骤的科学合理性非常重要,特别是在计算机文献信息检索过程中,检索策略问题必须慎重考虑,特别是它要在交互式的人机对话中完成一个比较复杂的课题检索。

1. 检索课题分析

对检索课题进行分析,就是对检索课题的主题进行分析,也是对课题所包含的概念成分及其相互关系的分析。它是制定检索策略的根本出发点,也是检索效率高低或成败的关键所在。在对检索课题分析时,要搞清楚三个基本问题:一是所检课题的主要内容及其所涉及的学科范围。二是所需查找文献的类型、语种、年代及文献量。三是对文献新颖性和查准率、查全率指标要求;如用户检索的目的是为了了解科技的最新动态、学科的前沿及进展情况,则检索出的文献必须具备新颖性,也就是说对检索结果,即文献"新"的指标要求比较高;如用户检索的目的是解决科研项目中的具体问题,则要强调一个"准"字,即查准率的指标要求要高;如用户检索的目的是了解与该课题研究的全过程、写综述、作鉴定、报成果,就要回溯大量文献,要求检索得全面、详尽、系统,强调一个"全"字,即查全率的指标要求很高。

2. 检索系统和数据库的选择

检索系统和数据库的选择是指要选择好检索工具,知道从哪个检索系统及数据库中可以查找到与课题相关的信息。一个计算机检索系统往往包括若干个数据库,进入系统后,常会有主题分类目录提供用户选择。一些内容相同的数据库也经常出现在不同的检索系统中。数据库的选择原则一般可概括成四个C,即由四个C字母打头的英语术语构成:一是Content,它是指数据库的内容、学科范畴、文献质量、数据库类型(如数值、事实、文摘、全文等)和文献来源(如期刊论文、会议论文、专利文献、科技报告等);二是Coverage,它是指数据库的规模,包括该数据库的时间范围、文献量等;三是Currency,它是指数据库中文献的新颖性和及时性,数据库的更新频率和周期;四是Cost,它是指检索成本,即所需要的检索费用,如数据库的使用费、检索结果输出费和机时费等。

数据库选择好以后,在检索前,需阅读该库的说明,如出版机构的权威性、文献类型(期刊、会议、报告、专利等)、收录年限、服务功能等。现在许多数据库检索系统都在信息服务中心的web网页上有相关介绍,应当充分利用它们。另外,可以选择合适的数据库试查。

3. 检索点与检索词的选择

检索点对应数据库中字段标目,其基本构成单位是检索词,检索词的恰当选择对于整个检索结果是至关重要的。在检索系统中,检索点主要有:主题、分类、作者/团体作者、书名/刊名和号码等。

检索词的选择与检索语言的掌握程度密切相关,在主题分析的基础上,要把课题有关概念转换成检索语言。总的来说,可优先考虑使用人工语言即规范词,但规范词数量有限,涵盖的概念也有限,而且各检索系统、各数据库没有统一的词表,加上新概念、新词汇的层出不穷,新数据库的不断问世,未必都有规范词表。所以,通常是人工语言与自然语言(非规范词)配合使用。另外,有些检索系统可以使用相应的词表和类表对选择出来的检索词进行核对,可借助词表力求检索的主题概念准确反映检索需求。

4. 检索式的编制

检索式是检索策略的最具体的体现,是检索系统可运行的检索方案。用户要将检索词组配起来,正确表达它们之间的关系,如逻辑关系、位置关系。检索式在检索中可一次完成,也可分多步完成或多次修改后完成。检索式的表达对一个课题可能有多种形式,有各种选择、组配和描述、限定等方式,这些关系通过算符来体现。检索式可以表达复杂的检索提问,将各个检索点、不同属性值、不同的关系系统组织在一个检索提问式中,使检索系统完成课题检索任务。

5. 检索方案的调整

由于计算机检索具有实时性和互动性,所以用户可以及时分析检索结果、调整检索方案。为了获得满意的检索结果,在整个检索过程中,用户往往需要经过多次判断、多次修改检索提问式,让检索系统重新执行检索任务。另外,检索方案的规划、考虑需要预先准备,要做到心中有数,才能在检索过程中应付自如。

6. 检索结果输出的选择

检索结果的输出形式有多种,包括目录、题录、文摘、全文或自定义形式等,用户要根据需要进行选择。另外,检索结果的输出格式、方式也有多种,包括显示、复制、打印、传输、下载、E-mail等,用户要根据费用的多少来进行选择。

7. 拓宽检索

利用检出文献的信息,考查检出相关文献的出处,可能会查找到一批相关文献。另外,还可根据相关文献(全文)的"引用文献"或"参考目录"再查找到一批相关文献。

8. 充分利用各种资源

为了提高查全率,在检索中可以使用各种导航工具、搜索引擎等,进行全方位的网络资源搜寻。

9. 全文获取

检索文献,获取全文文献往往是检索的终极目标。数据库和检索技术的发展,使获取全文变得越来越方便了。通常有以下几个途径获取全文。

1) 利用可以提供全文的数据库

全文数据库是获取全文的主要途径,也是最方便、最直接的途径。正式出版的全文数据库大多都有权限的限制,在购置的权限范围,可以从检索到的文献直接通过超链接获取全文,也有免费的全文数据库,例如中国国家知识产权局的专利数据库、美国专利数据库、欧洲专利数据库、PMC等。目前大多数的数据库只提供图像格式的全文,因此需要安装特殊的浏览器,如 PDF、Cajviewer。

2) 利用馆藏目录或者联合目录查找全文

实体图书馆是传统纸质文献的收集和保存之地,包含丰富的历年纸本期刊、图书、会议录、学位论文、专利、报告以及标准、年鉴、手册、图谱、百科全书等,用户掌握全文线索后,可首先利用本馆馆藏目录查询,借助图书馆联机馆藏目录查询系统(OPAC),用书名、刊名等出版物名称检索,继而借阅、复印或者扫描全文。如今许多著名文摘数据库都附加有"馆藏链接功能",这也可帮助用户获得馆纸本文献。联合目录(union catalogue)是指一种联合两所以上图书馆馆藏目录的数据库。使用者从单一窗口网站来检索国内多所图书馆的馆藏,其能提供给使用者知道哪个图书馆有收藏他所需要的馆藏资讯。按地域范围可分为国际性的、国家性的和地区性的联合目录。我国国家级联合目录有中国科学院国家科学数字图书馆(Chinese National Science Digital Library,简称 CSDL)联合编目服务系统(http://CSDL.net.cn)、国家科技图书文献中心(http://www.nstl.gov.cn)等。地区性的联合目录有江苏省工程技术文献信息中心联合目录(http://portal.e-library.com.cn/)、长三角科技资源共享平台联合目录(http://lib.csjpt.cn/)等。用户借助联合目录提供的信息,可以向收藏馆馆际互借(InterlibraryLoan,简称 ILL)所需全文。

3) 一站式文献检索查找全文

同一文献类型的文献会被不同数据库所收录,不同类型的文献也会被不同的数据库所收录,为了减轻用户查找一篇全文在不同数据库中检索的工作量,许多图书馆和文献收藏机构将本馆所购买的所有数据库和纸版资源进行整合,使用者利用"一站式查询"功能快速找到自己所需要的全文所在的数据库,然后直接点击链接就可以进入相应的全文数据库了,同时还会提示资源的收藏情况。

4) 搜索网上免费资源

除了收费的网络全文数据库外,在因特网上还存在大量免费的、非结构化全文文献,其中不乏高水平学术论文,许多个人或团体自愿将自己拥有的各种学术论文在网上发布,供网民免费浏览使用。搜索这些学术论文全文可以通过一些专门从事学术信息收集的搜索引擎,如"Scirus"、"Google Scholar"等。

5) 图书馆全文传递服务

全文传递服务(Document Delivery,简称 DD)或称文献传递服务是指图书馆或文献传递中心通过一定的方式,从异地获取读者所需的文献全文,提供给读者的服务。如果以上获取全文的方法都没有奏效,那么还可以通过图书馆的原文传递服务获取。几乎每一个大中型图书馆都设有相应的部门提供原文传递服务,帮助解决读者获取原始文献的麻烦。将用户的需要告诉他们,办理相应手续,图书馆会通过馆际合作为用户拷贝或传输全文。用户也可以自己在网上通过文献服务共享平台获得原文传递服务,例如"江苏省工程技术文献信息中心"的文献检索和原文传递系,它面向江苏省因特网的个人、集体用户,提供期刊、会议、学位论文、科技报告全文文献的检索与网络传递服务。

根据上述检索策略,可以描绘出计算机文献信息的检索步骤,见图 1-6-1。

二、检索效果评价

检索效果是指信息系统检索信息的有效程度,反映了信息系统的检索能力。检索效果包括检索的技术效果和经济效果。技术效果是由信息系统完成其功能的能力确定,主要指性能和质量。经济效果由完成这些功能的价值确定,主要指信息系统服务的成本和时间。克兰弗登(Cranfield)在分析用户基本要求的基础上,提出了六项评价系统性能的指标,分别为:收录范围、查全率、查准率、相应时间、用户负担和输出形式。其中,查全率和查准率是两个最主要也是最常用的指标。

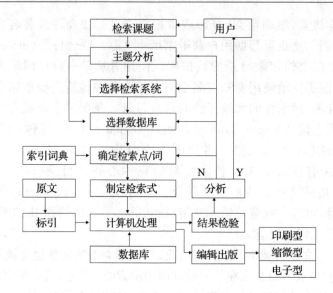

图 1-6-1 检索步骤

1. 查全率和查准率

查全率(Recall Ratio)是指检索出的相关信息量与信息系统中的相关信息总量之比。

查准率(Precision Ratio)是指检索出的相关信息量和检索出的信息总量之比。

在上述公式中,前者是衡量系统检索出与课题相关信息的能力;后者是衡量系统拒绝非相关信息的能力。两者结合起来即反映信息系统的检索效率,可是相关信息和非相关信息在检索效果的分析中总是相辅相成的。检索者的最终目的是要求达到查全率和查准率均为100%,这实际上是不可能的。一系列试验结果表明,查全率和查准率之间存在互逆关系。对任何一个信息系统,在其查全率与查准率之间都存在一个最佳的比例关系,即查全率一般在60%~70%,查准率一般在40%~50%,这是检索的最佳状态。

2. 查全率和查准率的局限性

查全率和查准率虽然是目前用来衡量检索效果的相对合理的指标,但它们却存在着难以克服的局限性。

查全率的局限性主要表现在:它等于检索出的相关信息与存储信息中的相关信息之比,但很少有人事先确知存储信息中相关信息究竟总共有多少,只能估计;另外,查全率或多或少具有"假设"的局限性,这种"假设"是指检索出的相关信息对用户具有同等价值,但实际并非如此。

查准率的局限性主要表现在:如果检索结果是题录式而非全文式,由于著录的内容简单,用户很难判断检索到的信息是否确实与课题密切相关,必须寻找到该题录的全文,才能真正判断该信息是否符合检索课题的需要;同时,查准率中所讲的相关信息,也具有"假设"的局限性。

产生这种局限性的主要原因是在"相关性"这个概念上。"相关性"的概念本身,主观成分颇多。不同的课题,对检索信息相关性的要求不同,即使同一课题,随着时间、地点、条件的不同,对检索信息的相关性要求也会有很大出入。例如,在开始确定一项新的研究计划时,对查全率要求很高,希望不漏掉任何一个重复研究项目的情报;而在进行这项研究的过程中,为了核实或补充某个问题,有时又需要很高的查准率。因此,前面所说的查全率和查准率,都是相对的查全率和查准率,而不是绝对的查全率和查准率,它们只能近似地描述检索效果。

在实际检索中需要根据具体的检索课题来调整查全率和查准率。用户常常是经过几次检索来调整符合检索课题需要的查全率和查准率。在多数情况下,应该在查全基础上逐步利用限制检索来逐步提高查准率。

3. 影响查全率和查准率的主要因素

对用户来说,最关心的是检索效果,影响检索效果的主要因素有信息标引的广泛性和用户检索标识的专指性。标引的广泛性是指标引时揭示信息主题基本概念的广度而言,是支配查全率的重要因素;检索标识的专指性是指检索标识表达主题的基本概念的专指度而言,是支配查准率的重要因素。

对于一个信息系统来讲,系统内信息存储不全,收录遗漏严重;索引词汇缺乏控制;词表结构不够完善;标引缺乏详尽性,没有网罗应有的内容;信息分类(标引)专指度缺乏深度,不能精确地描述信息主题;组配规则不严密,容易产生模棱两可或歧义现象等,这些都是影响查全率和查准率的客观因素。

对用户来说,影响查全率和查准率的主观因素有:检索课题要求不明确、检索系统选择不恰当、检索途径和方法过少、检索词缺乏专指性、检索面宽于检索要求、用词不当、组配错误等。

4. 提高检索效果的措施和方法

要提高检索效果,可以参考使用以下辅助性措施和方法:

① 提高检索系统的质量,数据库收录信息内容的范围不但要广泛,而且要切合课题检索的要求,著录的内容详细、准确,辅助索引完备,具有良好的索引语言的专指性与网罗性及其标引质量等。

② 提高用户利用检索系统的能力,使之具备一定的检索语言知识,能选取正确的检索词,并能合理使用逻辑组配符完整地表达信息需求的主题;能灵活运用各种检索方法和检索途径等使检索系统最大限度地发挥作用。例如,全面准确地表达检索要求,合理使用信息、检索点。根据不同检索课题的需要,适当调整对查全率和查准率的要求。

③ 制定优化的检索策略,尽量准确地表达检索要求,合理调整查全率和查准率。由于查全率和查准率是互逆的,所以需要根据课题的具体要求合理调整两者的比例关系。如需了解某项研究的概况、申请专利、科技查新、开题、立项等则要求查全率高,如需了解某项研究的最新进展、检索新的课题则要求有较高的查准率。总之,选用泛指性的检索词或尽可能增加与检索主题概念相关的检索词的数量,则查全率就高;选用专指性的检索词或由若干个检索词组配的专指概念的检索词,则查准率就高。只要掌握了这些方法和技巧,并在具体检索中合理运用,就能得到满意的检索结果。

调整查全率和查准率的措施:不同的检索课题、不同的信息需求,对查全率和查准率的要求是不同的,表1-6-1给出了调整查全率和查准率的一些措施,供用户检索时选用。

表 1-6-1　调整查全率和查准率的措施

检索目的	构造检索策略的技巧		查全率	查准率
提高查全率	少用"AND"组配		＋	－
	多用"OR"组配		＋	－
	利用词等级	族词检索	＋	－
		同位词检索	＋	－
		上位词检索	＋	－
		同义词检索	＋	－
	截词检索		＋	
提高查准率	下位词检索		－	＋
	提高检索词的专指度		－	＋
	利用"NOT"剔除		－	＋
	利用信息外表特征限制		－	＋
	加权检索		－	＋

　　检索功能强调的是静态性，检索策略则强调动态性。

　　检索策略是对检索行为的全面策划，在操作上主要是指选择合适的数据库和编制检索提问式，前者取决于现有的数据库源，后者则反映检索目标。尽管计算机检索为用户创造了良好的检索环境，尤其是其强大的检索功能、诸多的检索入口和友好的用户检索界面，即使对计算机检索知识掌握有限的人也能上机进行检索。但是，要想以低廉的费用快速地获得满意的检索效果，就离不开计算机检索的基本步骤，即全面地分析信息需要、选择合适的数据库、制定正确的检索策略。

（周晓政）

第二章 中文信息资源检索

第一节 中国生物医学文献服务系统

一、概述

中国生物医学文献服务系统(简称 SinoMed)是由中国医学科学院医学信息研究所/图书馆开发研制的付费数据库(http://sinomed.imicams.ac.cn/index.jsp)。1994 年该机构参照《中文科技资料目录(医药卫生)》和 medline 光盘开发研制出"中国生物医学文献光盘数据库"(CBMdisc),1998 年以来先后推出 WINDOWS 版(CBMWin)、浏览器版"中国生物医学文献数据库检索系统(CBMweb)";2004 年与维普资讯公司合作,实现了CBM 题录数据与维普全文数据库的无缝链接;2008 年推出 SinoMed 中国生物医学文献服务系统,是集检索、个性化定题服务、全文传递服务于一体的生物医学中外文整合文献服务系统。用户可通过镜像站点、网上包库、购买网上检索卡等方式使用该数据库。

(一)系统资源概述

SinoMed 涵盖 8 种资源。

1. 中国生物医学文献数据库(CBM) 收录 1978 以来 1 800 余种中国生物医学期刊,以及汇编、会议论文的文献题录 540 余万篇,全部题录均进行主题标引和分类标引等规范化加工处理。年增文献 40 余万篇,每月更新。

2. 中国医学科普文献数据库 收录 2000 年以来国内出版的医学科普期刊近百种,文献总量 10 万余篇,重点突显养生保健、心理健康、生殖健康、运动健身、医学美容、婚姻家庭、食品营养等与医学健康有关的内容,每月更新。

3. 北京协和医学院博硕学位论文库 收录 1981 年以来协和医学院培养的博士、硕士研究生学位论文,学科范围涉及医学、药学各专业领域及其他相关专业,内容前沿丰富,可在线浏览全文,每季更新。

4. 西文生物医学文献数据库(WBM) 收录 7 200 余种世界各国出版的重要生物医学期刊文献题录 1 900 余万篇,其中馆藏期刊 4 800 余种,免费期刊 2 400 余种;年代跨度大,部分期刊可回溯至创刊年,年增文献 60 余万篇,每月更新。

5. 英文会议文摘数据库 收录 2000 年以来世界各主要学协会、出版机构出版的 60 余种生物医学学术会议文献,部分文献有少量回溯,每月更新。

6. 日文生物医学文献数据库 收录 1995 年以来日本出版的日文重要生物医学学术期刊 90 余种,部分期刊有少量回溯,每月更新。

7. 英文文集汇编文摘数据库 收录馆藏生物医学文集、汇编,以及能够从中析出单篇文献的各种参考工具书等 240 余种(册)。报道内容以最新出版的文献为主,部分文献可回溯至2000年,每月更新。

8. 俄文生物医学文献数据库　收录1995年以来俄国出版的俄文重要生物医学学术期刊30余种,部分期刊有少量回溯,每月更新。

(二)系统功能概述

1. 数据深度加工,准确规范　SinoMed根据美国国立医学图书馆《医学主题词表(MeSH)》(中译本)、中国中医科学院中医药信息研究所《中国中医药学主题词表》,以及《中国图书馆分类法·医学专业分类表》对收录文献进行主题标引和分类标引,使文献内容揭示更加全面、准确。

2. 检索功能丰富,方便易用　智能检索、多内容限定检索、主题词表辅助检索、主题与副主题扩展检索、分类表辅助检索、定题检索、作者机构限定、多知识点链接检索、检出结果统计分析等功能,使检索过程更快、更高效,使检索结果更细化、更精确。

3. 原文服务方式多样,快捷高效　其中CBM和中国医学科普文献题录数据实现了全文链接功能,1989年以来的全文可直接链接维普科技期刊数据库获取。学位论文在线阅读、免费原文直接获取、非免费原文多渠道链接及在线索取等服务。

二、SinoMed检索方法

(一) SinoMed检索规则

SinoMed检索系统及检索规则与Pubmed具有一定的兼容性,主要包括:

1. 逻辑组配检索　支持利用布尔逻辑算符AND(逻辑与)、OR(逻辑或)和NOT(逻辑非)进行检索词或代码的逻辑组配检索。逻辑运算符优先级顺序为:NOT>AND>OR,使用圆括号可改变优先级运算顺序,圆括号中的检索式最先运算。

2. 截词(通配符)检索　SinoMed系统支持两种通配符检索,分别为单字通配符"?"和任意通配符"%",如:输入"血?动力",可检索出含有"血液动力"、"血流动力"等字符串的文献;输入"肝炎%疫苗",可检索出含有"肝炎疫苗"、"肝炎病毒基因疫苗"、"肝炎减毒活疫苗"、"肝炎灭活疫苗"等字符串的文献等。

3. 模糊检索/精确检索　模糊检索亦称包含检索,是指只要用户在确定检索入口后,输入要检索的关键词中的任何一个字符,在数据库指定字段中包含该字符的所有记录就都可被检索出来,即在返回的检索结果中包含输入的检索词,模糊检索能扩大检索范围,提高查全率,如无特殊说明,SinoMed系统中默认进行的是模糊检索。精确检索又称短语检索,是将一个短语(词组)视为一个独立的运算单元,进行严格匹配,检索词与命中检索字符串完全等同,适用于关键词、作者、第一作者、分类号等字段,以提高查准率。如:检索作者为"张明"的文献,系统默认模糊检索可检出作者为"张明学"、"张明"、"张明生"等的文献;若执行"精确检索",系统则仅检索出作者为"张明"的文献。

4. 短语检索　又称强制检索,即对检索词用半角双引号进行标识,SinoMed将其作为不可分割的词组短语在数据库的指定字段中进行检索。如含有特殊符号"—"、"("等,用英文半角双引号标识检索词,如"1,25—(OH)2D3"。

(二) SinoMed检索途径

SinoMed提供跨库检索与单库检索两种检索方式。

1. 跨库检索　可根据需要选择一个或多个数据库进行统一检索,可选择快速检索、高级检索、主题检索和分类检索等多种跨库检索方式,见图 2-1-1,具体检索方法可参照以下单库检索的介绍。

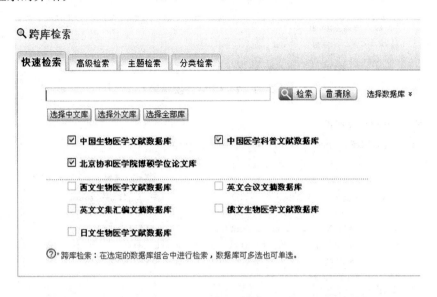

图 2-1-1 SinoMed 跨库检索

2. 单库检索 SinoMed 单库检索提供多种检索方法,如快速检索、智能检索、限定检索、高级检索、主题检索、分类检索、期刊检索、作者检索、定题检索及链接检索等。下面以中国生物医学文献数据库(CBM)为例介绍各检索途径。

(1) 快速检索:快速检索为 CBM 默认检索界面,默认在全部字段检索,并自动实现检索词、检索词对应主题词及该主题词所含下位词的同步检索。如:输入"脉管炎",点击"检索"按钮,系统自动检出在全部字段中含"脉管炎"和"血管炎"的所有文献。若输入多个检索词,中间加以空格,检索词之间默认为"AND"运算。如:视盘脉管炎。检索词之间可直接使用逻辑运算符"AND"、"OR"和"NOT"。如:中医 OR 中药。检索词含有特殊符号"—"、"("等,用英文半角双引号标识检索词,如:"1,25—(OH)2D3"。检索词可使用单字通配符"?"、任意通配符"%",通配符的位置可以置首、置中或置尾。如:胃?癌、肝%疫苗、%PCR。"二次检索"是在已有检索结果范围内进行的再检索,可逐步缩小检索范围,与上一次检索关系是逻辑与"AND"的组配关系。见图 2-1-2 所示,已知在快速检索中完成"醛糖还原酶抑制剂"的检索,继续输入"糖尿病肾病",勾选"二次检索"完成在检索结果中的再检索。

(2) 高级检索:CBM 高级检索为多字段、多布尔逻辑关系组配、多种限定关系组合的检索方式。可根据检索课题选择合适的检索入口:常用字段、全部字段、中文标题、英文标题、摘要、关键词、主题词、特征词、分类号、作者、第一作者、作者单位、国省市名、刊名、出版年、期、ISSN、基金等,其中"常用字段"是中文标题、摘要、关键词、主题词的组合,见图 2-1-3。

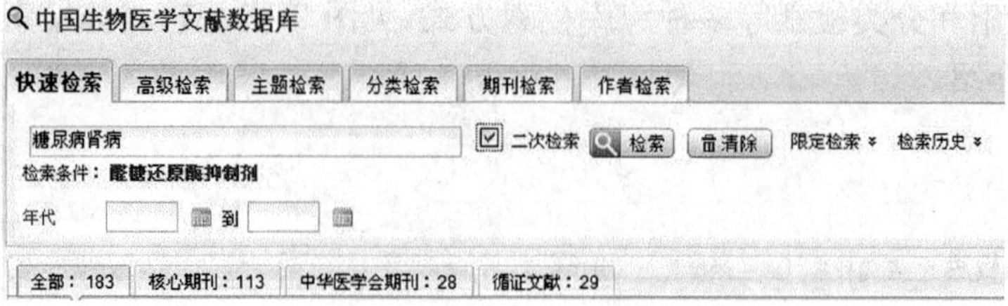

图 2-1-2　CBM 二次检索

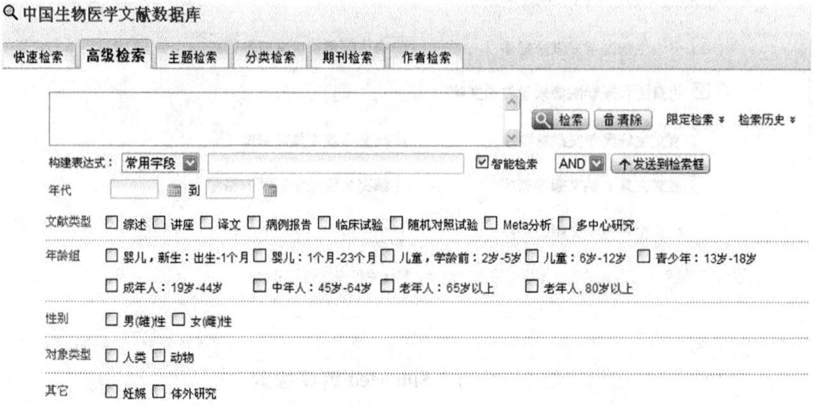

图 2-1-3　CBM 高级检索

根据检索课题筛选出合适的检索词,选择合适的检索字段后输入构建表达式框中,并选择检索词之间的布尔逻辑组配关系进行"AND,OR 和 NOT"的逻辑关系组配,最后点击"发送到检索框"将构建好的检索表达式发送检索框进行检索。每次构建一个检索词的表达式,不支持逻辑运算符"AND"、"OR"和"NOT"构建包含多个检索词的表达式。构建表达式时,输入的字符串用英文双引号包围作为一个整体,检索表达式形式如"糖尿病肾病"常用字段。

CBM 数据库支持精确检索的字段有关键词、主题词、特征词、分类号、作者、第一作者、刊名、期和 ISSN 字段,不勾选"精确检索"时系统默认模糊检索,见图 2-1-4,需检索南京医科大学张明的文献,在输入作者字段"张明"时,可选择精确检索。

图 2-1-4　CBM 精确检索

CBM 数据库的"常用字段"、"全部字段"、"中文标题"、"英文标题"、"摘要"、"关键词"字段均支持"智能检索"功能,即能够自动实现检索词、检索词对应主题词及该主题词所含下位词的同步检索。如:在"常用字段"输入"艾滋病",勾选"智能检索"后点击"检索"按钮,系统自动检出在缺省字段中含"艾滋病"、"AIDS"和"获得性免疫缺陷综合征"的所有文献,见图 2-1-5。

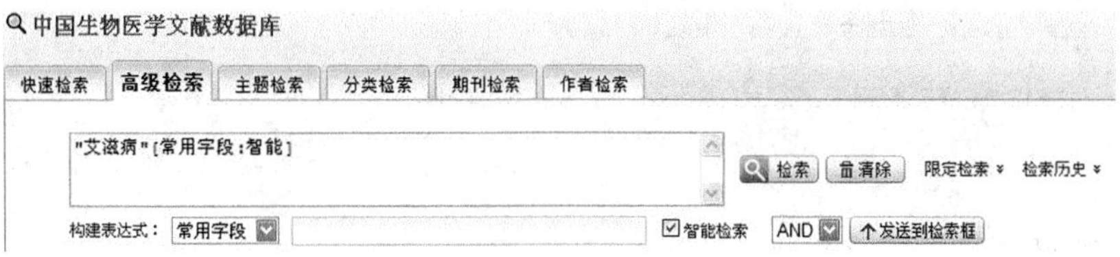

图 2-1-5　CBM 智能检索

限定检索实际是把年代、文献类型、年龄组、研究对象、性别等常用限定条件整合到一个表单中供用户选择,这样可以减少二次检索操作,提高检索效率。进行限定检索时,可以在检索前设置限定条件,也可以在检索后设置限定条件,还可以根据需要随时修改限定条件,见图 2-1-6。如果是在检索后设置限定条件,或对限定条件进行了修改,需点击"检索条件"才能对当前检索条件执行新限定检索。

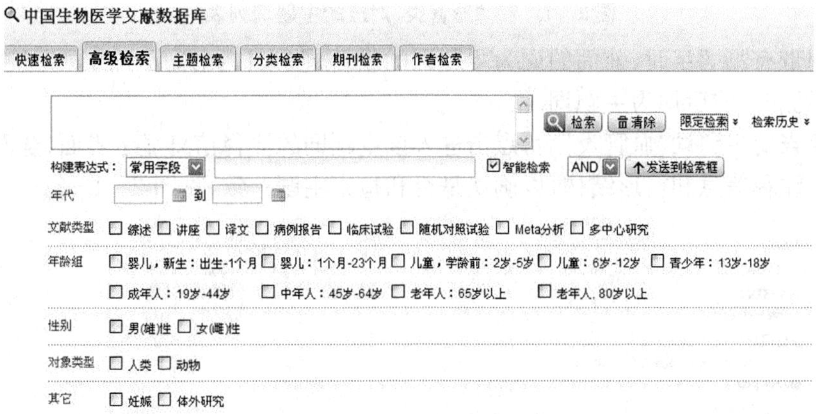

图 2-1-6　CBM 限定检索

(3) 主题检索:指采取规范化的主题词进行检索,与自然语言相比,"主题检索"能有效提高查准率。

主题词表是对主题词进行规范化处理的依据,也是文献处理者和检索者共同参照的依据。SinoMed 依据美国国立医学图书馆《医学主题词表(MeSH)》(中译本)、中国中医科学院中医药信息研究所《中国中医药学主题词表》对收录文献进行主题标引。如:白介素 2、白细胞介素 2、IL2、IL—2 等表达同一概念的不同书写形式规范为主题词"白细胞介素 2";主题词"获得性免疫缺陷综合征"涵盖了艾滋病、AIDS、爱滋病、获得性免疫缺陷综合征等表达同一概念的不同书写形式的词语。

主题检索通过如下操作来实现:

1) 在"中/英文主题词"检索入口键入完整检索词或片段,查找浏览相关主题词注释信息和树形结构,选择确定需要的恰当主题词。

2) 在选定主题词的注释信息显示界面,选择是否"加权"、是否"扩展",添加相应"副主题词"后,点击"主题检索"即可。

如欲查找关于"脉管炎治疗"方面的文献:

在 CBM 主题检索界面,选择"中文主题词"检索入口后,在检索输入框中键入自然语言"脉管炎"查找对应主题词,系统显示含"脉管炎"的主题词列表,见图 2-1-7。

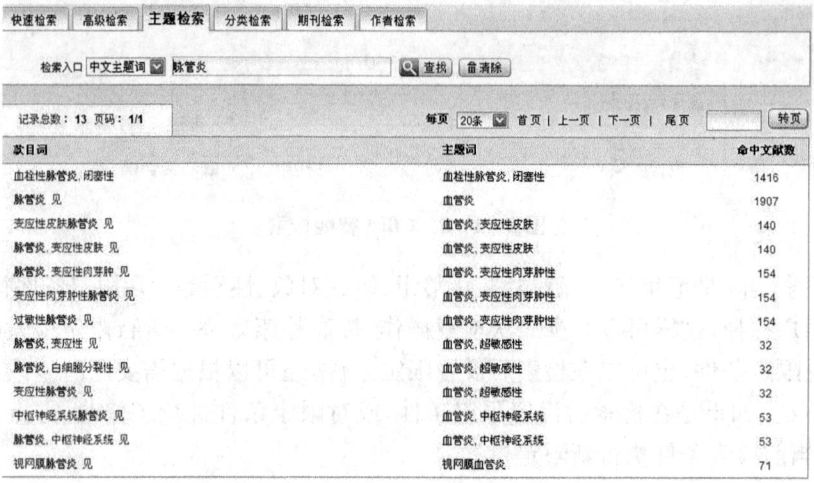

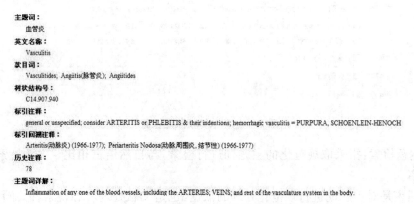

图 2-1-7 "脉管炎"对应的主题词列表

词条中带有"见"字时,前面的词为主题词的款目词(入口词),后面的词为正式主题词;词条中无"见"时,前后均为主题词。

选择恰当的主题词"血管炎"后,点击进入该主题词的注释信息显示界面,全面了解该主题词的各种注释信息和树形结构,以确认是否和检索主题一致,见图 2-1-8。

主题词:
　　血管炎
英文名称:
　　Vasculitis
款目词:
　　Vasculitides; Angiitis(脉管炎); Angiitides
树状结构号:
　　C14.907.940
标引注释:
　　general or unspecified; consider ARTERITIS or PHLEBITIS & their indentions; hemorrhagic vasculitis = PURPURA, SCHOENLEIN-HENOCH
标引回溯注释:
　　Arteritis(动脉炎) (1966-1977); Periarteritis Nodosa(动脉周围炎,结节性) (1966-1977)
历史注释:
　　78
主题词详解:
　　Inflammation of any one of the blood vessels, including the ARTERIES; VEINS; and rest of the vasculature system in the body.

图 2-1-8 "血管炎"主题词的注释信息显示界面

根据需要选择"加权检索"、"扩展检索",添加组配相应的副主题词"治疗"后,点击"主题检索"按钮进行文献检索即可,见图 2-1-9。

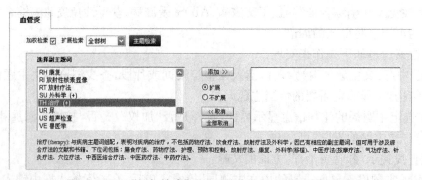

图 2-1-9 "加权检索"、"扩展检索"、副主题词选择界面

① 扩展检索:是对当前主题词及其下位词进行检索,不扩展检索则仅限于对当前主题词进行检索,系统默认状态为扩展检索,若不进行扩展检索可选择"不扩展"选项。当一个主题词分属几个不同的树时,可以选择对其中任何一个树进行扩展检索。如:对主题词"HIV感染",选择"全部树"时则表明对该主题词及其分属几个树的下位主题词同时检索,若选择"树形结构1"则表明仅仅对树形结构1中"HIV感染"及其下位词进行检索,不扩展检索仅对"HIV感染"进行查找,见图2-1-10。

```
树形结构1
  病毒性疾病
      RNA病毒感染
          逆转录病毒科感染
              慢病毒感染
                  HIV感染
                      获得性免疫缺陷综合征
                      艾滋病相关复合征
                      HIV血清阳性
                      艾滋病痴呆复合征
                      艾滋病相关性肾病
                      艾滋病相关机会致病菌感染
                      HIV肠病
                      HIV消耗综合征
                      艾滋病动脉炎,中枢神经系统
                      HIV相关脂质营养不良综合征
```

图2-1-10 扩展检索

② 加权检索:加权检索是为了弥补布尔逻辑检索不能揭示检索概念与检索课题相关程度的缺陷而提出来的。其基本思路是,由检索者自行对各检索词设置一个权值,并提出一个阈值,当检索出的提问式的总权值大于或等于阈值时,该文献为命中,否则为不命中。此处适用于主题词,"加权检索"表示仅对加星号(*)主题词(主要概念主题词)检索,"非加权检索"表示对加星号和非加星号主题词(非主要概念主题词)均进行检索。系统默认状态为非加权检索,若需要加权检索勾选"加权检索"复选框。

③ 副主题词组配检索:副主题词用于对主题词的某一特定方面加以限定,所以又称为方面组配,强调主题概念的某些专指方面。如:"肝/药物作用"表明文章并非讨论肝脏的所有方面,而是讨论药物对肝脏的影响,以提高检索的准确性。选择某一副主题词,表示仅将主题词相组配副主题词方面的文献检出。其中"全部副主题词"表示检出主题词组配所有可组配副主题词及不组配任何副主题词的文献;"无副主题词"表示检出主题词不组配任何副主题词的文献。

④ 副主题词扩展检索:部分副主题词之间也存在上下位关系,如副主题词"副作用"的下位词有"毒性"、"中毒"等,副主题词扩展检索指对副主题词及其下位副主题词进行检索,副主题词非扩展检索则仅限于对该副主题词进行检索,不考虑下位副主题词,系统默认为扩展检索。

小技巧:
如何寻找适当的主题词?
1)通过了解的中英文关键词及其同义词整词或片段直接进行查找;仔细阅读主题词的注释信息,特别注意相关词、上位词及专指词。

2) 可以在基本检索界面找出标题包含某个检索词的文献,浏览检索结果,看其标引的主题词来启发选择。

3) 为了提高检索的准确性,建议尽量使用最专指的主题词进行检索;在未找到最专指主题词时,建议选择其最邻近的上位词。

如何选择恰当的副主题词?

1) 系统会自动列出可与当前主题词组配的所有副主题词。

2) 如副主题词后面含有"(+)",则表明该副主题词含有下位副主题词。

3) 注意浏览系统提示的副主题词注释信息,保证副主题词选择的正确性。

(4) 分类检索:即从文献所属的学科角度进行检索,有利于提高族性检索。SinoMed 依据《中国图书馆分类法·医学专业分类表》第四版进行分类检索,其中部分类目依《中国图书馆分类法》第四版进行了仿分,具体说明如下:

仿分类目:

a. R34 医学生物化学与分子生物学部分类目按 Q5 生物化学仿分。

例如:蛋白质为 Q51,仿分类号为 R341。

b. R35 人体生物物理学按 Q6 生物物理学仿分。

例如:生物光学为 Q63,仿分类号为 R353。

c. R725 小儿内科学按 R5 内科学仿分。

例如:小儿传染病为 R725.1;小儿先天性心脏病为 R725.411。

d. R726 小儿外科学按 R6 外科学仿分。

例如:小儿腹部外科学为 R726.56;小儿肾脏手术为 R726.992。

e. R932 中药学用 R28。

例如:植物药为 R282.71,中药化学成分为 R284.1,人参汤为 R289.5。

交替类目:以"[ ]"标识交替类目,以注释说明采用的正式类目。例如:R[214]气功保健宜入 R247.44,性病淋巴肉芽肿入 R759.5 等。

动物实验与实验动物:凡文献中涉及动物、兽医学采用主类号 R—332,这一类号可以单独检索,也可以与主类号组配检索。例如:动物传染病用 R51 和 R—332检索。

地理名称:地理名称为 RZ 类,排列在分类表的最后。中国地理名称包括各省(市)、自治区。例如:RZ2 中国,RZ21 北京市,RZ231 辽宁省。可以单独检索,也可以与主类号组配检索。例如:北京市病毒性肝炎的流行病学调查,采用 R512.601 和 RZ21 检索。

在 SinoMed 中,分类检索的检索入口包括分类导航、类号和类名,可通过选择是否扩展、是否复分使检索结果更为贴切。欲查找某学科主题文献时,可通过两种方式实现:a. 在类名、类号输入框输入学科类名或类号来实现;b. 通过分类导航逐级展开来实现。

首先,在类名、类号检索入口输入学科类名或类号片段,在"分类表"中查找浏览、选择合适的类名或类号;也可通过分类导航逐级展开,查找合适的类名。

其次,在选定类名或类号的注释信息显示界面,选择是否扩展,添加相应的复分号后,点击"分类检索"即可。

扩展检索:表示对该分类号及其全部下位类号进行检索,不扩展则表示仅对该分类号进行检索。

复分组配检索：系统自动将能够与分类号组配的复分号列出，选择"全部复分"表示检索当前分类号与其中任何一个复分号组配及不组配任何复分号的文献；选择"无复分"表示检索当前分类号不组配任何复分号的文献；选择某一复分号表示仅检索当前分类号与该复分号组配的文献。

如欲查找关于"婴幼儿寄生虫病因"方面的文献：

方法一：通过类名、类号快速查找来实现。

① 进入分类检索界面，选择"类名"检索字段并输入检索词"寄生虫"，见图2-1-11。

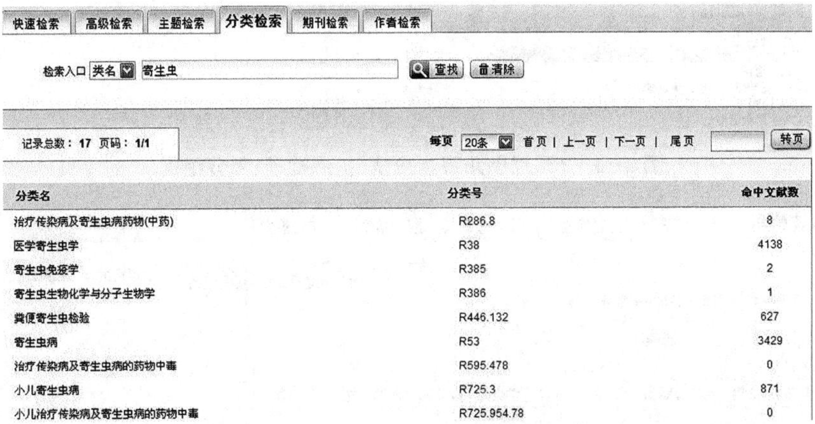

图2-1-11 "寄生虫"对应的类名列表

② 系统返回的命中类名列表中选择准确类名"小儿寄生虫病"，见图2-1-12。

③ 根据需要，选择是否扩展检索。对于可复分的类号，选择复分组配检索（可选择多个复分号），最后点击"分类检索"按钮，操作完成，见图2-1-13，图2-1-14。

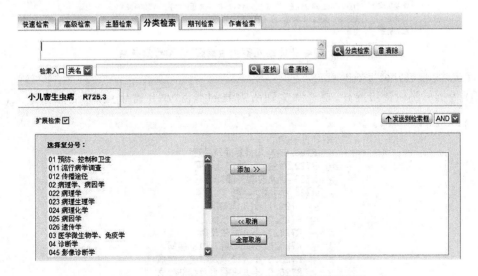

图2-1-12 "小儿寄生虫病"具体信息显示界面

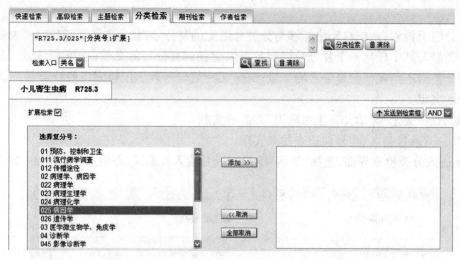

图 2-1-13 "小儿寄生虫病"扩展检索、复分组配

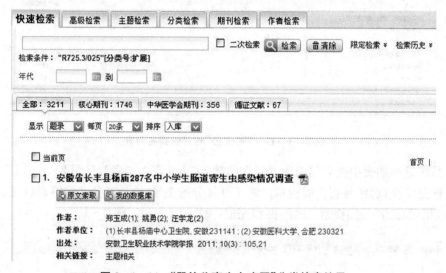

图 2-1-14 "婴幼儿寄生虫病因"分类检索结果

方法二：通过分类导航实现。

① 根据分类树逐级展开，直至浏览到所需要的类目"小儿寄生虫病"后点击进入，见图 2-1-15。

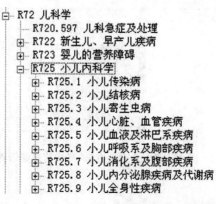

图 2-1-15 "小儿寄生虫病"分类导航界面

② 根据需要，选择是否扩展检索，对于可复分的类号，选择复分组配检索（可选择多个复分号），最后点击"分类检索"按钮进行文献查找，见图2-1-14，图2-1-15。

（5）期刊检索：指通过期刊列表来检索有关的文献信息。

在科研工作中，人们所关注的焦点常常是某种或某几种期刊，可以通过 SinoMed 来查找"焦点期刊"上发表的关于某课题或领域方面的论文，提高文献命中率，缩短检索时间。

一般通过两个步骤便可实现：a. 目标期刊定位：可通过检索入口处选择刊名、出版地、出版单位、期刊主题词或者 ISSN 号直接输入相应的检索词查找期刊；也可通过"期刊分类导航"或"首字母导航"逐级查找浏览期刊。b. 期刊文献查找：可以直接指定年、卷期进行浏览，也可以输入欲检索的内容后在指定的年卷期中查找浏览具体文献。

例如，欲通过《中华医院管理杂志》了解农村医疗机构管理方面的研究进展情况，可以进行如下操作：

①《中华医院管理杂志》期刊定位。本例因已知期刊名，故选取"刊名"检索途径，见图2-1-16。

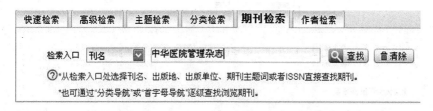

图2-1-16 《中华医院管理杂志》刊名检索

② 点击目标期刊名《中华医院管理杂志》，进入期刊文献检索界面，进行农村医疗机构方面的文献检索，见图2-1-17，图2-1-18。

图2-1-17 《中华医院管理杂志》刊名检索

图2-1-18中"含更名期刊"选项可解决期刊更名查找。如：在"北京大学学报·医学版"中查阅有关文献。通过选择"含更名期刊"可以方便快捷地检索浏览到该刊及其更名期刊"北京医科大学学报"、"北京医学院学报"中的文献。

辅助投稿。通过期刊信息详细列表，可以了解目标期刊的学科主题信息、出版频率、编辑部联系方式等，见图2-1-19。

除了实现期刊快速定位，通过 SinoMed 的"期刊检索"，还可以全面了解某学科主题方面的期刊分布，当研究者初涉某学科领域时，可以通过"期刊主题词"检索或"分类导航"来获取涵盖或涉及该学科领域的所有期刊信息，见图2-1-20。

（6）作者检索：基于作者辅助表支持的作者检索，不仅可以实现第一作者检索，还可以进行作者机构限定。这在一定程度上能有效地解决同名著者、同构异名问题，提高作者检索的查准率与查全率。

进入"作者检索"界面，输入作者姓名，勾选"第一作者"后即指定为第一作者查找；从系统返回的命中作者列表中选择感兴趣的作者，查看其在系统中的单位分布；根据

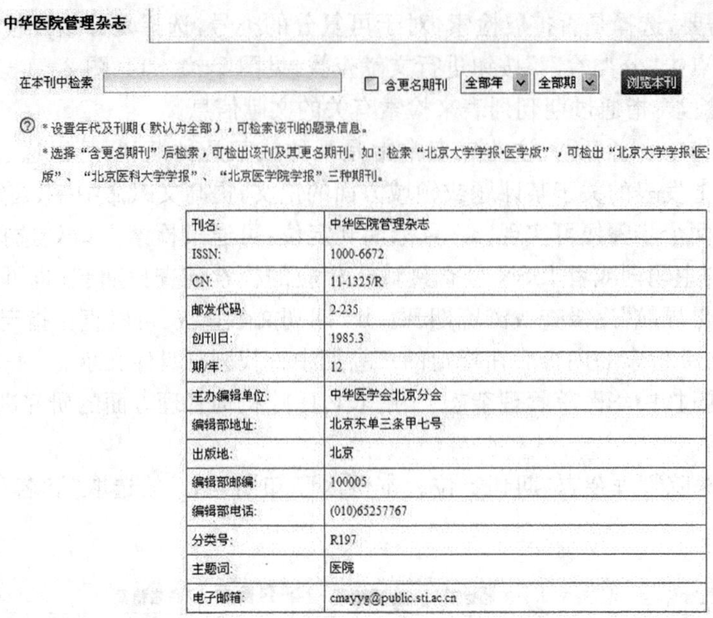

中华医院管理杂志

在本刊中检索 □含更名期刊 全部年 全部期 浏览本刊

* 设置年代及刊期（默认为全部），可检索该刊的题录信息。

* 选择“含更名期刊”后检索，可检出该刊及其更名期刊。如：检索“北京大学学报·医学版”，可检出“北京大学学报·医学版”、“北京医科大学学报”、“北京医学院学报”三种期刊。

刊名:	中华医院管理杂志
ISSN:	1000-6672
CN:	11-1325/R
邮发代码:	2-235
创刊日:	1985.3
期/年:	12
主办编辑单位:	中华医学会北京分会
编辑部地址:	北京东单三条甲七号
出版地:	北京
编辑部邮编:	100005
编辑部电话:	(010)65257767
分类号:	R197
主题词:	医院
电子邮箱:	cmayyg@public.sti.ac.cn

图 2-1-18 《中华医院管理杂志》刊名检索

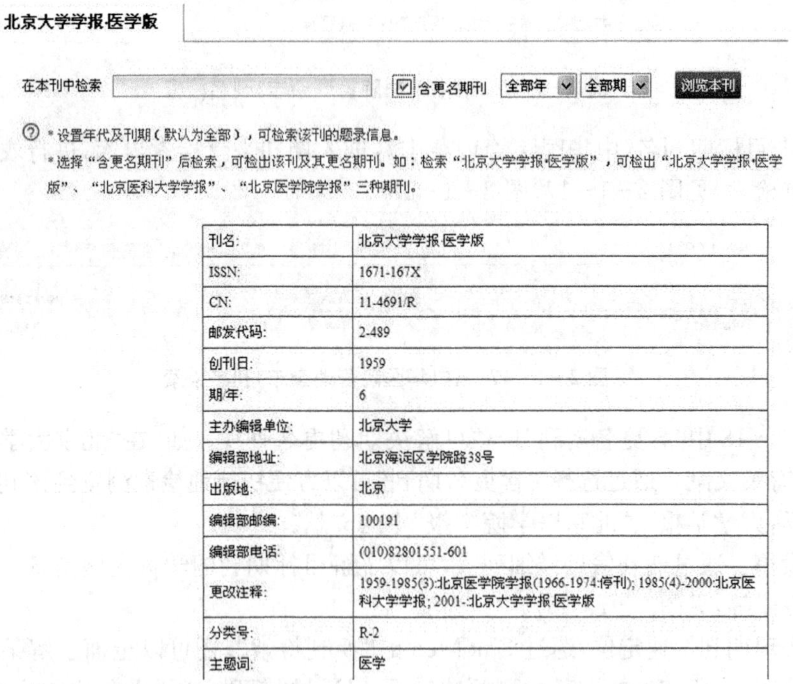

北京大学学报·医学版

在本刊中检索 ☑含更名期刊 全部年 全部期 浏览本刊

* 设置年代及刊期（默认为全部），可检索该刊的题录信息。

* 选择“含更名期刊”后检索，可检出该刊及其更名期刊。如：检索“北京大学学报·医学版”，可检出“北京大学学报·医学版”、“北京医科大学学报”、“北京医学院学报”三种期刊。

刊名:	北京大学学报.医学版
ISSN:	1671-167X
CN:	11-4691/R
邮发代码:	2-489
创刊日:	1959
期/年:	6
主办编辑单位:	北京大学
编辑部地址:	北京海淀区学院路38号
出版地:	北京
编辑部邮编:	100191
编辑部电话:	(010)82801551-601
更改注释:	1959-1985(3):北京医学院学报(1966-1974:停刊); 1985(4)-2000:北京医科大学学报; 2001-:北京大学学报.医学版
分类号:	R-2
主题词:	医学

图 2-1-19 “北京大学学报·医学版”详细信息界面

实际需要对作者单位进行选择（可多选），点击“完成”即可得到选定机构中某作者发表的所有文献。

如：欲在“中国生物医学文献数据库（CBM）”中查找“中国医学科学院基础医学研究所沈岩教授”以第一著者身份发表的论文情况。

图 2-1-20　期刊"分类导航"

- 进入"作者检索"界面,输入"沈岩",勾选"第一作者",点击"下一步"按钮。
- 从系统返回的命中作者列表中选择作者"沈岩",并点击"下一步"按钮,见图 2-1-21。

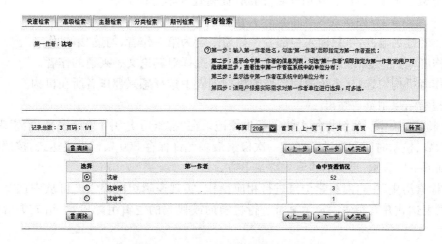

图 2-1-21　与"沈岩"相关的作者列表

- 从系统显示的作者机构列表中选择该作者所在机构,然后点击"完成"按钮,见图 2-1-22。

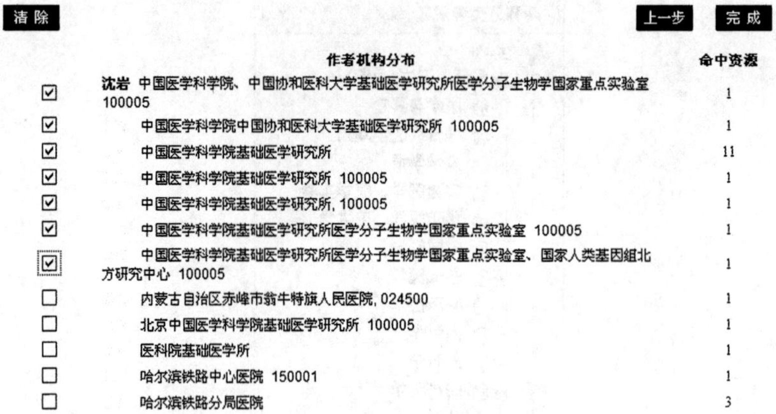

图 2-1-22 作者机构限定检索

- 检索结果浏览,见图 2-1-23。

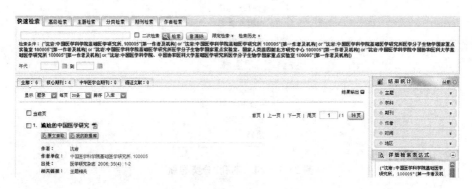

图 2-1-23 作者机构限定检索结果界面

SinoMed"作者机构限定检索"功能的突显优势在于:a. 支持作者精确定位;b. 能够比较有效地解决"同名著者"、"同构异名"问题,提高查准率与查全率。

在"作者检索"界面实现××单位××作者论文精确检索的一般步骤为:

1) 作者姓名输入:可只输入一部分。如需限定为第一作者,勾选"第一作者"。
2) 作者勾选:从系统返回的命中作者列表中选择对其论文感兴趣的作者。
3) 作者机构勾选:从系统返回的作者机构列表中选择感兴趣作者所在机构。
4) 检索结果浏览或输出。

(7) 检索式组配:系统将每次的检索步骤记录在"检索历史"中,包括序号、检索表达式、命中文献数、检索时间和推送功能。一次检索最多允许保存 200 条检索表达式,按照时间顺序从上到下一次显示,最新的检索式在最上方。

在"检索历史"中可对检索记录进行相应操作,实现逻辑组配检索。可从中选择一个或多个检索表达式并有布尔逻辑运算符进行检索词或代码的逻辑组配检索,组成更恰当的检索策略。

关于"AND"和"OR":用鼠标依次选中欲组配的检索式,然后点击选择"AND"或"OR"按钮即可。勾选检索式 1、2,点击"AND"或"OR"按钮,见图 2-1-24。

图 2-1-24　检索式组配

关于"NOT":如欲从检索式 2 中去除检索式 1 的内容,可以先勾选检索式 2,点击"AND"或"OR"按钮,勾选拟去除的检索式 1,点击"NOT"按钮,见图 2-1-25。

图 2-1-25　关于"NOT"的检索式组配

三、检索结果的显示、评价、分析与管理

(一)检索结果的显示

CBM 的检索结果视窗界面将检索结果按照全部检索结果、核心期刊、中华医学会期刊和循证文献分类显示,检索结果显示格式有三种:题录、文摘和详细,具体显示的记录内容由简到详。

每页记录显示条数:可自主设置每页显示记录数 20~100 条,系统默认每页显示 20 条。

排序方式:支持"入库"、"年代"、"作者"、"期刊"和"相关度"5 种排序方式,默认按题录数据入库时间输出,系统支持的最大排序记录数为 65 000 条。见图 2-1-26。

图 2-1-26　检索结果显示格式

针对检索结果,CBM 提供链接检索功能,见图 2-1-27。

```
□1. 消化道肿瘤病人外周血TSmRNA和DPDmRNA的表达
   原文索取    我的数据库
   流水号：    2009145441
   英文标题：  Expression of Thymidylate Synthase (TS) mRNA and Dihydropyrimidine Dehydrogenase (DPD) mRNA in
              Peripheral Blood in Patients with Digestive System Neoplasms
   作者：      仲崇俊；陶国华；曹兴建；陈贤冲；姜肖刚；谢玮
   作者单位：  南通大学第二附属医院,江苏南通 226001
   国省市名：  江苏
   摘要：      [目的]探讨胸苷酸合成酶(thymidylate synthase,TS)mRNA和二氢嘧啶脱氢酶(dihydropyrimidine deh
              ydrogenase,DPD)mRNA在癌组织和外周血中的表达及其相互关系。[方法]采用RT-PCR检测36例胃
              肠道癌及外周血中TSmRNA和DPDmRNA的表达水平,同时检测32例对照组外周血中表达水平。
              [结果]在癌组织中TSmRNA检出52.8%(19/36),DPDmRNA检出44.4%(12/36),高于外周血的检出率3
              0.5%(11/36)和25.0%(9/36),但差异无统计学意义(D0.05)。肿瘤组织TSmRNA、DPDmRNA和外周血
              的表达结果相关良好,r值分别为0.627和0.645,在外周血中肿瘤组的表达高于对照组(P<0.01)。[结
              论]外周血和肿瘤组织中的TSmRNA和DPDmRNA高度相关,用RT-PCR方法检测外周血TSmRNA和
              DPDmR-NA,操作简单、可反复检测,适于临床应用。
   著者文摘：  AA
   基金：      江苏省社会发展指导性计划项目(BS2005626)
   出处：      肿瘤学杂志 2008; 14(10)：821-823
   ISSN：     1671-170X
   国内代码：  33-1266 R
   内部代码：  ZTS
   出版地：    浙江杭州
   关键词：    mRNA; RT-PCR; 二氢嘧啶脱氢酶; 消化系统肿瘤; 胸苷酸合成酶
   更新日期：  20090130
   相关链接：  主题相关
```

图 2-1-27　CBM 链接检索

作者链接：点击作者名,检索该作者发表的所有文献。

期刊链接：点击期刊名称,检索该期刊收录的所有文献；点击期刊卷期,检索该卷期收录的文献。

关键词链接：点击关键词,在缺省字段检索该词。

主题词、副主题词链接：点击主题词,检索该主题词标引的所有文献；点击副主题词,仅检索该主题词与副主题词组配标引的文献。

特征词链接：点击特征词,在特征词字段检索含该词的文献。

相关文献链接：点击"主题相关",检出按内置算法判定的该文献的主题相关文献；点击"参考文献",显示该篇文献的参考文献。

全文链接：点击全文链接图标,从与之合作的全文数据库中获取全文,下载的全文需要使用 PDF 阅读器打开。

(二) 检索结果的评价

检索的结果是否达到预期效果,需借助显示区显示格式选择、显示内容(注释或摘要)和输出数量的多少等来评价检索结果。主要从三个方面来评价：检出的文献是否符合课题内容范围、检出的文献量和检出文献的时效与类型。

如果检出的文献不符合课题内容范围,那么就要重新审视所选择的检索途径或检索词是否适合该课题的检索,检索史区借助每次检索的检索序号、检索式、检索结果数和对应的结果浏览、检索式编辑功能,可以调整新的检索词、检索式或者检索途径。见图 2-1-2 所示,采用基本检索方式检索"醛糖还原酶抑制剂"方面的文章是 183 篇,查阅文献内容可知,有些文献与本次检索课题的相关度并不高,若采用主题词检索方式,输入"醛糖还原酶",选择"拮抗剂和抑制剂",虽然检索出文献是 128 篇,数量减少,但是相关度明显

大大提高,而且可以根据需要选择"加权检索",将"醛糖还原酶"作为主要主题词检索,进一步检索出相关度高的文献,见图 2-1-28。检索时,可借助检索历史的显示结果来评价差异,通过对检索结果记录的阅读和对检索史的评价,调整检索词、检索式或者检索途径。

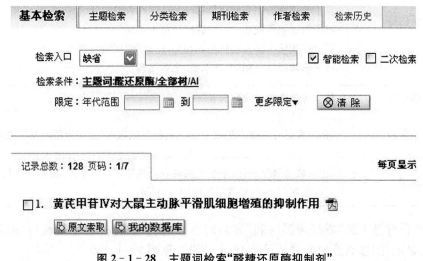

图 2-1-28　主题词检索"醛糖还原酶抑制剂"

(三) 检索结果的分析

SinoMed 提供检索结果分析功能,可以从不同角度(主题、学科、作者、期刊、时间、地区等几个方面)对检索出来的文献进行分析,以了解该领域的主要研究人员、领域研究热点、领域学科发展轨迹和趋势、领域核心期刊等信息。目前,SinoMed 系统中 CBM、WBM 均提供在线文献分析功能。

1. 在检索结果界面,点击滑动窗口右上角的"结果分析"按钮,进入结果分析界面,见图 2-1-29。

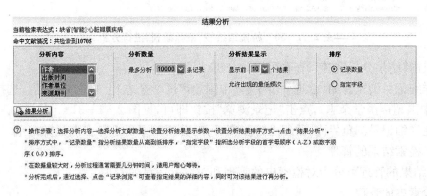

图 2-1-29　检索结果分析界面

2. 根据需要进行相关参数设置。参数设置包括:"分析内容"、"分析数量"、"分析结果显示"和"排序",见表 2-1-1。

表 2-1-1 各参数功能和注意事项详细说明

参数	功能和相关说明
分析内容	取决于所需要了解的主题信息。 如:需了解领域的主要研究人员,则选择"作者"; 需了解领域的主要研究机构,则选择"作者单位"; 需了解领域研究热点,则选择"加星主题词"; 需了解领域学科发展轨迹和趋势,则选择"出版年代"; 需了解领域核心期刊,则选择"来源期刊"。
分析数量	最多可分析的记录数为 30 000 条。
分析结果显示	"显示前 X 个结果"和"允许出现的最低频次 Y"之间为逻辑"与"关系。
排序	"记录数量"指分析结果数量从高到低排序,"指定字段"指所选分析字段的首字母顺序(A~Z)或数字顺序(0~9)排序。

本例的目标是了解"心脏瓣膜疾病"方面的核心期刊,故分析内容设置为"来源期刊","分析结果显示"的参数设置为:"显示前 10 个结果",见图 2-1-30。

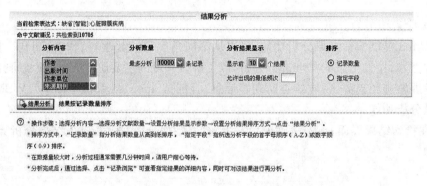

图 2-1-30 检索结果按"来源期刊"进行分析

3. 点击"结果分析"按钮,查看可视化分析结果。
4. 详细记录浏览。如:欲进一步了解《中国超声医学杂志》上的论文情况。选择目标记录序号《中国超声医学杂志》,点击"记录浏览"按钮即可,见图 2-1-31。
5. 在详细记录浏览界面,重复上述步骤,可对分析结果再进行二次分析。

(四)检索结果的管理

检索结果的管理可分为对检索史的管理和对文献信息的管理。

1. 检索史的管理

定题检索即是对检索史(式)的管理,用于按照既定的检索策略定期跟踪某一课题的最新文献,可用于在开展某项课题研究时,需要及时跟踪国内外在该领域的研究进展,把握最新研究动态和成果。用户可按照如下步骤执行。

(1) 注册并登录"我的空间":SinoMed 系统有两种用户——集团用户和个人用户。所谓"集团用户",是指以单位名义或 IP 地址进行系统注册的用户,某一集团用户下可以有多

图 2-1-31 详细记录浏览

个子用户;"个人用户"则是指以个人名义进行系统注册的用户,下面不再设子用户。SinoMed 的"个人用户"无需二次注册,直接使用系统注册时所用的用户名和密码即可登录"我的空间";但"集团用户"下的子用户则需要单独注册"我的空间"后才可登录使用。

(2) 保存"我的检索策略":进入检索历史界面,点击"保存策略"按钮,勾选需要保存的检索策略序号,在"策略名"后输入框内输入此次保存的策略名称,点击"策略名"下方的"存储"按钮。保存成功后,系统会提示"策略保存成功"。

(3) 激活"我的检索策略":进入"我的检索策略",勾选定制的检索策略,并选择需要的检索操作进行"重新检索"或"最新文献检索"。"重新检索"是对数据库中的所有文献进行再次检索;"最新文献检索"是对末次检索后数据库更新添加的文献进行检索。

个性化服务即是对检索文献的管理,通过 Sinomed 的"我的数据库",可对感兴趣的文献进行在线保存、管理与再利用。注册并登录"我的空间"后,在检索结果页面点击"我的数据库"便可将当前文献题录添加到在线数据库中;通过标签和备注,可以从课题、项目、学科、主题等角度对收藏的文献进行分类组织和标注;通过设置的"标题"、"作者"和"标签"检索入口,可方便对历史存储文献进行检索和再利用。

2. 文献信息的管理

检索结果输出方式:支持"打印"、"保存"和"E-mail"三种检索结果输出方式。单次"打印"、"保存"的最大记录数为 500 条,单次"E-mail"发送的最大记录数为 50 条。可对全部检索结果记录进行显示浏览或输出,也可只对感兴趣的记录进行显示浏览或输出。见图 2-1-32。

四、小结

SinoMed 是一个生物医学的题录数据库,与 Pubmed 等英文主题词法数据库有共同之处,是查找中文生物医学论文的重要数据库。

该数据库提供主站和镜像两种访问方式,收录自 1978 年以来的生物医学中外文文献,

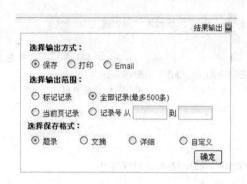

图 2-1-32 检索结果输出方式

收录期刊年代跨度大,医学期刊收录全面,数据加工规范,数据基本做到每月更新。

数据库提供多种检索方式,可满足多种需求的检索,其中主题词检索方法可以提高文献检索的查全率,系统提供详尽的检索结果统计与分析功能。

第二节　维普资讯

一、概述

重庆维普资讯有限公司的前身为中国科技情报研究所重庆分所数据库研究中心。中国科技情报研究所重庆分所数据库研究中心成立于1989年,同年推出了《中文科技期刊篇名数据库》(CB ISTIC/CEPC Periodicals ChinaBase)机读产品(软盘版),这是中国第一个中文期刊文献数据库。1992年,《中文科技期刊篇名数据库》只读光盘版正式发行,为大陆第一张中文数据光盘。2001年经国家新闻出版总署批准,在《中文科技期刊篇名数据库》的基础上开发的《中文科技期刊数据库》以正式的连续电子出版物出版发行。1995年,在数据库研究中心基础上重庆维普资讯有限公司成立并成为《中文科技期刊数据库》产品的运营机构。2000年推出了《中文科技期刊数据库》网络产品维普资讯网(www.cqvip.com)。后又研发了《中国科技经济新闻数据库》、《外文科技期刊数据库》、《中文科技期刊数据库(引文版)》、《中国科学指标数据库 CSI》、《中文科技期刊评价报告》、《中国基础教育信息服务平台》、《维普——Google学术搜索平台》、《维普考试资源系统 VERS》、《图书馆学科服务平台 LDSP》、《文献共享服务平台 LSSP》等系列产品。

（一）系统资源概述

维普期刊资源整合服务平台 V6.5(镜像版)收录了1989年至今的8 000余种中文科技期刊刊载的近2 000余万篇科技文献,内容涵盖社会科学、自然科学、工程技术、农业科学、医药卫生、经济管理、教育科学和图书情报等八大专辑45个学科。

（二）系统功能概述

维普期刊资源整合服务平台 V6.5(镜像版)是维普公司集合所有期刊资源从一次文献保障到二次文献分析再到三次文献情报加工的信息服务整合平台,包括以下功能:中刊检索、文献查新、期刊导航、检索历史、引文检索、引用追踪、H指数、影响因子、排除自引、索引分析、排名分析、学科评估、顶尖论文、搜索引擎服务等。具体包含以下四个功能模块。

1.【期刊文献检索】模块

继承原《中文科技期刊数据库》检索查新及全文保障功能,并进行功能优化,新增文献传递、检索历史、参考文献、基金资助、期刊被知名国内外数据库收录的最新情况查询、查询主题学科选择、在线阅读、全文快照、相似文献展示等功能。

2.【文献引证追踪】模块

该功能是维普期刊资源整合服务平台(V6.5)的重要组成部分,引文数据回溯加工至2000年。该模块用科学计量学中的引文分析方法,对文献之间的引证关系进行深度数据挖掘,除提供基本的引文检索功能外,还提供基于作者、机构、期刊的引用统计分析功能。

3.【科学指标分析】模块

目前国内规模比较大的动态连续分析型事实数据库,提供三次文献情报加工的知识服务,通过引文数据分析揭示国内近200个细分学科的科学发展趋势、衡量国内科学研究绩效。

该功能模块是运用科学计量学的有关方法,以维普中文科技期刊数据库近10年的千万篇文献为计算基础,对我国近年来科技论文的产出和影响力及其分布情况进行客观描述和统计,分析了省市地区、高等院校、科研院所、医疗机构、各学科专家学者等的论文产出和影响力,并以学科领域为引导,展示我国最近10年各学科领域最受关注的研究成果,揭示不同学科领域中研究机构的分布状态及重要文献产出。

4.【搜索引擎服务】模块

为机构用户基于谷歌和百度搜索引擎面向读者提供服务的有效拓展支持工具,既是一种资源使用模式,也是图书馆服务的有力交互推广渠道。

二、维普数据库检索方法

(一)维普数据库检索规则

1. 支持利用布尔逻辑算符检索支持逻辑与(AND/ *)、逻辑或(OR/＋)和逻辑非(NOT/－)进行检索词或代码的逻辑组配检索。逻辑运算符优先级顺序为:NOT＞AND＞OR,使用圆括号可改变优先级运算顺序,圆括号中的检索式最先运算。

2. 系统支持模糊检索/精确检索。

(二)维普数据库检索途径

维普期刊资源整合服务平台提供期刊文献检索、文献引证追踪、搜索引擎服务三个检索途径。

1.【期刊文献检索】 在【期刊文献检索】选项下又细分【基本检索】、【传统检索】、【高级检索】和【期刊导航】四个检索途径。

(1)【基本检索】

图2-2-1 基本检索界面

如图 2-2-1 所示,在基本检索首页使用下拉菜单选择时间范围、期刊范围、学科范围等检索限定条件;选择检索入口,输入题名、关键词、作者、刊名等检索内容条件;点击"检索"进入检索结果页,查看检索结果题录列表,反复修正检索策略得到最终检索结果;根据题录信息判断文献相关性和适应性,可筛选导出文献题录,也可点击题名进入文献细览页查看详细信息和知识节点链接;在检索结果页或文献细览页都可以通过点击下载全文、文献传递、在线阅读按钮获取全文。

时间范围限定:使用下拉菜单进行选择,时间范围是 1989 迄今。

期刊范围限定:可选全部期刊、核心期刊、EI 来源期刊、CA 来源期刊、CSCD 来源期刊、CSSCI 来源期刊。

学科范围限定:包括管理学、经济学、图书情报学等 45 个学科,勾选复选框可进行多个学科的限定。

选择检索入口:任意字段、题名或关键词、题名、关键词、文摘、作者、第一作者、机构、刊名、分类号、参考文献、作者简介、基金资助、栏目信息 14 个检索入口。

逻辑组配:检索框默认为两行,点击"+"或者"-"可增加或减少检索框,进行任意检索入口"与、或、非"的逻辑组配检索。

检索:点击"检索"按钮进入检索结果页。

(2)【传统检索】

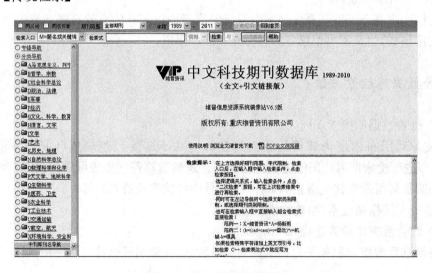

图 2-2-2 传统检索界面

如图 2-2-2 所示,该检索方式检索功能丰富,可实现同义词索引功能防止漏检、同名作者功能缩小检索范围等特殊检索请求,可进行文献题录的浏览、下载及全文下载。熟练的检索者能利用传统检索实现绝大部分检索需求,对查准率和查全率要求很高的检索者也能利用这种方式满足需求。

1)选择检索入口:传统检索提供 10 种检索入口,它们是题名或关键词、关键词、题名、文摘、作者、第一作者、机构、刊名、分类号、任意字段,用户可根据自己的实际需求选择检索入口,输入检索式进行检索。

学科类别限定:分别有专辑导航和分类导航。专辑导航是根据社会科学、经济管理、教育科学、图书情报、自然科学、农业科学、医药卫生、工程技术这八大专辑分类。分类导航是参考《中国图书馆分类法》进行分类的,每一个专辑和学科分类都可以按树形结构展开,利用导航缩小检索范围,进而提高查准率和查询速度。

例如:查找"中医内科"的文献,可以在"医药、卫生"类中进行查找,见图2-2-3。

2) 限定检索范围:可进行学科类别、文献年限、期刊范围等限定检索。

文献年限限定:文献收录年限从1989年至今,检索时可进行年限选择。

期刊范围限定:文献范围共有全部期刊、核心期刊、EI来源期刊、SCI来源期刊、CA来源期刊、CSCD来源期刊、CSSCI来源期刊等可供选择。用户可以根据检索需要来设定合适的范围以获得更加精准的数据。

如:选择从1989年到2004年,期刊范围是核心期刊,见图2-2-4。

图 2-2-3 学科类别限定

图 2-2-4 文献年限、期刊范围等限定

3) 二次检索:一次检索的检索结果中可能会遇到某些数据是不需要的,这说明检索条件限制过宽,这时就可以考虑采用二次检索。二次检索是指在完成一次初级检索或者高级检索后对检索结果不满意而在其检索结果页面进行的再次检索,可以进一步限制检索条件,提高检索的查准率。

例如:在检索入口"关键词"字段检索"糖尿病",点击"检索"按钮,即出现相关文献信息,见图2-2-5。

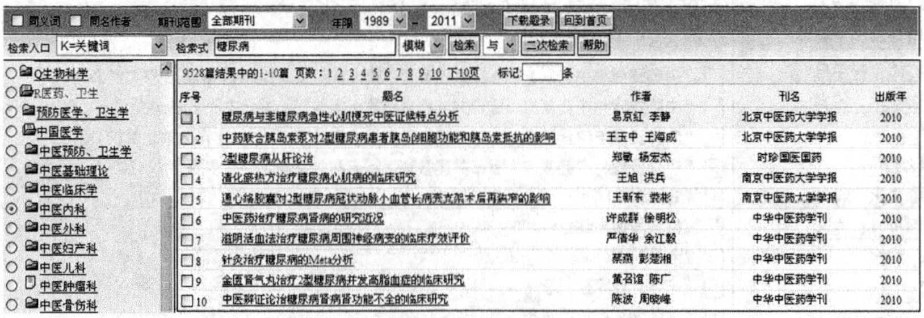

图 2-2-5 "关键词"字段检索"糖尿病"的检索结果界面

接着再以"机构"为检索入口,检索式为"南京医科大学"为条件进行二次检索,即可在以糖尿病为一次检索结果中继续搜索作者机构是南京医科大学的文章,见图2-2-6。

4) 精确检索和模糊检索:传统检索中四个检索字段:关键词、作者、第一作者、分类号等提供精确检索和模糊检索。

5) 同义词、同名作者选项:维普以《汉语主题词表》为基础,参考各个学科的主题词表,编制了同义词库,部分实现了同义词检索的控制,提高了查全率。

例如:勾选页面左上角的"同义词",输入检索式"爱滋病",再点击"检索",即可找到和爱滋病

图 2-2-6 二次检索

同义或近似的词,用户可以选择同义词以获得更多的检索结果,见图 2-2-7。

图 2-2-7 同义词选项

同名作者从事不同领域的研究,提交检索请求后,检索结果并不精确,这为检索者带来了不便。为此,数据库开发了同名作者检索功能,提高查准率。

例如:勾选页面左上角的同名作者,选择检索入口为作者,输入检索式"张明",点击检索,即可找到以张明为作者名的作者单位列表,用户可以勾选需要的作者单位以做进一步选择,见图 2-2-8。

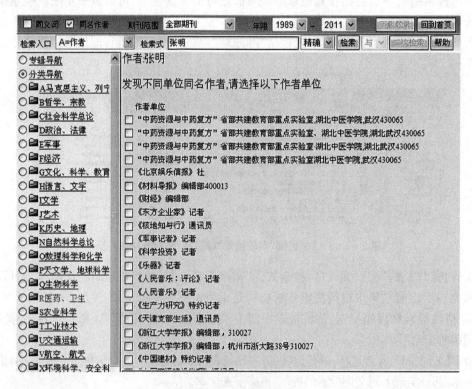

图 2-2-8 同名作者选项

同义词功能只适用:关键词、题名与关键词字段;同名作者功能只适用:作者、第一作者。

(3)【高级检索】

高级检索是一种比较专业的检索方式,能实现复杂的逻辑组配检索,限定各种检索条件,以达到精确检索的目的。高级检索提供了两种方式供读者选择使用:向导式检索和直接输入检索式检索。

1) 向导式检索

① 检索界面:向导式检索为读者提供分栏式检索词输入方法。除可选择逻辑关系、检索入口、匹配度外,还可以进行相应字段扩展信息的限定,最大限度地提高了查准率。

② 检索规则:检索执行的优先顺序严格按照由上到下的顺序进行,并不是按照布尔逻辑的优先级运算顺序进行,用户在检索时需根据检索需求进行检索字段顺序的选择。

以图2-2-9为例进行检索规则的说明。图中显示的检索条件得到的检索结果为:((U=大学生*U=信息素养)+U=大学生)*U=检索能力,而不是(U=大学生*U=信息素养)+(U=大学生*U=检索能力)。

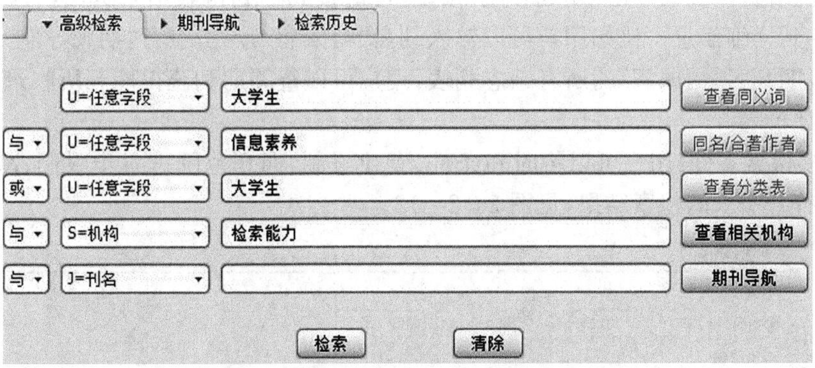

图2-2-9 高级检索——向导式检索

要实现(U=大学生*U=信息素养)+(U=大学生*U=检索能力)的检索,可用图2-2-10中的输入方式,下图中输入的检索条件用检索式表达为:(U=信息素养+U=检索能力)*U=大学生。

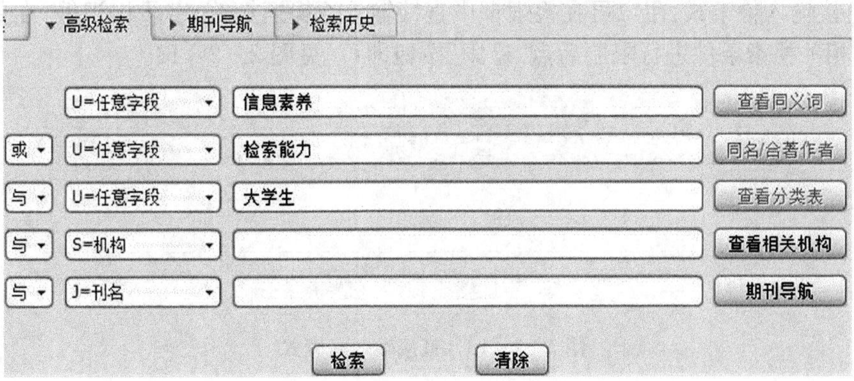

图2-2-10 高级检索——向导式检索

图 2-2-11　扩展功能

③ 扩展功能：

如图 2-2-11 所示，图中所有按钮均可以实现相对应的功能。读者只需要在前面的输入框中输入需要查看的信息，再点击相对应的按钮，即可得到系统给出的提示信息。

查看同义词：比如用户输入"艾滋病"，点击查看同义词，即可检索出艾滋病的同义词：Aids、爱滋病、获得性免疫缺陷综合征，用户可以全选，以扩大搜索范围。

同名/合著作者：比如用户可以输入"张明"，点击查看同名作者，既可以列表形式显示不同单位同名作者，又可以选择作者单位来限制同名作者范围。

查看分类表：用户可以直接点击按钮，会弹出分类表页，操作方法同分类检索。

查看相关机构：比如用户可以输入"中华医学会"，点击查看相关机构，即可显示以中华医学会为主办（管）机构的所属期刊社列表。

期刊导航：输入刊名点击"期刊导航"按钮，可链接到期刊检索结果页面，查找相关的期刊并查看期刊详细信息。比如用户可以输入刊名"糖尿病"，点击查看"期刊导航"，系统会显示出含有该期刊名"糖尿病"的所有杂志列表，用户可以查阅期刊获得期刊所收录文献、期刊信息、期刊评价等。

④ 更多检索条件：用户可以将时间条件、专业限制、期刊范围进一步限制，减小搜索范围，获得更符合需求的检索结果，见图 2-2-12。

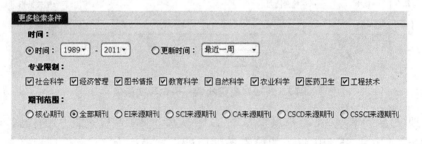

图 2-2-12　更多检索条件

2）直接输入检索式：用户可在检索框中直接输入逻辑运算符、字段标识等，在更多检索条件中对相关检索条件进行限制后点"检索"按钮即可，见图 2-2-13。

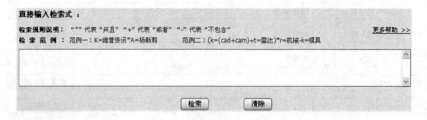

图 2-2-13　直接输入检索式

（4）【期刊导航】

期刊导航提供按期刊名和 ISSN 号检索，如果知道准确的刊名或 ISSN 号，在输入框中输入，点击"期刊检索"，即可进入期刊名列表页，用户只需点击刊名即可进入期刊内容页。

按字母顺序分类,若用户点击字母 A,即可列出以拼音字母 A 为首字母的所有期刊列表。

期刊导航还提供期刊学科分类导航、核心期刊导航、国内外数据库收录导航、期刊地区分布导航,用户可根据要求选择相应的导航分类查看期刊列表,点击刊名即可进入期刊内容页,见图 2-2-14。

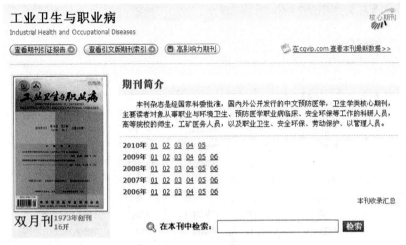

图 2-2-14 期刊内容页

点击"高影响力期刊"可显示对学科产生高影响力期刊的名录,这是在一个较长时间范围内对期刊进行发文量、被引次数和篇均被引率的总体评价,揭示的是期刊长期的引文行为所产生的持续影响力。

点击"查看期刊引证报告"可查看对中文科技期刊的载文和引证情况作引证分析,提供定量分析中文期刊的影响因子、立即指数等单年期刊引用评价指标,评价涵盖 46 个学科、8 个评价指标项。

2.【文献引证追踪】 在【文献引证追踪】选项下又细分【基本检索】、【作者索引】、【机构索引】和【期刊索引】四个检索途径。

(1)【基本检索】

基本检索是文献引证追踪模块默认的检索方式,针对所有文献按被引情况进行检索,快速定位相关信息。

检索时可完成时间范围、学科范围的限定,选择检索入口,输入检索词,选择精确检索或者模糊检索,根据检索项之间的逻辑关系选择合适的布尔逻辑运算符,点击"检索"查找相应的文献。

(2)【作者索引】

提供关于作者的科研产出与引用分析统计,检索并查看作者的学术研究情况。

可以输入作者姓名进行检索或按拼音浏览、按学科浏览作者索引结果,结果列表按被引频次倒序排列;选中特定作者查看详细信息;在作者索引结果页中选择感兴趣的作者,点击"详细信息"进入作者细览页;在特定作者细览页查看发文量、被引次数及引用追踪、查看 H 指数可以进行基于作者的引文分析,见图 2-2-15。

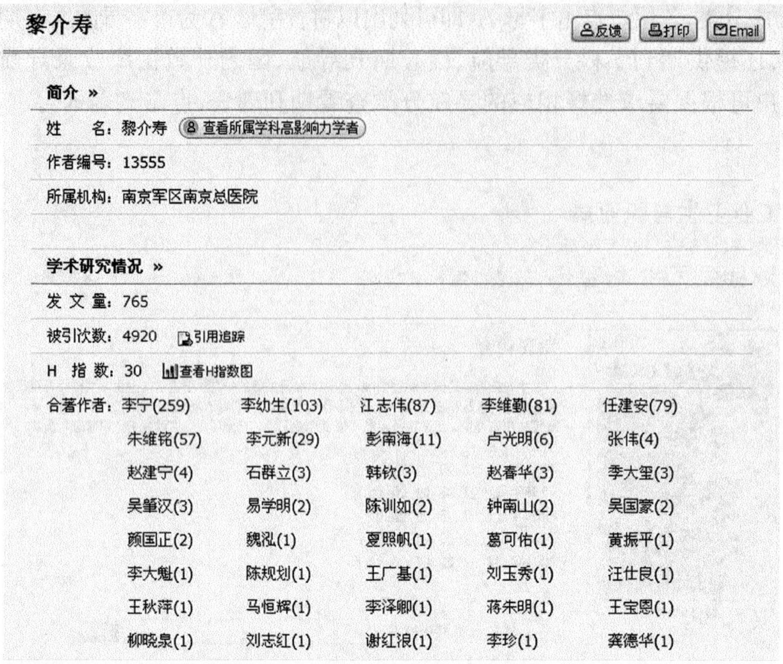

图 2-2-15 作者索引细览页

(3)【机构索引】

提供关于机构的科研产出与引用分析统计,全面了解机构的科研实力。

输入机构名称进行检索或按拼音浏览、按学科浏览机构索引结果,检索结果按文献被引频次倒序排列;在机构索引结果页中选择感兴趣的机构,点击"详细信息"进入机构细览页;在特定机构细览页查看发文量、作者数统计及对发表论文做细分导读、发文期刊分布等,见图 2-2-16。

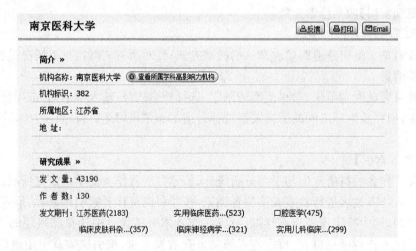

图 2-2-16 机构索引细览页

(4)【期刊索引】

提供关于期刊的科研产出与引用分析统计,全面展示期刊的学术贡献与影响力。

可以输入期刊刊名进行检索或按拼音浏览、按学科浏览期刊索引结果,列表按被引频次倒序排列;在期刊索引结果页中选择感兴趣的期刊,点击"详细信息"进入期刊细览页;在特定期刊细览页查看期刊每一年的发文量和被引量,按期刊出版年对文章做引用追踪,见图 2-2-17。

期刊名称：中华护理杂志 查看所属学科高影响力期刊
研究领域:
主办单位：中华护理学会
ISSN：0254-1769
CN：11-2234/R

期刊发文量、被引量年代分布情况 »

年代	发文量	被引量	
2010	278	0	引用追踪
2009	520	232	引用追踪
2008	557	1069	引用追踪
2007	598	1894	引用追踪
2006	621	3352	引用追踪
2005	573	4656	引用追踪
2004	623	7146	引用追踪
2003	521	7003	引用追踪
2002	533	8066	引用追踪
2001年及之前	819	14349	引用追踪
总计	5643	47767	引用追踪

图 2-2-17 期刊索引细览页

3.【搜索引擎服务】 用户需要检索的信息往往分散存储在多个搜索引擎各自的数据库里,对普通用户而言,访问多个搜索引擎并从返回的结果中分辨出确实有效的信息是一件费时费力的工作,集成搜索引擎则可以提供给用户一个同时访问多个搜索引擎的集成环境,集成搜索引擎能将其接收到的用户查询提交给底层的多个搜索引擎进行搜索。作为一种搜索工具,集成搜索引擎具有如 WEB 查询覆盖面比传统引擎更大、引擎有更好的可扩展性等优点。

正是基于此,维普期刊资源整合服务平台采用一站式的检索方式,只需输入检索词,即可获得基于谷歌或百度搜索引擎的维普期刊资源,从而为机构服务的拓展提供有效支持工具。

三、检索结果的显示、评价、分析与管理

(一)检索结果的显示

1.【期刊文献检索】 检索结果显示在【期刊文献检索】中,图 2-2-18 检索结果页包含:检索式、检索结果记录数、检索结果的题名、作者、出处、基金、摘要等,其中出处字段增加期刊被国内外知名数据库收录最新情况的提示标识,与基金字段一起用来判断文献的重要性。

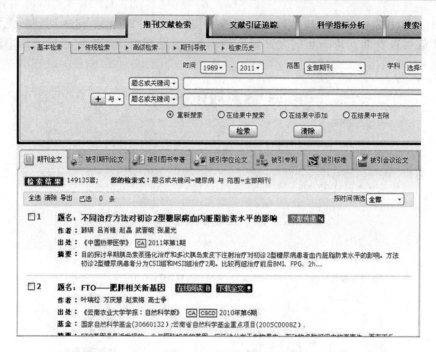

图 2-2-18 【期刊文献检索】检索结果界面高级检索

按时间筛选：限定筛选一个月内、三个月内、半年内、一年内、当年内发表的文献。

检索：可以进行重新检索，也可以在第一次的检索结果基础上进行二次检索（包括在结果中检索、在结果中添加、在结果中去除三种方式），实现按需缩小或扩大检索范围、精炼检索结果。

文献整合服务：即是将期刊文献检索和文献引证追踪整合到一起，可实现同样的检索词在不同的模块中同时完成检索。例如：在期刊文献检索模块中输入"醛糖还原酶"，切换标签到"被引期刊论文"等，可链向"文献引证追踪"功能，快速检索被引期刊论文中含有"醛糖还原酶"的最有影响力的相关研究论文，见图 2-2-19。

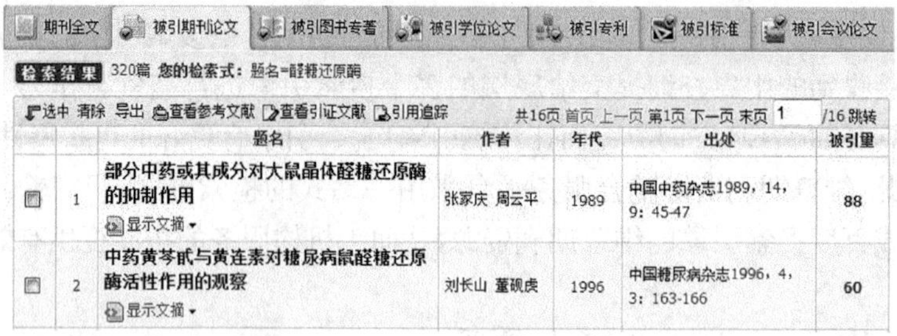

图 2-2-19 链向"文献引证追踪"功能

在【期刊文献检索】中，根据检索结果选中感兴趣的文献标题点击进入，文献细览页包含：题名、作者、机构地区、出处、基金、摘要、关键词、分类号、全文快照、参考文献、相似文献等。

查看全文：同样在文献细览页也可点击下载全文、文献传递、在线阅读按钮将感兴趣的文献下载保存到本地磁盘或在线进行全文阅读。

节点链接：通过作者、机构地区、出处、关键词、分类号、参考文献、相似文献提供的链接可检索相关知识点的信息。

文献整合服务："查看高影响力作者"、"查看高影响力机构"、"查看高影响力期刊"、"查看高被引论文"按钮链向"科学指标分析"模块的相应页面，见图 2 - 2 - 20。

醛糖还原酶干预支气管哮喘气道炎症的研究进展

文献传递

作　　者：姜艳平 杨远 赵云峰 查看高影响力作者

机构地区：东南大学附属中大医院呼吸科，南京221009 查看高影响力机构

出　　处：《中华结核和呼吸杂志》 2011年第34卷第10期 774-776页，共3页 查看高影响力期刊

Chinese Journal of Tuberculosis and Respiratory Diseases

摘　　要：近年来研究结果显示，醛糖还原酶（aldose reductase，AR）在支气管哮喘（简称哮喘）炎性病理过程中扮演着重要角色，而抑制AR活性可以抑制炎症反应中炎症细胞因子、炎性相关活性氧（reactive oxygen species，ROS）等的释放，从而减轻气道炎症、减轻气道高反应性和黏液的大量分泌，在一定程度上阻止哮喘病理过程的进展。

关键词：哮喘气道炎症 醛糖还原酶 支气管哮喘 干预 炎症细胞因子 抑制炎症反应 气道高反应性 病理过程

分类号：R562.25 [医药、卫生 > 内科学 > 呼吸系及胸部疾病 > 气管和支气管疾病 > 支气管疾病] 查看高被引论文

全文快照：AR及AR抑制剂AR是醛-酮还原酶(AKR)超家族中的一员，是以烟酰胺腺嘌呤二核苷磷酸(NADPH)为辅酶的单体多肽。人类AR 是由7号染色体长臂3区5带上的AKR1B1基因表达产生的315个氨基酸构成，其广泛表达于血管、视网膜、神经等组织中1-2]。AR是多元醇通路的限速酶，在糖尿病慢性并发症中扮演着重要角色，并且AR抑制剂在高血糖诱导的周围神经和视网膜病变中有着重要药理学作用，II 期和III期临床试验结果表明，AR抑制剂在长期临床应用中不良反应很小J。随着对AR的深入研究，近来一些对细胞和动物模型的研究发现AR在哮喘炎性病理过程中也起着重要作用，抑制AR可以阻止气道上皮细胞内炎性因子的产生和聚集、抑制抗原诱导的氧化应激反应、阻止气道上皮细胞转变为黏液分泌细胞，进而抑制哮喘炎症反应病理过程，因此抑制AR 活性可能成为哮喘防治研究中的一个新方向。目前已开发的AR抑制剂按其来源可分为3类：(1)化学合成类，如羧酸类、海因类、苯并吡喃酮类化合物、酚类及其衍生物等；(2)植物来源类，如黄酮类化合物、酚类及其衍生物、萜类和生物碱等；(3)微生物来源类。

相似文献 (10篇)

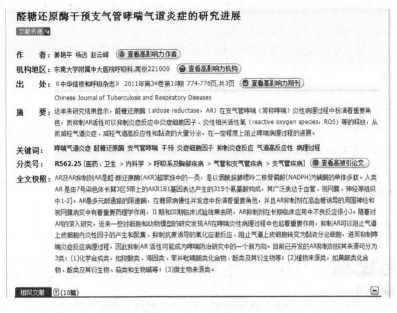

图 2 - 2 - 20　文献细览页

2.【文献引证追踪】　检索结果显示在【文献引证追踪】中，检索结果页中包含：检索结果记录数、检索式、默认显示被引期刊论文检索结果的题名、作者、年代、出处、被引量，其中检索结果按文献的被引频次倒序排列，点击"显示文摘"在当前页展开文摘信息，见图 2 - 2 -21。

期刊全文　被引期刊论文　被引图书专著　被引学位论文　被引专利　被引标准　被引会议论文

检索结果 151271篇　您的检索式：题名或关键词=糖尿病

选中本页 清除选中 查看参考文献 查看引证文献 引用追踪　共7564页 首页 上一页 第1页 下一页 尾页 1 /7564 跳转

		题名	作者	年代	出处	被引量
☐	1	关于糖尿病的新诊断标准与分型 显示文摘 高被引论文	钱荣立	2000	中国糖尿病杂志2000，8，1：5-6	608
☐	2	中华医学会糖尿病学分会关于代谢综合征的建议 显示文摘 高被引论文	项坤三 纪立农 向红丁 杨文英 贾伟平 钱荣立 翁建平	2004	中国糖尿病杂志2004，12，3：156-161	507
☐	3	短期胰岛素强化治疗诱导初诊2型糖尿病患者血糖长期良好控制的临床试验 显示文摘 高被引论文	祝方 纪立农 韩学尧 朱宇 张红杰 周翔海 陈静 蔡晓陵 张明霞	2003	中国糖尿病杂志2003，11，1：5-9	383
☐	4	中国居民2002年营养与健康状况调查 显示文摘 高被引论文	李立明[2] 饶克勤[3] 孔灵芝[4] 姚崇华[7] 向红丁[6] 翟凤英[5] 马冠生[5] 杨晓光[5] 王文志[1] 朴建华[1] 李莹[1] 李光伟[1] 金水高[1] 武阳丰[1] 胡永华[1]	2005	中华流行病学杂志2005，26，7：478-484	302

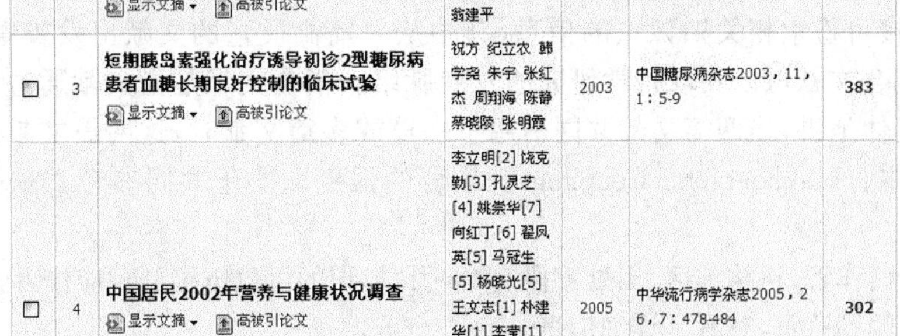

图 2 - 2 - 21　【文献引证追踪】检索结果界页

引用追踪：选中检索结果题录列表前的复选框，可以对一篇或多篇文献同时查看"参考文献"、"引证文献"等引用追踪功能。

查看细览：点击文献题名进入引文文献细览页，查看该引文的详细信息和知识节点链接。

检索：可以进行重新检索，也可以在第一次的检索结果基础上进行二次检索（在结果中检索），按需缩小检索范围、精炼检索结果。

查看其他类型有价值文献：通过切换标签到"被引图书专著"、"被引学位论文"、"被引专利"、"被引标准"、"被引会议论文"等，可以对其他类型的有价值文献做析出。

在【文献引证追踪】中，根据检索结果选中感兴趣的文献标题点击进入引文文献细览页，见图2-2-22。

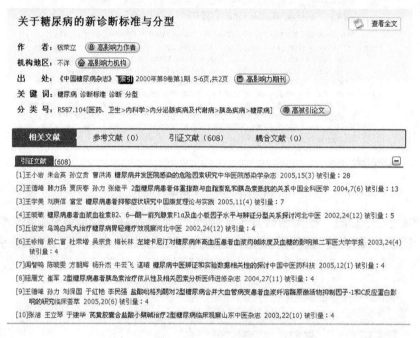

图 2-2-22 引文文献细览页

细览页显示：题名、作者、机构地区、出处、基金、摘要、关键词、分类号、参考文献、引证文献、耦合文献等。

节点链接：通过作者、机构地区、出处、关键词、分类号、参考文献、引证文献、耦合文献提供的链接可检索相关知识点的信息，其中从一篇高质量的文献出发查看参考文献、引证文献、耦合文献可以获取科学研究的发展脉络。耦合文献是指文献通过参考文献进行的耦合，具体地讲，当两篇文献共同引用了一篇或多篇文献时，这两篇文献之间的关系就称为文献耦合（Bibliographic Coupling）。耦合的强度取决于共同参考文献（被引文献）的数量。

索引查询：作者、机构地区、出处字段有"索引"标识的可以链接到相应作者索引、机构索引、期刊索引的细览页，查看其详细信息。

文献整合服务："查看全文"按钮链接到【期刊文献检索】模块该文献细览页；"高影响力作者"、"高影响力机构"、"高影响力期刊"、"高被引论文"按钮链向【科学指标分析】模块的相应页面。

（二）检索结果的评价

检索的结果是否达到预期效果，需借助显示区显示格式的选择、显示内容（注释或摘要）和输出数量的多少等来评价检索结果。主要从三个方面来评价：检出的文献是否符合课题内容范围、检出的文献量和检出文献的时效与类型。

如果检出的文献不符合课题内容范围，那么就要重新审视所选择的检索途径或检索词是否适合该课题的检索，检索史区借助每次检索的检索序号、检索式、检索结果数和对应的结果浏览、检索式编辑功能，可以调整新的检索词、检索式或者检索途径。

在维普数据库中，若选择"题名或关键词"字段查找"维生素B缺乏症"方面的文献，仅仅检索出8篇文献，调整检索词，改输入"维生素B缺乏"，能够检索出38篇文献，这样对于文献需求者来说就能更多地满足他们的需求。检索时，可借助检索历史的显示结果来评价差异，通过对检索结果记录的阅读和对检索史的评价，调整检索词、检索式或者检索途径。

（三）检索结果的分析

维普期刊资源整合服务平台基于已有的文献，主动揭示近200个细分学科的研究发展趋势内容和有关研究绩效的分析数据。其中【科学指标分析】主要提供学者、机构、地区、期刊、学科排名、学科基线、研究前沿、高被引论文、热点论文等多个指标项的查询与浏览。

（1）学者科学指标分析：对各学科核心的研究学者近10年来发文量和总被引次数及篇均被引量的指标统计。

选择科学指标分析功能模块，点击"学者"进入学者科学指标分析页；可通过学科、地区、字顺等进行学者指标的查询，也可对某一特定学者的姓名、所在机构进行查找，见图2-2-23。

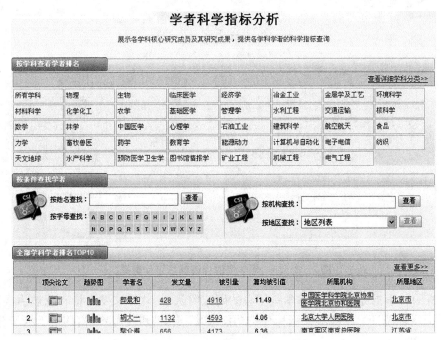

图2-2-23　学者科学指标分析

如选定某一学科,查看该学科下的学者及其科学指标,见图2-2-24。

学者科学指标分析(中国医学)

高影响力学者的研究决定了这一学科的发展方向

序号	顶尖论文	趋势图	学者名	发文量	被引量	篇均被引值	所属机构	所属地区
1			王永炎	288	2008	6.97	中国中医科学院	北京市
2			张伯礼	172	928	5.40	天津中医药大学	天津市
3			陈可冀	102	779	7.64	中国中医科学院西苑医院	北京市
4			李萍	127	704	5.54	中国药科大学	江苏省
5			苗明三	156	655	4.20	河南中医学院	河南省
6			方肇勤	117	654	5.59	上海中医药大学	上海市
7			屠鹏飞	124	638	5.15	北京大学	北京市
8			王米渠	211	618	2.93	成都中医药大学	四川省
9			吴立军	109	607	5.57	沈阳药科大学	辽宁省
10			孙索琴	57	597	10.47	清华大学	北京市
11			肖小河	152	596	3.92	解放军第302医院	北京市
12			肖培根	133	595	4.47	中国医学科学院北京协和医院	北京市

图2-2-24 "中国医学"该学科下的学者及其科学指标

点击感兴趣的学者名,查看该学者的详细统计数据,包括所涉及的学科及各学科的发文/被引量、篇均被引值、该学者在这一学科下被高度关注的顶尖论文、发文量和被引情况趋势图等,见图2-2-25。

王永炎[中国中医科学院]

同一学者可能在多个学科里入选高影响力群体,说明该学者在多个学科均有杰出贡献

序号	顶尖论文	趋势图	学科	发文量	被引量	篇均被引值	所属机构	所属地区
1			中国医学	288	2008	6.97	中国中医科学院	北京市
2			临床医学	39	129	3.31	中国中医科学院	北京市
3			临床医学—神经病学与精神病学	17	56	3.29	中国中医科学院	北京市
4			临床医学—内科学	9	42	4.67	中国中医科学院	北京市
5			生物—动物学	1	31	31.00	中国中医科学院	北京市
6			生物	1	31	31.00	中国中医科学院	北京市
7			预防医学卫生学	12	20	1.67	中国中医科学院	北京市

图2-2-25 某学者的详细信息统计数据

(2)机构科学指标分析:对各学科核心的研究团队近10年来发文量和总被引次数及篇均被引量的指标统计。选择科学指标分析功能模块,点击"机构"进入机构科学指标分析页,见图2-2-26。

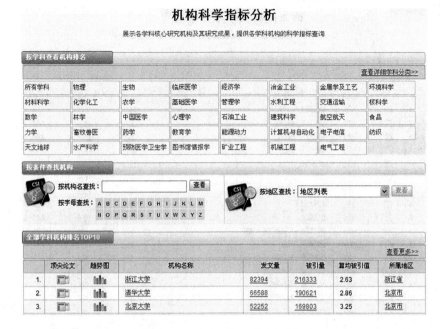

图 2-2-26　机构科学指标分析

可通过学科、地区、字顺进行机构筛选，也可对某一特定的机构进行查找，选定某一学科，查找该学科的所有机构，见图 2-2-27。

图 2-2-27　某学科的机构科学指标分析

点击感兴趣的机构名，查看该机构的详细统计指标，包括该机构涉及的学科及其发文/被引量、篇均被引值、该机构在这一学科下受到高度关注的顶尖论文、发文量和被引情况趋势图等，见图 2-2-28。

南京医科大学第一附属医院

同一机构下多个学科的产出与影响力排序可以体现该研究机构内部院系的竞争关系

查看海外论文科学指标

排序标准：被引量

序号	顶尖论文	趋势图	学科	发文量	被引量	篇均被引值
1			临床医学	12439	21623	1.74
2			临床医学—内科学	3535	6468	1.83
3			临床医学—外科学	2525	4774	1.89
4			临床医学—肿瘤	2716	3931	1.45
5			基础医学	1014	1699	1.68
6			药学	800	1606	2.01
7			临床医学—神经病学与精神病学	544	1117	2.05
8			药学—药品	473	1085	2.29
9			中国医学	371	1006	2.71
10			临床医学—皮肤病学与性病学	371	895	2.41
11			预防医学卫生学	451	889	1.97
12			临床医学—护理学	655	734	1.12
13			临床医学—临床诊断学	383	701	1.83
14			临床医学—耳鼻咽喉科	285	680	2.39
15			临床医学—妇产科学	360	492	1.37
16			临床医学—治疗学	190	489	2.57

图 2-2-28　某机构的详细统计指标页

（3）地区科学指标分析：对全国 31 个省、直辖市及 321 个地级市近 10 年来各学科发文量、总被引次数及篇均被引量的指标统计。选择科学指标分析功能模块，点击"地区"进入地区科学指标分析页，见图 2-2-29。

地区科学指标分析

展示地区发展对学科发展的贡献

按学科查看地区排名

查看详细学科分类>>

所有学科	物理	生物	临床医学	经济学	冶金工业	金属学及工艺	环境科学
材料科学	化学化工	农学	基础医学	管理学	水利工程	交通运输	核科学
数学	林学	中国医学	心理学	石油工业	建筑科学	航空航天	食品
力学	畜牧兽医	药学	教育学	能源动力	计算机与自动化	电子电信	纺织
天文地球	水产科学	预防医学卫生学	图书馆情报学	矿业工程	机械工程	电气工程	

全部学科地区排名TOP10

查看更多>>

	顶尖论文	趋势图	地区名称	发文量	被引量	篇均被引值
1.			北京市	1118700	2466815	2.21
2.			江苏省 查看地级市	811424	1138711	1.40
3.			广东省 查看地级市	695712	1052201	1.51
4.			上海市	547023	998568	1.83
5.			湖北省 查看地级市	553537	780767	1.41
6.			山东省 查看地级市	641116	704589	1.10
7.			浙江省 查看地级市	495909	673948	1.36
8.			陕西省 查看地级市	422427	627108	1.48

图 2-2-29　地区科学指标分析页

直接通过学科查找各学科的地区科学指标，如选定某一学科，查看该学科的地区科学指标，见图 2-2-30。

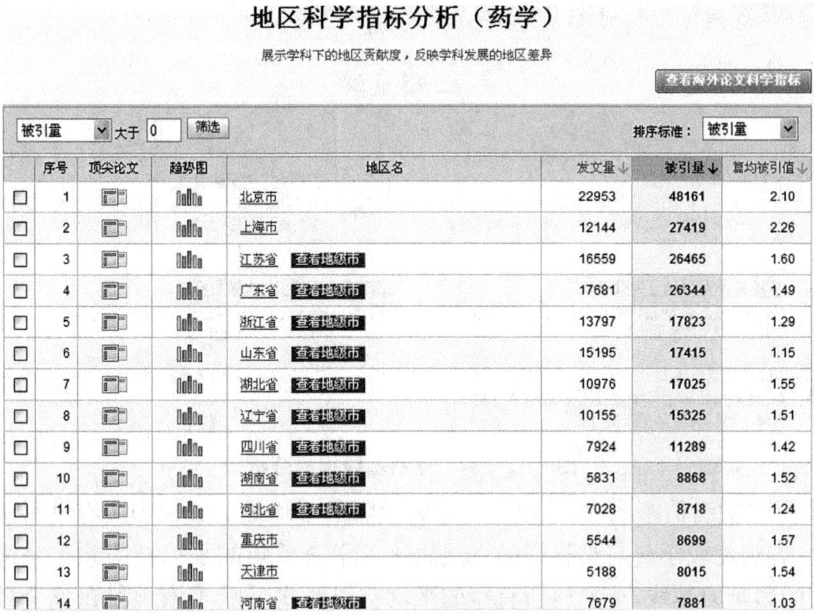

地区科学指标分析（药学）

展示学科下的地区贡献度，反映学科发展的地区差异

查看海外论文科学指标

被引量 大于 0 筛选　　排序标准：被引量

序号	顶尖论文	趋势图	地区名	发文量	被引量	篇均被引值
1			北京市	22953	48161	2.10
2			上海市	12144	27419	2.26
3			江苏省 查看地级市	16559	26465	1.60
4			广东省 查看地级市	17681	26344	1.49
5			浙江省 查看地级市	13797	17823	1.29
6			山东省 查看地级市	15195	17415	1.15
7			湖北省 查看地级市	10976	17025	1.55
8			辽宁省 查看地级市	10155	15325	1.51
9			四川省 查看地级市	7924	11289	1.42
10			湖南省 查看地级市	5831	8868	1.52
11			河北省 查看地级市	7028	8718	1.24
12			重庆市	5544	8699	1.57
13			天津市	5188	8015	1.54
14			河南省 查看地级市	7679	7881	1.03

图 2-2-30　某学科的地区科学指标

并可进一步查看该学科某特定地区的详细科学指标；地区部分可进行省（直辖市）之间的比较，也可进行地级市与地级市之间、省（直辖市）与地级市之间的比较功能，见图 2-2-31。

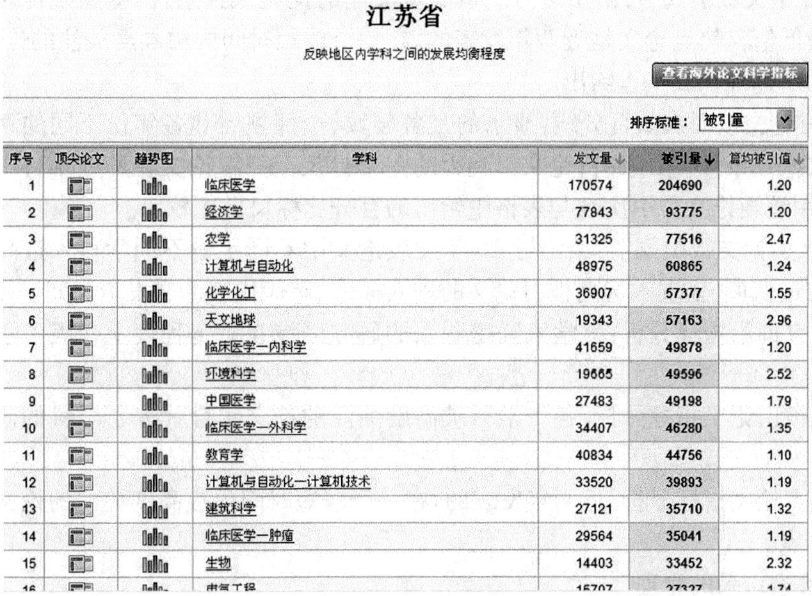

江苏省

反映地区内学科之间的发展均衡程度

查看海外论文科学指标

排序标准：被引量

序号	顶尖论文	趋势图	学科	发文量	被引量	篇均被引值
1			临床医学	170574	204690	1.20
2			经济学	77843	93775	1.20
3			农学	31325	77516	2.47
4			计算机与自动化	48975	60865	1.24
5			化学化工	36907	57377	1.55
6			天文地球	19343	57163	2.96
7			临床医学—内科学	41659	49878	1.20
8			环境科学	19665	49596	2.52
9			中国医学	27483	49198	1.79
10			临床医学—外科学	34407	46280	1.35
11			教育学	40834	44756	1.10
12			计算机与自动化—计算机技术	33520	39893	1.19
13			建筑科学	27121	35710	1.32
14			临床医学—肿瘤	29564	35041	1.19
15			生物	14403	33452	2.32
16			电气工程	15707	37327	1.74

图 2-2-31　某学科某特定地区的详细科学指标

（4）期刊科学指标分析：展示各学科核心研究期刊及其研究成果，提供各学科期刊的科学指标查询。

（5）学科排名指标分析：反映国内学术研究的发展历程和方向，展示学科之间发展的不平衡程度。

(6) 学科基线指标分析见图 2-2-32。

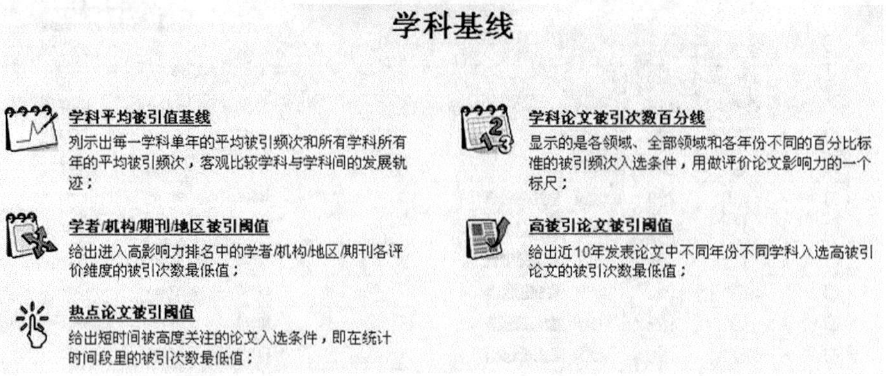

<h3 style="text-align:center">学科基线</h3>

 学科平均被引值基线
列示出每一学科单年的平均被引频次和所有学科所有年的平均被引频次,客观比较学科与学科间的发展轨迹;

 学者/机构/期刊/地区被引阈值
给出进入高影响力排名中的学者/机构/地区/期刊各评价维度的被引次数最低值;

 热点论文被引阈值
给出短时间被高度关注的论文入选条件,即在统计时间段里的被引次数最低值。

 学科论文被引次数百分线
显示的是各领域、全部领域和各年份不同的百分比标准的被引频次入选条件,用做评价论文影响力的一个标尺;

 高被引论文被引阈值
给出近10年发表论文中不同年份不同学科入选高被引论文的被引次数最低值;

图 2-2-32 学科基线指标分析

① 学科平均被引值基线:列示出每一学科单年的平均被引频次和所有学科所有年的平均被引频次,客观比较学科与学科间的发展轨迹。学科单年的平均被引频次是衡量该学科内单篇论文的影响力基线,单学科所有年的平均被引频次反映了该学科在整个科学研究中的影响程度,全部学科所有年的平均被引频次可以揭示国内科学研究的平均发展水平。

② 学者/机构/期刊/地区被引阈值:给出进入高影响力排名中的学者/机构/地区/期刊各评价维度的被引次数最低值,展现按 10 年总被引次数累积排序,位居全国前 50% 的学者/机构/地区/期刊的被引次数最低值。

③ 热点论文被引阈值:给出短时间被高度关注的论文入选条件,即在统计时间段里的被引次数最低值。热点论文是近两年发表的,在一个较短时间内被高度关注的论文,这个高度关注的判断标准在表格里给出。

④ 学科论文被引次数百分线:显示的是各领域、全部领域和各年份不同的百分比标准的被引频次入选条件,用做评价论文影响力的一个标尺。一篇论文在所处学科中的影响力程度,可以用该篇论文总引次数与表格中给出的百分比标尺做比较。

⑤ 高被引论文被引阈值:给出近 10 年发表论文中不同年份不同学科入选高被引论文的被引次数最低值,呈现入选高被引论文的进入标准、年代代表论文发表时间。

(7) 研究前沿指标分析:科学家紧密联系的研究区域在一定程度上代表了学科发展的前沿区域。

(8) 高被引论文指标分析:各个学科被高度关注的论文集合代表了学科的研究趋势和发展动态。

(9) 热点论文指标分析:近两年发表的,在一个较短时间内被高度关注的论文是一个潜在的研究热点。

(四) 检索结果的管理

检索结果的管理包括对检索史的管理和文献信息的管理。

(1) 检索史的管理

系统将每次的检索步骤记录在"检索历史"中,包括序号、命中文献数、检索表达式和检索时间。一次检索最多允许保存 20 条检索表达式,按照时间顺序从上到下一次显示,最新的检索式在最上方,见图 2-2-33。

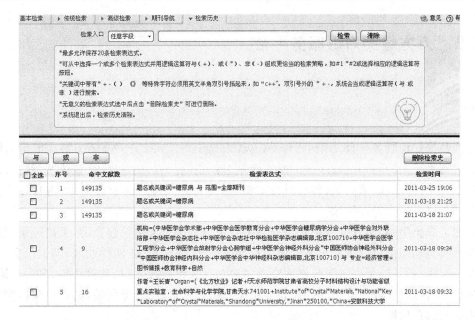

图 2-2-33 检索历史界面

在"检索历史"中可对检索记录进行相应操作,实现逻辑组配检索。可从中选择一个或多个检索表达式并用逻辑运算符与(＋)、或(＊)、非(－)组成更恰当的检索策略,如♯1＊♯2或选择相应的逻辑运算符按钮。关键词中带有＊、＋、－、()、《》等特殊字符必须用英文半角双引号括起来,如"c＋＋";双引号外的 ＊、＋、－,系统会当成逻辑运算符(与、或、非)进行搜索。

(2)文献信息的管理

在【期刊文献检索】中,选中检索结果题录列表前的复选框,点击"导出",可以将选中的文献题录以文本、参考文献、XML、NoteExpress、Refworks、EndNote 的格式导出。

获取全文:点击下载全文、文献传递、在线阅读按钮将感兴趣的文献下载保存到本地磁盘或在线进行全文阅读,其中新增原文传递的全文服务支持对不能直接下载全文的数据通过委托第三方社会公益服务机构提供快捷的原文传递服务。

四、小结

维普数据库提供主站和镜像两种访问方式,其中主站点(www.cqvip.com)每日更新,光盘镜像(专业版)每月更新,本书介绍的是镜像版——维普期刊资源整合服务平台的相关内容。

维普期刊资源整合服务平台收录了 1989 年以前的 8 000 余种期刊,期刊品种丰富,全文回溯时间虽不如 CNKI 长却优于万方数据库,期刊全文占有量高,且文献经过一定的自由标引和一定的人工干预使得检索效率高,其引文揭示信息不如 CNKI 全面。

第三节　万方数据知识服务平台

一、概述

万方数据知识服务平台(http://www.wanfangdata.com.cn/)是万方数据股份有限公司面向因特网推出的网络信息服务网站。该平台汇集期刊、学位论文、会议论文、科技成果、专利技术、中外标准、政策法规、各类科技文献、机构和名人等近百个数据库,内容涉及自然科学和社会科学各个专业领域。

按照资源类型划分,万方数据知识服务平台可以分为全文类信息资源、文摘题录类信息资源及事实类动态信息资源。全文资源包括会议论文、学位论文、法律法规、期刊论文、专利资源等。文摘、题录以及事实类数据库资源主要包括大量科技文献、政策法规、名人机构、企业产品等,是科研机构进行科学研究,企业单位进行技术创新、产品研发,科技管理机构进行科研决策的信息依据。

万方数据库服务产品有网络服务产品、镜像服务系统、光盘系列产品、软件系列产品等。系统资源介绍如下。

1. 期刊论文　期刊论文是万方数据知识服务平台的重要组成部分,集纳了自1998年以来6 000多种科技及人文和社会科学期刊的全文内容,基本包括了我国自然科学类统计源期刊和社会科学类核心源期刊的全文资源,绝大部分是进入科技部科技论文统计源的核心期刊。内容包括论文标题、论文作者、来源刊名、论文的年卷期、中图分类法的分类号、关键字、所属基金项目、数据库名、摘要等信息,并提供全文下载,总计约1 300余万篇,每周两次更新,并独家收录从2007年至今中华医学会下属的117种期刊全文内容。

2. 学位论文　学位论文是全文资源,收录了国家法定学位论文收藏机构——中国科技信息研究所提供的自1980年以来我国自然科学领域各高等院校、研究生院及研究所的硕士研究生、博士及博士后论文,涵盖自然科学、数理化、天文、地球、生物、医药、卫生、工业技术、航空、环境、社会科学、人文地理等各学科领域。内容包括:论文题名、作者、专业、授予学位、导师姓名、授予学位单位、馆藏号、分类号、论文页数、出版时间、主题词、文摘等信息,总计110余万篇,每年增加约20万篇,批量更新。

3. 会议论文　会议论文收录自1985年以来由中国科技信息研究所提供的国家级学会、协会、研究会组织召开的各种学术会议论文,是全文资源,每年涉及1 000余个重要的学术会议,范围涵盖自然科学、工程技术、农林、医学等多个领域,内容包括:数据库名、文献题名、文献类型、馆藏信息、馆藏号、分类号、作者、出版地、出版单位、出版日期、会议信息、会议名称、主办单位、会议地点、会议时间、会议届次、母体文献、卷期、主题词、文摘、馆藏单位等,总计约97万篇,为用户提供最全面、详尽的会议信息,是了解国内学术会议动态、科学技术水平,进行科学研究必不可少的工具,数据每月更新。

4. 外文文献　外文文献包括外文期刊论文和外文会议论文的题录信息,收录了自1995年以来世界各国出版的12 634种重要学术期刊,部分文献有少量回溯。每年增加论文约百余万篇,每月更新。外文会议论文是全文资源,收录了自1985年以来世界各主要学协会、出版机构出版的学术会议论文,部分文献有少量回溯。每年增加论文约20余万篇,每月更新。

5. 中外专利　专利是全文资源,收录了国内外的发明、实用新型及外观设计等专利2 600余万项,其中中国专利331余万项,外国专利2 073余万项。内容涉及自然科学各个学科领域,每年增加约25万条,中国专利每两周更新一次,国外专利每季度更新一次。

6. 中外标准　综合了由国家技术监督局、建设部情报所、建材研究院等单位提供的相关行业的各类标准题录,包括中国行业标准、中国国家标准、国际标准化组织标准、国际电工委员会标准、美国国家标准学会标准、美国材料试验协会标准、美国电气及电子工程师学会标准、美国保险商实验室标准、美国机械工程师协会标准、英国标准化学会标准、德国标准化学会标准、法国标准化学会标准、日本工业标准调查会标准等26万多条记录,每月更新。

7. 科技成果　主要收录了国内的科技成果及国家级科技计划项目的题录信息,收录范围包括新技术、新产品、新工艺、新材料、新设计,涉及自然科学各个领域,收录的科技成果总记录约50万项,内容涉及自然科学的各个学科领域,数据每月更新。

8. 图书　收录了新方志、专业书、工具书等特种图书三万余种。其中,方志收集了1949年以后出版的中国地方志。

9. 法律法规　法规是全文资源,收录自1949年新中国成立以来全国各种法律法规28万余条,内容包括国家法律法规、行政法规、地方法规、国际条约及惯例、司法解释、案例分析等。

10. 机构　机构信息系统是在《中国企业、公司及产品数据库》的基础上扩展的数据库系统,收录了20多万家企业机构、科研机构、信息机构和教育机构的详尽信息,分别针对各类机构的特点进行分类导航,并整合了各类机构的科研产出(包括发表论文、承担科技成果、申请专利、起草标准)和媒体报道情况,对获取、了解与分析相关机构的社会信用、科研能力、经营状况、发展方向等情况可以起到一定的参考作用。

该系统由《中国企业、公司及产品数据库》、《中国科研机构数据库》、《中国科技信息机构数据库》、《中国中高等教育机构数据库》四个数据库组成。

《中国企业、公司及产品数据库》(简称CECDB)始建于1988年,现收录有50余个主要行业的超过16万家企业的详尽信息及科技研发信息。

《中国科研机构数据库》(简称CSI)始建于1990年,收录了国内1万多家科研机构的详细信息,其中包括作为国家科技创新体系建设重要组成部分的国家重点实验室、国家工程技术研究中心的科研成果、专利及进展中的课题等信息。

《中国科技信息机构数据库》(简称CSTII)是一个全面介绍我国各科技信息机构和高校图书情报单位业务状况的数据库,是我国各级科委和科技信息主管部门掌握与了解我国科技信息事业全貌的有效工具。

《中国中高等教育机构数据库》全面收集国家公布的有招生资格的高校信息,并辅以部分中等专业学校。内容包括了学校的专业设置、重点学科、研究机构、通讯方式等,客观反映了各高校的人才培养和学术研究情况,是学生择校和了解高校现状的重要参考工具。

11. 科技专家　《中国科技专家库》收录了国内自然科学技术领域的专家名人信息,介绍了各专家在相关研究领域内的研究内容及其所取得的进展,为国内外相关研究人员提供检索服务,有助于用户掌握相关研究领域的前沿信息。该数据库的主要字段内容包括:姓名、性别、工作单位、工作职务、教育背景、专业领域、研究方向、研究成果、专家荣誉、获奖情况、发表的专著和论文等三十多个字段。

12. 科技动态　收录国内外科研立项动态、科技成果动态、重要科技期刊征文动态等科技动态信息,每天更新。

二、万方数据库检索方法

(一)检索规则

1. **PQL语言** 万方数据知识平台的首页、检索结果等页面的检索输入框默认接受的检索语言为 PairQuery language,也就是 PQL 语言,或称 PQ 表达式。

(1) PQ 表达式的基本用法:每个 PQ 表达式由多个空格分隔的部分组成,每个部分称为一个 Pair,每个 Pair 由冒号分隔符":"分隔为左右两部分,":"左侧为限定的检索字段,右侧为要检索的词或短语,即为"检索字段:检索词"。PairQuery 中的符号(空格、冒号、引号、横线)可任意使用全角、半角符号及任意的组合形式。

图 2-3-1 表示在所有字段里检索"醛糖还原酶(ar)"的学术论文,结果全而多。

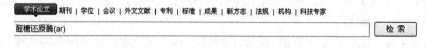

图 2-3-1 PQ 表达式的基本用法

图 2-3-2 表示检索标题中含有"糖尿病肾病"并且期刊名称为"中国糖尿病杂志"的记录,相对检索结果更准确。

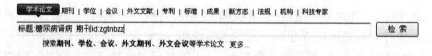

图 2-3-2 PQ 表达式的基本用法

(2) 精确匹配:PQ 表达式检索时,在检索词部分使用中英文状态的引号""或书名号《》括起来,表示精确匹配。例如,作者:"张晓",表示作者字段中含有并且只含有"张晓"的结果,标点符号使用中英文任何一种状态都可以。

(3) 各文献类型的检索字段:万方数据为文献检索提供了多种字段,每个字段允许多种表达方式。常用字段及其表达方式见万方帮助。

2. **模糊检索/精确检索** 万方系统支持模糊检索亦称包含检索和精确检索。

(二)万方数据库检索途径

万方数据知识平台提供跨库检索、单库检索、数据库导航。

1. **跨库检索** 可选择一个或多个数据库进行统一检索,可选择合适的检索入口,依照 PQ 表达式的检索语法输入合适的检索词,限定合适的年度范围,选择合适的逻辑组配符灵活随意地构建检索表达式,其中点击"+"、"-"号可任意增减检索字项,并提供检索策略、检索历史保存、多格式快速导出等多项功能。见图 2-3-3。

界面左上角为选库区,包括期刊论文、学位论文、会议论文、中外专利、科技成果、中外标准、法律法规 7 种类型;界面右侧为检索输入区,分为高级检索和专业检索。专业检索需要检索人员根据系统的检索语法编制检索式进行检索,适合于熟练掌握 CQL 检索语言的专业检索人员。

查新界面右侧提供"推荐检索词"功能。单击"推荐检索词"后出现一个输入框,提示输入一段与查新课题相关的文本,如科学技术要点、立项报告正文等,然后由系统自动推荐查

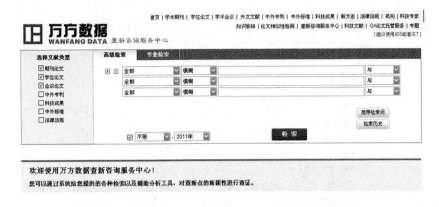

图 2-3-3　万方数据查新咨询服务中心

新使用的关键词。此功能是从文本中提取有关键意义的实词或词素，没有词位拓展功能。

2. 单库检索　万方数据知识平台提供多种文献类型的单库检索，如学术期刊、学位论文、会议论文等不同文献类型，各种文献的检索方法基本类似，下面以学术论文检索、专利检索、标准检索为例介绍相关检索功能的使用方法。

（1）学术论文检索：该检索集纳了各个学科的期刊、学位、会议、外文期刊、外文会议等类型的学术论文检索，见图 2-3-4。

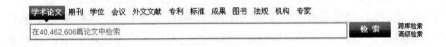

图 2-3-4　学术论文检索

系统提供了简单检索（基本检索）、高级检索、经典检索和专业检索这几种检索方式，系统默认是简单检索。

1）简单检索：简单检索方式简单易用，改变了以传统的相对集中和规范为基础的文献数据库及其检索方式，促进了"提问—检索"向"浏览—查询"模式的转变。在首页的检索框中，依照 PQ 表达式的语法输入合适的检索字段和检索词，点击"检索"即可。如输入 Title："糖尿病肾病"，单击"检索"按钮，系统会自动检索论文标题字段中包含完整词组"糖尿病肾病"的文献记录，完成精确检索。

在检索词前面加上检索字段，表示在指定的检索字段中进行相应检索词的搜索；限定的检索字段以及"："可以省略，但省略时的含义则是检索任意字段。如：输入检索式"糖尿病肾病　药物疗法"，表示检索任意字段中包含"糖尿病肾病"和"药物疗法"的记录。

2）高级检索：单击"高级检索"标签，进入高级检索界面，见图 2-3-5。

填写检索信息：高级检索区域列出了标题、作者、出处、关键词、摘要、全文、发表日期、文献类型、被引用次数等等检索字段供选择，填写的检索信息越详细，检索到的结果就会越准确，这些检索条件之间是"and"的逻辑关系。

选择时间范围：通过选择年份，将在限定的年份范围内检索。

排序：提供了相关度优先、经典论文优先、最新论文优先的 3 种排序方式，可将检索结果按照一定的优先级进行排序显示。经典论文优先指的是被引用次数较多、发表在核心杂志

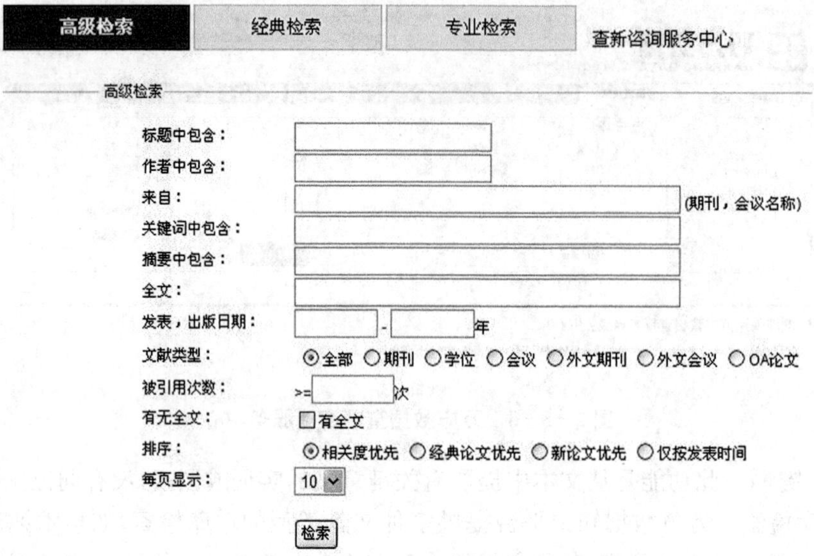

图 2-3-5 高级检索

上的具有较高学术价值的文献优先排在前面;相关度优先是指与检索词最相关的文献优先排在最前面;最新论文优先指的是发表时间最近的文献优先排在前面。

执行检索:当所有的检索信息都填写完毕后,单击"检索"按钮,执行检索。

3) 经典检索:经典检索只设置了最常用的检索条件。单击"经典检索"标签,进入其页面,经典检索提供了 5 组检索条件,这些检索条件之间是"and"的逻辑关系。在检索项的下拉列表中选择某一字段(如:标题、作者、关键词等),然后在检索输入框中输入检索词,填写完毕检索信息后,单击"检索"按钮,执行检索,见图 2-3-6。

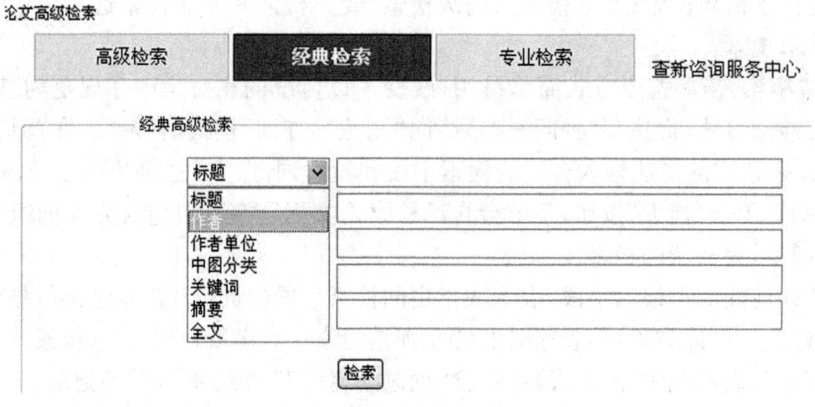

图 2-3-6 经典检索

4) 专业检索:专业检索比高级检索功能更强大,但需要检索人员根据系统的检索语法编制检索式进行检索,适用于熟练掌握 CQL 检索语言的专业检索人员。CQL 是 Common Query Language 的简写,是一种非常直观的正式的检索语言,可以向检索系统发出检索请求,其检索表达式可以映射到具体的检索系统中。其设计目的是使人易读、易写,它与传统检索语言不同,传统的检索语言一般有两种情况:一种是功能强大而表达性强的语言,对于非专业人员既不容易读,也是不易写的(如 SQL、PQF、XML Query);另一种是简单而直观的语言,它不能够表达复杂的一些概念(如 CCL 或 Google 的检索语言)。CQL 的目的就是把检索表达的这种简单性和直观性与 Z39.50 的 Type—1 检索有机地结合在一起,就像界面上任何一个语法正确的文本一样,CQL 可以特定制一些如"do what you mean"作为一些简单的每天的查询,也允许使用一些方法表达复杂的概念。

知识服务平台首页、检索结果等页面的检索输入框默认接受的检索语言为 PQL 语言,如果想在知识服务平台首页、检索结果等页面直接输入 CQL 检索,需要在输入 CQL 语句之前先输入"cql://"前缀。"专业检索"功能默认接受 CQL 检索语言。

(2)专利检索:简单检索方式简单易用,同样改变了以传统的相对集中和规范为基础的文献数据库及其检索方式,促进了"提问—检索"向"浏览—查询"模式的转变。高级检索方式可以通过专利名称、摘要、申请号、申请日期、公开号、公开日期、主分类号、分类号、申请人、发明人、主申请人地址、代理机构、代理人、优先权、国别省市代码、主权项、专利类型等检索项进行检索,提供专利全文下载。检索结果按国际专利分类(IPC 分类)、发布专利的国家和组织、专利申请的日期进行分类,便于从众多的检索结果中快速筛选出需要的专利。

(3)标准检索:简单检索方式简单易用,高级检索方式可以通过标准名称、标准编号、发布单位、发布日期、实施日期、标准状态、开本页数、采用关系、中图分类号、中国标准分类号、国际标准分类号、国别等检索项进行检索。检索结果按中国标准分类(CCS 分类)、标准的类型、标准发布的日期进行分类,便于从众多的检索结果中快速筛选出需要的标准。

3. 数据库导航　万方数据知识平台提供学术期刊、学位论文、会议论文、专利技术、中外标准、科技成果、图书、政策法规、机构、科技专家等不同文献类型的导航功能。各种数据库的导航功能基本类似,下面以学术期刊导航为例介绍相关功能的使用方法,见图 2-3-7。

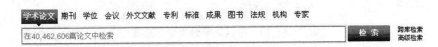

图 2-3-7　数据库导航

点击【期刊】进入期刊浏览页面,可以实现多种中西文的科技人文和社会科学期刊随心浏览,期刊论文便捷检索和下载。

(1)查找期刊:万方提供了两种方式查找所需要的刊物,见图 2-3-8。

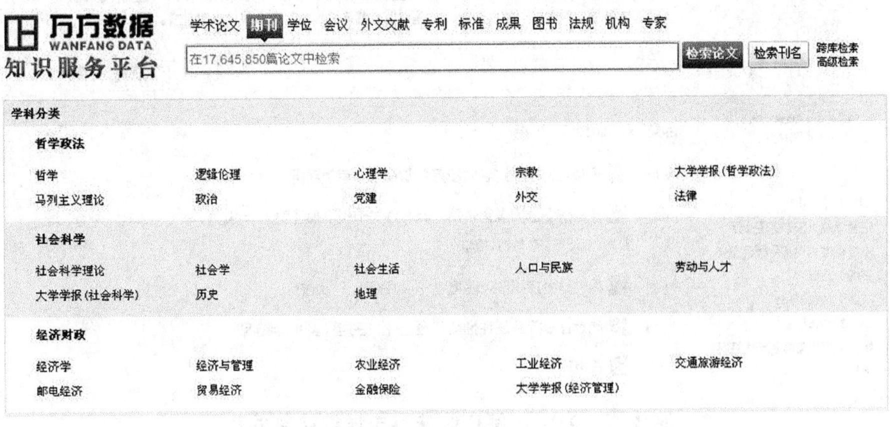

图 2-3-8　学术期刊浏览页面

A:在检索框右边选择"检索刊名",点击"检索"按钮,直接检索。

B:通过学科分类导航、地区导航、刊名首字母导航等逐级缩小浏览范围,最终找到需要的刊物。

以查找《中医药临床杂志》为例。

① 可以在检索框填入"中医药临床杂志"进行检索。

② 还可以在学科分类导航中选择医药卫生,见图2-3-9。

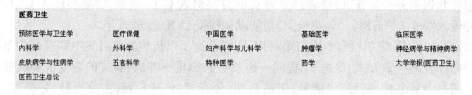

图2-3-9 医药卫生期刊浏览页面

通过选择"医药卫生"到达分类更具体的页面,选择"中国医学"类别,在记录中选择《中医药临床杂志》,见图2-3-10。

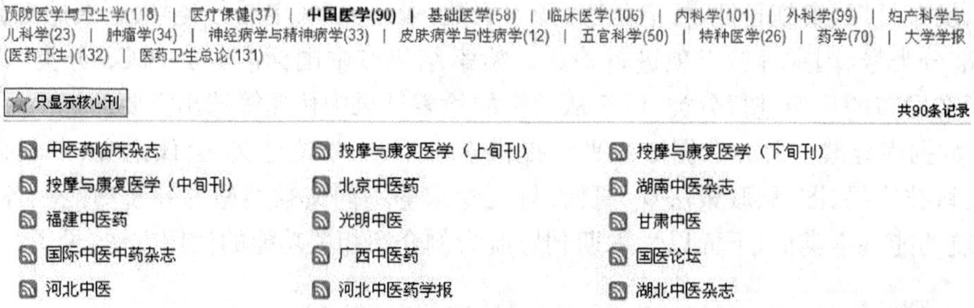

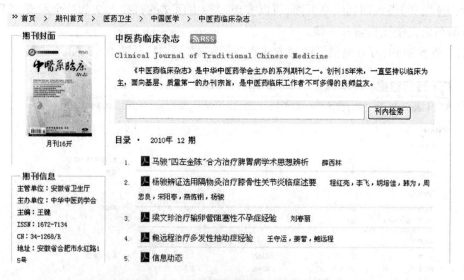

图2-3-10 中国医学分类杂志列表

以上两种方式都能够得到如下的检索结果,见图2-3-11。

图2-3-11 中医药临床杂志详细结果页面

在刊名检索结果页面显示了《中医药临床杂志》刊物的主要信息,包括期刊简介、刊内检索、目录、期刊信息、主要栏目、收录汇总以及同类期刊信息。

(2) 期刊论文检索:在检索框右边选择"检索论文",按照 PQ 表达式语法输入相应检索词,点击"检索"按钮,直接检索。

三、检索结果的显示、分析和管理

(一) 检索结果的显示

1. **跨库检索结果显示** 当在检索框中输入检索词完成检索时,在检索结果显示区域显示包括文献类型、命中数、检索表达式、每页显示的记录数等,见图 2-3-12。

图 2-3-12 检索结果界面

左侧可选择根据年份和结果命中数排序;右侧则显示系统根据检索条件自动给出的高频关键词和相关词。高频关键词的选取原则是在检索结果的前 100 条记录中,作为关键字出现频率较高的词,这样用户可看到密切相关的文献使用的是哪些关键词,单击高频关键词,则将该词放入剪贴板,在检索输入框单击右键粘贴即可,无需再手动输入该词,相关词的选择方法也是一样。高频关键词和相关词的使用为用户关键词重述或转换提供了重要参考。

系统根据每次的检索结果都生成一个检索结果导航区域,见图 2-3-13,位于检索结果最上面的导航条中,单击历次的检索导航区域,则显示相应的检索结果,可以很方便地调看历次的检索表达式和命中数,并根据检索结果来决定是扩检还是缩检,从而达到改变检索策略、灵活地调整检索式的目的。

图 2-3-13 检索结果导航区域

2. 单库检索——学术论文检索结果显示　检索结果可按全部论文、仅检索结果有全文内容、或某高校订购全文这三种方式显示检索结果，默认是全部学术论文显示。

同时，检索结果可按相关度优先、新论文优先、经典论文优先的排序显示，优先排序是检索结果页面提供的特色功能。系统默认以相关度优先排序，见图 2-3-14。

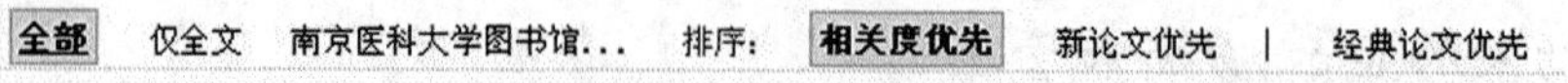

图 2-3-14　检索结果显示

万方数据知识平台在检索结果页面提供了在结果中检索，进一步缩小检索范围、学科分类数目提示、根据论文类型、发表年份等信息分类的功能，又称二次检索。

如：在首页面简单检索框中输入"糖尿病肾病"，点击"检索论文"，显示检索结果页面，见图 2-3-15。

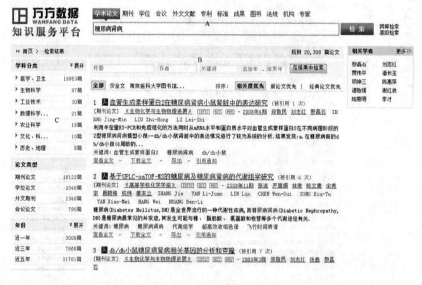

图 2-3-15　检索结果页面

A区：检索框返回上次检索使用的检索词，可以清空，重新填入新的检索词以及检索字段，完成新的检索。

B区：提供了在结果中检索的二次检索功能，可以通过标题、作者、关键词、刊名、发表年份等条件在原先的检索结果中再次检索。

C区：提供了上次检索结果的不同分类，例如学科分类、论文类型分类、发表时间分类、期刊分类等。

在检索结果页面上单击文献标题，进入详细信息页面，可获得单条资源的详细内容和相关全文的下载。它不仅包含了单条资源的详细信息如数据库名、题名、作者、刊名、摘要等，还提供了热链、相似文献、引用分析、相关分析、添加到收藏夹等服务，见图 2-3-16。

万方数据知识平台提供链接检索功能。在浏览检索结果时，感兴趣的内容可能在不断发生变化，或是想对某一主题进行深入学习，或是想对某一作者的研究领域作一全面了解，抑或是想看看当前论文所参考的文献，以进一步扩展自己的研究或检索思路等等。检索结

图 2-3-16 查看详细信息和全文

果中强大的链接检索功能正是为满足这样的需求而设置的,可通过作者、期刊名、年卷期、关键词等完成更进一步的检索。

其中,参考文献是指当前文献引用的文献,通过它可以了解当前文献的研究背景以及研究之前完成的工作。引证文献是指引用了当前文献的其他文献,通过它可以了解当前文献所做研究工作的发展。相似文献是与当前文献研究方向、主题、内容相似或者相关的文献。相关博文是链接到相似文献的作者博客中查看博文。

页面右侧还提供了与输入检索词有关的相关检索词、相关专家、相关机构,通过它可以了解参与当前文献所做研究工作的人和学校、研究所等机构。

(二)检索结果的分析

1. 知识脉络分析　万方数据知识服务平台提供知识脉络分析。为某一知识点在不同年代画出一张知识网络图,不同年代的网络图按顺序链接起来,形成某一知识点在不同年代的知识网络形状演变脉络图,简称为知识脉络,文献是知识的载体,是知识脉络构建的重要基础素材。知识脉络从时间维度揭示了知识点的关注度,有助于学者了解学科发展规律和研究选题;知识脉络基于时序揭示了知识点之间随时间变化的演化关系,有助于发现知识点之间的交叉、融合的演变关系,有助于学者发现新的研究方向、研究趋势和研究热点。

例如:输入"糖尿病肾病",点击"知识脉络检索",页面会显示该词在1998年至今每个年度中的百万期刊论文命中篇数,从而形成一条曲线图,揭示该研究内容的一个发展趋势,趋势图的下方会显示相应的共现数和热词。共现指的是同时在论文的关键词中出现,根据共现的频率可以分析相关研究趋势和热点分布。热词是指与被检索词共现次数较多的词,见图 2-3-17。

第二个功能是在文本框内可以输入多个关键词,然后点击后面的"比较分析",这时可以同时了解这几个词从 1998 年至今在系统中命中的数量。通过比较判断两个词在不同时间点上的研究数量,系统会自动生成一些相关词,用户可以选择这些词,然后系统会自动将结果可视化展示,见图 2-3-18。

2. 学术统计分析　中国学术统计分析报告是知识服务平台于 2009 年推出的研究分析

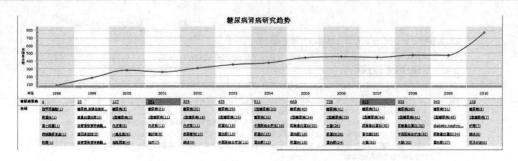

图 2-3-17 知识脉络

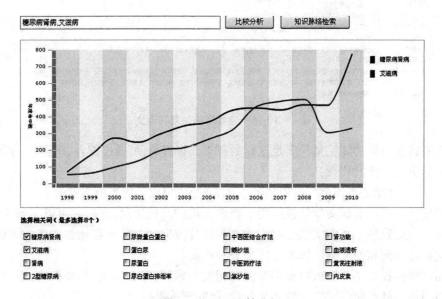

图 2-3-18 比较分析

系统,从各主要学术领域出发,依据完整准确的学术文献资源和有关数据,运用科学的统计方法,从关注度、上升以及下降趋势、新兴研究等几个主要方面进行统计分析,通过客观数据直观反映我国学术发展现状、情况和问题。

3. 科技文献分析　科技文献分析服务子系统由40个典型主题数据库组成,主题的选取主要来源于国家中长期科学和技术发展规划纲要——重点领域及其优先主题,侧重社会关注高的社会焦点、热点问题,兼容国家和社会的重大需求,有未来或当前重要的应用目标。当在检索框中输入检索词时,该子系统会实现在40个科技库中的跨库检索。

(三) 检索结果的管理

检索结果的管理包括对检索史的管理和文献信息的管理,万方数据知识服务平台只有在跨库检索状态下才显示检索历史。

1. 检索结果的导出功能　系统提供"导出"功能,用户可根据检索结果的题录信息了解文章内容,选择感兴趣的文献题录进行导出。例如:选择《基于 UPLC—oaTOF—MS 的糖尿病及糖尿病肾病的代谢组学研究》、《血管生成素样蛋白2在糖尿病肾病小鼠肾脏中的表达研究》这两篇题录,点击题录信息下的"导出"按钮,显示导出页面,见图 2-3-19。

图 2-3-19 导出功能

可根据参考文献格式、NoteExpress、RefWorks、NoteFirst、EndNote、自定义格式、查新格式导出到本地电脑保存。

2. 文献引用通知　即是当用户所订阅的论文被其他论文引用时,将得到即时通知。这种服务可以指定一组文献,了解它们被引用的情况以及引用变更的情况,及时了解指定论文的权威性、受欢迎程度。目前该服务仅面向个人注册用户,系统通过 E-mail 或 RSS 订阅的方式进行自动通知。

3. 全文下载　点击文章标题前的"┗"图标可将感兴趣的全文下载到本地,"☰"图标表示该篇文献万方未收录全文只收录题录信息。

4. 专题服务　根据最近的时事关注焦点,万方数据知识平台将现有的数据资源加以重新整合,形成了一个个的论文专题,并按焦点的热度进行优先排序显示。这样大大减少用户查找文献的时间,便于系统全面地研究某个专题的相关内容。

四、小结

万方数据库提供主站点、镜像站点等几种服务方式,主站点——万方数据知识服务平台收录中外文期刊、学位论文、会议论文、专利、标准、成果、图书、政策法规、机构、专家等文献类型,学科范围覆盖社会科学、自然科学各个领域,提供对多种文献类型的异构数据库跨库检索。镜像站点可针对各用户定制需要的资源信息进行归类整合,如万方医学网等。

万方数据库提供网上检索卡、手机付费等多种使用方式。主站数据每日更新,光盘镜像数据每月更新。

第四节　中国知网

一、概述

《中国知网》数据库(http://www.cnki.net)由中国学术期刊(光盘版)电子杂志社出版、清华同方知网(北京)技术有限公司发行。1996 年,《中国学术期刊(光盘版)》首发;1998 年,《中国学术期刊(光盘版)专题文献数据库》出版发行;2000～2001 年度《中国优秀博硕士学位论文全文数据库》正式出版；2009年，推出《中国学术期刊网络出版总库（特刊）》、《中国博士学位论文全文数据库（特刊）》、《中国优秀硕士学位论文全文数据库（特刊）》。

《中国知网数据库》收录了学术期刊、学位论文、会议论文、报纸、专利、标准、科技成果、年鉴、工具书等文献，主要包含以下数据库内容。

《中国学术期刊网络出版总库》(China Academic Journal Network Publishing Database,CAJD)收录自1915年至今出版的期刊，部分期刊回溯至创刊。内容以学术、技术、政策指导、高等科普及教育类期刊为主，覆盖自然科学、工程技术、农业、哲学、医学、人文社会科学等各个领域。截至2011年6月，收录国内学术期刊7 778种，包括创刊至今出版的学术期刊4 600余种，全文文献总量3 200多万篇，每日更新，年新增文献100多万篇。其下属子集《中国学术期刊网络出版总库（特刊）》收录独家授权数字出版的学术期刊文献，内容涉及科技、医学及人文社会科学等各个领域。截至2011年6月，CAJD特刊已收录出版期刊1 120种，累积文献总量560多万篇，每日更新。《中国学术辑刊全文数据库》是目前国内唯一的学术辑刊全文数据库，辑刊是指由学术机构定期或不定期出版的成套论文集。截至2011年6月，《中国学术辑刊全文数据库》共收录自1979年至今出版的重要学术辑刊290种，累积文献总量104 862篇，产品分为十大专辑168个专题，每日更新。

《中国博士学位论文全文数据库》(China Doctoral Dissertations Full-text Database,CDFD)收录1984年至今全国985、211工程等重点高校、中国科学院、社会科学院等研究院所的博士学位论文，覆盖基础科学、工程技术、农业、医学、哲学、人文、社会科学等各个领域。截至2011年6月，收录来自397家培养单位的博士学位论文15万多篇，每日更新。其下属子集《中国博士学位论文全文数据库（特刊）》收录独家或唯一授权数字出版的博士学位论文，内容覆盖基础科学、工程技术、农业、医学、哲学、人文、社会科学等各个领域。截至2011年6月，收录来自223家培养单位的博士学位论文6万多篇，每日更新。

《中国优秀硕士学位论文全文数据库》(China Master's Theses Full-text Database,CMFD)收录1984年至今来自598家培养单位的优秀硕士学位论文115万多篇，重点收录985、211高校、中国科学院、社会科学院等重点院校的优秀硕士论文、重要特色学科如通信、军事学、中医药等专业的优秀硕士论文，每日更新。其下属子集《中国优秀硕士学位论文全文数据库（特刊）》收录独家或唯一授权数字出版的优秀硕士学位论文，截至2011年6月，收录来自315家培养单位的优秀硕士学位论文60万多篇。

《中国重要会议论文全文数据库》(China Proceedings of Conference Full-text Database,CPCD)是由国内外会议主办单位或论文汇编单位书面授权并推荐出版的重要会议论文，重点收录1999年以来全国1 828家单位主办的18 187个国际、国内学术会议上发表的文献。其中，国际会议文献占全部文献的20%以上，全国性会议文献超过总量的70%，部分重点会议文献回溯至1953年。截至2010年10月，已收录出版国内外学术会议论文集近143 930本，累积文献总量1 358 973篇，分为10个专业文献总库，168个专题数据库，每日更新。

《国际会议论文全文数据库》(International Proceedings of Conference Full-text Database,IPFD)收录1981年以来由国内外会议主办单位或论文汇编单位书面授权并推荐出版的重要国际会议论文，重点收录1999年以来中国科协系统及其他重要会议主办单位举办的在国内召开的国际会议上发表的文献，部分重点会议文献回溯至1981年。截至2012年1月，已收录出版国内外学术会议论文集2 600多本，累积文献总量30多万篇，分为10个专业文献总库,168个专题数据库,每日更新。

《中国重要报纸全文数据库》(China Core Newspapers Full-text Database,CCND)收录2000年以来中国国内近580多种重要报纸刊载的学术性、资料性文献的连续动态更新的数据库。截至2011年7月6日,累积出版报纸全文文献近879万篇,每日更新。

《中国专利全文数据库》收录1985年至今的中国专利,专利种类分为发明专利、外观设计和实用新型三个类型,其中发明专利和实用新型采用国际专利分类法(IPC分类)和CNKI 168学科分类,外观设计采用国际外观设计分类和CNKI 168学科分类。可以通过申请号、申请日、公开号、公开日、专利名称、摘要、分类号、申请人、发明人、优先权等检索项进行检索,并一次性下载专利说明书全文。每条专利的知网节集成了与该专利相关的最新文献、科技成果、标准等信息,可以完整地展现该专利产生的背景、最新发展动态、相关领域的发展趋势,可以浏览发明人与发明机构更多的论述以及在各种出版物上发表的文献。截至2011年6月,《中国专利全文数据库》共计收录专利530多万条,双周更新。

《国家标准全文数据库》(SCSF)收录了1950年至今由中国标准出版社出版的,国家标准化管理委员会发布的所有国家标准,占国家标准总量的90%以上,每一个标准条目的知网节细览页链接了相关的国内外标准、学术期刊、学位论文、会议论文、报纸、年鉴、专利和科技成果等,可了解每条标准的产生背景、最新发展动态和相关领域的发展趋势,可以通过标准号、中文标准名称、起草单位、起草人、采用标准、发布日期、中国标准分类号、国际标准分类号等检索项进行检索。该库按照中国标准分类法(ICS分类)、国际标准分类法(CCS分类)和CNKI 168学科分类法进行分类。截至2010年11月,共收录国家标准33 570条,每季更新。

《中国行业标准全文数据库》(SCHF)收录1950年至今共4 000余条交通、轻工、黑色冶金、有色金属、稀土、中医药、文化、印刷工业、旅游共9个行业标准,集成了我国现行及废止的行业标准全文,内容持续更新,简称《知网行标库》或者《CNKI行标库》。该库按照中国标准分类法(ICS分类)、国际标准分类法(CCS分类)和CNKI 168学科分类法,每季更新。

《中国标准数据库》(SCSD)收录了1957年至今所有的国家标准(GB)、国家建设标准(GBJ)、中国行业标准的题录信息,内容来源于中国标准化研究院国家标准馆,相关的文献、成果等信息来源于CNKI各大数据库。按照中国标准分类法(ICS分类)、国际标准分类法(CCS分类)和CNKI 168学科分类法,可以通过标准号、中文标题、英文标题、中文关键词、英文关键词、发布单位、摘要、被代替标准、采用关系等检索项进行检索。截至2010年11月,《中国标准数据库》(SCSD)共收录144 771条题录信息,每月更新。

《国家科技成果数据库(知网版)》收录1970年至今正式登记的中国科技成果,按行业、成果级别、学科领域分类,每条成果信息包含成果概况、立项、评价,知识产权状况及成果应用,成果完成单位、完成人等基本信息。该库按照《中国图书资料分类法》(第四版)和GB/T13745《学科分类与代码》进行学科分类,截至2011年6月,共计收录成果46万多项,每周更新。

《中国年鉴全文数据库》收录1949年至今中国国内的中央、地方、行业和企业等各类年鉴的全文文献,内容覆盖基本国情、地理历史、政治军事外交、法律、经济、科学技术、教育、文化体育事业、医疗卫生、社会生活、人物、统计资料、文件标准与法律法规等各个领域,每日更新。

《中国工具书网络出版总库》收录了近200家出版社的字典、词典、百科全书、图录、表谱、手册、名录等共4 000多部,含1 500多万个条目、70万张图片,每月更新。

除以上数据库外,《中国知网数据库》还包含人民军医出版社系列数字出版产品、中国大百科全书全文数据库、"文革"期间中草药实用手册全文数据库、建筑工程造价预算与规范数据库、国学宝典数据库、中国图书全文数据库。哈佛商业评论数据库、麻省理工科技创业数据库、中国引文数据库、德国Springer期刊数据库、英国Taylor&Francis期刊数据库、Wiley期刊数据库、剑桥大学出版社期刊数据库、Frontiers系列期刊数据库、国外专利数据库、国外标准数据库、德国Springer图书数据库等书目数据库。

二、中国知网检索方法

(一) 中国知网检索规则

1. 逻辑组配检索　支持利用布尔逻辑算符AND(逻辑与)、OR(逻辑或)和NOT(逻辑非)进行检索词或代码的逻辑组配检索。逻辑运算符优先级顺序为NOT>AND>OR,使用圆括号可改变优先级运算顺序,圆括号中的检索式最先运算。

2. 模糊检索/精确检索　系统支持模糊检索和精确检索。

(二) 中国知网检索途径

平台提供了单库检索和跨库检索两种方式,其中跨库检索又包含【快速检索】、【标准检索】、【高级检索】、【专业检索】、【引文检索】、【学者检索】、【科研基金检索】、【句子检索】、【工具书及知识元检索】、【"知网节"检索】等面向不同需要的多种跨库检索方式,以及按文献来源检索途径。

1. 单库检索　单库检索即是选择一种文献类型,如《中国学术期刊网络出版总库》,在该库中完成检索,见图2-4-1,具体检索方式类似于以下跨库检索方式。

选库	各类文献数据库名称 (点击进入单库检索)	文献出版来源	来源覆盖率	文献产出起讫	文献量 (篇)	文献收全率	当日出版		
							来源数	文献量	
☑	中国学术期刊网络出版总库	正式出版的7792种学术期刊	99%	1915	34837019	99.9%	286	14227	简介
☐	中国学术期刊网络出版总库(特刊)	正式出版的1072种学术期刊	99%	1915	6232232	99.9%	-	-	简介
☐	中国学术辑刊全文数据库	正式出版的246种学术辑刊	80%	1979	97962	99.9%	-	-	简介
☐	中国博士学位论文全文数据库	404家博士培养单位	96%	1984	178340	91%	18	55	简介

图2-4-1　单库检索

2. 跨库检索

(1)【简单检索】:简单检索提供了类似搜索引擎的检索方式,改变了以传统的相对集中和规范为基础的文献数据库及其检索方式,促进了"提问—检索"向"浏览—查询"模式的转变。用户只需要选择相应的文献类型数据库,在检索框中输入所要找的关键词,点击"简单检索"就可以查到相关的文献。

(2)【标准检索】:标准检索提供了全面的检索条件供用户选择。首先,输入检索范围控制条件:发表时间、文献出版来源、支持基金、作者、作者单位等;其次,输入目标文献内容特征:文献全文、篇名、主题(包含题名、关键词、摘要三个字段)、关键词、中图分类号等;第三,对检索结果进行分组分析和排序分析,反复筛选修正检索式得到最终结果。见图2-4-2。

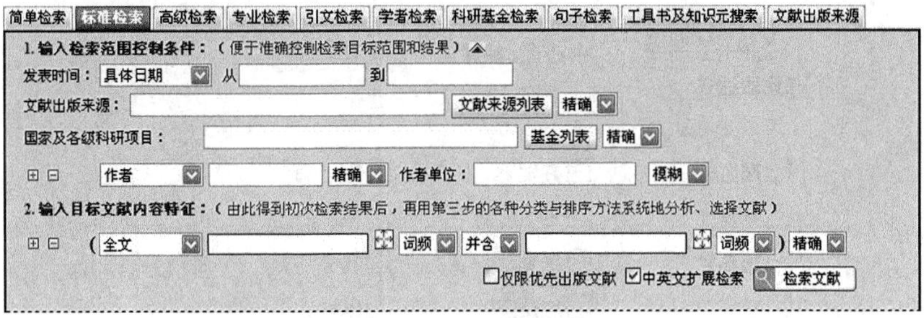

图 2-4-2 标准检索界面

1) 检索范围控制条件：提供对检索范围的限定，便于准确控制检索的目标结果，可以控制文献的以下条件。

① 文献发表时间控制条件：选择具体时间时，若起始时间不填写，系统默认为从文献收录最早时间为起始时间；若截止时间不填写，系统默认检索到当前日期的文献。

② 文献来源控制条件：可直接在检索框中输入出版媒体、机构的名称关键词，也可以点击检索框后的"文献来源列表"按钮，选择文献来源输入检索框中。

③ 文献支持基金控制条件：可直接在检索框中输入基金名称的关键词，也可以点击检索框后的"基金列表"按钮，选择支持基金输入检索框中。

④ 发文作者控制条件：在下拉框中选择限定"作者"或"第一作者"，在后面的检索框中输入作者姓名，在作者单位检索框中输入作者单位名称，可以限定在某单位的作者发文中检索，可排除不同机构学者同名的情况。若要检索多个作者合著的文献，点击检索项前的"⊞ ⊟"号，添加另一个限定发文的作者。

2) 目标文献内容特征：在下拉框中可选择全文、篇名、主题、关键词、中图分类号等文献内容特征，在其后的检索框中填入一个关键词。若一个检索项需要两个关键词做控制，如全文中包含"糖尿病"和"肾病"，可选择"并含"、"或含"或"不含"的关系，在第二个检索框中输入另一个关键词。点击检索项前的"⊞ ⊟"号，添加另一个文献内容特征检索项，添加完所有检索项后，点击"检索文献"，进行检索。

检索平台还提供了扩展词推荐、精确/模糊匹配检索，可帮助获得输入的检索词的扩展信息和控制检索文献的精确度。

① 扩展词推荐：在检索框中输入一个关键词后，点击检索框后的扩展按钮"⊞"，系统会推荐中心词为该关键词的一组扩展词。例如：输入"糖尿病"后点击扩展按钮弹出如下页面，见图 2-4-3。

在其中选中一个感兴趣的词，点击确定，可将其添加到检索框中。

② 精确/模糊检索：检索项后的"精确 ▽"可控制该检索项的关键词的匹配方式。精确匹配：子值（用多值分隔符或括号、空格、感叹号、问号、点等分割为多个子值）完全一致，不考虑可显示中英文以外的符号。模糊匹配：包含检索词的子值。

全文检索：精确匹配指全文中完整包含检索词，不能将检索词拆分，切分词顺序不能打乱。例如用"转基因水稻"查询，查询结果都包含"转基因水稻"这一关键词串，不能按"水稻转基因"检索；输入相邻的多个句子可以精确检索（支持多句检索）。模糊匹配指全文中完整包含检索词，检索词可以拆分，排序不分先后顺序。例如用"转基因水稻"查询，可能将包含

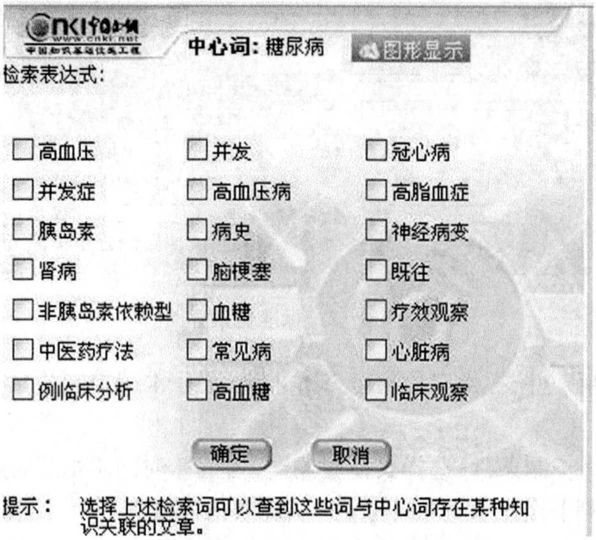

图 2-4-3 扩展词推荐

有"水稻经过转基因以后会高产"这样词串的文献也查出来(支持多句检索)。

题名:同全文规则。但题名只是一句话,不支持多句检索。

中图分类号:精确匹配指中图分类号分段内完全一致;模糊匹配指中图分类号分段内前方完全一致,可以加后缀词。例如:输入检索词 TP,则检索出中图分类号为 TP 和 TPXXX 的所有文献;可在检索词前后使用通配符 * 、? 进行模糊检索。

③ 词频控制:对于目标文献内容检索项,如全文、主题,检索词输入框后"词频▼"可控制该检索词在检索项中出现的次数要大于等于选择的次数,得到检索结果。可选择的范围为:2、3、4、5、6、7、8、9、20、50、100。

④ 中英文扩展检索:输入检索词后,可勾选"中英文扩展检索"功能,系统将自动使用该检索词对应的中文扩展词和英文扩展词进行检索,帮助用户查找更多更全的中英文文献。

(3)【高级检索】:高级检索为用户提供更灵活、更方便地构造检索式的检索方式,见图 2-4-4。

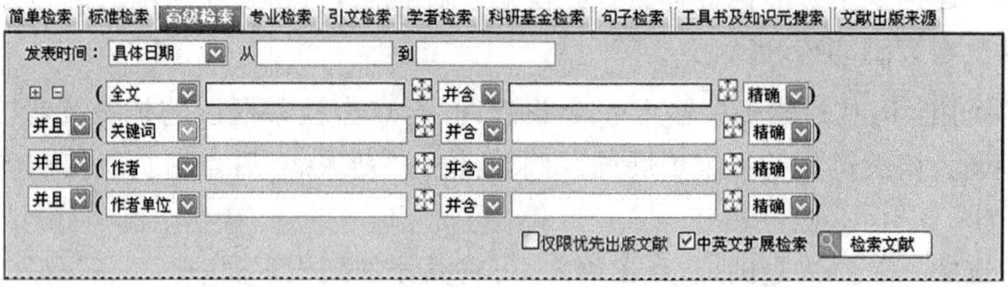

图 2-4-4 高级检索界面

点击 ➕ ➖ 可以增加、减少检索条件行,并与上一行检索条件自由组配逻辑关系,最多可以增加 7 行。同时,可限定文献发表时间范围条件,缩小检索范围。

检索项包括:全文、题名、主题、关键词、作者、第一作者、作者单位、文献来源。

扩展词检索、精确/模糊控制、中英文扩展检索功能和使用方法见标准检索说明。

(4)【专业检索】:专业检索用于图书情报专业人员查新、信息分析等工作,使用逻辑运算符和关键词构造检索式进行检索,具体使用可参照"帮助"。

(5)【引文检索】:引文检索以检索参考文献为出发点,根据文献的引用关系,找到引用文献。引文数据库中的所有文献都与其他文献具有引用或被引用的关系,引文检索是通过这些关系检索到文献,见图2-4-5。

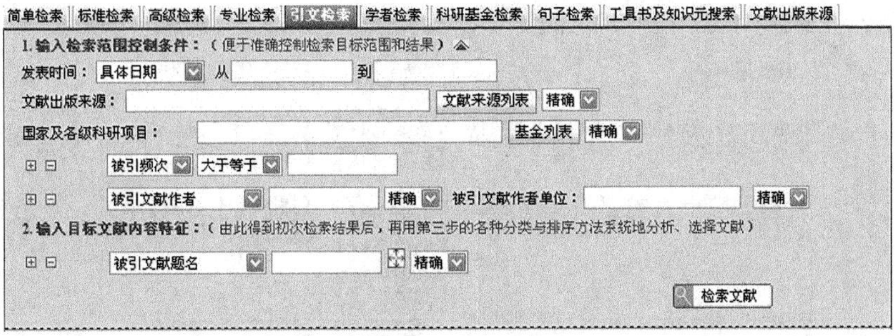

图2-4-5 引文检索界面

在引文检索结果页,选中感兴趣的文献,点击被引频次数字,见图2-4-6,进入引证文献的列表页,查看引证文献详细信息,见图2-4-7。

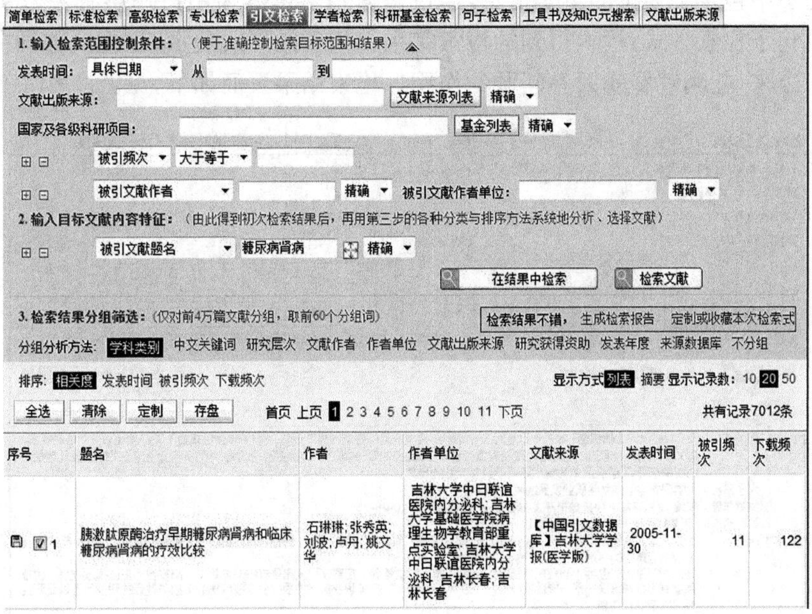

图2-4-6 查看引证文献

(6)【学者检索】:学者检索是通过学者姓名、单位、研究方向关键词等信息,查找学者发表的全部文献及被引下载等情况。通过学者知网节,可以全方位地了解学者主要研究领域、研究成果等情况。对检索到的同名学者,用户可选择同名学者进行合并,合并后学者信息可以定制到个人馆中。

(7)【科研基金检索】:科研基金检索是通过科研基金名称,查找科研基金资助的文献。通过对检索结果的分组筛选,还可全面了解科研基金资助学科范围、科研主题领域等信息。

(8)【句子检索】:句子检索是通过用户输入的两个关键词,查找同时包含这两个词的句

文献网络出版总库 >> "胰激肽原酶治疗早期糖尿病肾病和临床糖尿病肾病的疗效比较"的引证文献

展开检索条件进一步检索

检索结果分组筛选：

分组分析方法：学科类别 中文关键词 研究层次 文献作者 作者单位 文献出版来源 研究获得资助 发表年度 来源数据库 不分组

排序：相关度 发表时间 被引频次 下载频次　　显示方式 列表 摘要 显示记录数：10 20 50

全选 清除 定制 存盘　　共有记录11条

序号	题名	作者	作者单位	文献来源	发表时间	被引频次	下载频次
1	糖尿病肾病的药物治疗	方文华	安徽省合肥市第一人民医院药学部	【中国引文数据库】安徽医药	2009-02-20	7	282
2	胰激肽原酶对自发性高血压大鼠心肌纤维化及NO含量的影响	付军;冷吉燕;杜萍;李颖新;刘补尚	吉林大学第一医院干部病房;吉林大学第一医院干部病房 吉林长春;吉林长春	【中国引文数据库】吉林大学学报(医学版)	2006-09-28	1	57
3	胰激肽原酶对自发性高血压大鼠心肌转化生长因子-β_1表达及胶原重构的影响	冷吉燕;杨艳秋;付军;刘补尚	吉林大学第一医院干部病房;吉林大学第一医院干部病房 吉林长春;吉林长春	【中国引文数据库】吉林大学学报(医学版)	2007-09-28	0	65
4	尿微量蛋白对糖尿病肾病早期诊断的临床意义	刘波;张丽珍;刘锐;杨梅;卢丹;姚文华;王彦新	吉林大学中日联谊医院内分泌科;内蒙古科右中旗人民医院内科;吉林大学中日联谊医院内分泌科 吉林长春;内蒙古科右中旗;吉林长春	【中国引文数据库】吉林医学	2006-05-20	2	45

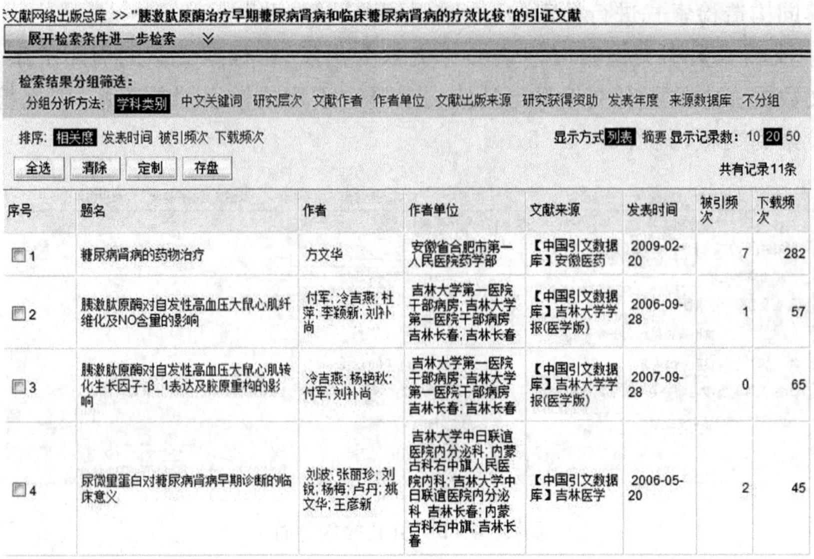

图 2-4-7　引证文献列表页

子。由于句子中包含了大量的事实信息，通过检索句子可以为用户提供有关事实的问题的答案。使用句子检索方式，检索得到的检索结果以摘要的形式展示，并将关键词在文献中出现的句子摘出来，起到解释或回答问题的作用。检索结果页面如下，见图 2-4-8。

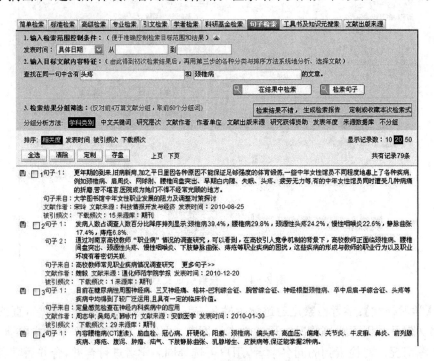

图 2-4-8　句子检索结果页面

（9）【工具书及知识元检索】：知识元检索是将文献总库中的作者、学术术语、概念、数字、图形、表格等知识元信息抽取出来，为用户提供有关知识元的事实检索，主要提供了以下检索方式，见图 2-4-9。

图 2-4-9 工具书及知识元检索

工具书——输入关键词,在工具书中查找解释,可查找各种专业辞典、百科全书、图谱、手册、中文词典、中外翻译词典等工具。

学者检索——根据学者姓名、学者单位、研究方向、发表文献的关键词、获国家科研基金等信息查找学者,以便用户跟踪和了解关注学者的发文和研究进展情况。

概念检索——查找某一个学术概念的定义、解释、相关文献发表情况等信息。概念型知识元既可以查询概念在工具书中的解释、相关概念,也可以查询最近学者的解释、被使用的规律、主要引用的文献/作者等。

数字检索——可查找与数值、统计数据相关的各种信息,提供数字知识和统计数据检索服务,数值知识元查询各学科数值类知识。

翻译助手——提供专业术语或句子的中英文互译,搜索专业词汇的中英文例句,翻译知识元可以对中英文句子进行翻译,其专业词汇数量巨大,而且动态更新,性能超越传统的工具书和电子词典。

图形检索——检索学术文献中出现的图形。

表格检索——检索学术文献中出现的表格。

(10)【文献出版来源】检索:包括检索学术期刊、博士学位授予点、硕士学位授予点、会议论文集、报纸、年鉴(种)和图书出版社。通过确定这些文献来源,可查找到其出版的所有文献,再利用分组、排序等工具,可对这些文献进一步分析和调研。还可以利用统一导航功能控制检索范围检索文献来源;也可以使用检索筛选历史返回前次检索结果。

按文献来源检索步骤如下:

第一步:在来源分类标签中选择文献来源类型,如选择"学术期刊"。

第二步:输入文献来源检索条件进行检索。例如:在检索期刊的检索平台上输入刊名="护理",检索期刊,见图 2-4-10。

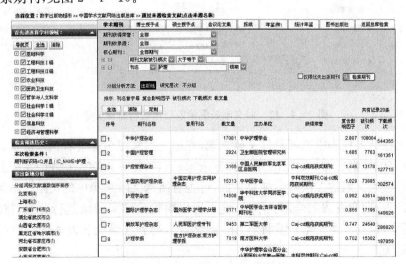

图 2-4-10 按文献出版来源检索

第三步:点击文献来源检索结果列表上方的分组名称,例如点击"出版地",在左侧的分组内容中按出版地分组,选择预期文献来源所在的分组项,例如"北京市"得到筛选结果,见图2-4-11。

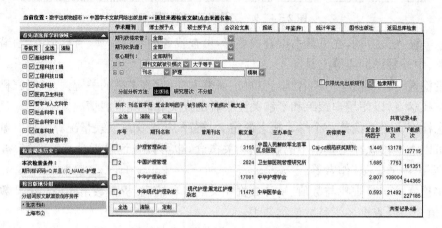

图2-4-11 按分组分析方法筛选检索结果界面

第四步:或者对文献来源检索结果进行排序分析,点击列表上方排序项名称,例如"复合影响因子",可按照复合影响因子降序排序查看,见图2-4-12。

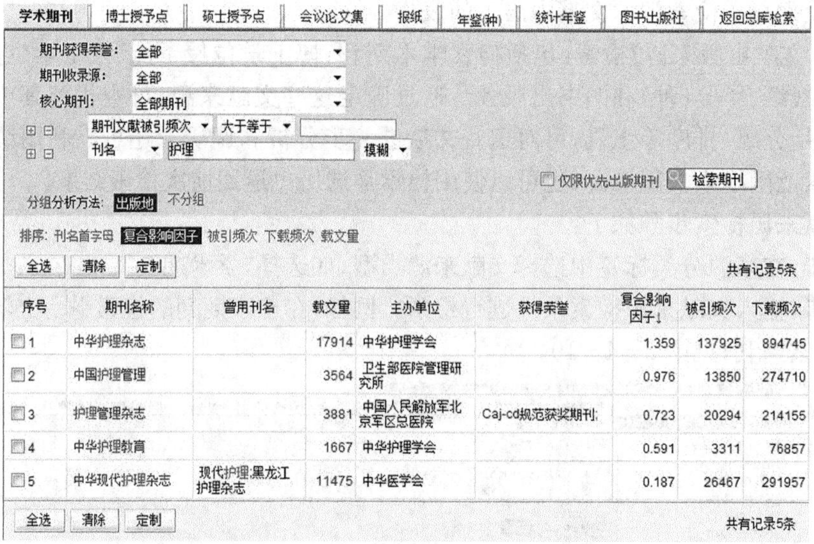

图2-4-12 对文献来源检索结果进行排序分析

第五步:在结果列表中选择具体文献来源,点击文献来源名称查看该来源发表的文献或在该来源中完成检索。例如:点击《中华护理杂志》刊名,得到该期刊发表的文献页面。

第六步:进入文献的二次检索结果页面,可查看所选文献来源中的文献。本例中得到在《中华护理杂志》期刊发表的全部文献,在这里可以对检索结果继续进行分组、排序分析,或使用检索历史,得到满意结果;也可以点击"载文量",得到在该期刊发表的文献的二次检索结果页面,见图2-4-13。

文献网络出版总库 >> "中华护理杂志"的文献

展开检索条件进一步检索

检索结果分组筛选：

分组分析方法: 学科类别 中文关键词 研究层次 文献作者 作者单位 文献出版来源 研究获得资助 发表年度 来源数据库 不分组

排序: 相关度 发表时间 被引频次 下载频次 显示方式 列表 摘要 显示记录数：10 20 50

全选 清除 定制 存盘 上页 下页 共有记录17031条

序号	题名	作者	作者单位	文献来源	发表时间	被引频次	下载频次
1	高职护理专业学生实习成绩与临床学习环境的分析	黄金银; 程云	复旦大学护理学院; 上海华东医院护理部	【期刊】中华护理杂志	2011-01-05		
2	我国本科护理学专业教育标准构建的研究	孟萌; 姜安丽	第二军医大学护理学院	【期刊】中华护理杂志	2011-01-05		
3	《中华护理杂志》《中华护理教育》可直接使用的缩略语			【期刊】中华护理杂志	2011-01-05		
4	中药香袋对胸部手术患者术前焦虑情绪的影响	邢雪梅; 张云云; 李航	江苏省中西医结合医院心胸外科	【期刊】中华护理杂志	2011-01-05		
5	《中华护理杂志》稿约			【期刊】中华护理杂志	2011-01-05		
6	学术交流 你我同行——写在2011年到来之际	刘苏君	中华护理杂志编辑部	【期刊】中华护理杂志	2011-01-05		
7	住院精神疾病患者攻击行为相关因素分析	姚秀钰; 李峥; 胡丽丽; 程艮; 封砚村	北京协和医学院护理学院; 首都医科大学附属北京安定医院	【期刊】中华护理杂志	2011-01-05		
8	护士留职意愿与工作满意度的相关性研究	王琳; 陶红; 刘晓虹	第二军医大学护理学院	【期刊】中华护理杂志	2011-01-05		

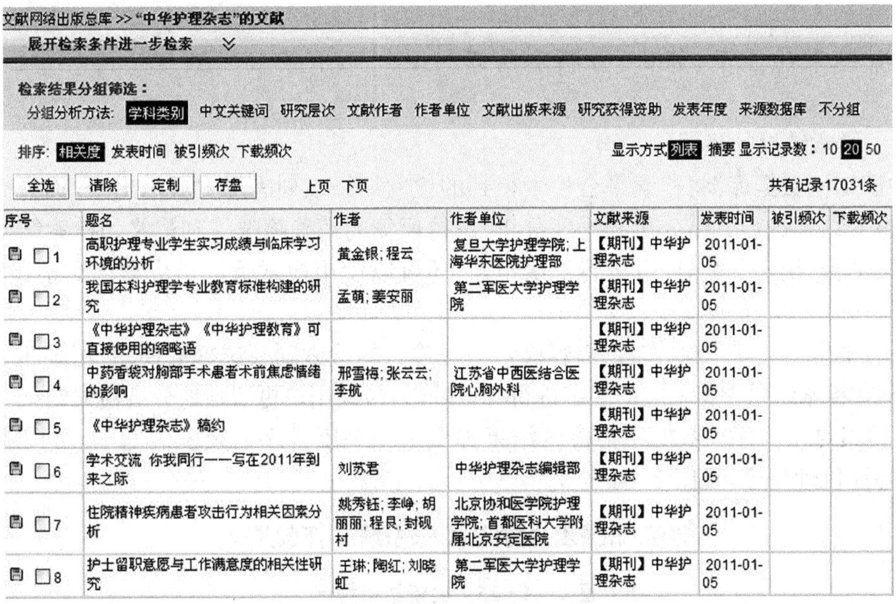

图 2-4-13 中华护理杂志发表的文献列表

(11)【统一导航】:《中国学术网络出版总库》基于学术文献的特点,平台提供了以 10 个专辑和下属 168 学科导航为基础的统一导航。通过使用统一导航可控制检索的学科范围,提高检索准确率及检索速度,见图 2-4-14。

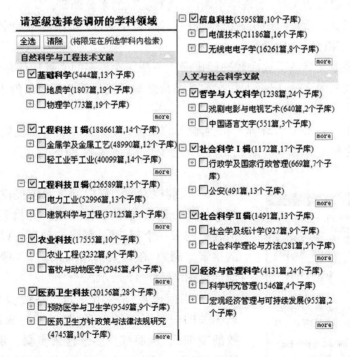

图 2-4-14 统一导航

在学科名称左侧勾选学科,可作为检索范围控制条件缩小要检索的学科范围。页面默认只展开部分学科,点击"more"可显示全部学科。

三、检索结果的显示、评价、分析和管理

(一) 检索结果的显示

《中国知网数据库》将检索平台检索得到的检索结果以列表形式展示出来,称为概览页。可以对检索结果进行分组分析和排序分析,进行反复的精确筛选得到最终的检索结果,同时提供检索平台、统一导航,可以进行二次检索,还可以使用检索筛选历史返回到前次检索的结果。

提示:根据在文献来源、作者、内容检索项等输入的检索词及选择的模糊/精确匹配方式,系统自动在检索结果中将相应的文字进行标红处理,帮助用户更清晰地分析检索结果。

1. 检索结果排序　数据库为检索结果提供了相关度排序以及发表时间、被引频次、下载频次等评价性排序,见图2-4-15。

排序: 相关度 发表时间 被引频次 下载频次

图2-4-15　检索结果排序

相关度排序:根据检索结果与检索词相关程度进行排序,反映了结果文献与用户输入的检索词相关的程度,越相关越排前,通过相关度排序可找到文献内容与用户检索词最相关的文献。

发表时间:根据文献发表的时间先后排序,可以帮助学者评价文献的新旧,找到最新文献,找到库中最早出版的文献,实现学术跟踪,进行文献的系统调研。

被引频次:根据文献被引用次数进行排序。按"被引频次"排序能帮助学者选出被学术同行认可的好文献以及好出版物。

下载频次:根据文献被下载次数进行排序。下载频次最多的文献往往是传播最广、最受欢迎、文献价值较高的文献,根据下载次数排序帮助学者找到那些高质量但未被注意到的文献类型,比如学位论文等。

2. 检索词在工具书中的解释　根据输入的检索词,检索结果页面左侧提供检索词在各种工具书中的权威解释,帮助用户全面地了解输入关键词的内涵与外延,见图2-4-16。

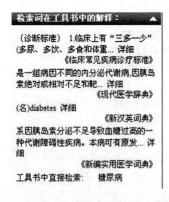

图2-4-16　检索词在工具书中的解释

3. 当前检索词的相似词　系统提供与输入检索词相似的部分词供选择,以修正或补充检索词的不足。点击其中的某一个相似词,系统自动执行以该词为关键词的检索。例如:在检索框输入检索词"糖尿病",它的相似词见图2-4-17所示。

4. 当前检索词的相关词　系统提供与输入检索词相关的一组词以供选择,帮助用户重新构造更加有效的查询式,从而减少多余检索步骤。例如:在检索框输入检索词"糖尿病",它的相关词见图2-4-18所示。

当前检索词的相似词：

1,2			
糖尿病足	II糖尿病	糖尿病人	糖尿病鼠
糖尿病兔	枫糖尿病	糖尿病管理	糖尿病学
糖尿病治疗	糖尿病母亲	糖尿病教育	糖尿病小鼠
糖尿病知识	抗糖尿病	老年糖尿病	型糖尿病

图 2-4-17　当前检索词的相似词

当前检索词的相关词：

1,2			
糖尿病患者	健康教育	胰岛素抵抗	空腹血糖
血糖控制	糖化血红蛋白	糖尿病大鼠	正常对照组
糖尿病肾病	非胰岛素依赖型	对照组	危险因素
糖尿病,2型	2型	2型糖尿病患者	大鼠

图 2-4-18　当前检索词的相关词

5. 文献详细信息显示(细览页——知网节)　在检索结果概览页面上点击任一文献题名,即进入检索结果细览页,提供单篇文献的详细信息和扩展信息浏览的功能,也被称为知网节。知网节是知识网络节点的简称,它不仅包含了单篇文献的详细信息,还以该篇文献作为其节点文献,提供节点文献的题录信息和相关文献链接,相关文献是与节点文献具有一定关系(如引证关系)的文献。中国知网借助数据库之间引文链接、概念关系词典、知识网络系统、知识元链接等技术,通过概念相关、事实相关等方法提示知识之间的关联关系,达到知识扩展的目的,有助于新知识的学习和发现,帮助实现知识获取、知识发现,见图 2-4-19。

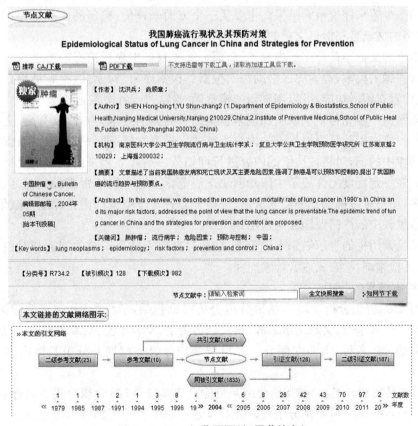

图 2-4-19　细览页面(知网节信息)

知网节信息提供了:二级参考文献、参考文献、共引文献、同被引文献、引证文献、二级引证文献、相似文献、同行关注文献、文献分类导航等。

二级参考文献:本文参考文献的参考文献,进一步反映本文研究工作的背景和依据。

参考文献:反映本文研究工作的背景和依据。

共引文献:也称同引文献,与本文有相同参考文献的文献,与本文有共同研究背景或依据。

同被引文献:与本文同时被作为参考文献引用的文献,与本文共同作为进一步研究的基础。

引证文献:引用本文的文献,本文研究工作的继续、应用、发展或评价。

二级引证文献:本文引证文献的引证文献,更进一步反映本文研究工作的继续、发展或评价。

相似文献:与本文内容上较为接近的文献,提供本库中同类文献全文供读者查阅。

同行关注文献:与本文同时被多数读者关注的文献,同行关注较多的一批文献具有科学研究上的较强关联性。

文献分类导航:从导航的最底层可以看到与本文研究领域相同的文献,从上层导航可以浏览更多相关领域的文献。

(二)检索结果的评价

检索的结果是否达到预期效果,需借助显示区显示格式选择、显示内容(注释或摘要)和输出数量的多少等来评价检索结果。主要从三个方面来评价:检出的文献是否符合课题内容范围、检出的文献量和检出文献的时效与类型。

如果检出的文献不符合课题内容范围,那么就要重新审视所选择的检索途径或检索词是否适合该课题的检索,检索史区借助每次检索的检索序号、检索式、检索结果数和对应的结果浏览、检索式编辑功能,可以调整新的检索词、检索式或者检索途径。

中国知网进一步完善了字索引和词索引相结合的索引技术,为查准、查全、查精提供了更多的选择。字索引就是为被检索的内容逐字建立索引文档;词索引则根据系统所建立的中文分词词库中的词,对将被检索的内容进行词切分后所建立起来的词索引文档。"全文"字段的检索在一定程度上弥补了中国知网缺乏规范化主题标引所带来的漏检,但往往检出的文献太多,用户难以挑选到合适的文献,该检索方式对于检索前沿性课题文献信息、细小概念或文献量较少的冷门课题较为适用。

可借助检索历史的显示结果来评价差异,通过对检索结果记录的阅读和对检索史的评价,调整新的检索词、检索式或者检索途径。

(三)检索结果的分析

1. 检索结果分组分析 检索结果分组分析类型包括:学科类别、中文关键词、研究层次、文献作者、作者单位、文献出版来源、研究获得资助、发表年度、来源数据库。点击检索结果列表上方的分组名称,页面左侧分组栏目按照该分组类型展开分组具体内容,见图2-4-20。

(1)按学科类别分组:学科类别分组是将检索结果按照168专辑分类下级近4000个学科类目进行分组。按学科类别分组可以查看检索结果所属的更细的学科专业,进一步进行筛选,找到所关注的文献。

1)点击检索结果分组筛选中的"学科类别"项,检索结果显示分组得到的学科类别。

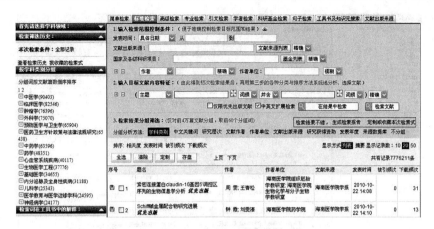

图 2-4-20　检索结果分组分析

2）点击其中的某个学科类别项，比如"临床医学"，检索结果则根据该分组项进行筛选得出结果。对于存在下级学科的学科类别，可以继续展开查看下级分类的分组情况。

3）若需取消分组，点击"不分组"，见图 2-4-21。

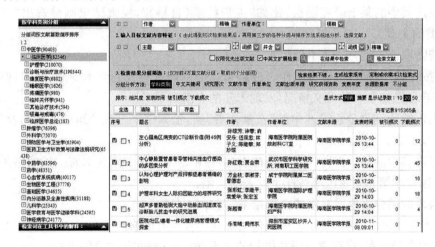

图 2-4-21　按学科类别分组

（2）按中文关键词分组：按中文关键词分组展示了知识系统，帮助学习者获得领域的全局知识结构；关键词将文献/知识进行聚类，把知识组织成簇，揭示了知识的背景，方便学习和研究；关键词分组比学科导航更细、更深入、更具有时效性，使得文献选择更精细、更准确。

1）点击检索结果分组筛选中的"中文关键词"项，检索结果左侧将出现分组得到的中文关键词。

2）点击其中的某一中文关键词，比如"糖尿病"，检索结果则筛选出关键词中含有糖尿病的文献。

3）若需取消分组返回检索的全部结果，点击"不分组"，见图 2-4-22。

（3）按研究层次分组：在学术文献总库中，每篇文献还按研究层次，分为自然科学和社会科学两大类，每一类下再分为理论研究、工程技术、政策指导等多种类型。可以通过分组查到相关的国家政策研究、工程技术应用成果、行业技术指导等，实现对整个学科领域全局的了解。

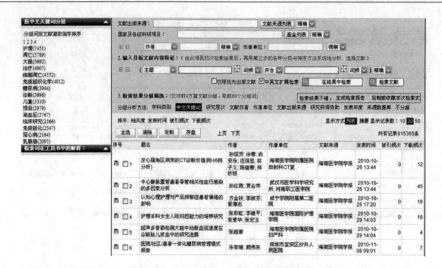

图 2-4-22 按中文关键词分组

1) 点击检索结果分组筛选中的"研究层次"项,检索结果出现分组后得到的研究层次。

2) 点击其中的某个研究层次,比如"工程技术(自科)",检索结果则筛选出"工程技术(自科)"类的文章。

3) 若需取消分组,点击"不分组"。

(4) 按文献作者分组:按文献作者分组可以帮助研究者找到学术专家,学术榜样;帮助用户跟踪自己已知学者的发文情况,发现未知的有潜力学者。

1) 点击检索结果分组筛选中的"文献作者"项,检索结果出现分组的作者名及其机构,以及作者发文数。

2) 点击其中的某一作者,比如"钱桂生,第三军医大学第二附属医院",检索结果则筛选出第三军医大学第二附属医院钱桂生发表的文献。

3) 若需取消分组返回检索的全部结果,点击"不分组"。

(5) 按作者单位分组:按作者单位分组帮助学者找有价值的研究单位,全面了解研究成果在全国的全局分布,跟踪重要研究机构的成果,也是选择文献的重要手段。

1) 点击检索结果分组筛选中的"作者单位"项,检索结果出现分组的机构以及机构发文数。

2) 点击其中的某一机构名称,比如"中国协和医科大学",检索结果则筛选出中国协和医科大学发表的文献。

3) 若需取消分组返回检索的全部结果,点击"不分组"。

(6) 按文献出版来源分组:按文献来源分组可以帮助科研人员查到优秀的刊物,因为优秀的文献大部分都发表在优秀的期刊上;可以从总体上判断这一领域期刊的质量,对学者投稿也是很有帮助的。

1) 点击检索结果分组筛选中的"文献来源"项,检索结果出现分组得到的文献来源名称。

2) 点击其中的某一文献来源,比如"人民军医",检索结果则筛选出来源于《人民军医》的文献。

3) 若需取消分组,点击"不分组"。

(7) 按研究获得资助分组：是指将研究过程中获得基金资助的文献按各类资助基金进行分组。通过分析按"研究获得资助"分组，可以了解国家对这一领域的科研投入如何；研究人员可以对口申请课题；国家科研管理人员也可以对某个基金支持科研的效果进行定量分析、评价和跟踪。

1) 点击检索结果分组筛选中的"研究获得资助"项，检索结果将出现分组得到的研究获得资助基金。

2) 点击其中的某一资助基金，比如"国家自然科学基金"，检索结果则筛选出国家自然科学基金资助的文献。

3) 若需取消分组返回检索的全部结果，点击"不分组"。

(8) 按发表年度分组：提供学者了解某一主题每一年度发文的多少的工具，掌握该主题研究成果随时间变化的趋势，进一步分析出所查课题的未来研究热度走向。

1) 点击检索结果分组筛选中的"年度"项，检索结果将出现分组得到的年度。

2) 点击其中的某一年，比如"2010"，检索结果则筛选出 2010 年发表的文献。

3) 若需取消分组返回检索的全部结果，点击"不分组"。

(9) 按来源数据库分组：提供期刊文献、学位论文、会议论文、报纸文献、国家科技成果、专利、标准、外文文献、年鉴等文献类型分组工具。这些数据库具有不同的文献出版特点和用户群体。

1) 点击检索结果分组筛选中的"来源数据库"项，检索结果出现分组得到的来源数据库名称。

2) 点击其中的某个来源数据库，比如"中国学术期刊网络出版总库"，检索结果则筛选出来源于"中国学术期刊网络出版总库"的结果。

3) 若需取消分组，点击"不分组"。

2. 检索结果分析报告　检索报告是基于一次检索的结果提供的统计报表信息，生成判断检索结果价值的检索报告，帮助用户从全局的角度了解检索的效果，并可继续在结果中进行筛选或重新检索。

在跨库检索得到结果后，可点击"生成检索报告"，得到检索报告页面。检索报告页面中包含：检索用户及本次检索的时间、检索输入条件、检索结果统计报表、本次检索筛选出的文献及对检索的方法和结果的自我评价，见图 2-4-23。

检索报告的检索输入条件：显示检索输入的范围控制条件、检索内容条件，提供本次检索的基本信息。

检索结果统计报表：显示检索结果中不同学科分类中，不同类型文献的总篇数、文献篇数、获奖文献数、基金论文数、高引用文献数、高下载文献数、新概念源文献数、重要作者和重要机构数。可以通过这些数据了解检索结果中不同类型文献分布的情况，点击带链接的数字可以直接查看文献。

检索筛选出的文献：点击"继续筛选"在检索报告中还可继续筛选已得到的结果，生成精选检索结果的报告；点击"移除"删除筛选中的文献。

(四) 检索结果的管理

检索结果的管理可分为对检索历史(检索式)的管理和对检索文献的管理。

1. 检索历史的管理

(1) 检索历史包括两个部分：一种是检索筛选历史，按时间先后顺序，在本次检索的基

图 2-4-23 检索报告

础上,记录在结果中检索的历史,用户可以直接点击检索历史查看前次的结果;另一种是检索式历史,记录了输入的检索式的历史,可以点击"查看检索历史"进行回溯检索,见图 2-4-24、图 2-4-25。

图 2-4-24 查看检索历史

另外,用户还可以使用自己收藏的检索式。个人馆登录后,点击"我收藏的检索式"选择使用已保存的检索式,得到检索结果。

(2) 收藏检索式:在检索过程中,可将重要的、检索结果较好的检索式收藏到个人数字图书馆。收藏过程如下。

第一步:点击"定制或收藏本次检索式",若未登录则弹出登录对话框。
第二步:登录个人数字图书馆后,得到如图 2-4-26 所示的对话框。
第三步:为收藏的检索式起一个直观的名称。
第四步:将检索式"收藏检索式"或"定制到馆"。

将检索式保存到"我收藏的检索式"后,在所有检索平台的"检索筛选历史"栏目中,点击"我收藏的检索式"可查看;"定制到馆"则需在用户的个人数字图书馆(或管理员登录机构数字图书馆)建立一个自建主题快报类的检索式栏目,才能将本次检索式定制到自己的馆中。

图 2-4-25　最近检索历史

图 2-4-26　收藏检索式

2. 检索文献的管理

(1) 存盘：检索得到有用的检索结果后，可以将选中的文献使用"存盘"功能，以各种格式保存到本地，并导入相应的文献管理软件或报告文档中。

系统提供了常用的几种文献管理软件的文献保存格式，并且提供符合参考文献标准的引文格式保存功能，还为进行查新工作的专业人员提供查新格式的保存方式，方便各种专业人员、各种用途的题录信息保存。在保存到本地之前，可以方便地预览各种格式保存的内容及形式。

(2) 定制：文献检索信息可以保留并定制到个人馆。中国知网将每日更新的定制文献以篇名或文章摘要的形式，自动推送到个人馆，可供实时查阅到新近的各类专业文献。

(3) 全文下载：点击全文下载按钮" "可将感兴趣的全文下载到本地保存，当按钮颜色显示金色时表示用户未登陆，显示灰色时表示用户虽登陆但未订购该文献，显示蓝色时表示有全文下载权限；下载的全文有 CAJViewer 和 PDF 两种格式。

四、小结

中国知网数据库收录期刊、学位论文、会议论文、专利、标准、成果、图书、年鉴等多种文献类型，学科范围覆盖社会科学、自然科学各个领域，期刊文献最早回溯至 1915 年，提供对多种文献类型的异构数据库跨库检索，可以提供全文检索，知网节功能强大，提供镜像站点、网上包库等多种服务方式。网络版数据每日更新，光盘镜像数据每月更新。

第五节 读秀学术搜索

一、概述

读秀(http://www.duxiu.com)是由北京超星信息技术发展有限公司开发,提供中文图书、期刊、部分报纸等10亿页全文资料一站式全文检索的超大型付费数据库。

二、检索方法

(一)检索规则

1. 支持布尔逻辑算符检索。

支持 AND(逻辑与)、OR(逻辑或)和 NOT(逻辑非)进行检索词或代码的逻辑组配检索。逻辑运算符优先级顺序为 NOT>AND>OR,使用圆括号可改变优先级运算顺序,圆括号中的检索式最先运算。

2. 系统支持模糊检索和精确检索。

(二)检索途径及检索结果显示

1.【知识检索】 知识检索是利用收割元数据的方式,基于知识和知识组织,融合知识处理和多媒体信息处理等多种方法与技术,针对信息检索中存在的语义性较差、智能性较低、知识性较弱等现状提出的一种基于语义和知识关联,运用知识处理技术和知识组织技术,实现了对海量中文图书(目前315万种图书)信息查询语义化、智能化的一种信息检索方式。可通过如下方式完成知识检索。

(1)输入检索关键词:选择知识栏目,在检索框中输入关键词,然后点击"中文搜索",将在海量的图书数据资源中,围绕该关键词深入到图书的每一页资料中进行信息深度查找,为方便快速找到需要的结果,建议使用多个关键词或较长的关键词共同进行检索。

如果点击"外文搜索",则自动进入到外文期刊栏目进行检索。

1)特定年份内检索:在知识栏目下检索时,在关键词后加上"time:时间",用于命中某一年出版的资料。

例如:"肺结核 time:2010",检索结果为2010年的资料,见图2-5-1。

2)提示相关外文关键词检索:系统会根据用户输入的中文关键词找出相对应的外文关键词,在检索结果页面出现如下提示,可以点击该外文关键词重新检索,见图2-5-2。

3)提示相关词检索:当输入关键词以后,将会在检索结果页面下方出现如下提示,可以点击该相关词重新检索,见图2-5-3。

4)提示划词检索:当在检索结果页面选中文字时,会自动显示"读秀检索"按钮,点击后即可将该选中文字视作关键词,在全文检索栏目进行检索,见图2-5-4。

5)在结果中检索:在检索结果页面,可以通过右上角的"在结果中检索"来缩小检索范围,完成二次检索,与前一次的检索是 AND 的逻辑关系。

(2)浏览检索结果:点击标题或"阅读"即可查阅文献,见图2-5-5。(注:知识栏目检索的结果均可以直接全文阅读)

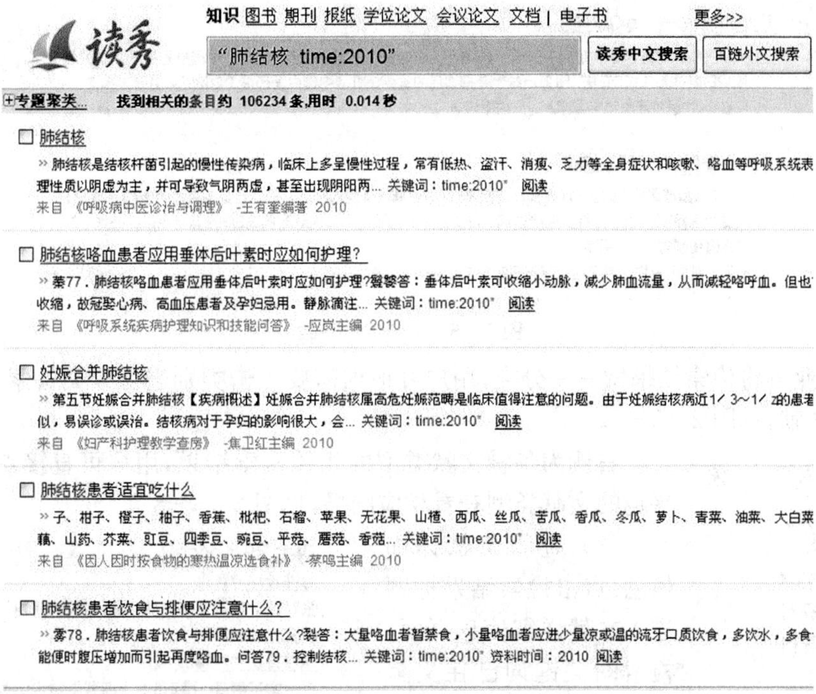

图 2-5-1 特定年份内检索

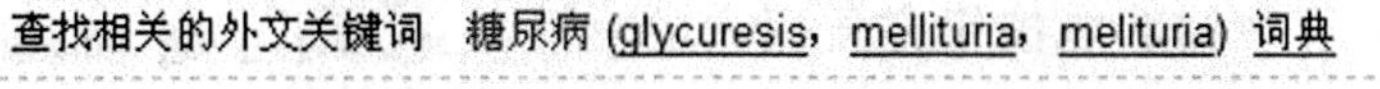

图 2-5-2 提示相关外文关键词检索

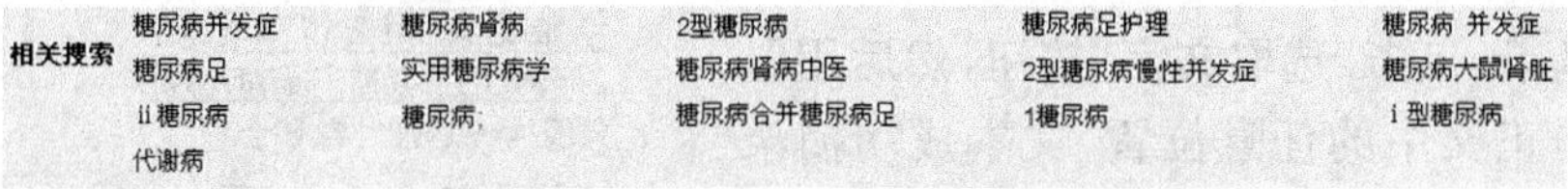

图 2-5-3 提示相关词检索

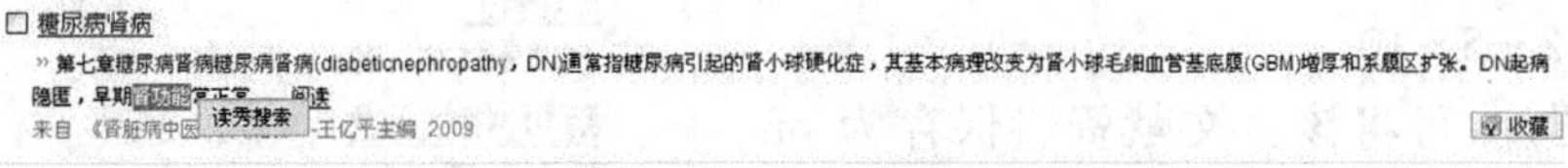

图 2-5-4 提示划词检索

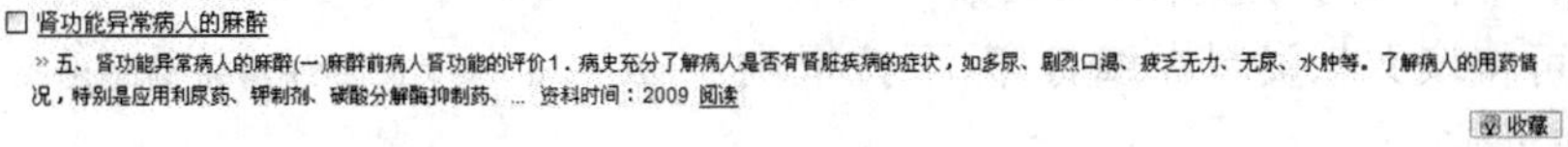

图 2-5-5 浏览检索结果

知识栏目检索结果页面"PDF下载"功能,可直接点击进行部分文献的下载阅读,见图 2-5-6。

左上方为专题聚类,读秀根据经典文献、时闻资料、史志资料、法律、军事、生物医学、工

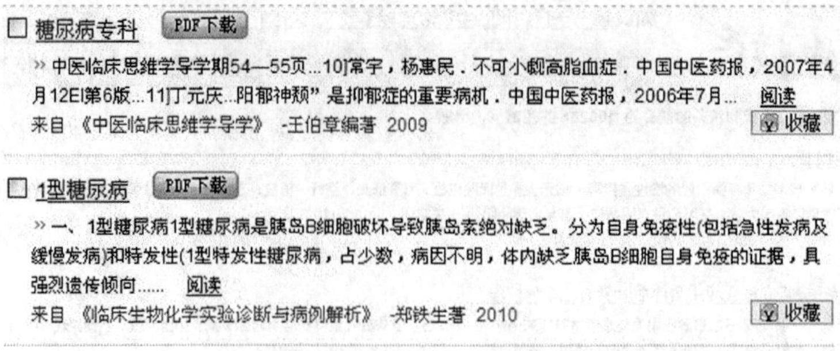

图 2-5-6　PDF 下载

程技术、农业等将检索结果做——分类,用户可根据需要点击类别进行聚类检索,查看某一类别中的文献,见图 2-5-7。

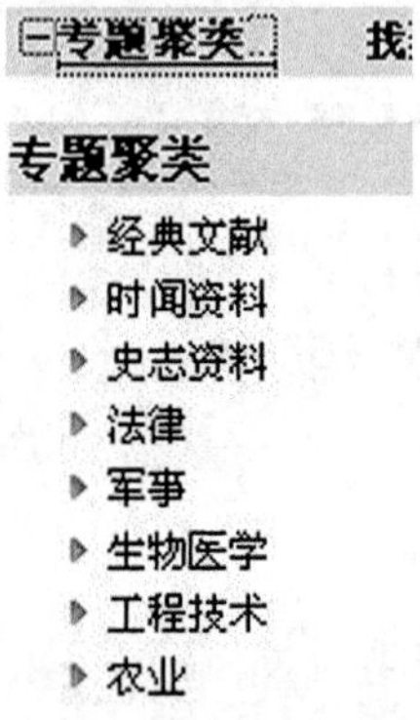

右侧为各种文献类型的相关检索结果,用户可直接点击自己感兴趣的文献类型查看相应结果,见图 2-5-8。

（3）查看文献详细信息:点击检索结果标题进入文献详细信息页面,检索的关键词已在文献中标亮显示。

在页面最上方,有一排功能按钮方便用户的各种操作与需求,如:上下翻页、放大缩小、文字摘录、圈选图片等,见图 2-5-9。

图 2-5-7　专题聚类

文字摘录:点击"选取文字"按钮,然后用鼠标左键点击正文中的任意位置,文本成功摘录(最后包含图书的书名、作者、出版社等基本信息内容)。

本页来源:查看该文献资料的出处、作者等信息,见图 2-5-10。

圈选图片:可将该页文献资料保存为 png 格式的图片。

收藏:可将该文献资料收藏进自己的个人在线图书馆,下拉框内可选择收藏页数。

打印:可将该文献资料在线打印,下拉框内可选择打印页数。

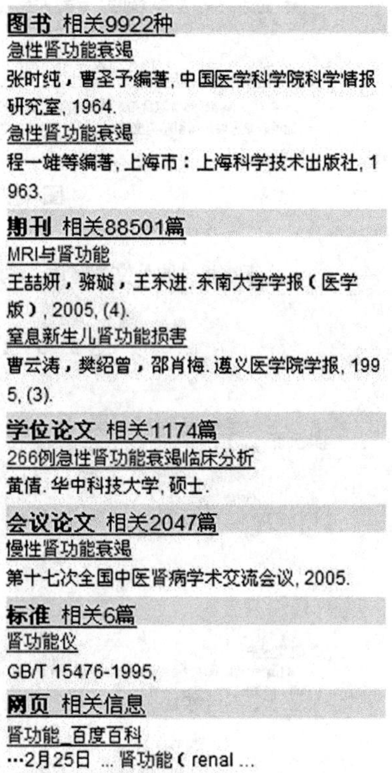

图 2-5-8　各种文献类型的相关检索结果

2.【图书检索】

（1）查找图书

1）可以通过"分类导航"、"热门图书"等入口浏览图书,只需根据需要点击任意入口,将通过列表对图书进行浏览,见图 2-5-11。

2）通过检索查找图书:在检索框输入关键词,关键词可定位到全部字段、书名、作者或

图 2-5-9 查看文献详细信息

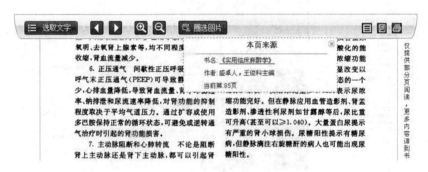

图 2-5-10 本页来源

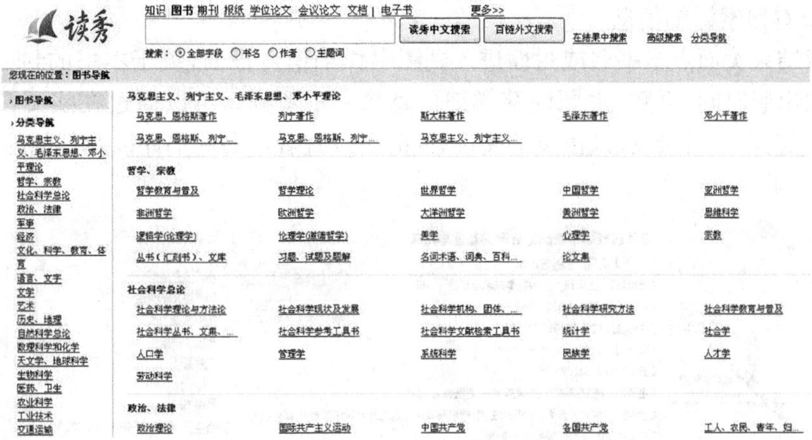

图 2-5-11 浏览图书

主题词中,然后点击"中文搜索",将在海量的图书数据资源中进行查找。

3) 通过高级检索查找图书:在文本框中输入图书的任一信息,然后点击高级检索,可以更准确地定位到图书,见图 2-5-12。

(2) 浏览检索结果

在检索结果页面中,可以通过两种方式缩小检索范围,见图 2-5-13。

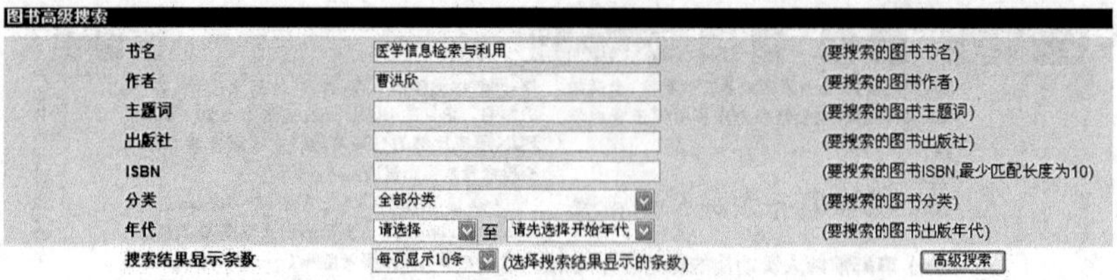

图 2-5-12 图书高级检索

1) 通过左侧的"类型、年代、学科和作者"聚类。
2) 通过右上方的"在结果中搜索"。
3) 通过右上方的排序功能,可将检索结果按书名、作者、时间等顺序排序显示。

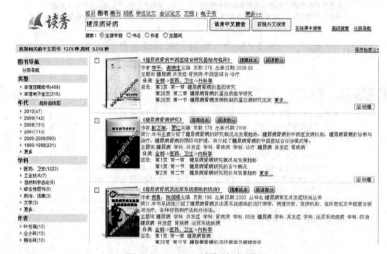

图 2-5-13 浏览检索结果

(3) 查看检索详细信息

从检索结果页面点击书名或封面进入到图书详细信息页面,关于本书的封面、题名、作者、出版社、出版时间、页数、主题词等详细信息将一一罗列。可以通过在线阅读完成书名页、版权页、前言页、目录页、试读页的阅读,同时可以查看本书的书评以及其他的类似图书,见图 2-5-14。

图 2-5-14 查看图书详细信息

(4) 获取图书

可以通过各种方式来获得该书,如:从本图书馆借阅纸书,直接阅读本馆的电子全文,或使用文献传递、互助平台、其他图书馆借阅等,见图 2-5-15。若数据库显示"包库全文"、图书下载等信息,则表明本馆订购了该书的电子全文,可直接下载查看;若显示"馆藏纸书",则表明本馆订购了该图书的纸质本,可直接借阅;若显示"部分阅读",则表明本馆未订购该电子书。

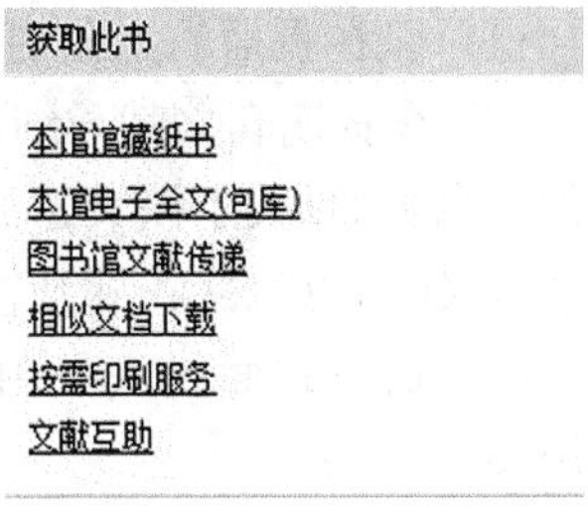

图 2-5-15 获取图书

3.【期刊等其他文献类型的检索】

以期刊检索为例。

(1) 输入检索关键词:在检索框中输入关键词,然后点击"中文搜索",将在海量的期刊数据资源中进行查找。如果希望获得外文资源,可点击"外文搜索"。

另外,还可以在检索框下方选择检索字段:全部字段、标题、作者、刊名或关键词。还可以通过右侧的高级检索来更精确地查找期刊。

高级检索页面如下,见图 2-5-16。

图 2-5-16 期刊高级检索

可选择合适的检索字段,输入检索词,选择布尔逻辑运算符,限定年度范围来任意灵活地编辑检索条件,点击"+"、"-"号来增减检索条件。

(2) 浏览检索结果:检索结果页面中,可以通过两种方式来缩小检索范围:一是通过左侧的"类型、年代、学科、重要期刊、期刊刊种"进行缩小范围的检索;二是通过上方的"在结果中检索"。同时,可以通过右侧的相关检索扩大检索范围,见图 2-5-17。

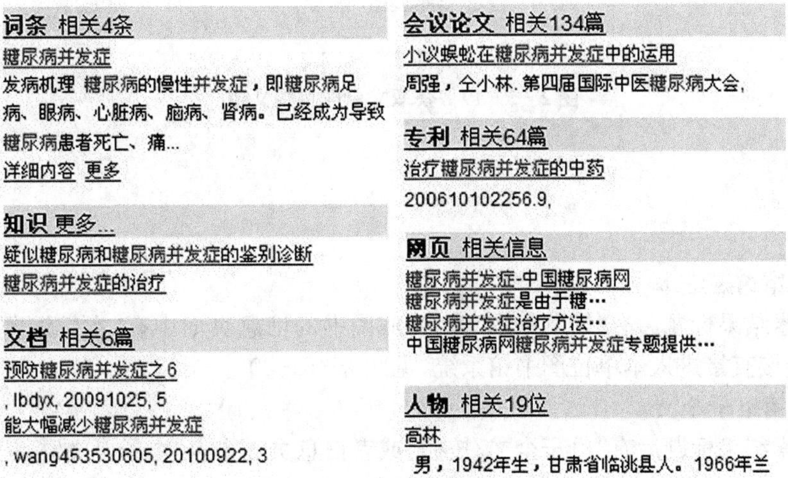

图 2-5-17 相关检索

也可以在页面右上角更改检索方式,完成精确或者模糊检索;根据需要改变排序规则。

(3) 查看期刊文献详细信息:从检索结果页面点击期刊文献标题名即可进入到该条目详细信息页面,关于该文献的篇名、作者、刊名、出版日期、期号等详细信息将一一罗列。点击链接文字,可直接在期刊栏目中检索该文字,以便查找相关期刊。

可以通过封面封底及目录页查看该期刊的目录,同时可以查看其他类似的期刊,见图2-5-18。

可以通过全文链接(指向万方、维普、CNKI数据库)、图书馆文献传递、相似文档下载、文献互助等几种方式获取该文献或相关文献,见图2-5-19。

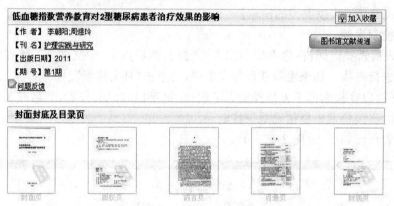

图2-5-18　查看期刊文献详细信息

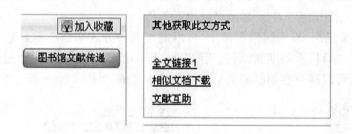

图2-5-19　获取文献或相关文献

三、获取文献

(一) 本馆馆藏纸本

如在检索结果标题后有"馆藏纸本"按钮,或图书的信息页面中有"本馆馆藏纸书"链接的,可点该链接直接进入本单位图书馆系统,见图2-5-20。

(二) 本馆电子全文

如在检索结果标题后有"电子全文"按钮,或者信息页面中有"电子全文"标记的,可点击该链接直接在线阅读全文或下载。

以图书为例,可以点击"阅读全文",也可以点击"本馆电子全文"链接,见图2-5-21。

以期刊为例,可以点击"阅读全文",也可以点击"全文链接",见图2-5-22。

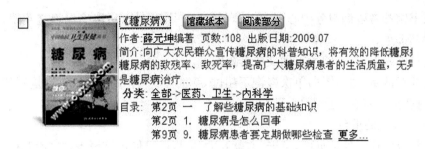

图 2-5-20　本馆馆藏纸本

图 2-5-21　图书本馆电子全文

图 2-5-22　期刊本馆电子全文

（三）文献传递

所谓文献传递，就是图书馆参考咨询中心通过 E-mail 快速准确地将用户需要的资料发送到用户的邮箱，供其全文阅读。

以图书为例，在图书详细信息页面，点击"图书馆文献传递"，进入"图书馆参考咨询服务中心"页面，见图 2-5-23。

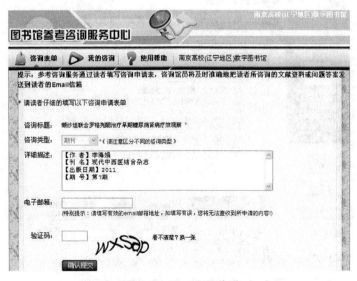

图 2-5-23　文献传递

在图书馆参考咨询服务中心页面,认真仔细填写相应信息,以确保提交无误,最后点击"确认提交"即可。

收到订阅邮件,点击阅读求助文献链接即可。

值得注意的是,每本图书单次咨询不超过 50 页,同一图书每周的咨询量不超过全书的 20%,所有咨询内容有效期为 20 天。

（四）文献互助平台

在文献资源详细信息页面,点击"文献互助"链接即可使用该服务,"文献互助"仅对注册用户开放,需要登录或注册一个新用户,登录之后,输入 E-mail;也可以对标题和帖子内容进行修改,最后点击"提交"即可。

四、小结

读秀将各个数据库中分别收录的电子资源和本馆订购的纸质资源统一整合于同一检索平台,提供学科知识的导航,多种文献类型和多个数据库的整合检索和获取目标信息的一站式服务,利用文献传递服务可以弥补馆藏文献资源的不足,借助网络环境实现了信息资源的有效利用和共享。

第六节 台湾中文电子期刊

中文期刊电子服务系统

中文期刊电子服务(简称 CEPS 系统思博网)是由华艺公司 2002 年创办的台湾第一个全文型的学术期刊数据库,该数据库整合了中国台湾、大陆、香港等地区中文的学术期刊文献。见图 2-6-1。

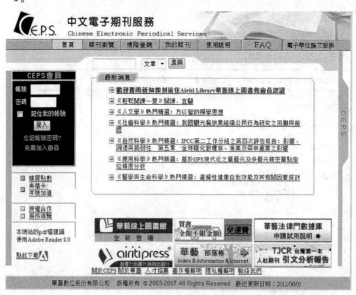

图 2-6-1 中文电子期刊服务系统界面

CEPS 系统收录 2000 年之后的中文期刊 3 014 种,其中包含 629 种台湾出版的期刊,2 400 余种大陆出版的期刊,涵盖了人文科学、社会科学、自然科学等。共收录 962 235 篇期刊文献,其中电子全文有 912 849 篇,每月新增 26 400 篇期刊全文,目前收录全文率达 94.87%,部分文献收费、部分文献免费。

该系统提供浏览、检索、付费下载全文、个性化等增值服务。系统功能包括:① 期刊浏览:可依学科类别、出版机构、刊名笔画来浏览期刊信息并下载全文。② 进阶查询:可依照篇名、作者、关键词、摘要、刊名、语种、是否有全文、出版年代等条件来检索,并提供布尔逻辑的检索功能。③ 我的期刊:系统提供个人化服务,用户可以在数据库中找到经常使用或感兴趣的期刊订阅。CEPS 系统与 Google 和 OCLC 合作进一步推进平台的全球化发展。

第七节　药学信息数据库

一、国家食品药品监督管理局(SFDA)

国家食品药品监督管理局网站是卫生部的直属机构,负责对药品(包括中药材、中药饮片、中成药、化学原料药及其制剂、抗生素、生化药品、生物制品、诊断药品、放射性药品、麻醉药品、毒性药品、精神药品、医疗器械、卫生材料、医药包装材料等)的研究、生产、流通、使用进行行政监督和技术监督;负责食品、保健品、化妆品安全管理的综合监督、组织协调和依法组织开展对重大事故查处;负责保健品的审批。

该局网站首页设有机构介绍、法规文件、公告通知、公众服务、网上办事等栏目。其中法规文件包含药品管理法、医疗器械监督条例、局令、规范性文件、工作文件等;公告通知包含批准临床研究新药公告、国家药品临床研究基地、质量公报等;公众服务包含数据查询、行政许可事项办事指南等;网上办事提供药品受理进度和药品注册申报受理情况的查询。

该政府性网站可供大众免费查询药品、医疗器械、保健食品、化妆品、相关广告等信息,为大众的生产生活提供帮助。下面将简单介绍网站中该功能的使用。

进入首页公众服务区域中的数据查询,数据查询页面内容按业务类型分为六大类:药品、医疗器械、保健食品、化妆品、广告和其他等,每一大类别又下分为很多子类,见图 2-7-1。

可点击任一分类下的数据库进入数据查询及数据内容列表页面,数据查询分为快速查询和高级查询两大类,见图 2-7-2。

(一) 快速查询

快速查询只需选择数据库后输入关键字,可对所选数据库进行多项内容的快速查询,便于使用者方便快捷地查找所需信息。例如,想查询获得 SFDA 批准的生产"六味地黄丸"的厂家有哪些,可进行如下操作。

1. 首先选择业务类别"药品",这一栏目下面列举出该分类下的所有查询栏目。
2. 继续选择"国产药品",快速查询中将列出该栏目包含的检索字段。
3. 选择下拉框中"化学药品"一栏选择"中药"。

4. 输入关键字"六味地黄丸",点击"查询"按钮,在查询结果内容列表区域列出所有包含该关键字的数据,点击任意一条记录均可以查看其详细信息,见图2-7-3。

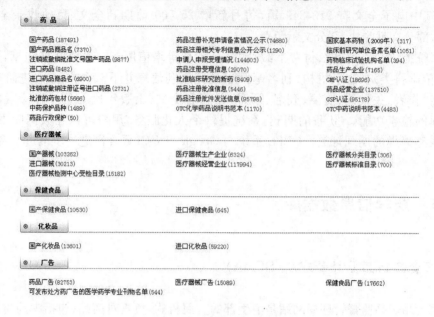

图 2-7-1　数据查询页面

图 2-7-2　数据查询及数据内容列表页面

（二）高级查询

高级查询,即针对选择的数据库或数据库子分类,根据提示输入各项相应的查询信息,可更精确地查询到具体内容。例如:已知批准文号国药准字 H20040146,想查询其更详细的信息,可进行如下操作,见图2-7-4。

1. 选择"药品"—"国产药品"—"化学药品"一栏。
2. 高级查询窗口内在批准文号一栏中输入国药准字 H20040146。
3. 点击"查询"按钮,在查询结果内容列表区域列出符合输入条件的结果。
4. 点击任意一条记录,可以查看其详细信息。

图 2-7-3　快速查询

图 2-7-4　高级查询

在使用高级查询时,若输入多项关键字,查询结果内容列表区域只将同时满足输入条件的数据列出。

二、中国药学文摘数据库

《中国药学文摘数据库》(Chinese Pharmaceutical Abstracts,简称 CPA)是国家医药管理局信息中心编辑出版的国内唯一的大型药学文献数据库,内容涵盖了《中国药学文摘》印刷版的全部文献题录和文摘,置于国家医药管理局信息中心网站,网址:http://www.cpi.gov.cn/。

CPA 收录了 1982 年至今国内外公开发行的 700 余种医药学及相关学科期刊中的药学文献,以文摘、简介等形式报道,内容涵盖中西药学理论、生药学和中药材、药物化学、生产技术、制剂、生物药剂学、药物分析、药理、临床应用、药品评价、药品生产管理、经营管理和质量管理、制药设备和工厂设计、新药介绍等方面的文摘,有近 54 万多条数据,每年以 3 万多条数据递增,检索方便,可为医药生产、科研、教学、流通、医院药房、药店、情报和管理机构服务。该系统采用全新的系统结构和快速检索的新标引法,实现了对大容量、大范围全文本信息资料的零等待智能快速查询。根据实际工作需要,实现了库、刊、网为一体的服务系统,大大提高了查全率和查准率,既可全文检索,又可从文献类型、主题词、关键词等入口检索、查询。

(杨晓雯)

思考题：

1. 请在 CBM 数据库检索醛糖还原酶抑制剂预防或治疗糖尿病肾病方面的文献。

2. 请结合中国知网数据库说明什么是"参考文献"、"引证文献"、"共引文献"、"同被引文献"、"二级参考文献"、"二级引证文献"，并指明各自在科研工作中的作用。

3. 请使用读秀学术搜索解答：青蒿素是我国发明创造的抗疟疾药物，请问最早记录青蒿有抗疟疾作用的著者和著作分别是什么？该著作本馆是否可以免费获得全文？著作中有关此是如何描述的？通过浏览相关信息回答为何在青蒿素被发现前的一千多年来，人们用青蒿治疗疟疾多用煎服，却临床效果不理想？

第三章 外文信息资源检索

第一节 美国医学索引与Medline

一、美国医学索引

(一) 美国医学索引概况

美国《医学索引》(Index Medicus, IM)由美国国立医学图书馆(National Library of Medicine, NLM)编辑出版。NLM的宗旨是搜集覆盖全世界多种语言的医学刊物,为美国和世界的读者服务。《医学索引》创刊于1879年,其刊名、编辑形式及出版机构,几经变更,直到1960年恢复原刊名并定型为Index Medicus,并且将此后出版的IM定为新版,重新编排卷号,延续至今。IM每月出一期,每年出一卷,报道时差仅2~3个月,最快的仅一个月。

Index Medicus 60年代初收录期刊仅1 800余种,80年代增至2 800余种,90年代上升至3 000余种。截至2011年7月,Index Medicus共收录约4 945种期刊,收录的期刊以生物医学为主,对非生物医学期刊(在引用刊名字顺表中刊名前标有"S"),仅选录其中与生物医学有关的文献。收录内容包括被收录期刊中的各类文献,如原始论文、综述、编辑部社论、著名人物传记、通信及具有实质内容的讣告等。

1. 收录范围

Index Medicus是世界著名的大型医学文献题录型检索期刊,收录了全世界近80个国家和地区,以47种语言文字出版的近五千种生物医学期刊,其中英文文献占80%左右。IM在1976~1981年间曾收录过少量专著和会议录,以后则不再收录。截至2011年,IM共收录中国期刊111种(含港澳台地区),其中大陆地区编辑或出版的期刊有93种,台湾13种,香港4种,澳门1种。

2. 文献类型

Index Medicus所收录的文献主要是发表在期刊上的论文(Article),其他还包括编辑部社论(Editorial)、通信(Letter)、综述(Review)、有实际意义的人物传记(Biography)及讣告(Obituary)、国家性和国际性学术会议的会议论文(Meetings)等,以题录形式报道。

3. Index Medicus 特色

(1) 历史悠久:1879年创刊。

(2) 收录范围广。

(3) 质量高:《医学索引》的文献收录工作由专业的著作分析人员进行审核筛选,编辑出版等工作由"文献选摘评述委员会"的医学编辑及图书馆员组成专家组完成。

(4) 检索简便:文献与索引合二为一。

(5) 回溯检索能力强:利用累积索引可检索到1879年。

(二) 编排结构

IM 每卷按月出版期索引，跟随每卷第一期还出版《医学主题词表》和《收编期刊目录》。期索引包括"主题部分"(subject section)、"著者部分"(author section)和"医学综述题录"(bibliography of medical reviews)，每期由 Part 1 和 Part 2 两个分册出版。

1. 主题部分，主题部分为期索引的主题内容，按照主题词字母顺序编排，主题词下设副主题词，主题词或者副主题词下编排相关主题内容的文献题录。

2. 著者部分，以著者姓名的字母顺序编排，但只在第一著者名下列出文献题录，其余著者以"see"的方式引见到第一著者。

3. 医学综述题录，将"主题部分"中综述文献单独选出，再按照主题词字母顺序编排，主题词下直接列出相关综述文献题录，不设副主题词。

4. 《医学主题词表》(Medical Subject Headings，简称 MeSH)，《MeSH》是美国国立医学图书馆为使文献标引者与检索用户在检索语言上保持一致而编制的主题词表，是标引、编排和检索 IM 的指南。《MeSH》的内容主要包括"字顺表"和"树状结构表"。另外，在《MeSH》中还有"副主题词表"。

(1) 字顺表

字顺表(Alphabetical list)将《MeSH》所收录的词汇按照英文字母顺序进行排列，包括主题词、副主题词和款目词，款目词是主题词的同义词或相关词，作用是将入口词引见到主题词。在主题词下还给出了参照系统、主题词在树状结构表中的学科位置等信息，是检索用户选择与课题有关检索词的主要工具。

(2) 树状结构表

树状结构表(Tree structure)又称为范畴表，由字顺表中的主题词按其词义范畴和学科属性层层划分而成。将主题词分为 16 个大类，用大写英文字母表示，每个大类之下逐级设小类，用 2~3 位阿拉伯数字表示，级与级之间用"·"相隔，构成树状结构号。整个树状结构表按树状结构号顺序进行排列，相应主题词则用逐级缩格的形式表达其隶属关系。树状结构表用以体现主题词之间在学科范围上的隶属、平行、派生关系，满足族性检索的要求。

字顺表和树状结构表是《MeSH》的两个主要组成部分，它们相互关联而成有机整体。字顺表按英文字母顺序排列，体现词与词之间的横向关系，突出主题灵活、专指的特点；树状结构表对主题词按类排列，体现主题词间的纵向隶属关系，揭示主题词在医学学科中的位置关系；二者通过树状结构号相联系。

(3) 副主题词表

副主题词又称为"限定词"，是对某一主题概念进行进一步限定，以增加其专指性的检索语言。副主题词的使用有严格的使用范围和使用规则。

(4) 收编期刊目录

《收编期刊目录》(List of journals indexed in index medicus)主要反映 IM 当年的期刊收录情况，以及被收录期刊的主题、出版国家、地区、期刊的缩写与全程的对照等信息。

(三) 检索方法

1. 主题途径检索

根据主题词，利用 IM 的主题部分(subject section)检索文献。从主题途径检索文献，检索者必须根据课题内容，选取一个或多个能表达文献内容的主题词，然后按主题词字顺查阅主题索引，找到相应的主题词后，在主题词下即可查到有关主题的所有文献题录。如查找的是同一主题不同研究方向的文献,可以通过相应的副主题词与之搭配,在该副主题词下便可查到切合题意的文献题录。

如检索"流行性非典型肺炎的流行病分析"方面的文献,检索步骤如下:

(1) 分析课题选定的主题词和副主题词,根据研究内容确定主题词为"严重急性呼吸综合征",副主题词可以选择"流行病学"。

(2) 在主题索引中按字母顺序查找到主题词"Severe acute respiratory syndrome"和副主题词"Epidemiology",然后逐条阅读文献题录,决定取舍。

(3) 记录文献显示,如文章篇名、著者、文献出处等。

(4) 根据文献记录信息,获取文献的全文。

2. 著者途径检索

使用著者途径检索时,查阅 IM 每期第二分册的后半部分——著者部分。

著者途径检索方法简单,按著者姓名字顺查找即可。检索时应注意:

(1) 著者姓名应为姓在前,名在后。姓用全称,名为缩写。

(2) 多位著者时,著录前 10 名著者,但题录只出现在第一著者姓名标目下,其他著者也作标目,但无文献题录,而是采用参见(see)第一著者的方法。

(四) 检索举例

用户利用 IM 查找文献时,应注意从以下几方面考虑入手:一是要根据课题要求,确立能代表课题中心内容的英文检索词,并依据 MeSH 将其转换成规范化的主题词;二是要注意使用 MeSH 选准专指性主题词;三是对于一些新药、新物质、新发现的疾病或新的实验方法,当找不到相应的主题词时,可根据其学科属性选择一个与之邻近的上位概念进行检索;四是要准确使用副主题词,因为 MeSH 中对 83 个副主题词允许组配的主题词的范围有严格的界定。随着医学科学的发展,这些组配的范畴也会发生变化,每年新版的 MeSH 词表的导论对此都作了详尽的说明。

例如:查找"吸烟与肺癌相关性"主题的文献。

第一步,分析课题,主题概念为吸烟和肺癌,因此分别用 smoking 和 lung cancer 查找 MeSH 字顺表,发现 smoking 本身就是主题词,而 lung cancer 下则注明:lung cancer see Lung Neoplasms,说明 lung neoplasms 是 lung cancer 相对应的主题词。

第二步,分别用这两个主题词在 IM 的主题部分按字顺进行查找。

第三步,根据本题内容,在 smoking 下找到了副主题词"副作用(adverse effects)",在 lung neoplasms 下找到副主题词"病因学(etiology)"和"化学诱导(chemically induced)"。

最后,将 smoking/adverse effects 下的文献题录分别和 lung neoplasms/etiology 以及 lung neoplasms/chemically induced 下的文献题录进行比对,相同部分即是命中文献。

二、Medline 数据库

(一) Medline 数据库概况

1964 年,NLM 建立了美国国立医学图书馆医学文献分析与检索系统(Medical Literature Analysis and Retrieval System,简称 MEDLARS),MEDLARS 是计算机化的医学文献分析与检索系统,实现了文献加工、检索与编制的计算机化。

1971 年,NLM 推出了 Medline(MEDLARS Online)联机检索服务,1983 年 Medline 光

盘版发行。20个世纪90年代以后，OVID、Silver Platter、Cambridge等公司发行的Medline数据库在全世界范围内得到广泛的应用。

Medline(Medical Literature Analysis and Retrieval System onLine)数据库是MEDLARS(包括BIOETHICSLINE，HISTLINE，AIDSLINE，SPACELINE等)40多种数据库中规模最大、权威性最高的综合生物医学文献数据库，同时也是国际上最权威、使用最广泛的生物医学文献数据库之一。Medline光盘版数据每月更新一次，网络版数据每周更新一次。

OLDMEDLINE是由美国国立医学图书馆开发的医学题录数据库，收录1966年之前世界上重要的生物医学期刊文献记录，目前主要是1948～1965年的数据，少量数据已经回溯到1948年以前，内容主要为医学、药学、卫生保健等领域的期刊文献，已有记录150多万条。在PubMed检索系统中，可免费检索OLDMEDLINE数据。

（二）Medline的收录范围

截至2011年12月22日，Medline收录了1966年以来世界70多个国家和地区出版的37种语言的近5 600种期刊文献。其中大约有91%的文献为英文文献，文献来源以美国为主(约占45%)，数据库不提供全文，53%的文献都带有英文文摘(1975年以前的文献均为题录)。其内容包括美国《医学索引》(Index Medicus,IM)的全部内容和《牙科文献索引》(Index to Dental Literature)、《国际护理索引》(International Nursing Index)的印刷本内容，目前MEDLINE的记录数已经超过了1 900多万条，覆盖了基础医学、临床医学、护理学、牙科学、兽医学、卫生保健、营养卫生、职业卫生、卫生管理等。

（三）Medline数据库的检索方法

Medline检索功能强，检索途径多，检索者可根据各种已知线索直接进行检索，如：自由词、主题词、著者姓名、化学物质登记号(可从CA中查到)、物质名、酶命名号、刊名缩写、登录号、国名等。

Medline数据库提供的检索途径有光盘版和Web网站两种服务形式。光盘版是在1988年底发行Medline的产品，约有近20个机构获准转换为Medline数据库，其中包括Silver Platter、Cambridge、Dialog等。中国国内引进的大部分Medline光盘版为Silver Platter公司的产品。Web网站形式的Medline在因特网上较多，其中在国内可免费使用的有二十多个，并以美国国立医学图书馆及其旗下的生物技术信息中心所属的PubMed和IGM最为著名。经比较，两种检索方式在检索时限、检索功能、是否超链全文、费用及方便程度等方面上都存在一定的差异，在某些方面上又各有千秋，用户应根据自己所处的具体环境选择使用。目前常见的Medline免费检索节点主要有：

(1) PubMed

网址：http://www.ncbi.nlm.nih.gov/pubmed/

由美国国立医学图书馆提供，是目前应用最广泛的免费Medline检索节点。

(2) Medline Search on Medscape

网址：http://search.medscape.com/medline-search

(3) Knowledge Finder

网址：http://www.kfinder.com/newweb/testdrive/free-medline-testdrive.html

(4) Medical Matrix

网址：http://www.medmatrix.org/_spages/medline.asp

(5) Ovid Medline

网址:http://gateway.ovid.com/autologin.html

(6) Medline Via Paperchase

网址:http://www.paperchase.com/

(7) Medline on Biomednet

网址:http://www.scirus.com

(8) Web of Knowledge

网址:http://apps.webofknowledge.com

(9) ProQuest

网址:http://www.proquest.com/en-us/catalogs/databases/detail/medline-ft.shtml

(10) Ebsco Publishing

网址:http://www.ebscohost.com/academic/medline-with-full-text

(11) Online Computer Library Center(OCLC)

网址:http://firstsearch.oclc.org/FSIP

Medline数据库常用的检索方法有文本词检索、主题词检索、作者检索、期刊名称检索、截词检索、词组检索等。

第二节 PubMed与NCBI

PubMed是生物医学领域最重要也是最权威的二次文献数据库之一,由美国国家医学图书馆(National Library of Medicine,简称NLM)所属的国家生物技术信息中心(National Center for Biotechnology Information,简称NCBI)研制开发的因特网生物医学信息检索系统,可以免费访问,网址是:http://www.ncbi.nlm.nih.gov/pubmed/。

PubMed的前身是1964年由美国国立医学图书馆(NLM)建立的医学文献分析与检索系统(Medical Literature Analysis and Retrieval System,简称MEDLARS),MEDLARS是计算机化的医学文献分析与检索系统,实现了文献加工、检索与编制的计算机化。

1997年,NCBI在Entrez集成检索系统上开发了基于因特网、以Medline数据库为核心内容的PubMed检索系统。它是NCBI Entrez整个数据库查询系统中的最主要文献数据库。PubMed界面提供与综合分子生物学数据库的链接,其内容包括DNA与蛋白质序列、基因图数据、3D蛋白构象、人类孟德尔遗传在线,也包含着与提供期刊全文的出版商网址的链接等。

NCBI还有一个跨多学科的基础研究群,组成人员包括计算机科学家、分子生物学家、数学家、生化学家与物理学家,共同致力于计算分子生物的基础与应用研究。他们一起研究利用数学与计算机方法解决分子层面的基本生物医学问题,这些问题包含了基因结构侦测与分析、序列分析、立体结构预测、重复序列类型(Pattern)、建立基因组图谱、HIV感染动力学的数学模型、分析序列错误对数据库搜寻的影响、发展数据库搜寻与多重序列比对的新算法、建立无重复的序列数据库、使用数学模型评估序列相似性在统计学上的重要性、建立文章检索的载体(Vector)模型等。除此之外,这些研究人员还与NIH的研究单位、学术单位的研究实验室与政府机构的研究实验室间维持合作关系,目前仍有多项研究计划正在进行当中。

一、Entrez 资源整合系统

Entrez 是一个由 NCBI 创建并维护的基于 Web 界面的综合生物信息数据库检索系统，网址为：http://www.ncbi.nlm.nih.gov/gquery/。Entrez 提供了对 GeneBank，EMBL，DDBJ，PIR-International，PRF，SWISS-PROT 及 PDB 等数据库超过 10 5000 个物种的序列数据的整合访问。对于文献检索，可通过对收录了 2 200 多万篇生物医学论文的 PubMed 书目数据库检索获得。Entrez 还可以使用染色体图谱数据库及遗传数据库。同时，它还可以检索来自 GeneBank 和其他数据库的蛋白质序列数据、基因组图谱数据、来自分子模型数据库(MMDB)的蛋白质三维结构数据、种群序列数据集，并在数据库间建立非常完善的联系。Entrez 数据库关系如图 3-2-1。

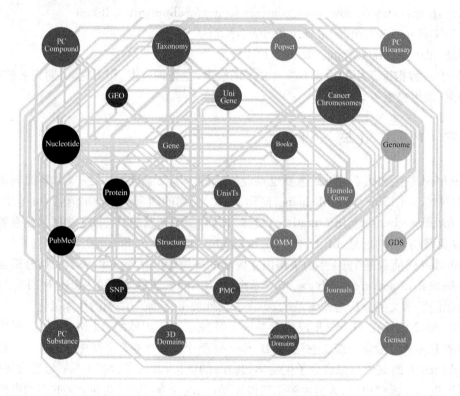

图 3-2-1　Entrez 与各数据库关系图

图中圆圈代表数据库名称，如 Taxonomy 代表生物分类库，各圆圈间的线条代表数据库间的关联。从图中可以看出，Entrez 系统内部每一个数据库都与其他数据库广泛地、多向地关联。这种关联最大的作用是，用户在某一数据库中检索出文献后，与其关联的其他数据库中的文献将以超链接的形式显示在检索结果中。这一特点使用户在检索某一数据库时，可以很方便地获得其他数据库中的相关信息。这一功能通过系统中的"Links"来实现。

Entrez 检索系统将不同类型的信息归类到不同数据库中，大大加快了检索速度，并有利于用户对检索结果进行分析。Entrez 如此众多的数据库、工具可划分为以下几大类：文献数据库、分子数据库、基因组库、系统工具、数据分析工具等。文献数据库主要收藏生物医学方面的期刊、图书等文献，包括 PubMed、PubMed Central、OMIM、Books；分子数据库包括 Nucleotide sequence database、Protein sequences、Structrue 等；基因组库包括 Genome、Cancer chromosomes 等；此外还包括 BLAST、Genome Analysis 等一些数据分析工具。

下面介绍 Entrez 中的一些重要数据库(Entrez 资源整合系统界面如 3-2-2)。

(1) GenBank 和 Nucleotide Sequence Database：GenBank 是美国国立卫生研究院(NIH)建立的全球最大的核酸序列数据库，免费提供所有已知的核酸和蛋白质序列及其生物学注释以及书目文献等信息。截至 2011 年 4 月，在传统基因库中已有大约 191 401 393 188 个碱基序列。GenBank 包括了欧洲分子生物中心 EMBL(European Molecular Biology Laboratory，EMBL)、日本的 DNA 数据库 DDBJ(DNA Data Bank of Japan)、国际核酸序列数据库协作体(International Nucleotide Sequence Database Collaboration)的数据，这三个机构每天进行资料交换，因此它们的数据是相等的。尽管这三个组织的数据记录的格式和搜索方式可能会不一样，但是 acession number、序列数据和注解都是一模一样的。例如，可以用 accession number U12345 在 GenBank，DDBJ 或 EMBL 中查找相应记录，得到的结果是完全一样的序列数据和参考内容。

(2) Genoma：基因组数据库可以免费检索世界各个研究机构提交的超过 900 个种属的基因组数据。它提供的数据包括完整的染色体组、重叠序列的图谱。该数据库借助于 Entrez Map Viewer(图形显示器软件)让用户观看数据库内特定有机体完整基因组的每一个染色体的集成图，以及染色体特定区域的序列数据。

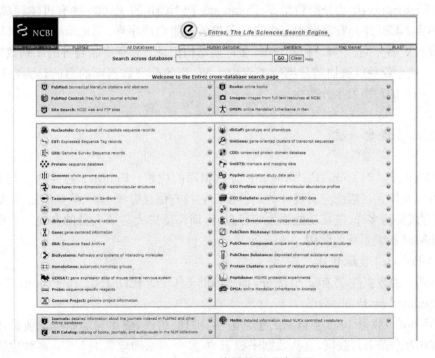

图 3-2-2 Entrez 资源整合系统界面

(3) OMIM：人类孟德尔遗传数据库是由约翰霍金斯大学的 Mckusick, V. A. 及其同事共同开发的一个关于人类基因与遗传疾病的数据库，它收集了各种已发表的人类基因以及由这些基因突变或缺失而导致的种种遗传病，提供了人类基因和遗传疾病的有关数据，包括基因名、遗传模式、作图位点、基因多态性、基因功能、基因治疗及分子遗传学等。目前已收录了12 000多条记录。

（4）Protein：Entrez Protein可以通过序列号、作者名、有机体名、基因或蛋白名称以及其他术语检索到GenPept、RefSeq、Swiss-Prot、PIR、RPF、PDB中的蛋白质序列,其中的Blink(BLASTLink)功能可以显示蛋白质序列数据库中每一种蛋白序列通过BLAST(序列相似性比较程序)比较后的结果。

（5）Structure：在Structure的主页上包括了NCBI结构组的有关信息、研究计划、分子模型数据库MMDB的人口以及研究和显示结构的有关工具。MMDB(Molecular Modeling Database)分子模型数据库是Entrez系统中的一种新型结构数据库,收集了布鲁克海文蛋白质数据库(Protein DataBank,PDB,http://www.rcsbo.org/)中所有的大分子三维结构资料。MMDB可以用蛋白质名称、作者名、种属、发表日期、布尔公式等多种方式查询,查询结果可用Cn3D软件(一个用于NCBI数据库的结构和序列相似显示工具)来观察其三维结构,用VAST(在NCBI开发的计算算法,用于确定相似的蛋白三维结构)程序比较其三维结构的相似性。

（6）PubMed：是美国国立医学图书馆的国立生物技术信息于1997年推出的基于因特网的免费生物医学文献检索系统。作为Entrez的一部分,PubMed收录了世界生命科学领域重要期刊的题录,约53%包含摘要,其中一部分可以通过出版商的网站链接到免费的全文。

（7）Taxonomy：生物分类数据库Taxonomy把NCBI的79 000种有机体编成索引,这些有机体在NCBI序列数据库中至少有一条核酸或蛋白质序列。Taxonomy可以检索一个特定种或者更高分类(如属、科)的核酸、蛋白质结构记录。如果有新物种的序列数据被放到数据库中,这个物种就被加到分类数据库中。NCBI的分类数据库的目的是为序列数据库建立一个一致的种系发生分类学。

二、PubMed检索系统

PubMed提供Medline、PREMedline等数据库的检索。PubMed还建立了与NCBI其他数据库以及网上出版商全文资源的超链接。它具有信息资源丰富、信息质量高、更新速度快、检索方式灵活多样、链接功能强大等特点,因而深受广大科研人员的喜爱。下面将详细介绍PubMed检索系统的使用。

（一）PubMed收藏范围

PubMed的数据主要有4个部分,即Medline、OLDMEDLINE、In Process Citations、Record Suppled by Publisher。

1. Medline：收录1966年以来的包含医学、护理、兽医、健康保健系统及前临床科学的文献1 900万余条书目数据,这些数据来源于70多个国家和地区的5 600多种生物医学期刊,近年数据涉及39个语种,回溯至1966年的数据涉及60多个语种,91%左右为英文文献,53%的文献有著者撰写的英文摘要。记录的标记为[PubMed-indexed for MEDLINE]。

2. OLDMEDLINE：含1946年至1965年期间发表的200万篇生物医学文献。Old-Medline的记录没有MeSH字段和摘要,记录的标记为[PubMed-OLDMEDLINE for Pre1966]。

3. In Process Citations：是一个临时性的数据库,收录准备进行标引的题录和文摘信息,每天都在接受新的数据,进行文献的标引和加工,每周把加工好的数据加入到 Medline 中,同时从 In Process Citations 库中删除。记录的标记为[PubMed-in process]。

4. Publisher Supplied Citations:出版商将期刊文献信息电子版提供给 PubMed 后,每条记录都标有[PubMed-as supplied by publisher]的标记,这些记录每天都在不停地向 In Process Citations 库中传送,加入到 In Process Citations 后,原有的标记将改为[PubMed-in process]的标记。

此外,由于被 Medline 收录的有些期刊所涉及学科范围较广,有些文献已超出了 Medline 的收录范围(如地壳运动、火山爆发等),从而不能进入 Medline,但仍然存在于 PubMed 中,其标记为[PubMed]或[PubMed-as supplied by publisher]。

(二) PubMed 数据库结构

PubMed 数据库由两千多万条文献记录组成,每一条文献记录又由 20 多个字段组成,各条记录的字段数根据实际情况会有所变化。大多数字段都是检索点,这些字段的详细情况见表 3-2-1。

表 3-2-1　PubMed 数据库主要可检字段表

字段标识	字段名称	简要说明
AD	Affiliation	第一责任者的工作单位、地址,合同号
ALL	All Fields	PubMed 中可以检索的全部字段
AU	Author Name	著者姓名
RN	EC/RN Number	酶学委员会分配给特定酶的编号和化学文献社的登记号
EDAT	Entrez Date	录入 PubMed 系统数据库的日期
FILTER	Filter	由 PubMed 系统链接的外部资源站点所使用的用来限定文献的技术标识
IP	Issue	期刊的期号
TA	Journal Title	期刊名称或 ISSN 号
LA	Language	语言文种
MHDA	MeSH Date	标引 MeSH 主题词的日期
MAJR	MeSH Major Topic	主要 MeSH 主题词
MH	MeSH Terms	全部 MeSH 主题词
PG	Page Number	期刊页码
PS	Personal Name as Subject	人名主题词
DP	Publication Date	文献出版日期
PT	Publication Type	文献类型,包括综述、临床试验、通信等
SH	Subheadings MeSH	副主题词
SI	Secondary source ID	用于限定检索与 PubMed 系统中的文献条目相关的分子序列资源数据库(如 Genbank[si])和/或该数据库中的存取号(如:AF001892[si])

续表

字段标识	字段名称	简要说明
SB	Subset	用于限定检索 PubMed 下属的文献数据库（包括 MEDLINE，PreMEDLINE，Publisher 和 AIDS 数据库），如：Publisher[SB]；aids[SB]
NM	Substance Name	化学物质名称
TW	Text Words	题名词和文摘词
TI	Title words	题名词
PMID	Unique Identifiers	PubMed 数据库中唯一记录标识号，即 UID。单独用其检索时，该标识可以省略，但当用该号与其他词一同检索时，必须使用[pmid]，如：smith[au] AND (10403340[pmid] OR vaccines[mh])
VI	Volume	期刊卷号

大部分字段都是可以检索的，如果想在某一特定字段中检索，检索的格式为"关键词[字段名称]"。例如在题名字段检索"kidney failure"这一关键词的检索表达式为："kidney failure[ti]"。又如作者名为"shen h"的检索表达式为："shen h[au]"。

（三）PubMed 基本检索

进入 PubMed 主页面（如图 3-2-3），页面上方为检索区，包括基本检索、高级检索（Advanced search）及帮助文档（Help）。页面中部为 PubMed 的三个专栏，分别是 Using PubMed，PubMed Tools，More Resources。页面底部是 NCBI 资源总览及帮助内容总览。

1. PubMed 基本检索

PubMed 的基本检索包括自动词语匹配检索、著者检索、期刊检索、短语精确检索、截词检索、字段限定检索、布尔逻辑检索等，默认为检索 PubMed（PubMed Search）（如图 3-2-4）。

在检索框中直接输入检索词，如关键词、著者、刊名等，点击"Search"按钮，就可以得到相关检索结果。如检索框中输入"aids"，点击"Search"按钮，便得到如图 3-2-5 的检索结果。检索结果页面左侧显示检索结果，点击每篇文章的标题可以查看该文章的详细信息，PubMed 中约有 5% 的文献可免费获取全文，只要点击这个图标，系统就自动链接入该文献的全文。但有两点值得注意的是，第一，很多时候，这个图标在 PubMed 处于题录显示（summary）状态下并不出现，而只有在选择摘要显示（abstract）状态时才出现，建议用户在 display setting 下拉菜单中选择摘要（abstract）方式查看。第二，有时小图标上仅有 Full Text，而没有 Free 字样，用户仍然可以免费获取全文。

2. PubMed 的检索规则

（1）逻辑运算符

PubMed 基本检索支持逻辑运算符"AND"、"OR"、"NOT"，分别是"逻辑与"、"逻辑或"和"逻辑非"。PubMed 中逻辑运算符不区分大小写，但要注意逻辑运算符前后要各加一个空格。例如：common cold AND vitamin C，表示将同时检索出包含维生素 C 和普通感冒两个检索词的文献。

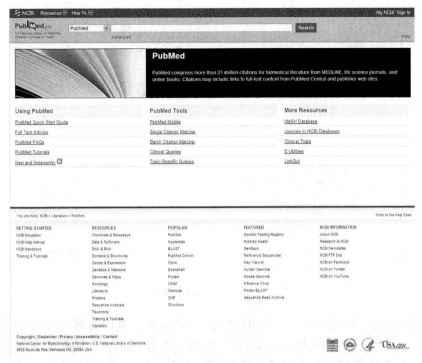

图 3-2-3　PubMed 主页面

图 3-2-4　PubMed 检索入口

(2) 词语自动转换

PubMed 采用了自然语言接口的检索技术，PubMed 会自动对输入的检索词进行分析、匹配、转换并检索，是一种智能化的检索过程。其基本原理是对输入的检索词，系统首先在多个索引表(包括 MeSH 转换表、刊名转换表、著者索引及转换表等)中进行搜索、比对，并自动转换为相应的 MeSH 主题词、刊名或著者进行检索，再将检索词在所有字段(All fields)中检索，并执行"逻辑或"(OR)运算。如果输入多个检索词或词组，系统会继续将以单词为单位对多个检索词或词组进行拆分，并执行"逻辑与"(AND)运算。

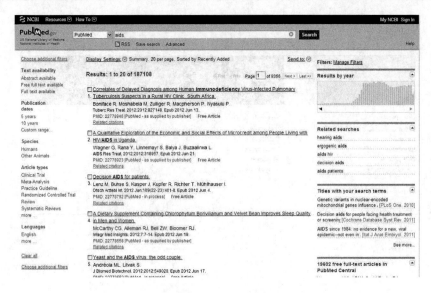

图 3-2-5　PubMed 检索结果

在检索结果页面右侧"Search details"框中,会详细显示执行词语自动转换后的检索表达式。例如:在检索框中输入"lung cancer"(肺癌),点击"Search",在检索结果页面,查看"Search details"得知其真实的检索表达式是:("lung neoplasms"[MeSH Terms] OR ("lung"[All Fields] AND "neoplasms"[All Fields]) OR "lung neoplasms"[All Fields] OR ("lung"[All Fields] AND "cancer"[All Fields]) OR "lung cancer"[All Fields])。

当输入"lung cancer"进行检索时,第一步 PubMed 将 lung cancer 作为一个词组进行检索,第二步将 lung cancer 拆分为两个单词进行检索,第三步将 lung cancer 转换为主题词 lung neoplasms,并进行主题检索,第四步将 lung neoplasms 作为一个词组进行检索,第五步将 lung neoplasms 拆分为两个单词进行检索。最后将上述五次的检索结果进行逻辑或(OR)运算,通过上述检索表达式,可以看出 PubMed 词语自动转换功能可以获得很好的查全率,同时也能保证一定的查准率。

① MeSH 转换表(MeSH Translation Table)

包括 MeSH 词、参见词、副主题词等。如果系统在该表中发现了与检索词相匹配的词,就会自动将其转换为相应的 MeSH 词和 Textword 词(主题词和自由词)进行检索。

例如:在检索框输入 vitamin H(维生素 H),点击"Search",系统会自动将其转换成主题词,其检索表达式为:("biotin"[MeSH Terms] OR "biotin"[All Fields] OR "vitamin H"[All Fields]),其中 biotin 就是 PubMed 为检索词 vitamin H 自动转换的主题词。

② 刊名转换表(Journal Translation Table)

包括刊名全称、Medline 形式的缩写和 ISSN 号。该转换表能把检索框中输入的刊名全称转换为"Medline 缩写[Journal Name]"后进行检索。

例如:在检索框中输入"new england journal of medicine",点击"Search",系统会自动将其转换成刊名,其检索表达式为:("N Engl J Med"[Journal] OR "new england journal of medicine"[All Fields])。

③ 短语表(Phrase list)

该表中的短语来自 MeSH,含有同义词或不同英文词汇书写形式的统一医学语言系统

(UMLS：Unified Medical Language System)和补充概念(物质)名称表[Supplementary Concept (Substance) Name]。如果 PubMed 系统在 MeSH 和刊名转换表中未发现与检索词相匹配的词，就会查找短语表。

④ 著者索引(Author Index)

如果键入的词语未在上述各表中找到相匹配的词，或者键入的词是一个后面跟有 1~2 个字母的短语，PubMed 即查著者索引。

如果仍然找不到匹配词，PubMed 就会把该词断开后再重复上述自动词汇转换过程，直到找到与键入的词语相匹配的词语为止。若仍然没有匹配词，单个词会被连一起(用 AND)在全部字段中检索。如："single cell"，系统就会自动将其分成两个词："single"和"cell"检索，其检索表达式为："single AND cell"。要查验检索词的转换情况，可在"Search Details"框中查看。

(3) 截词检索功能

PubMed 允许使用"*"号作为通配符进行截词检索。如：键入"bacter*"，系统会找到那些前一部分是 bacter 的单词(如 bacteria，bacterium，bacteriophage 等)，并对其分别进行检索。如果这些单词少于 600 个，PubMed 会逐个词检索，若超过 600 个(如：Staph*)，PubMed 将显示如下警告信息："Wildcard search for 'staph*' used only the first 600 variations. Lengthen the root word to search for all endings"。

截词功能只限于单词，对词组无效。如："infection*"包括"infections"，但不包括"infection control"等。使用截词功能时，PubMed 系统会自动关闭词汇转换功能。

(4) 短语精确检索

如上所述，在 PubMed 主页的检索框中输入一个短语后点击"Search"，系统会用自动转换功能查找到相应的匹配词后再进行检索。但是，当键入的词语无匹配词时，PubMed 就会将键入的词语断开后再重复上述自动词汇转换过程，若仍然没有匹配词，系统就将短语分解成单词，再用 AND 连在一起在全部字段中检索。很明显，这样检索的结果是不符合用户要求的。因此，PubMed 允许使用双引号("")来强制系统进行短语检索。例如：在 PubMed 主页的检索框中输入"lung cancer"，并用双引号引起来，然后点击"Search"，系统会将其作为一个不可分割的词组在数据库的全部字段中进行检索，其具体检索表达式为：("lung cancer"[All Fields])。使用双引号检索，会自动关闭词汇转换功能。

(四) PubMed 主题词检索

在 PubMed 主页下方"More Resources"里点击"MeSH Database"，便进入主题检索界面。

主题词是一种规范化的受控检索语言。PubMed 所采用的主题词是美国国立医学图书馆的医学主题词表(Medical Subject Headings，MeSH)，而自然语言则是指未规范化的，即未收入主题词表中的词或词组。主题词检索虽然比较繁琐复杂，但它有自由词检索所不具备的优势。

首先，主题词可以对同一概念具有不同表达方式的词语进行规范，排除一词多义及多词一义的情况。例如：维生素 C 有"vitamin C"和"Ascorbic Acid(抗坏血酸)"两种写法，使用 MeSH 主题词"Ascorbic Acid"可将这两种写法的文献都检索出来，而使用自由词"vitamin C"或"Ascorbic Acid"都只能检索出其中一种写法的文献。

其次，使用主题词检索还可以使用副主题词对主题词进行进一步限定，来查找更为专指的文献,便于扩大或缩小检索范围,有利于查全和查准。MeSH 中共有 83 个副主题词,每个副主题词都有特定的含义和使用范围,分别与不同的主题词组配。例如:检索有关肺癌(Lung Neoplasms)方面的文献,在医学上肺癌还包括支气管原癌(Carcinoma Bronchogenic)、非小细胞肺癌(Carcinoma Non-Small-Cell Lung)、小细胞癌(Carcinoma Small Cell)、肺硬币病变(Coin Lesion,Pulmonary)、Pancoast's 综合征(Pancoat's Syndrome)、肺胚细胞瘤(Pulmonary Blastoma)、肺硬化性血管窟(Pulmonary Sclerosing Hemangioma)。当使用自由词"肺癌"时只能检索出包括"肺癌"这一词的文献,而其他肺癌方面的文献会遗漏。而使用主题词的扩展检索功能可以把肺癌的下位概念都扩展检索出来,即可检索出支气管原癌、非小细胞肺癌等方面的文献。

再次,主题检索中加权检索功能也便于限定文献的主要概念及方面。

总之,主题检索的方法虽然稍有繁琐,但其检索结果准确性高,漏检率低,是最佳的检索方法。

主题检索的方法是,在 PubMed 首页下方"More Resources"中点击"MeSH Database",即可进入主题检索界面,如图 3-2-6 所示。

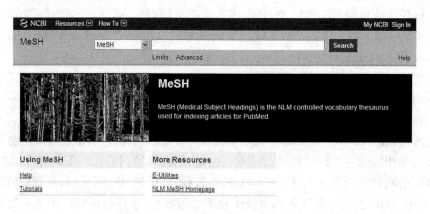

图 3-2-6 PubMed 主题检索界面

在主题检索的检索框中输入"lung cancer"(此处输入的检索词被称为 Entry Terms,即款目词,是主题词的同义词或相关词),系统会列出相关的主题词以供选择,在 MeSH 中规范的主题词是"Lung Neoplasms",点击这一主题词后进入图 3-2-7 所示的界面中。图中"Lung Neoplasms"是"lung cancer"所对应的主题词,在主题词的下方是关于这一主题词的注释,See Also 意为相关主题参见,是指和该主题词相关的一些主题词,可帮助用户扩展检索范围。

主题词的树状结构表是指 MeSH 词按等级排列在 16 个大范畴中,形状类似树,所以称为树状结构表。许多词根据分类的上位词不同和等级排列需要,在不同的范畴重复出现。在树状结构表的显示中,主题词按等级缩格排列,最左边的词等级最高(专指性最差),最右边的词等级最低(专指性最强),左边的数字表示该词在树中的级别。通过主题词的树状结构表,检索者可选取主题词的上位词或下位词以扩大或缩小检索范围。

在主题词下方列出了可以组配的副主题词(Subheadings),如检索肺癌的死亡率,则在副主题词列表中找到"mortality",并在前面的复选框中打钩,然后在页面右侧的检索框(PubMed search builder)中点击"Add to search builder",检索框会出现检索表达式:

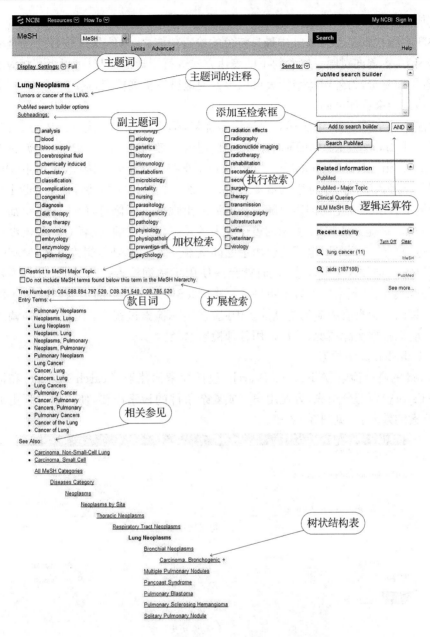

图 3-2-7 PubMed 主题检索中主题词界面

("Lung Neoplasms/mortality"[MeSH]),最后点击"Search PubMed",即可得到检索结果。

在副主题选取时如果同时勾选多个副主题词,则副主题词之间是逻辑或即"OR"的关系。副主题词下方的"Restrict to MeSH Major Topic"即加权检索,表示限定在主要主题词中检索,可以提高查准率。"Do not include MeSH terms found below this term in the MeSH hierarchy."前面的复选框中不打钩表示扩展检索,用以提高检索的查全率。

在选择副主题词时需要注意的是,MeSH 中的副主题词分得很细,检索时必须认真理解副主题词的释义,如检索有关疾病治疗方面的内容,可以考虑选择以下副主题词:diet therapy(饮食治疗)、drug therapy(药物疗法)、prevention and control(预防与控制)、radiotherapy(放射治疗)、rehabilitation(康复)、surgery(外科手术)、therapy(治疗),此外 therapy

是指除其他治疗方法以外的治疗方式。

MeSH 主题检索是 PubMed 中最具特色的检索功能之一,能保证较好的查全率和查准率。那是因为:主题词对同一概念的不同表达方式进行了规范,同时可以组配相应的副主题词,使检索更加专指,另外树状结构表可以很方便地进行扩展检索,提高查全率,还有加权检索可以使检索结果更加准确。

需要注意的是,主题检索虽然有上述诸多优势,但也存在着一定的局限性。首先,主题检索只对源于 Indexed for MEDLINE 的文献记录有效,PubMed 中其他来源的文献记录(如 in-process citations,supplied by publisher)不支持主题检索。因此,采用主题检索可能会漏掉那些已经入库但尚未标引的最新文献。其次,随着医学的发展,也会不断出现新的概念和新的词汇。MeSH 主题词表也随着新词汇的出现而不断修订,MeSH 每年都会有所修订,对于一些新的概念,MeSH 主题词表还没来得及收录进去的,或者对一些还没有准确的主题词表达的最新名词术语也不适合用主题词检索。例如:SARS 爆发之初,MeSH 主题词还未将 SARS 一词收入主题词表,这时就无法使用主题词检索进行检索,有时需要将自由词与主题词检索结合起来检索效果更好。再次,MeSH 表中收录的主题词也仅有 25 000 多个,很多专指的概念没有相应的主题词。因此,在实际检索过程中,不应一味强调或拘泥于主题检索,应该根据实际情况,灵活运用各种检索途径。

(五) PubMed 高级检索

PubMed 的高级检索(Advanced Search)包括检索构建器(Search Builder)和检索历史(Search History)两部分组成,方便用户完成复杂条件的检索需要,使检索过程更加清晰明了,提高检索的效率。(见图 3-2-8)

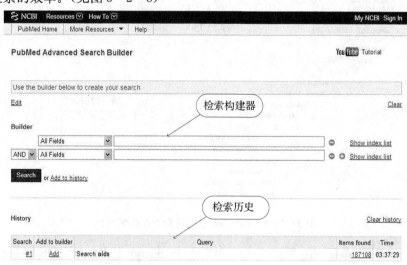

图 3-2-8　PubMed 的高级检索(Advanced Search)界面

1. 检索构建器(Search Builder)

应用构建器可以很方便地实现多个字段的组合检索,提高查准率。也可以结合检索历史的操作,完成复杂的布尔逻辑运算。检索时,先在左侧下拉菜单中选择合适的字段(默认为 All Fields),然后在检索框中输入检索词,然后选择布尔逻辑运算符 AND、OR、NOT,点击"Add to Search Box",此时上方的基本检索框(Search Box)中即显示输入的检索词及逻辑运算符。重复上述步骤,即可完成检索构建,点击"Search",返回检索结果。

例如:检索南京医科大学(Nanjing Medical University)沈洪兵(Shen h)教授在 Cancer Lett 上发表的文献。利用检索构建器的步骤如下:

(1) 在左侧下拉菜单中选择"Affiliation"字段,输入"Nanjing Medical University"。

(2) 选择逻辑运算符"AND",再点击选择"Author"字段,输入"Shen h"。

(3) 选择逻辑运算符"AND",再点击选择"Journal"字段,输入"Cancer Lett",最后点击"Serach"完成本次检索,检索结果为 5 篇。

此时,基本检索框中的检索表达式为:((nanjing medical university[Affiliation]AND shen h[Author])AND"cancer lett"[Journal])。

2. 检索历史(Search History)

在 PubMed 的高级检索(Advanced Search)中有检索历史(Search History)一项,包括检索的次序、检索表达式、检索时间和检索结果数。点击检索序号,会显示 Options 选项,可执行 AND、OR、NOT 逻辑运算,还有 Delete from history(从检索历史中删除)、show search results(直接检索,返回检索结果)、show search details(查看检索表达式)以及 Save in My NCBI(将检索表达式保存在 My NCBI 中)等不同操作,如图 3-2-9 所示。

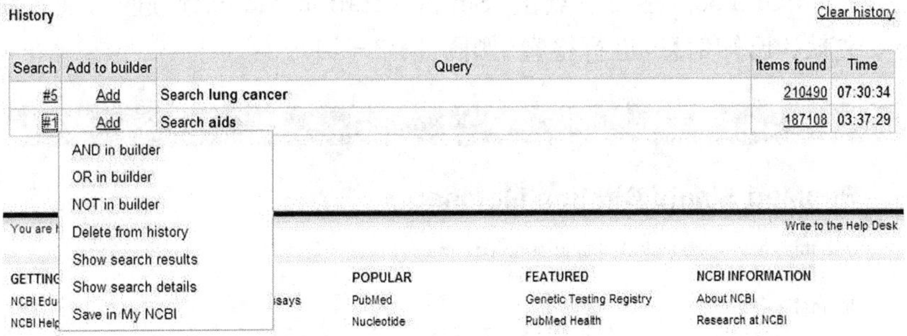

图 3-2-9 PubMed 检索历史(Search History)界面

(六) 期刊数据库检索

在 PubMed 主页下方"More Resources"里点击"Journals in NCBI Databases",便进入期刊数据库检索界面。可以查询 PubMed、Entrez 平台或 NLM 收录的期刊信息,既可以按学科进行浏览,也提供了主题(Topic)、刊名全称、MEDLINE 刊名缩写、ISSN 号等检索途径。

例如:检索 PubMed 中收录了哪些生理学方面的期刊,首先进入"Journals in NCBI Databases"(如图 3-2-10),在检索框中输入"Physiology",点击"Search",即可显示所有刊名中含有 Physiology 的期刊的基本信息,包括每种期刊的刊名全称、pISSN(印刷版 ISSN 号)、eISSN(电子版 ISSN 号)、Title Abbreviation (Medline 标准刊名缩写)、ISO Abbreviation(国际标准化组织的刊名缩写)、NLM ID(NLM 期刊存取号)等,点击期刊刊名全称,可以查看更为详尽的期刊信息,包括创刊年代、出版者、出版国、语种、所属学科分类等。点击 Electronic Links 可以链接到相关数据库中该期刊的电子版地址。

此外,在"Journals in NCBI Databases"主界面还可以点击"Limits"限定语种、不同子集及其他字段对期刊进行检索。

在"Journals in NCBI Databases"顶部菜单中点击"More Resources"有"Browse MEDLINE Journals by broad subject terms",可以按照学科主题分类来浏览期刊。PubMed 中

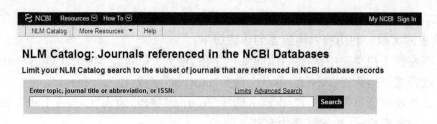

图 3-2-10　PubMed 期刊数据检索界面

划分的学科主题约 120 个,为了便于读者查找,这 120 个学科主题按照首字母排列。点击学科主题名称(超链接)可以查看该学科主题所包含的期刊。

点击"LinkOut journal lists"链接到"LinkOut Provider and Journal Lists"提供链接的提供者和期刊列表,进一步了解能够提供全文链接(LinkOut Journals)、能够提供免费全文(Free LinkOut Journals)以及最近新增(Recent Additions)的期刊列表信息。

(七) 单篇引文匹配器

单篇引文匹配器(Single Citation Matcher)主要用于查找某一篇文献的准确信息。在 PubMed 主页 PubMed Tools 栏目下点击"Single Citation Matcher"进入,在系统给出的检索选项中输入文献的已知信息,进行检索(如图 3-2-11)。

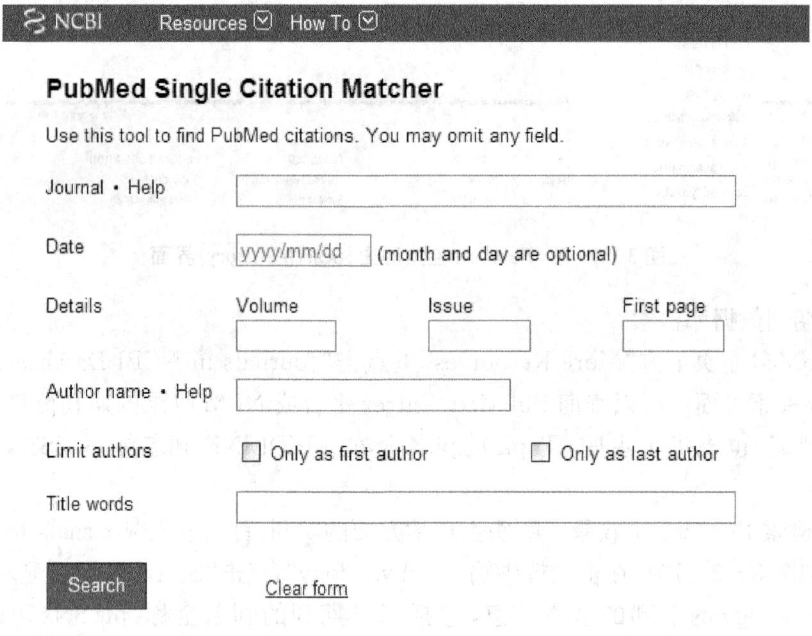

图 3-2-11　Single Citation Matcher 检索界面

例如:已知著者 Challis DE 于 2000 年在《Pediatric Research》上发表过一篇文章,现想了解这篇文献的题名、著者、年卷期页码等详细信息,可以在 Journal 栏输入"Pediatric Research",在 Date 栏中输入"2000",在 Author name 栏输入"Challis DE",点击"search",便可得到这篇文章的详细信息。

(八) 临床查询

临床查询(Clinical Queries)是专门为临床医生查找临床文献而设计的检索途径。在

PubMed 主页 PubMed Tools 栏目下点击"Clinical Queries",即可进入临床查询界面(如图 3-2-12),包括 Clinical Study Categories、Systematic Reviews 及 Medical Genetics 三类检索。

1. Clinical Study Categories 专门用于查找疾病的 therapy(治疗)、diagnosis(诊断)、etiology(病因)、prognosis(预后)及 Clinical prediction guides(临床预报指南)等方面的文献,同时综合考虑检索结果的证据可靠性分 Broad 和 Narrow 两种,选择 Broad 检索便于提高查全率,选择 Narrow 检索便于提高查准率。

例如:临床医生想检索胰腺癌(Pancreatic Cancer)诊断方面的文献,要求结果比较精确,可在检索框中输入"Pancreatic Cancer",再到"Clinical Study Categories"的"Category"下拉框中选择"diagnosis","Scope"下拉框中选择"Narrow",点击"Search",即可得到检索结果,如图 3-2-12。

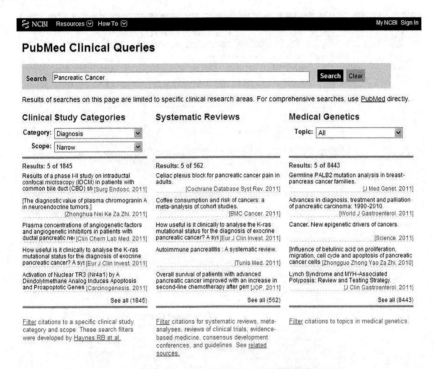

图 3-2-12 Clinical Queries 检索界面

2. Systematic Reviews 专门用于检索 systematic reviews(系统评价)、meta analysis(荟萃分析)、reviews of clinical trials(临床试验评价)、guidelines(临床指南)等循证医学文献信息。例如:临床医生想检索胰腺癌的系统评价等循证医学文献,在"Clinical Study Categories"检索的同时已经一并检索出检索结果。

3. Medical Genetics 专门用于检索疾病遗传学方面的文献,点击下拉菜单有:All(所有)、Diagnosis(诊断)、Differential Diagnosis(鉴别诊断)、Clinical Description(临床描述)、Management(处理)、Genetic Counseling(遗传咨询)、Molecular Genetics(分子遗传学)、Genetic Testing(遗传测试)等选项。

(九)检索结果的显示、评价、分析和管理

1. 检索结果的显示及排序

PubMed 的检索结果有多种显示格式,默认为 Summary 格式,每页显示 20 条记录,按照最新添加的记录降序排列,如图 3-2-13 所示,包括每篇文献的篇名、著者、刊名、出版年月及卷期、页码、PMID 号、记录状态、相关文献(Related citations)链接,如果该篇文章有免费全文,则有 Free Article 链接。

显示格式除了默认的 Summary 外,还有:

(1) Summary(text):以纯文本格式显示 Summary 格式的所有内容,方便导入 Microsoft Office 或 WPS 等办公软件,也可以另存为 txt 格式或 html 格式文件。

(2) Abstract:显示篇名、著者、著者单位、摘要、刊名、出版年月及卷期、页码、PMID 号、记录状态、相关文献链接、全文链接、出版类型(Publications Types)、MeSH 主题词(MeSH Terms)、化学物质(Substance)等信息。点击全文链接,如果文献来源于用户所在单位订购的全文数据库,或来源于 PubMed Central 及开放获取(OA)期刊,用户可以直接获取全文。

图 3-2-13 PubMed 检索结果显示页面

(3) Abstract（text）：以纯文本形式显示 Abstract 格式的所有内容。

(4) MEDLINE：显示 Medline 记录中的全部字段信息，这种格式显示的字段最全，且含有字段标识符。

(5) XML：显示 XML（可扩展用户标记语言）格式的记录信息，方便将检索结果作为网络数据在 Web 上进行转换和描述。

(6) PMID List：仅显示每条记录的 PMID 号。

每页显示的记录数默认是 20 条，可以更改为 5 条、10 条、20 条、50 条、100 条或 200 条。结果排序方式默认是按照最新添加的记录（Recently Added）顺序排列，可以设置为按照出版时间（Pub Date）、第一作者（First Author）、排名最后一位的作者（Last Author）、刊名（Journal）、篇名（Title）等排序。

2. 检索结果的保存及输出

PubMed 提供了多种检索结果的保存及输出方式，在检索结果显示页面的右上方，点击"send to"，弹出"Choose Destination"下拉菜单，提供了 File（文件）、Clipboard（剪贴板）、Collections（收藏夹）、E-mail（电子邮件）、Order（订购）、My Bibliography（我的电子书架）、Citation manager（引文管理器）等七种检索结果保存及输出方式。见图 3-2-14。

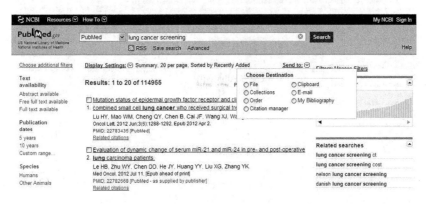

图 3-2-14　PubMed 检索结果保存与导出页面

(1) File：将选中文献记录以文件格式输出，可选格式有：Summary（text）、Abstract（text）、MEDLINE、XML、PMID List、CSV 等。如果要把检索结果导出到 Endnote、NoteExpress 等文献管理工具，可选择 MEDLINE 格式保存。

(2) Clipboard：选择输出到 Clipboard，点击"Add to Clipboard"，系统会提示有多少篇文献被暂存到剪贴板中，系统同时提示剪贴板最多保存 8 小时，最多暂存 500 篇记录。同时"send to"菜单右侧会显示 Clipboard 图标，点击"Clipboard"（超链接）可以查看暂存的文献信息。

(3) Collections：在用户注册了 My NCBI 账号并登陆后，可以选择"Collections"，将选中的文献记录保存到 My NCBI 中。

(4) E-mail：可将选中的文献记录以电子邮件的形式发送到指定邮箱，选择显示格式及排序方式，然后输入电子邮箱地址即可。E-mail 方式输出检索结果一次最多发送 200 条文献记录。

(5) Order：如果用户无法获取文献的全文，可以通过 Order 选项通过 NLM 的 Loansome Doc 文献传递系统向 NLM 订购全文，这项服务需要支付一定的费用。

(6) My Bibliography：此输出方式同样需要用户注册 My NCBI 账号并登录后才能使用。此外，在检索结果显示页面，检索区上方有 RSS Feed 图标，点击 RSS 图标，再点击"Create RSS"，就可以订阅 RSS Feed，随时随地浏览追踪这一检索策略的最新检索结果。

(7) Citation Manager：将检索结果导出为文献管理软件格式，如：EndNote、Reference Manager、ProCite 等。

3. 检索结果的记录显示

如图 3-2-15，以一条记录显示结果介绍 PubMed 记录显示方式。

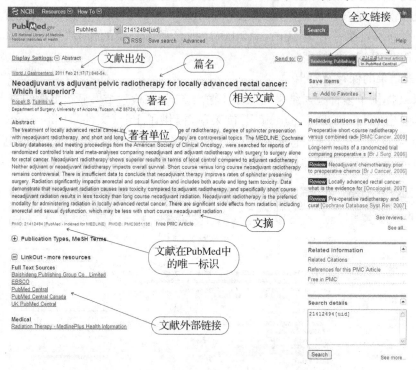

图 3-2-15 PubMed 检索结果中记录显示页面

4. 检索结果的限定和过滤

在 PubMed 检索结果页面新增了"Choose additional filters"（选择附加过滤器）选项，这里可以对检索结果进行过滤或限定。

点击左侧的"Choose additional filters"可以选择相应过滤器，PubMed 中过滤器包括：Text availability（文本选项）、Publication dates（出版日期）、Species（物种）、Article types（文献类型）、Languages（语种）、Sex（性别）、Subjects（子集）、Journal categories（期刊类别）、Ages（年龄组）、Search fields（检索字段标签）等十种，见图 3-2-16。

(1) Text availability（文本选项）：用于限定检索的结果是否有全文链接（Full text available），是否有免费全文链接（Free full text available），是否有摘要（Abstract available）。

(2) Publication dates（出版日期）：用于限定出版日期，如限定文献为最近 5 年或 10 年出版的文献，也可以自定义某一段时间用于限定文献的出版日期。

(3) Species（物种）：用于限定研究对象为人或者动物。

(4) Article types（文献类型）：用于限定文献的出版类型，近来 PubMed 中文献类型划分得很多很细，具体有下面这些：

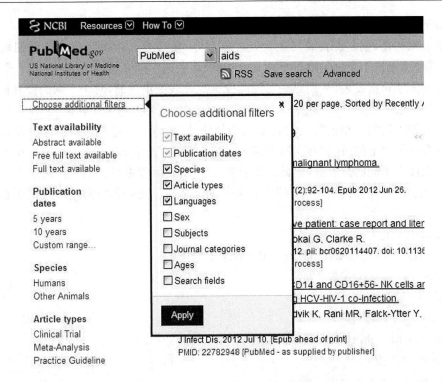

图 3-2-16　选择附加过滤器

Addresses(演讲)
Autobiography(自传,一般是本人所写作的回忆录)
Bibliography(参考书目)
Biography(传记,由他人撰写的某人的生平事迹)
Case Reports(病例报告)
Classical Article(经典论文)
Clinical Conference(临床讨论会)
Clinical Trial(临床试验)
Clinical Trial,Phase Ⅰ(一期临床试验)
Clinical Trial,Phase Ⅱ(二期临床试验)
Clinical Trial,Phase Ⅲ(三期临床试验)
Clinical Trial,Phase Ⅳ(四期临床试验)
Comment(评论)
Comparative Study(比较研究)
Congresses(会议论文)
Consensus Development Conference(总结性报告)
Consensus Development Conference,NIH(美国国立卫生研究院总结性报告)
Controlled Clinical Trial(对照临床试验)
Corrected and Republished Article(校正和再版的论文)
Dictionary(字典,词典)
Directory(机构名录)

Duplicate Publication(重复发表,二次发表)

需要说明的是,重复发表或二次发表并不是"一稿多投",由国际医学期刊编辑委员会(ICMJE)制定、已被千余种生物医学期刊采用的《生物医学期刊投稿的统一要求》指出,以同种或另一种文字再次发表,特别是在其他国家再次发表是正当的,对于不同的读者群可能是有益的,但必须满足以下所有条件:(1)作者已经征得首次和再次发表期刊编辑的同意,并向再次发表期刊的编辑提供首次发表文章的复印件、抽印本或原稿。(2)再次发表与首次发表至少有一周以上的时间间隔(双方编辑达成特殊协议的情况除外)。(3)再次发表的目的是使论文面向不同的读者群,因此以简化版形式发表可能更好。(4)再次发表应忠实地反映首次发表的数据和论点。(5)再次发表的论文应在论文首页用脚注形式说明首次发表的信息。

Editorial(社论)
Electronic Supplementary Materials(数字辅助读物)
English Abstract(英文摘要)
Evaluation Studies(评价研究)
Festschrift(纪念文集)
Government Publications(政府出版物)
Guideline(指南)
Historical Article(历史文献)
In Vitro Experiments(体外试验)
Interactive Tutorial(交互式教程)
Interview(采访,访谈)
Introductory Journal Article(引导介绍性文章)
Journal Article(期刊论文)
Lectures(讲座)
Legal Cases(法律案例)
Legislation(法律法规)
Letter(快讯)
Meta-Analysis(Meta 分析)
Multicenter Study(多中心研究)
News(新闻报道)
Newspaper Article(报纸文章)
Overall(整体评价)
Patient Education Handout(病人教育印刷品)
Periodical Index(期刊索引)
Portraits(肖像,人像)
Practice Guideline(实践指南)
Published Erratum(出版更正)
Randomized Controlled Trial(随机对照试验)
Research Support,American Recovery and Reinvestment Act(研究支持,美国复苏与再投资法案)

Research Support, N.I.H., Extramural(研究支持,美国国立卫生研究院对外)
Research Support, N.I.H., Intramural(研究支持,美国国立卫生研究院内部)
Research Support, Non-U.S. Government(研究支持,非美国政府)
Research Support, U.S. Government, Non-P.H.S.(研究支持,美国政府,非公共卫生署)
Research Support, U.S. Gov't, P.H.S.(研究支持,美国政府,公共卫生署)
Research Support, U.S. Government(研究支持,美国政府)
Retracted Publication(已撤销出版物)
Retraction of Publication(出版撤销声明)

1984年,MEDLINE数据库的索引中追加了"Retraction of Publication"的条目,以使前来查阅的人们可以识别那些"提及被撤回论文的文章"。接下来,1992年,又公布了"美国国立医学图书馆关于论文的撤回、注释、错误等问题的对应方针"。而在这前一年,为了表示论文的种类,增加了"出版类型"这一新分类。其中不仅包括期刊论文、研究通信、学术评论等条目,对"由于不端行为而遭到撤回的论文,或撤回公告,一稿多投等论文"也做了明确的标示。

Review(综述)
Scientific Integrity Review(科学笃实评议)
Systematic Reviews(系统评价)
Technical Report(科技报告)
Twin Study(双生子研究)
Validation Studies(有效性研究)
Video—Audio Media(音频视频媒体)
Webcasts(在线研讨会)

(5) Languages(语种):PubMed收录的期刊原文语种约有68种,这里的语种限定是指原文的语种。

(6) Journal categories(期刊类别):PubMed中期刊类别被划分为4种,分别为:Core clinical journals(核心临床期刊)、Dental journals(口腔期刊)、MEDLINE(MEDLINE期刊)、Nursing journals(护理学期刊)。

(7) Sex(性别):用于限定研究对象性别,男性(雄性)或是女性(雌性)。

(8) Ages(年龄组):特殊年龄组,当研究对象为人类时可限定年龄组,按照不同阶段,共划分为14个年龄组。

(9) Subjects(子集):这是一个非常有用的选项,在Subjects(子集)中,用户可以将检索的文献限制于某个特定的子集,而避免其他无用信息的干扰。PubMed中共包括:AIDS(艾滋病)、Bioethics(生物伦理学)、Cancer(肿瘤)、Complementary Medicine(补充医学)、Dietary Supplements(食品强化剂)、History of Medicine(医学史)、Toxicology(毒理学)、Veterinary Science(兽医学)等8个子集。

(10) Search fields(检索字段过滤):通过下拉菜单选择特定字段,将检索词限定在作者、题目、文摘、刊名、作者单位、摘要等字段内检索,如果不选择检索字段过滤,则系统默认是全部字段检索。

三、其他工具与链接

PubMed 主页面除了上述主要检索功能外,还有 My NCBI 个性化服务工具、LinkOut(外部链接)、Clinical Trials(临床试验数据库)及 Batch Citation Mather(批量引文匹配器)等功能,以及完善的帮助系统。

(一) My NCBI 个性化功能

My NCBI(我的 NCBI)可以实现 NCBI 数据库提供的个性化服务,是一个非常实用的文献管理工具。在 PubMed 主页有"My NCBI"和"Sign In"(登录)。用户注册 My NCBI 账号并登录后,可以通过 My NCBI 管理 NCBI 中所有数据库的检索过程及检索结果,追踪了解所在研究领域的最新进展,并实现个性化的服务,见图 3-2-17。

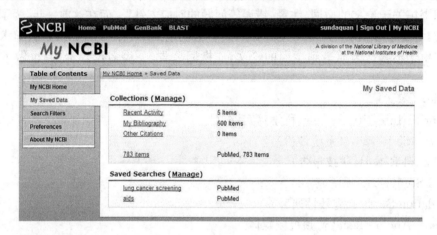

图 3-2-17 My NCBI 页面

登录 My NCBI 后,界面左侧有:My NCBI Home(我的 NCBI 主页)、My Saved Data(我保存的数据)、Search Filters(检索过滤器)、Preferences(我的偏好)等栏目。

"My NCBI"主要包括下列几种功能。

1. 保存检索策略及 E-mail 发送功能

完成检索后,在检索结果显示页面,点击检索框上方的"Save Search"链接,将进入 My NCBI 的"My Saved Data",在 Name of Search 中输入相应的名称,然后点击"Save"保存。保存后系统会提示是否需要通过 E-mail 定期发送新的检索结果到用户的邮箱,如果需要,用户可选择发送 E-mail 的频次(每月发送一次、每周发送一次或每天发送一次),点击"Save"完成 E-mail 发送设置。保存完毕后,下次登录 My NCBI,只要点击左侧"My Saved Data"栏目的"Saved Searches"即可查看之前保存的检索策略,点击"Manage"(超链接)可以对已保存的检索策略进行查看(Show What's New)、设置(Settings)和删除(Delete PubMed Searches)以及排序操作。

2. 保存检索结果

在检索结果显示页面,选中所需要保存的检索结果,点击右上角的"send to",弹出"Choose Destination"下拉菜单,选择"Collections",再点击"Add to Collections"确认按钮,检索结果将会保存在 My NCBI 的"My Saved Data"栏目的"Collections"中。检索结果可以添加到已经存在的文件中,也可以新建一个文件用于保存检索结果,新建文件时需要用户输入新文件名,然后点击"Save"保存,系统默认每次最多保存 1 000 条记录。

下次登录 My NCBI,只要点击左侧"My Saved Data"栏目的"Collections"即可查看之前保存的检索结果,点击"Manage"(超链接)可以管理"Standard Collections"和"PubMed Collections"。

"Standard Collections"是系统自带的,用户可以查看和管理,但无法删除,其中包括 Recent Activity、My Bibliography 和 Other Citations。① Recent Activity,是系统自动记录的用户 6 个月内检索记录和浏览历史。② My Bibliography(我的文献目录),点击进入"My Bibliography",可以新增(Add Citations)、删除(Remove)、浏览(View Citations in PubMed)以及下载题录信息(Download Citations),同时还可以设置排序方式:按日期(Sort by Date)、按第一作者(Sort by First Author)、按题名(Sort by Title)等。浏览方式可以设置为:Summary View 和 Print View。点击"Edit My Bibliography Settings"还可以对文献目录设置是否共享(Private 或 Public)。③ Other Citations(其他记录)。

"PubMed Collections"是用户保存的检索结果,用户可以对这些检索结果进行合并(Merge PubMed Collections)、删除(Delete PubMed Collections)以及排序操作。针对某一检索结果文件还可以点击"Edit",针对检索结果进行 Remove Selecte、Edit Collection Setting、View in PubMed 操作,也可以设置排序方式:Sort by Date、Sort by First Author、Sort by Title 等。

3. 过滤检索结果

My NCBI 的检索过滤器(Search Filters)提供了个性化的检索结果过滤功能。在 My NCBI 主页左侧点击"Search Filters"便进入检索过滤器页面。在"Choose a database"页面,点击"PubMed",进入"PubMed Filters",点击"Frequently Requested Filters",可对检索结果进行过滤,包括 9 个过滤条件(见表 3-2-2),用户只需勾选相应的过滤条件即可完成过滤设置。以后只要登录 My NCBI 所进行的检索操作,过滤条件都会生效,在检索结果显示页面的右侧,会显示已设定的过滤结果,方便用户浏览选择。

表 3-2-2 My NCBI 的 Search Filters 过滤参数含义

参数名称	参数含义
Clinical Trial	临床试验
English	文献语种为英语
English & Humans	文献语种为英语,研究对象为人类
Free Full Text	有免费全文(直接链接到免费全文网站)
Full Text	有全文链接
Humans	研究对象为人类
Items with Abstracts	有摘要
Published in the last 5 years	最近 5 年出版
Review	文献类型为综述

(二) LinkOut

PubMed 主页"More Resources"栏目下 LinkOut(外部链接),是 PubMed 的外部资源链接。PubMed 与 NCBI 的其他数据库通过 LinkOut 与互联网上的其他外部资源与服务建立链接,包括在线全文数据库、生物学数据库、图书馆馆藏信息、消费者健康信息、研究工具等。外部资源都是经过 Entrez 的评估、登记后才提供给用户使用的,但由于外部资源由其他提供者提供和维护,Entrez 只提供相关链接,因此有些信息是免费的,有些信息需要用户注册获得,有些信息需要收费或订购才能获取,如果用户所在单位订购了相关数据库,用户可以通过 LinkOut 提供的全文链接直接获取相关文献的全文。

例如:一篇作者为 Popek S,在杂志[World J Gastroenterol. 2011 Feb 21;17(7):848—54.]上发表的一篇题为《Neoadjuvant vs adjuvant pelvic radiotherapy for locally advanced rectal cancer:Which is superior?》的文章,查看该文的外部链接情况。(如图 3-2-15)

图中,当用户点击"LinkOut",会在下方列出该篇文献的外部链接资源,"Full Text Sources"列出了提供该篇文献全文的链接地址,包括 Baishideng Publishing Group Co., Limited、EBSCO、PubMed Central、PubMed Central Canada 及 UK PubMed Central 等 5 个链接地址。

另外还有一部分文献除"Full Text Sources"外,还会提供"Other Literature Sources"(其他文献资源)。

(三) 批量引文匹配器

PubMed 主页"PubMed Tools"栏目下有"Batch Citation Matcher",点击即可进入批量引文匹配器,该功能以指令式的方式批量检索数据库(PubMed 和 PMC)中相关的文献信息。检索时输入的格式为:刊名|年|卷|起始页码|著者|用户用于核对的标识|。

返回结果中含有文献在 PubMed 中的唯一标识(PMID)信息,用 Batch Citation Matcher 一次最多匹配 100 条记录,匹配的结果将通过 E-mail 发送至用户的邮箱,或以文件形式保存到本地磁盘。

(四) 临床试验数据库

点击 PubMed 主页"More Resources"栏目下的"Clinical Trials",进入美国国立医学图书馆研制开发的临床试验数据库(网址:http://clinicaltrials.gov/)。该数据库由美国国立卫生研究所(NIH)下属的国立医学图书馆运作,收录了全球由国家拨款或私募经费资助的各项试验目录。创建该库的初衷是为了帮助那些患有致命性疾病患者找到意愿参与的合适试验项目。自此以后,该库的用途越来越多,用户类型也多种多样。美国 ClinicalTrials.gov 网站的试验注册对国内外注册户均不收费,只要能上网,任何人都可以免费使用该注册库的信息。

Clinical Trials 收录了全世界 170 多个国家和地区经过注册登记的 8 万多个临床试验的详细信息,是十分重要的循证医学信息资源。

(五) GoPubMed 知识挖掘分析工具

1. GoPubMed 概述

GoPubMed(http://www.gopubmed.com/)是德国 Transinsight 公司和德国德累斯顿大学合作开发的一个文献分析工具(如图 3-2-18),利用生物信息学相关知识开发一个可以对 Pubmed 检索结果进行探索、分析和深度挖掘的工具。GoPubMed 本身并没有数据库,其数据源来自美国国立医学图书馆的 PubMed,以语义检索技术为支撑,对检索结果进行分类。其原理为将用户的检索词提交给 PubMed，接收 PubMed 的检索结果，利用 GO（gene ontology，GO—基因本体语言）和 MeSH（医学主题词表）对检索结果进行提炼，利用算法从中提取 GO 术语和 MeSH 主题词，自动生成临时基因本体语言和医学主题词表，从而对检索结果进行分类，用户可以根据这些分类快速找到所需的文献，而不需要将检索到的所有文献逐一阅读。

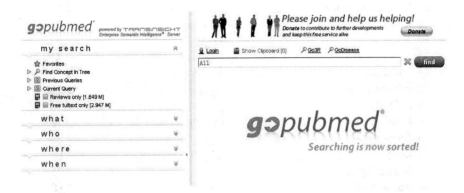

图 3-2-18　GoPubMed 主界面

GoPubMed 统计分析功能具有对所有检索结果或单独对分类类目中的术语在 PubMed 中检索得到的文献进行统计分析，包括对检索到的文献进行年代分布、核心著者、重要期刊、著者分布、国家地区分布等可视化分析。

2. GoPubMed 的分类统计分析功能

GoPubMed 的分类统计分析功能主要体现在四个方面，即：What、Who、Where、When。例如：检索 H1N1 流感的文献报道情况，用户可采用主题检索，在 GoPubMed 检索框中输入""Influenza A Virus, H1N1 Subtype"[mesh]"，共检索到相关文献 8 701 篇（检索时间：2012 年 8 月 14 日），用户可以通过检索界面左侧的"what"、"who"、"where"和"when"对检索结果进行统计分析，并以可视化形式反映热点术语、核心作者、核心期刊、年代分布、作者城市分布、国家分布等。

（1）主题分布（What）

"TOP Terms"显示了匹配文献数量最多的 GO 术语和 Mesh 主题词，据此可以帮助用户了解与用户检索词相关的一些研究主题或领域，这一功能可以帮助用户更好地理解某一陌生术语的含义和特征，很受跨学科、跨领域的研究人员的欢迎，见图 3-2-19。

（2）作者分布（Who）

对检索结果中的文献进行分析统计，按照发表文献数量从多到少的顺序列出核心作者（Top Authors），并附作者的发文量，据此可以了解本领域的核心研究者，同时关注其研究方向和研究重点。既可以用来发掘该领域的高产研究人员，又可以作为该学科领域高层次人才引进的参考依据，见图 3-2-20。

（3）文献来源分布（Where）

GoPubMed 可以对检索结果中文献进行来源分布统计，分析国家（Top Countries）、城市（Top Cities）、期刊来源（Top Journals）三个方面。用户可以从国家和地区统计中了解这一领域研究中的重点地区，这为国家、地区之间开展高水平学术交流和合作提供了重要的参考信息。统计信息有两种显示方式，一种是列表方式显示，如图 3-2-21，另一种是世界地

Top Terms	Publications	
M Influenza A Virus, H1N1 Subtype		8,701
M Influenza, Human		8,550
M Humans		7,263
M Disease Outbreaks		5,410
M Viruses		5,005
M Orthomyxoviridae		3,457
M Influenza A virus		2,865
M Adult		2,517
M Vaccination		2,418
M Vaccines		2,359
M Influenza Vaccines		2,256
M Animals		2,193
M Patients		2,163
M Seasons		1,866
M Child		1,850
M Middle Aged		1,758
M Adolescent		1,685
M Antiviral Agents		1,650
G viral reproduction		1,416
M Immunization		1,339

图 3-2-19　GoPubMed 的文献主题分布

图方式显示，如图 3-2-22。

Top Authors	Publications	
Webster R		46
Cox N		26
Kendal A		22
Hayden F		21
Isaeva E		21
Murphy B		21
Kawaoka Y		20
Osterhaus A		19
García-Sastre A		19
Katz J		18
Tamura S		18
Rovnova Z		18
Palese P		17
Cunha B		16
Oxford J		16
Betts R		16
Zhdanov V		16
De Jong J		15
Couch R		15
Sidwell R		15

图 3-2-20　GoPubMed 的核心作者分布

Top Countries	Publications		Top Cities	Publications	
United States		1,801	Atlanta		222
China		549	Beijing		193
Japan		400	Hong Kong		150
Canada		324	London		122
United Kingdom		318	Tokyo		115
Australia		275	Melbourne		101
Germany		219	New York City		97
France		205	Bethesda		89
Italy		203	Toronto		87
Spain		188	Singapore		85
Hong Kong		155	Memphis		81
South Korea		145	Seoul		74
Netherlands		142	Paris		68
Thailand		134	Bangkok		57
India		94	Roma		57
Taiwan		87	Kantharalak		53
Singapore		85	Boston		52
Turkey		69	Rotterdam		50
Brazil		61	Baltimore		48
Mexico		59	Madrid		47

图 3-2-21 GoPubMed 的文献国家、城市分布(列表形式)

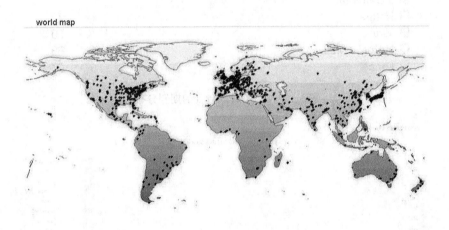

图 3-2-22 GoPubMed 的文献国家、城市分布(世界地图)

期刊分布统计出发文量最多的期刊,按照文献数量从多到少的顺序依次排列,通过此项统计可以全面了解该领域中载文量较大的期刊分布,可以发现该领域的重要期刊,有利于对该领域进行全面而细致的研究,如图 3-2-23。

(4) 年度分布(When)

GoPubMed 可以对检索结果中近 40 年的文献按照发表年代分析其分布情况,如图 3-2-24,从时间取现上明显可见关于 H1N1 方面的研究文献在 2008～2012 年期间发文量较大,2008 年之前的文献则相对较少。

3. GoPubMed 与 SCI 信息分析功能比较

《科学引文索引》(Science Citation Index,SCI)是由美国科学信息研究所(ISI)1961 年创办出版的引文数据库,是世界范围最权威的科学技术文献的索引工具,属于收费数据库。2011 年收录自然学科期刊 8 281 种,其涵盖的学科超过 100 个,主要涉及农业、生物及环境科学、工程技术及应用科学、医学与生命科学、物理学及化学等。SCI 主要功能是对文献进行评价,包括影响因子(IF 值)、被引用次数、及时因子、H 指数,另外也提供对检

Top Journals	Publications
Vaccine	357
Plos One	295
Emerg Infect Dis	220
J Virol	219
Euro Surveill	190
Bmj	173
J Infect Dis	153
Clin Infect Dis	140
Influenza Other Respi Viruses	129
Vopr Virusol	116
J Clin Microbiol	106
Mmwr Morb Mortal Wkly Rep	87
Virology	82
J Clin Virol	80
J Immunol	78
J Gen Virol	77
Nature	70
Virol J	70
N Engl J Med	68
Lancet	67

图 3-2-23　GoPubMed 的期刊分布

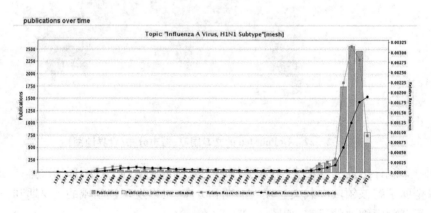

图 3-2-24　GoPubMed 的文献的年代分布

索结果的统计功能,包括作者、国家、机构、出版年份、来源刊物等。PubMed 收录生命科学与医学领域期刊有 5 000 余种,GoPubMed 是一个免费的对 PubMed 检索结果进行数据挖掘的工具,目前只能对 1 000 条数据进行显示和统计分析,其统计指标为年份、期刊、国家、城市、合著者等,没有对引用情况和被引用情况进行分析。由于被处理的文献记录条数最多 1 000 条,所以其统计分析结果只能作为一个参考,而 SCI 虽然其生命科学期刊数量比 PubMed 少,但由于其分析较为全面,目前还没有一个比其更适合的统计分析工具。GoPubMed 是一个对 PubMed 进行智能检索、分类导航的理想工具,也是一种对检索结果进行多角度统计分析的软件,通过它检索者可以很快了解检索到的文献的概貌和本研究领域的研究态势。

四、PubMed Central

PubMed Central(简称 PMC)是美国国家生物技术中心(NCBI)建立的生命科学和医学期刊文献的全文数据库,它旨在保存生命科学期刊中的原始研究论文的全文,并在全球范围内免费提供使用。用户可不受限制进行使用,并且检索和下载其中的文献都是免费的。期刊加入 PMC 采取自愿原则,某期刊一旦加入,必须承诺期刊出版后一定时期内(最好在 6 个月内,不超过 1 年)将其全文提交给 PMC,由 PMC 提供免费全文检索和访问,除了这些期刊的论文外,PMC 还包括大量 NIH 基金赞助项目发表的论文或手稿。

PubMed 与 PMC 的关系是,PubMed 包含了 PMC 中的所有期刊,而 PMC 是由 NLM 建立的免费生命科学电子期刊全文数据库。截至 2012 年 8 月 12 日,PMC 共完整收录期刊 1 094 种,NIH 期刊 233 种,以及部分收录的期刊 1 753 种,文献总量达 240 万篇。PMC 与 PubMed 采用同一检索界面,检索功能也基本相同。PMC 是一个非常好的开放存取项目。

五、Entrez 跨库检索

Entrez 跨库检索可以让用户同时在 Entrez 的各个数据库中检索,其访问网址是:http://www.ncbi.nlm.nih.gov/gquery/ ,默认在"All Datebase"中进行跨库检索,在检索框

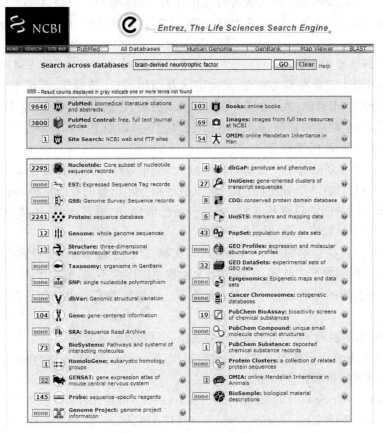

图 3-2-25 Entrez 跨库检索界面

中输入检索词后点击"Go",下面将会显示检索词在各个数据库中的检索结果数。

例如:输入关键词"brain-derived neurotrophic factor"(人脑源性神经营养因子),点击"Go"检索后,下面各个数据库左侧显示了命中的检索结果数,点击结果数可直接访问相关数据库中的检索结果,每个数据库右侧都会有个小问号图标,点击这个小图标,会显示该数据库的简要介绍,见图 3-2-25。详细使用方法请查阅生物信息学相关介绍。

(孙大权)

思考题:
1. 结合你的检索体会,谈谈 PubMed 的自动词语匹配检索有什么优缺点。
2. PubMed 的 My NCBI 有哪些功能?
3. PubMed 的临床查询(Clinical Queries)提供哪些检索服务?

第三节 荷兰医学文摘与 EMbase

一、概述

《医学文摘》(Excerpta Medica,简称 EM)是一套世界医学文摘型连续出版物,由荷兰阿姆斯特丹的"医学文摘基金会"(The Excerpta Medica Foundation)编辑出版,它包括文摘杂志(《EM》Abstracts Journals)和文献索引(Literature Indexes),1947 年创刊。该医学文摘因在荷兰出版,中国科技界一般称其为荷兰《医学文摘》,1972 年并入爱思唯尔科学出版社(Elsevier Science b. V., Amsterdam, The Netherlands)由其编辑出版。EM 收摘世界 70 多国多语种的医学及相关期刊 4 000 余种,其中欧洲期刊占 50%以上。EM 每年新增记录 50 余万条,90%以上记录有英文摘要,其内容涉及药物研究、药理学、药剂学、药学、药物的副作用和相互作用、毒理学;人类医学(临床和实验方面);基础生物医学;生物技术、生物医学工程和仪器;卫生政策和管理、药物经济学、公共卫生、职业卫生和环境卫生、人口;物质依赖和滥用;精神病学;法医学等等。

EM 按学科专业划分为多个分册,每个分册(Section)都有固定的编号和分册名称、采用统一的版式。最初只有 8 个分册,由于科学发展不断分化出新的专门学科,同时由于文献数目的增多,《EM》的分册数目逐年扩增,也有一些分册停刊、更名、合并。目前已出版 41 个文摘分册和 1 个文献索引分册,共 42 个分册。

《EM》的各分册期包括四部分:分类目次、文摘正文、主题索引、著者索引,依上述顺序编排。各个分册的编排形式相同,但各分册文献数量的多少不同,每年出版 1~4 卷,每卷出 6、8 或 10 期,各分册的每卷最后一期附有卷索引。每卷的卷索引由分类目次、主题索引、著者索引构成。

《EM》的检索途径有三种,分别是:分类途径、主题途径、著者途径。

1974 年在各分册内容基础上建成机读数据库(Excerpta Medica Database,EMBASE),推出 Dialog、STN 联机和光盘产品。

2000 年,Elsevier Science Bibliographic Databases 公司推出了荷兰《医学文摘》网络数据库产品——EMBASE.com(http://www.EMBASE.com)。EMBASE.com 囊括了 90 多个国家/地区出版的 7 600 多种生物医学及其相关刊物(2 000 多种 Medline 中未收录

的生物医学期刊资源),每天新增两千多条记录。荷兰《医学文摘》网络版编辑部在收到原始刊物后 10 个工作日内即将文献记录收录数据库。EMBASE.com 将 EMBASE(1947年至迄今)的生物医学记录与独特的 MDELINE 记录(1950 年至迄今)相结合,构建了 MEDLINE 和 EMBASE 统一的检索平台,用户可以一次检索两个数据库,而且检索结果自动清除重合的记录,形成了含有 2 500 多万条记录的全球最大的生物医学与药学文献数据库,尤其涵盖了大量欧洲和亚洲医学刊物。2009 年网络数据库重新称为 EMBASE,在文献类型上增加会议信息的收录,迄今已经收录了 800 条会议信息和超过 260 000 条会议摘要,会议信息的揭示超过 PubMed 和 BIOSIS,有 500 万条记录是 EMBASE 独有数据。

2008 年推出 1947 年到 1973 年间超过 180 万条生物医学及药理学书目文献信息的回溯数据库——Embase Classic。

目前网络数据库已成为主流产品,本节重点介绍 Embase 的检索方法、检索途径、检索结果的显示、评价、分析和管理。

二、EMBASE 检索方法

(一) EMBASE 的检索规则

(1) 支持布尔逻辑算符 AND、OR、NOT、NEAR、NEXT。

NEAR/n 算符检索到的两个词语的距离在 n 个词之内(不包括 n 即最多 n−1 个词),词序不定(即这些词语的次序不一定要和输入词语的次序相匹配)。例如:symptom NEAR/5 headache 能检索出 symptom 和 headache 两次之间最多有 4 个词的所有记录(词序不定)。

NEXT/n 算符检索到的两个词语的距离在 n 个词之内(不包括 n 即最多 n−1 个词),词序确定(即这些词语的次序一定要和输入词语的次序相一致)。

位置算符 NEAR 和 NEXT 可以与圆括号、截词符、字段限定等连用,例如:(symptom * NEAR/5 (headache * OR 'head ache')):TI。

(2) 直接输入单词或词组,短语检索需加引号(单双引号都可),例如:输入'heart attack'是作为短语检索,若输入 heart attack 就是按照 heart AND attack 来检索。含连字符的检索词同短语检索,例如 clinical-trial 和 'clinical-trial'是等效的。

(3) 支持中截词和右截词,* 代表零或任意字符串,? 代表任意一个字符。sul * ur 可检索 sulfur 和 sulphur,cat * 可检索 cat、cats、catatonic 和 catastrophe。sulf?nyl 可检索 sulfonyl 和 sulfinyl。

(4) 字段限定符用":",例如,'heart attack':ti,ab,de。精确字段限定符用"/",例如,'hiv infection'/de。

(5) 非字母和数字的字符处理规则。许多药物名称带有非字母数字字符,检索此类药物时要将这些字符转换成本系统规定的形式才能检索,具体转换方法参见表 3-3-1。药物和化学物质名称特殊符号必须加上引号。例如,"1 (1,4 benzodioxan 5 yl) 4 (2 (1 indanyl)ethyl)piperazine"。

表 3-3-1 非字母数字字符与检索用字符转换表

非字母数字字符	键盘字符
上撇号(′)	重音符号(`)
圆括弧( )	圆括弧( )
方括弧[ ]	圆括弧( )
连字符(-)	连字符(-)或空格
句点(.)	句点(.)或空
逗点(,)	逗点(,)或空格
冒号(:)	EMTREE不支持

由于方括号、引号和冒号在EMBAS中有特殊意义,短语检索时不能使用。

(二) EMBASE 检索途径

EMBASE 主页有四个检索选项,分别为 Search、Emtree、Journals 和 Authors。

1. Search 检索途径 在【Search】检索选项下又细分 Quick(快速检索)、Advanced(高级检索)、Drug Search(药物检索)、Disease Search(疾病检索)和 Article(文章检索)五个检索途径。

(1) Quick Search(快速检索)

EMBASE 默认检索界面为 Quick Search,在快速检索界面输入一个或多个检索词在文本框,然后点击"search"按钮即完成检索。默认检索所有的可检索字段,默认检索的年代跨度是所有年。Quick Search 默认检索方式 Extensive search (mapping, explosion, as keyword),mapping 和 explosion 即具有与 PubMed 类似的词汇自动转换功能,根据用户输入的检索词,计算机系统将其与 EMTREE 中的轮排索引进行比较,采用 EMTREE 索引中相对应的优先词(preferred terminology)扩展检索,同时也采用用户输入的关键词检索。见图 3-3-1。

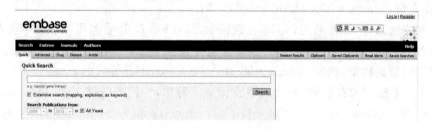

图 3-3-1 快速检索界面

(2) Advanced Search(高级检索)

Advanced Search 提供了"Map to preferred terminology (with spell check)"、"Also search as free text"、"Include sub-terms/derivatives (explosion search)"、"Search terms must be of major focus in articles found"和"Search also for synonyms, explosion on preferred terminology"复选框项,默认复选一、三项。见图 3-3-2。

图 3-3-2　高级检索界面

选择"Map to preferred terminology"复选框后,根据用户输入的检索词,计算机系统将其与 EMTREE 中的轮排索引进行比对,转换为 EMTREE 索引中相对应的优先词(preferred terminology)检索。

"Also search as free text"代表按照用户输入的文本词检索。

"Include sub-terms/derivatives(explosion search)"代表按照 preferred terminology 进行扩展检索(即包括被检索词及其所有下位词的检索)。

"Search terms must be of major focus in articles found"代表检索与检索词重点关联的文章,即加权检索,提高检索结果的关联性。

"Search also for synonyms, explosion on preferred terminology"代表既将检索用户输入的检索词转换成 preferred terminology 并扩展检索,又查找检索词的所有同义词,两者结果进行逻辑或运算。

有下列更详细的限定选项:

"Search Publications from"选择 1946 年前至今的检索年限。

"Record Limits"源数据库为 EMBASE 和 MEDLINE 的选项。

"Quick Limits"对有关人、动物、英文文种、专家评审刊、仅限文摘、在编文章、正在标引文献(In Process)、分子序列号、临床试验号和数据添加时间进一步限定。数据添加时间涉及 Embase、Embase Classic 和 Medline 三个子库的时间跨度。专家评审刊通常是由世界一流编辑部领导下的著名出版社出版的英语的文章或文摘,大约有 1 500 种专家评审刊被 EMBASE 收录,每年约占 EMBASE 文献记录中的 40%。

"Advanced Limits"提供循证医学、出版类型、学科、语种、人的性别和年龄以及动物实验方面的进一步限定。

"Evidence Based Medicine"限定有 Cochrane reviews（循证医学评价）、Controlled Clinical Trial（临床对照试验，有关医学干预人体比较有效的前瞻性研究评价的出版物）、Meta Analysis（荟萃分析）、Randomized Controlled Trial（随机对照试验）和 Systematic Review（系统评价）。

"Publication Types"的可选择出版类型有：Article（论文）、Article in press（在编文章）、Conference Abstract（会议文摘）、Conference Paper（会议论文）、Conference Review（会议综述）、Editorial（社论）、Erratum（勘误）、Letter（通信）、Note（札记）、Review（综述）、Short Survey（短篇调查）。

"Areas OF Focus"根据 EMBASE 的 23 个学科复选框做进一步限定。

"Article Languages"61 种语言限定选择。

"Gender"性别选项限制。

"Age Groups" 10 组年龄选项限制。

"Animal Study Types"细分 Animal Cell、Animal Experiment、Animal Model 和 Animal Tissue 选项。

点击"Field limits"链接，提供了 36 字段超链接选择，通过对 36 检索字段进行选择，可以把检索词限定在任意一个字段进行检索，参见表 3-3-2。

表 3-3-2　可检索字段一览表

字段	代码	举例	简要说明
Abbreviated Journal Title	ta	'am j med sci':ta	刊名缩写
Abstract	ab	'free form text':ab	文摘
Accession Number	an	'1998265323':an	存取号
Article Title	ti	'chronic asthma':ti	文献篇名
Author address	ad	'new york':ad	著者地址
Author email	em	aodoi@utk.edu:em	著者电子邮件地址
Author Name	au	'smith a b':au	著者姓名
CAS Registry Number	rn	'54 04 6':rn	化学文摘登记号
Clinical trial number	cn	NCT01030367:cn	临床试验号
CODEN	cd	APTHE:cd	期刊代码
Conference date	dc	'2011 06 25':dc	会议日期
Conference location	lc	nanjing:lc	会议地
Conference name	nc	'5th international stroke summit':nc	会议名称
Country of Author	ca	Spain:ca	著者国别
Country of Journal	cy	'United States':cy	期刊国别
Device Manufacturer	df	Baxter:df	设备制造商

续表

字段	代码	举例	简要说明
Device Trade Name	dn	Dianeal:dn	设备商标名
Drug Manufacturer	mn	Merck:mn	药品制造商
Drug Trade Name	tn	Afrin:tn	药品商标名
EMBASE Classification	cl	'033':cl	EM分册号
Index Term	de	cancer:de	Emtree主题词
ISSN	is	'0034—9887':is	国际标准刊号
Issue	ip	9:ip	期号
Language of Article	la	English:la	文章语种
Language of summary	ls	Japanese:ls	文摘语种
Molecular Sequence Number	ms	AF334781:ms	分子序列号
Original non-English title	tt	oncologie:tt	非英文原文题名
Page range	pg	'61—88':pg	页数范围
Publication date	pd	2009:pd	出版日期
Publication Type	it	review:it	文献类型
Publication year	py	'2009':py	出版年
Source title	jt	Transfusion:jt	来源题名
Source type	pt	book:pt	资源类型
Start page	sp	'27':sp	起始页
Subheading	lnk	'clinical trial':lnk	副主题词
Volume	vi	'39':vi	卷

(3) Drug Search(药物检索)

专门用于药物的检索。可以用化学物名称、商品名、实验室/研究编码以及通用名等药物名称检索,提供了"Map to preferred terminology(with spell check)"、"Also search as free text"、"Include sub-terms/derivatives(explosion search)"和"Search terms must be of major focus in articles found"复选框项,默认复选一、三项。输入检索词后,可自动转换成EMTREE的优先词并扩展检索。在此添加了药物副主题词(Drug Subheadings)的方面组配,其中包括17个药物副主题词和47个投药途径关联词(Routes of Drug Administration),增强了检索的专指度。限定项同【Advanced Search】,参见图3-3-3。

17个药物副主题词为:Adverse drug reaction(药物副作用)、Clinical trial(药物在人体1~4期临床试验研究)、Drug administration(投药方式,2000年后专门的给药途径检索采用专指的投药途径关联词限定)、Drug analysis(药物分析)、Drug combination(药物配伍,1988年前用drug mixture)、Drug comparison(药物比较)、Drug concentration(药物浓度)、Drug development(药物开发)、Drug dose(药物剂量)、Drug interaction(药物相互作用)、Drug therapy(药物治疗)、Drug toxicity(药物毒性)、Endogenous compound(内源性物质)、

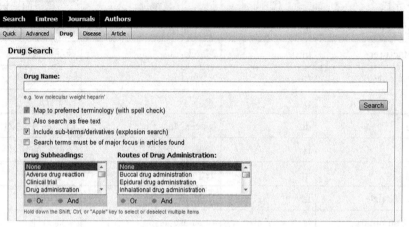

图 3-3-3 药物检索界面

Pharmaceutics(药剂学)、Pharmacoeconomics(药学经济学)、Pharmacokinetics(药代动力学)、Pharmacology(药理学)。

47 个投药途径关联词为:Buccal drug administration(颊部投药)、Epidural drug administration(硬膜外投药 E)、Inhalational drug administration(吸入投药)、Intraarterial drug administration(动脉内投药)、Intraarticular drug administration(关节内投药)、Intrabronchial drug administration(支气管内投药 E)、Intrabursal drug administration(囊内投药 E)、Intracameral drug administration(前房内投药 E)、Intracardiac drug administration(心脏内投药 E)、Intracavernous drug administration(海绵内投药 E)、Intracerebral drug administration(颅内投药 E)、Intracerebroventricular drug administration(脑室内投药 E)、Intracisternal drug administration(脑池内投药 E)、Intradermal drug administration(皮内投药)、Intraduodenal drug administration(十二指肠内投药)、Intragastric drug administration(胃内投药 E)、Intralesional drug administration(病灶内投药)、Intralymphatic drug administration(淋巴管内投药)、Intramuscular drug administration(肌肉内投药)、Intranasal drug administration(鼻内投药)、Intraocular drug administration(眼内投药 E)、Intraosseous drug administration(骨内投药)、Intraperitoneal drug administration(腹腔内投药)、Intrapleural drug administration(胸腔投药 E)、Intraspinal drug administration(脊髓内投药)、Intrathecal drug administration(鞘内投药 E)、Intratracheal drug administration(气管投药 E)、Intratumoral drug administration(肿瘤内投药 E)、Intratympanic drug administration(鼓室内投药 E)、Intraurethral drug administration(尿道内投药 E)、Intrauterine drug administration(子宫内投药 E)、Intravaginal drug administration(阴道内投药)、Intravenous drug administration(静脉投药)、Intravesical drug administration(膀胱内投药)、Intravitreal drug administration(玻璃体内投药)、Oral drug administration(口服投药)、Parenteral drug administration(胃肠外投药)、Periocular drug administration(眼周投药 E)、Rectal drug administration(直肠投药)、Regional perfusion(局部灌注)、Retrobulbar drug administration(眼球后投药 E)、Subconjunctival drug administration(球结膜投药 E)、Subcutaneous drug administration(皮下投药)、Sublabial drug administration(唇下投药 E)、Sublingual

drug administration(舌下投药)、Topical drug administration(局部投药)、Transdermal drug administration(皮肤投药)。其中关联词中文译名后面标有 E 的,都是 Emtree 独有关联词。

(4) Disease Search(疾病检索)

专门用于疾病的检索,提供了"Map to preferred terminology(with spell check)"、"Also search as free text"、"Include sub-terms/derivatives (explosion search)"和"Search terms must be of major focus in articles found"复选框项,默认复选一、三项。输入检索词后,可自动转换成 EMTREE 的优先词并扩展检索,并提供疾病副主题词(Disease Subheadings)的方面组配,帮助用户更精确地检索疾病的某一方面或几个方面的相关文献,提高专指度。限定项同【Advanced Search】。

疾病副主题词(Disease Subheadings)有 14 个,分别为 Complication(并发症)、congenital disorder(先天性疾病)、diagnosis(诊断)、disease management(疾病管理)、drug resistance(抗药性)、drug therapy(药物疗法)、epidemiology(流行病学)、etiology(病因学)、prevention(预防)、radiotherapy(放射疗法)、rehabilitation(康复)、side effect(副作用)、surgery(外科手术)和 therapy(治疗)。

(5) Article Search(文章检索)

用于迅速查找具体一篇文献的线索,类似于 PubMed 的引文匹配检索(Citation Matcher for Single Articles)。可选择的检索字段有:作者(姓在前,名的缩写在后)、期刊全称及其缩写、ISSN、CODEN 代码、期刊卷、期号及文章首页。限制选项有:出版日期。与 PubMed 引文匹配检索比较,多了 CODEN 代码的检索。

2. EMTREE 检索途径　EMTREE 词库是 EMBASE 最强大的检索工具之一。

EMTREE 由受控叙词(也可以称为优先词)组成等级体系,EMBASE 的叙词表 EMTREE 2012 版有 60 000 个优先词(30 000 个是药物和化学制品)和 270 000 个同义词(170 000 个是药物和化学制品),7 500 个扩展词,共十五个大类,从一般到专指,层层划分。另配以 17 个药物副主题词、47 个投药途径关联词和 14 个疾病副主题词,合计 78 个副主题词,28 个特征词,与 22 000 CAS 登记号联系,词表涵盖所有的 MeSH 词汇,检索的专指度和网罗度超过 MeSH,特别在药物检索方面,受控叙词被用于标引文献,有利于检索结果的准确和全面,保证了较好的查全率和查准率。EMTREE 同义词在药品术语方面尤其突出,它们可以包括:多国的通常叫法(INN,USAN,BAN)、化合物名称、所有权名称(商标名)和实验室代码(研究药品)。EMTREE 包含了所有 MeSH 词汇。

【EMTREE】界面分为"Find Term"和"Browse by Facet"(按照十五个大类,从一般到专指,层层划分浏览)两种方式查找受控叙词途径。"Find Term"方式是输入检索词(词组无需引号),通过轮排索引查找主题词,如果检索词是入口词用"use"指引主题词,主题词用蓝色字体下画线表示,点击可以链接扩展主题词树形结构,如 AIDS use: acquired immune deficiency syndrome。"Browse by Facet"查找方式是按照十四个大类,从一般到专指,层层划分浏览,一旦通过上述任何一种方法找到 EMTREE 受控叙词后,在受控叙词树状结构图中有主题词的上下位词,检索词对应的记录数,检索词的历史、同义词和 Dorland's 词典的名词解释。

每个主题词默认检索方式为扩展检索(Explosion),加权检索(As major focus)为可选项。获得检索结果的方式有三种:点击主题词后"Records"链接,直接显示有关该受控叙词标引的所有文献记录结果;点击"Add to Query Builder Take this query to disease(drug)

Search"链接,链接添加到"Drug Search"或者"Disease Search"检索界面,方便选择对应的副主题词进一步方面组配,提高检索的专指度;点击"Add to Query Builder"链接,检索词添加到"Query Builder"(提问构建框),方便多检索词的检索表达式构建,同时在"Query Builder"边框提供"Take this query Advanced Search"的切换,提供"Advanced Search"进一步限定检索。

3. Journals 检索途径 【Journals】提供了根据刊名浏览 EMBASE 数据库收录的期刊的功能,即能按字顺找到期刊卷、期号和相应的文章,是传统期刊阅览室浏览方式的延伸,并通过与世界上主要电子期刊全文数据库的超链接,可链接的合作出版社有 Science Driect、Springer LINK、Karger Online、IngentaSelect、Weliy 等,实现了网络电子期刊浏览、全文阅读功能。另外,还提供了刊内检索的功能。

4. Author 检索途径 在【Find Author】检索框输入作者的名字,作者姓全称在前,名字的缩写在后,中间空格,名与名之间用"."或空格分隔。点击【Find】按钮,显示相应姓的所有作者复选框,选择要检索作者姓名的复选框,点击【GO】检索找到相应的检索结果。当作者姓较长或不确定时,可查找前半部分主要词根,以获得更多的作者姓名复选框的提示。该检索途径直观、易用。

三、检索结果的显示、评价、分析与管理

(一) 检索结果的显示

EMBASE 的检索结果视窗界面(Session Results)主要有检索史区和检索结果显示区。见图 3-3-4。

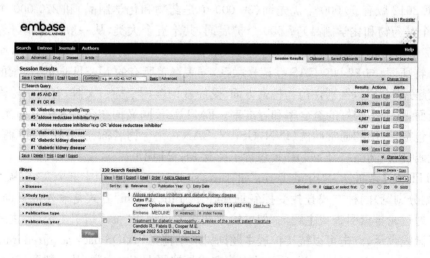

图 3-3-4 检索结果界面

检索史区显示每次检索的检索序号、检索式、检索结果数和对应的结果浏览、检索式编辑等。【Change Views】提供检索史显示三种选择方式:"Collapsed View"为检索史隐藏;"Compact View"为检索史显示部分;"Dynamic View"为动态视图,实时显示检索史全部。

检索结果显示区有与选择的检索式相对应的检索结果题录显示,包括篇名、作者和出处(刊名缩写、出版年、卷、期、页码),并显示数据来源(MEDLINE 或 Embase)。点击"Preview

Abstract"链接,可展开显示该篇文献的文摘;点击"Preview Index Terms"链接,可展开显示该篇文献的药物和医学主题词;点击"View Full Text"链接,可链接到该篇文献的电子期刊全文。点击文献篇名链接则可进入该篇文献的全记录(Full Record)显示格式,显示所有字段信息,在全记录显示方式下,可点击"Related Articles"链接进一步查找该篇文献的相关文献(通过主要主题词的逻辑或运算获得)。点击"Cited by:3"链接到 scopus 数据库,显示引用该文章的三篇文献记录。

系统还提供按相关度(Relevance)、出版年(Publication Year)和记录录入日期(Entry Date)三种方式对检索结果进行排序(Sort by)。

【Search Details】默认为关闭,点击"Open"开启,可以详细显示检索词在系统运作的方式。

(二) 检索结果的评价

检索的结果是否达到预期效果,是借助显示区显示格式选择、显示内容(注释或摘要)和输出数量的多少等来评价检索结果的。主要从三个方面来评价:检出的文献是否符合课题内容范围、检出的文献量和检出文献的时效与类型。

如果检出的文献不符合课题内容范围,那么就要重新审视所选择的检索途径或检索词是否适合该课题的检索,检索史区借助每次检索的检索序号、检索式、检索结果数和对应的结果浏览、检索式编辑功能,可以调整新的检索词、检索式或者检索途径。如图 3-3-4 所示,"Diabetic Kidney Disease"在快速检索途径和高级检索下检索结果都是 605 篇,【Search Details】点击"Open"开启,也看出该检索词没有自动对应主题词,经参考相关工具书,知悉 Diabetic Kidney Disease 另外的表达方式还有 diabetic nephrosclerosis use; diabetic nephropathy,diabetic nephropathy 在 Emtree 检索途径对应的主题词检索结果是 22 920 篇。可借助检索史显示结果评价差异,采用检索史管理工具组配检索式 Combined Searches(组配检索),默认为逻辑算符 AND、OR 选项,组配 1 OR 6,提高查全率。另外,检索式 4 反映了 Aldose reductase inhibitor 检索词在高级检索途径既可以查到这个检索词,而且还能够自动转换为主题词查找文献,其查全率高。通过对检索结果记录的阅读和对检索史的评价,调整新的检索词、检索式或者检索途径。

(三) 检索结果的分析

【Filters】是 EMbase 提供的检索结果分析工具,将获取的文献信息按照 Drug、Disease、Study type、Journal title、Publication type、Publication year 六个方面来归类文献,再在每个方面分别按照药物种类、疾病名称、研究类型、刊名、出版类型、出版年进行词频统计排序,方便用户从繁杂的原始文献信息中提取共性的、方向性的或者特征性的内容,为进一步的研究或决策提供选择佐证和选择依据。如图 3-3-4 所示醛糖还原酶抑制剂与糖尿病肾病方面的相关文献有 230 篇,点击"Drug"可以显示这 230 篇文献中涉及药品的词频排序,可以作为目前醛糖还原酶抑制剂治疗糖尿病肾病新药筛选的佐证。"Study type"可以显示这方面的词频统计,如果想了解"controlled clinical trial"方面的文献,该词前勾选,然后点击"Filter"按钮,即显示筛选后的文献信息,非常方便掌握目前哪些药物进入了临床试验阶段。

(四) 检索结果的管理

检索结果的管理可分为检索史区的管理和检索结果显示区的管理。

检索史区可以提供保存、删除、打印、电子邮件发送和输出、定题服务等方式管理检索史。EMBASE 提供电子邮件定题服务、RSS 和保存检索式等个性化定制服务。

电子邮件定题服务需要个人账号,点击数据库主页右上角的"Profile"链接,可在 Embase 数据库系统中免费注册一个账号,账号登录进入后,用户可将检索策略存储在个人文档中,在随后的检索中,可对存储的检索策略进行回顾、修改和重新检索,实现定题信息服务。

检索结果显示区可以提供打印、输出、电子邮件发送、文献传递和添加剪贴板方式管理检索结果。Export(输出到 EndNote、ProCite、Reference Manager 等文件管理软件,最多一次可以输出 5 000 条)、E-mail(电子邮件寄出 HTML 或 Text 结果,一次最多 500 条)、Order(文献传递)。

另外,Embase 还提供了 Elsevier 科学出版社开发的科技文献门户网站 SCIRUS 检索的选择。

四、小结

Embase 是一个生物医药网络数据库,与其相似的数据库有 PubMed,PubMed 以其历史悠久和目前免费开放的优势,为生物医药从业人员首选。Embase 是收费数据库,可接近性不如 PubMed,往往会被用户所忽略。从生物医药研发角度看,Embase 的价值首先在于收录范围与 PubMed 并不重合,有 2 000 多种独有刊,其会议信息的收录也超过 PubMed。其二,Embase 网络版含 Embase 和 MEDLINE 两个生物医药数据资源,MEDLINE 数据按照 Emtree 重新标引,也意味着按照 Emtree 的十五大类对 MEDLINE 生物医药数据资源重新进行了知识组织,提供了一种新的知识发现。其三,Emtree 对药物标引的专指度和网罗度高于 PubMed,对药物的检索更加专指,EMTREE 2012 版有 60 000 个优先词和 270 000 个同义词。Emtree 的药物主题词多于 MeSH,药物主题词的同义词入口也多于 PubMed,更加专指的先组主题词也使该主题词的扩展检索成为可能。其四,检索结果分析的功能比 PubMed 强大。

(周晓政)

思考题:
1. 揭示世界范围内生物医学文献信息的二次文献数据库主要有哪些?
2. 说说 Embase 数据库的特点与价值。

第四节 美国生物学文摘与 BIOSIS Preview

一、生物学文摘与 BIOSIS 概述

(一)生物学文摘概述

美国《生物学文摘》(Biological Abstracts,简称 BA)创刊于 1926 年,前身为《细菌学文摘》(Abstracts of Bacteriology)(1917~1925 年)和《植物学文摘》(Botanical Abstracts)(1917~1926 年),1926 年合刊改为现名。从 1964 年起,BA 的编辑出版机构为"生物科学情报社(BioSciences Information Service)",简称 BIOSIS。

BA 自创刊以来,刊名虽未改动,出版情况却发生过多次变化。1950 年以前,每年出 9

期。1950~1959年为月刊,每年出一卷。1959年以后,BA改为半月刊,当年出版了两卷;1960~1961年间每年出一卷,1962~1963年间每年出四卷,1964~1971年间每年出一卷,从1972年第53卷起至今,每年出两卷。

BA摘录的文献主要来自期刊,此外,还摘录少量论文集和新书。BA选自世界上多个国家和地区用20多种文字出版的5 000多种期刊,是世界上生物学领域最大型、最全面、最重要的检索工具。BA的年报道文献量增长较快,第一卷只有14 506条文摘,1951年为38 422条,1961年为87 000条,1971年为140 020条,1981年为170 000余条,1994年已达到35万多条。

《生物学文摘/报告、综述、会议》(Biological Abstract/Reports, Reviews, Meetings),简称BA/RRM,是BA的补充本,主要收录BA未收摘的生物学研究报告、学位论文、评论期刊、图书、会议文献等,其前身是1964年创刊的《生物研究索引》,1980年起改为现名,现为旬刊,每年1卷。

现在BA/RRM主要分为文献题录和辅助索引两部分。文献题录部分又分为会议目录、图书、CD-ROM和其他媒体文献目录,以及文献评论、报告、专利和其他参考资料三部分。辅助索引部分有著者索引、生物体索引以及主题索引三种。

BA文摘部分由目次表、主题指南和文摘正文三部分内容组成。目次表按字顺排检;主题指南实际上是概念组配索引的辅助工具,现在只在每卷的第一期刊载一次;BA的正文部分(文摘部分)自1998年105卷起将原来的84个标题类调整为78个标题类(1969年前分为一百多小类),文摘条目即按此78个标题类分开,并按这些标题类的字顺排列。每期BA前面有这个标题类表,即目次页,称为"Hierarchical List of Major Concept Headings(标题类等级表)"。

BA文摘配有著者索引、生物分类索引、属类索引、概念组配索引、生物体索引及主题索引。此外附有配合生物分类索引用的大类类目表,配合概念组配索引用的主题指南,配合类属索引用的类属索引缩写表、类属索引使用标记以及类属索引缩写概念词查照表。

BA虽是一种专业性文摘刊物,但它报道的学科范围比较广泛,除包括传统的动物学、植物学和微生物学等领域之外,还包括生物医学工程及仪器等一些边缘学科或相关领域。对于医药专业的读者来说,BA所报道的文献内容较偏重于基础研究。

(二) BIOSIS Previews概述

1. BIOSIS Previews是目前世界上规模较大、影响较深的著名生物学信息检索工具之一。它由Biological Abstracts (BA), Biological Abstracts/RRM (Reports, Reviews, and Meeting)以及Bio Research Index三部分组合而成,内容来自约5 000多种期刊以及国际会议、综述性文章、书籍和专利。

BIOSIS Previews内容最早可回溯至1926年,记录总数超过1 500万条,数据每周更新,每年新增数据量超过60万条。BIOSIS Previews是世界上最全面的生命科学研究参考文献数据库,它涵盖了传统生物学和生物医学领域的原始研究报告和综述,还包含了有关重大的生物学研究、医学研究发现和新生物体发现的主要期刊文献的参考文献。BIOSIS将生物学广泛地定义为研究一切生命体的学科,重点放在生命体的鉴别、内部过程、与环境的相互作用及其应用等方面。收录范围包括传统的生物学领域,如植物学、动物学、微生物学。收录范围还包括相关学科领域,如生物医学、农业、药理学、生态学。还有相关跨学科领域,如内科学、生物化学、生物物理学、生物工程学、生物工艺学。

数据库中近 2 100 种生物学和生命科学的出版物属于完全索引,而其他的 3 000 余种则由 BIOSIS 的学科专家根据内容精选而收录,在选择的标准上主要考虑主题、出版国、是否是同行评议期刊等。为了全面反映全球有关的生命科学文献,BIOSIS Previews 考虑了国际性、国家和区域性的期刊。

2. BP 收录文献字段通常分为以下几种类型。

1) 期刊文献字段:包括 Title(篇名)、Author(著者)、Source(来源)、Abstract(摘要)、Language(语种)、Address(地址)、ISSN、Document Type(文档类型)、Accession Number(入藏号,BP 中每条记录的唯一号码)和 DOI(该文献作为数字资源的唯一标识符)。

2) 专利文献字段:包括 Inventor(s)(发明人)、Patent Number(专利号)、Patent Date Granted(专利授权日期)、Patent Country(专利国/地区)、Patent Assignee(专利权人)和 Patent Class(专利分类号)。

3) 会议文献字段:Meeting Information(会议信息,包括会议名称、会议时间、会议地点)和 Meeting Sponsor(会议赞助商)。

除此之外,BP 还包含如下特色字段:

Major Concepts(主要概念):反映文献所涉及的较大范围的学科领域。

Concept Code(概念代码):用一个五位数字的代码反映文献的学科主题,相当于主要概念之下的次级概念。

Taxonomic Data(生物分类数据):BP 采用自然分类系统反映每种生物体的生物分类信息,包括 Super Taxa(上位生物分类);生物分类中较高级别的生物分类拉丁学名,一般按照从低级分类到高级分类显示;Taxa Notes(分类注释):上位生物分类的俗名;Organism Classifier(生物体分类[生物物种分类代码]):上位生物分类之下更具体的生物分类拉丁学名及相应的生物物种分类代码;Organism Name(生物体名称);Variant(不同形式):生物物种名称的不同形式,其他常见名称或物种名称;Details(详细信息):生物体的其他更为详细的信息,如生物的性别、发育阶段和作用。

Disease Data(疾病数据):BP 对生物体的疾病或异常用 MeSH 主题词进行标引,包括 Terms(名称)、Variants(不同形式)、MeSH(疾病对应的 MeSH 主题词)、Disease Affiliation(疾病的上位词,一般为比较宽泛的概念)、Details(详细信息,一般为 MeSH 词的副主题词,使疾病信息更专指)。

Chemical Data(化学数据):化学和生化物质(包括药物)信息,一篇文献最多标引 20 种化学和生化物质,包括 Terms、Variant、CAS Registry No.(化学物质 CAS 登记号)、Drug Modifier(药品的上位词,一般是比较宽泛的概念)、Details。

Gene Name Data(基因名称数据)

Sequence Data(序列数据):蛋白、核酸的序列信息,包括 Accession No.(序列索取号)、Data Bank(GenBank,EBML,DDBJ 等序列数据库)、Details。

Methods and Equipment Data(方法和设备数据)

Parts and Structures Data(器官/系统/细胞器数据):文献涉及的器官/系统和细胞器数据。

Geographic Data(地理数据):文献涉及的地理数据信息。

Miscellaneous Descriptors(综合叙词):BP 的索引系统将不能纳入上述字段的其他主题词自动分配到综合叙词字段。

二、BIOSIS 检索方法

BIOSIS Previews 数据库主要整合在 Web of Knowledge(WOK)平台及 OVID 平台上，2011 年，汤森路透集团在 BIOSIS Previews 的基础上推出其引文版本 BIOSIS Citation Index(简称 BCI)。下文以 WOK 平台上的 Biosis Citation Index 数据库作为范例进行描述（见图 3-4-1），WOK 网址为 http://webofknowledge.com。

进入检索界面后首先选择要检索文献的跨度，有"最近一周"、"最近二周"、"最近四周"、"本年迄今"、"最近五年"以及"所有年份"六种范围，也可以按照起止年选择检索范围。值得注意的是，这里所说的年代是指文献被 BIOSIS Citation Index 收录的年代，而不是文献出版年代。数据库提供检索、被引参考文献检索和高级检索三个检索模式。

图 3-4-1　BIOSIS Citation Index 界面（2012 年 5 月 10 日）

（一）检索

在同一检索字段中，利用逻辑算符 AND、OR、NOT、SAME 将输入的词或词组结合起来可以扩展或缩小检索范围。SAME 用来限定两个或多个检索词在同一个字段中检索，表示两个字段在同一个句子中出现，且位置任意。逻辑算符执行的先后顺序为：SAME、NOT、AND 和 OR。

此外可使用通配符"＊"或截词符"？"查找，以提高查全率。"＊"代表零到任意个字符，"？"仅能代替一个字符。例如：输入"organi？ation＊"，命中结果包括：organization，organisation，organizational，organisational 等。需要注意的是，在 Topic 字段中，"＊"之前至少应该有三个字母，如"Uro＊"允许检索，"Ur＊"则不允许检索。

同一检索提问式中如使用了多个布尔逻辑运算符,可用圆括号"( )"来限定优先执行顺序,括号内的运算符具有优先权。

如果在多个检索字段输入检索词,系统将按照逻辑与"AND"的关系执行。当 AND、OR、NOT 和 SAME 不是作为运算符而是作为检索词的一部分时,要用双引号,否则系统会将其作为运算符。

另外,截词符、通配符、优先级算符圆括号以及高级检索中字段代码后的"=",都必须在英文输入状态下输入,否则检索结果为零。

BIOSIS Citation Index 的检索提供了 12 个检索字段,它们分别是:topic(主题)、title(标题)、author(作者)、source publication(出版物名称)、publication year(出版年)、address(地址)、taxonomic data(分类数据)、major concepts(主概念)、concept code/heading(概念代码/主题词)、chemical and biochemical(化学和生化)、meeting information(会议信息)和 i-dentifying codes(识别代码)。

1. 主题 在主题字段输入的词可以是来自文献篇名、文摘、关键词中的单词或短语,包括标题、原语种标题、摘要、主要概念、概念代码、分类数据、疾病名称、化学数据、基因名称数据、序列、地理数据、地质年代信息、方法和设备数据、器官/系统/细胞器数据以及综合叙词等。

在 Topic 字段输入检索词时需要注意以下几点:

① 大小写不敏感。例如:输入"aids"可检索出包含 aids,Aids,AIDS 等的文献。

② 可使用截词符和逻辑算符来扩大或缩小检索范围。

③ 当用双引号将输入词组括起来时,如"soil drainage",检索结果为包含 soil drainage,而不是包含 drainage of soil 的文献。

④ 可用空格来代替连字符"-"。

2. 标题 输入标题词可以对文献题名进行检索,要查找精确匹配的短语需使用引号,如"global warming"。

3. 作者 包括作者、发明人、编者及机构作者检索。作者姓名姓氏在前,名字和/或名字首字母在后。有多个作者的出版物,记录中可显示前 100 位作者。输入原则包括:

① 以大写、小写或混合大小写输入姓名。例如:Smith A 可查找 Smith a.、Smith a. c.、Smith, Alice e. 等。

② 输入姓氏,后面跟星号(*)通配符,以便查找具有该姓氏的所有作者。例如:输入 Parkins *(注意 Parkins 和星号之间的空格)可找到 Parkins, a.、Parkins, J. J.、Parkins, Barbara M。

③ 输入全名或姓氏,后面跟一个或多个名字首字母。例如:Smith Alison * 可找到 Smith, Alison、Smith, Alison d.、Smith, Alison M 等。

④ 对于包含空格的姓氏,应该使用带空格或不带空格两种形式进行检索。例如:De-Marco * OR DeMarco *。

⑤ 当检索包含连字符和撇号的姓名时,应包括这些标记或用空格替代。除此之外,用户还可以检索同一单词的不同拼写形式。例如:用 Rivas-Martinez S * 可查找 Rivas-Martinez S * 和 Rivas Martinez S *。

4. 出版物名称 期刊名或书名的全称或部分,系统提供出版物列表可供选择粘贴。检索式为 Acta Microbiologica Polonica 时,将查找期刊 Acta Microbiologica Polonica 中的文章;使用截词符 Acta Microbiologica * 时,检索结果中包括 Acta Microbiologica Polonica 和 Acta Microbiologica Polonica et Immunologica Hungarica 两个期刊中的文章。在检索一系列相关书籍时可在主题检索和出版物检索两个字段中进行。

5. 出版年　输入四位数的年份或年份范围,可以查找在特定年份或某一年份范围发布的记录,输入的出版年必须与另一字段相组配。因此,要输入与主题、标题、作者和/或出版物名称检索式相组配的出版年。此外需要注意,出版年不支持通配符,因此不能输入类似"200 *"的检索式。

6. 地址　包含来源出版物中表示地址的检索词,如研究所名称、城市、国家或邮编。研究所和地址名称经常缩写,可以参考在线帮助选择地址缩写列表。在地址字段可使用截词符,不可包含禁用词。因地址中经常包含多个作者的地址,所以想要查单一作者的地址,可使用 SAME 连接各词。例如:Address:Unvi * Calif * SAME Santa Barbara SAME Dep * Mol *,将检索出由"the Department of Molecular and Cellular Development Biologu of California,Santa Barbara"出版的文献。

7. 分类数据　1993年以后出版的文献可在此字段中进行检索。检索入口有:
① SuperTaxa
② Taxa Note
③ Organism Classfier
④ Organism Name
⑤ Variant
⑥ Details
1969～1992年的文献只能在前3个检索入口中进行检索。

8. 主概念　可输入宽泛的主题词,有以字母顺序或分类顺序排列的词表供选择、粘贴。例如:Computational Biology;Marine Ecology。

9. 概念代码/主题词　标题概念代码由5位数组成,检索式可使用截词符,也可直接从超链接的词表中直接选择、粘贴。既可以代码进行检索,也可以标题进行检索。例如:Poultry and Eggs;605 *;06002 AND 06004。

10. 化学和生物化学　可以输入化学物质名称、基因及化学物质的 CA 登记号等进行查找,主要检索1993年以来的化学数据表中的化学名称、不同形式、CAS Registry No.、药品限定词,2001年至今发表的基因名称数据表中的检索词、不同形式、详细信息,1989年至今发布序列表中入藏号、数据库、CAS 编号、详细信息。

11. 会议信息　会议信息包括会议名称、地点、主办者、会议召开日期等。在该字段只能使用 AND 而不能使用 SAME 算符。检索式:canad * AND animal science AND 1999 将检索出1999年在加拿大召开的动物科学组织年会的会议论文。在查找会议论文时,为提高查准率,可在会议信息、主题和作者3个字段中同时进行,如 topic:Holstein COWS;meeting information:Canad * AND Animal Science AND 1999。

12. 识别代码　此检索字段包括 BIOSIS 索取号、ISSN、ISBN、专利号、专利分类号以及专利的授权日期。期刊的 ISSN(International Standard Serial Number)号的格式为:4位阿拉伯数字,半角状态下的连字符,3位数字,1位数字或字母 x,如0015-6639。书籍的 ISBN(International Standard Book Number)号由10位数和3个连字符组成,最后一位可以是数字也可以是 x,不同的 ISBN 号连字符的位置也不同。例如:1-56676-362-2。

(二) 高级检索(Advanced Search)与检索历史

通过"高级检索"可以利用字段代码进行不断字段之间不同的逻辑运算。本数据库提供的 23 个可检索字段的代码如下：TS=主题、TI=标题、AU=作者、SO=出版物名称、AD=地址、PY=出版年、TA=分类数据、MC=主要概念、CC=概念代码、CH=化学、GN=基因名称数据、SQ=序列、CB=化学和生化名称、CA=CAS Registry No.、DS=疾病名称、PS=器官/系统/细胞器数据、MQ=方法和设备数据、GE=地理数据、GT=地理时间数据、DE=综合叙词、AN=专利权人、MI=会议信息和 IC=识别码。

检索式为"2 个字母的字段代码"后加等号，然后输入检索词，可以使用逻辑算符和截词符。例如：TS=hibernat * AND(TA=mammalia NOT TA=carnivora)。

高级检索也可以对一般检索中已有的 2 个或多个检索历史进行逻辑组配检索。例如：#1 NOT #2。历史检索记录的数字前需加"#"。

高级检索也可以利用 BIOSIS Citation Index 数据库的索引功能，从 Author Index，Source Index，Organism Classifiers，Major Concepts，Concept Codes 中选择粘贴加入检索式。

(三) 检索结果的显示、评价、分析与管理

1. **检索结果的显示** 命中结果显示时，可以按照每页 10、25 和 50 个记录进行显示。命中结果的显示可以选择"更新日期"、"相关度"、"第一作者"、"来源出版物名称"、"会议标题"和"出版日期"6 种排序方式。总的命中记录数位于页面左下方。可标记所有命中记录(Mark All)或在选中的文献前面的小方框内打钩标记，然后提交(Submit)，提交后屏幕上方出现"Marked list"按钮，点击后即显示所标记的记录。

2. **检索结果的评价** 检索结果可以进行再次选择，选中复选框可显示从"检索结果"页面的记录中提取的项目的分级列表，最常出现的项目显示在列表顶部，括号中的数字表示包含该项目的"检索结果"页面的记录数量。选中一个或多个复选框，然后单击"精炼"按钮，以便仅显示包含所选项目的记录。

3. **检索结果的分析** BIOSIS Citation Index 数据库提供了结果分析的功能，能够按照专利权人、作者、概念代码、国家/地区、文献类型、编者、团体作者、语种、文献类型、主要概念、出版年、来源出版物、学科类别和 Super Taxa 等字段对检索结果进行分析，并可按多种方式对检索结果排序。分析结果还可以保存，以便于在其他软件中进行分析。

分析功能可以帮助我们更准确地了解相关研究，如该研究领域的主要研究人员、涉及的主要研究领域以及主要生物的类别等。

4. **检索结果的管理** 检索结果输出时有如下方式：打印(print)、电子邮件(E-mail)、导出到 Endnote Web(save to Endnote Web)、保存到 Endnote,Refman,Procite 等文献管理软件(save to Endnote, Refman, Procite)、保存到其他文献管理软件(save to other Reference Software)、保存到 HTML 文件(save to HTML)、保存到纯文本(save to Plain Text)、保存到 MAC 格式制表符分隔文件(save to tab-delimited(MAC))以及保存到 Windows 格式制表符分隔文件(save to tab-delimited(Win))。

(四) BCI 的引文功能

除了原有检索及结果分析功能外，BCI 还有独特的引文分析功能。原有的 BIOSIS Previews 收录的记录均增加了引文索引，其中 2006 年以后的记录都增加了引文索引，1926～2005 年的记录中，则有约 60% 的高影响力期刊论文增加了引文索引。

在添加了引文索引后,读者在 BCI 里能够直接获取论文的参考文献和被引频次。在被引频次中还能够进一步详细区分来自 BCI、Web of Science (SCIE,SSCI, A&HCI, ISTP)以及 CSCD 的引用。点击检索结果中的"相关记录"就能够获得 Web of Knowledge 平台中包括 Web of Science 在内的所有引文数据库中共享参考文献的记录,从而能够帮助用户快速扩展检索结果,获取更多跨学科、交叉领域的研究信息。此外,用户能够通过引证关系图快速地了解文献之间的引用关系,将不同国家、机构、学科、作者和年代的文献用不同颜色标注,直观呈现文献引用和被引用的特点。

(五)小结

BIOSIS Previews 数据库数据量大,数据更新快,掌握其检索技巧,对于准确快速地获取生物科学及相关领域信息是大有帮助的。升级后的 BIOSIS Citation Index 则增加了引文分析功能,更加有利于读者发现论文间潜在的科学关系,以获取相关的科学研究信息。

第五节 美国化学文摘与 SciFinder

一、化学文摘

(一)概况

美国《化学文摘》(Chemical Abstracts,简称 CA),由美国化学会化学文摘服务社(Chemical Abstracts Service)编辑出版,创刊于 1907 年,现为周刊,每年 2 卷,每卷 26 期。

1907 年,时任《美国化学会志》主编的威廉·诺伊斯扩充了于 1895 年创刊的美国化学研究评论,将其中的文献摘要部分独立出来,创立了化学文摘半月刊,每年一卷。

埃文·克瑞自 1914 年起任化学文摘编辑,在他的推动下,化学文摘索引系统成为了化学类二次文献的标准。1956 年,化学文摘社取代之前的化学文摘编辑部成为了美国化学会的一个正式分支部门,克瑞成为第一任社长。

1965 年,CAS 化学品登记系统问世,CAS 号成为检索化学品的标准,造福了整个化学研究界。

美国《化学文摘》的文献,来源于世界各国 56 种文字的化学化工方面的出版物 16 000 多种期刊和连续出版物,还收录会议录、资料汇编、技术报告、学位论文和新书、视听资料等,以及 28 个国家和 2 个国际组织的专利文献。化学文献量占 98%,年收录文献量约 70 万条。除此之外,还收录生物学、医学、卫生学、环境保护科学等方面的内容。

美国《化学文摘》收录面广,文献量大,索引体系完善。目前除包括 3 种期索引、5 种卷索引、2 种辅助索引、3 种指导性索引及资料来源索引,另还有 10 年和 5 年的累积索引,是当今世界上颇具声誉的大型文摘型检索工具,被公认为世界上最权威的检索化学化工及相关学科文献信息的重要检索工具,被授予"打开世界化学文献的钥匙"的称号。

随着计算机和网络技术的发展,CA 的出版形式也由单一的印刷型逐步发展成为光盘型和网络数据库等形式。CAS 在线检索服务于 1980 年开始提供服务,随后于 1983 年起和德国卡尔斯鲁厄专业信息中心合作推出 STN 检索服务。1997 年 CAS 开始出版 CA on CD 光盘。现在 CAS 在其网站提供了 CA 的网络数据库,用户可登录 CA 网站(http://scifinder. cas. org)进行检索,每日更新。

(二) 结构编排

美国《化学文摘》印刷版内容由三部分组成:分类目次、文摘正文和索引部分。

1. 分类目次 美国《化学文摘》每期都刊载 5 大部 80 大类的全部类目,类目如下:

Biochemistry Sections(生物化学部分)

(1) Pharmacology(药理学)

(2) Mammalian Hormones(哺乳动物激素)

(3) Biochemical Genetics(生化遗传学)

(4) Toxicology(毒物学)

(5) Agrochemical Bioregulators(农业化学生物调节剂)

(6) General Biochemistry(普通生物化学)

(7) Enzymes(酶)

(8) Radiation Biochemistry(放射生物化学)

(9) Biochemical Methods(生化方法)

(10) Microbial, Algal and Fungal Biochemistry(微生物、藻和真菌生物化学)

(11) Plant Biochemistry(植物生物化学)

(12) Nonmammalian Biochemistry(非哺乳动物生物化学)

(13) Mammalian Biochemistry(哺乳动物生物化学)

(14) Mammalian Pathological Biochemistry(哺乳动物病理生物化学)

(15) Immunochemistry(免疫化学)

(16) Fermentation and Bioindustrial Chemistry(发酵和生物工业化学)

(17) Food and Feed Chemistry(食品和饲料化学)

(18) Animal nutrition(动物营养)

(19) Fertilizers, Soils and Plant nutrition(肥料、土壤和植物营养)

(20) History, Education and Documentation(历史、教育和文献工作)

Organic Chemistry Sections(有机化学部分)

(21) General Organic Chemistry(普通有机化学)

(22) Physical Organic Chemistry(物理有机化学)

(23) Aliphatic Compounds(脂肪族化合物)

(24) Alicyclic Compounds(脂环族化合物)

(25) Benzene, Its derivatives, and Condensed Benzenoid Compounds(苯及其衍生物、稠苯化合物)

(26) Biomolecules and Their Synthetic Analogs(生物分子和它们的合成)

(27) Heterocyclic Compounds(One Hetero Atom)[杂环化合物(一个杂原子)]

(28) Heterocyclic Compounds(More Than One Hetero Atom)[杂环化合物(多个杂原子)]

(29) Organometallic and Organometalloidal Compounds(有机金属化合物和有机准金属化合物)

(30) Terpenes and Terpenoids(萜烯和萜烯类)

(31) Alkaloids(生物碱)

(32) Steroids(甾族化合物)

(33) Carbohydrates(碳水化合物)

(34) Amino Acids, Peptides and Proteins(氨基酸、肽和蛋白质)

Macromolecular Chemistry Sections(大分子化学部分)

(35) Chemistry of Synthetic High Polymers(合成高聚物化学)

(36) Physical Properties of Synthetic High Polymers(合成高聚物的物理性质)

(37) Plastics Manufacture and Processing(塑料制品与工艺)

(38) Plastics Fabrication and Uses(塑料制品与应用)

(39) Synthetic Elastomers and Natural Rubber(合成弹性体和天然橡胶)

(40) Textiles and Fibers(纺织物和纤维)

(41) Dyes, Organic Pigments, Fluorescent Brighteners and Photographic Sensitizers(染料、有机化学颜料、荧光发光剂和摄影光敏剂)

(42) Coatings, Inks and Related Products(涂料、油墨及有关产品)

(43) Cellulose, Lignin, Paper and Other Wood Products(纤维素、木质素、纸及其他木材)

(44) Industrial Carbohydrates(工业碳水化合物)

(45) Industrial Organic Chemicals, Leather, Fats and Waxes(工业有机化学制品、皮革、脂肪和石蜡)

(46) Surface Active Agents and Detergents(表面活性剂和洗涤剂)

Applied Chemistry and Chemical Engineering Sections(应用化学与化学工程部分)

(47) Apparatus and Plant Equipment(仪器和工厂设备)

(48) Unit Operations and Processes(单元操作和工艺过程)

(49) Industrial Inorganic Chemicals(工业无机化学制品)

(50) Propellants and Explosives(推进剂和炸药)

(51) Fossil Fuels, Derivatives and Related Products(矿物燃料、衍生物和相关产品)

(52) Electrochemical, Radiational and Thermal Energy Technology(电化学、辐射和热能技术)

(53) Mineralogica and Geological Chemistry(矿物化学和地质化学)

(54) Extractive Metallurgy(提炼冶金学)

(55) Ferrous Metals and Alloys(黑色金属与合金)

(56) Nonferrous Metals and Alloys(有机金属与合金)

(57) Ceramics(陶瓷)

(58) Cement, Concrete and Related Building Materials(水泥、混凝土和相关建筑材料)

(59) Air Pollution and Industrial Hygiene(空气污染与工业卫生)

(60) Wasted Treatment and Disposal(废水处理和清除)

(61) Water(水)

(62) Essential Oils and Cosmetics(香精油与化妆品)

(63) Pharmaceuticals(药物)

(64) Pharmaceutical Analysis(药物分析)

Physical, Inorganic and Analytical Chemistry Sections(物理、无机化学与分析化学部分)

(65) General Physical Chemistry(普通物理化学)

(66) Surface Chemistry and Colloids(表面化学与胶体)

(67) Catalysis,Reaction Kinetics and Inorganic Reaction Mechanisms(催化、反应动力学和无机反应机制)

(68) Phase Equilibriums,Chemical Equilibriums and Solutions(相平衡、化学平衡与溶液)

(69) Thermodynamics,Thermochemistry and Thermal Properties(热力学、热化学与热性能)

(70) Nuclear Phenomena(核现象)

(71) Nuclear Technology(核技术)

(72) Electrochemistry(电化学)

(73) Optical,Electron,and Mass Spectroscopy and Other Related Properties(光学、电子学、质谱仪及其他有关性质)

(74) Radiation Chemistry,Photochemistry and Photographic and Other Reprographic Processes(辐射化学,光化学以及摄影和其他复制过程)

(75) Crystallography and Liquid Crystals(结晶学和液晶)

(76) Electric Phenomena(电现象)

(77) Magnetic Phenomena(磁现象)

(78) Inorganic Chemicals and Reactions(无机化学制品及其反应)

(79) Inorganic Analytical Chemistry(无机分析化学)

(80) Organic Analytical Chemistry(有机分析化学)

2. 正文部分　美国《化学文摘》正文部分按分类法编排,按分类目次分为5大部80大类,每个类目下按文摘类型分为四部分,每部分之间用4条短横线隔开。排列次序为:期刊论文、会议录和资料汇编、技术报告和学术论文;新书及视听资料;专利文献;相互参见。

3. 索引部分　美国《化学文摘》的期索引有三种,分别是:关键词索引、专利索引和著者索引。

(三) 著录格式

美国《化学文摘》收录的文献类型较多,不同的文献类型著录格式不同,现将常见的文献类型的著录格式注释如下。

1. 期刊论文

① 102:11749b;② Wastewater from flue gas desulfurixation plant composition and treatment;③ Schoenbucher,B.；Dietede,E;④(Energievesorg. Schwaben A g. ,Stuttgart Fed. Rep. Ger.);⑤ VGB Kraftwerdstech;⑥ **1984**;⑦64(8);⑧679－88;⑨(Ger)。

说明:① 卷号和文摘号;② 论文标题;③ 作者;④ 作者单位及地址:置于圆括号内;⑤ 期刊名称;⑥ 年份:用黑体字;⑦ 出版卷期号:括号内为期号;⑧ 起止页码;⑨ 文种。

2. 专利文献

① 135:373142u;② Thermal transfer sheet and thermal transferre cording method;③ Yoshinari, shinichi; Hatakeyama, Akira; ④ （Fujiphoto Film CO. , Ltd. Japan）;⑤ Eur. Pat,Appl. Epl,155,869;⑥ (C1. B41M5/38);⑦ 21Nov2001;⑧J P Appl. 2000/148.433,19May2000;⑨ 1499;⑩ （Eng）。

说明:① 卷号,文摘号;② 专利文献标题:CA中采用的专利文献标题通常与专利说明书中的原标题不完全相同;③ 专利发明人;④ 专利权授让者个人或团体;⑤ 专利国别与专利号;⑥ 专利分类号;⑦ 专利公布日期;⑧ 专利申请号和专利申请日期;⑨ 专利说明书的页数;⑩ 专利说明书的语种。

(四) 检索途径

使用美国《化学文摘》检索文献,除利用正文的分类途径之外,主要是利用其索引系统来检索,其检索体系可分为期索引、卷索引、指导性索引和累积索引。

美国《化学文摘》完善的索引体系,为用户检索文献提供了多种检索途径。

1. 期索引 美国《化学文摘》的期索引有3种,附在每期的末尾,包括关键词索引、专利索引和著者索引。

(1) 关键词索引(Keyword Index)是从文献的篇名或内容中抽出的能反映文献主题概念的、不加规范的词,由说明语引出文摘号,利用文摘号查阅正文文摘内容,它是查找当期文献的主要检索途径,其格式如下:

① Aspirin;② antioxidant vitamin cardiovascular disease;③ P366752q.

说明:①关键词;②说明语;③ 文摘号,其前带有"P"为专利文献。

(2) 专利索引(Patent Index)共收录了32个国家和2个国际专利组织的专利文献。专利索引按专利国名简称的字顺排列,每个国名简称下按专利顺序号由小到大排列而成,由专利号引出专利文献的文摘号或同族专利,包括相关专利和等同专利。

其格式如下:

① CN(Peoples Republic of China);② CN1066803A (1041994B) (Nonpfiority);③ 119:145660aIN177574A (Related;Nonpriority) JP05/154335A,(3308286B,) (Related) JP2002/219331A2 (Division;Related) PL170921B1 (Related);④ 1066841A,SeeWO92/18454A1.

说明:① 专利国名或专利组织名称;② CN1066803A 为专利号,A 为专利类别代码;③ 文摘号;④ 相关文献文摘号。

(3) 著者索引(Author Index)是由著者名称(含个人著者、团体著者、编辑者、专利权所有者、专利权受让者)来查找文摘的工具。索引按著者姓名或团体著者名称的英文字顺排列,姓在前,名在后,姓用全称,名缩写。利用文摘号来查找正文文摘。

其格式如下:

① Sumitomo special MetalsCo. Ltd;② P380096k;③ Sumiya. H;④368399.

说明:① 团体著者名称;② 文摘号;③ 个人著者,逗号前为姓,逗号后为名;④ 文摘号。

2. 卷索引 在每卷出齐之后出版,通过卷索引可查到整卷内容,能方便读者迅速回溯检索某一卷的文献。目前,CA卷索引有化学物质索引、普通主题索引、分子式索引、著者索引、专利索引。

(1) 化学物质索引(Chemical Substance Index,简称 CS)是把有 CAS 登记号的化学物质名称作为索引标题,用副标题和说明语进行限定,引出同卷中的文摘号。化学物质必须具备下列条件:① 组成的原子和原子数已知;② 价键清楚;③ 立体化学结构明确。

使用化学物质索引时应注意:① 化学物质种类繁多,名称复杂,并且《化学文摘》中化学物质的命名有自己独特的一套体系,因此,在使用本索引前必须先查"索引指南"和"索引指南补篇",以确定正确的化学物质名称作为索引标题。② 化学物质索引的排序较为复杂。同一化学物质名称下的副主题词先按字顺排列普通副主题词,然后排化学功能基副主题词,之后再排取代基。③ 结构不明确的化合物不在本索引收录,应该查普通主题索引。

（2）普通主题索引（General Subject Index，简称 GS）是将没有 CAS 登记号的化学物质和概念性主题作为索引标题，用副标题和说明语进行限定的索引。

使用普通主题索引时应注意，普通主题索引使用规范化主题词，使用前必须先查"索引指南"和"索引指南补篇"，以确定主题词。

（3）分子式索引（Formula Index，简称 FI）是将当卷中的全部化合物的分子式按其元素符号英文字母顺序编排而成的索引。以整理后的分子式为索引标题，通过化学物质名称、说明语，引出文摘号。不仅收录有 CAS 登记号的化学物质，还收录化学物质索引中尚未收录的有待命名的化合物。使用分子式索引时应注意：① 分子式索引中作为标识的分子式，是整理后的 Hill 分子式；Hill 分子式排列规则为：分子式内部不同部位出现的同一元素的原子数目首先相加；凡含碳化合物，先排碳和氢，然后按字顺把其他元素排在碳氢之后；不含碳的化合物一律按元素英文字顺排列。② 分子式仅代表化合物母体，母体的功能基衍生物、盐类、化合物等的元素不包括在内，而是通过母体下的说明语查找；③ 分子式相同的同分异构体是按其系统名称的顺序列于分子式之下，可根据 CAS 登记号或系统命名来选择。

（4）专利索引（Patent Index，简称 PI）与期索引的编排和使用方法相同。

（5）著者索引（Author Index，简称 AI）：卷索引中的著者索引比期索引中的著者索引详细，索引中引出文献的标题和合著者。

3. 指导性索引　CA 现有 3 种指导性索引：索引指南、化学物质登记号手册和资料来源索引。这些索引均不提供文摘号，它们是帮助使用卷索引和获取原始文献的辅助性工具。

（1）索引指南（Index Guide，简称 IG）是使用化学物质索引和普通主题索引的工具，其作用相当于主题词表，用于规范化学物质索引中作为标识的化学物质名称和普通主题索引中作为标识的主题词。

（2）登记号手册（CAS Registry Handbook-Number Section）是利用 CAS 登记号，查找化学物质索引选用的化学物质名称和分子式索引选用的分子式的工具。登记号手册按 CAS 登记号的大小顺序排序。CAS 登记号是美国《化学文摘》对报道的已经明确化学结构并命名的每一种化学物质赋予的一个固定编号，便于化合物的识别、检索和数据管理。一种化合物可能有多种名称，但登记号只有一个，登记号的编排不反映化学物质的属性。

（3）资料来源索引（Chemical Abstract Service Source Index，简称 CASSI）为读者提供收录文献情况的工具，按期刊名称缩写字顺排列，包括美国《化学文摘服务社资料来源索引》、美国《化学文摘服务社资料来源索引季度增刊》和摘用刊名变更表。该索引可提供查找刊名全称、刊名代号、语种、刊期、出版单位、刊物历史变更，世界各大图书馆对美国《化学文摘》资料来源的收藏情况等。

4. 累积索引　累积索引是各种卷索引的累积本。美国《化学文摘》从 1957 年开始，每 5 年出版一次累积索引，用它来检索文献的优势为种类齐全，时间跨度大，检索效率高。

化学文摘社从 2010 年 1 月开始停止出版《化学文摘》印刷本，由于目前多数图书馆收藏的仍为印刷本，因而学习《化学文摘》印刷本的检索规则依然有助于查找过往文献。

二、CA 光盘版检索

(一) 概述

CA on CD 光盘数据库内容对应于纸质《化学文摘》,收录的每篇文献一般包括文献题录、文摘、CA 卷期索引、化学物质索引、普通主题索引、专利、化学物质、CAS 登记号、CA 索引名及分子式等信息。

CAS 于 1996 年开始出版 Windows 版本的 CA on CD 光盘,数据库内容每月更新。另外,CAS 还出版年度光盘及 5 年累积索引光盘(有带文摘和不带文摘两种),每年最后一次更新,相当于年度索引。年度光盘从 1996 年开始,年度光盘及 5 年累积索引光盘收录文献内容与相应年度的印刷版 CA 及累积索引相同。

(二) 检索方法

CA on CD 光盘数据库初次使用需要运行安装客户端程序。安装完成后,点击开始—程序—CA on CD 即可进入数据库检索。

进入 CA on CD 界面后,用户根据需求单击相应年度的 CA 数据库,然后单击"open"、屏幕显示 CA 卷号等信息,单击"click to continue",屏幕显示如下检索菜单窗口,见图 3-5-1。

图 3-5-1 CA on CD 界面

CA on CD 提供四种基本检索途径:
- 索引浏览式检索(Index Browse)
- 词条检索(Word Search)
- 化学物质等级名称检索(Substance Hierarchy)
- 分子式检索(Formula)

1. 索引浏览式检索

(1) 在检索菜单窗口,用鼠标点击 Browse 命令或在 Search 命令菜单中选择 Browse 命令,即可进入索引浏览格式检索,见图 3-5-2。

(2) 窗口中 Index 字段的缺省值为 Word。用户可点击索引框中的箭头拉开索引菜单,选择所需索引字段。索引字段有 Word(自由词,包括出现在文献题目、文摘、关键词表、普通主题等中所有可检索的词汇)、CAS RN(CAS 登记号)、Author(作者及发明者姓名)、General Subject(普通主题)、Patent Number(专利号)、Formula(分子式)、Compound(化合物名称)、CAN(CA 文摘号)、Organization(组织机构、团体作者、专利局)、Journal(刊物名称)、Language(原始文献的语种)、Year(文摘出版年份)、Document Type(文献类型)、CA Section(CA 分类)、Update(文献更新时间或印刷本《CA》的卷、期号)。

(3) 输入检索词的前几个字符或用鼠标键滚动屏幕,将光标定位于所选检索词处。

(4) 点击 Search 键或回车,开始检索。

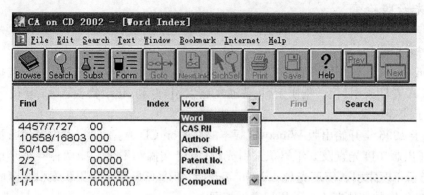

图 3-5-2 Index Browser

2. 词条检索

用逻辑组配方式将检索词、词组、数据、专利号等结合起来进行检索,具体步骤如下:

(1) 点击 Search 键或在 Search 命令菜单中选择 Word Search 命令,见图 3-5-3。

(2) 在屏幕中部的检索词输入方框中输入检索词(词间可用逻辑组配),在右边字段设定方框中选定相应检索词的字段,缺省值为"Word",左边选项方框中选择词间的关系组配符,此处缺省值为"AND"。

(3) 设定各检索词在文献记录中的位置关系(同一文献,同一字段或间隔单词数等)。

(4) 点击 Search 键,开始检索。检索完毕后,屏幕出现检索结果,显示命中的文献题目。

注意:对检索词的输入,系统允许使用代字符"?"及截词符"﹡"。每一个"?"代表一个字符,如:Base? 代表检索词可为 Bases 或 Based,"﹡"符号表示单词前方一致。另外,还可以输入 OR 组配符连接而成的简单检索式,如:Strength or toughness。

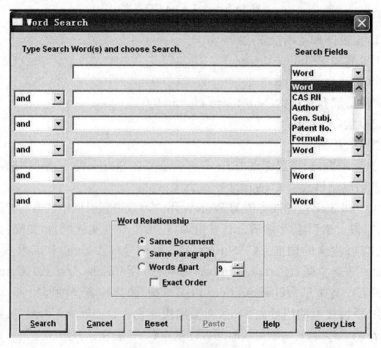

图 3-5-3 Word Search

3. 化学物质等级名称检索

"CA on CD"的化学物质等级名称索引与书本式的化学物质索引基本相同,是按化学物质的母体名称进行检索的,有各种副标题及取代基。

(1) 在检索窗口中,用鼠标点击 Subset 按键或从 Search 命令菜单中选择 Substance Hierachy 命令,系统即进入化学物质等级名称检索窗口,屏幕显示物质第一层次名即母体化合物名称索引正文。无下层等级名的化合物条目中直接给出相关文献记录数,有下层名称的物质前则出现"＋"符号,见图 3-5-4。

(2) 用户双击选中索引,将等级索引表一层层打开,再用鼠标双击该物质条目即可进行检索。检索完毕后,屏幕给出其相关文献检索结果。

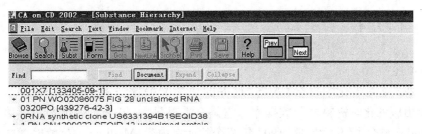

图 3-5-4 Substance Hierarchy

4. 分子式检索

分子式索引由 A~Z 顺序排列,检索过程与化合物等级名称检索相似。

5. 其他检索途径

(1) 在显示结果后,可用鼠标定位在所有字段中需要的任何词上,然后双击,系统会对所选词在所属的字段中重新检索;或选定后,从 Search 菜单中选择 Search for election 命令,系统即对所选词条进行检索,检索完毕后,显示命中结果。

(2) 如果想从记录中选择 CAS 登记号进行检索,点击该登记号显示其物质记录,或在记录显示窗口,点击 NextLink 按键,光标将出现在该记录的第一个 CAS 登记号处,再点击 NextLink 键,光标将移到下一个 CAS 登记号处,用 GotoLink 来显示其物质记录,可在物质记录中点击 CA 索引名称查询该物质名称的文献。

(三) 检索结果

1. 双击选中的文献题目,可得到全记录内容,见图 3-5-5。

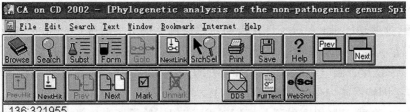

图 3-5-5 检索结果

2. 可对感兴趣的文献用 Mark 键进行标注,或用 Unmark 键取消标注。
3. 点击 Save 键存储检索结果,可选择存储书目信息、书目和文摘、所有信息等三种方式。
4. 点击 Print 键可选打印格式来输出检索结果,可选择打印书目信息、书目和文摘、所有信息等三种方式。

(四)小结

目前网络检索较为流行,但光盘检索速度快,对于过往文献的检索依旧有一定的优势。2010 年 1 月以后,印刷本与光盘版《化学文摘》停止出版,改为网络版 CA Select,与下文提到的 SciFinder 相比,该版本功能较为简单,因而介绍重点以 SciFinder 为主。

三、SciFinder 检索

(一)概述

SciFinder 是美国化学学会(ACS)旗下的化学文摘服务社 CAS(Chemical Abstract Service)所出版的化学资料电子数据库。它是全世界最大、最全面的化学和科学信息数据库。SciFinder 整合了《化学文摘》1907 年至今的所有内容、Medline 的生物医学文献以及欧美 30 多家专利机构的全文专利信息。它涵盖了应用化学、化学工程、普通化学、物理、生物学、生命科学、医学、聚合体学、材料学、地质学、食品科学和农学等诸多学科领域。

SciFinder 可检索数据库包括:

1. CAPLUS^{SM}(大于 2 430 万条参考书目记录,摘自世界各地 9 000 多种有影响的期刊;每天更新 3 000 条以上,始自 1907 年)。
2. CAS REGISTRY^{SM}(世界上最大、更新最快的化学物质信息数据库,大于 7 400 万条物质记录,每天更新约 7 万条,每种化学物质有唯一对应的 CAS 注册号,始自 1957 年)。
3. CASREACT®(大于 800 万条反应记录,每周更新约 700 条,始自 1907 年)。
4. CHEMCATS®(大于 390 万条商业化学物质记录,来自 655 家供应商的 793 种目录)。
5. CHMLIST®(大于 22.8 万种化合物的详细清单,来自 13 个国家和国际性组织,每周更新多于 50 条)。
6. Medline(National Library of Medicine 数据库,大于 1 300 万参考书目记录,来自 4 300 多种期刊,始自 1953 年,每周更新 4 次)。

SciFinder 具有多种先进的检索方式,比如化学结构式和化学反应式检索以及普通化学名称检索等,这些功能是 CA on CD 光盘中所没有的。还可以通过 Chemport 链接到全文资料库和全文专利资料以及进行引文链接(1997 年以后)。SciFinder 同时提供如下功能:通过 ChemPort® 链接查阅电子期刊全文、重要的化学药品管理资讯、化学药品目录资讯,透过 eScience 链接因特网查询化学文摘号(CAN)或者专利号等。

根据统计,全球 95% 以上的科学家们对 SciFinder 给予了高度评价,认为它加快了他们的研究进程,并在使用过程中得到了很多启示和创意。

根据检索界面的不同,SciFinder 分为 SciFinder 客户端和 SciFinder Web 版。此外,化学文摘社还为科学研究部门和高校专门提供了 SciFinder Scholar 版。

(二)SciFinder 客户端检索方法

SciFinder 早期采用 C/S 即客户端/服务器端的方式,利用安装在本地的客户端软件进行连接和检索。客户端的检索功能包括：

检索查询(Explore)：可检索 1907 年迄今的物质资讯(分子式、结构、性质、商业来源等详细信息)；文章和专利信息。

全景查找(Explore with Panorama,Scholar 版无此功能)：在大的或者特定的科研领域中,探索并了解新的发展趋势和关联性,找出研究热点。

目次浏览(Browse Table of Contents)：浏览选定的期刊目次。

定题服务(Keep Me Posted,Scholar 版无此功能)：自动获取最新的专利和期刊文章中用户选定的主题和物质内容。

通过化学结构和化学反应来查询。

使用 BLAST 工具根据核苷和蛋白序列进行查询。

1. SciFinder 检索功能

(1) Explore

① 研究主题检索

单击"Research Topic(研究主题)"开始检索,在"Explore by Research Topic(按研究主题检索)"框中输入研究主题的单词或短语,单击"OK(确定)"。SciFinder 提供几个候选主题,选择合适主题,单击"Get References(获取参考文献)"可以检索全部参考文献。单击"显微镜"图标,可以查看完整的书目详情及相关参考文献的摘要。单击"Get Related(获取相关信息)"查看该参考文献的更多信息。

② 作者名检索

单击"Author Name"检索作者名。输入作者姓名,然后单击"OK"。SciFinder 将提供所需的作者姓名的所有形式,包括缩写。单击"Get Reference"可以检索与这些名字有关的所有参考信息。单击"显微镜"图标可查看参考信息详情。

③ 公司名称和研究机构检索

单击"Company Name/Organization"进行公司或机构的检索。查找该机构是否对相关主题进行了研究,请使用"Refine"工具,然后单击"Research Topic",输入主题,单击"OK"进行检索。

通过"Analyze"工具,进一步确定该组织中是否已有人拥有相关主题的专利,选择"Document Type",单击"OK",SciFinder 将提供与相关组织关联的所有文档类型。要查看专利参考信息的详情,请选"Patent",然后单击"Get Reference",可以使用 SciFinder 选项,查看不同类型的参考文献。

④ 反应式检索

使用结构绘图板绘制需查询的反应式,添加反应箭头,指定反应参与项的作用,然后单击"Get reaction(获取反应)",单击任何反应参与项,获得该物质的更多详情。要确认该物质是否已经投入市场和购买地点、销售价格,请单击"Commericial Sources(商业资源)",将看到供应商列表,再单击"显微镜"图标,屏幕将提供有关供应商的详细信息,包括地址、电话、传真号码、电子邮件地址等联络信息。

⑤ 化学结构检索

若按结构检索,只需使用结构绘图窗口绘制、导入或者粘贴要查找的化学结构,然后单击"Get Substances(获取化学物质)",选择确切的匹配项或相关结构,点击"OK"。可以通过 CAS 注册号上方显示的任何按钮,查看相关物质的更多信息。

SciFinder 将检索所有产品物质的候选反应,单击任何反应参与项,查看更多信息。如果选择"Reactions(反应)",含有附加选项的另一屏幕将显示。

选择"Substance Detail(物质详情)",将会链接到反应参与项的 CAS 注册记录,向下滚动,查看计算和实验属性的列表。单击超级链接引用或记录号码,查看报告所显示实验属性的杂志参考内容。

⑥ 分子式检索

使用结构绘图板绘制需查询的分子式,单击"Get Substances(获取化学物质)"或单击"Get reaction(获取反应)",其检索方法与化学反应检索和化学结构检索相同。

(2) Locate

① 期刊检索

单击"Bibliographic Information",在文本输入框中输入作者名、刊名、出版年或文献标题,单击"OK"可进入需浏览的期刊,点击"显微镜"图标查看书目详情和文章摘要。

② 专利检索

单击"Document Identifier"图标进行专利号检索。在"Explore by Document Identifier"框中输入专利号,单击"OK",可以检索到与专利号有关的参考信息。单击"显微镜"图标,查看详情。

③ 化学名称和 CAS 注册号检索

单击"Substance Identifier(物质标识符)",按化学名称或标识号进行检索。输入一个或者多个通用名称、物质别名或 CAS 注册号,然后单击"OK",SciFinder 将检索与物质标识符相对应的 CAS 注册记录。单击"Get Reference",查看相关参考文献。

使用 Locate 检索,若要进一步精确查找,单击"Remove Duplicate"、"Analyze/Refine"或"Get Related…"等功能键,以获得较为精确的结果。

2. Browse Journal Table of Contents

Browse Journal Table of Contents 可直接浏览 1 800 多种核心期刊的摘要及其引文等编目内容,如果带有全文链接则可直接点击,就会通过 ChemPort® Connection^{SM}获取全文。

3. 工具条按钮简述(见表 3-5-1)

表 3-5-1 工具条按钮

名称	功能	名称	功能
New Task	开始一个新任务	Prefs	打开 Preference Editor,个性化设置使用 SciFinder Scholar
Back	显示上一屏	Database	打开 Preference Editor 中的 Databases 栏,对执行任务时需要检索的数据库进行选择
Forward	显示下一屏	History	显示当前进程所执行过的操作
Print	依据打印设定进行打印	Internet	显示 SciFinder Scholar 的网上资源
Full Text	通过 ChemPort® Connection^{SM}获取全文	Help	帮助
Save As	按不同格式进行保存(如:Rich Text Format)	Exit	退出

(三) SciFinder Web

随着网络时代的发展,SciFinder 推出了 SciFinder Web 版,可以允许用户不下载客户端软件直接使用浏览器检索。除了 IP 地址限制外,用户在使用前还必须用单位域名为后缀的电子邮件地址注册,注册后用户将拥有自己的 SciFinder 用户名和密码,见图 3-5-6。

图 3-5-6　SciFinder Web 版界面(2011 年 10 月 14 日)

除前文所述常用检索途径外,SciFinder Web 还提供多种有效的分析与限定工具,帮助用户深入探索检索结果。

SciFinder 分析工具包括 Index Term 分析、Author Name 分析、Journal Name 分析和 Categorize 系统分析工具。其中 Index Term 帮助分析文献中重要的概念;Author Name 可以帮助用户寻找研究领域的专家、竞争对手或合作伙伴;Journal Name 可以帮助用户对研究领域的权威期刊进行大致的了解,利于投稿;Categorize 则是从各个层次对检索结果进行全面分析。

SciFinder 限定工具包括 Document Type(文档类型)、Publication Year(出版年)和 Company Name(公司名称)。

(四) 小结

前文提到 CA 纸质印刷版已经停止出版,在可预见的未来,CA on CD 也将停止出版,SciFinder 将是查询化学以及药物方面最重要的数据库。

第六节　国际药学文摘

国际药学文摘(International Pharmaceutical Abstract,简称 IPA)数据库是药学实践/药学研究专业数据库,由美国卫生系统药师协会(American Society of Health-System Pharmacists,简称 ASHP)提供。IPA 数据库始于 1964 年,1970 年后实现了计算机化服务,数据库的主要目的是评论和介绍药学文献,范围包括药物临床和技术信息、药学实践、药学教育、药学和药物的法律问题。

国际药学文摘收录了 1970 年以来世界各地出版的 750 多种药学期刊的文献摘要,每季度更新一次,总记录超过 32 万条。1988 年开始收录美国卫生系统药师协会主要会议推荐的论文文摘,现在也包括美国药学协会(American Pharmaceutical Association,简称 APhA)和美国药学学院协会(American Association of Colleges of Pharmacy,简称 AACP)年会推荐的论文文摘。IPA 的另一特点是,它既包括了美国所有州的药学期刊,又包括了大部分化妆品出版物。美国卫生系统药师协会(ASHP)选择标准没有文章语种和杂志影响大小的限制,无论社论、评论和其他文字信息,凡是带药学重要信息的都被摘录和索引。

IPA 分类采用美国医院处方服务机构(American Hospital Formulary Service,简称 AHFS)药物学/治疗学的分类。数据库中药物术语由美国卫生系统药师协会公布,AHFS 确定种类,可以在药物/治疗分类(PC)字段中检索这些术语。

IPA 每年的第 1 期均有 1 篇专文介绍索引的使用方法,另外还有前一年的引用期刊表。每卷第 12 期和第 24 期分别为上、下半年的累积索引。每期后附有期索引,包括主题索引和作者索引。IPA 的每一篇文摘都有 1 个唯一的 7 位编号,前两位数字代表卷号,后几位数字为同一年中的文献连续编号。在主题索引中,涉及多主题的文献在每个主题下都会列出,使同主题的文献能够集中。主题索引有两个层次,第 1 层次是黑体字,描述主要的概念;第 2 层次是对此概念的进一步描述。在编排上按第 1 层次的主题词词序排列,首要和次要层次标准相同,之后列出文摘号。IPA 印刷版检索或在线检索都可以使用,IPA 还提供交叉检索方式,方便快速检索。

IPA 中每一篇文摘包括原始论文的文题,文章作者,作者通讯单位,源期刊名称和卷、期号,原始论文的起、止页码,论文摘要,原始论文使用的语言及参考文献数。

如果要定位到某一个信息,可以按如下步骤操作:在主题检索中查询关于此信息的主题。如果有多个选择,则找出最关注的一篇摘要。根据每篇摘要唯一的文献编号(7 位数字)在 IPA 中找到所需要的摘要。阅读文摘,确认是否是要查询的内容,同时看一下源论文的文字是否可以读懂,如果可以,就查找源期刊。

IPA 数据库现归属汤森路透医学与科技集团,涵盖药学科研、药学实践和药物治疗及临床使用等内容。在线内容每月更新两次,一年共 22 次(除去 6 月 30 日和 12 月 31 日的累积索引内容),每次更新的内容平均为 1 000 条摘要或索引。目前,IPA 数据库可以在 CSA、OVID 以及 Dialog 等平台上查询。

IPA 数据库包含药学研究的绝大部分学科领域,较全面地收录药学研究的相关文献,按分类编排,其包含的药学学科范围可以分为 25 个大类,见表 3-6-1。

表 3-6-1 IPA 分类

药物不良反应	方法学和药品检测	生物制药学	微生物
药物分析	药物化学	药物评价	药学教育
药物相互作用	制药工艺	药物代谢和体内分布	药剂学
药物稳定性	药物经济学	环境毒理学	生药学
药学史	药学实践	信息数据处理和文献学	药理学
研究院所药学实践	社会学、经济学及伦理学	药物观察	毒理学
立法、法律及法规			

国际药学文摘数据库的检索分为基本检索、字段检索、索引检索和限定检索。每条记录所包含的字段如下。AB：Abstract、AD：Address of Author、AN：Accession Number、AU：Author(s)、CI：Combination Indicator、CO：CODEN、CP：Country of Publication、DE：Descriptors、DR：Drug Names、HU：Human Indicator、IS：ISSN、LA：Language、LS：Language of Summary、PC：Pharmacologic/Therapeutic Classification、PT：Publication Type、PY：Publication Year、RF：References、RN：CAS Registry Number、SC：Subject Category、SO：Source (Bibliographic Citation)、TI：Title、UD：Update Code。

第七节 OCLC FirstSearch

联机计算机图书馆中心（Online Computer Library Center，简称 OCLC）创立于 1967 年，其总部设在美国俄亥俄州，是一个不以盈利为目的、提供计算机图书馆服务的会员制研究组织，是世界上最大的提供文献信息服务的机构之一，其宗旨是为促进图书馆的合作与交流，实现全球资源共享。超过 171 个国家和地区的 72 000 个图书馆都在使用 OCLC 的服务来查询、采集、出借和保存图书馆资料以及为它们编目。

OCLC 的使命是：通过图书馆合作将人们和知识连接在一起；其愿景为：将全球图书馆连接在一起。

目前 OCLC 拥有的数据库有 Worldcat（世界范围图书馆的图书馆藏目录和其他资料）、Articleist（12 500 多种期刊的文章索引）、Contentsist（12 500 多种期刊的目录索引）、ECO（联机电子出版物，可以查看期刊全文）、Fastdoc（带联机全文的文章索引）、Netfirst（OCLC 的因特网资源数据库）、Unionlists（OCLC 的期刊联合列表库）、Eric（教育方面的期刊文章和报告）、GPO（美国政府出版物）、Medline（生物医学文献数据库）、Papersfirst（会议文章目录索引）、Proceedings（会议出版物索引）、Wilsonselect（H. W. Wilson 公司的全文库）和 Worldalmanac（世界年鉴）。

FirstSearch 则是 OCLC 推出的一个面向最终用户的交互式联机数据库检索服务系统，从 WorldCat 和几十个高质量的知名书目和全文内容数据库中为读者提供高质量的内容。其特点为：通过 WorldCat 检索超过一亿四千万条的记录，WorldCat 中的图书馆馆藏信息被链接至大多数 FirstSearch 数据库，能够从几千册连续出版物中检索出上百万带有全文和插图的文章，直观的网站界面设计，对地域定制选项的控制，可以链接至图书馆的 OPAC 系统，七种界面语言可供选择，WorldCat 记录可用中文、日语、韩语、阿拉伯语显示等。First-Search 数据库总共包含 12 个数据库。

1. WorldCat ——世界范围图书、WEB 资源和其他资料的联合编目库

该库是一个由 9 千多个 OCLC 的成员馆参加联合目录的数据库。目前包括 400 多种语言的 5 700 多万条记录，主题范畴广泛，覆盖了从公元前 1000 年到现在的资料，基本上反映了世界范围内的图书馆所拥有的图书和其他资料。资料类型有：图书，WEB 站点和因特网资源，计算机程序，胶卷和幻灯片，期刊和杂志，文章、章节和论文，手稿，地图，乐谱，报纸，录音带，录像带等。记录每天更新。

2. ECO ——联机电子学术出版物（提供期刊全文）

ECO 是一个全部带有联机电子全文文章的期刊数据库，主题范畴广泛，可检索到书目、文摘信息和全文文章。目前收录的期刊来自 70 多家出版社，总计 5 300 多种，200 多

万篇。数据库中的文章都以页映像的格式显示,包括了文章的全部原始内容和图像。该库收录的期刊大多从 1995 年开始,每天更新。OCLC 提供了 6 000 余种期刊,可按篇购买。

3. ERIC ——教育方面的期刊文章和报告

包括发表在月刊 Resources in Education (RIE)上的非期刊资料和发表在月刊 Current Index to Journals in Education (CIJE)上的期刊文章的评注参考。它囊括了数千个教育专题,提供了最完备的教育书刊的书目信息,覆盖了从 1966 年到现在的资料,记录每月更新。现在,ERIC 包括约 1 000 多种期刊,同时还包括一个 ERIC 叙词表。

4. WorldCatDissertations —— OCLC 成员馆可用学位论文目录数据库

WorldCatDissertations 数据库(OCLC 成员馆可用学位论文目录数据库)中的所有硕士和博士的学位论文选自 WorldCat 联合编目数据库,约有 500 多万条博硕士论文的详细书目记录。这些论文来自 OCLC 成员馆的编目,它提供对 OCLC 成员馆中学位论文的方便快速的检索,而且 100 多万篇可免费直接从出版机构获取到电子版。数据库每天更新。

5. Medline —— 医学的所有领域,包括牙科和护理的文献

涵盖了医学的所有领域,包括临床医学、实验医学、牙科学、护理、健康服务管理、营养学以及其他学科,相当于印刷版的索引 Index Medicus, Index to Dental Literature, and International Nursing Index。数据每天更新。

6. PapersFirst ——国际学术会议论文索引

包括在"大英图书馆资料提供中心"的会议录中所收集的自 1993 年 10 月以来在世界各地的学术会议(代表大会、专题讨论会、博览会、座谈会以及其他会议)上发表的论文,可通过馆际互借获取全文。该库目前包括 520 万条记录,每半月更新一次。

7. Proceedings ——国际学术会议录索引

Proceedings 是 PapersFirst 的关联库,包括在世界各地举行的学术会议上发表的论文目录表。目前包括 15.8 万多条记录,提供了一条检索"大英图书馆资料提供中心"会议录的途径,每周更新 2 次。

8. WilsonSelectPlus ——科学、人文、教育和工商方面的全文文章

该库每条记录都包括索引、摘要和联机全文,这些全文文章选自美国和国际上的专业出版物、学术期刊和商业杂志。目前它包括 1 650 多种期刊,100 多万条记录,覆盖了从 1994 年到现在的资料,每周更新一次。从一些 FirstSearch 数据库的引文也可链接到该库的全文。

9. WorldAlmanac ——世界年鉴

该数据库在 1868 年第一次出版,是适用于学生、图书馆的读者、图书馆的参考咨询人员和学者等几乎每个人的参考工具,涉及范畴包括:艺术和娱乐、新闻人物、计算机、科学和技术、经济学、体育运动、环境、税收、周年纪念日、美国的城市和州、国防、人口统计、世界上的国家等,覆盖 1998 年至今的资料,每年更新一次。

10. Articlelst —— 16 000 多种期刊的目次页所列文章的索引

收录了 16 000 多种学术期刊的文章引文以及目录索引,主题覆盖了工商、人文学、医学、科学、技术、社会学和大众文化等。虽然大多数期刊是英文资料,但也有部分其他语言的期刊。它包括 1990 年到现在的资料,每天更新。

11. ClasePeriodica——有关科学和人文领域的拉丁美洲期刊索引

ClasePeriodica 数据库由 Clase 和 Periodica 两部分组成,其中 Clase 索引了在拉丁美洲期刊中发表的社会科学和人文学科方面的文献;Periodica 收录了科技方面的期刊。该库提供对以西班牙文、葡萄牙文、法文和英文出版的 2 600 种学术期刊的检索(Clase:1 200 种;Periodica:1 400 种),总计达 40 多万条书目引文。Clase 收录的期刊从 1975 年开始至今;Periodica 收录的期刊从 1978 年开始至今,数据库每季度更新一次。

12. Ebooks——世界各地图书馆的联机电子书的 OCLC 目录

收录了参加 WorldCat 联合编目的 OCLC 成员馆收藏的联机电子书,共计 21 万多种,其中也包括 OCLC 的 NetLibrary 电子书。用户可以检索所有这些电子书的书目,并可链接到已订购且包含在 WorldCat 数据库中的电子书进行阅读,数据库每天更新。

数据库被分成 15 个主题范畴,专业范围覆盖社会科学、自然科学各个领域,它们是:

(1) 艺术和人文学科(Arts & Humanities)
(2) 商业管理和经济学(Business & Economics)
(3) 会议和会议录(Conferences & Proceedings)
(4) 消费者事物和人物(Consumer Affairs & People)
(5) 教育(Education)
(6) 工程和技术(Engineering & Technology)
(7) 综合性学科(General)
(8) 科学概论(General Science)
(9) 生命科学(Life Sciences)
(10) 医学和健康(消费者)(Medicine & Health, Consumer)
(11) 医学和健康(专业人员)(Medicine & Health, Professional)
(12) 传记(Biography)
(13) 公共事务和法律(Public Affairs & Law)
(14) 快速参考(Quick Reference)
(15) 社会科学(Social Sciences)

OCLC Firstsearch 数据库网址为 http://firstsearch.oclc.org。

FirstSearch 数据库检索有基本检索、高级检索和专家检索三种方式,一般数据库检索时通用的运算符、禁用词、截词符等在此同样适用。

检索到结果后,用户可选择从屏幕浏览、打印、保存、E-mail 或用馆际互借方式获取全文,或先查看该文献的馆藏列表,然后进行定购。

此外,FirstSearch 还提供"我的帐号"功能,登录"我的账号"后,可对历次检索保存或删除,也可在"记录列表"或"历次检索"中保存检索结果,并在"历次检索"中存取、索引、检索和删除保存检索记录,见图 3-7-1。

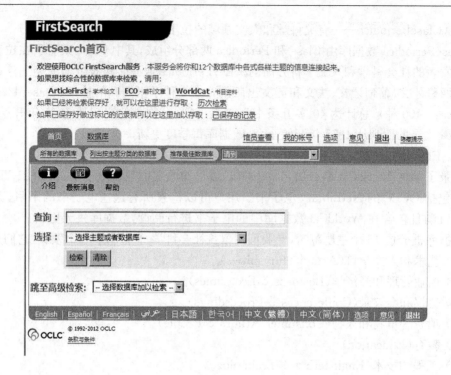

图 3-7-1 OCLC FirstSearch（2012 年 7 月 15 日）

第八节 EBSCOhost

一、概述

EBSCO 公司是美国著名的期刊代理商，代理发行全球 4 万多家出版社的 2.6 万种印刷本期刊和 4 000 多种电子期刊。EBSCO 公司从 1986 年开始出版电子出版物，共收集了 4 000 多种索引和文摘型期刊以及 2 000 多种全文电子期刊，其全文数据库 Academic Source Premier（简称 ASP）和 Brassiness Source Premier（简称 BSP）是 CALLS 最早引进的数据库（最初为 Academic Search Elite 和 Business Source Elite）之一。

EBSCO 公司一直致力于为用户提供更加人性化、个性化的数据库服务，不但提供检索词提示、检索主题及期刊提醒等个性化功能，而且在外文数据库中较早使用信息可视化技术，实现检索过程及检索结果提供的可视化。

EBSCOhost 是一个功能强大的数据库检索系统，通过因特网可直接链接到由 EBSCO 制作的全文数据库或其他数据库（如：ERIC、Medline、ECONLIT、PSYINFO 等）上。所链接的数据库涵盖范围包罗万象，包括针对公共、学术、医学和商业性图书馆而设计的各类数据库。

EBSCO 检索平台主要提供的数据库有：

1. 学术期刊数据库（Academic Source Premier）：提供了近 4 700 种出版物全文，其中包括 3 600 多种同行评审期刊，涉及的文献主题主要有：社会科学、人文、教育、计算机科学、工程、物理、化学、艺术、医学等。

2. 商业资源数据库(Business Source Premier)：文献涉及所有的商业经济领域，主要包括：营销、经济管理、金融、会计、经济学、劳动人事、银行以及国际商务等。收录期刊近 9 000 种，其中 1 100 多种为同行评审期刊(peer-reviewed journals)。此外还收录关于市场、行业、国家的研究报告。

3. 教育文摘数据库(ERIC)：收录关于各级教育的期刊等出版物，包括近 1 000 种教育或与教育相关的期刊和摘要。

4. 历史资源中心(History Reference Center)：收录涉及历史的多种出版物，包括百科全书、传记、历史方面的期刊、历史资料、历史人物及他们的照片及影像资料等。

5. Master FILE Premier：专门为公共图书馆而设计的多学科数据库，主要收录有 2 000 多种出版物，包括参考工具书、原始文献、传记、图像、地图、国旗等等。

6. 医学文摘数据库(Medline)：收录文献涉及所有的医学领域，包括牙科和护理的文献。

7. 纸全文(Newspaper Source)：收录近 30 种美国及世界性的报纸全文，另外收录来自广播电视的及 200 种地区性的报纸全文内容。

8. 教育全文数据库(Professional Development Collection)：为教育工作者而设计的数据库，收录 550 多种高质量的教育方面的期刊及教育研究报告。

9. Regional Business News：收录的主要是美国的地区性的商业出版物，包括商业期刊、报纸及通讯等。

10. 职业技术全集(Vocational and Career Collection)：专门为职业教育者而设计的数据库，收录职业发展、教育、培训方面的出版物，主要是贸易与行业相关的期刊。

11. Library Information Science & Technology Abstracts(LISTA)：可检索 20 世纪 60 年代以来的图书馆学、情报学方面的期刊、图书、研究报告等文献。

12. Green File：可检索人类对环境影响方面的文摘记录约 295 000 条，内容涵盖全球变暖、绿色建筑、污染、可持续性农业、可再生能源、回收等多个方面，其中 4 600 多条记录可以检索到全文。

13. Teacher Reference Center：为专业教育者提供帮助，可检索 270 多种教师、管理者期刊和杂志的文摘。

除此之外，EBSCOhost 还提供了一系列与医药有关的数据库，主要如下：

Health Source(Consumer Edition)：这个数据库为全世界的图书馆提供了最丰富的健康方面的信息。收录了 300 余种健康类全文期刊、20 种健康类参考书、1 100 多种与健康有关的手册、7 000 篇 Clinical Reference Systems 的报告(英文和西班牙文)、斯德曼医学辞典(Stedman's Medical Dictionary)、临床药理学数据库(Clinical Pharmacology database)。包括的主题有：AIDS、癌症、糖尿病、吸毒和酗酒、老年病、减肥、营养学、儿童健康、女性健康等。

Health Source(Nursing/Academic Edition)：收录了 600 余种学术期刊的全文，偏重于护理、卫生领域。这个数据库中包括临床药理学数据库(Clinical Pharmacology database)。

CINAHL(The Cumulative Index to Nursing & Allied Health Literature)：收录 2 200 多种期刊，有 70 多万条记录，回溯到 1982 年，完整收录 National League for Nursing 和 American Nurses' Association 所出版的期刊。学科范围包括护理、生物医学、健康科学、替代医学、大众健康等 17 个与健康有关的学科。此外 CINAHL 还有卫生保健类图书、护理学

论文、会议论文、标准、教育软件、视听资料和图书章节等。EBSCO 的 Premier 版数据库用户可通过 CINAHL 链接到 370 多种期刊的全文。

Health Business Elite：为医疗保健的行政管理机构和医院管理者而设计的数据库。内容包含：医院管理、医院经营、医院行销、人力资源、计算机技术、设备管理、保险等。收录约 450 种全文期刊。

二、检索

EBSCOhost 2.0 是美国 EBSCO 公司 2008 年推出的新版，其最突出的变化体现在检索界面上，一改以往传统数据库的多重专业检索设置选项，借鉴了 Google 等搜索引擎简洁明了的风格，只需在文本框中输入检索词即可开始检索，见图 3-8-1。此项改变更加切合学生等非专业人士的互联网搜索引擎使用，显示出数据库与网络搜索引擎接轨的明显趋势。其网址为：http://search.ebscohost.com。

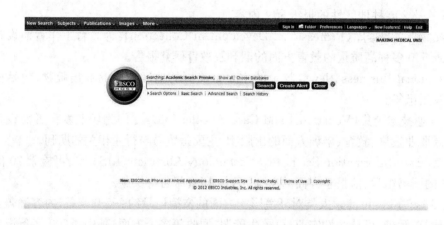

图 3-8-1　EBSCOhost（2011 年 10 月 15 日）

EBSCO 数据库提供的检索方法主要有基本检索、高级检索、视觉检索等，同时还设有主题词检索、出版物检索、参考文献检索、索引检索和图像检索等辅助检索方式。

基本检索提供一个检索输入框，用户可直接输入检索表达式。基本检索支持"布尔逻辑算符、位置算符和通配符"等，且支持字段代码的限定检索。例如：作者的输入按"姓，名"格式，如 Wiley, Ralph。

高级检索系统提供 3 个关键词输入框。用户可在检索框中根据需要选择检索字段，输入检索词，使用下拉菜单选择逻辑算符。同样可以进行限制检索和扩展检索。

视觉检索帮助用户就范围广泛的主题进行检索，可以显示按照主题编排的检索结果的视觉图像。使用"视觉检索"需安装 JAVA 软件，建议使用 Java SE Runtime Environment-6.0 或更高版本。

主题词检索基于 EBSCO 内嵌的"叙词表"（thesaurus），利用规范化的主题词进行检索。用户既可以按叙词字顺浏览确定，也可以输入初拟的检索词，然后点击"浏览"（browse）找出相关的规范词，再勾选符合检索要求的某个（些）词，将其"添加"（Add）到检索框中参与检索。

出版物检索通过对具体出版物名称的检索，可以了解某一出版物的概况。输入 1 个检索词,然后选择"按字母顺序(alphabetical)"、"按主题和说明(by subject & description)"或"匹配任意关键字(match any words)"浏览,也可以根据出版物名称进行"A to Z"的检索。

参考文献检索可选择被引作者(cited author)、被引题名(cited title)、被引来源(cited source)、被引年限(cited year)及所有引用字段(all citation fields)进行引文检索。检索结果包括引文的摘要信息及其在数据库中的被引次数。

索引检索在"选择索引项"(select)下拉菜单中选择 1 个字段,点击"浏览(browse)"即可看到数据库中对应字段所包含的全部项目及记录数。

在图像检索中可进行特定种类的图像的检索。输入检索词,检索词之间可用逻辑算符组配,例如:football and China。可利用页面下面的选项确定要检索的图片,如果不作选择,系统默认在全部图片库中检索。

三、检索结果的显示与处理

检索结果可以设置显示格式,包括每页的记录数、记录的显示格式以及打印、保存导出的格式。

EBSCOhost 数据库的检索结果系统默认以完整题录方式显示。另外在页面左侧还列出与检索词相关的主题词,供检索者参考选用,以扩大或调整检索范围。

此外,需要标记记录(mark)时,在显示文献后面的"add to folder"处点击添加。对于收藏夹中的文献,可以在检索完成后,集中处理。

对检索结果均可进行 E-mail 发送、保存、打印等处理。

四、小结

利用 EBSCOhost 平台可以更快、更简便地获取各类信息,其数据库涵盖范围包罗万象,是查找各领域信息的首选数据库。

第九节 Dialog 与 STN

Dialog 和 STN 均为联机检索系统,即利用通信线路将设在各处的终端与计算机检索系统连接以提供情报检索服务的系统。联机检索系统具有以下优点:检索入口多,使用灵活方便;信息资源庞大、密集;信息源可靠,质量好;数据更新及时,检索年代长。当然,由于其为商业性服务,检索费用较高,且对用户要求较高,需经过专业的检索培训、学习。

一、Dialog 概述

(一)概述

美国 Dialog 国际联机检索系统是世界上历史最长、信息量最大、功能最强的联机检索系统之一,拥有 900 多个数据库,内容涉及商业、科学、工程、金融及法律。该系统具有广泛的全球使用率,同样,在我国各科技情报单位、高校图书馆信息咨询部门的使用也很普遍。

该系统起始于美国洛克希德公司下属的一个科学情报实验室"Dialog"人机对话系统,

1972年成为全球第一个商业联机服务系统，1981年正式成为洛克希德公司子公司，1988年被美国KR公司并购，目前Dialog隶属于Proquest集团。

几经并购后，Dialog不断发展壮大，拥有600多个实实在在的数据库，产品不断丰富以适应社会的各种需求，成为该领域及行业上唯一能提供综合技术和综合信息的佼佼者。

Dialog可检索成千上万的实时新闻、报纸、广播稿和商业杂志中的文章和报告，加上为金融决策提供支持的市场研究报告和投资分析报告，还有可回溯几十年的科学、技术数据、专利、商标和其他知识产权数据。

Dialog系统现拥有120个国家约10万多个终端用户，是目前世界上最强大的国际联机检索系统，其数据库类型主要有四种：文献型、数值型、名录字典型、全文型。

Dialog数据库涉及的专业范围有哲学、社会科学、文化、教育、语言、艺术、传记、历史等。有商业、经济方面的产品，包括预测、历史数据等；有数理科学、化学化工、地球科学、气象、海洋学、生物学、农林、水产、金属学、机械、仪表、动力工程、电气、电子、自动化、轻工、建筑、交通、环境科学以及专利、标准等综合性学科方面的资料。

Dialog的特色表现在如下几点：

① 最准确：Dialog的每条信息记录都经过严格编排并根据字段分类索引，通过严谨的Dialog检索语句（Sort, Rank, Remove, Duplicate等），能进行准确的定位检索。

② 最及时：Dialog通过多种信息发送方式以及自定义界面提供更快更便捷的及时信息服务。

Dialog著名数据库有CA（化学文摘）、INSPEC（英国科学文摘）、Medline（医学文献数据库）、MATHSCI（数学文献数据库）、BA（生物学文摘）、NTIS（美国政府报告）等。还有著名的几大检索数据库，如SCI（科学引文索引）、EI（工程索引）、ISTP（科技会议录索引）、SSCI（社会科学引文索引）、A&HCI（艺术与人文科学引文索引）。

Dialog的商业内容包含卓越可靠的信息来源和权威的商业信息，使Dialog满足了从金融到市场研究到竞争情报的特殊信息需要。Dialog提供最及时的、涵盖全世界约50多万家公司的企业和所在行业的全面情报，还有1 400万家美国和跨国公司的市场份额、销售数据、业务目录和金融财务等信息。

Dialog全球新闻来源超过10 000个，还提供回溯30年的深度历史存档，即时新闻24小时不断更新超过3 000个指定内容，如《纽约时报》和《华盛顿邮报》等的全文库等。

通过Dialog，还可以浏览全世界的专利、商标和版权最新情况，浏览在线专利图样，并且查找诉讼、裁决和知识产权法规方面的新闻。Dialog的知识产权数据库包括来自美国版权信息、来自于14个国家以及欧盟和世界知识产权组织的商标数据、400万个商标图样、英文版的日本商标、60个国家超过1 500万个专利内容、美国商业Process专利和英文版的韩国专利申请摘要等。此外世界著名的DERWENT专利数据库以及美国专利、欧洲专利、日本专利等数据库也都可在Dialog中查询。

（二）Dialog数据库蓝页

Dialog数据库总数庞杂，分为生物与农业资源、化学资源、环境与能源、数学、物理、工程与电子资源、医学资源、人文社科、综合及其他科技资源、政府法规及知识产权资源、专利、商业资源。由于数据资源众多，Dialog提供了数据库蓝页供用户浏览，网址为http://library.dialog.com/bluesheets。

在数据库蓝页中，可以按数据库名称、文档号、主题浏览。数据库蓝页提供有每一种数据库的收录范围、可供检索的字段、打印格式、记录样式及收费情况等。

下面是医药类别数据库的简要介绍。

Allied and Complementary Medicine-Acad 辅助医学和替代医学(164号文档)：由英国图书馆卫生保健信息服务部建立,是替代医学领域内的文献书目数据库。

DH-DATA：Health Admin, Medical Toxicology & Env. Health——英国保健服务(BHSS 文档)：该数据库涵盖了健康服务和医院管理工作,着重于英国国家保健服务(BNHS)的内容。

DIOGENES FDA Regulatory Updates——迪奥杰尼斯美国食品与药物法规信息(158号文档)：提供卫生保健工业所需要的美国食品与药品管理方面的信息,包括与药物和医疗设备有关的美国规章、法规的新闻报道和非公开文献。

EMBASE Alert——荷兰医学文摘快讯(172号文档)：提供最新八周内的生物医学和有关药物研发方面的文献,文摘型数据库,每日更新。

EMBASE——荷兰医学文摘(72,73号文档)：被认为是世界上关于人类医学和相关学科文献的一种重要的综合性的索引。

EMCare——护理和健康数据库(45号文档)：EMCare 是 Elsevier 提供的专科护理保健专业的数据库。

Emergency Room——急诊室数据库(454号文档)：急诊室数据库提供来自疾病急诊部门的2 600多种疾病的信息。

Gale Group Health & Wellness Database——Gale 集团健康保健数据库(149号文档)：该数据库涵盖了健康、医药、营养等广泛的信息。

Global Health——全球卫生(162号文档)：为摘要型数据库,全面涵盖公共卫生学的主要文献。

Health Devices Alerts——医疗保健设备快讯(198号文档)：由 ECRI 提供,该库收录有关保健设备存在的问题、危害、回顾、评价及现代化等方面的信息。

Health Devices Sourcebook——医疗保健设备目录(188号文档)：由 ECRI 提供,包括了4 500余种医疗设备,以及美国和加拿大制造厂商和销售商情况。

Hospital Outpatient Profile——医院门诊文档(463号文档)：医院门诊(HOP)数据库提供来自医院门诊部门的2 400多种疾病的信息。

Incidence & Prevalence——发病率和流行病数据库(465号文档)：发病率和流行病数据库(IPD)是一个综合性的参考数据库,提供及时的数据资源。

Manual, Alternative and Natural Therapy MANTIS——人工,替代医学和自然治疗(91号文档)：提供了主要的生物医学数据库中不多见的记录。

MEDITEC Acad/Medical Engineering——医学工程文摘(BMED 文档)：BMED 数据库覆盖了生物医学工程信息的各个方面。

Medline——医学文摘(155号文档)：Medline 数据库由美国国家医学图书馆编辑,内容涉及生物医学的各个领域。

New England Journal of Medicine——新英格兰医学期刊(444号文档)：本数据库收录世界上最早出版的医学期刊——《新英格兰医学期刊》全文。

NewsRX Weekly Reports——每周处方报道(135号文档)：NewsRX Weekly Reports 提供整个医疗领域的大约20种医疗保健方面的通讯报告,包括工业、商业和产品的信息。

Adis Clinical Trials Insight——临床试验研究(173 号文档):提供来自全球 1 300 份医药学期刊、会议记录、临床数据及相关公司临床实验网站上的资料。对药物、药物治疗、药物副作用、药物动力学等主题和研究结果提供清晰的分析和汇报,以表格形式记录。

Adis Newsletters Adis——药物信息快讯(428,429 号文档):整合全球药物和药物治疗学领域主题的最新进展,包括药理学、治疗学、疾病处理、药物副作用、药物动力学和药效学、制药学。

Adis R&D Insight ADIS——药物研发数据库(107 号文档):该数据库的信息源自 In-Pharma、Reactions、Pharmaco Economics & Outcomes News、Clinical Trial Insights 等 2 300 余种专业期刊,以及国际会议、公司年报和新闻报道等公开资料和非公开资料。

Derwent Drug File——德温特药学文档(376,377 号文档):本文档覆盖了三个数据库,《德温特文档》为 376 号文档,《德温特药物记录》为 375、377 号数据库。

DIOGENES—Adverse Drug Events Database——药物副作用报导(181 号文档):药物副作用报导包括两个部分:Adverse Drug Reactions(ADR)and Adverse Event Reporting System(AERS)。

Drug Information Fulltext——药物信息全文库(229 号文档):药物信息全文库是美国卫生系统药剂师协会(American Society of Health-System Pharmacists,ASHP)编辑出版的著名药学文献全文数据库。

ESPICOM Country Health Care Report——国家健康保健报告(511 号文档):国家健康保健报告数据库,收录来自 Medistat 和 WorldPharmaceutical Markets 的医药市场调研报告。

ESPICOM Pharm & Med Profile——药物和医疗企业报告(510 号文档):药物和医疗企业报告数据库。

ESPICOM Pharmaceutical & Medical Device News——药物和医学设备新闻(441 号文档):报道了全球制药企业和医疗设备工业上的最新进展。

FDAnews—FDA 新闻(182 号文档):FDAnews 为医疗设备行业和制药行业的管理人员提供了国内和国际管理机构、立法机关颁布的各项新闻和法规,内容包括医疗器械和制药行业快讯、特别报道、文献和会议记录。

IMS Company Search——IMS 医药企业信息(443 号文档):该数据库介绍世界医药市场上的主要企业。

IMS New Product Focus——IMS 新药聚焦(446 号文档):该数据库提供有关全球新药发布的权威信息。

IMS Patent Focus——IMS 药物专利聚焦(447 号文档):IMS 药物专利聚焦数据库是 IMS HEALTH 公司的产品。

IMS R&D Focus——IMS 医药研发聚焦(445 号文档):该数据库侧重企业和卫生研究机构新药的研发过程。

International Pharmaceutical Abstracts——IPA 国际药学文摘(74 号文档):提供了所有关于药物的发展状况、使用情况,以及专科药物实验方面的信息。

Pharm Line——药品在线(LINE 文档):Pharm Line 药品在线是一个由英国国家健康服务机构的药品信息中心提供的参考性数据库。

Pharmaceutical News Index——药学新闻索引(42 号文档):该数据库涵盖了有关药物、化妆品、医疗器械及相关卫生领域的新闻。

Pharmaproject——在研新药动态(128 号文档):该数据库是英国著名的 PJB Publication 公

司出版的一套反映世界范围内新药(包括化学药和生物药)研究、开发动态的信息资料。

Prous Science Daily Essentials——Prous 每日科技快讯(458 号文档):本数据库提供有关药品研究的实用精确信息。

Prous Science Drug Data Report——Prous 药品数据报告(452 号文档):跟踪报道 6.5 万种生物活性成分。

Prous Science Drugs of the Future——Prous 未来药物数据库(453 号文档):报道各研究阶段的药物进展,包括开始研制、临床试验到上市的相关信息。

Regulatory Affairs Journals——药品监管事务期刊(183 号文档):是全面报道世界范围内制药业及其管理机构的新闻、观点等信息期刊,为制药业提供独一无二的法规事务信息资源。

TOXFILE——毒理学文摘(156 号文档):收录了 270 万篇文献记录并带有摘要,覆盖了药物与化学物质在毒理学、药理学、生物化学、生理学等各方面的报道。

USP DIR VOL. I——美国药典药物信息卷 I(461 号文档):美国药典药物信息卷 I 为医疗护理专业篇,是供医护专业使用的数据库。

二、Dialog 数据库检索

(一) 概述

1. 检索逻辑符

虽然 Dialog 数据库中文档众多,检索指令较多,但检索逻辑符比较少,其中布尔逻辑检索支持"AND"、"OR"和"NOT",截词符支持"?",并支持三个位置算符"(w)"、"(n)"和"(s)"。

例如:real(w)estate 检出 real estate。

例如:solar(1w)energy 检出 solar energy。

在全文数据库中,"(s)"位置算符是将算符前后的两个检索词限定在同一段落内出现,词序可变;而在其他数据库中则是将检索词限定在同一子字段中出现,词序可变。

2. 检索指令

(1) B(Begin)开库

代表开启数据库,可以用 B 或者 Begin。指令格式:B [数据库库号/组库名称]。该指令可以打开一个库,也可以同时打开多个库或一组库,或者打开一组库同时排除不需要的库,或者打开一组库加上一个或几个该组中不包括的数据库。

例如:B 411 表示打开 411 号数据库;

B 2,8,399 表示同时打开 2 号库、8 号库和 399 号库,库号之间用逗号隔开;

B chemeng not 399 表示打开所有化学工程的数据库但不包括 399 号 CA 库;

B Biochem,351 表示打开所有的生物化学库及 351 号库,组库与库号之间用逗号。

(2) SF(Set files)设置范围

设置数据库扫描范围,仅在 411 号文档使用。411 数据库具备了所有数据库的索引条目,是 Dialog 数据库的总索引,实现了 Dialog 全库扫描,是帮助用户选择课题最相关数据库和最精准检索策略的重要工具。

指令格式:SF [数据库范围],其中[数据库范围]可以是多个库号,或是组库,或是库号和组库的组合。

例如：B 411 必须先打开 411 号文档；

SF 8,399 表示同时扫描 8 号库和 399 号库，库号之间用逗号隔开；

SF patents 表示扫描 DIALOG 中所有专利数据库；

SF chemeng not 399 表示扫描所有化学工程的数据库但不包括 399 号 CA 库；

SF allbioscience 扫描生物科学组库。

（3）S(Select)检索

S 是 Select 的缩写，代表执行检索，是 Dialog 检索时使用频率最高的指令。在开启一个数据库进行检索时，几乎每一个步骤都要用到 S。指令格式：S［检索式］，其中［检索式］是指提请查询的词、短语或用逻辑组配结合成的搜索策略。

例如：S simvastatin 表示检索一个单词"simvastatin(辛伐他汀)"；

S bridge and design 表示检索 bridge 和 design(这里的 and 是逻辑算符)；

S bridge( )design 表示检索短语"bridge design(桥梁设计)"；

S fuel( )combustion/ab 表示在文摘中检索"Fuel Combustion(燃油率)"。

Select 指令发送给 Dialog 查询后，系统会将检索结果生成一个集合用 S♯ 来标识反馈给检索者，其中♯代表自然数。当在同一数据库范围内查询不同的检索式时，生成的结果集合依次编号为 S1、S2、S3、S4、S5……

Select 指令不仅可以进行关键词或检索式检索，而且对每一步检索结果的集合也可以通过逻辑关系编入检索式再进行组合检索。

例如：S s1 and simvastatin 表示对 S1 增加关键词限制(二次检索)；

S s1 or s2 表示合并 S1,S2 的结果(这里的 or 是逻辑算符)；

S(s1 or s2) and s3 表示先合并 S1,S2，再查找和 S3 的共同项；

S s1 and py=2009 表示对 S1 增加时间限制(二次检索)。

（4）RD(Remove Duplicates) 去重指令

用在多库检索时对检索结果中重复的记录进行去重处理，保留唯一记录。指令格式：RD ＜S♯＞，其中＜S♯＞是之前的检索结果集合，♯代表 1,2,3……，如 S1,S2。

例如：RD S1 表示对检索结果 S1 进行去重。

（5）T(Type)输出

输出检索结果，分为预设格式、自定义格式、指定输出。指令格式：T s♯/输出格式或字段名称/输出条数，如 T 记录编号/格式或字段名称 from 数据库号。

例如：

T s1/full/all 输出结果集合 S1 中所有记录的全记录格式；

T s2/free/all 输出结果集合 S2 中所有记录的免费格式；

T s4/ti,ab/1—10 输出集合 S4 中第一至第十条的标题和摘要，不同的字段用逗号隔开；

T s2/6,k/all 输出集合 S2 中所有记录的 6 格式和 K 格式，不同的格式用逗号隔开；

T 16057552/9 from 5 从 5 号数据库输出编号为 16057552 的记录的 9 格式。

（二）Dialog 数据库平台检索

DIALOG 系统针对各种用户，提供多样化的检索界面。读者可以利用 DialogWeb 直接上网检索，其网址为 http://www.DialogWeb.com，也有特别为专业人员推出的 Dialog-Classic 界面，网址为 http://www.DialogClassic.com，优势在于速度快，检索过程每一屏幕均保留不丢失数据,便于保存,界面是专业人员熟悉的,能很快地从旧检索方式转入适应新的 Web 界面。此外还有为非专业检索人员准备的 DialogSelect 网站,网址为 http://www.dialogSelect.com,作为在因特网上的简易界面,主要针对最终用户,而非专业人员。最后,Dialog 还为专业检索人员保留了客户端检索——DialogLink。

表 3-9-1 Dialog 平台列表

平台	简介(适用对象)
DialogRO(dialogpro.dialog.com)	为中小型企业量身定做的产业信息平台
Dialogl(www.dialogl.com)	整合科技行业专业信息内容于简易检索平台
DialogSelect/Open Access (www.dialogselect.com)	按行业细分建立的 Dialog 简易检索平台
DialogWeb(www.dialogweb.com)	Dialog 简单和专业并重的检索平台
DialogClassic(www.dialogclassic.com)	Dialog 专业指令检索平台
Dlink5.0	Dialog 专业指令检索软件平台,功能强大
Customized Solution	提供企业定制作息灵活的解决方案

1. DialogLink

DilogLink 为 Dialog 的客户端软件,目前 DialogLink 的最新版本为 5.0。和版本 4 一样,版本 5 具有离线编制检索策略、在线时预先输入检索式、在缓冲区标记和保存非连续文本、在线浏览图片并可打印和保存、记录在线情况并生成跟踪检索及费用的报告等功能。但版本 5 大大增强了 DialogClassic 的界面,在检索管理和检索结果后期处理方面的功能尤为突出,见图 3-9-1。Dialog Link 的下载页面为 http://www.dialog.com/products/dialoglink。

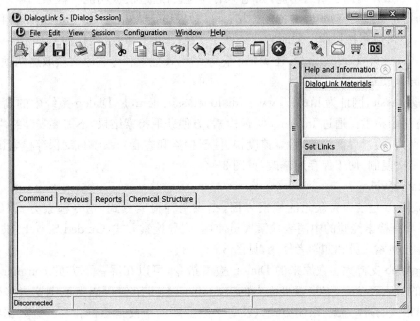

图 3-9-1 DialogLink

DialogLink 5 的运行要求为：

硬件：166 MHz 处理器（推荐 300 MHz 处理器）；64 MB 内存（推荐 128 MB 内存）；4 MB自由磁盘空间；SVGA 为 800×600 256 色；有网络连接。软件：微软 Win98/Me、WinNT 5.0、Win 2000 和 WinXP 之一。软件上需要微软 Microsoft Net Framework、Word 97 及以上版本（用于 DialogLink Word 格式报告功能）以及 Excel 97 及以上版本（用于 Dialog Link Excel 格式报告功能）。

DialogLink 5 呈现出更加美观和友好的界面，定制的链接格窗包含新的帮助信息，放置链接和进程浏览功能；改进工具条设计，新增工具按钮，配置访问 Classic DataStar 和 STN 的选择按钮；Session 内的历史指令或是记录可自由浏览。

DialogLink 5 的界面有 5 个部分：工具栏（Toolbar）、检索过程通讯区（Retrieve buffer）、检索式缓冲区（Type-ahead buffer）、辅助链接区（Linking pane）及状态指示区（Status indicators）。

检索式缓冲（Type-ahead buffer）有 4 个标签功能：命令（Command）、以前检索（Previous）、报告（Reports）、化学结构式（Chemical structure）。

指令（Command）标签下，用户可在联机前输入或编辑检索式，也可以在联机过程中按自己的步调实施检索策略。指令（Command）标签也是默认的标签。Dialoglink 能在发送下一条命令前等候联机中的就绪提示，而界面底部的状态指示区（Status indicators）显示出联机状况。

在以前检索（Previous）标签下显示出用户以前的检索指令列表，按每个日期为独立文件夹，而当日检索指令列表则以 Begin 指令分组，可通过点击其中某指令旁的复选框再点击 copy 按钮就能将所选指令复制到检索式缓冲区内，按回车键即可再次执行该指令。

报告（Reports）标签可帮助用户生成 Excel 或 Word 格式的报告。

在化学结构式（Chemical structure）标签下可使用化学结构式进行检索的功能。

DialogLink 5 添加了新的功能，如化学结构检索；通过模板功能将检索结果下载为 Excel 或 Word 的文献类型；扩展的智能连接；可以从 Thomson patent store 下载相应的专利全文 PDF，也可以直接订购。同时它还新增了 PICKLIST 命令（强化的 type 指令），增强记录显示方式。此外，DialogLink5 还实现了化学结构式检索和专利原文获取这两项功能。

2. DialogClassic

DialogClassic，网址为 http://www.dialogclassic.com，是 Dialog 系统中的高级检索平台，只支持指令检索。通过 Internet 实现检索，方便获取检索结果，不需要安装终端软件。

其特点为：检索界面简单，检索速度快，便于检索和查看。系统自动保存检索记录，检索过程可以一次复制，便于保存及修改，见图 3-9-2。

3. DialogWeb

DialogWeb 是较为大众化的检索界面，提供两种检索方式：指令检索方式（Command Search）供具有检索经验的中高级检索人员使用，引导检索方式（Guided Search）供专业检索人员、非专业检索人员和初学者使用，见图 3-9-3。

DialogWeb 支持大多数原来的 Dialog 检索指令，可以在屏幕下方的 command 命令栏中输入你的检索表达式，点检索页面上的"Database Detail"键可以帮助浏览大多数公共的字段、输出格式、排序方式、限制方式以及每个数据库的字段指标符。要浏览数据库的检索结果，可以从格式下拉列表中选择合适的格式，并按"Display"键显示文献，也可以直接键入

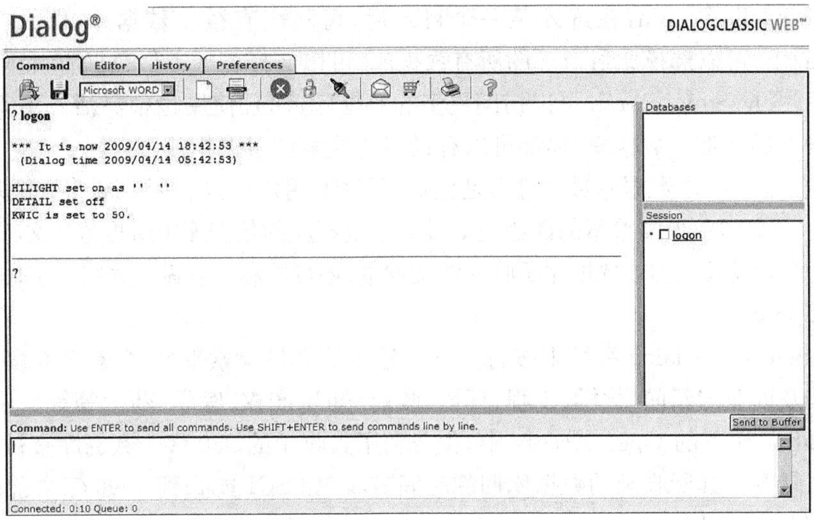

图 3-9-2 Dialog Classic

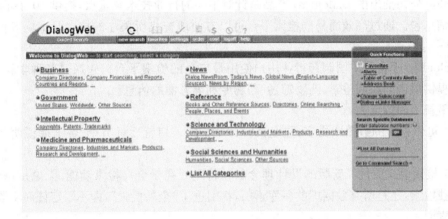

图 3-9-3 DialogWeb(2010 年 11 月 5 日)

Type 指令显示其检索结果,但是每一次 Type 只能最多显示 100 条记录。DialogWeb 的检索结果是以 HTML 格式即超文本的格式提供的,可以先按一个简短的格式或免费的格式显示文献,并使用检查框标记所需详细阅读的文献,然后再以详细的格式来显示所标记的文献,使用"Clean Copy"键,可选择需打印或存贮文献的形式。

Guide Search 中分为商业、政府、知识产权、医药学、新闻、参考、科学与技术、社会科学与人类学等目录,可以在检索时直接选择这些目录,从而进入相关数据库。可以选择在 Quick Function 栏中直接输入数据库号或者转入 Command Search。

Guide Search 下的检索方式有两种:一种是"Target Search";另一种是"Dynamic Search"。对检索策略不熟悉的用户可以很方便地使用这种菜单式的目录。

Target Search 主要是对于一些常见的检索策略比如通过著者查询科学论文或者做一项定题的研究,那么这时用户就不需每次编写检索策略,可以根据 Dialog 系统提供的 Target Search 中的检索提问式进行检索。

Dynamic Search 和 Target Search 不同的是,在 Guide Search 的每个目录和每个数据

库下都有 Dynamic Search,在进入某一个目录后,可能会有很多数据库,那么在 Dynamic Search form 中,可以选择此目录下的所有数据库,可以选择若干近似数据库,也可以选择唯一的数据库。Dynamic Search 可以访问更多的数据库,而且使用也很灵活。不管是检索若干近似数据库还是唯一数据库,你都可以有最多的检索窗口选择。

因为 DialogWeb 的数据库目录检索是免费提供的,用户可以利用 DialogWeb 进行数据库目录检索,以了解自己所需检索的课题在 Dialog 系统相应的数据库中所报道的文献量;可以利用它查找某作者或某机构被数据库所收入的文献量;还可以利用它做一些统计工作等。

4. Dialog Select

DialogSelect 是 Dialog 系统下按行业细分建立的简易检索平台,含有 250 多个数据库,专业范围涉及商业与新闻、化学、工程、环境、政府、知识产权、医学、药学等等。用户可以进入到 DialogSelect 下的 Open Access 中,免费利用其收录的 250 多个数据库查被收录、被引用的专利文献等。其所收录的数据库回溯时间较早,如 SCI 能查到 1990 年之前的文献,网址为 http://www.dialogselect.com。

5. DialogPro

Dialog 公司推出的 DialogPro 产品是针对不同的行业技术侧重点,提供 10 个不同主题的行业信息包。通过高效简易的检索平台可以方便地查找所关注的技术及市场等信息,见图 3-9-4。

DialogPro 平台是中国制药行业用户使用最广泛的检索平台。它通过各种学科主题的"频道"提供了诸如新药检索、药物综述、药物专利等方面的信息。

其最新版的特点为:

(1) 可供检索的数据库更多,更全面。每个检索入口背后都有个"数据库说明"介绍基本概况。

(2) 检索模式更优。新版的设计理念的独特之处在于全局检索功能,无论是每个数据库的单独检索,还是所有数据库的多库索引,都引进了"全局检索",即不限定任何字段,通库扫描检索词。

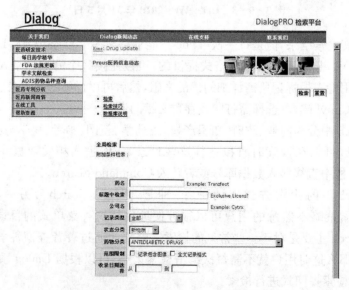

图 3-9-4　DialogPro(2010 年 11 月 5 日)

(3) 提供丰富的附加值资源。为了满足多方位的需求，新版主要从两方面增加了附加资源。一是在主页设有"医药行业热点资讯"，通过自动推送的方式，把几个预设主题的最新信息发布出来，可以获悉最新的临床用药信息、法规动态、疾病治疗动态等；二是在检索页面中增加"在线工具"，支持多个国家的"专利全文下载"、"CAS字典查找"等功能，并会陆续添加。

三、STN概述

STN通常被称为STN International，它是由德国专业信息中心(Fach information szentrum Karlsruhe)、美国化学文摘社(Chemical Abstract Service)和日本科学技术信息中心(Japan Information Center for Science and Technology)于1983年开始合作经营的跨国网络数据库公司，提供全面科技领域的信息在线服务，3个服务中心分别设于德国的卡尔斯鲁厄、美国的哥伦比亚和日本的东京，3个服务中心通过海底电缆连接，用户可以通过任意一个服务中心检索STN收录的全部数据库。STN的服务宗旨为"致力于满足科学家和情报专业人员对全球信息的需求"。

FIZ Karlsruhe：Fach information szentrum是德国的一个非营利性的科技信息服务组织，提供印刷类和电子类科技信息产品，FIZ Karlsruhe成立于1977年，其最初目的是为德国政府、科学协会和工业企业等部门提供及时准确的高科技信息，是国家科学技术活动的一部分。FIZ编辑、加工数据，将增值的服务提供给德国的科研机构、大学、企业及管理部门，实现科技向生产力的转化，促进技术创新。作为STN欧洲服务中心，FIZ的信息服务涵盖各个方面，从编写科技论文的索引到提供参考文献、全文数据库、专利数据库，开展各种功能的个性化服务。

CAS：CAS是一个科学家的团队，提供世界范围内化学、生命科学及其他科学领域的期刊及其专利文献，并可回溯至20世纪初。CAS自1907年成立以来已经为与化学相关的科技期刊、专利、会议录及其他文献做了4 000多种索引，通过CAS在线方式可获取的总文摘数达20万篇。

JICST：JICST是日本科技信息的中心组织，JICSI生产的最著名的数据库是JICST-EPIUS，覆盖自然科学、工程技术和医学全部领域。

STN的覆盖范围包括近300个数据库，包括题录、化学物质、化学反应、全文、基因序列等科技领域重要的数据库，系统涉及的专业范围有化学、化工、生物、医学、药学、数学、物理、能源、冶金、建筑、农业、会议论文、日本专利、美国专利、德国专利以及世界专利等。此外，STN系统在收藏化学方面内容尤为突出。此外也提供化工产品、药物、生物制品及食品等方面的商情信息。

STN系统是世界上第一个推出全文数据库的系统，含有6个化学期刊全文数据库(化学期刊论文全文文档CJACS，Wiley出版公司出版的化学期刊全文CJWLEY，英国皇家化学协会化学期刊全文CJRSC，分析化学家联合会的化学期刊全文CJAOAC，荷兰化学期刊全文数据库CJELSEVIER，应用化学全文数据库CJVCH)，并拥有世界上第一批可利用图形进行检索的图形数据库——化学物质结构图形(Registry file)、伯恩斯坦有机化学手册结构数据库、德国专利、世界专利等。除此之外，STN系统中有许多数值型数据库，推出了MPD(Material Property Data)材料特性数据网络和CPD(Chemical Property Data)化学特性数据网络共 23 个数值型数据库。

STN 的检索方式分为 STN Express 客户端以及 Web 检索(STN on the web),其中 STN Express 是为专业人员提供的传统的指令语言检索界面,该软件带给用户的便利有:可使客户在脱机状态下编辑检索策略,联机状态下迅速检索;为用户特别设计的命令窗口可使用户发送一行或多行命令,主机响应迅速,并新增制表、报告工具,可将检索结果(文献、专利、化学结构图形等)按照客户的要求和喜好制作成表单或报告格式,便于进一步分析研究。

除软件本身提供的保存格式外,还可将检索结果转换成 Excel、RTF 或 HTML 等格式保存;通过化学物质登记号、专利号可链接该物质的信息及专利信息。全文链接按钮可帮助客户获取文献或专利全文。考虑不同用户的检索水平,该软件提供的 STN 命令语言和 Discover! Wizards 可以帮助不太熟悉 STN 的检索人员和不熟悉检索指令的最终用户全面检索 STN 的各个数据库。该软件还具有自动连接浏览器的功能,通过该功能可获取 STN 每个数据库的详细介绍。

作为一个独立的应用平台,STN on the web 则提供了 220 多个数据库的浏览器检索方式。STN on the Web 将强大的 STN 指令语言与先进的 Web 技术有机结合,可通过浏览器检索 STN 数据库并具有超链接、图文并茂等特征,并且可无缝链接到电子或印刷全文资源。STN on the Web 的主要特征是:具备全部 STN 检索语言的功能;可完全联机显示图文画面;可将检索结果转换成 HTML、PDF、RTF、ZIP 等格式;具有 Free Search Preview 免费预扫描功能;可根据化学物质登记号的超链接获取该物质的详细信息;利用专利检索工具并根据专利号的超链接,可获取该专利的详细信息,包括法律状态和同族专利等;免费下载化学结构图软件;通过全文、引文及专利的超链接不仅可获取文献及专利的全文,还可获得该篇文献及专利的被引用情况。STN 由于为三家联合提供,所以有多个入口,其中 FIZ 提供服务的网址为:https://stnweb.fiz-karlsruhe.de,见图 3-9-5。

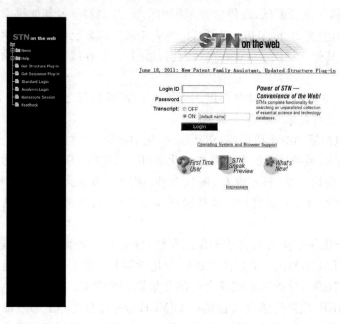

图 3-9-5 STN 入口(2010 年 11 月 5 日)

四、STN 数据库检索

STN 数据库的逻辑算符包括：逻辑"OR"、逻辑"AND"、逻辑"NOT"，以及数字运算符：/（后缀）、-（短线）、<（小于）、>（大于）、=>或>=（大于等于）、<=或=>（小于等于）。截词符则分为有限截词、无限截词以及中间屏蔽。

1. 有限截词♯

例：检索 cat♯ 可检出 cat 和 cat8。

检索 process♯ 则可检出 process 和 processes。

2. 无限截词？

例：检索 prevent？可检出 prevent、prevents、prevented、preventing 和 prevention。

3. 中间屏蔽！

例：检索 organi！ation 可检出 organisation 和 organization。

使用截词时应注意：① 无限截词时词干不能太短，不得少于 3 个字符。② 左截词、右截词可同时使用，具体适用情况依数据库黄页而定。③ 截词时先查字典，避免无关文献检出。

位置算符：

(W)或()或空格：表示词与词之间必须紧挨着，中间有一空格或标点符号，但词序不可变。

(N)或(A)：表示两词必须紧挨着，中间有一空格或标点符号，但词序可变。

(nW)：表示两词之间最多可插入 n 个词，词序不可变。

(nN)，(nA)：表示两词之间最多可插入 n 个词，词序可变。

(S)：表示两词必须在记录中的同一个句子中出现，词序可变。

(P)：主要用于全文数据库和数值数据库，表示在同一段落中。

(L)：表示两词必须出现在同一信息单元内，如同一个索引项中或同一题目或同一关键词中，词序可变，它与(S)最大的不同就是(L)限制两词在一个字段，而(S)只限制两词在一句话中。

注意：如果一个检索语句中间含有位置算符和布尔逻辑算符，则系统在执行检索时，其优先运算次序为：括号内的运算＞数字运算符＞(W)或(N)＞(S)＞(P)＞(L)＞NOT 或 AND＞OR，如要改变运算次序，则应使用()。

同美国 DIALOG 联机检索系统一样，STN 也具有一般检索指令，包括：① 选用数据库指令 FIL（或 FILE）；② 选词指令 S(Sea 或 Search)；③ 联机显示打印指令 D(Display)；④ 脱机打印指令 P(PRINT)。

除此之外，STN 特有的检索指令有：

1. 扩词指令 E(EXPAND)：E 指令是一个很有用且能帮助选词的指令。如在进行作者名或公司名检索时，采用此指令，有助于查准和查全，在 STN 系统中，扩词指令一次可同时在 3 个字段内进行。

2. 保留检索策略指令：其分为 SAV(SAVE)长期保留指令和 SAV TEMP(SAVE TEMP)暂时保留检索策略指令，系统免费保留某一个检索策略一个星期，用户可在一周时间内进库直接调用检索指令。

3. 调用保留检索策略 act：在转换文档时，可用此检索指令，这样在另一文档中即可不用再输入相同的检索式，以节省机时。

4. 检索策略的询问指令 que(query)：如果一个组号的文献超过 200 万篇，磁盘溢出，会使检索中止，但如用 que 指令，则可避免此缺陷。

5. 改错指令 $：检索中，如果输错了字需要改正，则可在输错的字后面空一格，而后输入 $，紧接着输入正确的检索词即可。

6. 撤销指令 del(delete)：在检索过程中，如要撤销编号为 P123001c 的脱机打印件，即可采用这样的检索式：del P123001c。

7. 设置(指定)指令 Set：可用于特殊检索要求时使用，如 Set range＝1977 -（在某一文档内限制查找年限，如只需查找 1977 年以后的文献，则可采用此设置指令）。

8. 原文订购指令 ORDER：在订购原文时在 order 指令后加上系统存取号（AN）和提供文献的机构即可。

STN 系统中的每条记录都可用"基本索引"和"辅助索引"来检索，以提高查全率与查准率。在系统中，要限定的字段都用后缀来表示，这一点与 DIALOG 系统不同。

在 STN 系统中，有关化学方面的数据库比较多，其收藏的内容是 DIALOG 系统所不及的，且检索字段与策略也尤为突出。

1. CRN 化学物质登记号字段：化学文摘中，将每一个化学物质都一一对应一个化学物质登记号，使用化学物质登记号有利于检全含有这一物质的所有文献。

2. CN 全名检索字段：由于化学物质中有的物质结构中带有取代基或者是左右旋结构等，这时主字段的拼写是一样的，可又表示不同物质，此时 CN 字段非常有效。

3. CNS 片断检索：即含有化学名的一部分都可检中，如在氯乙烯字段下加 CNS，不仅可检出含氯乙烯的文献，还可检出聚氯乙烯等方面的文献。

4. 特殊字段 et(Element term)：此字段用于一些文献中含有元素符号的查找。

5. 图形结构检索：STN 系统中的 Registry File 是世界上第一个将各种化学物质结构图形总括而成的数据库，它可进行物质结构图形检索，特别适用于新物质的论证。

另外，由于 STN 系统是属非纯商业性机构，每年都得到德国政府和日本政府的资助，系统中的某些文档的打印格式近乎于免费。

五、小结

Dialog 和 STN 被称为"数据库的数据库"，其所包含的资源囊括人类知识的各个方面，由于其难度和费用的限制，仅被专业人员掌握使用。但其包含文献量大，更新迅速，对于课题检索以及科技查新有着极其重要的作用。

第十节 其他网络数据库

一、CSA

《剑桥科学文摘》(Cambridge Scientific Abstracts, CSA) 由美国剑桥科学文摘出版公司编辑出版。

自 1971 年成立以来，CSA 一直致力于编辑、出版原始科学文献的文摘和索引。目前，

CSA 产品包括传统的印刷型期刊和各种电子版的数据库。电子版数据库可通过远程联机和 CD-ROM 方式检索。此外，CSA 还推出了基于网络的 Internet Database Service(IDS)服务，称为 CSA ILLUMINA 平台。利用 IDS 服务，用户通过因特网可以检索 CSA 自建立以来的全部数据库，以及 CSA 的出版合作伙伴提供的一些数据库，其覆盖的学科范围包括：生命科学、水科学与海洋科学、环境科学、计算机科学、材料科学、航空航天科学、农业科学、工程特性、市场研究、社会科学等。具体列表如下：

- 生物科学：Biological Sciences、BioOne.1 Full-Text、BioOne.2 Full-Text、Biotechnology and Bioengineering Abstracts
- 环境，毒理，安全科学：EIS(Digests of Environmental Impact Statements)、Environmental Sciences and Pollution Mgmt、TOXLINE、Safety Science and Risk
- 植物学：Plant Science
- 医学：AIDS and Cancer Research Abstracts、Medline
- 水产，海洋学：ASFA(Aquatic Sciences and Fisheries Abstracts)、Oceanic Abstracts
- 气象，地质学：Meteorological & Geoastrophysical Abstracts
- 综合：NTIS、Conference Papers Index
- 材料学：Aluminium Industry Abstracts、Ceramic Abstracts/World Ceramics Abstracts、Copper Data Center Database、Corrosion Abstracts、Engineered Materials Abstracts、Materials Business File、METADEX
- 工程学：ANTE(Abstracts in New Technologies and Engineering)、Mechanical Engineering Abstracts
- 宇航，高科技：Aerospace & High Technology Database、Computer and Information Systems Abstracts、Electronics and Communications Abstracts、Solid State and Superconductivity Abstracts
- 语言学：CSA Linguistics and Language Behavior Abstracts
- 图书馆学，信息科学：LISA(Library and Information Science Abstracts)

CSA 包括的数据库共八十多个，其中较为重要的数据库如下：

计算机与信息系统文摘数据库(Computer and Information Systems Abstracts)：信息来源于 3 000 多种期刊、会议记录、科技报告等，涉及人工智能、计算机应用、程序设计、信息系统等学科。

电子与通讯文摘数据库(Electronics and Communications Abstracts)：信息来源于 3 000 多种期刊、会议记录、科技报告等。

固体与超导体文摘数据库(Solid State and Superconductivity Abstracts)：信息来源于 3 000 多种期刊、会议记录、科技报告等，涉及应用物理学、原子与分子物理学、物理数学、超导体、半导体等学科。

工程材料文摘数据库(Engineered Materials Abstracts)：信息来源于 3 000 多种期刊、会议记录、科技报告等，涉及聚合物、复合物、工程陶瓷等学科。

美国政府科技报告数据库(NTIS)：是由美国国家技术情报社(National Technical Information Service)出版，美国政府立项研究及开发的项目报告为主，包括 300 家政府机构解密的文摘、公开报告和分析，少量收录西欧、日本及世界各国(包括中国)的科学研究报告，涉及航空学与空气动力学、化学、计算机科学、能源、工程学、环境科学、材料科学、数学、军事科学、自然资源与地球科学、核科学、物理学、运输等。

CSA 网址为 http://www.csa.com。

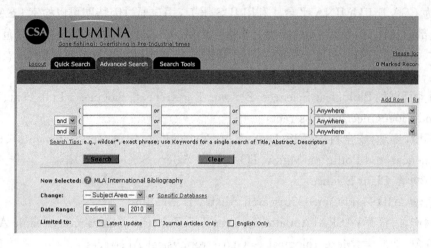

图 3-10-1　CSA ILLUMINA 检索界面(2011 年 11 月 5 日)

　　CSA 可通过快速检索、高级检索、检索工具等查询到从 1965 年至今的文献。检索规则除布尔逻辑运算符、空格、截词符、位置算符外,还有叙词、关键词、作者检索等作为补充,并附有检索历史回顾、定期追踪、索引调标、作者及出版类型索引、最新资讯通报、全文链接 SFX、Refworks 个人资料管理系统、使用统计表的多种增值服务。

　　CSA 支持的布尔逻辑式如下:布尔逻辑算符有 AND、OR 和 NOT;空格表示词组检索;截词符中"﹡"代表任意字母,"?"代表单个字母;位置算符中"Within X"代表任意词序,最多允许 X 个其他单词,"Near"代表任意词序,最多允许 10 个其他单词。

　　剑桥科学文摘的检索方式有快速检索、高级检索两种。

　　快速检索(Quick Search):首先在检索界面中选择主题领域或特定数据库,如:自然科学等,其次输入检索式,如:海洋污染(marine pollution),选择检索年限后再点击控制键"检索",检索结果就直接显示出来。

　　高级检索(Advanced Search):需确定主题领域或特定数据库后在高级检索界面中输入检索主题词,确定检索日期范围和文章类型,再点击"Search",则显示检索结果。

　　此外,CSA 还提供相关的检索工具,包括组合检索、定题通报、检索历史、命令行检索、词表和索引。

　　组合检索:用于可对当前检索历史中两个以上的检索式进行组合,也可以在检索栏中加入新的检索词。

　　定题通报:用户可在检索历史中将所需的检索策略保存为定题通报,并申请创建个人文档,用来保护检索策略,系统将以电子邮件的形式每周将最新的前 250 条记录提供给用户。

　　检索历史:最大检索式数目为 50 个,检索者可以对每个检索策略进行编辑、保存、删除、返回到检索结果、保存为定题通报等操作。

　　命令行检索:用户在检索框中输入检索策略。此种检索方式要求检索者熟练掌握检索策略的编制,包括布尔运算符、字段代码、通配符和位置算符的用法。

　　词表:字顺列表显示主要词汇列表,不显示其关系;层次列表显示已发现条目内所有词汇之间的关系,包括解释性注释;轮排索引显示包含已找到词的所有词汇,包括相关词汇。

索引:检索者可以按照数据库中各字段的字顺列表浏览作者姓名的不同拼写、出版物的不同类型或者某个数据库中的期刊列表。

CSA 的检索结果的显示有三种:题录、文摘和全文。检索结果排序有两种方式:按照原文的出版时间、按照检索记录的相关性排序。检索结果显示有四种显示格式:短记录、长记录、不含参考文献的长记录与自定义格式。此外,检索结果具备自动去重功能。

CSA 的检索结果提供全文链接,分为三种方式:

(1) 全文无缝链接,直接定位馆内订购的全文电子资源。

(2) 快速查询本校馆藏信息及中科院联合期刊目录。

(3) 馆际互借链接,快速向管理员发送文献请求。

最后,可以通过保存、打印、E-mail 等方式获取检索结果并可查询 6 个月内的检索历史和检索策略。

在个性化服务方面,CSA 提供个人研究账户,可以不受 IP 限制远程访问数据库,并与信息管理工具 Refworks 结合,可以保存检索策略并建立定题通告。

二、EI

(一) 概述

美国《工程索引》(The Engineering Index)创刊于 1884 年,由世界上最大的工程信息提供者之一——美国工程信息公司编辑出版,目前属于 Elsevier 集团出版,所报道的文献学科覆盖面广,涉及工程技术领域各个方面。美国工程信息公司是世界上最大的工程信息提供者之一,作为世界领先的应用科学和工程学在线信息服务提供者,一直致力于为科学研究者和工程技术人员提供专业化、实用化的在线数据信息服务。

20 世纪 70 年代,创建了电子版数据库(Compendex),并通过 Dialog 等大型联机系统提供检索服务。80 年代开始光盘版数据库(CD-ROM,Compendex)。90 年代提供网络版数据库(EI Compendex Web),推出了 Engineering Information Village。2000 年 8 月,EI 推出 Engineering Information Village 2 新版本,对文摘录入格式进行了改进。经过 100 多年的发展,《工程索引》已经成为全球工程技术领域最著名的检索系统,同时它也是世界引文分析和文献评价的四大检索工具之一。

Engineering Information Village 2 是 Engineering Information Inc. 出版的工程类电子资料库,其核心数据库 EI Compendex 是《工程索引》的网络版,是目前全球最全面的工程领域二次文献数据库,侧重提供应用科学和工程领域的文摘索引信息,涉及核技术、生物工程、交通运输、化学和工艺工程、照明和光学技术、农业工程和食品技术、计算机和数据处理、应用物理、电子和通信、控制工程、土木工程、机械工程、材料工程、石油、宇航、汽车工程以及这些领域的子学科。其数据来源于 5 100 种工程类期刊、会议论文集和技术报告,每年新增约 25 万条记录,是工程人员及相关研究者最佳、最权威的信息来源。可在网上检索 1970 年至今的文献,数据库每年增加选自超过 175 个学科和工程专业的大约 250 000 条新纪录。EI Compendex 数据库每周更新数据,以确保用户可以跟踪其所在领域的最新进展。

Engineering Information Village 2 便于检索,将分散的文献、专利、网络资源整合在同一个界面。在其界面除可以检索 COMPENDEX 数据库以外,还可以检索 USPTO、Espacenet 及 Scirus 数据库。USPTO 是美国专利和商标局的全文专利数据库,可以查找到

1790年以来的专利全文。通过Espacenet可以检索欧洲各国家专利局及欧洲专利局（EPO）、世界知识产权组织（WIPO）和日本所登记的专利。Scirus是迄今为止在因特网上最全面的科技专用搜索引擎，覆盖超过1.05亿个科技相关的网页。

Engineering Information Village 2的网址为http://www.engineeringvillage2.com。

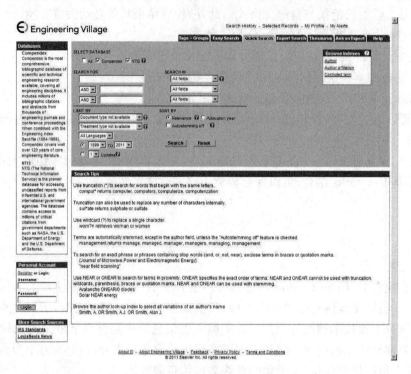

图3-10-2　Engineering Village(2011年9月12日)

EI Village 2数据库字段如下：

All fields：指EI数据库全部著录项目，该字段为系统默认字段。

Subject/Title/Abstract：检索将在文摘、标题、标题译文、主题词表、标引词、关键词等字段进行。检索词可为词、词组或短语。

Author(或编者)：作者指论文作者，输入时姓在前名在后。作者名后可以使用截词符，如：Smith, A * 表示系统将就Smith, a. , Smith, a. a. , Smith, A. B, Smith, Aaron、Smith, Aaron C等作者进行检索。用作者字段检索时可参考索引表。

Author affiliation：EI数据库中，70年代以前机构名称用全称表示，80年代使用缩写加全称，90年代用缩写。

Publisher：可以直接浏览出版者索引。

Source title：包括期刊、专著、会议录、会议文集的名称。

Title：文章的标题。检索时可以输入词、词组或短语，如：radio frequency。如果标题是其他语种，则译成英文。

EI controlled term：受控词来自EI叙词表，它从专业的角度将同一概念的主题进行归类，因此使用受控词检索比较准确。

（二）检索

EI Village 2数据库的检索方式分为快速检索(Quick Search)、简单检索(Easy Search)

和专家检索(Expert Search)。

快速检索是系统默认的检索方式。系统提供了三个检索词输入框,两框之间检索词的逻辑关系可以 AND,OR,NOT 来限定。使用"All Fields"、"Title Words"、"Abstracts"和"Publisher"检索字段时,同一检索框中的检索词不能用逻辑运算符连接。

专家检索中系统严格按输入的检索词进行检索,不自动进行词根运算。使用 Within(运算符,简写为 wn)加字段标识符对检索词进行限定,例:Solar cycle wn AB。

此外,EI 还提供字典式查询功能的查找索引,可帮助用户选择用于检索的适宜词语。Compendex 数据库有作者(Author)、作者单位(Author Affiliation)和 EI 受控词(EI Controlled Term)的索引。一旦某索引出现,用户选择所要检索词语的第一个字母或者在 SEARCH FOR 栏中输入词语的前几个字母,然后点击"Find"按钮,就可浏览。此外,用户也可通过点击每页下面的"Previous"或"Next"按钮浏览索引。当用户选择了索引中的某词后,它将自动被粘贴到第一个可用的检索框中,"SEARCH IN"栏也将切换到相应的字段。在索引中删除一个词语,此词语将从相应的检索框中删除。用户如果选择了超过三个词语,第四个词语将覆盖第三个检索框中的词语。用户也可以用布尔运算符 AND 或 OR 连接从索引中粘贴到检索框的第二和第三个词语。

(三) 检索结果的显示、评价、分析与管理

检索结果可以选择三种浏览格式:

Citation——只显示文章的篇名、作者、文献来源。

Abstract——显示文章的篇名、作者、文献来源、摘要(如果有)、关键词(如果有)等信息。

Detailed Record——显示文章在 EI 数据库中的所有字段的内容,除上面的信息外,还包括如刊名缩写、出版物类型等。

检索结果选中后,EI 数据库还提供全文链接。若收录该论文的期刊在本馆的全文数据库中,就可直接链接到该论文的全文。当选择显示方式为"Abstract"或"Detailed Record"时,就可以看到显示全文的链接。

检索结果的导出有五种方式:

View Selections:按照事先限定的显示格式浏览选定的记录;

E-mail:通过电子邮件发送选定的记录;

Print:打印选定的记录;

Download:下载选定的记录(以 RIS 或 ASCII 格式下载所选的记录);

Save to Folder:此外,对于拥有个人账号的用户,可以创建一个文件夹保存用户的检索结果。保存选定的记录,用户最多可创建三个文件夹,每个文件夹最多可容纳 50 条记录。

(四) 小结

随着生物医学工程等学科的出现与蓬勃发展,工程领域的诸多发现必将对医学产生深远的影响。作为重要的工程学索引,EI 对医学的进步也会起到推动作用。

(王云峰)

思考题:

1. 说明 BiosisPreview 数据库的特点与用途。
2. 说明 CA 的出版形式与特点。
3. 说明 Dialog 数据库的覆盖范围与特点。

第四章 特种文献资源检索

特种文献(Special Categories of Document)是指那些在出版发行和获取途径两方面都较为特殊的科技文献,有的难以搜求(如科技报告),有的能提供解决纠纷的功能(如专利文献和标准)。

特种文献一般包括会议文献、专利文献、学位论文、标准文献及科技报告等。它们的特点是种类繁多、内容广泛、数量大、报道快、参考价值高,是非常重要的信息源,在科技文献检索中占很大的比例。

第一节 会议文献

一、概述

会议文献(Conference Literature)是指在各种会议上形成的资料和出版物,包括会议论文、会议文件、会议报告、讨论稿等,其中会议论文是最主要的会议文献。许多新发现、新进展、新成就以及新研究课题和新设想,都是以会议论文的形式首次发布,会议文献能够更为及时地反映科技发展的最高水平和最新动态。因此,学术会议不仅是交流学术研究的极好场所,也是传递和获取科技信息的重要渠道。

(一) 会议文献的特点

1. 信息传递及时　会议是公布新研究成果的重要场所,30%的科技成果首先发布在科技会议上,对本领域重大事件首次报道率最高。

2. 传递的信息针对性强　学术会议由专业性团体召开,有很明确的主题,因此会议文献的内容也非常集中,具有很强的专业针对性。

(二) 会议文献的类型

1. 会前文献(Preconference Literature):指在会议进行之前预先印发给与会代表的论文、论文摘要或论文目录。

2. 会间文献(Literature Generated During the Conference):包括会议议程、开幕词、讲演词、闭幕词、讨论记录、会议决议等。

3. 会后文献(Post Conference Literature):指一些重要会议在会后以不同的方式正式出版的会议文献,是会议文献的主要组成部分。经过会议的讨论和作者的修改、补充,内容比会前文献更准确,价值更高。会后文献通常以会议录(Proceedings)、会议论文集(Symposium)、学术讨论会论文集(Councils)、会议论文汇编(Transactions)、会议记录(Records)、会议报告集(Reports)、会议文集(Papers)、会议出版物(Publications)、会议纪要(Digest)等多种名称出版。

(三) 会议文献的出版形式

会议文献的出版形式很多,通常有以下几种:

1. 图书　大多数会后文献都是以图书的形式出版,通常称为会议录或会议专题论文集,多数以其会议名称作为书名,或另加书名,将会议名称作为副书名。一般按会议届次编号,定期或不定期出版。

2. 期刊　有相当部分的会后文献在有关学术期刊上发表,主要是由学会、协会主办的学术刊物,如美国机械工程师协会(ASME)等均出版有固定的期刊,专门刊登单篇的科技会议论文,这些期刊往往以汇刊(Transaction)的形式命名。另外,还有不少期刊往往以专辑(Special series)或增刊(Supplement series)的形式专门报道某一会议上的重要论文。

3. 科技报告　部分会后文献被编入科技报告,以科技报告的形式出版,如美国政府的四大报告常编入会议文献。

4. 视听资料　会后文献出版较慢,因此国外有的学术会议直接在开会期间进行录音、录像,会后以视听资料的形式出版,以达到及时传递信息的目的。

此外,随着网络和电子版文献的普及和推广,越来越多的会议信息资源还会发布或刊登在学协会网站和会议专题网站中。另外还有相当数量的会议文献没有正式出版,包括会议预印本和预摘本,这些资料通常在会前或会后分发给与会者,没有参加会议的人员难以获得。

二、国内常用会议文献数据库

(一)《中文学术会议论文数据库》(PACC)

《中文学术会议论文数据库》是国内较早的会议论文全文数据库,属国家重点数据库。PACC收录由中国科技信息研究所提供的,1985年至今世界主要学会和协会的会议论文,以一级以上学会和协会主办的高质量会议论文为主。该数据库覆盖自然科学、工程技术、农林、医学等领域,每年涉及近3 000个重要的学术会议,总计120余万篇,每年增加约20万篇,每月更新,主要包括《中国学术会议论文文摘数据库》、《中国学术会议全文数据库》等数据库。网址为http://www.wanfangdata.com.cn。

(二)《中国医学学术会议论文数据库》(CMAC)

《中国医学学术会议论文数据库》是解放军医学图书馆研制开发的中文医学会议论文文献书目数据库。CMAC收录了1994年以来中华医学会所属专业学会、各地区分会及编辑部等单位组织召开的医学学术会议700余本会议论文集中的文献题录和文摘,累计文献量30余万篇。CMCA是目前我国收集较为齐全的医学会议文献数据库,自2003年起,解放军医学图书馆将其开发的两种数据库《中文生物医学期刊文献数据库》和《中国医学学术会议论文数据库》集成到同一检索平台,便于用户操作。

CMCA目前只发行光盘版,分单机版和网络版,数据每半年更新一次,涉及学科领域有基础医学、临床医学、预防医学、药学、医学生物学、医院管理及医学情报等方面。记录内容包括会议名称、主办单位、会议日期、题名、全部作者、第一作者地址、摘要、关键词、文献类型、参考文献数、资金项目等16项内容。检索途径有自由词检索、作者检索、题名检索、会议名称检索、作者单位名检索等。CMCA提供的会议文献信息包括会议名称、主办单位、会议日期、论文题目、论文作者、地址、关键词、摘要、参考文献数和文献类型等内容,但不提供论文全文。

(三)《中国重要会议论文全文数据库》(CPCD)

《中国重要会议论文全文数据库》是中国知识基础设施工程(CNKI)的一个子数据库。该数据库是收录我国2000年以来(部分可追溯到1999年)国家二级以上学会、协会、高等院校、科研院所、学术机构等单位组办会议的178万余篇(截至2012年8月底)会议论文。

CPCD网上数据每日更新,网址为 http://www.cnki.net/。

(四)国家科技图书文献中心会议论文数据库

国家科技图书文献中心(National Science and Technology Library,NSTL)是经国务院批准,于2000年6月12日成立的一个基于网络环境的科技信息资源服务机构。该中心由中国科学院文献情报中心、中国科学技术信息研究所、机械工业信息研究院、冶金工业信息标准研究院、中国化工信息中心、中国农业科学院农业信息研究所、中国医学科学院医学信息研究所、中国标准化研究院标准馆和中国计量科学研究院文献馆组成。

国家科技图书文献中心的中国会议论文数据库收录了1985年以来我国国家级学会、协会、研究会以及各省、部委等组织召开的全国性学术会议论文。数据库的收藏重点为自然科学各专业领域,每年涉及600余个重要的学术会议,年增长论文4余万篇,每季或每月更新。外文会议论文数据库主要收录了1985年以来世界各主要学会、协会、出版机构出版的学术会议论文,部分文献有少量回溯。学科范围涉及工程技术和自然科学各专业领域(如图4-1-1),注册付费用户可通过"原文检索订购"获取全文。每年增加论文约20余万篇,数据每周更新,网址为 http://www.nstl.gov.cn/。

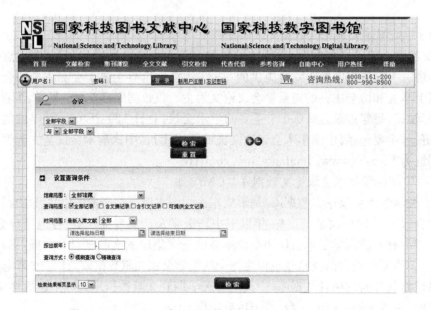

图4-1-1 NSTL会议文献检索页面(2011年4月12日)

三、国外常用会议文献数据库

(一) Conference Papers Index(会议论文索引,CPI)

《会议论文索引》(Conference Papers Index,CPI)由美国数据快报公司于1973年创刊,原名为 Current Programs(近期会议预报),1978年改为现名,月刊。1981年改由美国剑桥科学文摘公司(Cambridge Scientific Abstracts Co.,CSA)编辑出版,从1987年起改为双月刊,收录1982年至今世界范围内的重要科学会议的会前和会后文献信息。1995年后覆盖的学科主要为生命科学、环境科学和水产科学,1995年以前还包括物理、材料科学、工程技术等。另有出版年度索引,每年报道约72 000篇会议论文(不管出版与否),及时提供有关科学、技术和医学方面的最新研究进展信息。记录字段有Conference Title(会议名称)、Conference Sponsor(会议主办者)、Conference(会议)、Notes(注释)、Classification Code(分类号)等,是目前检索会议文献最常用的检索工具之一。国外检索平台为http://www.csa.com/,国内镜像为http://csa.tsinghua.edu.cn/。

(二) ISI Proceedings

ISI Proceedings是美国科学情报研究所(ISI)著名的学术会议录文献索引,包括科学技术会议录索引(Index to Scientific & Technical Proceedings,ISTP)和社会科学与人文科学会议录索引(Index to Social Science & Humanities Proceedings,ISSHP)的Web版。2008年10月以后,ISI Proceedings更名为Conference Proceedings Citation Index(会议论文引文索引,CPCI),并被整合到Web of Science检索平台。ISTP更名为CPCI-Science,ISSHP更名为CPCI-SSH。

CPCI汇集了世界上最新出版会议录资料,包括专著、丛书、预印本、期刊、报告等形式出版的国际会议论文文摘及参考文献索引信息,提供综合全面、多学科的会议论文资料,是科研人员了解和查找世界上权威会议文献最主要的检索工具。CPCI为文摘索引型数据库,提供1990年以后出版的会议论文的文摘、出版信息、相关会议信息等内容,同时还收录了1999年至今的文后参考文献。数据库每周更新。

CPCI-Science创刊于1978年,收录农业(Agriculture)、生物化学(Biochemistry)、生物学(Biology)、生物技术(Biotechnology)、环境科学(Environmental Science)、医学(Medicine)、工程(Engineering)、计算机科学(Computer Science)、化学(Chemistry)、物理(Physics)等自然科学与技术领域的著名国际会议文献,提供会议名称、主办机构、地点、论文篇名、论文摘要、参考文献等会议信息及会议文献信息,并提供一般检索(Search)和高级检索(Advanced Search)两种途径以及全文链接功能。

CPCI-SSH仅收录作为图书、报告、期刊论文出版或发表的会议文献,但内容涵盖经济、哲学、心理学、文学、历史、艺术、管理学、公共卫生学和社会学等多个学科。网址为http://www.webofknowledge.com/。

(三) OCLC FirstSearch会议论文数据库

OCLC最初是Ohiory College Library Center的缩写,是1967年俄亥俄州大学和研究所为共享图书资料而建立的计算机系统。1981年OCLC改为Online Computer Library Center的缩写,即联机计算机图书馆中心,是当今世界上最大的图书馆和信息中心网络,向全球的图书馆和信息中心及其用户提供各种信息服务。

FirstSearch是OCLC从1991年推出的一个联机检索服务,此后发展迅速,深受欢迎。1999年8月,FirstSearch进行了改版。FirstSearch包括PapersFirst(国际学术会议论文索引)和ProceedingsFirst(国际学术会议录索引)两个会议论文数据库,收录了1993年以来世界范围的研讨会、专题会、学术报告会、座谈会、博览会等各种会议的论文题录信息、论文及资料。PapersFirst收录会议论文650万余条记录,其数据来源于大英图书馆文献提供中心(British Library Document Supply Center,BLDSC)收藏的会议论文集的论文索引,以及会议、其他类型出版物和活动的索引。ProceedingsFirst 收录会议录 192 000 余条记录,其数据来源于 BLDSC 提供的会议论文的目录列表。两个数据库的检索途径及字段基本相同,均提供基本检索(Basic Search)、高级检索(Advanced Search)和专家检索(Expert Search)等途径,提供关键词、作者、会议名称、会议地址、会议日期等 27 个检索字段。会议论文题录主要包括作者、论文题名、资料来源、语种、会议名称等内容,数据每月更新两次,网址为 http://www.oclc.org/。

第二节 科技报告检索

一、概述

科技报告(Scientific and Technical Report)是记录某一科研项目调查、实验、研究的成果或进展情况的报告,大多与政府的研究活动、国防及尖端科技领域有关,是一种重要的信息源。科技报告是在第二次世界大战期间及战后迅速发展起来的,并逐渐成为传播科技情报的重要工具。科技报告内容专深新颖,往往涉及尖端学科或世界最新研究课题,常带有不同程度的保密性质。科技报告对问题的论述既系统又完整,内容丰富,信息量大。据报道,全世界每年产生的科技报告在 100 万件以上。

(一) 科技报告的类型

1. 按内容分,可分为基础理论研究和工程技术两大类。

2. 按形式分,可分为技术报告(Technical Reports,简称 TR)、技术札记(Technical Notes,简称 TN)、技术论文(Technical Papers,简称 TP)、技术备忘录(Technical Memorandum,简称 TM)、通报(Bulletin)、技术译文(Technical Translations,简称 TT)、特种出版物(Special Publications,简称 SP)等。

3. 按研究进展程度分,可分为初步报告(Primary Report)、进展报告(Progress Report)、中间报告(Interim Report)、终结报告(Final Report)。

4. 按流通范围分,可分为绝密报告(Top Secret Report)、机密报告(Secret Report)、秘密报告(Confidential Report)、非密限制发行报告(Restricted Report)、非密报告(Unclassified Report)、解密报告(Declassified Report)。属于保密的科技报告大多属于军事、国防工业和尖端技术成果。

(二) 科技报告的特点

1. 反映新科技成果迅速 由于有专门的出版机构和发行渠道,科研成果通过科技报告的形式发表通常比期刊早一年左右。

2. 内容新颖、专深具体 科技报告报道的课题大都涉及尖端科学的最新研究成果,对问题研究的论述包括各种研究方案的选择和比较,各种可供参考的数据和图表、成功与失败的实践经验等内容都很具体。

3. 种类多、数量大 科技报告几乎涉及整个学科、技术领域以及社会科学、行为科学和部分人文科学。据统计,全世界每年出版的科技报告数量达 100 万件以上,其中最多的是美国,约占 83.5%,其次为英国,占 5%,德国、法国各占 1.5%。此外,日、苏、加等国也都有一定数量的科技报告。

4. 出版形式独特　每篇科技报告都是独立的、特定专题的技术文献，独自成册，以单行本形式出版发行。但是，同一单位、同一系统或同一类型的科技报告都有连续编号，每篇报告一个号码。科技报告一般无固定出版周期，报告的页数多少不等，除一部分技术报告可直接订购外，多数不公开发行。

二、国内常用科技报告数据库

（一）中国科技成果库（CSTAD）

由万方数字资源系统中心提供，原名"中国适用技术成果数据库"（CSTAD），创建于1986年，是国家科委指定的一个新技术、新成果查新数据库，收录自1964年至今历年各省市部委鉴定后上报国家科委的科技成果及其他科技成果，范围包括新技术、新产品、新工艺、新材料、新设计等技术成果项目，专业涵盖自然科学各个学科领域及部分社会科学领域。目前收录成果近40万条，每年新增2万条最新成果，已成为我国最具权威的技术成果库。进入万方数据的主页，打开"科技成果"即可进入该库的检索界面。该数据库有全文、成果名称、分类号、成果简介、完成人等17个检索项，网址为http://www.wanfangdata.com.cn。

（二）国家科技成果数据库

国家科技成果数据库收录了1978年以来所有正式登记的中国科技成果，按照《中国图书资料分类法》（第4版）进行中图分类，并按照GB/T 13745—2009《学科分类与代码》进行学科分类，每周更新。每条成果信息包含成果概括、立项情况、评价情况、知识产权状况及成果应用情况、成果完成单位情况、成果完成人情况、单位信息等成果基本信息。成果的内容来源于中国化工信息中心，相关的文献、专利、标志等信息来源于CNKI各大数据库。进入CNKI主页面，在数据库列表中点击"国家科技成果数据库"即可进入该库的检索界面（如图4-2-1)，网址为http://www.cnki.net。

图4-2-1　CNKI国家科技成果数据库（选自2011年4月12日）

三、国外常用科技报告数据库

（一）美国 NTIS 数据库(National Technical Information Service)

NTIS 是美国国家技术情报社出版的美国政府报告数据库，以收录1964年以来美国政府立项研究及开发的项目报告为主，少量收录西欧、日本及世界各国（包括中国）的科学研究报告，包括项目进展过程中所做的一些初期报告、中期报告、最终报告等，反映最新政府重视的项目进展。该库75%的文献是科技报告，其他文献有专利、会议论文、期刊论文、翻译文献；25%的文献是美国以外的文献；90%的文献是英文文献。专业内容覆盖科学技术各个领域。检索结果为报告题录和文摘。该数据库所对应的印刷型刊物有《Government Reports Announcements & Index(GRA & I)》和《Government Inventions for Licensing》。NTIS 数据库包括在剑桥科学文摘(Cambridge Scientific Abstracts，简称 CSA，网址 http://www.cam.ac.uk)数据库组中，该组数据库已在清华图书馆设立镜像服务器，提供 WEB 方式的检索服务，付费用户可获取报告文摘。网址为 http://www.ntis.gov/。

（二）美国政府四大报告

PB 报告、AD 报告、NASA 报告、DOE 报告是美国科技文献中心的一个重要组成部分。虽然四大报告隶属于美国政府不同部门，但其影响和价值相似的历史往往使人们将其视为一个整体。报告内容十分广泛，涉及数学与计算机科学、物理和化学、天文与地球科学、生物与医学、工农业生产技术、交通运输、航空与航天科技、核子科学技术、军工技术、新老能源开发利用技术、环境科学以及行政管理、信息技术和经济分析等各个领域。

(1) PB 报告：是美国政府四大报告中发行最早的一种，产生于二战结束之后。当时美国政府为了整理和利用从战败国获得的数以千吨计的绝密科技情报，于1945年6月成立了一个专门的出版局，即美国商务部出版局(Publication Board)，负责收集、整理、报道和利用这些资料。现在美国商务部出版局出版的报告，资料主要来源于美国国内各研究机构的技术报告，已逐步从军事科学转向民用，主要侧重于民用工程技术、城市规划、环境污染和生物医学方面。

(2) AD 报告：1951年开始出版，现由美国国防技术情报中心(Defence Technical Information Center)负责收集整理和出版。资料主要来源于美国国防部所属的陆海空三军的科研单位、公司、大专院校和外国研究机构及国际组织等。内容不仅包括军事方面，也广泛涉及许多技术领域，如航空航天、地球、物理、材料工程技术等。其报告号冠以"AD"，A 原为 Armed，D 原为 Document 之意，现在则可理解为入藏报告(Accession Document)。AD 报告的密级包括机密、秘密、内部限制发行、非密公开发行四级。报告号的编号方法起初采取混排，后在 AD 后再加一个字母，以区分不同密级，如：AD—A 表示公开报告、AD—B 表示内部限制发行报告、AD—C 表示秘密、机密报告等。

(3) NASA 报告：是美国国家航空航天局(National Aeronautics and Space Administration)科技情报处编辑、出版的专业性检索刊物。资料主要来源于美国国家宇航局所属的各研究中心、实验室、合同公司企业以及大学研究所，包括一些国外研究机构。报告内容侧重于航空和空间技术领域，也广泛涉及许多基础学科和技术学科，如物理、化学、机械仪表、电子、材料等，是检索航空航天科技报告的主要工具。

(4) DOE 报告：是美国能源部(Department of Energy)技术情报中心编辑出版的半月

刊,原为"美国原子能委员会"的AEC报告,1974年改为能源研究与发展署的ERDA报告,1977年改为DOE报告。资料主要来源于能源部直属机构及合同户,内容主要为原子能及其应用方面,但也涉及其他各门学科。ERA收录能源部部属科研机构和各大学等一切与能源有关的科技文献,但以科技报告为主。

目前查找美国四大报告的主要检索工具有:《宇宙航行科技报告》(Scientific and Technical Aerospace Reports)、《能源研究文摘》(Energy Research Abstracts)以及主要的国际联机检索系统。

此外,还可以通过NTIS(National Technical Information Service)检索到1964年以来的美国四大报告的文摘索引信息。

第三节 学位论文检索

一、概述

学位论文(Thesis或Dissertation)是为了获取不同级别学位的候选资格、专业资格而提出的研究成果或研究结论的学术论文。简言之,学位论文就是学生为了获取所修学位向学校或其他学术单位提交的学术研究论文。学位论文是各学科领域研究和探讨的原始成果,能直接或间接地反映出各学科领域中学术研究较新的发展状况,它具有科研论文的科学性、学术性、新颖性、绝大多数不公开发表或出版等特性。

根据《中华人民共和国学位条例》的规定,学位论文分为学士论文(Bachelor thesis)、硕士论文(Master Thesis)、博士论文(Doctorial Dissertation)三种。其中,硕士论文要有一定的深度,需有独到见解;博士论文则是对学科前沿的自主性研究,论文内容新、专、深,具有独创性。学位论文由于基础知识内容丰富,对科研的表述循序渐进、深入、全面,高校学生利用学位论文,可以进行科研选题借鉴,提高对科研工作的科学性、创新性的认识,学习学位论文的写作,所以学位论文是高校学生进行阅读、借鉴的重要文献之一。

二、国内常用学位论文库

(一)万方数据知识服务平台的学位论文数据库

万方数据知识服务平台的学位论文数据库包括《中国学位论文文摘数据库》和《中国学位论文全文数据库》。

《中国学位论文文摘数据库》始建于1985年,收录了我国自然科学和社会科学领域的硕士、博士及博士后研究生论文的文摘信息,内容包括:论文题名、作者、专业、授予学位、导师姓名、授予学位单位、馆藏号、分类号、论文页数、出版时间、主题词、文摘等字段信息。从侧面展示了中国研究生教育的庞大阵容以及中国科学研究的整体水平和巨大的发展潜力。论文资源来源于国家法定学位论文收藏机构——中国科技信息研究所。进入万方数据知识服务平台主页,点击导航栏中的"学位论文"即可进入学位论文检索界面,网址为http://www.wanfangdata.com.cn/。

《中国学位论文全文数据库》是万方数据在《中国学位论文文摘数据库》的基础上精选相

关单位的博硕士论文而成,涵盖自然科学、数理化、天文、地理、生物、医药、卫生、工业技术、航空、环境、社会科学、人文地理等各学科领域,常以镜像的方式为高校和科研单位服务。用户可通过本单位提供的链接登陆《中国学位论文全文数据库》进行检索。

(二) 中国知网(CNKI)的学位论文全文数据库

中国知识基础设施工程的学位论文全文数据库包括《中国博士学位论文全文数据库》和《中国优秀硕士学位论文全文数据库》,可以免费获取摘要信息。

《中国博士学位论文全文数据库》收录了 1984 年以来全国 420 家博士培养单位的博士学位论文,是目前国内相关资源较完备、高质量、连续动态更新的中国博士学位论文全文数据库,截止到 2010 年 11 月,已累积博士学位论文全文文献 15 万多篇。

《中国优秀硕士学位论文全文数据库》收录了 1984 年以来全国 652 家硕士培养单位的硕士学位论文,截止到 2010 年 11 月,已累积硕士学位论文全文文献 98 万多篇。

用户可进入 CNKI 主页,点击数据库名称列表中的"中国博士学位论文全文数据库"或"中国优秀硕士学位论文全文数据库"按钮进入相应的数据库进行免费检索,订购用户可获取全文。网址为 http://www.cnki.net。

(三) 中文学位论文数据库

中文学位论文数据库是由国家科技图书文献中心制作的一个数据库。中文学位论文数据库主要收录了 1984 年至今我国高等院校、研究生院及研究院所发布的硕士、博士和博士后的论文,学科范围涉及自然科学各专业领域,并兼顾社会科学和人文科学,每年增加论文 6 余万篇。该数据库每季更新,检索字段有:全部字段、论文题名、关键词、分类号、作者、导师姓名等。注册付费用户可通过"原文检索订购"获取全文,网址为 http://www.nstl.gov.cn。

三、国外常用学位论文数据库

(一) PQDT 数据库

PQDT(ProQuest Dissertations & Theses)原名为 PQDD(ProQuest Digital Dissertation),是美国 ProQuest 公司(原名 UMI 公司)开发的。UMI 公司早年编辑出版的学位论文系列检索工具在国际上享有盛名,PQDD 即是在诸多学位论文检索工具的基础上延续、发展起来的,是光盘数据库 DAO(Dissertation Abstracts Ondisc)的网络版。目前 PQDT 已收录超过 160 万条记录,涵盖了从 1861 年获得通过的全世界第一篇博士论文,到 2011 年获得通过的博、硕士论文信息(如图 4-3-1)。数据库中除收录与每篇论文相关的引文外,1980 年后出版的博士论文信息中包含了作者本人撰写的长达 350 字的文摘,1988 年以后出版的硕士论文信息中含有 150 字的文摘。目前每年新增论文条目达 5.5 万多篇。对于 1997 年以后出版的论文提供电子形式的副本,用户可免费浏览这些论文的前 24 页内容。

目前,中科亚信协同国内各图书馆组织建立了 ProQuest 博士论文中国集团联盟站点,并在国内建立了 3 个镜像站,分别是 CALIS 镜像站、上海交通大学镜像站和中国科学技术信息研究所镜像站。我国 CALIS 部分成员馆联合购买了 PQDT 博士论文全文数据库,可以通过馆际互借获得部分全文,网址为 http://pqdt.calis.edu.cn。

图 4-3-1　PQDT 主页面(2011 年 4 月 12 日)

(二) NDLTD 学位论文数据库

国际博硕论文数字图书馆(Networked Digital Library of Theses and Dissertations,简称 NDLTD)是由美国国家自然科学基金支持的一个网上学位论文共建共享项目,为用户提供免费的学位论文文摘,还有部分可获取的免费学位论文全文(根据作者的要求,NDLTD 文摘数据库链接到的部分全文分为无限制下载、有限制下载、不能下载几种方式),以便加速研究生研究成果的利用。目前全球有 200 多家大学图书馆、7 个图书馆联盟、29 个专业研究所加入了 NDLTD,包括我国的上海交通大学和厦门大学,其中 20 多所成员已提供学位论文文摘数据库 7 万条,可以链接到的论文全文大约有 3 万篇。网址为 http://ndltd.calis.edu.cn。

(三) 外文学位论文数据库

外文学位论文数据库是由国家科技图书文献中心制作的一个数据库。该数据库收录了美国 ProQuest 公司博硕士论文资料库中自 2001 年以来的优秀博硕士论文。学科范围涉及自然科学各专业领域,并兼顾社会科学和人文科学。该数据库每年递增约 2 万篇最新博士论文,更新时间为每年年底。网址为 http://www.nstl.gov.cn。

第四节　标准文献检索

一、概述

标准是对重复性事物和概念做的统一规定,它以科学、技术和实践经验的综合成果为基础,经有关方面协商一致,由主管机构批准,以特定形式发布,作为共同遵守的准则和依据。而国际上对标准的定义为:标准是由一个公认的机构制定和批准的文件,它对活动或活动的结果规定了规则、导则或特性值,共同体反复使用,以实现在预定结果领域内最佳秩序的效益。

狭义的标准文献(Standard Document)指按规定程序制定,经公认权威机构批准的一整套在特定范围内必须执行的规格、规则、技术要求等规范性文献。广义的标准文献是指与标准化工作有关的一切文献,包括标准形成过程中的各种档案、宣传推广标准的手册及其他出版物、揭示报道标准文献信息的目录、索引等。

（一）标准文献的类型

1. 按照标准的性质分　① 基本标准：指那些具有广泛指导意义或作为统一依据的最基本的标准；② 产品标准：指为某类产品的系列、形式、尺寸、性能、检验、维修乃至包装、运输、储存等方面制定的各项标准；③ 辅助产品标准：指工具、模具、量具、夹具、专用设备及其零部件的标准等；④ 原材料标准：指材料分类、品种、规格、牌号、化学成分等的标准；⑤ 方法标准：指为一些通用的试验、检验、分析、抽样等方法等制定的标准；⑥ 经济管理标准：指工资标准、价格标准、利率标准等；⑦ 组织管理标准：指生产能力标准、资源消费标准、组织方式标准。

2. 按照标准的使用范围分　① 国际标准：是由国际标准化团体批准的标准；② 区域标准：是由世界某一区域标准化团体批准的标准；③ 国家标准：是由国家标准化主管机构批准、发布，在全国范围内统一的标准；④ 专业标准：是由专业标准化主管机构或标准化组织批准、发布，在某一专业范围内统一的标准，相当于我国各部标准；⑤ 企业标准：是由企、事业或其上级有关机构批准、发布的标准。

（二）标准文献的特点

标准文献是一种特殊文献，除了具有科技文献的特点，还有其自身特点。

1. 标准文献描述详尽、可靠，具有法律效力　由于标准文献的技术成熟度高，且又作为一种依据和规范提出，因此它一方面描述的内容详尽、完整、可靠，另一方面具有一定的法律效力，使产品生产和工程建设有据可依。

2. 标准文献单独出版、自成体系　标准文献无论是从编写格式、语言描写、内容结构还是审批程序、管理办法以及代号系统等都独自成为一套体系。标准文献一个最特殊的标志就是一件标准对应一个标准号，即使一件标准仅有寥寥数页也单独成册出版，一般一件标准只解决一个问题。

3. 标准文献时效性强　标准文献的时效性很强，它将随着技术水平的不断发展而弃旧更新。国际标准化组织规定标准每 5 年重新审订一次，个别情况可以提前修订，以保证标准的先进性，因此标准文献对于了解一个国家的工业发展情况和科学技术水平有很大的参考价值。

4. 标准文献交叉重复、相互引用　从企业标准到行业标准直到国际标准之间并不意味着技术水平级别依次上升，在制定标准时，同一级别的标准甚至是不同级别的标准经常相互引用或交叉重复。

二、国内常用标准文献数据库

（一）中华人民共和国强制性国家标准全文数据库

该系统由中国标准情报中心、北京凯普计算机软件系统工程公司联合开发，1995 年 2 月试运行。该系统囊括了全部正式出版的强制性国家标准，采用光盘数据库形式出版。系统由目录库、文献库和全文库组成，其检索途径包括标准号、分类号、发布日期、中文或英文标准名称、中文或英文主题词，以及采用国际标准程度等。该系统为各行业查找强制性国家标准提供了最方便、最快捷的手段和途径。

（二）中国标准服务网

这是由中国技术监督情报研究所和国家信息中心合作开发的标准信息资源网络，是世界标准服务网的中国站点。标准信息主要依托于国家标准化管理委员会、中国标准化研究院标准馆及院属科研部门、地方标准化研究院(所)及国内外相关标准化机构。中国标准化研究院标准馆收藏有60多个国家、70多个国际和区域性标准化组织、450多个专业学(协)会的标准以及全部中国国家标准和行业标准共计约60多万件。此外,还收集了160多种国内外标准化期刊和7 000多册标准化专著,与30多个国家及国际标准化机构建立了长期、稳固的标准资料交换关系。首批数据库包括中国国家标准、中国行业标准、地方标准、国际标准、国外标准、国外学会协会标准、技术法规、标准化期刊等百余种。该网于1998年开通,设有标准查询、标准服务、标准出版物等栏目。检索途径包括标准号、中文标题、英文标题、中文主题词、英文主题词等(如图4-4-1)。该系统可以检索到有关标准的详细内容,得到全文需要付费,网址为http://www.cssn.net.cn/index.jsp。

图4-4-1　中国标准服务网高级检索页面(2011年4月12日)

(三) 万方数据知识服务平台的中外标准

该数据库为国家技术监督局、建设部情报所提供的中国国家标准、建设标准、建材标准、行业标准、国际标准、国际电工标准、欧洲标准以及美、英、德、法国国家标准和日本工业标准等,已累计收录27万多条中外标准。进入万方数据的主页,打开"中外标准"即可进入该库的检索界面。可供选择的检索字段包括标准编号、标准名称、发布单位、起草单位、发布日期、实施日期、中国标准分类号、国际标准分类号、关键词、标题等。网址为http://www.wanfandata.com.cn/。

(四) 中国知网(CNKI)的标准数据库

中国知识基础设施工程(National Knowledge Infrastructure)的标准数据库包括《中国

标准数据库》和《国外标准数据库》。

《中国标准数据库》收录了所有的国家标准(GB)、国家建设标准(GBJ)、中国行业标准的题录信息,共计标准约 144 771 条(截止到 2010 年 11 月)。标准的内容来源于中国标准化研究院标准馆,相关的文献、成果等信息来源于 CNKI 各大数据库。可以通过标准号、中文标题、英文标题、中文关键词、英文关键词、发布单位、摘要、被代替标准、采用关系等检索项进行检索,授权用户可获取全文。

《国外标准数据库》收录了国际标准(ISO)、国际电工标准(IEC)、欧洲标准(EN)、德国标准(DIN)、英国标准(BS)、法国标准(NF)、日本工业标准(JIS)、美国标准(ANSI)、美国部分学会标准(如 ASTM,IEEE,UL,ASME)等题录信息,共计标准约 322 802 条(截止到 2010 年 11 月)。标准的内容来源于中国标准化研究院标准馆,相关的文献、成果等信息来源于 CNKI 各大数据库。可以通过标准号、中文标题、英文标题、中文关键词、英文关键词、发布单位、摘要、被代替标准、采用关系等检索项进行检索。

进入 CNKI 主页,点击"国家标准全文数据库"或"国内外标准题录数据库"即可进入相应的界面。网址为 http://www.cnki.net/。

(五)国家科技图书文献中心中外标准检索

国家科技图书文献中心标准数据库包括《中国标准数据库》、《国外标准数据库》和《计量检定规程》三部分。

《中国标准数据库》收录了中国国家标准数据库(代码 GB),内容涉及科学研究、社会管理以及工农业生产的各个领域。中国国家标准的颁布以国家质量监督检验检疫总局批准、标准化管理委员会发布为准,中国国家标准分为强制性标准和推荐性标准。

《国外标准数据库》收录了国际标准化组织数据库(代码 ISO)、国际电工标准(代码 IEC)、欧洲标准(代码 EN)、德国标准(代码 DIN)、英国标准(代码 BS)、法国标准(代码 NF)、日本工业标准(代码 JIS)、美国机械工程师协会标准数据库(代码 ASME)、美国电气电子工程师学会标准数据库(代码 IEEE)、美国保险商实验室标准数据库(代码 UL)等。

《计量检定规程》以"规程名称"和"规程号"的形式报道我国从 1972 年以来公开发行的 2 000 多种计量检定规程、计量检定系统、技术规范及计量基准、副基准操作技术规范等,涵盖已出版的全部国家计量检定规程及一些部门的计量检定规程。学科范围涉及自然科学各专业领域,网址为 http://www.nstl.gov.cn。

(六)江苏省工程技术文献中心中外标准检索

江苏省工程技术文献信息中心是 2004 年江苏省启动建设的四大科技公共基础服务平台之一,也是江苏区域科技创新的文献信息保障服务平台。江苏省工程技术文献信息中心是非独立法人虚拟的工程技术文献信息服务机构,通过集成江苏省科技、文化、教育三大系统的省科技情报研究所、省农科院情报所、省技术监督情报所、南京图书馆、南京大学、东南大学、南京农业大学、中国药科大学、南京医科大学和南京工业大学十家单位现有工程技术文献信息资源,并建立与国家科技图书文献中心和长三角区域的文献信息资源共享合作,以共知共享共建的方式构建文献信息资源保障服务体系,提供开放服务。

江苏省工程技术文献信息中心收录的中外标准约 30 万件左右,注册付费用户可通过原文传递方式获取标准全文,网址为 http://portal.e-library.com.cn/。

三、国外常用标准文献数据库

(一) Techstreet 标准网站

Techstreet 创建于 1997 年,收集来自包括美国材料实验学会(American Society for Testing and Materials)、美国机械工程师学会(American Society of Mechanical Engineers)、英国标准学会(British Standards Institution)以及电子和电气工程师学会(Institute of Electrical and Electronics Engineers)等世界上 350 个主要的标准制定机构所制定的工业标准及规范。Techstreet 标准(Techstreet Standards)是世界上最大的工业标准网站之一,在此站点可找到和购买超过 50 万条技术信息、30 万条工业标准。2003 年被 THOMSON 公司收购,网址为 http://www.techstreet.com/。

(二) IHS(全球标准法规网)

IHS 是综合性的国际题录标准数据库,其工业和军用标准合为一个信息源 http://global.ihs.com。收录了世界上各标准机构出版的 35 万件标准文献,内容包括引用的等同标准、替代标准、更新标准、参考标准及修订中的标准,涉及的国家和国际性组织有英国、美国(包含军用标准)、德国、法国、荷兰、比利时、加拿大、日本、瑞典、意大利、澳大利亚以及 ISO 标准组织、IEC 标准组织和欧洲标准管理机构。该数据库虽为题录型,但有近一半的记录附有 200 字的摘要。数据内容每季度更新,为了便于检索,对新修订的标准记录都做有标记。IHS 标准数据库为 EI 公司的合作产品,网址为 http://www.ei.org/。

第五节 专利文献检索

一、概述

(一) 专利

专利(patent)一词来源于拉丁语 Litterae patentes,意为公开的信件或公共文献,是中世纪的君主用来颁布某种特权的证明,后来指英国国王亲自签署的独占权利证书。

从知识产权角度分析有以下三层含义:

第一,专利权的简称,指专利权人对发明创造享有的专利权,即国家依法在一定时期内授予发明创造者或者其权利继受者独占使用其发明创造的权利,这里强调的是权利。专利权是一种专有权,这种权利具有独占的排他性。非专利权人要想使用他人的专利技术,必须依法征得专利权人的授权或许可。

第二,指受到专利法保护的发明创造,即专利技术,是受国家认可并在公开的基础上进行法律保护的专有技术(所谓专有技术,是享有专有权的技术,这是更大的概念,包括专利技术和技术秘密。某些不属于专利和技术秘密的专业技术,只有在某些技术服务合同中才有意义)。"专利"在这里具体指的是技术方法——受国家法律保护的技术或者方案。专利是受法律规范保护的发明创造,它是指一项发明创造向国家审批机关提出专利申请,经依法审查合格后向专利申请人授予的该国内规定的时间内对该项发明创造享有的专有权,并需要定时缴纳年费来维持这种国家的保护状态。

第三，指专利局颁发的确认申请人对其发明创造享有的专利权的专利证书或指记载发明创造内容的专利文献，指的是具体的物质文件。主要有专利公报和专利说明书，其次是题录、文摘、索引、分类表等，也是本节专门论述部分。

专利的两个最基本的特征就是"独占"与"公开"，以"公开"换取"独占"是专利制度最基本的核心，这分别代表了权利与义务的两面。"独占"是指法律授予技术发明人在一段时间内享有排他性的独占权利；"公开"是指技术发明人作为对法律授予其独占权的回报而将其技术公之于众，使社会公众可以通过正常渠道获得有关专利信息。据世界知识产权组织（World Intellectual Property Organization, WIPO）的有关统计资料表明，全世界每年90%～95%的发明创造成果都可以在专利文献中查到，其中约有70%的发明成果从未在其他非专利文献上发表过，科研工作中经常查阅专利文献，不仅可以提高科研项目的研究起点和水平，而且还可以节约60%左右的研究时间和40%左右的研究经费。

各个国家都采用建立专利制度的形式来保护专利权。专利制度的核心是专利法，它主要从专利权的授予和保护两个方面对专利事务作出规范。中华人民共和国于1984年颁布并于同年4月1日正式实施了《中华人民共和国专利法》。

取得专利的实质性条件是指发明创造申请专利权应当具备的"三性"——新颖性、创造性和实用性。新颖性的要求各个国家有不同的标准，但不外乎三种，即绝对新颖性（发明技术在全世界范围内没有公知公用）、相对新颖性（发明技术在本国、本地区范围内没有公知公用）、绝对与相对新颖性的结合（没有在世界范围内公知、没有在本国范围内公用的发明技术）。创造性也称为非显而易见性，它是指与申请日以前已有的技术相比，对发明要求有突出的实质性特点和显著的进步；对实用新型要求有实质性特点和进步。评价创造性时首先看该项发明创造是否具有新颖性，若无新颖性则不存在创造性；其次是在现有技术总水平上，根据发明技术与现有技术之间存在的差别和特点，而不根据发明创造的种类和大小进行评定；第三要把该发明创造提出的技术方案作为一个整体来考虑，看新的发明创造是否在技术上有明显的或重要的进步，有无出乎意料的良好效果；第四是按照所属技术领域普通技术人员的水平来评定创造性。实用性是指发明或实用新型在产业上能够制造或使用并且能够产生积极效果。

（二）专利的属性

专利权属于知识产权，具有排他性、地域性和时间性。排他性也称专有性或独占性。专利权人对他的发明创造享有独占性的制造、使用、销售和进口等实施权。地域性指一个国家授予的专利权，只在本国有效，对其他国家没有约束力，任何国家都没有保护别国专利的义务。时间性指任何专利的保护有一定的法律期限。专利权人对其发明创造所拥有的法律赋予的专有权只在法律规定的期限内有效。多数国家自专利申请日之日起，发明专利的保护期限是20年，实用新型和外观设计专利是10年，药品专利可适当延长。美国规定FDA批准的药品专利保护可延长5年，但不超过产品上市之日后的14年。欧共体规定自1993年1月2日以来，药品专利在获得有关卫生部门的生产许可后，如果专利保护期不足15年，可延长5年。日本与美国类似，最多可延长5年。

（三）专利的类型

专利类型的具体划分各国不尽相同。我国分为发明专利、实用新型专利和外观设计专利三种类型。发明专利是对产品、方法或者其改进所提出的新的技术方案；实用新型专利是对产品的形状、构造或者其结合所提出的适用于实用的新的技术方案；外观设计专利是对产品的形状、图案、色彩或其结合以及色彩与形状、图案的结合所作出的富有美感并适于工业应用的新设计。美国专利按照其内容分为发明专利、外观设计专利、植物专利;英国专利主要分为发明专利、外观设计专利;德国分为发明专利、实用新型专利和外观设计专利;日本专利分为发明专利、实用新型专利和外观设计专利。

(四) 专利优先权(patent priority)

专利优先权原则源于1883年签订的《保护工业产权巴黎公约》。优先权是指申请人在一个缔约国第一次提出专利申请后,可以在一定期限内就同一主题的发明创造向其他缔约国申请保护,后提出的申请仍以第一次专利申请的日期作为其申请日。专利优先权的目的在于排除在其他国家抄袭此专利者,有抢先提出申请、取得授权的可能。

专利优先权可分为国内优先权和国际优先权。国内优先权,又称为"本国优先权",是指专利申请人就相同主题的发明或者实用新型在中国第一次提出专利申请之日起12个月内,又向我国国家知识产权局专利局提出专利申请的,可以享有优先权,在我国优先权制度中不包括外观设计专利。国际优先权,又称"外国优先权",指专利申请人就同一发明或者实用新型在外国第一次提出专利申请之日起12个月内,或者就同一外观设计在外国第一次提出专利申请之日起6个月内,又在中国提出专利申请的,中国应当以其在外国第一次提出专利申请之日为申请日,该申请日即为优先权日。

(五) 同族专利(patent family)

同族专利指具有共同优先权的由不同国家或国际专利组织多次申请、多次公布或批准的内容相同或基本相同的一组专利。由至少一个共同优先权联系的一组专利,称一个专利族(patent family)。在同一专利族中每件专利文献被称作为专利族成员,同一专利族中每件专利互为同族专利。在同一专利族中最早优先权的专利称基本专利。

(六) 失效专利(invalid patent)

下列三种情况之一的称为失效专利:① 超过专利法定保护期限;② 专利权人以书面声明放弃其专利权;③ 未按规定缴纳年费。失效专利的技术可以无偿使用,是促进技术创新、开发新产品的宝贵资源。

二、《国际专利分类表》(International Patent Classification,简称IPC)

《国际专利分类表》于1968年正式出版并使用,每5年修订一次,以适应新技术发展的需要。它是目前唯一国际通用的专利文献分类工具,主要是对发明专利,包括出版的发明专利申请书、发明证书说明书、实用新型说明书和实用证书说明书等(统称为专利文献)进行分类。

(一) IPC 分类体系

IPC采用功能(发明的基本作用)和应用(发明的用途)相结合,以功能为主的分类原则。IPC采用等级形式,将技术内容按部(Section)、分部(Subsection)、大类(Class)、小类(Subclass)、主组(Maingroup)、分组(Subgroup)逐级分类,形成完整的分类体系。

IPC将全部科学技术领域分成八个部,分别用A~H中的1个大写英文字母表示:

A 部:人类生活必需(Human Necessities);
B 部:作业、运输(Operations、Transporting);
C 部:化学、冶金(Chemistry、Metallurgy);

D 部：纺织、造纸（Textiles、Paper）；
E 部：固定建筑物（Fixed Construction）；
F 部：机械工程（Mechanical Engineering）；
G 部：物理（Physics）；
H 部：电学（Electricity）。

（二）IPC 分类号组成

IPC 分类体系中各个部下设分部，分部只有标题，没有类号。如 A 部下设有农业、食品和烟草、个人和家庭用品、保健与娱乐 4 个分部。

分部下设大类，每一个大类的类号由部的类号及在其后加上 2 位阿拉伯数字组成，如"A61"为"医学或兽医学；卫生学"。大类下设小类，每一个小类类号由大类类号加 1 个英文字母组成，但 A、E、I、O、U、X 6 个字母不用。

每一个小类细分成许多组，包括大组和小组。大组类号由小类号加上 1～3 位数字，后再加"/00"来表示；小组类号由大组类号加上一个除"00"以外的至少有 2 位的数组成，即用斜线后面的 2～5 位数字表示。小组是大组的展开类目，但斜线后的数字在分类表中不表示任何进一步细分类的等级关系。

例如：一个完整的 IPC 分类号如 A61K 35/78　植物药

A……………………………部
A61…………………………大类
A61K………………………小类
A61K 35/00…………………大组
A61K 35/78…………………小组

（三）IPC 关键词索引

为了方便查找 IPC 分类号，每一版的国际专利分类表都配有一本单独出版的《IPC 关键词索引》(Official Catchword Index to the International Patent Classification)。通常，检索者在不熟悉所查技术领域的分类情况下，可以借助《IPC 关键词索引》并结合使用 IPC 分类表，确定分类范围和准确的分类号。索引按关键词字顺排列，每个关键词条目后标有 IPC 分类号。

（四）IPC 的作用

IPC 是各国专利文献统一分类的工具，依据 IPC 表对专利文献进行分类标引后，以便对专利文献进行分类管理、检索、使用，有利于全球专利资源的共享；按分类途径检索专利信息时，IPC 表是用以确定分类号的工具；利用 IPC 分类编排专利文献，可方便地从中获得技术上和法律上的信息；借助 IPC 可对专利信息进行选择性报道；借助 IPC 可对某一个技术领域进行现有技术水平的调研；IPC 可作为进行专利统计工作的基础，对各个技术领域的技术发展状况做出评价。

三、专利信息的检索途径

1. 号码途径　主要通过申请号、专利号等检索特定的专利文献。已知某一专利的专利号后，可以通过该号码检索该专利的文摘或全文，并可以进一步获得该专利的分类号、优先权等信息，扩大检索。通过申请号和专利号还可以检索该专利的同族专利或等同专利。

2. 名称途径　主要通过发明人、专利权人的姓名查找特定的专利文献。

3. 主题途径　主要通过选取主题词、关键词查找相关技术主体的专利。通过主题途径检索的专利文献，可以对某一技术领域进行跟踪监视，及时了解和掌握该领域的技术现状及发展动态。权利要求书是说明发明或者实用新型专利的技术特征，清楚和简要地表述请求保护的范围，通过选取权利要求书字段进行检索，可以直接明了地了解法律对该专利保护的范围。

4. 分类途径　是按照分类号检索专利文献。按分类号检索专利文献，首先要确定所检索技术主题的分类号。目前世界上绝大多数实施专利制度的国家都采用统一的国际专利分类法。

5. 优先项途径　优先项是指同族专利中基本专利的申请号、申请国别、申请日期。由于同族专利或等同专利都具有相同的优先项，因此通过优先项可以方便、快速地检索出统一发明的全部同族专利或等同专利。

6. 其他检索途径　利用报刊获取专利信息，它是获取最新专利信息的有效途径。从商品上查找专利号，为进一步查找有关专利提供线索。从产品样本中查找专利号，产品样本是对定型产品的性能、构造原理、用途、使用方法和操作规程、产品规格等所做的具体说明。

四、国内常用专利数据库

（一）中华人民共和国国家知识产权局网站

国家知识产权局专利数据库（SIPO）由中国国家知识产权局主办，知识产权出版社制作，包含了中国国家知识产权局自1985年以来公布的所有发明、实用新型和外观设计专利及有待审批的专利申请，可检索专利或专利申请的题录、文摘和全文，可免费检索获取全文。

SIPO提供三种检索方式：字段检索、IPC分类检索和法律状态检索。

字段检索可供检索的字段有申请（专利）号、名称、摘要、申请日、公开（告）日、公开（告）号、分类号、主分类号、申请（专利权）人、发明（设计）人、地址、国际公布、颁证日、专利代理机构、代理人和优先权，共16个字段。用户可进行单字段检索，也可进行多字段组配检索。每个检索字段均可用模糊字符"％"（代表任意个字符）或"？"（代表1个字符）进行模糊检索，关键词可以是字母、数字和字符。模糊字符可出现在输入的字符串任何位置，并且可多次使用。另外，检索时，用户可在全部专利、发明专利、实用新型和外观设计中选择所要检索的数据库。

IPC分类检索就是利用IPC分类表逐级查询感兴趣的类目，点击类目名称，即可得到该类目下的专利检索结果。另外，IPC分类检索同时也提供关键词检索，即在选中的类目下，可用关键词进一步检索，提高检索的准确性。

在SIPO专利数据库检索页面上点击"法律状态检索"图标，即可进入法律状态检索页面。法律状态信息主要有实质审查生效、申请的撤回、申请的视为撤回、申请的驳回、授权、专利的视为放弃、主动放弃专利权、专利权的恢复、专利权的无效、专利权在期限届满前终止、专利权届满终止等。到目前为止，法律状态检索系统只能检索到2002年以后公告的法律状态，网址为http://www.sipo.gov.cn/。

（二）中国专利信息网

中国专利信息网于1998年建立，收录了我国1985年实施专利制度以来的全部发明专利和实用新型专利信息，2002年6月开始提供中国专利的题录、文摘和全文的检索服务。注册后可以免费检索题录，获取全文必须注册缴费。进入网站主页面，填写用户名和密码后，点击"专利检索"就可以进入检索页面。该检索页面提供简单检索、菜单检索和逻辑组配检索三种检索途径。菜单检索中可供检索的字段有申请号、公告号、公开号、国际分类号、公开日、公告日、授权日、国家省市、发明名称、申请人、发明人、代理人、代理机构、权利要求、摘要等。网址 http://www.patent.com.cn/。

（三）中国知识产权网

中外专利数据库服务平台（CNIPR）是由国家知识产权局、知识产权出版社通过"中国知识产权网"提供的中外专利文献检索系统，采用国内先进的全文检索引擎开发完成的，具有强大的检索功能。主要提供对中国专利和国外（美国、日本、英国、德国、法国、加拿大、EPO、WIPO、瑞士等90多个国家和组织）专利的检索，2004年此网站进行了改版。

新版平台主要提供以下几种检索功能：中外专利混合检索（在原平台基础上，检索功能新增跨语言检索、语义检索、相似性检索、公司代码检索、相关概念推荐等）、行业分类导航检索、IPC分类导航检索、中国专利法律状态检索、中国药物专利检索。检索方式除了表格检索、逻辑检索外，还提供二次检索、过滤检索、同义词检索等辅助检索手段。

此外，该平台还提供了机器翻译、分析和预警、专利服务的数据范围等功能。机器翻译功能针对英文专利，对检索到的英文专利进行即时翻译，帮助用户理解专利内容，方便用户检索。分析和预警功能对专利数据进行深度加工及挖掘，并分析整理出其所蕴含的统计信息或潜在知识，以直观易懂的图或表等形式展现出来。这样，专利数据升值为专利情报，便于用户全面深入地挖掘专利资料的战略信息，制定和实施企业发展的专利战略，促进产业技术的进步和升级。通过该平台可免费获取文摘，注册付费用户可获取全文。网址 http://www.cnipr.com/。

（四）CNKI中国专利数据库

该数据库收录1985年9月以来的所有专利，包含发明专利、实用新型专利、外观设计专利三个子库，根据IPC分类和国家外观设计分类法分类，准确地报道中国最新的专利发明。可以通过申请号、申请日、公开号、公开日、专利名称、摘要、分类号、申请人、发明人、地址、专利代理机构、代理人、优先权等检索项进行检索，并下载专利说明书全文。可以免费检索并浏览题录和摘要，下载全文则需要付费。与通常的专利库相比，CNKI中国专利数据库每条专利提供与该专利相关的最新文献、科技成果、标准等信息，可以完整地展现该专利产生的背景、最新发展动态、相关领域的发展趋势，可以浏览发明人与发明机构更多的论述以及在各种出版物上发表的信息，网址 http://www.cnki.net/index.htm/。

（五）万方数据知识服务平台的专利技术数据库

万方数据知识服务平台的专利技术数据库包括中国、世界专利组织、欧洲专利局、美国、法国、德国、日本等9个专利技术数据库。中国专利技术数据库收录了我国1985年至今受理的全部发明专利、实用新型专利、外观设计专利数据信息，包含专利公开（告）日、公开（告）号、主分类号、分类号、申请（专利）号、申请日、优先权等数据项，订购用户可获全文。网址 http://www.wanfangdata.com.cn/。

五、国外常用专利数据库

(一) 德温特发明专利索引

德温特专利数据库(Derwent Innovations Index,简称 DII)是由汤森路透知识产权与科技(Thomson Reuters)推出的专利信息数据库,是检索全球专利的最为权威的数据库之一。DII 由德温特世界专利索引(Derwent World Patents Index,简称 DWPI)和德温特专利引文索引(Derwent Patents Citation Index,简称 DPCI)整合而成,现收录了来自全球 40 多个专利机构的 1 460 多万条基本发明专利、3 000 多万条专利情报。数据每周更新并回溯至 1963 年,为研究人员提供世界范围内的化学(Chemical Section)、电气与电子(Electrical & Electronic Section)以及工程技术领域(Engineering Section)内综合全面的发明信息。

与其他专利资源相比较,DII 具有四个特点:①收录专利信息全面广泛;②经过规范化的公司代码,更加准确地监控竞争对手的技术动向;③ Derwent 分类和 Derwent 手工代码,方便检索相关领域的专利技术;④ Derwent 同族专利,有助于了解专利全球保护情况。

授权用户通过 http://www.webofknowledge.com 平台,选择 Derwent Innovations Index 数据库,即可进行德温特专利数据库的检索(图 4-5-1)。DII 数据库提供一般检索(General Search)、被引专利检索(Cited Patent Search)、化合物检索(Compound Search)、高级检索(Advanced Search)等多种检索方式。

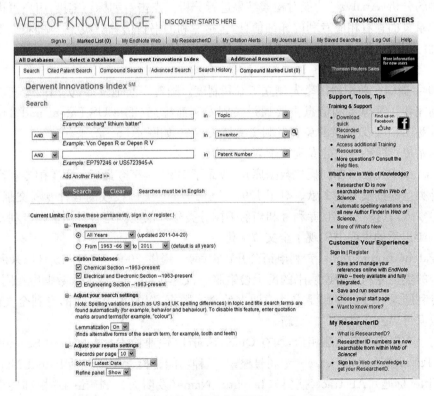

图 4-5-1 DII 数据库检索主页面(2011 年 4 月 19 日)

1. 一般检索　一般检索中检索字段有标题(Topic)(在专利文献的标题、文摘和摘要字段中检索)、专利权人(Assignee)(用专利权属机构名或其他代码检索)、发明人(Inventor)、专利号(Patent Number)、国际专利分类(International Patent Classification)、德温特分类代码(Derwent Class Code)等。

2. 被引专利检索　被引专利检索可以在专利的引文中进行检索。提供的检索字段有被引专利号(Cited Patent Number)、被引专利权人(Cited Assignee)、被引发明人(Cited Inventor)、被引德温特入藏号(Cited Derwent Primary Accession Number)等。

3. 化合物检索　化合物检索支持用户从化学结构角度检索专利数据,用户可以直接画出化学结构图,也可以指定化合物名称。提供的检索字段有化合物名称(Compound Names)、物质说明(Substance Description)、结构描述词(Structure Description)、标准分子式(Standardized Molecular Formula)等。

4. 高级检索　高级检索则允许用户运用两个字符的字段标识符创建复杂的检索表达式来检索信息。其检索式的基本构成为"字段标识符=(检索词)",并可以使用"AND"、"OR"、"NOT"等布尔逻辑算符以及截词符"*"、"?"、"$"。

以上几种检索方式均可以选择检索的内容范围和时间范围。

该系统首先以列表形式显示检索结果的概要信息,包括专利号、专利标题、专利权人及专利的原始文件链接等。在检索结果概要信息页面,用户可以按不同方式精炼检索结果,可以按日期、发明人、专利代理机构的名称或代码等方式对检索结果进行排序,还可以使用该页面提供的分析(Analyze)功能对检索结果进行分析。点击专利标题链接,用户可进入检索结果全记录页面查看相应专利的详细信息,包括专利的书目信息、专家编写的英文专利标题和描述性的摘要。

(二) 美国专利数据库

1790年美国在美洲地区率先建立了专利制度。随着不断地发展,美国的专利制度几经修改日趋完善。美国专利信息主要通过美国专利商标局(The US Patent and Trademark Office,简称USPTO)提供的免费专利全文检索系统(如图4-5-2)来获取。

该网站提供两种独立的专利检索数据库为:

1. Issued Patents(专利授权数据库)　收录了1790年至今最近一周美国专利商标局公布的各种类型的授权专利文献。对于1790年至1975年美国授权的各种专利文献数据,提供3种检索入口(授权日期、专利号和当前美国分类号),仅能浏览各种图像型专利授权说明书,1976年以后的说明书实现了全文数字化。

2. Patent Applications(专利申请公开数据库)　提供2001年3月15日以来所有公开(未授权)的美国专利申请说明书的网上检索服务,数据内容与授权专利数据库相同,涵盖可检索的专利题录、文摘、权利要求及说明书的文本数据,以及图像格式的专利全文说明书。数据库数据每周公开日(周二)更新。

这两个数据库检索方法相似,均有Quick Search(快速检索)、Advanced Search(高级检索)以及Patent Number Search(专利号检索)三种功能。检索字段包括Patent Number(专利号)、Title(标题)、Abstract(摘要)、Inventor Name(发明人)、Claim(s)(权利要求)等31个字段。

要在浏览器中浏览USPTO的专利扫描图像,需要在浏览器安装TIFF G4插件。网址为http://patft.uspto.gov/。

图 4-5-2　美国专利检索主页面(2011 年 4 月 12 日)

(三) 欧洲专利数据库

欧洲专利局、欧洲专利组织及其成员国于 1998 年 10 月联手推出 esp@cenet 服务,正式开始通过因特网提供免费专利查询服务。esp@cenet 提供来自世界上 80 多个国家公开的专利文献,使得世界上许多主要国家及组织的专利文献通过一个网站就可以被获取,方便用户采集世界范围内的免费专利信息。

目前,esp@cenet 网站可以检索 80 多个国家和地区的 6 000 多万件专利数据,可以查看著录项目、说明书全文、同族专利、法律状态等信息。主要包括世界专利数据库(Worldwide)、欧洲专利局数据库(EP Database)和世界知识产权组织数据库(WIPO Database)。其中,Worldwide 数据库是网上专利文献量较大的数据库之一,可检索 80 多个国家和地区出版的专利文献,大部分数据可回溯到 1970 年。EP 数据库包含最近两年(24 个月)由欧洲专利局出版的专利,可检索专利的著录信息,并显示和下载专利全文的扫描图像。EP 数据库每周三更新一次,WIPO 数据库可检索最近两年(24 个月)由世界知识产权组织 WIPO (国际申请案)出版的 PCT 专利,专利的扫描图像由 WIPO 提供,数据库通常每周更新一次,老的专利可在 Worldwide 中检索。

该系统提供五种检索方式,分别是 SmartSearch(智能检索)、Quick Search(快速检索)、Advanced Search(高级检索)、Number Search(号码检索)和 Classification Search(分类检索),见图 4-5-3。

系统支持布尔逻辑运算 AND 和 OR。词组需要加双引号(""),否则系统按逻辑"与"处理,如 lung cancer 相当于 lung and cancer。

检索结果包括专利基本信息(Bibliography data)、专利描述(Description)、专利权(Claims)、专利缩图(Mosaics)、专利原文(Original document)、法律状态(PADOC legal status)等 6 个方面的信息。网址 http://worldwide.espacenet.com/。

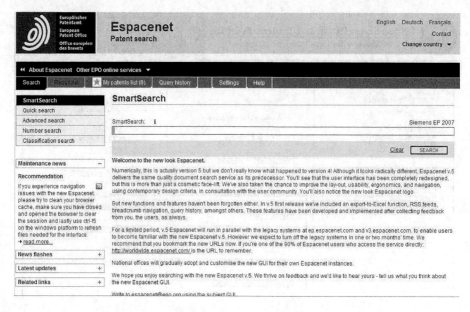

图 4-5-3　欧洲专利数据库检索页面(2011 年 4 月 12 日)

（四）日本专利数据库

日本特许厅网站专利数据库是把原日本工业产权资料馆(IPDL)等公众阅览室里的文献供用户免费进行网络检索。该网站是检索日本专利最重要的网站，分为日文版和英文版。利用它可以检索日本专利局的日文、英文日本专利文献及美国、世界各国专利。英文版包括 1976 年 10 月以后所有公开的日本专利说明书扫描图形，其中 1993 年以后的说明书都实现了英文全文数字化。

使用该数据库时，可先通过其他检索工具，比如欧洲专利局的专利检索系统，检索到所需的专利公开号或申请号，然后通过公开号或申请号进行检索。但需要注意的是，公开号和申请号的输入格式必须正确，否则检索达不到预期效果。还可以通过字段后的帮助信息获取正确的输入格式。该库的英文文摘可用文摘检索(Patent Abstracts Japan, PAJ)，即可以对日本公开特许英文文摘及主图进行检索，主要有文本检索和号码检索两种检索方法。此外，数据库还提供了日本专利分类号检索(FI/F—termSearch)、对照索引 (Patent & Utility Model Concordance)等实用的检索功能。网址 http：//www.ipdl.jpo.go.jp/homepg-e.ipdl。

（五）免费专利在线

免费专利在线(free patents online)目前提供美国专利、美国专利申请、部分欧洲专利、日本专利和 WIPO(世界知识产权组织)专利的查询和下载。

系统提供快速检索(Quick Search)、专家检索(Expert Search)、化学检索(Chemical Search)和数据服务(Data Services)，其中化学检索和数据服务比较有特色。化学检索提供化学结构式检索(Chemical Structure)、基本文本检索(Basic Text)、高级文本检索(Advanced Text)和专利号检索(Patent Number)四种方式。

化学结构式检索可利用系统提供的化学结构式绘制插件绘制结构式进行检索。

基本文本检索支持以化学名、同义词、商品名或者 SMILES(Simplified Molecular Input Line Entry Specification)结构名称检索。

高级文本检索支持表单式构建逻辑组配检索,可从专利号、创作人、登记日、创作人所在城市、题名等 20 多个方面进行组合检索。

注册用户(免费注册)可在线保存检索历史、创建文件夹、新的相关专利的提醒服务。支持 RSS 订阅,所有专利按学科分为近千个类提供 RSS,每周更新,用户可以订阅感兴趣内容的 RSS,以便能及时跟踪新的专利。

本章小结

本章介绍了会议文献、科技报告、学位论文、标准和专利信息 5 种特种文献的定义、特点、文献分布以及常用信息源,着重介绍了《中国学术会议论文数据库》、《中国医学学术会议论文数据库》、《中国重要会议论文全文数据库》、国家科技图书文献中心会议论文数据库、Conference Papers Index、ISI Proceedings、OCLC FirstSearch 会议论文数据库等会议文献检索;万方《中国科技成果库》、CNKI《国家科技成果数据库》、美国 NTIS 数据库、美国政府四大报告等科技报告的检索;万方数据知识服务平台的学位论文数据库、中国知网(CNKI)的学位论文全文数据库、PQDT、NDLTD 学位论文数据库等博硕士学位论文的检索;中华人民共和国强制性国家标准全文数据库、中国标准服务网、国家科技图书文献中心中外标准检索、江苏省工程技术文献中心中外标准检索、Techstreet 标准网站、IHS 等标准信息的检索;中华人民共和国国家知识产权局网站、中国专利信息网、德温特发明专利索引、欧洲专利数据库、日本专利数据库、免费专利在线等专利信息的检索。

(陈 萍)

思考题:
1. 如何在因特网获取国内外学术会议信息?
2. 我国有哪些知名的学位论文数据库?如何获得学位论文的电子版全文?
3. 简述 PQDT 博硕学位论文数据库的主要检索途径与方法。
4. 简述什么是专利,专利包含的三层含义。试举几个国外专利文献检索系统,并说明为什么国外专利检索系统都提供专利说明书。

第五章 引文信息资源检索

文献之间互相引证,由此产生引文数据,从而建立了相应的引文数据库,它揭示了科学技术之间引证与被引证的关系,从而进一步揭示了科学技术文献内容与主题之间的相互联系,并且还为研究人员的科研绩效和期刊质量的评价提供了计量的工具。

第一节 引文检索概述

一、基本概念

当用户使用常用的主题词或关键词检索时,除了依据作者名字或论文篇名外,就只能依赖本身研究领域或用户自己对该项目的理解所选的专业词汇,即使是最有经验的用户也常常会遗漏很多重要的文献资料,特别是在跨学科或边缘科学的研究领域。

引文检索的方法就是对常用法的一种补充和改革。常用法的检索系统是从著者、分类、标题等角度来提供检索途径的;而引文检索却是从另一角度,即从文献之间相互引证的关系角度,提供新的检索途径。这种独特的索引系统,既能揭示作者何时在何刊物上发表了何论文,又能揭示某篇论文曾经被哪些研究人员在何种文献中引用过。它不仅与一般的检索系统一样能反映出它所收录的出版物在一定时期内所发表的文献,而且也反映出与来源文献相关的参考文献、被引文献和共引文献。

1. 引用文献(citing paper) 又称引证文献,指列有参考文献或脚注的文献。引用文献的作者称为引用作者(citing author)。

2. 被引用文献(cited paper) 指列于文献末尾的参考文献(references)。被引用文献的作者称为被引作者(cited author)。引用文献和被引用文献在有参照物时才能确定其"身份"。例如一篇刚发表的文献,因其后列有参考文献,因此称其为引用文献。过段时间后该文被列于其他文献的参考文献之中,则又成了被引用文献。

3. 引文(citation) 科学对话的一种方法,是作者认为对自己的研究"有用"的资料。引文一是指引用资料,即在一个著作中引用其他作品的片段内容或他人所发明的定义定理;二是指参考文献,是指为撰写或编辑论著而引用或参考的有关文献资料,通常附在论文、图书或章、节之后,有时也以注释(附注或脚注)形式出现在正文中。

4. 来源文献(source article) 指引文索引或引文数据库收录的文献,对应于引用文献。引文数据库中的文献引用与被引用信息都是从来源文献中获得的。来源文献中个别文后没有参考文献或脚注的文献,仍是来源文献,但不成为引用文献。引文数据库中某一年的来源期刊是固定的,但被引期刊是不固定的,其范围要超出来源期刊。只要被列于来源期刊上的参考文献中,且该篇来源文献被引文数据所收录,被引文献即使未处在来源期刊,也会见于外文数据库的被引文献索引中。

5. 引文检索(cited reference search) 以被引用文献为检索起点来检索引用文献的过程。引文检索中最常见的检索词是被引作者,也有被引刊名、被引年份、被引文献标题词等。

6. 引文索引(citation index) 按文献之间引证关系建立起来的索引,是提供引文检索的工具,如著名的《科学引文索引》(Science Citation Index,SCI)。

7. 引文数据库(citation index database) 指含有引文检索的数据库。引文数据库除了提供引文检索外,还提供篇名、作者、来源出版物等常规检索途径。

8. 被引文献索引(cited reference index) 是引文数据库中进行引文检索的中间检索结果,即查到的被引文献信息。继续检索操作,得到引用文献。

9. 自引(self-citation)和他引 自引分作者自引和期刊自引。作者自引指作者引用自己发表的文献,期刊自引指同一期刊上文献的互相引用。非同一作者之间和非同一期刊之间的引用称为他引。在考查科研人员学术水平时,作者自引通常不计。

二、引文索引的由来与发展

1955 年,美国情报学家尤金·加菲尔德(Eugene Garfield)在 Science 上发表了具有划时代意义的引文索引论文 Citation Indexes for Science: A New Dimension in Documentation through Association of Ideas,提出了以引文索引来检索科技文献的方法,为引文的发展奠定了基础。经过几年努力,由他主办的科学情报研究所(Institute for Scientific Information,简称 ISI)先后创办了《科学引文索引》(SCI,1961 年创刊)、《社会科学引文索引》(SSCI,1973 年创刊)、《艺术与人文科学引文索引》(A&HCI,1978 年创刊)这 3 种引文索引刊物。

1988 年 5 月 ISI 推出了 SCI 的 CD-ROM 光盘版,收录期刊 3 800 余种。1997 年 ISI 推出引文索引的网络版,收录期刊增加 2 000 种,达到 5 800 余种,取名 SCI Expanded(SCI 扩展版),并与 SSCI 和 A&HCI 集成于 Web of Science 中。2001 年 ISI 推出了基于 Web 的新一代学术信息资源整合平台 Web of Knowledge,将 Web of Science、ISI Proceedings、BIOSIS Previews、Current Contents Connect、Inspect 等数据库整合于同一平台,并提供跨库检索(cross search),力求在同一平台上让用户获得更全面的文献信息。

在加菲尔德的 SCI 引文索引影响下,美国普林斯顿大学、前苏联阿塞拜疆科技情报所等也编制了引文索引,停刊多年的《谢泼德引文》也更名重新出版。此后加菲尔德和美国科学史专家普赖斯(Derek John de Solla Price)又在引文索引的基础上研制出引文分析技术。

我国引文索引的研制起步较晚,但进步较快。1987 年中国科技信息研究所研制出《中国科技论文与引文数据库》(CSTPCD);1989 年中国科学院文献情报中心研制成功《中国科学引文索引》(CSCD);1998 年南京大学开始研制电子版《中文社会科学引文索引》(CSSCI),随后几年内出版了光盘版和网络版。近年来,CNKI 和 VIP 也分别开发了《中国引文数据库》和《中文科技期刊数据库(引文版)》。至此,我国的引文索引及其数据库建设已进入实际应用阶段。

第二节 外文引文检索资源

一、Web of Knowledge 平台概述

Web of Knowledge(简称 WOK)是由 Thomson Reuters 于 2001 年推出的一个集多种文献类型、多种数据库、分析工具和管理工具于一体的学术信息资源整合平台。该检索平台功能齐全,具有整合的跨库检索、单库检索、引文检索、定题快讯服务、引文跟踪服务、我的期刊列表、创建引文报告、检索结果分析、检索结果提炼、期刊影响因子查询、H 指数查询、个人文献资料库管理等功能。另外 Web of Knowledge 还建立了与其他出版公司的数据库、原始文献、图书馆 OPAC 以及日益增多的网页等信息资源之间的相互链接,实现了信息查找、内容浏览、分析工具和文献信息资源管理软件的无缝链接。

2011 年 4 月 Web of Knowledge 由 WOK 4 平台升级到 WOK 5 平台,在新平台中去除了 ISI 标识,直接表示为 Web of Knowledge。Web of Knowledge 收录的数据库如图 5-2-1所示。网址 http://www.webofknowledge.com/。

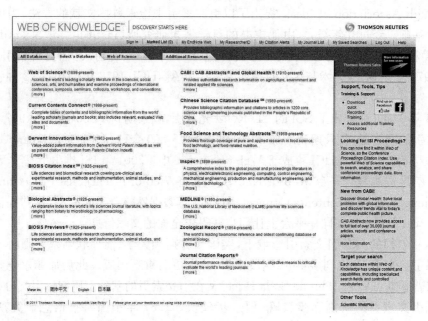

图 5-2-1 Web of Knowledge 5 平台中所有数据库(选自 2011 年 4 月 19 日)

(一) Web of Knowledge 收录范围

1. 引文数据库   主要包括以下三个引文数据库。

(1) Web of Science:可以直接访问 ISI 下的三大引文数据库及会议和化学数据库。

(2) 生物引文索引(BIOSIS Citation Index,简称 BCI):于 2011 年 4 月托管于 Web of Knowledge,内容来自于 BIOSIS Previews,收录文献从 1926 年至今,现是 WOK 旗下产品。

(3) 中国科学引文索引(Chinese Science Citation Database,简称 CSCD):收录我国数

学、物理、化学、天文学、地学、生物学、农林科学、医药卫生、工程技术、环境科学和管理科学等领域出版的中英文科技核心期刊和优秀期刊千余种，包括1989年至今的引文数据，该数据库可进行中英文混合检索。

2. 分析工具数据库　对全球科研机构、国家、期刊和论文进行深入分析。

(1) 期刊引证报告(Journal Citation Reports,简称JCR)：收录60多个国家的3 300多个出版商出版的包括自然科学、工程技术及社会科学领域的8 400多种学术与技术期刊，对每一种期刊均提供影响因子(Impact Factor,IF)、即时指数(Immediacy Index)、被引用半衰期(Cited Half-life)、总被引次数(Total Cites)、发表论文数(Articles)等分析评价指标，是期刊比较研究、图书馆选刊的理想工具。期刊引证报告每年更新一次。

(2) 基本科学指标数据库(Essential Science Indicators,简称ESI)：是ISI于2001年推出的，用来衡量科学研究绩效、跟踪科学发展趋势的基本分析评价，是基于SCI和SSCI所收录的全球9 400多种学术期刊的1 000多万条文献记录而建立的计量分析数据库。ESI从引文分析的角度，针对22个专业领域，分别对国家、研究机构、期刊、论文和科学家进行统计分析和排序，主要指标包括：论文数、引文数、篇均被引频次。用户可以从该数据库中了解在一定排名范围内的科学家、研究机构、国家和学术期刊在某一学科领域的发展和影响力，评估研究绩效，掌握科学发展的趋势和动向，可以系统地、有针对性地分析国际学术文献。ESI为科学研究者提供了一种动态的、综合的、基于网络的研究分析环境。

(3) 高被引作者数据库(ISI Highly Cited.com)：以ISI引文数据库内科研人员所发表论文被引用的次数为基数，选出近20年来在科学及技术方面有出色成就的人物，把所有科研论文分为生命科学、医药、物理科学、工程及社会科学等21个学科领域，并提供每一学科在世界上最有影响力的前250位科学家及学者的个人信息，包括：研究者联系方式、学历、任职院所、目前研究方向、基金资助情况等信息，用来找出科学研究潜在的合作者、专家和同行，并且发现某个领域中的领军人物，了解他们现在的研究工作。

3. 其他数据库　除了三大引文数据库和分析工具库外，还收录有以下几个重要数据库。

(1) 现刊目次数据库(Current Contents Connect,简称CCC)：由7个分册和2个合集构成，收录了世界上8 000余种期刊、2 000余种图书和4 400多个经过评价的学术网站信息，数据每日更新，并提供期刊的完整目录、论文摘要以及作者的电子邮件地址，还提供由专业人员精选和标引的学术网站，并按学科进行分类导航，收录文献从1998年至今。

(2) 德温特专利索引(Derwent Innovations Index,简称DII)：整合了世界专利索引(Derwent World Patents Index,WPI)、专利引文索引(Patents Citation Index,简称PCI)和德温特化学资源(Derwent Chemistry Resource,DCR)，收录世界上40多个专利机构的1 480万项专利发明和3 000多万条专利信息。数据每周更新，并回溯至1963年，提供世界范围内的化学、电子与电气以及工程技术领域内综合全面的发明信息，是检索全世界专利的最权威的数据库之一。

(3) 生物学文摘(BIOSIS Previews,简称BP)：由美国生物科学信息服务社(BIOSIS)编辑出版的Biological Abstracts和Biological Abstracts/RRM有机整合在一起，成为生命科学领域重要的数据库，数据每周更新。BP收录内容涵盖传统的生物学(分子生物学、植物学、生态环境学、医学、药理学、兽医科学及动物学)、交叉学科的主题，如农业、生物化学、生物医学、生物科技、实验、临床医学、兽医科学、遗传学、营养学及公共卫生以及研究相关领域。

(4) INSPEC(Information Service in Physics,Electro-Technology,Computer and Control,英国科学文摘,3.0版)：由英国电机工程师学会(IEE)出版,是理工学科最重要、使用最为频繁的数据库之一,内容涉及物理、电子与电机工程、计算机与控制工程、信息技术、生产和制造工程等领域,收录全球80个国家出版的4 000种科技期刊、2 000种会议论文集、学位论文等,其中期刊约占73%,会议论文约占17%,发表在期刊的会议论文约占8%,其他2%。每年新增近40万条记录,数据每周更新,可回溯到1898年。

(5) Medline：由美国国家医学图书馆及合作机构编制的关于生命科学(包括生物医学、生命科学、生物工程、公共健康、临床护理以及植物科学和动物科学)的文献数据库,数据每周更新。

(6) 国际生物农业文摘数据库(CAB Abstracts)：由国际农业和生物科学中心(Commonwealth Agricultural Bureaux International,CABI)出版,提供来自全世界期刊、学术书籍、会议发表的论文、会议录、公告、专论和技术报告,学科涵盖农艺、生物技术、植物保护、乳业科学、经济、森林、遗传、微生物、寄生虫学、乡村发展、兽医等方面。数据每月更新,每年新增18万余条新纪录,可回溯到1910年。

(7) 食品科技文摘数据库(Food Science & Technology Abstracts,FSTA)：由IFIS(国际食品咨询协会)出版,全面收集有关食品科学、食品技术以及与食品相关的人类营养方面的理论研究及应用研究的文献,内容涉及从最初的市场调查到最终的食品包装这样一个完整的食品制造周期的所有相关文献。数据每周更新,可回溯至1969年。文摘都为英文,其中包括由专家撰写的、极有价值的摘要。FSTA主题词表收录了接近10 000个术语,这些主题词随时根据新技术的发展状况不断增补,为从事生命科学、农业及食品相关领域理论及应用研究的研究人员提供一种全面而有效的工具。

(8) 药学信息数据库(Thomson Reuters Pharma)：由Thomson Reuters开发,是一个综合性药学信息数据库,提供300多万个独特的化学结构、4万条药物专论、500多万个基因序列和2 000多种药物靶点,数据每月更新。

(9) 动物学记录(Zoological Record)：最初由不列颠博物馆和英国动物协会的一批科学家共同创建于1865年。BIOSIS于1980年作为其合作伙伴,共同出版Zoological Record,为世界上历史最悠久的动物生物学数据库,它被视为全球领先的分类学参考文献,收录了生物多样性、分类学、兽医科学以及野生动物管理的所有方面的资源,数据每月更新,可回溯到1864年。

(二) Web of Knowledge 的检索方法

Web of Knowledge主页上的默认检索为所有数据库检索(All Databases)(如图5-2-2)。All Databases可同时对Web of Knowledge上多个数据库进行检索,引导用户查全文献,也可以选择单个数据库进行检索,但都遵循一定的规则：

1. 不区分大小写　检索单词和短语不区分大小写,可以使用大写、小写或混合大小写。如AIDS、Aids以及aids可查找相同的结果。

2. 短语检索　短语精确检索采用引号,如输入"energy conservation",系统会检索出精确短语energy conservation的文献记录,而不会检索出energy and conservation的文献交集。

3. 截词检索　支持左、中、右截词检索,可采用?(?表示1个字符)、*(*表示任意字符)、$($表示零或一个字符)。

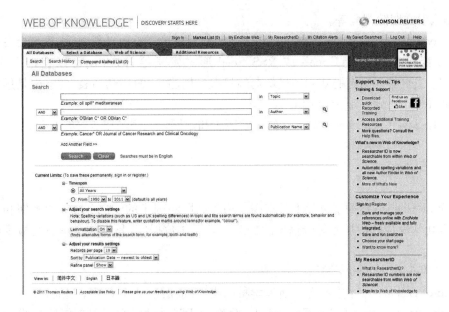

图 5-2-2　Web of Knowledge 数据库检索主页面(选自 2011 年 4 月 14 日)

4. 邻近算符　支持使用邻近算符 SAME 和 NEAR。SAME 只在地址字段中检索,且两个词在同一地址字段中,如 yale SAME hosp。NEAR/n 表示所连接的两个词之间的数量小于等于 n,默认使用 NEAR 的缺省值是 15,如 canine NEAR/10 virus 表示在 canine 和 virus 之间可以添加 0～10 个词;canine NEAR virus 表示在 canine 和 virus 之间默认可以添加 0～15 个词。

5. 布尔逻辑运算　支持布尔逻辑运算符 AND、OR、NOT。

6. 运算的优先顺序　()＞SAME＞NOT＞AND＞OR。

7. 撇号　撇号被视为空格,是不可检索字符,如,Paget's OR Pagets 可查找包含 Paget's 和 Pagets 的记录。

8. 连字号　输入带连字号的检索词可以检索用连字号连接的单词和短语。如 speech-impairment 可查找包含 speech-impairment 和 speech impairment 的记录。

(三) Web of Knowledge 个性化服务的定制与管理

在 Web of Knowledge 主页的上方有个性化定制栏目,其功能和作用简述如下:

1. Sign In　通过 Sign In(登录)注册为 Web of Knowledge 的注册用户,可以享用该检索平台的多种个性化服务。

2. My EndNote Web　是网络版个人电子文献管理软件,供存放用户检索输入或手工输入的文献资料。登录进 My EndNote Web,可对检索积累的文献资料进行整理和再检索,并可在写作时创建符合特定期刊格式要求的参考文献清单。

3. My Researcher ID　是一个面向全球多学科学术研究社区的免费资源(http://www.researcherid.com),可供科研人员交流与合作。注册之后,科研人员将获得一个个人 ID 号码,可上传和更新自己的个人简介,创建自己的论著清单,将自己的个人信息进行共享,扩大同行之间的交流和科研合作机会。

4. My Citation Alerts　对自己创建的引文跟踪服务进行管理,包括续订引文跟踪服务(系统默认的引文跟踪服务有效期为一年)、更改接收引文跟踪的 E-mail 地址、创建 RSS

Feed、删除引文跟踪服务等。

5. My Journal List　定制和修改自己感兴趣的期刊。期刊定制之后,系统会自动将选定期刊最新期的目次以 E-mail 或 RSS Feed 形式发送给订户,也可以直接在 Web of Knowledge主页打开已定制期刊的最新期的目次。创建"我的期刊列表"的前提是用户所在机构订购了 Current Contents Connect。

6. My Saved Searches　对保存的检索历史和定题快讯跟踪服务进行管理。

二、Web of Science

Web of Science 是揭示世界上具有高声望和高影响因子的 9 300 余种学术期刊和会议文献以及化学反应的数据库集合信息的二次文献引文数据库,是目前全球引文检索的权威数据库。

(一) Web of Science 的数据库构成

Web of Science 基本上涵盖了所有学科门类,目前由以下 9 个子库组成。

1. Science Citation Index Expanded　简称 SCIE(科学引文索引扩展版),收录科技期刊 6 650 种,文献最早可回溯至 1900 年,从 1991 年起增加了作者摘要,主要涵盖的学科有:数学、物理学、化学、生物化学、生物学、生物技术、材料学、精神病学、肿瘤学、外科学、医学、天文学、药理学、植物学、计算机科学、材料学、农业、兽医学、动物学等。

2. Social Sciences Citation Index　简称 SSCI(社会科学引文索引),收录 1 950 种社会科学期刊,选择性收录科技期刊 3 300 种,文献最早可回溯至 1956 年,从 1992 年增加了作者摘要,主要涵盖的学科有:人类学、工业关系、法学、精神病学、政治学、公共卫生、社会问题、语言学、哲学、心理学、历史、情报学和图书馆学、社会工作、社会学、药物滥用、城市规划和妇女研究等。

3. Arts & Humanities Citation Index　简称 A&HCI(艺术与人文学引文索引),收录 1 160 种艺术与人文科学期刊,选择性收录自然科学与社会科学期刊 6 800 种,文献最早可回溯至 1975 年,从 2000 年增加了作者摘要,主要涵盖的学科有:考古学、建筑学、艺术、亚洲研究、古典作品、舞蹈、民间传说、历史、语言、语言学、文学评论、文学、音乐、哲学、诗歌、广播影视、宗教和戏剧等。

4. Conference Proceedings Citation Index-Science　简称 CPCI-S(科学会议录引文索引),收录 1990 年至今的自然科学方面的会议文献。

5. Conference Proceedings Citation Index-Social Science & Humanities　简称 CPCI-SSH(社会科学与人文科学会议录引文索引),收录 1990 年至今的社会科学与人文科学方面的会议文献。

6. Book Citation Index-Science　简称 BKCI-S(自然科学图书引文索引),收录 2005 年至今的自然科学方面高质量的图书及图书章节。

7. Book Citation Index-Social Sciences & Humanities　简称 BKCI-SSH(社会科学与人文科学图书引文索引),收录 2005 年至今的社会科学和人文科学方面高质量的图书及图书章节。

8. Index Chemicus　简称 IC(化学索引),收录 1993 年以来国际一流期刊上报道的新的有机化合物的化学结构与评论数据,其中许多记录展示了从最初的原料到最终产品的整个化学反应过程。IC 是揭示生物活性化合物和天然产品最新信息的重要信息源。

9. Current Chemical Reactions　简称 CCR(最新化学反应) 收录 1840 年以来的化学反应的信息。CCR 中的数据来源于 39 个权威出版机构的一流期刊和专利文献中的单步和多步的新合成方法。每一种方法都提供了完整的化学反应过程,同时伴有详细精确的图形来表示每个化学反应的步骤。

Index Chemicus 和 Current Chemical Reactions 均属事实型数据库,其检索途径有化学结构、化合物名称、化学反应名称、关键词、作者、期刊名、作者所在机构等。

(二) Web of Science 的检索方法

在 Web of Knowledge 主页,系统默认检索所有数据库(all databases)。点击 Web of Science,进入 Web of Science 主页。

Web of Science 主页(图 5-2-3)提供 Search(普通检索)、Author Finder(作者甄别)、Cited Reference Search(引文检索)、Advanced Search(高级检索)和 Structure Search(化学结构检索)。化学结构检索仅限于 Web of Science 中的两个化学数据库。

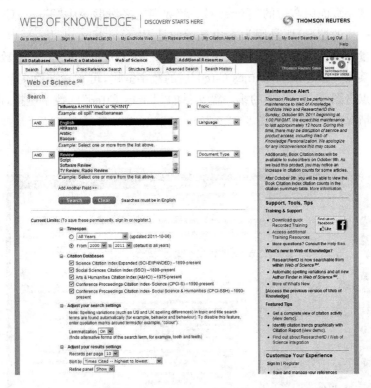

图 5-2-3　Web of Science 检索主页面(选自 2011 年 10 月 8 日)

在输入检索词之前,可先在当前限制中,对年份、引文数据库、调整检索设置、调整检索结果设置进行限定(图 5-2-3)。在引文数据库中,可选择相应的数据库进行检索;调整检索设置中可选择"词形还原"为"打开"或"关闭"状态;调整检索结果设置中可对每页记录数进行设置,选择结果的排序方式以及是否显示精炼面板等。"词形还原"为 Web of Knowledge 5 平台新增的一个功能,系统默认为"打开"状态,表示对"主题"与/或"标题"检索式中单词的词形变化形式进行检索,包括同义词、复数形式和单数形式。如要禁用此功能,可从"词形还原"菜单中选择"关闭"。

1. Search(普通检索) 为 Web of Science 的默认检索。检索时,先在字段下拉菜单选择检索字段,然后在相应的检索提问框中输入检索词。提供检索的字段有 Topic(主题)、Title(题名)、Author(作者)、Researcher ID(作者的 Researcher ID 号)、Group Author(团体作者)、Editor(编者)、Publication Name(出版物名称)、Year Published(出版年)、DOI(数字对象识别符)、Address(地址)、Conference(会议)、Language(语种)、Document Type(文献类型)、Funding Agency(基金资助机构)、Grant Number(授权号)和 Accession Number(入藏号)。如进行多字段检索,可依次在选择好的字段检索提问框中输入相应的检索词,然后选择逻辑组配关系 AND、OR、NOT。另外还可以点击 Add Another Field 添加更多的检索字段进行组配检索。

如查找 2000 年以来"甲流研究"的英文综述文献,在图 5-2-3 的第一个检索提问框中输入"Influenza A H1N1 Virus"or "A(H1N1)",字段选择"Topic",第二个检索字段选择"Language",检索提问框中选"English",第三个检索字段选"Document Type",检索提问框内选"Review",年份设定为"2000—2011",点击"Search",转到题录结果页面,显示共检索到 155 篇文献(图 5-2-4)。点击其中的一个题录链接可进入到全记录结果页面中(图 5-2-5)。在全记录结果页面中右边的"Times Cited"数字与文章题录中"Times Cited"后的数字往往会出现不一样的情况,那是因为右边显示的是 Web of Knowledge 平台中三个引文数据库的引文数量,而文章题录下面的仅仅是来自于 Web of Science 的引文数量(图 5-2-5)。此外点击某篇文献题录中"Times Cited"后的数字链接,可查看该篇文献被引用情况的详细信息。如点击图 5-2-4 中的第一篇文献的"Times Cited"的数字链接,即可看到该篇文献的被引用情况的详细信息(图 5-2-6)。

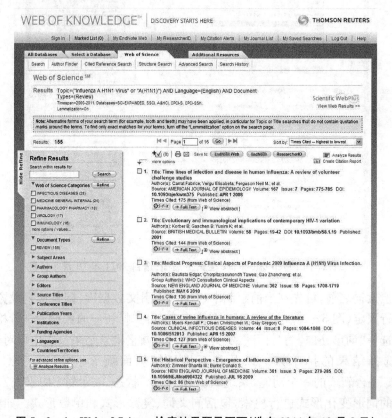

图 5-2-4　Web of Science 检索结果题录页面(选自 2011 年 10 月 8 日)

图 5-2-5　Web of Science 全记录结果页面(选自 2011 年 10 月 8 日)

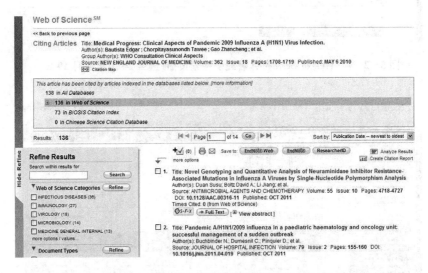

图 5-2-6　Web of Science 某文献被引详细信息(选自 2011 年 4 月 19 日)

Topic 和 Title 是最常用的检索字段。Topic 字段是同时在 Title(标题)、Author(作者)、Keywords(关键词)、Abstract(文摘)、Keywords plus(增补关键词)4 个字段中检索。增补关键词是从原文参考文献的篇名中选择有检索意义的词和短语,与作者自己的关键词对照后缺少的那部分关键词,其目的在于减少由于检索者所用关键词不同或不全面而导致的漏检、误检等,从而扩展检索的范围及提高检索结果的相关性,在最短的时间内获取全面而关键的信息。在 Web of Science 中没有主题词检索,用 Topic 和 Title 检索时要考虑同义词情况,同义词之间运用 or 连接,因为系统的"词形还原"功能仍无法识别出专业的同义词。

在用作者字段进行检索时,为避免误检,应多用 Author Finder 查询工具,它可以查找作者姓名的不同形式,并且从"唯一作者集"页面查看并精炼检索结果。检索步骤为:在 Web of Science 的 Search 页面上,选择字段"Author",点击进入 Author Finder,然后依次输入作者姓名、选学科、选作者单位,点击"Finish Now"。

2. Author Finder(作者甄别) 使用该检索方式作者姓名的形式为:姓氏在前,名字首字母在后(图5-2-7)。姓氏可以包含连字号、空格或撇号。在输入姓时允许使用通配符查找姓名的不同形式,以增加系统返回的结果数。但在输入名字首字母时不允许使用通配符,系统会使用内部通配符自动检索姓名的所有不同形式。作者甄别功能检索出的记录集和个别记录可以从"唯一作者集"页面(图5-2-8)进行查看和精炼。

在"作者甄别"检索时,检索页面没有"当前限制"选项,可以从"唯一作者集"页面缩小的检索范围。

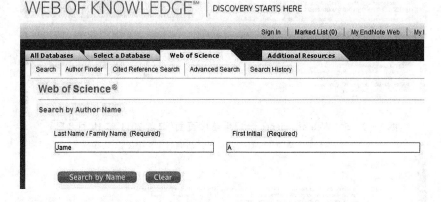

图 5-2-7 Web of Science 作者甄别检索页面(选自 2011 年 4 月 19 日)

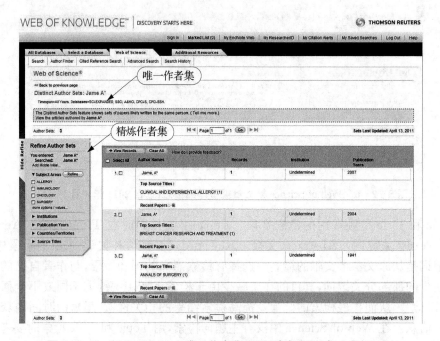

图 5-2-8 Web of Science 唯一作者集页面(选自 2011 年 4 月 19 日)

3. Cited Reference Search(引文检索) 引文检索又称被引参考文献检索,可回溯某作者撰写论文时引用的参考文献,跟踪该论文发表后的被引用情况。优点有可基于以往的、已知的信息搜寻新的、未知的信息;追踪同行专家的研究情况;通过"参考文献"回溯某个研究的起源;可将参考文献作为检索关键词,探索研究论文之间的内在联系。

在 Web of Science 主页工具栏上点击 Cited Reference Search 按钮,进入引文检索页面。检索时,先在字段下拉菜单选择检索字段,然后在相应的检索提问框中输入检索词。提供 Cited Author(被引作者)、Cited Work(被引著作)和 Cited Year(s)(被引年份)、Cited Volume﹡(被引卷)、Cited Issue﹡(被引期)、Cited Pages﹡(被引页码)检索项(图 5-2-9)。这几个检索项可以单独检索,也可以同时多项"逻辑与"检索。另外还可以点击 Add Another Field 添加更多的检索字段进行同时检索。

Cited Author(被引作者)通常用被引文献的第一作者进行检索,输入格式为:姓在前(全称),名在后(缩写)。

Cited Work(被引著作)通常输入缩写的期刊标题,或者书籍标题的前一个或前两个重要单词,后面跟星号或者直接输入专利号。

Cited Year(s)(被引年份)指被引文献发表年代,只用代表年代的 4 位数字检索。被引年代单独检索没有实际意义,应与其他被引字段组配检索。提示:可在 Cited Year(s)检索提问框中不输入年份,这样可以扩展,把引用年份数据中因笔误造成的漏检也检索到。

被引卷/被引期/被引页码分别指通过被引文献的卷、期、页码来进行检索。

如检索下文的被引用情况:Brown, M. E. and Calvin, W. M. Evidence for crystalline water and ammonia ices on Pluto's satellite Charon. Science. 287 (5450):107-109. January 7, 2000。在图 5-2-9 的 Cited Author 检索提示框中输入"Brown M﹡",在 Cited Work 检索提问框中输入"Science﹡",在 Cited Year(s)检索提问框中输入"2000",点击"Search"后,得到被引文献索引(Cited Reference Index)(图 5-2-10)。

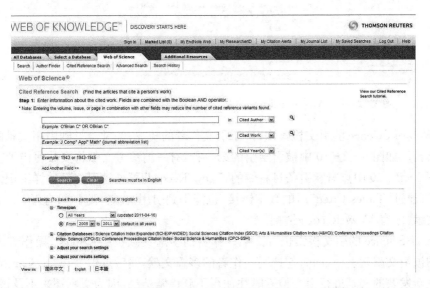

图 5-2-9　Web of Science 的引文检索页面(选自 2011 年 4 月 19 日)

在图 5-2-10 中,被引文献索引条目从左至右分别表示:被引文献著者(Cited Author),被引文献所载书刊名(Cited Work),被引文献发表年、卷(Volume)、起始页,被引文献的 DOI(Article ID),引用文献数(Citing Articles),查看被引文献的记录(View Record)。Citing Articles 列中的被引次数是对目前 Web of Science 数据库所有年代文献的检索结果,

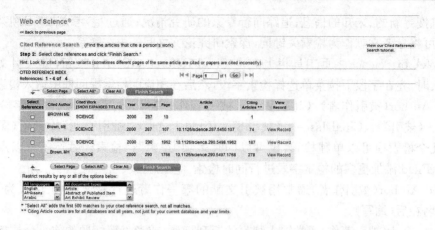

图 5-2-10　Web of Science 的被引文献索引(选自 2011 年 4 月 19 日)

而不仅限于本单位所订购数据库的时间范围。作者姓名前的"…"表示正在检索的被引作者不是文章的第一作者。勾选索引条目最左侧的复选框,点击"Finish Search",得到 70 多篇引用文献(图 5-2-11)。

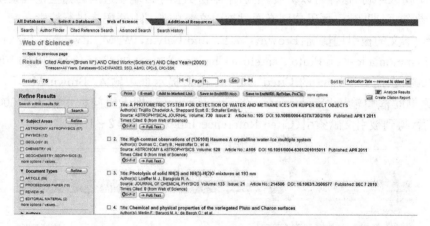

图 5-2-11　Web of Science 的引文检索结果(选自 2011 年 4 月 19 日)

在 Web of Science 的引文检索中,由于引文作者的疏忽,经常会见到引用文献的卷、期、页数据出错。如图 5-2-10 中被引索引的第一行,有一篇参考文献将页数写错了。

在图 5-2-10 中点击索引条目右侧的"View Record"可见被引文献的详细记录(图 5-2-12),再通过"Times Cited"后的数字链接,也能得到引用文献一览。只有 Web of Science 收录的文献,才有 View Record 链接。

Web of Science 的引文检索也可查某一作者的多篇文献被引用情况,操作方式是在检索返回的被引文献索引中,同时勾选同一作者的多篇文献,然后点击"Finish Search"。

用最新发表的文献进行引文检索时往往得不到检索结果,因为文献还来不及被人引用。如果想便捷地跟踪某一篇文献的被引用情况,可在 Web of Science 中"创建引文跟踪服务"(图 5-2-12)。

4. Advanced Search(高级检索)　点击 Web of Science 主页工具栏上 Advanced Search 按钮,进入高级检索页面。使用高级检索有三个优点:① 可在检索提问框中输入带有字段标识符的检索词或用逻辑运算符组建起来的检索式直接检索,如 TS=(nanotub*

图 5-2-12　Web of Science 收录的来源文献记录(选自 2011 年 4 月 19 日)

SAME carbon) NOT AU=Smalley RE,其中 TS 表示 topic,SAME 表示左右检索词出现在同一句子;② 可以进行检索历史保存(Save History)操作,以便以后检索同一课题文献时直接调用已经保存过的检索式(Open Saved History),避免重复输入检索式;③ 可以利用 Search History 中先前用过的检索式进行逻辑组配检索,这一功能在区分文献被他引和被自引时更显突出。

试以作者 Brown ME 发表在 Science 上的 Evidence for crystalline water and ammonia ices on Pluto's satellite Charon 这篇文章为例。

操作步骤如下:① 通过 Cited Reference Search 检索到引用了 Brown ME 这篇文献的 70 多篇引用文献,在检索历史中得到检索式♯1;② 在 Advanced Search 检索提问框中输入 AU=Brown ME,点击"Search",得到检索式♯2;③ 在 Advanced Search 检索提问框中输入♯1 not ♯2,点击"Search",得到检索式♯3(图 5-2-13)。

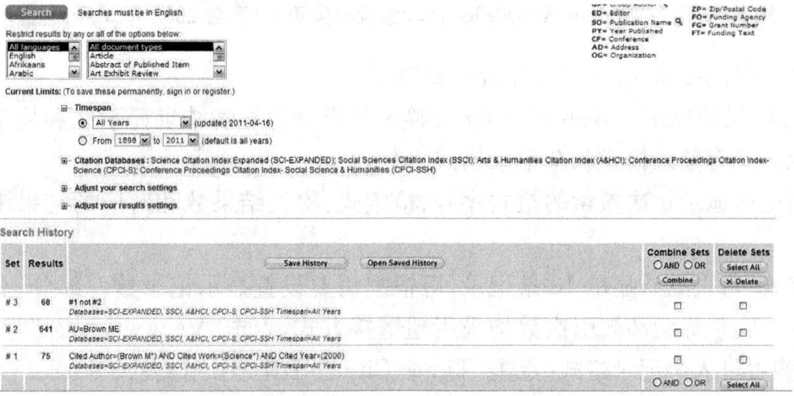

图 5-2-13　Web of Science 高级检索中的检索历史(选自 2011 年 4 月 19 日)

从♯3 检出的记录数比♯1 检出的记录数小 7 可以判断,75 篇文献中有 7 篇为 Brown M. E. 自引的文献(也就是 Brown M. E. 引用的文献)。

5. Structure Search(化学结构检索)　使用 Structure Search 的功能时,必须是订购 Index Chemicus 或 Current Chemical Reactions 数据库的用户。该检索主要面向所有从事与

化学物质相关的研究的科研人员。Structure Search 可用化学结构图、化合物名称、化合物的生物作用等途径进行检索。在用化学结构绘图检索之前必须先下载和安装 Java 插件，才能使用 Accelrys Jdraw 小程序创建化学结构（图 5-2-14）。

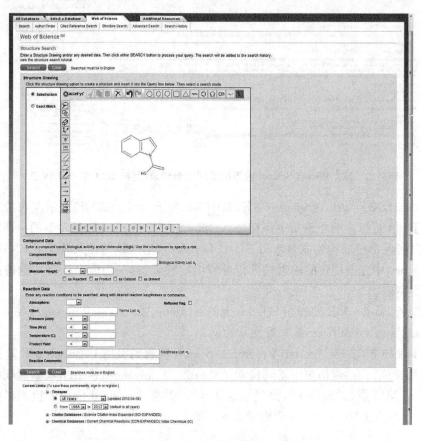

图 5-2-14　Web of Knowledge 化学结构检索页面（选自 2012 年 3 月 19 日）

（三）检索结果的显示、评价、分析与管理

1. 检索结果的显示　Web of Science 检索结果分为检索结果显示区和检索历史区，检索结果显示区又有题录格式和全记录格式之分。

检索历史区显示每次检索的检索序号、检索式、检索结果数和对应的结果浏览、检索式编辑等。

题录格式：每页默认显示 10 条记录，可根据需要设置显示记录数。部分记录可链接至全文数据库。文献标题和被引次数均采用超链接方式，点击"View abstract"链接可预览摘要，点击标题可进入全记录格式，点击"Times Cited"可浏览引用文献（图 5-2-4）。

全记录格式：在题录格式状态点击文献标题即可进入全记录页面，可浏览包括文摘在内的详细内容，还可利用超链接功能获取更多信息，并对记录进行存盘、打印、标记等处理。点击作者的超链接可以直接进行作者检索，了解该作者具体发表的文献情况；点击"Reference"可以查看参考文献；点击"Citation Map"可查看引证图谱等。

2. 检索结果的评价　检索的结果是否达到预期效果，借助显示区显示格式选择、显示内容（注释或摘要）和输出数量的多少等来评价检索结果。

Web of Science 通过检索返回页面左侧的"Refine Results",可将检出记录按同一字段中的同一属性集中显示(图 5-2-4),如同一主题分类的文献、同一类型的文献、同一著者的文献、刊登于同一期刊的文献、同一年份的文献、出自于同一会议的文献、同一机构学者发表的文献等,来帮助评价检出的文献是否符合课题内容范围、检出的文献量和检出文献的时效与类型。

如果检出的文献不符合课题内容范围,那么就要重新审视所选择的检索途径或检索词是否适合该课题的检索。一方面可以利用"Refine Results"功能提炼检索结果,在提炼检索结果时,出现频率高的字段信息排列在前,以便优先选择(点击"Hide Refine"可隐藏提炼检索结果区),"精炼检索结果"属于限定检索,其作用类似于其他数据库中的"二次检索"或"在结果中检索";另一方面可在检索历史区借助每次检索的检索序号、检索式、检索结果数和对应的结果浏览、检索式编辑功能,可以调整新的检索词、检索式或者检索途径。

3. 检索结果的分析 Web of Science 可借助"Analyze Results"功能和引文分析报告来对检索结果进行分析。

(1) 点击检索返回页面上的"Analyze results",可得到以图表方式对检索结果进行详细统计分析的显示。通过该分析有助于从宏观上把握检出文献的各种分布情况,从而帮助回答以下的问题:

某一专题的核心研究人员有哪几位(按 Authors 排序);

某一专题文献的高产国家有哪些(按 Countries/Territories 排序);

某一方面的文献类型分布如何(按 Document Types 排序);

某一专题的权威研究机构有哪些(按 Institutions 排序);

某一方面文献的语种分布如何(按 Languages 排序);

某一专题的研究起始于什么年份或历史上研究的高峰期处于什么年代(按 Publication Years 排序);

某一专题文献主要集中在什么刊物上(按 Source Titles 排序);

某一方面文献所属学科的分布情况和学科交叉情况如何(按 Subject Category 排序)。

Web of Science 分析功能中的分析对象有:对常规检出文献的分析、对引用文献的分析、对相关记录(Related Record)的分析。相关记录指共同引用一篇或一篇以上参考文献的文献。

(2) 此外还可借助系统生成的引文报告来进行分析。在检索返回的结果页面上,点击右上角的"Create Citation Report",可对检索结果创建引文报告。内容包括近几年发表文献统计的柱状图、近几年被引用的柱状图、总被引次数(Sum of the Times Cited)、篇均被引次数(Average Citations per Item)、他引文献(View without Self-citations)、H 指数。

4. 检索结果的管理 检索结果的管理可分为检索历史的管理和检索结果的管理。

检索历史可以提供保存、删除、创建跟踪等方式管理检索史。在检索历史显示区可对检索式进行组配检索,也可以将检索式保存到 WOK 服务器上(通过输入自己的账号密码进行访问),也可保存到本地硬盘、建立检索跟踪服务、导入检索式进行重新检索等。

检索结果输出形式有打印、E-mail 发送、存盘、保存到 EndNote Web 和保存到其他文献管理软件等。操作方法是勾选出所需记录左边的复选框,然后选择相应的输出形式,完成检索结果的输出。

若对某篇特定文献日后被人引用感兴趣,可创建引文跟踪服务。在将要被跟踪文献的全记录显示页面,点击右侧的"Create Citation Alert"(图5-2-12),输入用户个人注册的用户名和密码后,然后在返回的页面上出现 This article has been successfully added to your list,表示引文跟踪服务创建成功。创建引文跟踪服务后,在 Web of Science 来源文献范围内只要有人引用了创建跟踪的引文,用户的电子邮箱就会接收到引用文献的信息。

如果要修改或删除已创建的引文跟踪服务,在 Web of Science 主页点击上部的"My Citation Alerts",输入用户名和密码进入系统后,点击"Modify Settings",在 Citation Alert Settings 栏目中进行 E-mail 地址修改和 E-mail 格式的修改,点击"Submit Changes"完成修改。若在 Remove from List 栏目中勾选再点击"Submit Changes",则是删除某引文的跟踪服务。

另外,在检索返回的题录结果页面的右上角提供了"Scientific WebPlus"搜索引擎工具链接。

三、BIOSIS Citation Index

BIOSIS Citation Index 为 Web of Knowledge 于 2011 年 4 月推出的另一个引文数据库,引文数据来源于 BIOSIS Previews 数据库,是生命科学与生物医学研究工具,内容涵盖临床前和实验室研究、仪器和方法、动物学研究等。利用此数据库可以对期刊、会议、专利和书籍中的内容进行访问,数据可回溯到 1926 年。

BIOSIS Citation Index 数据库提供 Search(普通检索)、Cited Reference Search(被引参考文献检索)、Advanced Search(高级检索)这三种检索方式(图 5-2-15)。

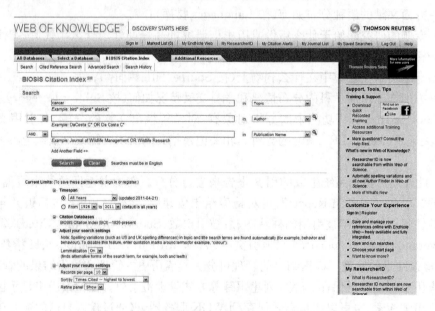

图 5-2-15　BCI 检索主页面(2011 年 4 月 19 日)

一般检索提供检索的字段有 Topic(主题)、Title(题名)、Author(作者)、Group Author(团体作者)、Editor(编者)、Publication Name(出版物名称)、Year Published(出版年)、Address(地址)、Meeting Information(会议信息)、Language(语种)、Document Type(文献类型)、Taxonomic Data(生物分类数据)、Major Concepts(主要概念)、Concept Codes(概念代

码)、Chemical and Biochemical(化学和生化)、Identifying Codes(识别代码)和 Taxa Notes(分类注释)。如进行多字段检索,可依次在选择好的字段输入相应的检索词,然后选择逻辑组配关系 AND、OR、NOT。另外还可以点击 Add Another Field 添加更多的检索字段进行同时检索。

被引参考文献检索提供 Cited Author(被引作者)、Cited Work(被引著作)和 Cited Year(s)(被引年份)、Cited Volume * (被引卷)、Cited Issue * (被引期)、Cited Pages * (被引页码)检索项。

该引文数据库检索方法以及检索结果的分析方法均同 Web of Science。

四、其他外文数据库的引文检索

除了使用 Web of Science 和 BIOSIS Citation Index 进行外文引文检索外,还有其他一些外文数据库提供引文检索功能。

(一) Scopus 的引文检索

Scopus 数据库(http://www.scopus.com)是 Elsevier 公司近年推出的一个全球规模的文摘和索引(A&I)数据库,该数据库在检索功能、检索方式、检索界面及检索结果显示等方面具有许多新颖和独特之处,特别是该数据库也提供引文检索功能,限订购用户使用。

Scopus 收录来自 4 000 多家出版商的超过 16 000 多种期刊、750 多种会议录、600 种商业出版物的 2 700 万条论文摘要和参考文献,基本囊括了世界各地的高质量期刊,其中收录了中国出版的 300 多种期刊。可回溯检索到 1966 年的文献以及 1996 年以来所引用的参考文献。Scopus 在基本检索或高级检索中查找出一批来源文献。选中一篇要查询的文献,点击记录右方提供的该篇文献被引情况(Cited by)数量链接可检索到该篇文献最新被引情况。Scopus 在检索结果页面还提供被引情况跟踪器"Citation Tracker",可对选中文献进行分析,选中要了解的著者或文献后,点击被引情况跟踪器系统可提供该篇文献历年被引用情况和总引用情况列表。

与 Web of Science 相比较,Scopus 更加注重数量,除收录 SCI 包括的期刊外,还收录大量未被 SCI 收录的期刊,特别是亚洲国家和地区的期刊。

(二) PubMed 数据库

PubMed 是广大从事生物医药研究的科技工作人员的一个常用和十分熟悉的网上免费生物医学数据库,有关此数据库的具体内容请见第三章第二节。从 2005 年开始 PubMed 新增了引文检索功能,凡是被 PubMed Central 收录的(包括英文和中文及其他语种)文献,只要被他人引用就可通过其提供的这一功能进行检索。在 PubMed 检索提问框中输入查询著者姓名后,点击"GO"检索,进入检索结果显示页面。在文摘格式页面,只要该篇文章被引用过,就会在此页面的右侧出现"Cited by N PubMed Central articles"标题(其中 N 表示被引用的篇数,PubMed Central 为美国国立卫生研究院生物医学和生命科学期刊的免费数字化文献中心),也可在"All links from this record"下拉框中点击"Cited in PMC",系统会将引文内容直接显示到引文文献显示页面中。例如,在 PubMed 数据库中检索钟南山教授关于 SARS 研究文献被引用情况,在检索框中输入"Zhong NS AND SARS",点击"GO",检索结果中有一篇发表在《柳叶刀》(Lancet)上关于中国广东 SARS 流行病学和病因学研究的文章,点击进入文摘页面,即可检出该篇文献在 PMC 中被引用的情况(图 5-2-16),该文共被国内外 35 篇文章所引用,点击"Cited in PMC"被引文献题录则按发表时间依次列出(图 5-2-17)。

提示:PubMed 是通过引文链接功能检索被引文献,需逐条记录分别查看被引情况,不具备被引文献统计功能,该功能只提供他引文献,不显示自引文献。

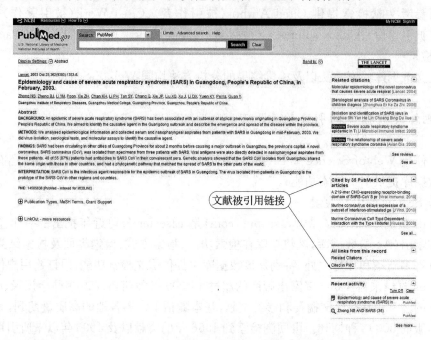

图 5-2-16 PubMed 检索文摘结果页面(2011 年 4 月 2 日)

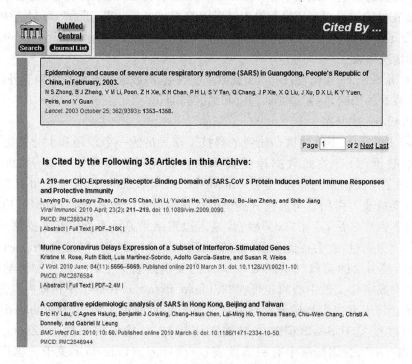

图 5-2-17 PubMed 引文检索结果页面(2011 年 4 月 2 日)

(三) Google Scholar 的引文检索

Google Scholar 是 Google 推出的学术搜索工具,由计算机专家 Anurag Acharya 开发。Google Scholar 已经与多家学术、科技出版商进行了广泛的合作,如 ACM、Nature、IEEE、OCLC 等。这种合作使用户能够检索特定的学术文献,通过 Google Scholar 从学术出版者、专业团体、预印本库、大学以及从网络上获得多种类型的学术文献,其中包括学术期刊、文摘、同行评议论文、学位论文、图书、预印本、PPT 幻灯和技术报告等。Google Scholar 已成为获取网上学术信息的一个重要通道。

Google Scholar 重点提供医学、物理、经济、计算机等学科文献的检索,还可通过知识链接功能提供文章的引用次数及链接,查找文献的被引用情况。Google Scholar 提供普通检索和高级检索两种检索功能。普通检索中可直接输入关键词、人名、期刊名,也可输入诸如"人名期刊名称"等组配形式缩小搜索范围,获取相关文献及文献的被引频次。高级检索可以进行字段限定,如可以按作者、发表日期和出版物等字段进一步缩小搜索范围,更可以有针对性地检索想要查找的学术资料的被引信息。通过两种检索获取一批源文献,在每篇文献详细记录的下面提供该篇文献的被引情况(Cited by),显示该篇文献的被引次数,点击链接即可查看所有引用过该篇文献的文献列表。

Google Scholar 引文检索结果排序主要以文献的被引频次为依据,同时兼顾作者、出版物知名度等因素。被引频次越高,说明该文献的学术价值越高,其中被引频次包括文献在书籍和各类非联机出版物中的引用次数;文献作者越出名,其学术专业的价值地位就越高,排序时往往越靠前;能在国际知名刊物上刊出的论文,其内容价值一般相对较高。但 Google Scholar 没有提供检索结果深层分析功能,而且无法将检索结果保存或导出。

第三节　中文引文检索资源

一、中国科学引文数据库

(一) 概述

中国科学引文数据库(Chinese Science Citation Database,简称 CSCD,http://sdb.csdl.ac.cn/)创建于 1989 年,收录我国数学、物理、化学、天文学、地学、生物学、农林科学、医药卫生、工程技术、环境科学和管理科学等领域出版的中英文科技核心期刊和优秀期刊千余种,目前已积累从 1989 年到现在的论文记录 300 万条,引文记录近 1 700 万条。中国科学引文数据库是我国第一个引文数据库,被誉为"中国的 SCI"。

1995 年 CSCD 出版了我国的第一本印刷本《中国科学引文索引》;1998 年出版了我国第一张中国科学引文数据库检索光盘;1999 年出版了基于 CSCD 和 SCI 数据、利用文献计量学原理制作的《中国科学计量指标:论文与引文统计》;2003 年 CSCD 上网服务,推出了网络版,2005 年 CSCD 出版了《中国科学计量指标:期刊引证报告》。2007 年中国科学引文数据库与美国 Thomson—Reuters Scientific 合作,探讨将 CSCD 融入到 ISI Web of Knowledge 平台,实现与 Web of Science 的跨库检索;2009 年已见于 Web of Knowledge(限订购用户使用),中国科学引文数据库成为 Web of Knowledge 平台上第一个非英文语种的二次文献数据库。

(二) 检索方法

1. 检索规则　CSCD 支持截词检索、布尔逻辑运算等规则。

（1）截词检索　检索词无法精确确定时，可以使用截词运算符，"％"代表多个字符，"?"代表一个字符。

（2）布尔逻辑运算　支持布尔逻辑运算符 AND、OR、NOT。

（3）运算的优先顺序　（ ）＞NOT＞AND＞OR。

2. 检索途径　CSCD 主要有简单检索、高级检索和来源期刊浏览等检索途径。

（1）简单检索　简单检索包括来源文献检索和引文检索。引文检索中的字段选项有：被引作者（引文的前3个作者姓名）、被引第一作者、被引来源（引文中出现的期刊、专著、专利、硕博士论文、会议录等名称）、被引机构、被引实验室、被引文献主编（当引文有主编姓名时，可以用此检索项检索，不包含期刊的主编）。在进行检索时可以同时选择不同的3个字段，可通过"与"和"或"限定字段之间的关系，并且可以限定论文被引用和论文发表的时间范围。来源文献检索中的字段选项有：作者、第一作者、题名、刊名、ISSN、文摘、机构、关键词、基金名称等。字段之间的逻辑运算符号有"与"和"或"两种，检索时可对论文发表时间和学科范围进行限定。

（2）高级检索　高级检索分为来源文献检索和引文检索。检索界面上半部分为检索运算式输入区域，下面部分为检索辅助区域。在检索辅助区列出了引文检索及来源检索的所有字段，各字段后有检索提问词输入框和逻辑运算符号以及"增加"按钮，只需在相应的输入框中输入检索词、选择运算符号（"与"或"或"），然后点击"增加"按钮，相应的检索式即可出现在上面部分的检索提问框中，点击"确定"按钮即可。高级检索还可以应用截词运算。

（3）来源期刊浏览　按照中英文期刊进行分类，中文期刊按刊名拼音首字母进行排序，英文期刊按刊名英文首字母进行排序。点击字母即可浏览相应期刊，显示刊名、ISSN、收录年代。点击刊名可以浏览每一期发表的文献摘要。

（三）检索结果的显示、评价、分析与管理

1. 浏览格式　显示论文题名、作者、来源（期刊名称、ISSN、年、卷、期、页）。

2. 完全格式　题名、作者、作者单位、来源、关键词、分类号、资助基金、中文文摘、外文文摘。其中，关键词、作者、分类号、基金名称可以点击链接。点击"被引情况"、"相关文献"、"引用文献数量"，可以获得相关链接。

3. 引文格式　某一篇文献的参考文献（即引文）的列表。凡是有超链接的引文，可以链接到该篇文章。

当检索结果显示后，可以勾选每条记录前的复选框选择合适的记录，也可以点击"全选"选择所有记录。点击所有链接的部分，可以看到进一步的内容。对检索的结果可以下载、打印，或者以发送 E-mail 的方式存储。注册用户可以将记录存储到电子书架中，随时翻阅。

二、中国引文数据库

中国引文数据库（Chinese Citation Database，http://ref.cnki.net）是中国知网的一个子数据库，引文数据来源于中国学术期刊网络出版总库、中国博士学位论文全文数据库、中国优秀硕士学位论文全文数据库、中国重要会议论文全文数据库、中国重要报纸全文数据库、中国图书全文数据库、中国年鉴全文数据库等。可免费进行检索。

中国引文数据库提供特定作者、机构、期刊、专题、基金等全面而翔实的统计信息,包括:作者的发文量、各年被引量、H指数、作者被引排名、作者引用排名、作者关键词排名;机构的发文量、各年被引量、H指数、作者被引排名、作者引用排名;期刊的发文量、被引统计、引文统计、作者统计、基金论文统计;专题的发文量、各年被引量、引用专题排名、被引专题排名;基金的发文量、各年被引量;出版社的发文量、各年被引量、H指数。

检索分为初级检索和高级检索。初级检索根据需要选择不同的文献数据库(包括期刊、图书、专利、学位论文、会议论文、标准及其他数据库),输入相应的检索词即可进行检索。高级检索分为源文献检索和引文检索。源文献检索的方法是选定特定字段(主题、篇名、作者、关键词等15个字段),输入检索提问词进行检索。引文检索首先选择专辑,根据需要选择不同文献类型的引文,然后选择被引作者、被引题名等10个字段中的任何一个,如需要组合检索,可点击"+"增加限制字段进行检索。

提示:用"源文献检索"时,会将没有被引用过的文献返回在检索结果中。可通过操作"知网节下载"来进一步证实,如果见不到"引证文献"一栏,即可认定该文献在中国知网统计范围内没有被引用。

三、中国生物医学期刊引文数据库

《中国生物医学期刊引文数据库》(Chinese Medical Citation Index,简称 CMCI)由解放军医学图书馆数据库研究部于2003年研制开发,是我国第一个生物医学领域规模最大的专业引文数据库。该数据库收录了1995年以来中文生物医学期刊1 000余种,涵盖该领域的核心期刊和重要期刊,包含270余万条来源期刊文献和330余万条期刊引文数据,涉及基础医学、临床医学、预防医学、药学、医学生物学、中医学、医院管理及医学情报等多个学科。提供单机版和网络版两种版本,每月更新,基本与科技成果发布和论文发表保持同步。

与国内其他综合性学科引文数据库比较,CMCI具有专业性强,收刊全面,查全、查准率高,更新及时等特点。2008年CMCI推出了新的版本,新系统更加集成化、简约化、人性化。如新增医学同义词概念扩展检索功能提高查全率和查准率;增加引证报告输出功能提供详细格式和简要格式两种输出格式;增加文献计量统计分析功能可对检索结果进行文献计量分析,提供对文献发表情况、文献被引情况、期刊被引情况的统计功能。此外,新版CMCI将源文献的详细题录摘要信息和参考文献整合在一起,并提供基于OpenURL或DOI的全文链接,使用户在浏览CMCI中文献题录摘要信息的同时,能无缝隙链接国内几大期刊数据库的全文文献。

四、中文社会科学引文索引

中文社会科学引文索引(Chinese Social Sciences Citation Index,简称CSSCI)由南京大学中国社会科学研究评价中心开发,属于国家、教育部重点课题项目。收录1998年至今的766种社会科学期刊,其中CSSCI来源期刊527种(2010—2011年),CSSCI扩展版来源期刊172种(2010—2011年)、来源集刊86种,收录来源文献100余万篇,引文文献600余万篇,是我国第一个社会科学引文数据库。CSSCI提供的检索途径包括来源文献检索、被引文献检索和优化检索。来源文献检索途径:篇名、作者、作者所在地区机构、刊名、关键词、文献分类号、学科类别、学位类别、基金类别及项目、期刊年卷期等。被引文献的检索途径：被引文献、被引作者、被引篇名、被引刊名、被引文献出版年代、被引文献细节等。优化检索：精确检索、模糊检索、逻辑检索、二次检索等。

CSSCI是国内一致公认的权威数据库，收录的期刊被普遍认为是国内社会科学领域的核心期刊。2010—2011年收录的期刊分为25个学科分类(http://cssci.nju.edu.cn/)。

五、其他中文数据库中的引文检索

（一）中国知网的引文检索

中国知网是全球领先的数字出版平台，是一家致力于为海内外各行各业提供知识与情报服务的专业网站，有关此数据库的具体内容请见第二章第四节。中国知网新界面(http://epub.cnki.net/)提供了引文检索这一检索方式。该引文检索提供的检索项有：被引文献作者、被引文献第一作者、被引文献作者单位、被引文献题名、被引文献摘要、被引文献关键词、被引文献中图分类号等。可免费进行检索。

（二）中文科技期刊数据库引文数据库

中文科技期刊引文数据库又称为中文科技期刊数据库（引文版），由重庆维普资讯有限公司开发，以全文版为基础开发而成，主要检索1989年以来国内5 000多种重要期刊（含核心期刊）所发表论文的参考文献。所有文献按学科分为8个专辑：社会科学、经济管理、教育科学、图书情报、自然科学、农业科学、医药卫生、工程技术。数据每周更新，限订购用户使用。

该库包括源文献检索和被引文献检索两个检索界面。检索界面的切换可通过检索系统平台左上角的切换按键来实现。源文献检索项有：关键词、刊名、作者、第一作者、作者机构、题名、文摘、分类号等。在源文献检索入口界面有导航系统，提供树形分类导航和刊名导航，便于指定检索范围。检索方式为指定字段检索（按相应的检索入口进行检索）、二次检索（与、或、非）、逻辑表达式组合检索、分类逐级检索。用户一般选定检索字段后直接在检索框输入检索词即可实现一次性检索。复合检索可通过"二次检索"键来完成，也可在检索框内输入布尔逻辑表达式。被引文献检索入口较少，有题名、刊名、作者等，可从检索到的文献中找到引用了该文献的所有文献，其检索式的构造和复合检索功能与源文献检索类似。

（三）中国生物医学文献数据库的引文检索

中国生物医学文献数据库(CBM)引文检索时，在检索入口项中选择"参考文献"，输入的检索词是在被引文献作者、被引文献题名和被引刊名书名中检索。限订购用户使用。

提示：2009年CBM集成到了中国医学科学院医学信息研究所新推出的"中国生物医学文献服务系统(SinoMed)"中。进入SinoMed后，点击"中国生物医学文献数据库"链接进入CBM数据库。

（四）万方数据库中引文检索

万方数据库中通过各种途径获取到文献资源后，在每篇文献的题录记录下提供该篇文献的"被引用次数"，显示该篇文献的被引次数，点击链接即可查看所有引用过该篇文献的文献列表，或者通过每篇文献的详细记录下面提供的"引证文献"查看所有引用过该篇文献的文献列表。

第四节 引文数据检索

一、Journal Citation Reports 及引文数据检索

(一) 概述

期刊引用报告(Journal Citation Reports,简称 JCR)由美国科学信息研究所(简称 ISI)编辑出版。1975 年,ISI 在 SCI 年度累计索引中增加了一个新的部分 JCR。JCR 是国内学术界公认的多学科期刊评价工具,通过对世界上 60 多个国家和地区的 8 400 余种学术期刊进行客观、系统地统计分析评估,帮助用户以定量的方式了解这些学术期刊,并且通过这些分析数据可以了解某领域哪一种期刊被引用最多;哪一种期刊最热门;哪一种期刊影响因子最高、相关期刊以及某主题领域引用特点等。

JCR 每年出版一次,约在 6 月底发布上一年的引文数据。

JCR 内容分为两个版本:JCR Science Edition(自然科学版),提供 SCIE 中所收录的 6 598 种期刊的引文分析信息;JCR Social Science Edition(社会科学版),提供 SSCI 中所收录的 1 980 种期刊的引文分析信息。被 JCR 收录的期刊必须被 Web of Science 和 Current Contents Connect 收录期满 3 年。

(二) JCR 提供的引文数据

1. Impact Factor(IF,影响因子)　指某刊前两年发表的论文在评价当年平均被引用的次数,即某期刊前两年发表的论文在统计当年的被引用总次数除以该期刊在前两年内发表的论文总数。例如某刊 2009 年的影响因子的统计方法是:该刊在 2007 年和 2008 年共发表文献 200 篇,这 200 篇文章在 2009 年共被引用 100 次,则该刊 2009 年的影响因子是 100/200＝0.5。影响因子反映出某一期刊的文章在特定年份或时期被引用的频率,是衡量学术期刊质量的一个重要指标。影响因子越高,表示该期刊文献的平均利用率越高,由此推理出期刊的质量越高。利用期刊影响因子可以帮助选购馆藏期刊,确定各学科的核心期刊,指引期刊选读和投稿。

2. 5-Year Impact Factor(5 年期影响因子)　期刊前 5 年发表的文献在评价当年被平均引用的次数。5 年期 IF 作为能衡量期刊论文较长期影响力,具有代表性的平均性期刊评价指标,更好反映了大部分期刊的被引高峰。

3. Immediacy Index(即时指数)　期刊当年发表的文献在当年平均被引用的次数。用于评价文献发表后在学术界所引起的反应速度。

4. Total Cites(总被引次数)　指该期刊自创刊以来所发表的文献在统计当年被引用的总次数。

5. Citing Half-life(引用半衰期)　将某一期刊在某一时段(通常是 1 年)内所引用的全部参考文献依出版日期先后次序降序排列,前 50％的论文出版年限即为该期刊的引用半衰期。通过这个指标可以反映出作者利用文献的新颖度。

6. Cited Half-life(被引半衰期)　将某一期刊在某一时段(通常 1 年)内被引用的全部论文依出版日期先后次序降序排列,前 50％的论文出版年限即为该期刊的被引半衰期。被引半衰期是测定某期刊文献老化速度的重要指标。

7. Eigenfactor Score(特征因子分值) 为 JCR 2007 年版新增的指标。指某一期刊过去 5 年发表的文献在 JCR 统计年被引用的情况,是测定一种期刊对科技世界影响力的指标。特征因子分值与影响因子计算的不同方面有:① 特征因子分值的统计源包括自然科学期刊和社会科学期刊;② 特征因子分值剔除了期刊自引数据;③ 特征因子分值的计算基于随机的引文链接,它考虑到引用期刊的影响力,即认为被高影响力期刊的一次引用可能要比被低影响力期刊多次引用更重要。

8. Article Influence Score(论文影响分值) 为 JCR 2008 年版新增的指标。该指标旨在基于每篇论文来测度期刊的相对重要性。其计算方式为:特征因子分值除以期刊所发表论文的标准化比值(所有期刊的论文总数为1)。论文影响分值的平均值为1,大于1表明期刊中每篇论文的影响力高于平均水平,小于1则表明期刊中每篇论文的影响力低于平均水平。

期刊影响因子是评价期刊质量的重要指标。但部分期刊的过度自引降低了影响因子作为期刊质量评价指标的合理性。2007 年版和 2008 年版的 JCR 新增的"特征因子分值"避开了期刊过度自引的不利因素,但此项指标尚未普遍用于学术期刊质量的评价之中。

(三) JCR 的检索

进入 Web of Knowledge 主页(http://isiknowledge.com),选择"Select a Database",再点击"Journal Citation Reports",得到如图 5-4-1 页面。

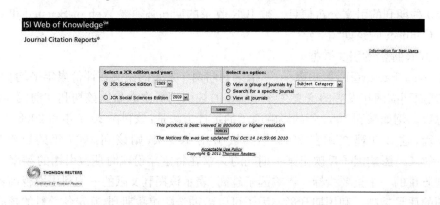

图 5-4-1　JCR 检索主页面(选自 2011 年 4 月 19 日)

对 JCR 进行检索,首先选"Science Edition"或"Social Sciences Edition",并在右侧的下拉菜单中选择年份,然后选右面的三个检索入口(Select an option)之一,点击"SUBMIT"(图 5-4-1)。

1. 检索方式　JCR 提供三个检索选项。

(1) View a group of journals by:该检索项提供 Subject Category(主题分类,又称学科)、Publisher(出版商)、Country/Territory(国家、地区)三个选项进行检索。

(2) Search for a specific journal:该途径用于检索已知的特定期刊,检索词可以是刊名全称、刊名缩写、刊名中的单词或期刊的 ISSN。

(3) View all journals:在所列全部期刊列表中浏览查询。

2. 检索结果的处理　JCR 检索结果的输出有打印和保存两种方式。操作步骤:在检出的期刊概要一览(Journal Summary List)中(图 5-4-2),勾选"Mark"复选框中需要输出的期刊,点击"Update Marked List"后,再点击"Marked List",然后点击"Save to file"进行保存,或通过"Format for Print"进行打印。

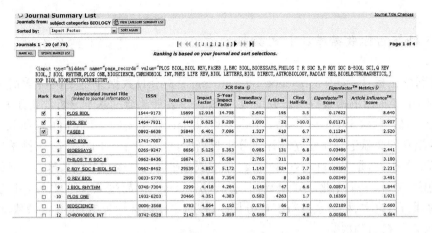

图 5-4-2　JCR 中的期刊概要一览(选自 2011 年 4 月 19 日)

3. JCR 学科数据检索　通过 JCR 中的 View Category Data(图 5-4-3),可以了解一个学科文献被利用程度和学科的知识老化速度等,还可对学科之间文献被利用程度等进行比较。JCR 的学科数据(Category Data)有:

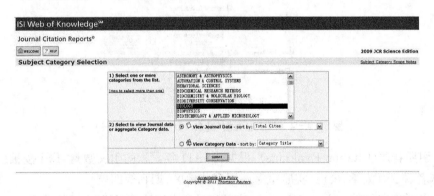

图 5-4-3　JCR 的学科数据检索(选自 2011 年 4 月 19 日)

(1) Total Cites(总引用次数):某学科中期刊被引文献总次数。

(2) Median Impact Factor(中值影响因子):取自于一个学科中影响因子排序居中的那个期刊的影响因子。若某一学科的期刊为双数时,取影响因子居中的两种期刊影响因子的平均数为该学科的中值影响因子。

(3) Aggregate Impact Factor(学科集合影响因子):指前两年本学科期刊上的文献在 JCR 统计当年被平均引用的次数,即分子是该学科期刊前两年发表的文献在统计当年被引用的次数,分母是该学科前两年发表文献的总数。

(4) Aggregate Immediacy Index(学科集合即年指数)。

(5) Aggregate Cited Half-life(学科集合被引半衰期)。

(6) Journals:该学科被 JCR 收录的期刊数。

(7) Articles:该学科被 JCR 收录期刊上发表的文献数。

二、基本科学指标数据库及引文数据检索

基本科学指标(Essential Science Indicators,简称 ESI)数据库是美国科学情报研究所(ISI)于 2001 年推出的衡量科学研究绩效、跟踪科学发展趋势的基本分析评价工具,是基于 ISI 引文索引数据库(Science Citation Index 和 Social Science Citation Index)所收录的全球多种学术期刊的文献记录而建立的计量分析数据库,也是一个专门用于全球科学研究发展动态分析的数据库,是 Web of Knowledge 集成服务平台的一个重要组成部分。ESI 从引文分析的角度,针对 22 个专业研究领域,汇集 Web of Science 超过 10 年的数据,分别对国家、研究机构、期刊、论文、科学家进行统计分析和排序,主要的指标包括:论文收录数、论文被引频次、论文篇均被引频次等。

ESI 主要内容分为以下四大部分(图 5-4-4):

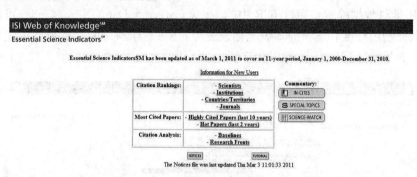

图 5-4-4　ESI 主页面(选自 2011 年 4 月 19 日)

(1) 引用排序(Citation Rankings):根据 10～11 年累积的引文数量,ESI 按被引次数多少列出作者、机构(大学、公司、实验室等)、国家或地区、期刊等四类。

(2) 多引论文(Most Cited Papers):这里包括高引用论文(Highly Cited Papers)和热点论文(Hot Papers)。高引用论文指近 10～11 年内某学科中引用次数最高的论文;热点论文指在近两年内某学科引用次数最多的论文。

(3) 引文分析(Citation Analysis):引文分析中提供两种信息,一是基线(Baselines),其中提供 ESI 划分的学科领域(如 Chemistry、Medicine)的年均数、百分数和总和数据;二是研究前沿(Research Fronts),其中可以检索的核心论文的高引用论文。

(4) 评论报道(Commentary)等:包括 Science Watch 等网站链接以及 ESI 相关知识介绍。在 Information for New Users 项中可查询概念定义;Tutorial 项中有检索方法介绍。如果要查重要科学家的数据,点击 Scientists;查研究机构或大学点击 Institutes;查国家或地区点击 Countries/Territories;查期刊点击 Journals。查出的数据是 10～11 年的累计数。数据每季度更新。

利用 ESI 数据库,用户还可以了解诸如在免疫学领域内哪些论文被引用的次数最多、哪些是农业科学的新研究领域、哪些国家在化学研究领域内的影响力最大、分子生物研究领域内哪些科学家的被引次数最高、地球科学领域内哪些期刊排在前列等等信息。ESI 作为一种基本的科学计量分析评价工具,具有以下评价功能:

(1) 分析某个公司、研究机构、国家以及期刊的科学研究绩效;

(2) 跟踪自然科学和社会科学领域内的研究发展趋势；
(3) 分析评价员工、合作者、评论家以及竞争对手的能力；
(4) 测定某一专业研究领域内科学研究成果的产量和影响力。

作为 Web of Knowledge 的一部分，ESI 为科学研究者提供了一种动态的、综合的、基于网络的研究分析环境。ESI 能把不同国家基础研究的所有专业领域研究成果，放在同一层面上进行分析、比较、排序，客观地反映各个国家研究的特点、研究的前沿，完全打破了以往的单纯对某个国家在科学技术领域或在社会科学领域的发表论文的引用、被引用等进行排序和分析。

三、中国科技期刊引证指标数据库及引文数据检索

(一) 概述

中国科技期刊引证指标数据库(CSCD journal citation report，简称 CSCD-JCR)由中国科学院国家科学图书馆创建的。其数据以 CSCD 核心库为基础，依据文献计量学的相关定律及统计方法，从期刊论文发文量、基金论文量、发文机构数、篇均参考文献数、自引率、引用半衰期、影响因子、即年指数、总被引频次、自被引率、被引半衰期等指标数据来反映国内科技期刊在中文世界的价值和影响力，尤其是从学科论文引用角度定位期刊影响力，其作用和 ISI 的 JCR(期刊引用报告)相同。

CSCD-JCR 的主要功能有：对期刊质量进行评估；作为期刊竞争情报分析的参考资料；作者投稿的参考；学者阅读期刊的指南，教师、图书馆员推介期刊的参照；核心期刊研究、期刊学科影响研究的第一手资料。

由于对科技期刊引证的研究工作在中国起步较晚，CSCD-JCR 对 1999—2003 年期间的期刊引证情况仅提供期刊影响因子、总被引频次 2 个指标；2004 年起提供期刊论文发文量、基金论文量、发文机构数、篇均参考文献数、自引率、引用半衰期、影响因子、即年指数、总被引频次、自被引率、被引半衰期 11 个指标数据。

(二) 检索途径

CSCD-JCR 提供来源期刊指标、被引频次总排行和学科引用排行等途径。

1. 来源期刊指标　来源期刊指标是 CSCD-JCR 默认的检索途径，可查多种科技期刊引证数据，其提供四个检索选项：统计年、期刊学科、刊名和 ISSN 号。还可以选择 2~5 种期刊让系统进行比较分析。

2. 被引频次总排行　被引频次总排行供查询各学科期刊的总被引频次和他引频次的排名。通过"排序方法请选择"可进行"总被引频次"排行和"他引频次"排行之间的切换。

3. 学科引用排行　查询期刊在某一"论文学科"中的"学科被引频次"和"学科影响力位次"。

提示：① 以上被引频次总排行中的"总被引频次"是指某刊某年被引用总篇次，而学科引用排行中的"学科被引频次"是指某刊某年被本学科期刊引用的频次，后者数据一定小于前者。② "来源期刊指标"中的期刊数要小于"被引频次总排行"和"学科引用排行"中的期刊数，因为后两者包含了非来源期刊，即从来源期刊后的参考文献中获得的有一定被引频次的期刊。

四、H 指数及其检索

(一) H 指数定义

H 指数(H-index)是一种新的定量评价科研人员学术成就的方法,2005 年由加利福尼亚大学圣地亚哥分校统计物理学教授乔治·赫希(Jorge E. Hirsch)提出,因此以 Hirsch 的首字母 H 命名,H 代表"高被引次数"(High Citations)。

H 指数有作者 H 指数、期刊 H 指数、机构 H 指数之分。作者 H 指数指某作者有至多有 N 篇论文分别被引用了至少 N 次。如赫希教授本人的 H 指数是 49,表示他已发表的文献中,被引用了至少 49 次的论文总共有 49 篇。该指数兼顾了研究人员的文献产出数量和文献被引频次,是对个人学术水平的一种综合评价指标。

(二) H 指数的检索

1. Web of Science 中的作者 H 指数检索　在 Web of Science 中分两个步骤检索 H 指数。第一步:先查出某一作者的文献;第二步:再通过"创建引文报告"得到作者的 H 指数。在作者检索时,尽量使用 Author Finder 工具,通过该工具提供的学科和作者单位的限定,用以区分同名同姓不同的人。

2. 中文引文数据库中的作者 H 指数检索　中国知网中的"中国引文数据库"提供 H 指数查询。检索步骤为:首先进入"中国引文数据库"(http://ref.cnki.net)主页后,点击"作者统计"后再点击"H 指数",然后在右边检索框中输入作者姓名和作者单位,点击"统计"后,即可得到作者 H 指数统计图。

(三) H 指数的修正

现行的评价科研人员学术水平的定量指标有三项:① 发表的文献是否被 SCI 或 EI 等收录;② 文献被引用次数是多少;③ 文献所载期刊的影响因子有多高。H 指数的出现又多了一项新的评价选择。

H 指数也有一定的局限性,它忽视了高被引文献和未被引用文献,于是又出现了一种 H 指数的改进型指标 G 指数。G 指数是 2006 年由比利时科学计量学家 Egghe 提出,它将某一学者的论文按被引次数从高到低排序,将序号平方,将被引次数按序号从高到低累计,当序号平方等于累计被引次数时,该序号就是 G 指数。如果序号平方不能恰好等于而是小于对应的累计被引次数,则最接近累计被引次数的序号就是 G 指数。

本章小结

WOK 是一个收录种期刊、图书、会议、学位论文和专利文献等综合所有学科的跨平台的二次文献数据库,同时其三大数据库还可以提供来源文献的各种引证关系,但各单位订购的权限不同,会形成不同的资源界面。著名的 Web of Science 只收录高质量的学术期刊,并动态地对所收录的学术期刊进行定期审核,以保证期刊质量,其收录刊被国际学术界公认为国际核心期刊。WOK 平台只提供自然语言检索,虽有词形还原功能,在检索时仍要考虑检索词的同义词、近义词等,保证查全率。WOK 下位数据库 MEDLINE、BP、CAB 和 INSPEC 都有专业控制词表检索途径。检索结果的引证关系提供了一种方便而实用的扩大检索途径。此种方式有利于新兴学科、交叉学科及其他复杂课题的文献检索,其引文分析可以揭示一些重要科学发现之间的内在联系,预测科学技术的发展方向。引文分析得到的数据,还可以用于评价科技文献的价值、科技人员及科研机构的工作成绩和水平。

另外本章还介绍了国内外一些常用的引文数据库。如 CBM 数据库、中国科学引文数据库、中国引文数据库、中国期刊全文数据库和中文科技期刊数据库等。此外还介绍了 Journal Citation Reports 和 Essential Science Indicators 统计分析工具，可用来对科学家、研究机构、国家\地区和期刊论文进行分析、统计、排序和评估。

（陈　萍）

思考题

1. 什么是引文检索？引文检索有什么作用？
2. Web of Knowledge 中提供引文检索的数据库有哪些？

第六章　网络信息资源检索

随着因特网的飞速发展，人们越来越依靠网络来查找他们所需要的信息，但是，由于网络上的信息源数不胜数，所以如何从浩瀚的信息海洋中得到所需要的信息，就成了一个非常关键的问题。为了解决这个问题，搜索引擎就随之诞生。搜索引擎的出现从某种程度上解决了这个问题，它是目前比较有效的网上信息获取方法，多数网上用户使用搜索引擎来获得所需的信息。

第一节　概述

一、搜索引擎的发展

世界上第一个搜索引擎是由 McGilt University 的在校学生 Alan Emtage、Peter Deutsch 和 Bill Wheelan 于 1990 年发明的 Archie，这是一个 FTP 站点的搜索程序。当时 World Wide Web 还未出现，Archie 完成的也只是文件的查询搜索，它可以在网络上查找标题满足特定条件的所有文件。Archie 通过脚本程序自动搜索网上的文件，并建立索引，用户通过表达式的方式给出文件的全部或部分名称，然后 Archie 会反馈给用户哪个 FTP 站点可以下载到该文件。网络上有多台 Archie 搜索服务器，共同合作完成对所有 FTP 站点的搜索，提供全面的文件查询服务。Archie 服务器定期搜索已知的 FTP 站点，对其上的文件目录进行梳理，并将信息下载保留，存成数据库文件。当有用户利用 Archie 进行文件名查询时，Archie 就检索自己的数据库来得出相应结果。

由于专门用于检索信息的 Robot 程序像蜘蛛(Spider)一样在网络间爬来爬去，因此，搜索引擎的 Robot 程序被称为 Spider 程序。世界上第一个 Spider 程序，是由麻省理工学院的在校生 Matthew Gray 于 1993 年开发的 World Wide Web Wanderer，它用于追踪当时不断扩张的因特网规模，如联网计算机的数量，服务器数量等，后来也能抓取网络地址。随着 Web 技术的迅速发展，Spider 逐渐发展成为搜索引擎的核心。与 Wanderer 相对应，1993 年 10 月 Martijn Koster 创建了 ALIWEB，它相当于 Archie 的 HTTP 版本。ALIWEB 不使用网络搜寻 Robot，如果网站主管们希望自己的网页被 ALIWEB 收录，需要自己提交每一个网页的简介索引信息。

随着因特网的迅速发展，逐渐出现大量的搜索引擎。1994 年 4 月 20 日，因特网上第一个支持搜索文件全部文字的全文搜索引擎 Web Crawler 正式发布，在此之前，用户只能使用 URL 和摘要搜索，摘要一般来自人工评论或程序自动取正文的前 100 个字。1994 年 4 月，Stanford University 的两名博士生，美籍华人杨致远(Jerry Yang)和 David Filo 共同创办了雅虎(Yahoo)。当时 Yahoo 的数据是手工输入的，所以不能真正被归为搜索引擎，事实上只是一个可搜索的目录。2002 年 10 月 9 日，Yahoo 放弃自己的网站目录默认搜索，改为默认 Google 的搜索结果,成为一个真正的搜索引擎。1994 年 7 月 20 日,Lycos 正式发布。Carnegie Mellon University 的 Michael Mauldin 将 John Leavitt 的 Spider 程序接入到其索引程序中,创建了 Lycos。Lycos 不但提供了相关性排序外,还提供了前缀匹配和字符相近限制,其第一个在搜索结果中使用了网页自动摘要,而最大的优势还是它远胜过其他搜索引擎的数据量。Infoseek 是另一个重要的搜索引擎。Infoseek 沿袭 Yahoo 和 Lycos 的概念,它具有友善的用户界面和大量的附加服务,而使它成为一个强势搜索引擎。

1995 年,一种新的搜索引擎形式出现了——元搜索引擎(Meta Search Engine)。用户只需提交一次搜索请求,由元搜索引擎负责转换处理后提交给多个预先选定的独立搜索引擎,并将从各独立搜索引擎返回的所有查询结果集中起来,处理后再返回给用户。第一个元搜索引擎是 Washington 大学硕士生 Eric Selberg 和 Oren Etzioni 开发的 Metacrawler。元搜索引擎与信息检索教程概念上好听,但搜索效果始终不理想,所以没有哪个元搜索引擎有过强势的地位。1995 年 12 月 DEC 的 AlmVista 登场亮相,大量的创新功能使它迅速到达当时搜索引擎的顶峰。AltaVista 是第一个支持自然语言搜索的搜索引擎,AlmVism 是第一个实现高级搜索语法的搜索引擎,如 AND,OR,NOT 等。

1997 年 9 月 15 日 Larry Page 注册了 google.com 的域名,1997 年底,在 Sergey Brin 和 Scott Hassan、Alan Steremberg 的共同参与下,Bach Rub 开始提供 Demo。1998 年 Google 还只是 Stanford 大学的一个小项目,到了 1999 年 2 月,Google 就完成了从 Alpha 版到 Beta 版的蜕变。之后 Google 公司则把 1998 年 9 月 27 日认作自己的生日。Google 在 Pagerank、动态摘要、网页快照、Daily Refresh、多文档格式支持、地图股票词典寻人等集成搜索、多语言支持、用户界面等功能上进行了革新。

1999 年 5 月,挪威科技大学的 Fast 公司发布了自己的搜索引擎 All The Web。2000 年 1 月,两位北大校友、超链分析专利发明人、前 Infoseek 资深工程师李彦宏与好友徐勇在北京中关村创立了百度(Baidu)公司。2001 年 8 月发布 Baidu.com 搜索引擎 Beta 版(此前 Baidu 只为其他门户网站如搜狐、新浪、Tom 等提供搜索引擎),2001 年 10 月 22 日正式发布 Baidu 搜索引擎,专注于中文搜索。

搜索引擎随着因特网的延伸而发展,涌现出大大小小为数不少的搜索引擎,有的在激烈的竞争中稳健发展,逐步成熟壮大成为主流,有的一闪而过后便湮没无闻了。

二、搜索引擎的工作原理

搜索引擎主要由搜索器、索引器、检索器和用户接口组成,基本结构如图 6-1-1 所示。其工作原理可归纳为四步:从因特网上抓取网页→建立索引数据→在索引数据库中搜索排序→运输至用户接口。

1. 因特网上抓取网页(搜索器的功能) 利用搜索器(Spider)系统程序,自动访问因特网,并沿用任何网页中的所有 URL"爬"到其他网页,重复这一过程,并把爬过的所有网页收集回来。

搜索引擎系统结构的搜索器(Spider)俗称蜘蛛,是一个自动搜集网页的系统程序,其功能是日夜不停地在因特网中漫游,搜集信息。它要尽可能多、尽可能快地搜集各种类型的新信息,还要定期更新已经搜集过的旧信息,以避免出现死链。目前有两种搜集信息的策略:

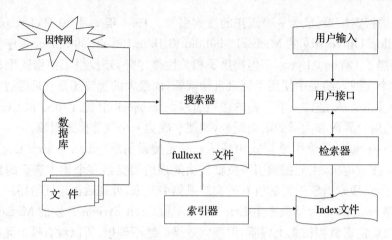

图 6-1-1 搜索引擎的基本结构图

(1) 从一个起始 URL 集合开始,顺着这些 URL 中的超链接(Hyperlink),以广度优先、深度优先或启发式方式循环地在因特网中发现信息。它沿着任何网页中的所有 URL "爬"到其他网页,重复这个过程,并把搜集到的所有网页存储起来。这些起始 URL 可以是任意的 URL,但常常是一些非常流行、包含很多链接的站点(如 Yahoo)。

(2) 将 Web 空间按照域名、IP 地址或国家域名划分,每个搜索器负责一个子空间的穷尽搜索。搜索器搜集的信息类型多种多样,包括网页文件(如 HTML、XML、JSP、ASP 等格式),有的搜索器能处理字、处理文档(如 Word、Excel、PowerPoint、PDF、RTF 等格式),甚至数据库文件等。搜索器将搜索回的每个文档过滤掉格式符,提取文本数据 fulltext。每个文档对应着一个 fulltext 文件,内容包括网页标题、网页 URL、大小、生成时间、类型、分类等属性及文本内容,所有生成的这些文件交给 Indexer 进行索引处理。搜索器的实现常用分布式并行计算技术,以提高信息发现和更新的速度。

2. 建立索引数据(索引器的功能) 由分析索引系统程序对收集回来的网页进行分析,提取相关网页信息(包括网页所在 URL、编码类型、页面内容包含的关键词、关键词位置、生成时间、大小、与其他网页的链接关系等),根据一定的相关度算法进行大量复杂计算,得到每一个网页针对页面文字中及超链中每一个关键词的相关度,然后用这些相关信息建立网页索引数据库。索引器读入 Spider 生成的 fulltext 文件,采用基于位置倒排索引与三级 n 元索引相结合的索引机制。首先进行分词处理生成索引项,并作归并排序,生成 Index 文件和 inv 文件,inv 文件为倒排表(Inversion List),即由索引项查找相应的文档,Index 文件形成分词—倒排表对应关系,内容为分词在倒排表中相应的文档块起始地址,含有该词的文档数量等信息。索引器可以使用集中式索引算法或分布式索引算法。当数据量很大时,必须实现即时索引,否则不能跟上信息量急剧增加的速度。索引算法对索引器的性能(如大规模峰值查询时响应速度)有很大的影响。一个搜索引擎的有效性在很大程度上取决于索引的质量。

3. 在索引数据库中搜索排序(检索器的功能) 当用户输入关键词后,由搜索系统程序从网页索引数据库中找到符合该关键词的所有相关网页。因为所有相关网页针对该关键词的相关度早已算好,所以只需按照现成的相关度数值排序,相关度越高,排名越靠前。最后,由页面生成系统将搜索结果的链接地址和页面内容摘要等内容组织起来返回给用户。

检索器的功能是根据用户的查询在索引库中快速检出文档,进行文档与查询的相关度评价,对将要输出的结果进行排序,并实现某种用户相关性反馈机制。主要过程如下:检索器对用户接口 UI(User Interface)提出的查询要求进行递归分析,在 UI 中一般采用基本语法来组织要检索的条件。检索器通常支持多种语法规则,如逻辑运算符 AND、OR、NOT,使用"+"、"一"连接号和通配符,使用逗号、括号或引号进行词组查找等。对于每个索引项,匹配 Index 文件,查到倒排表(inv 文件)中包含该索引项的文档,并对所有查找出的文档进行集合运算,将结果集按照基于内容和基于链接分析的方法进行相关度评价并排序,最大限度地保证检索出的结果与用户查询串有很高的相关性,将最终形成的有序文档结果集合返回给 UI。

搜索引擎的 Spider 一般要定期重新访问所有网页,更新网页索引数据库,以反映出网页内容的更新情况,增加新的网页信息,去除死链接,并根据网页内容和链接关系的变化重新排序。这样,网页的具体内容和变化情况就会反映到用户查询的结果中。

因特网虽然只有一个,但各搜索引擎的能力和偏好不同,所以抓取的网页各不相同,排序算法也各不相同。大型搜索引擎的数据库存储了因特网上几亿至几十亿的网页索引,数据量达到几千 GB 甚至几万 GB。但即使搜索引擎建立超过 20 亿网页的索引数据库,也只能占到因特网上普通网页数据量的 30% 左右,不同搜索引擎之间的网页数据重叠率一般在 70% 以下。我们使用不同搜索引擎的重要原因,就是它们能分别搜索到不同的内容。

4. 运输至用户接口 用户接口(UI)的作用是输入用户查询,显示查询结果,提供用户相关性反馈机制。UI 的主要目的是方便用户使用搜索引擎,高效率、多方式地从搜索引擎中得到有效、及时的信息。UI 的设计和实现使用人机交互的理论和方法,以充分适应人类的思维习惯。用户输入接口可以分为简单接口和复杂接口两种。简单接口只提供用户输入查询串的文本框;复杂接口可以让用户对查询进行限制,如逻辑运算(与、或、非;+、一)、相近关系(相邻、NEAR)、域名范围(如 edu、com)、出现位置(如标题、内容)、信息时间、长度等。目前一些公司和机构正在考虑制定查询选项的标准。

三、搜索引擎的分类

随着网络技术的飞速发展,搜索技术的日臻完善,搜索引擎的种类越来越多,不同的搜索技术产生不同的检索结果,从早期的目录型检索到页面链接等级搜索,直至互动式个性化搜索,搜索引擎正从用户需求角度出发,不断朝着智能化、人性化的方向发展。

(一)目录型搜索引擎

目录式搜索引擎被认为是一种传统的搜索引擎。这种搜索引擎以人工方式或半自动方式搜集信息,将信息系统加以归类,利用传统的信息分类方式来组织信息,并分门别类地存放在相应的目录中,建立分类导航目录,提供以浏览查询为目的的搜索引擎,类似于图书馆的分类主题目录。这种搜索引擎因为加入了人的智能,所以信息准确、导航质量高,但也因为人工的介入导致查全率低、搜索范围较窄、信息更新不及时等缺点。目录式搜索引擎的典型代表有 Yahoo 和搜狐。

(二)全文搜索引擎

全文搜索引擎是指能够对网站页面文字内容进行全面搜索,并提取各网页中的信息建立数据库,为用户提供以关键词方式进行全文检索的引擎,全文检索提供了强大的检索功能,可以直接根据文献资料的内容进行检索,支持多角度、多侧面地综合利用信息资源。当用户以关键词查找信息时,搜索引擎会在数据库中进行搜寻,如果找到与用户要求内容相符的网站,便采用特殊的算法(通常根据网页中关键词的匹配程度、出现的位置、频次、链接质量)计算出各网页的相关度及排名等级,然后根据关联度高低,按顺序将这些网页链接返回给用户。

根据搜索结果来源的不同,全文搜索引擎可分为两类:一类拥有自己的检索程序,俗称"蜘蛛"(Spider)程序或"机器人"(Robot)程序,能自建网页数据库,搜索结果直接从自身的数据库中调用;另一类则是租用其他搜索引擎的数据库,并按自定的格式排列搜索结果。

全文搜索引擎的特点是信息量大、更新及时、无须人工干预,不足之处是返回信息过多、查准率低。典型的全文搜索引擎代表是 Google 和百度。

(三)元搜索引擎

元搜索引擎又称为搜索引擎的搜索引擎,它没有自己的索引数据库,而是处于其他多个搜索引擎之上。用户只需递交一次检索请求,由元搜索引擎负责转换处理后提交给多个预先选定的独立搜索引擎,并将所有查询结果集中起来以整体统一的格式呈现给用户。由于采用了一系列的优化运行机制,元搜索引擎能够在尽可能短的时间内提供相对全面、准确的信息,而且即使不能完全满足用户需求,仍可以作为相对可靠的参考源进行扩展搜索,因此成为备受推崇的检索首选入口。其技术重心在于查询前的处理(检索请求提交机制和检索接口代理)和结果的集成。

元搜索引擎实际上是一种网络查询接口工具,只给用户提供一个集成的查询界面,用户的查询要求经它加工处理后转发给相应的一个或多个独立搜索引擎完成,返回的检索结果经它处理后以统一的显示格式提供给用户。元搜索引擎的工作方式特别类似联机系统的"网关"或"前端系统"。用户向元搜索引擎发出检索请求,它将该请求整理为相应的检索指令发往多个单搜索引擎。各个单搜索引擎执行检索指令后将检索结果传送给元搜索引擎,经过整理后再传送给用户。

元搜索引擎的运作和作用是建立在以各种独立的搜索引擎为基础和数据源上的,其优势是可以同时获得多个搜索源的结果,但同时也存在难以发挥其他独立搜索引擎特色的缺点。

(四)垂直搜索引擎

垂直搜索是一种专业的搜索引擎,是通用搜索引擎的细分和延伸,是针对某一特定领域、某一特定人群或某一特定需求提供的有一定价值的信息和相关服务。他是对网页库中某类网页资源和结构化资源进行的深度整合(如果说通用搜索引擎搜索的是一次信息,那么垂直搜索就是二次信息整合的结果),定向分字段抽取出需要的数据进行处理后再以某种形式返回给用户,并为用户提供符合专业用户操作行为的信息服务方式。

垂直搜索引擎首先依靠网络蜘蛛在因特网中抓取某一特定领域中的所有相关网页;然后对这些网页中所包含的信息依对象的不同进行区分,如要分辨出一个网页的内容是学术论文、博客页面还是商品广告页面;再分门别类的将内容信息集成到对象信息库中。在网络抓取、对象分类和内容集成之后,垂直搜索引擎就可以利用这些结构化的对象信息为用户的特定需求提供全面、专业、有深度的服务。

垂直搜索引擎专注具体、深入的纵向服务,致力于特定的搜索领域和搜索需求(例如:机票搜索、旅游搜索、生活搜索、小说搜索、视频搜索等),在其特定的搜索领域有更好的用户体验。相比通用搜索动辄数千台检索服务器,垂直搜索需要的硬件成本低、用户需求特定、查询的方式多样。

（五）知识搜索引擎

随着网络信息爆炸式的增长，传统的第一代和第二代搜索引擎反馈给用户的结果信息往往数以万计，给用户浏览和查找有用信息带来很大的困难，因此用户希望能够拥有一种新的搜索引擎提高检索效率，来帮助他们准确地获取所需信息，帮助他们发现未知的信息或知识，并将简单的检索变成与用户之间的互动，当用户提出一个问题，便能给出最准确的答案。由此，知识搜索引擎便应运而生。

知识搜索引擎是将各方面的知识资源整合在一起，一方面可以利用先进的自然语言智能查询技术，通过对输入的简单疑问词句的分析直接搜索得出答案；另一方面也可以在没有满意搜索结果的情况下，用户自己创建问题，等待他人回答并对答案进行评价，并且这些问题的答案又会进一步作为搜索结果，提供给其他有类似疑问的用户，从而达到分享知识的效果。知识搜索引擎为用户创建了一个强大的信息交流平台，用户既是搜索引擎的使用者同时又是搜索引擎的创造者，通过提出问题、回答问题和搜索问题来解决用户的知识需求。利用知识搜索引擎获取知识的这一过程，有助于将用户的"隐性知识"引导、挖掘和固化为"显性知识"，并且实现了知识的挖掘、传播、利用、共享和评价。

知识搜索引擎采取了以综合知识库为基础的语义分析，在进行检索过程中，采用的不是关键词全文检索，而是基于概念的检索，因此使得知识检索和导航服务变得更加智能，从而保证了检索结果的准确性、综合性和智能性。

尽管搜索引擎在不断地发展和完善，但也有其不足之处，且都有各自的使用规则和方法，因此用户必须在掌握搜索引擎的基本原理和检索方法的基础上，同时了解各个搜索引擎的特色和检索技巧，才能在日益膨胀的网络信息中快速、准确地找到自己所需的信息。

（陈　萍）

第二节　著名搜索引擎——Google(谷歌)

一、Google 概述

（一）Google 简介

Google 搜索引擎是由两位斯坦福大学的博士 Larry Page 和 Sergey Brin 在 1998 年创立的，目前每天需要处理 2 亿次搜索请求，数据库存有 30 亿个 WEB 文件。Google 是目前全球最大的并且最受欢迎的搜索引擎，主要的搜索服务有：网页搜索、图片搜索、视频搜索、地图搜索、新闻搜索、购物搜索、博客搜索、论坛搜索、学术搜索、财经搜索等。

Google 富于创新的搜索技术和典雅的用户界面设计使 Google 从当今的第一代搜索引擎中脱颖而出。Google 并非只使用关键词或代理搜索技术，它将自身建立在高级的 PageRank(tm)（网页级别）技术基础之上。这项技术可确保始终将最重要的搜索结果首先呈现给用户。

（二）Google 的含义

"Google"一词源于单词"Googol"，据说是因拼错而产生的。"Googol"指的是 10 的 100 次幂，写出的形式为数字 1 后跟 100 个零。

Googol 是由美国数学家 Edward Kasner 九岁的侄子 Milton Sirotta 发明的，后来在数学家 Edward Kasner 和 James Newman 的著作《Mathematics and the Imagination》中被引用。Google 公司采用这个词显示了公司想征服网上无穷无尽资料的雄心。Google 公司没有采用 Googol 可能是因为版权的问题，而且当他们注册 Google.com 的时候，Googol.com 已经被注册。

（三）Google 的优势

Google 搜索技术所依托的软件可以同时进行一系列的运算，且只需片刻即可完成所有运算。而传统的搜索引擎在很大程度上取决于文字在网页上出现的频率。Google 使用 PageRank 技术检查整个网络链接结构，并确定哪些网页重要性最高。然后进行超文本匹配分析，以确定哪些网页与正在执行的特定搜索相关。在综合考虑整体重要性以及与特定查询的相关性之后，Google 可以将最相关最可靠的搜索结果放在首位。

PageRank 技术：通过对由超过 50 000 万个变量和 20 亿个词汇组成的方程进行计算，PageRank 能够对网页的重要性做出客观的评价。PageRank 并不计算直接链接的数量，而是将从网页 A 指向网页 B 的链接解释为由网页 A 对网页 B 所投的一票。这样，PageRank 会根据网页 B 所收到的投票数量来评估该页的重要性。

此外，PageRank 还会评估每个投票网页的重要性，因为某些网页的投票被认为具有较高的价值，这样，它所链接的网页就能获得较高的价值。重要网页获得的 PageRank（网页排名）较高，从而显示在搜索结果的顶部。Google 技术使用网上反馈的综合信息来确定某个网页的重要性。搜索结果没有人工干预或操纵，这也是为什么 Google 会成为一个广受用户信赖、不受付费排名影响且公正客观的信息来源。

超文本匹配分析：Google 的搜索引擎同时也分析网页内容。然而，Google 的技术并不采用单纯扫描基于网页的文本（网站发布商可以通过元标记控制这类文本）的方式，而是分析网页的全部内容以及字体、分区及每个文字精确位置等因素。Google 同时还会分析相邻网页的内容，以确保返回与用户查询最相关的结果。

二、Google 的搜索技术

（一）Google 的搜索过程

Google 从搜索技术上分可为三个阶段：网页爬行、Web 索引、查询搜索。

1. Web 爬行技术（Crawling the Web）

Google 采用了一种分布式的 Web 爬行系统，由于 URL Server 负责把 URL 需求提交给若干个爬虫软件进行处理。URL Server 以及爬虫都是用 Python 语言实现的。每个爬虫一次可以同时打开大约 300 个连接线程，这样，网页爬行足以保持一个足够快的进度。假如使用 4 个 crawler，系统就可以实现最快每秒抓取超过 100 个页面，也就是大约 600 k/s 的数据流。性能上的影响主要来自对于 DNS（域名服务）的查询，因此，每个爬虫都配有一个单独的 DNS 高速 cache，这样可以有效地避免影响效率的 DNS 查询。爬虫拥有的线程分为下列几种状态：DNS 查询阶段，正在连接主机，发送请求阶段以及处理服务器响应过程。依据状态的不同，线程被分别放在不同的队列中。当线程的状态发生改变时，异步 IO 的方式被用来发出事件通知，同时线程被转移到另一个相关队列中。

事实上，由于面对如此巨大的数据处理，总会有一些难以预料的事情发生。举个例子来说,如果爬虫试图处理的链接是一个在线游戏,那会出现什么情况?情况的确很糟,自作聪明的爬虫将取回大量的垃圾页面,此时,合理处理用户的反馈信息显得尤为重要。

2. Web 索引技术(Indexing the Web)

解析技术(Parsing)——任何一种为 Web 设计的解析技术必须能够有效处理各种各样可能出现的错误,包括 HTML 标签的拼写错误,标签定义中缺少的空格,非 ASCII 字符,错误嵌套的 HTML 标签以及形形色色的其他错误类型。Google 没有采用由 YACC 来产生 CFG 解析器的做法,而使用 Flex(一种快速的词典分析器制作工具)设计了一个具有自己堆栈的词典分析器。当然,分析器必须同时实现稳定性和高速度的要求。

文档的哈希索引(Indexing Documents into Barrels)——文档被解析之后,就会被编码并放入有许多桶组成的哈希表中。文档中的每一个词,通过检索在内存中运行的词典哈希表,被映射成其所对应的 WordID。词典中没有的词被记录到一个日志文件中。当一个 word 被映射成 WordID 时,它在当前文档中的出现信息将被同时构造成相应的命中列表,然后命中列表被记录到前序索引相对应的桶中。在这个过程中,词典必须被共享。使用一个基词典,其中固定使用大约 14 000 000 个词。扩增的词都写入到日志中。这样,多感索引器就可以并发地执行,而把这个包含扩增词汇的日志文件交给最后剩下的一个索引器处理就够了。

排序技术(Sorting)——为了建立倒排索引,排序器接管过前序索引中的桶,并按照 Word ID 进行重新排序,从而产生了两组倒排序的桶:一组是对于标题和锚命中的倒排序索引(Short Barrel),一组是对于所有命中列表的倒排序索引(Full Barrel)。由于排序的过程每次仅在一个桶中进行,所以只需要很少的临时空间。另外,排序的阶段被尽可能多地分派到多台计算机上运行,这样,多个排序器就可以并行处理多个不同的 bucket。因为桶不适合被放入内存中运行,排序器便把它细分为一系列适合放进内存中的 bucket,这些 bucket 是基于 WordID 和 docID 的。然后,排序器把每一个 bucket 加载到内存中,并执行排序,最后把它的内容分别写入到 Short Barrel 和 Full Barrel 这两组倒排的桶中。

3. 搜索技术(Searching)

能够高效地提供高质量的搜索结果,是每一个搜索技术的最终目标。很多大型的商业化搜索引擎已经在执行效率方面取得了很大的进步。所以 Google 就把更多的精力投放到搜索结果的质量研究上来。当然,Google 的执行效率同商业化的搜索引擎相比同样毫不逊色。

Google 的搜索过程如下。

(1) 解析查询字符串;

(2) 把 word 映射成 WordID;

(3) 对每一个 word,首先从 Short Barrel 中 doclist 的开头进行检索;

(4) 遍历整个 doclist 直到发现有一个文档能够匹配所有的搜索项目;

(5) 为此查询计算文档的级别;

(6) 如果到了 Short Barrel 中 doclist 的结尾,则从 Full Barrel 中 doclist 的开头继续进行检索,并跳转到步骤 4;

(7) 如果没有到达 doclist 的结尾,跳转到步骤 4;

(8) 对所有通过 rank 匹配的文档进行排序,并返回查询结果。

为了控制响应时间,一旦匹配的文档数目达到某个指定的值(例如 40 000),搜索器就直接跳转到第 8 步。这就意味着可能有一些没有完全优化的查询结果被返回。尽管如此，PageRank 技术的存在有效地改善了这种状况。

（二）PageRank——页面的排序技术

Google 之所以能获取高效率的查询结果，得益于其两相重要的技术特性：第一，Google 分析整个 Web 的链接结构，然后计算出每一个网页的级别，并进行综合评分，这就是 Google 所采用的 PageRank 技术；第二，Google 充分利用链接提供的信息以进一步改善查询质量。

Google 的核心技术称为 PageRank，这是 Google 的创始人 Larry Page 和 Sergey Brin 在斯坦福大学开发出的一套用于网页评级的系统。作为组织管理工具，PageRank 利用了因特网独特的民主特性及其巨大的链接结构。在浩瀚的链接资源中，Google 提取出上亿个超级链接进行分析，制作出一个巨大的网络地图（Map）。依据此地图，PageRank 技术能够快速地计算出网页的级别（Rank）。这个级别的依据是：当从网页 A 连接到网页 B 时，Google 就认为"网页 A 投了网页 B 一票"。Google 根据网页的得票数评定其重要性。然而，除了考虑网页得票数（即链接）的纯数量之外，Google 还要分析投票的网页。"重要"的网页所投出的票就会有更高的权重，并且有助于提高其他网页的"重要性"。

Google 以其复杂而全面自动的搜索方法排除了人为因素对搜索结果的影响。所以说，PageRank 相对是公平的。在这个意义上，对于基于关键字搜索的引擎技术来说，PageRank 无疑是一项优秀的技术，Google 可以方便、诚实、客观地帮助用户在网页上找到任何有价值的资料。

1. PageRank 算法描述

近些年来，大量的学术研究成果被应用到 Web 中，主要被用来统计网页的引用或返回链接。这些数据为网页的重要性和价值分析提供了粗略的依据。基于此，PageRank 还进一步统计链接在所有网页中出现的次数。

2. PageRank 模型

一般来说。网页的链接指向越多，PageRank 的值就会越高。同样，被一些"重量级"的网站（例如 Yahoo）引用的次数越多，PageRank 的值同样也会很高。相反，那些设计不佳或者被链接破坏指向的网页，将逐渐被用户所遗忘。所有的这些因素都在 PageRank 技术的综合考虑之中。

（三）锚文本（anchor text）

其实，这种使用锚文本技术的思想更早可以追溯到 World Wide Web Worm 搜索引擎。它使得 WWWW 可以检索到非文本信息，甚至扩展到一些可以下载的文档，Google 继承了这种思路，因为它可以帮助提供更好的搜索结果。然而，使用这种技术需要克服很多的技术难题，首当其冲的就是如何处理如此庞大的数据量。我们来看看一组数据，在 Google 爬虫取回的 24 000 000 个网页数据中，需要处理的链接数高达 259 000 000 之多。

大多数的搜索引擎都是把链接文本和它所在的页面相关联，而 Google 则把链接文本和它指向的文档联系到一起。这样做的优点很多：首先，锚（anchor）一般都会提供它所指向的文档的准确的描述，而这样信息，页面本身往往不能提供；第二，对于那些不能被基于文本的搜索引擎建立索引的文档，例如图像、程序以及数据库等，指向它们的链接却可能存在，这样就使得那些不能被引擎取回分析的文档也能作为查询结果返回。

(四) 其他技术

除了 PageRank 和锚文本技术之外,Google 还有一些其他的技术。首先,对于所有命中(hits),Google 都记录了单词在文档中的位置信息,这些信息在最终的查询中可以被用来进行单词的相似度分析。第二,Google 还记录了页面中的字体大小、大小写等视觉信息。有的时候,大号字体和粗体的设置可以用来表示一些重要的信息。第三,在 repository 数据库中保存所有页面的 HTML 代码。

三、Google 搜索技巧

(一) Google 搜索界面

2006 年 4 月 12 日,Google 公司行政总裁埃里克·施密特在北京宣布该公司的全球中文名字为"谷歌"(取义"丰收之歌"或"山谷之歌")。同时,Google 公司于 2006 年 2 月 15 日在台湾地区登记之分公司取名为"美商科高国际有限公司"。Google 目前支持 149 种界面语言和 46 种搜索语言,包括简体中文和繁体中文。

Google 中国对"谷歌"的解释是"播种与期待之歌,亦是收获与欢愉之歌",并称此名称是经 Google 中国的全体员工投票选出。但在实际中仍然存在"谷歌"、"Google 中国"混用的现象。

2010 年 3 月 23 日凌晨,Google 公司总部正式发表声明正式退出中国,最终关闭中国版搜索服务,转用香港的服务器提供简体中文服务。

中国大陆用户可访问 http://www.google.com.hk 使用谷歌简体中文服务。如图 6-2-1。如果用户是首次访问,Google 会根据用户的操作系统,确定语言界面。而后通过 cookie 来存储页面设定的,所以,如果用户浏览器禁用 cookie,将无法对 Google 界面进行个人设定。

图 6-2-1 谷歌简体中文页面

Google 的首页十分简洁,页面的顶部列出主要产品目录,包括:网页检索、图片检索、地图检索、Google paly、YouTube、新闻、Gmail、文档等,默认的是网页检索。当用户在检索框中输入检索词,点击"Google 搜索"(或者按回车键)便可获得检索结果。如图 6-2-2。

图 6-2-2 Google 搜索结果页面

（二）布尔逻辑搜索

布尔逻辑检索是通过逻辑运算符来增加或检索检索内容，从而调整检索的检全率或检准率。Google 中支持的逻辑运算符有三个，分别为：逻辑"与"（AND）、逻辑"或"（OR）和逻辑"非"（NOT）。

（1）逻辑"与"

Google 中无需明文的"AND"或"+"来表示逻辑"与"，另外，在检索词之间加上一个空格即可实现逻辑"与"操作。

（2）逻辑"或"

Google 用大写的"OR"表示逻辑"或"操作。搜索"A OR B"意思是搜索结果中要么有 A，要么有 B，要么同时又 A 和 B。

注意：逻辑"或"操作必须用大写的"OR"，而不是小写的"or"。

（3）逻辑"非"

Google 用空格加减号"－"表示逻辑"非"操作。"A－B"表示搜索结果中包含 A 且不包含 B。

注意：减号只能使用半角符号。

除了逻辑运算符必须要用大写外，Google 对英文检索词不区分大小写，检索"CANCER"和"cancer"搜索的结果是一样的。

（三）短语精确搜索

如果在 Google 中输入一个英文短语，因为英文短语单词与单词之间使用空格连接，Google 会默认认为是两个单词并进行逻辑"与"操作，这样的检索结果与用户的提问产生了差别。因此在 Google 中可以使用双引号（""）来强制系统进行短语检索。例如，在 Google 中输入"lung cancer"，并用双引号引起来，然后点击"Google 搜索"，系统会将其作为一个不可分割的词组进行检索。

（四）限定条件搜索

常用 Google 限定检索语法包括：

1. site：

"关键词[空格]site：网站"表示搜索结果局限于某个具体网站。

如：奥运会 兴奋剂 site：sports.sina.com.cn，检索词仅仅会在 sports.sina.com.cn 站点内进行搜索。

2. filetype：

"关键词[空格]filetype：文件类型"对某些类型的文档进行检索。支持的文件格式有：Microsoft Office 文档如.xls,.ppt,.doc,.rtf,wps,wks,wdb,wri,Adobe 的.pdf,.ps 文档,Shock Wave 的.swf 文档等。

如：2011 SCI 影响因子 filetype：xls。

3. intitle：

"intitle：关键词"在网页标题中检索。

如：intitle：艾滋病预防。

4. inurl：

"关键词1[空格]inurl：关键词2"在网页的 url 中检索。语法主要是提供更加准确的搜索。返回的网页链接中包含关键字则出现在链接中或者网页文档中。

如：艾滋病 inurl：aids。

5. intext：

"intext：关键词"在网页的内容中检索。

如：intext：狂犬病。

6. inanchor：

"inanchor：关键词"返回的结果是导入链接锚文字中包含搜索词的页面

如：inanchor：肝癌 症状

7. link：

"link：网址"搜索所有链接到某个 URL 地址的网页。

如：link：www.njmu.edu.cn。

8. define：

使用 define 进行查询的时候，Google 会返回包含查询关键词定义的网页。

如：define：黑色素瘤。

9. related：

"related：网址"搜索与要查询的网站结构内容类似的其他网站。

如：related：www.cnki.net。

10. daterange：

用于限制搜索特定时间里的检索内容。这里的时间指的是 Google 搜索引擎收录网页的时间，而不是网页创建的时间。

（五）截词搜索

通配符" * "是一个鲜为人知的功能，但是它的功能非常强大。用户在查询中使用" * "，则 Google 会尝试将该星号视为任意未知字符串，然后查找最佳匹配结果。

如,搜索"Google * "会获得关于若干 Google 产品的搜索结果。如搜索"Obama voted

＊on the ＊ bill"会搜索到关于奥巴马针对不同提案投不同票的报道。

注意，＊操作符只能代表整个单词，不能代表单词的一部分。

搜索不是绝对的，也会出现例外情况。搜索引擎使用各种技巧来揣摩人们的思想并推测人们的行为。因此，很多规则都有例外情况。例如，查询"for better or for worse"不会被Google视为OR查询，而是被视为一本非常著名的连环漫画。Google对于查询"34 ＊ 87"会显示计算器结果，而不是认为是截词检索。这两者均沿用了查询的本意。

另外，在Google中搜索"该"、"某"和"的"等常用的字词通常被忽略（这种字词称为忽略词）。不过，这个例外情况也存在例外情况。如搜索"the who"很可能是查找"the who"乐队；而查询"who"很可能是查找世界卫生组织（World Health Organization）。Google不会忽略第一个查询中的"the"。

（六）高级搜索

针对条件复杂的检索要求，Google还提供了高级检索服务，高级搜索不仅功能丰富，而且不需要用户了解复杂的搜索语法。用户可访问Google高级搜索页面：http://www.google.com.hk/advanced search进行高级检索设置。用户根据高级搜索条件可以设置检索关键词、语言、地区、更新时间、网站、关键词出现位置、文件格式等选项，如图6-2-3。

四、Google相关产品

1. Google Web API

Google Web API（网络应用程序接口或网络服务）是Google为注册的开发者提供的公共接口。使用Simple Object Access Protocol（SOAP，简单对象访问协议），程序员可以依据Google搜索结果开发搜索服务和进行数据挖掘。同样的，用户也可以访问页面缓存然后对页面提出建议。默认情况下，一个开发者每天只能有1 000次搜索请求。这个程序仍然处于测试中。Google是很少的几个把其结果通过公共网络应用程序接口公开给大众的搜索引擎；Technorati是另外一个这样做的公司。Google这项服务的一些流行应用包括GoogleAlert最新资料快报 FindForward，它同时也是一个调查Google变化情况的工具，它监视着Google蜘蛛在因特网上的活动情况。

2. Google Book Search

Google Book Search工具可以在搜索页面提供由内容出版商提供的图书内容的搜索结果，并提供购买图书的链接以及内容相关广告。Google会限制可查阅图书的页数，图书中包括了一些著名大学和一些公共图书馆，有密歇根大学图书馆，哈佛大学的Widener图书馆，斯坦福大学的格林图书馆，牛津大学的牛津大学图书馆以及纽约公共图书馆。根据这些大学图书馆和图书的出版状况，Google计划十年内将有约1 500万本公共领域的书上线。

3. Gmail

Gmail是Google的免费网络邮件服务。它内置Google搜索技术并提供7 312兆字节以上的存储空间（仍在不断增加中），可以永久保留重要的邮件、文件和图片，使用搜索快速、轻松地查找任何需要的内容，让这种作为对话的一部分查看邮件的全新方式更加顺理成章。

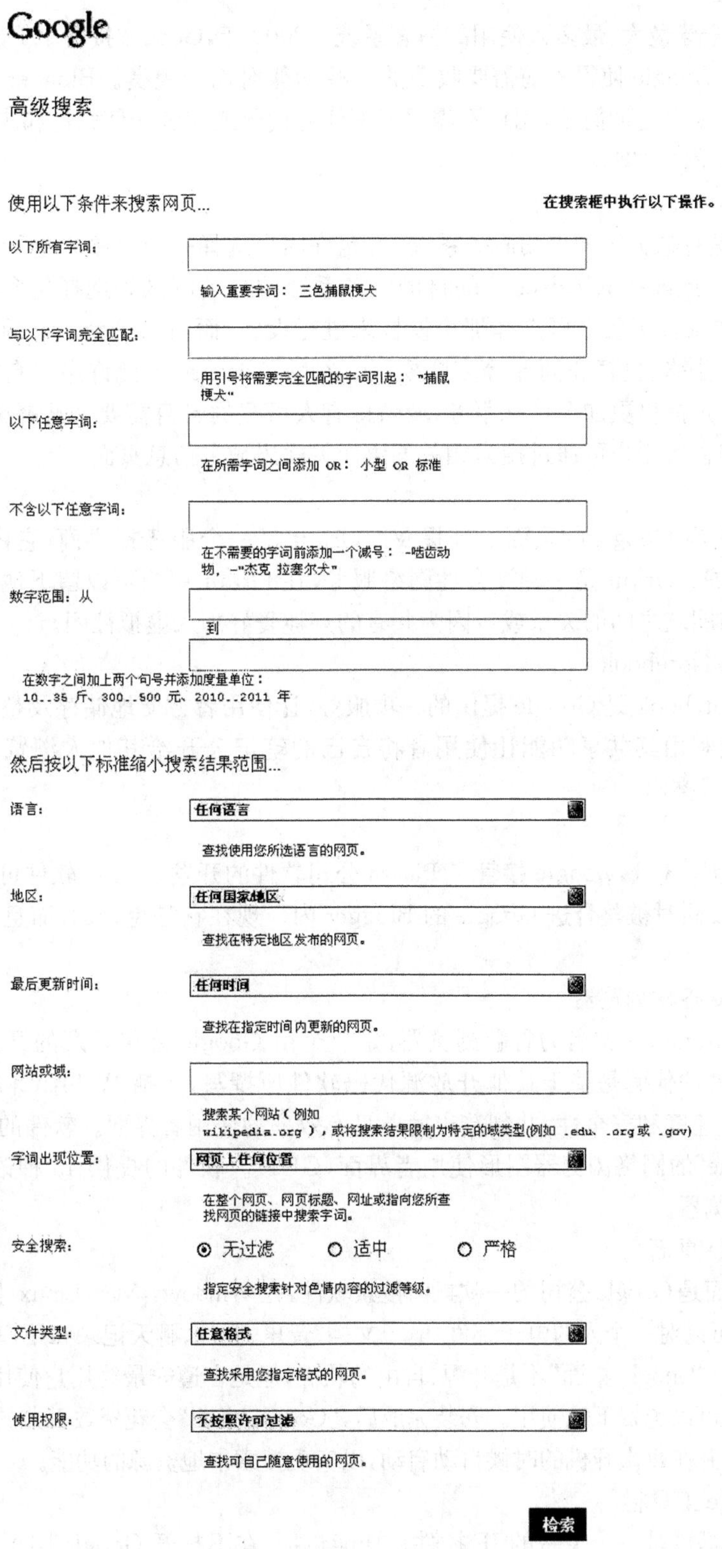

图 6-2-3　google 高级搜索界面

4. Blogger

Bloger 是全球最大、最多人使用的博客系统。2003 年,Google 接管了 Pyra 实验室及其 Blogger 服务。Google 使得先前需要收费的一些功能对用户免费。Blogger 工具及服务使得发布 weblog 变得更加简单,用户不需要书写任何代码或安装任何软件和脚本便可以自由的改变 blog 的设计方案。

5. Adsense

Adsense 是谷歌关键词自助服务系统,可允许用户选择一个模板来进行设置自己域名的关键词广告。此前谷歌 Adsense 的自助服务系统可自动测试和选择包含图片在内模板选择,但用户并没有实质上可选择那个模板来进行设置,而新的 Adsense 的自助服务系统提供包括银行、法律、教育和商业等多个模板。谷歌 Adsense 可允许用户自行选择合适自己的模板,为用户提供更加个性化服务,域名持有人可根据自身需要来选择模板,还可将关键词定制成"待售",用户可通过搜索相关词语而关联出域名信息页面。

6. Orkut

Orkut 没有在 Google 的页面上被提及。Orkut 是一个服务提供商,它由 Google 工程师们创建和维护。Orkut 是一种社会性网络服务,在 Orkut 用户可以留下他们的个人或专业信息,创建与朋友之间的关系或者因为共有的兴趣爱好加入虚拟社团。

7. Google Notebook

Google Notebook 是 Google 提供的一项服务,让使用者方便地储存及整理从网络上收集的资料,并且利用其共享功能让使用者将自己的笔记公开给其他人浏览。其中文版于 2007 年 4 月正式推出。

8. Picasa

2004 年 7 月 13 日,Google 接管了 Picasa 公司软件的开发,Picasa 软件可以管理共享数字图像。Picasa 同时被整合进 Google 的 Blogger 内。现在它是免费的,而且提供对中文的全面支持。

9. Chrome 谷歌浏览器

Google Chrome,中文名为谷歌浏览器,是一个由 Google 公司开发的开放源代码网页浏览器。该软件的代码是基于其他开放源代码软件所撰写,包括 WebKit 和 Mozilla,目标是提升稳定性、速度和安全性,并创造出简单且有效率的使用者界面。软件的名称是来自于又称作"Chrome"的网络浏览器图形使用者界面(GUI)。软件的提供 43 种语言版本,现已成为第三大浏览器。

10. Google 桌面

Google 桌面是 Google 公司的一款桌面搜索软件,在 Windows,Mac,Linux 上本地运行。该桌面搜索程序可以对一个人的电子邮件、电子文档、音乐、照片、聊天记录和用户浏览过的网页进行全文搜索。"Google 桌面"不是开源、自由的软件,但是在遵守最终用户使用条款(EULA)的前提下,用户可以免费下载使用。安装完成后,"Google 桌面"会花费数百兆的空间和一定时间来建立索引,并在每次开机的时候自动启动,以实现搜索本地资源的功能。

11. Google 工具栏

Google 工具栏是一个免费的 IE 插件。功能包括:在不打开 Google 网页的情况下随时搜索并查看相关页面信息;查看 Google 对网页的 PageRank;阻止自动弹出窗口;自动填写表单;用不同颜色标识关键字。英文版的 Google 工具栏可以参与 Google Compute 计划,这是一个由美国斯坦福大学进行的帮助研究蛋白质折叠、误解、聚合及由此引起的相关疾病的分布式计算工程。其他浏览器，如 Mozilla Firefox，Opera 和 Safari，有提供相同功能的内建搜寻工具。Mozilla Firefox 还有一个专门的 Google 工具栏：Googlebar，它是被独立开发的，并不被 Google 或 Mozilla Firefox 开发者所支持。

12. Google Web Accelerator

它是一款为宽频连接设计的软件。该软件可以利用 Google 位于世界各地的服务器而加速网页的访问，其通过架设本地代理，把浏览器的连接请求通过此代理访问实现。由 Google Web Accelerator 向 Google 网站传送回诸如页面请求、临时 cookies 之类的数据，通过与位于 Google 服务器上的版本比对只下载更新的部分，而且因为一般访问 Google 网站较其他网站快，这也加快了网络访问。该软件更可以对经常访问的网页进行存档以加速访问。Google 网页加速器可以利用 Google 全球的计算机网络的处理能力，提高网站的加载速度。还能够在向计算机发送前对网站数据进行压缩。Google 的这一系统存储用户经常访问的网站的拷贝，并自动获取这些网站的新数据，当用户请求访问这些网站时，浏览器仅仅需要加载网站上更新的部分。对于隐私问题，该软件不会访问任何 https 网站，也可以自定义某些网站不允许加速。Google 宣称不会搜集或转售个人信息。该软件目前默认支持 Mozilla Firefox 和 Internet Explorer 浏览器，对于其他浏览器需要手动配置代理服务器。

13. Google Maps

Google Maps 提供各种地图服务，包括局部详细的卫星照片。2005 年 6 月 20 日，Google Maps 的覆盖范围从原先的美国、英国及加拿大扩大为全球。在 2006 年年底更加入香港街道。因某些条款的限制，中国版 Google 本地搜索提供地图的是一家国内的公司 MapABC，而不是 Google 的数据。

14. Google SketchUp

Google 收购 3D 绘图软件 SketchUp 及其开发公司 Last Software。SketchUp 是一套以简单易用著称的 3D 绘图软件，Google 收购 SketchUp 是为了增强 Google Earth 的功能，让使用者可以利用 SketchUp 建造 3D 模型并放入 Google Earth 中，使得 Google Earth 所呈现的地图更具立体感、更接近真实世界。用户可以通过一个名为 Google3DWarehouse 的网站寻找与分享各式各样利用 SketchUp 建造 3D 模型。

15. Google 新闻

"Google 新闻"包括有美国版、英国版、德国版、法国版、西班牙版、意大利版、新西兰版、印度版、澳洲版、韩国版、日本版、中国大陆版、中国台湾版和中国香港版。Google 新闻的产生是由电脑算法决定的，没有人工编辑参与其中。其中中国大陆版汇集了来自中国大陆超过 1 000 多个中文资讯来源的新闻资源，并将相似的报道组合在一起，根据读者的个人喜好进行显示。一直以来，新闻读者都是先挑选一种出版物，然后再寻找所关注的标题。为了向读者提供更加个性化的选项以及更加多样化的视点供其选择，Google 资讯采取的方式略有不同。Google 资讯中为每项报道提供了指向多篇文章的链接，因此可以先确定感兴趣的主题，然后再选择要阅读每项报道的具体发布者的网页。点击感兴趣的标题，然后就可以直接进入发布该报道的网站。

16. Google 网页目录

Google 网页目录是一个包括了世界多种语言网页的目录集。在网页目录里面的网页内容一般不会被翻译为其他语言，而总是包括其语言在万维网中的内容的。网页目录功能与网页搜索是集成的,当搜索网页时,相关网页在目录中的内容会以链接的形式在搜索结果中显现。点击链接就可以找到在同一个目录下相似网页或其他类似分类,这在不确定到底要找什么时是非常有用的。当搜索范围涵括太广,使用网页目录可缩小搜索于指定范围。例如察看"中文/新闻/杂志"分类子目录,则可知道有哪些中文杂志有网页。网页目录可略去类似但无关的网页。如检索"大学",将搜索范围设定"教学机构"分类,即可略去像"大学书城"、古代文学中的"大学"、"论语"的内容。网页目录只包括经编辑群审核过网站。因为网页目录是在开放式目录(Open Directory)工程下运作的。网页重要性排列是网页级别技术及人工的结合。Google 还可辨出常用重要网站,排放在目录前面,提升网页搜索和搜索质量。

17. Google Talk

Google 的即时聊天软件,原先用户必须先拥有一个 Gmail 账号才能登录并使用这个软件,但现在已经向所有用户开放,支持简体中文版和繁体中文版。具有 VoIP 语音通话功能、文件传输功能、音频会议以及与 Gmail 用户聊天功能,界面简单清新,新版 Google Talk 的安装文件不到 1 300 k。软件的设计思想是力求简约。Google Talk 的文字聊天记录可以被保存在用户的 Gmail 账户里,并且 Gmail 用户可以在网页上使用 Google Talk 的部分聊天功能。

18. Google Local

Google 公司在中国推出本地搜索服务,连地址也本地化,Google 本地搜索:查找本地公司与服务。英文版是 Google Local,到目前为止,Google Local 已经在美国、英国、日本和加拿大开始运行,中国是 Google 开启这项服务的第五个国家,中文版是 Google 本地。为中国版 Google 本地搜索提供地图的是一家国内的公司 MapABC。

19. Google Scholar

Google Scholar(谷歌学术搜索)是一个可以免费学术文献资源搜索引擎,索引了文献的题名、著者、文献来源等题录信息,能够帮助用户查找包括期刊论文、学位论文、图书、预印本、文摘和科技报告在内的学术文献,内容涵盖自然科学、人文科学、社会科学等多种学科。收录欧洲和美洲地区最大学术书版商的专家评审刊(peer-reviewed)的文章,这在其他搜索引擎中是被忽略的。这个功能和 Elsevier、CiteSeerX 和 getCITED 所提供的免费资源查阅类似,也与 Elsevier 的 Scopus 以及 Thomson ISI 的 Web of Science 网络科学中的订阅工具类似。谷歌学术的广告标语是"站在巨人的肩膀上"这也是对所有学术工作者的肯定,他们在过去的几个世纪中贡献了各自领域的知识,并为新的智慧成就奠定了基础。目前,Google 公司与许多科学和学术出版商进行了合作,包括学术、科技和技术出版商,例如 ACM、Nature、IEEE、OCLC 等。这种合作使用户能够检索特定的学术文献,通过 Google Scholar 从学术出版者、专业团体、预印本库、大学范围内以及从网络上获得学术文献,包括来自所有研究领域的同级评审论文、学位论文、图书、预印本、摘要和技术报告。2006 年,Google 公司宣布将 Google 学术搜索扩展至中文学术文献领域。

20. Google Special

Google Special 提供了包括美国政府、Linux、BSD、麦金塔和微软四个特别领域的搜索服务。

21. Friend Connect

Friend Connect 可以让网站管理员在他们的网站增加一些社会性的功能,全部工作只需要简单复制粘贴几段代码即可,不需要复杂的编程技术。网站设计者需要做的仅仅是从 Friend Connect 的功能列表中进行选择,这些功能包括注册、邀请、用户相册、消息发布、评论以及对 Open Social 第三方应用的支持。Friend Connect 能够使因特网任何位置的用户实现简单的互联,并使"任何应用、任何网站、任何好友"的理念成为现实。

22. YouTube

YouTube 是世界上最大的视频分享网站,早期公司总部位于加利福尼亚州的比萨店和日本餐馆,让用户下载、观看及分享影片或短片。2005 年 2 月,由三名 PayPal 的前任员工创建网站,网站的名称和标志皆是自早期电视所使用的阴极射线管构思而成。2006 年 11 月,Google 公司宣布以 16.5 亿美元收购了 YouTube,将其原有 Google Video 业务资源整合到了 Youtube 中,并将其作为子公司来经营。

23. iGoogle

Google 提供了创建个性化 iGoogle 网页的功能,用户可以快速、迅捷地浏览 Google 和网络上的重要信息,可以自定义网页上选择和组织内容,包括:

(1) 最新的 Gmail 邮件;
(2) Google 资讯和其他顶级新闻来源的头条新闻;
(3) 天气预报、股价和电影放映时间表;
(4) 从任何计算机快速访问个人喜爱网站的书签;
(5) 自定义添加的栏目:可包含从整个网络上找到的内容。

24. Google 拼音输入法

谷歌拼音输入法是由 Google 中国实验室开发,于 2007 年 4 月 2 日发布,10 月 25 日成为 Google 的正式产品之一。支持智能输入、时尚词汇、个性化定制及丰富的扩展功能。选词和组句准确率高,能聪明地理解用户的意图,并提供海量词库整合了因特网上的流行语汇和热门搜索词,同时用户可以将使用习惯和个人字典同步在 Google 账号。

25. Google Earth

Google 地球(Google Earth)是一款 Google 公司开发的虚拟地球仪软件,它把卫星照片、航空照相和 GIS 布置在一个地球的三维模型上。Google Earth 于 2005 年向全球推出,被"PC 世界杂志"评为 2005 年全球 100 种最佳新产品之一。用户们可以安装客户端软件到个人电脑,免费浏览全球各地的高清晰度卫星图片。Google Earth 使用了公共领域的图片、受许可的航空照相图片、KeyHole 间谍卫星的图片和很多其他卫星所拍摄的城镇照片,甚至连 Google Maps 没有提供的图片都有,分为免费版与专业版两种。

2012 年 4 月推出 6.2 版,新版本在性能、图像紧密度和 3D 图像支持方面都做了改进,经过整合,可看到全球的街景和树木,为用户提供逼真的浏览体验。为了带来更为真实的场景,"谷歌地球 6"新增了大量的树木 3D 模型。根据各地的气候和树种不同,在软件中加入 50 多种树木的 3D 模型,数量超过 8 000 万株。树木是地球自然景观的重要组成部分,在观看秀丽的景色的时候,大片绿色的树木是必不可少的。通过 3D 树木功能,用户可以看到公园、社区以及森林中的各种树木。从谷歌地球 4.0 开始,添加了天空元素;5.0 版本添加了海洋;最新版的特色在于 3D 树木效果。

26. Google Street View

谷歌街景,是谷歌地图的一项特色服务,是由专用街景车进行拍摄,然后把 360 度实景拍摄照片放在谷歌地图里供用户使用,用户就像置身于实地。2007 年 5 月 30 日,谷歌正式推出街景功能,能够浏览美国旧金山、纽约等城市街景。该范围已经扩展到了美国、法国、西班牙、意大利、荷兰、英国、澳大利亚、新西兰、日本等 9 个国家的 135 个城市。这一服务虽然使枯燥乏味的地图阅读工作变得简单有趣,但也引发了诸多争议。

27. Google Wave

Google Wave 是 Google 推出的"一种个人通信和协作工具"。该服务基于 Web、计算平台和通信协议,目标是将电子邮件、即时通信、wiki 和社交网络等多项服务融合到一起,该服务由 google 悉尼分公司开发。目前已开始小范围公测。它有一个强大的实时协作和强大的拼写检查功能,可以自动翻译 40 种语言以及许多其他的扩展。Google Wave 是 Google 的一款网络交流服务。它将电子邮件和即时通讯结合起来,使人们的交流更方便。Google Wave 的通讯协议是开放的。

28. Google Chrome OS

Chrome OS 是一款 Google 宣布处于开发中的基于 PC 的操作系统。Google Chrome OS 是一款基于 Linux 的开源操作系统。Google 在其官方博客表示,这一操作系统将定位于上网本、紧凑型以及低成本电脑。这款开源软件将被命名为 Chrome OS,谷歌公司于 2010 年 12 月 7 日在美国举行了 Chrome 相关产品发布会,发布会上正式发布 Chrome Web store 和 Chrome OS。

29. Google Play

谷歌出售应用(Android Market)、视频(Google Play Movies)、音乐(Google Music)、电子图书(Google eBookstore)及其他数字产品的在线商店,此举是谷歌为提升自身在电子内容销售市场上的形象以及更好地与苹果和亚马逊展开竞争而推出的措施。

30. Google Docs & Spreadsheets

谷歌文件(Google 文件)是 Google 公司开发的一款自由的在线电子文档处理,电子表格编辑和演示程序。借助它用户能够在线建立和编辑文档,并与其他使用者实时协作。2006 年 10 月 10 日 Google 将 Writely 与旗下 Google Spreadsheets 整合为谷歌文件(Google Docs & Spreadsheets),它的第三个组件,演示功能(幻灯片),在引入 Tonic Systems 所开发的而技术之后于 2007 年 9 月 17 日发布。

用户可以在谷歌文件中建立文件、电子表格和演示档案,也可以通过 web 接口或电子邮件导入到谷歌文件中。一般情况下这些档案保存在 Google 的服务器上,用户也可以将这些文件以多种格式(包括 Open Office、HTML、PDF、RTF、TXT、Word)下载到本地计算机中。正在编辑的档案会被自动保存以防止数据遗失,编辑更新的历史也会被记录在案。为方便组织管理,文件可以存盘或加上自订的标签。谷歌文件支持多个用户协同工作。文档可以同时被多个使用者共享,开启和编辑。在电子制表中,使用者可以设定电子邮件提醒任何指定区域的更改。程序支持 ISO 标准的 Open Documents 格式。支持流行的 Office 的档案格式,包括.doc、.docx、.xls、.xlsx、.odt、.dos、.rtf、.csv、.ppt 和.pptx 等,目前 pdf 格式仅支持上传和共享,不支持编辑。

31. Google 翻译

Google 翻译是一项免费的翻译服务,可提供 57 种语言之间的即时翻译。它可以提供所支持的任意两种语言之间的字词、句子和网页翻译。借助 Google 翻译,有助于将所有信息变为用户普遍可理解的有用信息。

32. Android

Android 是一种以 Linux 为基础的开放源代码操作系统,主要使用于便携设备。目前尚未有统一中文名称,中国大陆地区较多人使用"安卓"或"安致"。Android 操作系统最初由 Andy Rubin 开发,最初主要支持手机。2005 年由 Google 收购注资,并组建开放手机联盟开发改良,逐渐扩展到平板电脑及其他领域上。Android 的主要竞争对手是苹果公司的 iOS 以及 RIM 的 Blackberry OS。2011 年第一季度,Android 在全球的市场份额首次超过塞班系统,跃居全球第一。2012 年 7 月数据,Android 占据全球智能手机操作系统市场 59%的份额,中国市场占有率为 76.7%。

第三节 著名搜索引擎——Baidu(百度)

一、关于百度

(一)百度概况

百度搜索引擎于 1999 年底在美国硅谷由李彦宏和徐勇创建,致力于向人们提供"简单,可依赖"的信息获取方式。2000 年 1 月,百度公司在中国成立了全资子公司——百度网络技术(北京)有限公司,是目前国内最大的商业化全文搜索引擎。

"百度"二字源于中国宋朝词人辛弃疾的《青玉案·元夕》诗句"众里寻他千百度",象征着百度对中文信息检索技术的执著追求。而百度的 logo——"熊掌"图标的想法来源于"猎人巡迹熊爪"的刺激,与百度创始人李彦宏的"分析搜索技术"非常相似,从而构成百度的搜索概念,也便成为百度的形象。

百度以自身的核心技术"超链分析"为基础,提供了搜索服务体验赢得了广大用户的喜爱。超链分析就是通过分析链接网站的多少来评价被连击的网站质量,这保证了用户在百度搜索时,越受用户欢迎的内容排名越靠前。目前,该技术已为世界各大搜索引擎普遍采用。

百度拥有全球最大的中文网页已超过 20 亿,这些网页的数量每天正以千万级的速度在增长。同时,百度在中国各地分布的服务器,使其能够直接从最近的服务器上将搜索结果信息反馈给当地用户,使用户享受极快的搜索传输速度。

(二)百度的特色

1. 智能化的中文语言处理技术极大地提高了搜索的检全率和检准率。百度搜索引擎使用独特的中文语言处理技术巧妙地解决了中文信息的理解问题,信息索引基于字和词,较好地解决了单纯基于字或单纯基于词的缺点,结合了两者的优点,更加符合中文用户的搜索习惯。百度搜索引擎支持主流的中文编码标准,包括 gbk、gb-2312、big-5,并且能够在不同编码之间转换,这就使得简体字和繁体字的检索结果自然结合。

2. 高效的搜索算法和本地的服务器保证了最快的响应度。运用多线程等先进技术,高效的搜索算法和稳定的 unix 平台,百度搜索引擎在中国境内提供搜索服务,可大大缩短检索的响应时间(一个检索的平均响应时间小于 0.5 秒)。

3. 可扩展的搜索技术保证最快最多的收集因特网信息,构建大规模的索引库。百度搜索使用具有智能性的网络蜘蛛(Spider)自动在因特网中搜索信息,可定制、高扩展性的调度算法使得搜索器可在极短的时间内搜集到最大数量的因特网信息。百度搜索在中国和美国均设有服务器,搜集范围涵盖面广。遵守 robots exclusion 协议,是网络蜘蛛中遵守规范的代表。百度搜索引擎拥有目前世界上最大的中文信息库,并且正以每天20万页的速度增长,为用户提供最准确、最广泛、最具时效性的信息提供了基础。

4. 百度快照:百度快照是百度网站最具魅力和实用价值的工具。用户在上网浏览网页时,经常会遇到"该页无法显示"(找不到网页的错误信息),或者网页连接速度缓慢、等待时间较长的情况。出现这些症状的原因很多,可能网站服务器暂时中断或堵塞、网站已经更改链接,也有可能是原有信息已被管理员删除。

百度快照功能能够很好地解决这一问题,每个被收录的网页,在百度上都存有一个纯文本的备份,称为"百度快照"。百度速度较快,可以通过"快照"快速浏览页面内容。不过百度只保留文本内容,所以那些图片、视频、音频、flash等非文本信息,快照页面还是从原网页调用。如果无法连接原网页,那么快照上的图片等非文本内容将无法显示。

百度搜索引擎已先预览各网站,拍下网页的快照,为用户贮存大量应急网页。百度快照功能在百度的服务器上保存了几乎所有网站的大部分页面,使用在不能链接所需网站时,百度暂存的网页也可救急。而且通过百度快照寻找资料要比常规链接的速度快得多。因为百度快照的服务稳定,下载速度极快,不会再受死链接或网络堵塞的影响。在快照中,关键词均已用不同颜色在网页中标明,一目了然。点击快照中的关键词,还可以直接跳到它在文中首次出现的位置,使用户浏览网页更为方便。

5. 相关搜索:搜索结果不佳,有时候是因为选择的检索词不是很恰当,可以通过参考别人已经使用的相关检索词来获得一些启发。百度的"相关搜索",就是列出了搜索很相似的一系列查询词。百度相关搜索显示在搜索结果下方,按照搜索热门度排序。

6. 拼音提示:如果只知道某个词的发音,却不知道怎么写,或者嫌某个词拼写输入太麻烦,百度拼音提示能帮助解决问题。只要输入查询词的汉语拼音,百度就能把最符合要求的对应汉字提示出来。它事实上是一个无比强大的拼音输入法。拼音提示显示在搜索结果上方。

7. 错别字提示:由于汉字输入法的局限性,在搜索时经常会输入一些错别字,导致搜索结果不佳。百度会给出错别字纠正提示,错别字提示显示在搜索结果上方。

8. 英汉互译词典:百度网页搜索内嵌英汉互译词典功能。如需查询英文单词或词组的解释,可在搜索框中输入想查询的"英文单词或词组"+"是什么意思",搜索结果第一条就是英汉词典的解释,如,received是什么意思;如需查询某个汉字或词语的英文翻译,可在搜索框中输入想查询的"汉字或词语"+"的英语",搜索结果第一条就是汉英词典的解释,如,龙的英语。另外,也可通过"百度词典搜索"界面(http://dict.baidu.com)使用英汉互译功能,或使用百度在线翻译(http://fanyi.baidu.com/)翻译句子或一篇文章。

9. 计算器和度量衡、货币换算:windows系统自带的计算器功能简单,尤其是无法处理一个复杂的计算式。而百度网页搜索内嵌的计算器功能,则能快速高效地解决计算需求。

用户只需简单地在搜索框内输入计算式,回车即可得到计算结果。如果用户要搜的是含有数学计算式的网页,而不是做数学计算,点击搜索结果上的表达式链接,就可以达到目的。

在百度的搜索框中,也可以做度量衡转换。格式为:换算数量换算前单位=?换算后单位。如:-5摄氏度=?华氏度。

要使用百度的内置货币换算器,只需在百度网页搜索框中键入需要完成的货币转换,单击"回车"键或点击"百度一下"按钮即可。如输入:"100美元等于多少人民币"、"1USD=?

RMB""人民币换成新加坡的货币"等均可。

10. 专业文档搜索：很多有价值的资料，在因特网并非是通过网页显示，而是以 Word、Excel、PowerPoint、PDF 等格式存在。百度支持对 Office 文档（包括 Word、Excel、PowerPoint）、Adobe PDF 文档、RTF 文档和 TXT 文档进行全文搜索。要搜索这类文档也很简单，在搜索时使用"filetype:"限定即可。

11. 股票、列车时刻表及航班信息查询：在百度搜索框中输入股票代码、列车车次或者飞机航班号，就能直接获得相关信息。

12. 高级搜索、网页时间和个性设置：如果用户对百度的搜索语法不熟悉，可以使用百度高级搜索界面完成相对复杂的搜索任务。百度还支持对搜索一段时间内的网页，用户还可以根据个人习惯，改变百度默认的搜索设置，如搜索结果每页显示数量。

13. 天气查询：使用百度就可以随时查询天气预报。再也不用四处打听天气情况了。在百度搜索框中输入要查询的城市名称加上天气这个词，就能获得该城市当天的天气情况。例如，搜索"南京天气"，就可以在搜索结果上面看到南京今天的天气情况。目前百度支持全国多达 400 多个城市和近百个国外著名城市的天气查询。

14. 搜索框提示：百度会根据用户的输入内容，在搜索框下方实时展示最符合的提示词。用户只需用鼠标点击想要的提示词，或者用键盘上下键选择想要的提示词并按回车，就会返回该词的查询结果，不必再费力地敲打键盘即可轻松地完成查询。如果输入拼音或汉字，百度会给出最符合要求的提示。

15. 百度支持手机访问：普通手机用户可以通过 wap 方式进行搜索，智能手机用户可以安装"掌上百度"手机客户端软件，进行搜索。

二、百度检索技巧

（一）百度搜索界面
用户可以直接输入 http://www.baidu.com 访问百度，百度的搜索界面十分简洁，百度 logo 下方列出了：新闻、网页、贴吧、知道、MP3、图片、视频、地图、百科等用户最常用的几个产品，当然点击更多，还可以使用更多产品。系统默认是进行网页搜索，如图 6-3-1。百度搜索简单方便，用户只需要在搜索框内输入需要查询的内容，敲回车键，或者鼠标点击搜索框右侧的百度搜索按钮，就可以得到最符合查询需求的网页内容。

（二）布尔逻辑搜索
1. 逻辑"与"
输入多个词语搜索（不同字词之间用一个空格隔开），可以获得更精确的搜索结果。
如：想了解南京地区义务献血的相关信息，在搜索框中输入"南京义务献血"即可获得良好的搜索结果。

2. 逻辑"或"
逻辑"或"的操作，使用"A｜B"来搜索"或者包含关键词 A，或者包含关键词 B"的网页。使用同义词作关键词并在各关键词中使用"｜"运算符可提高检索的全面性。
如："计算机｜电脑"搜索即可。

3. 逻辑"非"
逻辑"非"的操作，用于排除无关信息，有利于缩小查询范围。百度支持"－"功能，用于

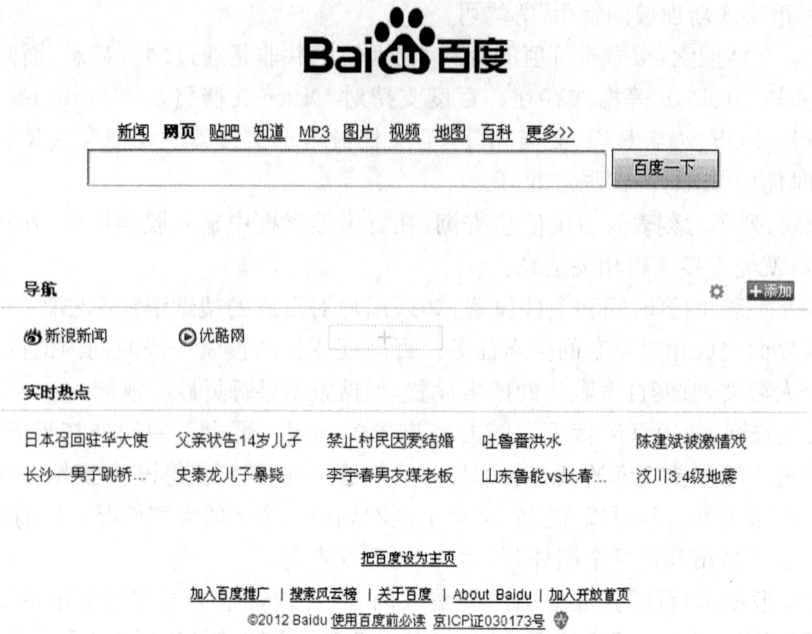

图6-3-1　百度搜索界面

有目的地删除某些无关网页,语法是"A　－B"。如:要搜寻关于肝炎方面的资料,但不包含乙肝的资料,可使用:"肝炎　－乙肝"即可。

注意:前一个关键词,和减号之间必须有空格,否则,减号会被当成连字符处理,而失去减号的逻辑"非"功能。减号和后一个关键词之间,有无空格均可。

（三）精确匹配搜索

如果输入的查询词很长,百度在经过分析后,可能会对查询词进行拆分。给查询词加上双引号,就可以达到精确匹配效果。如:"南京大学"。

（四）限定条件检索

常用限定检索语法包括:

1. intitle:——把搜索范围限定在网页标题中

网页标题通常是对网页内容的归纳。把查询内容范围限定在网页标题中,就会得到和输入的关键字匹配度更高的检索结果。使用的方式,是把查询内容中,特别关键的检索词前加 intitle:。如:intitle:活体肝移植。

注意:intitle:和后面的关键词之间,不要有空格。

2. site:——把搜索范围限定在特定站点中

有时候,如果知道某个站点中有自己需要找的东西,就可以把搜索范围限定在这个站点中,能提高查询效率。使用的方式是在查询内容的后面,加上"site:站点域名"。如:site:jiansuo.njmu.edu.cn。

注意,"site:"后面跟的站点域名,不要带"http://";另外,site:和站点名之间,不要带空格。

3. inurl:——把搜索范围限定在 url 链接中

网页 url 中的某些信息,常常有某种有价值的含义。于是,如果对搜索结果的 url 做某种限定，就可以获得良好的效果。其实现的方式是用"inurl:"，前面或后面写上需要在 url 中出现的关键词。如："艾滋病预防 inurl:aids"可以查找网页 url 中包含 aids 的"艾滋病预防"方面的信息。上面这个查询中的"艾滋病预防"，是可以出现在网页的任何位置，而"aids"则必须出现在网页 url 中。

注意，inurl:语法和后面所跟的关键词，不要有空格。

4. filetype:——特定格式的文档检索

百度以"filetype:"来对搜索对象做限制，冒号后是文档格式，如.pdf、.doc、.xls、.ppt、.ps、.txt、.rm、.rmvb 等。通过添加"filetype:"可以更方便有效地找到特定格式的信息，尤其是学术领域的一些信息。如：生物信息学 filetype:pdf。

5. intitle:bookmarks——查询别人的收藏夹

IE 浏览器的收藏夹导出后，网页的标题(title)是 bookmarks。百度的 intitle 语法可以把搜索范围限定在网页标题内。所以，用 intitle 语法可以查询别人的收藏夹，结果应该都是精品，没有哪个人会把垃圾放到个人收藏夹的。如："血液学 intitle:bookmarks"可以搜索到血液学方面的优秀站点。

（五）特殊搜索功能

1.《 》——精确匹配书籍或视频

书名号是百度独有的一个特殊查询语法。在其他搜索引擎中，书名号会被忽略，而在百度搜索，中文书名号是可被查询的。加上书名号的查询词，有两层特殊功能，一是书名号会出现在搜索结果中；二是被书名号扩起来的内容，不会被拆分。书名号在某些情况下特别有效果，例如，查名字很通俗和常用的那些电影或者小说。比如，查电影"手机"，如果不加书名号，很多情况下出来的是通讯工具——手机，而加上书名号后，《手机》结果就都是关于电影方面的了。

2.『 』——查找论坛版块

百度支持的中文标点符号最多。『 』是直行双引号，可以查找论坛版块名称。搜索格式为：『论坛版块名称』。如：『神经生物学』，就可以搜索各大论坛"神经生物学"版块。

说明：这个直行双引号怎么输入呢？在中文输入法中，选择"软键盘"——"标点符号"，即可找到。

（六）相关搜索

当用户无法确定输入什么关键词才能找到满意的资料，百度相关搜索可以帮助用户推荐相关关键词。用户先输入一个简单词语搜索，然后，百度搜索引擎会提供"其他用户搜索过的相关搜索词"供用户参考。点击任何一个相关搜索词，都能得到那个相关搜索词的搜索结果。如图 6-3-2。

（七）百度高级搜索

针对条件复杂的检索要求，百度提供了高级检索服务，用户可访问百度高级搜索页面：http://www.baidu.com/gaoji/advanced.html 进行高级检索设置。用户根据高级搜索条件可以设置检索关键词、语言、文档格式、更新时间、网站、关键词出现位置、搜索结果中每页显示多少条记录等选项，如图 6-3-3。

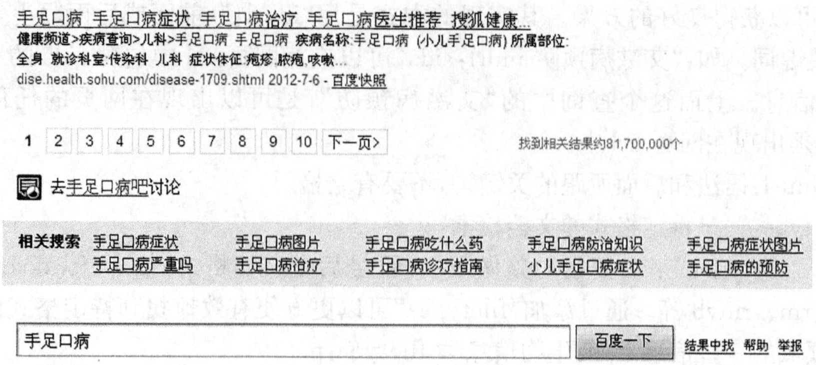

图 6-3-2 百度相关搜索

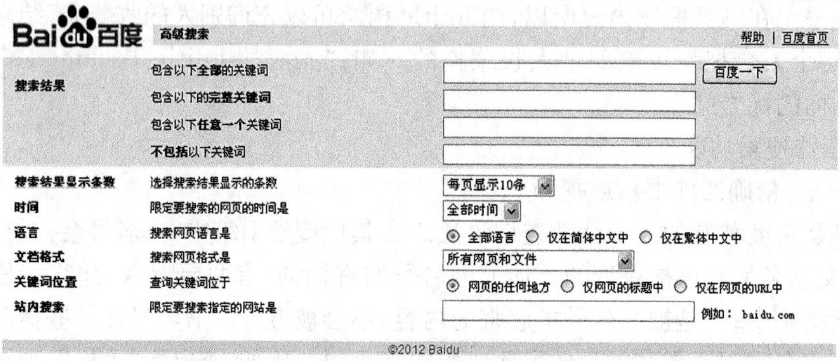

图 6-3-3 百度高级搜索

第四节 学术搜索引擎

学术搜索引擎以学术资源为索引对象,一般涵盖因特网上的免费学术资源和以深层网页形式存在的学术资源,通过对这类资源的爬行、抓取、索引,以统一的入口向用户提供服务。学术搜索引擎把用户从面对海量、异构的学术资源不知如何下手的困境中解脱出来,它为用户屏蔽了不同数据源在平台、界面、检索指令等方面的差异,使用户可以通过一个简单的界面访问多种异构分布的资源,扩大用户资源的来源范围。

一、国外学术搜索引擎

(一) Google Scholar

Google Scholar(谷歌学术搜索)是一个可以免费搜索学术文章的网络搜索引擎,由计算机专家 Anurag Acharya 开发。2004 年 11 月,Google 第一次发布了 Google 学术搜索的试用版,该项索引包括了世界上绝大部分出版的学术期刊。其访问地址为:http://scholar.google.com/。

Google Scholar 的资料主要来源于以下几方面:

1. 网络免费的学术资源:随着开放获取运动(Open Access)的开展,有许多机构网站,特别是大学网站汇聚了大量本机构研究人员的学术成果,包括已经发表的论文,论文的预印本、工作报告、会议论文、调研报告等等,并向所有人提供免费公开获取。同时,有许多个人网站也是学者个人成果的发布网站,有许多有价值的学术文献。这些资源有很多在普通 Google 搜索中可以搜索到的,现在 Google 将这部分资源集中到 Google Scholar 中,以提供更加专指的搜索结果。

2. 开放获取的期刊网站:许多传统的期刊出版商也加入到开放获取期刊行列,如:英国牛津大学出版社允许全球科研人员在线免费搜索访问 2002 年以来牛津大学作者出版的学术论文。斯坦福大学的 HighWire 出版社将其出版的期刊提供全文免费网络服务,截至 2012 年 6 月已收录电子期刊 1 692 种,论文总数 6 543 671 篇,其中 2 131 743 篇论文可以免费获取全文,被称为全球最大的免费全文学术论文数据库。这些开放获取的期刊网站的内容已基本为 Google Scholar 所包括,可以通过 Google Scholar 检索并提供全文的链接。如:Google Scholar 已包括 HighWire 的 94%。

3. 付费电子资源提供商:有许多电子资源提供商也与 Google 合作,将其电子数据库的索引或文摘提供给 Google Scholar,据研究表明:Google 已覆盖了 JSORE 的 30%;Springer Link 的 68%,Cambridge Journals Online 的 94%,Sociological Abstracts 的 44%等。当然,这个来源的大多数只能查到这些期刊数据库的文章题录信息,偶尔这些数据库有免费原文提供。中文的维普数据库和万方数据库也与 Google 合作,提供了中文期刊文章的题录信息。

4. 图书馆链接:Google 向图书馆发出免费链接邀请,可以提供面向这些图书馆资源的链接和查询。目前,国外已有多家图书馆与 Google 合作,如斯坦福大学图书馆等,这样在校外的用户能够通过 Google Scholar 进行检索,如果是斯坦福大学图书馆订购的资源则可以通过身份认证后直接获得原文。国内也有一些图书馆与 Google 合作,如:清华大学图书馆等。此外,国外最大的图情机构 OCLC 将来自世界各国图书馆的图书联合目录交给 Google,也就是说从 Google Scholar 可以查到这些图书馆的图书目录信息,对于国外的用户有更实际的作用,即可以通过"Find a library"找到距离自己最近的图书馆,以获得图书。

Google Scholar 搜索资料非常方便,输入一个学者的名字,就可以搜索到其文章,并且可以了解到每篇文章在哪个数据库可以获取原文,每篇文章被引用次数以及被哪些文章引用。Google Scholar 搜索与普通的网页搜索相比,搜索结果中滤掉了大量的垃圾信息,排列出文章的不同版本以及被其他文章的引用次数,还可以通过引用链接方便地找到与搜索结果相关联的其他学术资源,对于科研人员来说非常实用。

Google Scholar 的搜索功能也非常灵活、强大,尤其是支持多种字段检索、特定文件类型搜索等功能,并可以按照用户的习惯设置搜索界面。

目前,Google Scholar 更多的是作为一个资源发现工具,而不是全文获取的工具。但随着网络信息资源的数量和质量的提升,随着因特网向个人信息发布平台的转移,更多高质量的学术信息资源将会越来越多,Google Scholar 将为学术和研究的资料收集带来极大的便利。

(二) SCIRUS

SCIRUS 科学搜索引擎(http://www.scirus.com)由爱思唯尔科学公司(Elsevier Science)于 2001 年 4 月 1 日推出(如图 6-4-1)。专为搜索高度相关的科学信息而设计的专业科学搜索引擎。目前因特网上最全面的综合科技信息检索引擎(大约 4 亿 5 千万可搜索项目)之一,用于搜索期刊和专利效果很好。

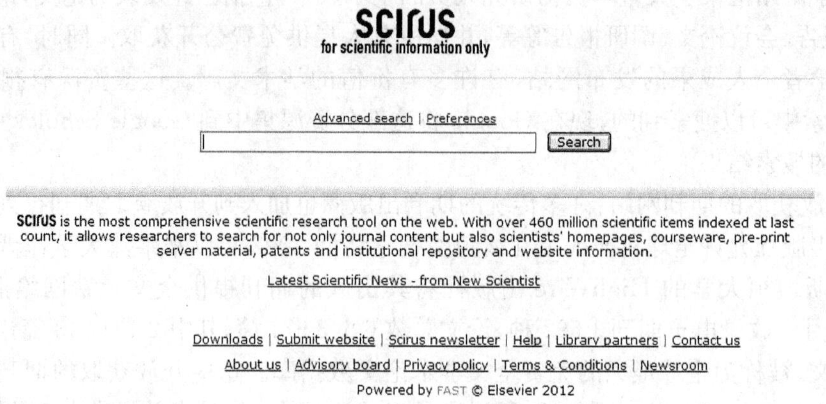

图 6-4-1　SCIRUS 科学搜索引擎界面

1. 搜索覆盖范围

SCIRUS 可检索免费资源和期刊资源。涵盖超过 1.05 亿个与科技相关的网站，包括 9 000 万个网页以及 1 700 万个来自其他信息源的记录，这些信息源包括：Science Direct，I-DEAL，MEDLINE on BioMedNet，Beilstein on ChemWeb，US Patent Office，E-Print ArXiv，Chemistry Preprint Server，Mathematics Preprint Server，CogPrints 和 NASA 等。

包括 1 280 万条 MEDLINE 文摘；

160 万篇 Science Direct 全文；

90 万项 USPTO 的专利；

近 66 万篇 Beilstein 文摘；

近 25 万篇 IDEAL 全文；

10 310 篇 NASA 技术报告；

将近 20 万篇来源于 E-Print ArXiv 的电子文献；

1 410 篇来源于 CogPrints 的电子文献；

565 种来自 Mathematics Preprint Server 的预印本；

820 篇来源于 BioMed Central 的全文；

565 条来源于 Neuroscion 的新闻；

465 种来自 Chemistry Preprint Server 的预印本。

文献类型：论文、专利、技术报告、新闻等（文摘、全文）。

学科领域：农业与生物学，天文学，生物科学，化学与化工，计算机科学，地球与行星科学，经济、金融与管理科学，工程、能源与技术，环境科学，语言学，法学，生命科学，材料科学，数学，医学，神经系统科学，药理学，物理学，心理学，社会与行为科学，社会学等。

获取途径：免费浏览所有检索到的因特网主页的信息。Scirus 提供的期刊资源可以免费查看题录和文摘。但是，获取非免费期刊全文需要预先注册并支付费用。

2. SCIRUS 的优势

SCIRUS 除了高级搜索的用户选项较多以外，它还使用一个特殊的叙词表来收录相关的科学词汇。在与慕尼黑大学（University of Munich）的计算语言学系（Computational Linguistics Department）的合作基础上，SCIRUS 确定了超过 50 000 个叙词，涵盖所有专业科学领域的科学叙词表,以保证检索效率。系统对每次搜索到的信息内容会自动抽取反映主题内容的关键词,以列表的形式显示在搜索结果的右侧,点击列表中的某一个词,系统会自动添加到检索式中,对上一次的搜索结果再实施一次限定检索。若在检索词列表中没有所需的检索词,可在检索词列表下的二次检索框内输入检索词,进行二次限制检索,以进一步提高搜索的专指性,这是一般的搜索引擎所无法比拟的。使用 SCIRUS 的高级检索功能,用户可以限定检索内容,达到更高的查准率。

3. 搜索方式

将搜索结果限定在某一时间段内,SCIRUS 提供的搜索范围从 1920 年起到现在的出版日期范围查询。此方法特别适用于查询最新的学术文献,如只查询 2012 年的文献。

按信息类型(information type)查询。如科学会议、摘要、科学家主页及专利等八种类型。

按照出版物名称查询。如果想对特定出版物查询相关主题,这是一个好方法;但是由于许多出版物有多种拼法,所以用户可能需要多试几次才能找到。如 Journal of Biological Chemistry 经常会被缩写为 J Biol Chem。

按文献类型查询。用户可以针对 html 或者 PDF 等文件格式(file format)查询。正如 SCIRUS 网页中所说的,大量的学术论文仅公布 PDF 格式文件,因而,PDF 格式的文件的标引、检索对于一个专业的科学搜索引擎来说是至关重要的。

按照作者查询。这是一个非常有效地获得专家文献的方法。

按内容来源(content sources)查询。用户既可以从期刊中查询,也可以从网页中查询所需信息,搜索词限于文章标题或者全文的查询。

按学科范围(subject areas)查询。学科范围包括:天文学、数学、物理、经济、法律等 20 个专业学科,学科的排列是按照字母顺序展开的,可选择页面显示搜索结果数量,每个页面显示结果最高可达 100 个。

除了以上几种检索限定外,在高级检索中还可以结合上文所提到的字段限制(如题名、作者等)来进行查询。

4. SCIRUS 的检索结果

SCIRUS 为了能够精确地搜集相关的科学信息,它使用了倒置的金字塔技术来描述搜集过程。在过程中的每一个层次,数据都进行了严格的过滤。位于倒置的金字塔顶端的是种子列表(Seed List),有多种途径为种子列表加入资源,它是 SCIRUS 进行因特网搜寻信息的基础。

SCIRUS 使用一个机器人(就好像网络蚂蚁或爬虫一样)来读取在种子列表的信息。不像通用型搜索引擎,SCIRUS 的机器人不会去搜寻资源的链接网页,除非种子列表中包含有其链接的网页。这种做法主要是仅为科学资源做标引,以确保精确检索。举例来说,如果 Scirus 在对 www.newscientist.com 进行搜索,那么这个网站链接到的 www.google.com 则不会被搜索,因为 www.google.com 不在种子列表中。

当机器人对种子列表进行搜索时,SCIRUS 从所搜索的科学资源下载信息。然后将信息归类(classification)并建立索引(index)和等级(rank)以供用户查询使用。

为了保证检索结果的有效性,SCIRUS 通过以下几种方式来显示检索结果:

(1) 它合并一个网站下的多个相关的网页。尽管网页间的内容不一样,但是因为从属于一个网站下,所以很多网页的信息是非常相似的。用户如果在显示结果后点击"more

hits from",SCIRUS将会显示在同一网站下的更多的相关匹配结果;

(2) 在检索结果中列明出处,以保证用户清楚地知道哪些结果是来自 Web 网页,哪些结果是来自数据库。如果我们检索结果中的文献信息来自 BioMed Central,结果中除了给出文章的主题、作者、摘要等相关信息,还在末尾显示"full text article available from BioMed Central";

(3) 可以将检索结果保存及通过电子邮件邮寄到指定的地址。

(三) OJOSE

1. OJOSE 概况

OJOSE(http://www.ojose.com)是一款免费的功能强大的学术搜索引擎,用户只需要输入一个检索字段就可以在不同的数据库之间检索。其信息源包括 40 多个数据库。

2. OJOSE 的检索方法

OJOSE 的检索非常简单,只提供了一个检索界面。首先在检索栏输入检索式,接着选择要检索的数据库,这里可选择关键词、题名、著者、刊名等字段,最后提交检索式即可。系统支持 AND、OR、NOT 检索,默认为 AND。该搜索引擎的最大特色可保存检索历史 1 小时,检索过程中可以边看检索历史边调整检索策略,并可将检索历史打印出来。该搜索引擎不支持跨库检索,一次只能选择一个数据库进行检索。

3. OJOSE 的特色

OJOSE 系统整合了众多资源,提供优秀的主题浏览工具,对所有信息按提供者建立分类索引。其最大的特色是具有跨平台工作、整合资源的能力,与数据库商建立了合作关系,不仅整合了包括开放期刊在内的各类学术期刊信息,如德国期刊集成系统 EZB,而且还链接了其他学术搜索引擎,如科学搜索引擎 SCIRUS。OJOSE 建立网站之间无缝的后台链接,对具有科学价值的资源进行整合,以统一的检索界面对用户提供免费索引服务,而且能够指定检索数据库,确保了检索结果的准确性和专业性。

二、国内学术搜索引擎

(一) 读秀学术搜索

读秀学术搜索是由海量全文数据及元数据组成的超大型数据库,其以 330 万种中文图书、10 亿页全文资料为基础,为用户提供深入内容的章节和全文检索,以 6 700 多万种期刊元数据及突破空间限制的获取方式,为用户提供最全面的期刊文章。

通过读秀学术搜索,读者能一站式搜索馆藏纸质图书、电子图书、随书光盘等学术资源,几乎囊括了本单位文献服务机构内的所有信息源。不论是学习、研究、写论文、做课题、拓展阅读,读秀都能为读者提供最全面、准确的学术资料。

读秀将图书馆纸质图书、电子图书、期刊、报纸、学位论文、会议论文等各种学术资源整合于同一数据库中,统一检索,使读者在读秀平台上获取所有学术信息。不仅方便读者的使用,同时也提高各种数据库的使用效率。读秀的具体特点:

1. 整合馆藏纸书、电子资源

整合图书馆现有的纸质图书——读者检索时可直接试读图书的部分原文,通过试读判断、选择图书。整合电子图书——将图书馆自有电子图书与读秀知识库数据进行对接,整合后实现馆内电子图书资源、纸质图书联合查询。整合电子期刊、各种论文——将图书馆自有电子期刊(主要包括：中国期刊全文数据库、中文科技期刊数据库、万方数据、IEEE、EBSCO、NSTL 订购电子期刊、WorldSciNet、PAO、Springer Link、Wiley、InterScience、Elsevier 等)与读秀知识库期刊进行对接,读者在对一个检索词进行检索的同时,获得该知识点来源于期刊、论文的所有内容。

2. 深度、多面检索

不论读者搜索图书、期刊还是查找论文,读秀将显示与之相关的图书、期刊、报纸、论文、人物、工具书解释、网页等多维信息,真正实现多面多角度的搜索功能。

3. 阅读途径

读秀提供部分原文试读功能:封面页、版权页、前言页、正文部分页,全面揭示图书内容;其他途径:阅读馆内电子全文、借阅馆内纸质图书、文献传递获取资料、馆际互借图书。

4. 参考咨询服务

读秀通过文献传递,直接将相关学术资料发送到读者邮箱,使读者零距离获取珍稀学术资源。

(二) CNKI 知识搜索

1. CNKI 知识搜索由来

随着因特网的发展和网上信息量的增加,搜索引擎逐渐表现出自身的缺陷和不足。一是搜索引擎对内容收录无法提出明确标准,信息质量良莠不齐,垃圾内容越来越多;二是搜索引擎主要是通过关键词匹配的简单方式查找网页,但是用户通常很难用几个孤立的关键词表达清楚自己的查询需求,而排序算法又主要基于网页的链接分析,因此,难以满足用户对内容准确检索的需求;三是用户更希望直接得到答案,而这只有深入理解文献内容后,才能实现。针对用户的这些需求和搜索引擎的不足,CNKI 推出了知识搜索平台,即 CNKI 知识搜索(http://search.cnki.net)。

2. CNKI 知识搜索的功能

CNKI 知识搜索提供了基本界面和高级搜索界面:基本搜索提供了文献、数字、学术定义、专业主题、翻译助手、图形、学术趋势、表格、大众热点、学术统计分析等搜索入口,在此可以从任意位置搜索 CNKI 文献,包括标题、作者、摘要、全文等位置。高级搜索可限定搜索条件,可在标题、关键字、摘要等字段搜索,同时也可限定作者和文章的出处。系统通过知识聚类协助完成搜索,包括词聚类与文章聚类,从引文、时间、作者、文献类型等角度显示搜索结果,具有多维性。而且可通过文献链接:包括引证文献、相似文献等链接,层层深入搜索,将用户带入知识网络。

3. CNKI 知识搜索的特色

CNKI 知识搜索具有以下特点:

(1) 实时的知识聚类:系统根据输入的搜索词和搜索结果自动生成文献类型聚类和知识聚类。

(2) 多样化的搜索排序:系统提供多种个性化排序方式:综合排序、相关库、被引次数、期望被引、发表时间、作者指数,检索时可以根据需要自由调整。

(3) 最多的中文文献资源:CNKI 知识搜索提供近 8 000 种期刊/杂志,300 所大学研究院所博士硕士论文,1 000 种学术会议论文集,1 000 种重要报纸文章的专业检索。

(4) 最全的文献引文信息和最丰富的知识链接:每条搜索结果都显示被引次数,提供相似文献链接、同类文献链接、文献引用链接、文献来源链接,能查看更多的文献信息。点击文献标题将进入 CNKI 知网节。如果用户具有下载权限,还可以直接下载文献 CAJ 与 PDF 两种格式的全文。

第五节　医学搜索引擎

一、Medical Matrix

（一）Medical Matrix 概况

Medical Matrix（http：//www.medmatrix.org/index.asp）由美国医学信息学会（American Medical Informatics Association，AMIA）于 1994 年创建并负责维护的主办的著名医学专业搜索引擎。它是一个以医学主题词（MESH）为基础的由概念驱动的智能搜索工具,主要提供临床医学资源分类目录浏览和医学主题词检索的功能,是临床医务工作者重要的网上资源导航系统,同时还提供诸如医学教育、医学软件、求职等相关信息,所以也可以把它看作一个综合性的生物医学资源库。

（二）搜索方式

用户首次进入 Medical Matrix 时,系统会提示在主页 Registration 栏中注册,如图 6 -5 -1。在注册页中按表格提示逐项填写后,点击"Submit"即完成注册。注册需要收费,但可以注册一个 24 小时免费账号进行试用。Medical Matrix 的免费邮件列表会定期向用户邮箱发送新增医学站点及最新动态的邮件。

Medical Matrix 提供了分类检索和关键词检索两种搜索方式。

1. 分类目录检索是它的主要特色,按各种医学信息分为专业（Specialties）、疾病种类（Diseases）、临床应用（Clinical Practice）、文献（Literature）、教育（Education）、健康和职业

图 6 -5 -1　Medical Matrix 登录界面

(Healthcare and Professionals)、医学计算机和网络技术(Medical Computing, Internet and Technology)、市场(Marketplace)等 8 大类。每一大类下再根据内容的性质分为新闻(News)、全文和多媒体(Full Text/MultiMedia)、摘要(Abstracts)、参考书(Textbooks)、主要网址(Major Sites/Home Pages)、操作手册(Procedures)、实用指南(Practice Guidelines/FAQS)、病例(Cases)、影像学和病理切片(Images, Path/Clinical)、患者教育(Patient Education)、教育资源(Educational Materials)等亚类。对每一内容均有简明扼要的评论,并且对链接的网址按一到五个星进行分级,星号越多得分和质量越高。同时还提供特色链接(FEATURED LINKS):Medline, CME, Journals, News, Textbooks, Rx Assist, Patient Education, Classifields, Correct an item, Submit an item。同样每一内容均有简明扼要的评论,并且对链接的网址按一到五个星进行分级,星号越多得分和质量越高。Correct an item 可以修改已经存在的 Medical Matrix listing;Submit an item 可以向 Medical Matrix 编辑部提交新的资源。Medical Matrix 收集的内容专业、全面,而且对每一内容都有评论和分级,便于使用者事先决定是否进入其网页进一步阅读,可以节省时间,这一点对我国的使用者尤为有用,是首选的医学专业搜索引擎。

2. 关键词检索时在"Search for"检索框内输入关键词或短语,从而获得相应信息。关键词检索支持模糊查询及通配符(*)查询。输入短语时,可以选择匹配方式:精确匹配、所有的检索词(逻辑与)、任意的检索词(逻辑或);查询的选择范围是:整个站点、新闻、影像学和病理切片、X 线影像、患者教育、CME、药物分类。在高级检索方式中,还可以限定查询内容的类型(如参考书、实践指南等),可以单选或多选,结果显示命中的相应链接或站点。

(三) Medical Matrix 的质量分级标准

Medical Matrix 采用五颗星对所收录的网络资源进行质量分级。其标准如下:

★表示该网站的内容是经过精心编辑的,有一定的实用价值,但缺少主旨和内容。(评分 1～10 分)

★★表示该网站的内容通常是可靠的,更新维护及时,站点设计比较合理,但作为常规临床信息资源的可参考价值不大。(评分:11～20 分)

★★★表示该网站的内容参考价值较大,站点设计好,更新维护及时,具备多种功能,使用方便。(评分:21～30 分)

★★★★表示该网站是该领域的杰出网站,内容丰富,参考价值大。(评分:31～40 分)

★★★★★表示该网站是医学领域最优秀的网站之一。(评分:41～50 分)

二、Medscape(医景)

Medscape(http://www.medscape.com)由美国 Medscape 公司 1994 年开发,1995 年 6 月投入使用,由功能强大的通用搜索引擎 AltaVista 支持,可检索图像、声频、视频资料,至今共收藏了近 20 个临床学科多篇全文文献,拥有会员 50 多万人,临床医生 12 万人,是因特网上最大的免费提供临床医学全文文献、药物数据库和医学继续教育资源(CME)的站点,也是 WebMD Health Professional Network 的重要组成部分。Medscape 主要为临床医务人员和其他医学工作者提供高质量、及时的专业医学信息。

Medscape 是最早的优秀医学专业门户之一,主要为临床医生和医务工作者提供高质量的专业医学信息。新用户可以免费注册，也可以按专业进入一个对应的 Medscape 主页，Medscape 主页的上部针对 Medscape、MedscapeCME、eMedicine、Medline 和 Drugs 数据库进行检索的检索输入框，可以针对以上数据库进行检索。Medscape 是检索自身网站的资源；Medline 是美国国立医学图书馆提供的覆盖全球近 4 800 种医学期刊的全文数据；Drugs 是 FristBank 和美国医师协会提供的药物数据库，可查询 20 万种药物的使用剂量、毒副作用、使用注意事项等内容；eMedicine 是一个庞大的临床知识数据库，由超过 10 000 名临床医师参与撰写，提供 59 个医学专科的治疗实践指南，其内容由多位专家进行同行评审，并及时更新，包括 30 000 多份多媒体资料。

Medscape 提供根据疾病名称、所属学科和内容性质（会议报告、杂志文章的全文或摘要等）的英文字母的分类检索（The Medscape Index）。在网站首页可直接进入临床管理系列（Clinical Management Series）、杂志全文（Journals）、实用指南（Practice Guidelines）、指南进展、杂志扫描、会议摘要和时间表、专家提问和讨论、临床挑战等栏目。通过 Medline 项也可免费检索全世界 4 800 多种医学杂志发表的 9 500 000 多万篇文章的摘要，或直接查阅《Merriam-Webster's》医学词典中 55 000 条目的内容，另外利用因特网上最大的药物数据库，可以直接查询其中 200 000 种药物的使用剂量、毒副作用、使用注意事项等内容，还可免费阅读 Medscape 收集的 25 000 多篇世界上各著名医学杂志发表的文章。Medscape 的内容更新快，内容极为丰富，还可以根据个人的需要定制个人独特的 Medscape 的界面。

三、Medical World Search（医学世界检索）

Medical World Search(http://www.mwsearch.com)，是由美国 The Polytechnic Research Institute 1997 年建立的一个医学专业搜索引擎，收集了数以千计的医学网点近 10 万个 Web 页面。它采用了 NLM 研制的一体化医学语言系统（Unified Medical language, UMLS），可以使用 540 000 多个医学主题词，包括各种同义词进行检索，在检索时可根据词表扩大或缩小检索范围，搜索的准确性很高。同时还提供扩展检索、精细检索功能，大小写无差别，免费全文检索，结果进行相关排序。为使该搜索引擎适合其他搜索引擎的检索要求，还通过 PubMed 免费检索 Medline，提供 HotBot、Infoseek、AltaVista、Webcrawler 的检索。对注册的用户能自动记住最近的十次检索和最近通过 Medical World Search 进入的十个网页，以供随时调用。

四、CliniWeb International（国际临床网）

CliniWeb International(http://www.ohsu.edu/cliniweb/)由美国 Oregon health sciences university(OHSU)于 1995 年研制开发的一个基于分类目录的临床医学引擎，分为解剖学（Anatomy）、微生物学（Organisms）、疾病（Disease）、化学和药理学（Chemicals and Drugs）、诊断和治疗技术及仪器（Analytical Diagnostic and Therapeutic Techniques and Equipment）、心理学（Psychiatry and Psychology）、生物科学（Biological）等七大类。可以同时用英语、法语、德语、西班牙语和葡萄牙语进行检索，内含的 Saphire International 98 是一个用于查找 UMLS 术语的搜索引擎，为从主题分类途径检索提供较合适的入口。还可以直接链接到美国国立医学图书馆 PubMed 系统的免费 Medline 检索。CliniWeb Intenational

共链接了多个临床网页,它的疾病和解剖学部分采用的是医学主题词分类(Medical Subject Headings,MeSH),检索到的信息针对性强。由于国际临床网是一个实验性搜索引擎,数据库收集的临床信息不够完整和全面,故还提供了 Medical Matrix、Yahoo Health、MedWeb 的检索链接。

五、Health A to Z

Health A to Z (http://www.healthatoz.com)由美国 Medical Network 公司于 1994 年开发,是一个功能强大的因特网免费全文医学信息资源搜寻器,可对医学信息进行准确、有效的搜索,为医学工作者和健康消费者提供搜索医学信息的网站,它提供了因特网上的健康和医学相关网址,可根据主题词进行检索,或疾病名的首个字母进行检索。收录的信息均经医学专业人员手工编排,保证了搜索的准确性及方便性,收集的内容每周更新,可按分类及关键词检索,关键词检索时大小写无别,结果按相关性排序,并通过"related categories"实现相似性检索。可分类浏览疾病与状态(按字母顺序排列)、卫生与福利、卫生学主题(字顺排列)、卫生学快报、卫生新闻等,还提供了免费检索 Medline。简单注册后可进一步获得全文、药学数据库的检索服务,此外还可了解其他计划和服务。

六、MedHunt

(一) MedHunt 概况

MedHunt(http://www.hon.ch)是瑞士日内瓦的非营利性组织"健康网络基金会"(HON)于 1996 年建立的一个免费全文医学搜索引擎。HON 根据使用对象的不同,对不同对象提供 3 种不同对象的登陆人口,包括个人、医学专业人员和网络出版者,提供一些各自不同的信息,界面上也有所不同。网站有英语、法语、德语、中文、西班牙语、波兰语、荷兰语等 7 中语言版本。在网上提供了完整的医学主题词表(MeSH)供使用,同时提供医学网页、HON 收集资料、新闻、会议和图片等搜索,检索结果按各自的数据库检出的内容分别显示。在关键词检索时不区分大小写,可精确检索,结果按相关性进行排序,同时显示网站的描述、类型、位置、关键字、语言、HON 监测时间等信息。

医学网站可以自愿加入 HONcode 认证,并提供信息来源、更新日期等说明,HON 也对站点作出评价和介绍,目前已有 5 万多个网站拥有 HON 的认证标志。

(二) MedHunt 网站特点

MedHunt 采用两种方式编制索引:

1. 人工编制。

2. 计算机自动编制(专门设计了一个机器人代理程序 MARVIN,它可以访问因特网上所有与医药卫生有关的主页,并自动产生一个索引)。所以在检索时,可发现检索结果以两种方式显示:Honoured Sites 和 Auto-Indexed Sites。

它通过两种方式提高数据库的质量:① 除了计算机自动产生的数据库外,还提供人工编制的数据库;② 按检索词命中率打分,并按得分高低排列。

(三) 检索方法

MedHunt 提供一般检索和高级检索两种方式。

1. 一般检索

用户首先看到的便是一般检索界面,其使用简单,且功能强大,具体使用过程如下:

(1) 在检索栏中输入检索词,可以是一个或多个任意词,如想查找"医学搜索引擎",可以在检索栏内填入"medical search"。

(2) 按要求显示检索结果,并以两种方式输出结果,每一条目包括网名、网址、得分、关键词、描述等内容,如果合适,可用鼠标点击后链接过去。

(3) 支持"NOT"运算:只要在检索词中使用"-",便可实现 NOT 运算,如"breast-cancer"将查找到所有与 breast 有关,但又不包括 cancer 的网址。

2. 高级检索

网站支持"高级检索"功能,通过设定可以限制检索网页的国别和语言范围等。

(孙大权)

思考题:

1. 什么是搜索引擎?
2. 试比较国内外医学搜索引擎各自的特点。
3. 试通过学术搜索引擎查找有关 H1N1 流感的文献。

第七章　外文全文资源

全文数据库通常指包括电子图书、电子期刊及电子特种文献（会议论文、学位论文、专利、百科全书、实验室指南等）等一次文献的全文数据库。全文数据库的资源，即电子出版物的全文，是检索的最终目的，也是对检索结果、知识利用的起点。在生物医药卫生领域，尤其是西医本身的学科发展影响，使得医药领域专家利用外文文献的比重也相较于其他学科要高得多，这一特点也体现在涉及医药卫生全文资源的数据库数量与种类的多样化方面。所以外文全文数据库的利用和外文全文资源的获取是医药信息检索的一个重点。

相较于图书，期刊文献出版周期短，对于科学研究进展能够快速地揭示，相关研究内容得以及时反馈，进而促进科研工作发展与进步。医药卫生领域的学术期刊，尤其是很多期刊已经采取了网络版本单篇电子文献优先于纸本刊的出版与发行，很大程度上缩短了科学研究内容通过文献来公布公开的时差。因此学术期刊对于医学科学的发展具有非凡的重要意义，同时电子期刊数据库也是电子全文数据库中数量最多、使用最广泛的。目前世界上正式出版的印刷型医学期刊有将近 2 万种。20 世纪 90 年代以来，随着因特网的出现以及网络通信技术和信息检索技术的迅猛发展，出现了电子期刊。新出现的电子期刊包括两种方式，一种是与印刷版本一起出版的纸本期刊的电子版，这种电子期刊与对应的纸本期刊只在出版形式上有差别，内容完全一致。另一种是完全独立的电子期刊，这种期刊的特点是出版发行都是基于信息技术的网络的传播方式。

自电子期刊问世以来，国外著名的学术期刊出版商、代理商都注意到了这一新生的出版物将成为信息时代的宠儿，纷纷加入到出版电子期刊、开发电子期刊全文数据库的队伍中，基于网络的外文电子期刊全文数据库的发展也极其迅速。狭义的电子期刊还局限于与纸本期刊相对的定义中，而广义的电子期刊早已超越原有的想象，不再满足于提供平面单一的信息，而把立体的多面的多媒体作为追求。

由于信息技术的发展引起的出版行业的变化，从生存和盈利双方面出发，传统出版都在向数字出版转变。数据库平台是目前电子出版业主要的数字出版模式，也是数字出版的最主要收入来源。国外许多出版商和专业出版社都不约而同地打造自己的数据库平台，这些出版商、出版社或学会、协会等机构的电子产品，包括数据库、数据库平台，从不同的角度出发，可以划分为不同的类型。

从提供服务的方式来看，电子全文数据库可以大致有以下几种，一种是通过出版商自己开发的网络电子期刊资源平台提供服务，如著名的 Elsevier ScienceDirect、Blackwell、Springer、Karger、Thieme 等，这些出版商通常以发布自己出版的文献为主，采取收购或并入其他出版单位的资源扩大自己的资源范围。另一种则是数据库商、期刊代理商开发的网络数据库资源平台，如著名的 OVID、EBSCOhost、MetaPress、SwetsWise、Ingenta 等，其他出版商出版的电子期刊可以通过这些平台为读者提供服务，这些公司通常不以自己的资源为资本，而是志在整合任何可获得的优质资源。还有的是专业出版机构如行业协会和学会的数据库平台，这些协会或学会整合机构内的通常也是某领域内的电子资源，再委托某资源检索平台或干脆自己建立数据库检索平台,如美国化学学会期刊 ACS 系列。前两种出版形式,通常一个数据库平台包含很多子库或子类,用户在购买和使用时可以按需组配,自行整合需要的资源,可以拆分购买和利用,所以在使用时也需要区分自己的权限。而最后一种方式由于本身的资源量不多但学科特色很强,通常都是由用户整体购买使用。

从学科和出版类型的角度划分,有综合学科的集成型数据库和专注于某一领域的多类型资源数据库。综合学科的集成型数据库或数据库平台,包括从自然科学到社会科学、应用学科等学科主题,在出版类型方面并不拘泥于一种或几种,而是包含电子图书、电子期刊、参考工具书、图片等资源,或同时包含事实型数据和文献资源,这类的数据库有 SciVerse、Wiley、OVID、EBSCOhost、Springer 等。而专注于某一领域的多类型资源数据库在生物医药领域内也很常见,这类数据库只在某一领域内集成多类型的文献资源,如 MD Consult 和 Karger 等。

大部分的数据库都很重视电子期刊的收录,并且有更全面和更深入两种趋势,力图整合更多类型的电子资源到同一平台。除了丛书这种连续出版的图书早已经与电子期刊一起作为连续出版物出版外,电子图书最近的发展也很迅速,由于外文原版书的昂贵和图书生命周期、再版、修订等特点,外文原版纸质图书馆的采购一直是各图书馆尤其是高等院校图书馆重视的问题,如何用有限的经费订购到更多更全的原版图书也持续困扰图书馆采购员。电子图书的兴起似乎正在试图解决这种困扰,只需购买一个复本,由于电子资源本身的优点,理论上就能满足全部用户对于特定图书的全部需要,而图书的再版、修订问题也迎刃而解。但与外文原版纸质图书相比,外文电子图书的价格并不具有很大的优势。目前很多数据库除主要的电子期刊产品外,都提供电子图书产品,如 Elsevier 的 ScienceDirect 与 MD Consult 都有电子图书产品,另 Wiley、OVID、Springer 等都额外提供电子图书产品,也有的数据库专攻电子图书,如 Thieme E-book。

循证医学在很多数据库中也作为重要的医学资源单独列为一个产品,如 MD Consult 的 First Consult 和 BMJ 的 Clinical Evidence。

2001 年底,更具科学自由意义的"开放存取(Open Access,OA)"概念在匈牙利的布达佩斯正式提出,开放协会研究所(Open Society Institute)在 OA 国际研讨会上提出了"开放存取先导计划(Budapest Open Access Initative,BOAI)"。OA 资源的最可贵之处是排除了知识传播途径的局限和阻拦,真正地服务于科学研究。目前 OA 资源还并不是电子出版物的主流,通常的开放也并非很彻底,大多还是一种付费方式的转变。有一些作者或资源的知识产权所有方,本着更好服务社会、造福社会的目的,把自己已经发表或未发表的文献或科技成果免费发布出来,无限制地提供给其他人或单位分享。这种 OA 资源不是连续的,也不成系统,是否能够获得完全取决于资源的知识产权所有者。而主要的有稳定来源 OA 资源根据不同的付费方式或开放程序,可以划分为以下两种:一种是部分免费,某一特定时限内的资源是可以免费获取的,这类资源通常是经过同行评审的正式出版资源,质量较高;另一种是作者或机构付费。当然,目前网络开放存取资源也已经成为科研人员发表成果和获取资源的其中一个重要途径,著名的网络开放存取资源有 HighWire、BMC、PMC、FreeMedicalJournals 等。

目前,因特网、局域网数据的主要记录格式是超文本标记语言(HTML)及便携式文件格式(PDF),电子期刊的元数据大多数是以标准及标记语言(SGML)来记录。HTML 通过浏览器便可阅览,同时还可超链接到论文中,因此这种数据格式在没有相应的印刷本的纯电子期刊中采用较多。而 Adobe 开发的 PDF,现在已经成为一种非常通用的电子文档格式,无论是与印刷本期刊大致相同的输出形式,还是长期保存过期文档,都具有良好的使用体验,仅需要一款永久免费的软件即可实现。通用的全文格式也是制约数据库发展的一个重要技术。目前全文数据库中提供的原文方式主要为以上两种,也有的数据库两种方式同时提供。

本章就目前与生物医药密切相关的国外著名网络全文数据库资源以及网络开放存取资源作简要介绍。

第一节 Elsevier 与 ScienceDirect

一、概述

Elsevier(爱思唯尔)公司是经营 STM(科学、技术和医学)信息产品及出版服务的世界著名出版商,它是 Reed Elsevier(励德爱思唯尔)集团的科技与医学部分。Elsevier 通过与全球的科技与医学机构的合作,每年出版 2 000 多种期刊和 1 900 种新书,以及一系列创新性的电子产品,如全文数据库 ScienceDirect、引文数据库 Scopus、医学资讯数据库 MD Consult、医学文摘数据库 Embase 和在线参考书目等。

Elsevier 公司总部设立在荷兰的阿姆斯特丹,在全球 24 个国家分布有 70 多个分支机构,与全世界范围内的超过 7 000 个期刊编辑、70 000 个编委、30 万个评审者和 60 万个作者有合作。Elsevier 出版的期刊和图书是世界公认的高质量学术出版物。

Elsevier 公司新发布的 SciVerse 平台,整合了 ScienceDirect、Scopus 和相关科技网页上大家所熟知的、备受信赖的高品质内容,同时还具前瞻性的添加了第三方开放的创新性工具和应用程序,丰富、扩展了原有内容的价值。2010 年 8 月 28 日起,通过 SciVerse 整合平台,用户可同时访问 SciVerse ScienceDirect、SciVerse Scopus、SciVerse Hub、SciVerse SciTopics(2011 年发布)和 SciVerse Applications(2011 年发布)。

SciVerse 的资源有 1 000 多万篇科技、医学论文,15 000 多种科技图书和 15 000 多种多媒体文档。SciVerse 这个强大的文献资源检索整合平台,包含以下内容:① SciVerse Hub Beta 文献资源一站式检索;② SciVerse ScienceDirect STM 全文数据库;③ SciVerse Scopus 文摘引文数据库;④ SciVerse SciTopics Beta 知识共享社区;⑤ SciVerse Applications Beta 工具和应用程序。

Elsevier 公司 1997 年推出的 ScienceDirect 是全球最著名的科技医学全文数据库之一,ScienceDirect 收录有丰富的电子资源,包括期刊全文、单行本电子书、参考工具书、手册以及图书系列等。从 2000 年起,ScienceDirect 由中国 CALIS 工程中心组织集团购买。目前,已有 200 多所高校、中科院、公共图书馆等机构加入 ScienceDirect 中国集团。

2010 年 8 月,ScienceDirect 整合到 SciVerse,目前 SciVerse ScienceDirect 全文数据库是全世界最大的 STM 全文数据库,也是我国使用排名第一的外文全文数据库。ScienceDirect 的资源包括超过 2 500 种同行评审期刊和 11 000 多种图书、1995 年之前的电子期刊回溯,《柳叶刀》回溯至 1823 年创刊号,平均每年增加约 50 万资源。其中期刊的学科范围涉及数学、物理、生命科学、化学、计算机、临床医学、环境科学、材料科学、航空航天、工程与能源技术、地球科学、天文学及经济、商业管理和社会科学等 24 个学科。需要注意的是数据库公司的产品购买方式灵活,可采取多种方式组合或单选购买,故在国内外不同的学校或文献收藏单位访问时需要注意到自己的权限,最重要的是下载全文的权限。ScienceDirect 的权限有明显的标志提供给读者辨认。

二、ScienceDirect 检索方法

(一) 检索规则

在 SciVerse 平台上的 ScienceDirect 数据库中有一些通用的检索规则及算符,帮助用户高效地获取所需文献。

布尔逻辑算符包括"与 AND"、"或 OR"和"非 AND NOT"。同一字段的多个检索词间没有其他算符或符号,只有空格,默认的逻辑关系是"与",而检索词间的顺序由位置算符来限定。

位置算符包括 W 和 Pre。W/n 连接的两个词之间最多不能超过 n 个词,两词顺序可颠倒。而 Pre/n 连接的两个词之间同样最多不能超过 n 个词,但两个词的顺序是固定的。

其他算符包括双引号(""),大括号({ }),星号(*)和问号(?)。将检索词置于""内可执行宽松短语检索,词间的其他符号会被自动忽略。而{ }执行严格短语检索,输入的每个字符包括标点符号都必须严格一致才返回检索结果。*为任意截词符,代替任意个字符,多用于词干检索。? 为单个截词符,只代替一个字符。

其他规则:支持希腊字母(α、β、γ、δ 等),法语、德语的变音重音符号的检索。使用单词的单数形式时系统自动检出对应的复数。

(二) 检索途径

SciVerse ScienceDirect 访问方式为直接访问国外主站点 http://www.sciencedirect.com/,主页界面如图 7-1-1。

ScienceDirect 资源查找方法有浏览(Browse)与检索(Search)两种。其中浏览可按字顺与学科两种方式,检索又包括基本检索(Search ScienceDirect)、高级检索(Advanced search)与专家检索(Expert search)三种方法。

1. 浏览

在 ScienceDirect 数据库主页左侧可直接使用期刊、图书的题名字顺(Browse by title)和学科主题(Browse by subject)进行浏览查找相关出版物信息,也可以浏览全部资源(Browse all)。或点击工具栏上的出版物(Publications)按钮进入资源浏览界面,默认出版物(期刊和图书)的字顺浏览(Browse Alphabetically),同时也提供学科主题浏览(Browse by Subject)和最喜爱资源浏览(Browse by Favorites)。

浏览结果列表(图 7-1-2)中包含名称、使用权限、资源类型、是否为待刊文献(Articles in press)、订阅(Article Feed)、设定偏好(Favorites)和定制提醒(Alerts)功能。

使用浏览功能时可进行资源类型的限定,期刊、图书、丛书、手册和参考工具书都能够分别进行浏览。同时,绿色"钥匙"标记提示可下载全文的权限,灰色"钥匙"标记则表示非订购内容,而待刊文章也由绿色标记勾选表明。

2. 检索

(1) 基本检索:基本检索(Search ScienceDirect)的检索界面与工具栏同时一直出现在各个页面的上方。基本检索的第一种方式是通过全部字段(All Fields)、作者(Author)、出版物名称(Journal/Book title)、卷(Volume)、期(Issue)、页(Page)检索文章,如图 7-1-3。

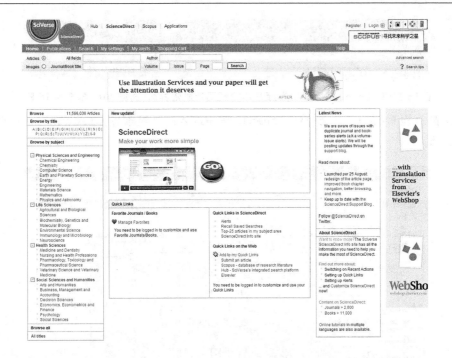

图 7-1-1 SciVerse 平台 ScienceDirect 数据库主界面(选自 2011 年 5 月 16 日)

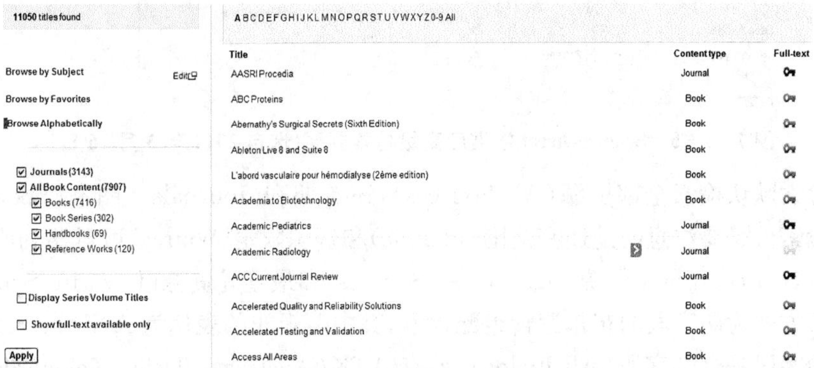

图 7-1-2 ScienceDirect 数据库资源浏览结果列表

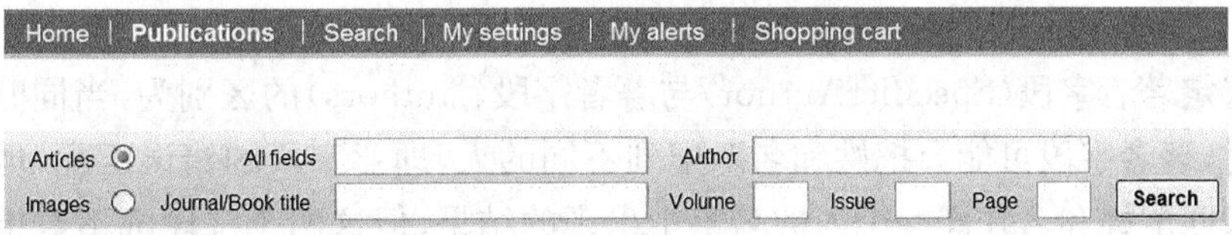

图 7-1-3 ScienceDirect 数据库基本检索—文章检索界面(选自 2011 年 5 月 16 日)

基本检索中检索的范围为任意字段与任何位置。检索框中输入多个单词,默认为逻辑与(AND)关系,词组检索用双引号""实现。

第二种方式是通过图表名称(Images)、作者(Author)和出版物名称(Journal/Book title)检索特定的图片,如图 7-1-4。

图 7-1-4 Science Direct 数据库基本检索图片检索界面(选自 2011 年 5 月 16 日)

（2）高级检索：点击工具栏检索（Search）按钮进入高级检索界面（Advanced search），如图 7-1-5。

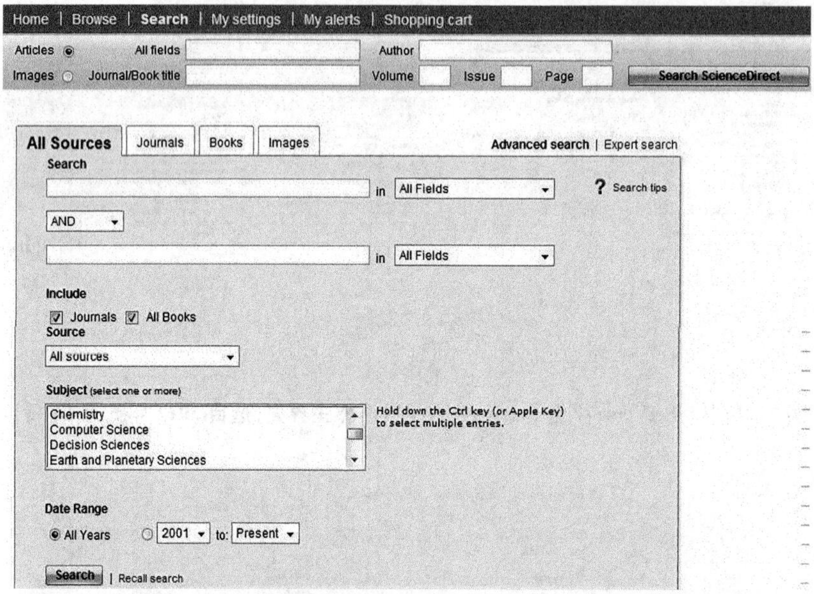

图 7-1-5 ScienceDirect 数据库高级检索界面(选自 2011 年 5 月 16 日)

高级检索默认检索全部资源（All Sources），还有期刊（Journals）、图书（Books）和图片（Images）检索。需要注意的是还有范围（Include）和资源限定（Source）可对期刊或图书的全部资源（All Sources）、订阅资源（Subscribed Sources）和最喜爱资源（Favorite Sources）进行选择。检索方式为两字段的布尔逻辑组配检索，其中逻辑非的表达为 AND NOT。

默认的字段是全部字段（All Fields），另有 ATK（Abstract，Title，Keywords/文摘、题名、关键词）、著者（Authors）、特定著者（Specific Author）、来源出版物（Source Title）、题名（Title）、关键词（Keywords）、文摘（Abstract）、参考文献（Reference）、ISSN、ISBN、作者机构（Affiliation）、全文（Full Text）字段。

其中特定著者字段（Specific Author）与著者字段（Authors）的区别为，当同时输入著者的姓和名时，著者字段可能会把姓和名匹配到不同的人，即亚字段的错误匹配；但是特定著者字段则只匹配姓和名在同一个人的名字中出现的结果，但这两个字段都不对检索词的顺序做限定。举例来说，检索词为 J Smith，在特定著者字段检出结果可以为 J Smith，David J Smith，J. R. Smith，Stephen J Craig-Smith 和 Smith S J，虽然顺序可变，也不要求两词紧邻，但都是在同一人的名字中出现给出的检索词；而在著者字段，除上述结果外，还可能出现如下结果，T Smith，J Rolf，虽然两个词都命中，但实为两个人的情况。

学科主题（Subject）限定可选择 24 个学科中的任意一个，而时间范围（Date Range）则可限定全部年或某一特定时间段。

检索期刊资源时,可对文献的类型做以限定,ScienceDirect 把期刊文献分为如下类型:文章(Article)、综述(Review Article)、短评(Short Communication)、问卷调查(Short Survey)、通讯(Correspondence,Letter)、讨论(Discussion)、书评(Book Review)、产品回顾(Product Review)、社论(Editorial)。

(3) 专家检索:点击高级检索按钮旁的专家检索按钮(Expert search),资源等其他限定与高级检索的限定相同。不同的是专家检索框必须一次输入检索策略并执行检索,检索策略可以由检索运算符和字段把检索词连接成一个完整的检索式。这种检索方式适合对 ScienceDirect 非常熟悉,并能够熟练构造检索式、对所检文献有更高要求的专业检索人员。

三、检索结果的显示、评价、分析与管理

任何一种检索方法执行后,都可以使用"Search within results"功能对检索结果进行二次检索,输入的检索词与上次检索之间的关系默认为逻辑"与",检索范围是检索结果的全部字段。这种二次检索可以缩小检索结果,提高检准率。而精炼检索结果(Refine Results)可根据文献类型(Content Type:图书或期刊)、来源出版物(Journal/Book Title)、年代(Year)勾选相应内容进行精炼(Limit To)或排除(Exclude)。

(一) 检索结果的显示

检索结果浏览:执行检索策略后,可以得到一系列检索结果显示在检索结果界面,如图 7-1-6。包括左侧二次检索和检索结果精炼区、上侧检索策略修改与保存定制区及最主要的检索结果列表。

图 7-1-6　ScienceDirect 数据库检索结果界面(选自 2012 年 5 月 16 日)

检索策略编辑(Edit this search)按钮可直接跳转至专家检索界面,对现有检索策略重新编辑。保存检索策略(Save this search)、保存为检索提醒(Save as search alert)、订阅(RSS Feed)都是个性化服务,需要注册登录后使用。

检索结果默认概要显示,通过展开(Open all previews)实现详细显示。结果列表默认按照结果文献与检索策略的相关度(Relevance)排序,另可按时间(Date)排序。绿色文档标志为可下载全文的权限,灰色文档标志仅供浏览文摘,如需全文,可使用购买文献 PDF(Purchase)功能。预览功能(Show Preview)可浏览文献摘要(Abstract)、图表(Figures/Tables)和参考文献(References)内容。文献题名链接至单篇文献详细浏览页面,对于有权限的文献可直接查看 HTML 格式全文,也可以下载 PPT,浏览与下载文献内图表。除此外,在详细浏览页面右侧提供该篇文献的相似文献(Related Articles)、个性化应用(My Applications)、图表下载(Table Download)、引证文献(Cited by)、本文相关术语(Relevant terms from this article)。引证信息来自于 SciVerse Scopus 数据库;本文相关术语来自 NextBio 的生物医学术语。

(二)检索结果评价

检索的结果是否满足信息需要,借助显示区检索结果的内容浏览,概要格式或通过点击 Open all previews(显示预览)格式查看详细内容,包括文摘、图表等论文内容特征和输出数量、年代范围等来评价检索结果的。

如果检出的文献不符合课题内容范围,无法满足信息需要,就要重新审视所选择的检索途径或检索词是否适合该课题的检索。检索出的文献太多或太少,即查全率与查准率不能达到要求时,因检索词范围太大或检索词太少造成的检准率较差可以借助二次检索(Search within results)缩小检索范围;检出文献太少时,需要重新选择范围更大的检索入口,或采用更宽泛的检索词构造检索式,提高检全率。

(三)检索结果分析

ScienceDirect 提供的检索结果分析工具 Refine Results(精炼检索结果)将检索到的文献按照 Content Type、Journal/Book Title、Topic、Year 四个常用方面进行归类,再在每个方面分别按照文献类型、文献来源、学科主题和年代范围进行词频统计降序排列,方便用户对检索结果进行分析,为进一步的研究或决策提供选择佐证和选择依据。如图 7-1-6 所示,根据 ScienceDirect 精炼检索结果区的显示,在特定文献聚类前勾选,再用"Limit to"和"Exclude"来只选择此部分文献或排除掉该部分文献。

对于 SciVerse 提供的特定功能"My Applications"中的特殊检索结果分析工具,如 Most Cited 可以从文献被引数量,即文献影响力来分析检索结果。

(四)检索结果管理

1. 检索结果输出　检索结果页的文献可能通过多种方式输入。

E-mail 发送:勾选需要的文献,点击 E-mail articles 把文献发送至邮箱。如没有勾选,默认发送全部检索结果。

输出到管理软件:使用 Export citations 把文献以特定的格式(RIS format,ASCII format,BibTeX format)输出到文献管理软件 Reference Manager,ProCite,EndNote,RefWorks 等。

全文下载:点击文献 PDF 全文下载标识可下载该文献的全文。另外 ScienceDirect 提供了独特的多篇文献下载工具,使用 Download multiple PDFs 可同时下载多个

PDF 全文,最多不能超过 20 篇。因版权与技术限制,不能够使用网络下载工具下载。

2. ScienceDirect 为用户提供个性化的文献管理服务 在网站上免费注册个人账户后,可以使用 Search ScienceDirect 提供的全方位个性化服务。如保存与定制检索策略、查看检索历史、设定最喜爱资源、定制期刊提醒等。主页工具栏 Home 将成为 Home+Recent Action,为用户提供个性化的功能。

(1) 保存功能:执行检索后,将编写好的检索策略保存到检索历史,使用时直接运行检索策略即可,方便用户再次检索时不必要再重新编制检索式,也可以把检索策略保存为定题服务(Save as search alert)。

(2) 定制功能:在浏览图书、期刊时,或者通过管理最喜爱资源(Manage Favorites),将资源后的偏好(Favorites)框勾选设定用户可以定制最喜爱资源,便于经常利用某些特定期刊或图书。

定制服务(My Alert)功能,用户可使用定制功能将需要的信息发送到 E-mail 中。包括检索定题服务(Search Alert)点击、主题定题服务(Topic alerts)和期刊卷期定题服务(Volume/Issue alerts)。① 检索定题服务:通过检索结果页面的 Save as search alert 进入检索定题服务置,填写邮件提示名称(Name of alert)、邮箱(E-mail address)并选择接收频率(Frequency,日、周、月等),系统定期跟踪数据库中是否有与该检索策略匹配的新文献,并自动将新文献发送到所填写的邮箱中去;② 主题定题服务:通过添加主题进入选择学科主题界面,选择学科再勾选主题,保存设置,系统每周自动把该主题最新文献发送到用户注册邮箱中;③ 期刊卷期定题服务:在图书、期刊浏览状态下设置期刊卷期定题服务,系统会把最新出版的一期目次信息发送到用户注册邮箱。

个性化服务另有快速链接(Quick Links)与近期操作(Recent Actions)等功能。快递链接保存浏览过的页面,而近期操作则是由系统自动记忆的对数据库的操作。

四、小结

作为 2009 年和 2010 年的世界出版业排名均为第二的世界著名出版集团 Reed Elsevier(励德爱思唯尔)集团下的全文数据库——ScienceDirect 全文数据库集合了集团大量高质期刊与部分图书资源,也是我国引进的外文数据库全文下载量第一的全文数据库,对于用户来说,是检索全文文献的优良信息源。

第二节 MD Consult 数据库

一、MD Consult 数据库概述

MD Consult 由三家英文医学出版商 Mosby、W. B. Saunders 及 LWW(Lippincott Williams & Wilkins)于 1997 年联合创建,现由 Elsevier 出版集团的科技部门出版发行。2007 年底 Elsevier 将循证医学在线诊断系统(First Consult)加入 MD Consult 平台,使 MD Consult 成为综合性临床医学资讯平台,与其说它是一个数据库,不如称它为专门为医学院和医

院打造的医学信息咨询平台。

MD Consult 数据库把爱思唯尔(Elsevier)集团世界权威和领先的医学信息资源整合在一个平台上,是事实型数据库和文献型数据库的结合体,由于这种集合的网络服务系统强大的信息资源服务功能,它也被称为临床医生的图书馆。MD Consult 的内容和表现形式都与众不同,它把整合的资源划分为十个模块的内容,每一个模块都独具特色(如图7-2-1)。

图7-2-1 MD Consult 数据库主页界面

事实型资源

1. First Consult:在线专家、循证医学诊疗系统,包括医学主题(Medical Topics)、鉴别诊断(Differential Diagnoses)和操作(Procedures)。

2. 参考书籍(Books):MD Consult 核心库包括《希氏内科学》、《尼尔逊儿科学》、《克氏外科学》这样的经典教科书、顶级参考书50套。

3. 药物库(Drugs):约100 000种药物信息,提供最新最全面的药物信息。

4. 诊疗指南(Guidelines):1 000份经过临床专家和同行评议的指南。

文献型资源

医学期刊(Journals)和北美临床杂志(Clinics Review Articles):共88种全文期刊,涵盖临床医学32个学科方向。其中医学期刊53种,北美权威临床综述文献期刊35种,皆为高影响力期刊和高被引全文文献,供临床医生使用。

辅助型资源

1. 病患教育(Patient Education):10 000份定制的病患教育手册。

2. 医学图库(Images):超过50 000张可供下载和打印的医学图片。

3. 医学新闻(News):集中各专科最新的医学及临床新报报道。

4. 继续医学教育(CME):在线的医学教育服务。

二、检索方法

除了常规检索方法查阅所需的文献外,MD Consult 不定期地推出医学主题的发布,如图 7-2-1 检索框下方的 Try it,当期发布的医学主题是 Radiation Sickness(辐射病),这些主题都是与社会上的热门话题或大事件相关的。

(一)检索规则

MD Consult 数据库检索规则包括以下 3 条,这些检索规则适合于 MD Consult 数据库的 Books、Journals、The Clinics 等资源的检索。

1. 用户可在检索框直接输入检索词进行检索,也可以使用布尔逻辑算符(and,or,not)构造检索式进行检索。

2. 系统支持的截词算符有"?"和"*"。"?"为单符截词,用来替代一个字母,"*"为任意截词符,可代替任何字符。还可以用双引号("")来进行精确检索。

3. 系统默认检索功能已经包括了词组末尾的普通替换,如"e"、"es"、"s"、"ies"等。

(二)检索途径

1. 首页(Home) MD Consult 首页上方是板块导航栏,包括 10 个模块的内容,如图 7-2-1。导航栏下方是检索框,输入检索词便可以对 MD Consult 中所有资源(All Sections)进行跨库检索,也可以选择特定的九个模块(除 CME 外)。检索结果按 FirstConsult、Books、Journals、Clinics Review Articles、Patient Education、Drugs、Guidelines、Images、News 分类,并可按推荐结果(Recommended Resources)、各模块最优检索结果(Top Results from All Sections)浏览。推荐结果(Recommended Resources)为最新、最相关、最实用的信息。各模块最优检索结果(Top Results from All Sections)为每个模块中排在前 3 位的信息。精炼检索策略(Refine Your Search)推荐 8 个与原来检索策略相关的检索词,提供更多的检索线索。

推荐检索结果按照概述(Overview)、病因(Etiology)、诊断(Diagnosis)、治疗(Treatment)、处置(Management)、预后(Prognosis)、普查和预防(Screening & Prevention)这些不同的方面、专题来呈现资源,一目了然。

2. 循证医学在线诊断系统(First Consult) First Consult 作为在线专家诊疗系统,为医护人员提供患者评估、诊断和管理方面持续更新的循证医学信息,包括临床主题(Medical Topics)、鉴别诊断(Differential Diagnoses)和循证医学程序(Procedures,操作规程)。

3. 参考书籍(Books) MD Consult 拥有五十余套权威的医学教科书,包括《希氏内科学》、《尼尔逊儿科学》、《克氏外科学》等经典教科书。MD Consult 的医学教科书按照作者字顺(Alphabetically)或学科主题(Specialties)两种浏览模式排列出所有权威医学专业书目,包括经典的参考工具书。而且 MD Consult 的每本教科书都随纸本图书同步更新,确保在线图书为最新版本。含有"New Edition"标志的为最近更新版本的书籍。

点击一本图书的题名进入图书浏览页面,可以查看书目和使用索引,并浏览全书内容,可对当前页面进行打印、发送到 E-mail 等操作。在检索栏可以对当前图书(This Book)的内容进行检索,实现更精确的内容查找。索引按照本书内的主题或概念的字顺排列,相应的主题或概念对应到本书中的具体页面。

4. 医学期刊(Journals) 该部分收录了 53 种医学期刊,其中包括 Annals of Emergen-

cy Medicine、The Lancet Neurology、The Lancet Infectious Diseases 等权威期刊。MD Consult 的绝大多数期刊都提供 PDF 全文下载，其中很多期刊在 Elsevier 公司的科技全文数据库 ScienceDirect 中不提供全文。

如图 7-2-2 所示，检索区位于页面上方，在检索框中输入检索词可在 53 种医学期刊和 Medline 中检索到所需要的信息。作者（Author）、来源刊（Journal Name）、文章类型（Article Type）、年代范围（Date Range）、特定年（Date）、年龄组（Subject Age）等进行辅助限定。最新功能有单篇文献快速查找（Citation Search），可根据来源刊（Journal Name）、年（Data）、卷（Volume）、期（Issue）及起始页码（First Page）快速锁定某篇文献。检索结果把 53 种医学期刊和 Medline 的资源全部列出，可能通过 Full Text 选项去除本库没有全文的检索结果。

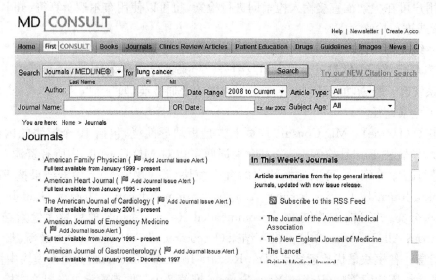

图 7-2-2 MD Consult 数据库医学期刊界面

检索区下方为期刊列表（Journals）和知名期刊本周重要文章摘要（In This Week's Journals）。期刊列表将 53 种期刊全部根据字顺排列，点击题名浏览最新目次。而知名期刊本周重要文章摘要则列出 8 种知名期刊重点文章的摘要，点击期刊题名链接即可进入。右侧的期刊快讯则通报期刊的最新出版情况。

检索规则：检索框可输入检索词或复杂的检索式。检索式构造时，MD Consult 默认进行词尾的普通替换"e""s""es""ies"，也可使用 MD Consult 的通配符，* 代替任意字符串，? 代替一个字符。

5. 北美临床杂志（Clinics Review Articles） 北美临床系列（The Clinics of North America）包含 Infectious Disease Clinics of North America 在内的 35 种期刊，是权威的临床综述性文献。其检索和浏览功能与期刊相似。

6. 病患教育（Patient Education） MD Consult 提供了近 10 000 份病患教育手册。这些教育手册通俗易懂、长短适中，可以让病人对自己所患疾病有一个清晰的认识，也更容易了解医嘱，以配合医生的治疗。除可检索内容外，病人手册可按四种方式进行浏览：条款和疗法（Conditions & Treatments）、药物治疗（Medications）、专题（Specialties）、西班牙文手册（Spanish）。

7. 药物信息（Drugs） MD Consult 提供四种检索药物途径：药名与适应症（Drug

Names + Indications)、药名(Drug Names)、适应证(Indications)、禁忌证(Contraindications)。检索结果包括药物的专业名、药物的商品名、药物图片、患者须知、适应证与用量、用药方法、禁忌证/注意事项、相互作用、不良反应、监测参数、更新时间等内容。

MD Consult 药物信息还提供四种浏览方式:药物适应证(Drugs Indications)、禁忌证(Contraindications)、副作用(Adverse)、反作用(Reactions)。安全公告(Safety Notices)主要包括美国食品与药品管理局(FDA)和各大药品生产商发布的药品安全信息。FDA 批准信息(FDA Approvals)则是美国 FDA 发布的最新批准信息。

8. 诊疗指南(Guidelines) 可以检索 MD Consult 收录期刊上刊载的诊疗指南全文。除在检索框进行检索外,也可以按主题(Topics)、专辑(Specialties)、发布机构(Authoring Organizations)进行诊疗指南的浏览。同时,浏览区下方发布最新的诊疗指南。

9. 医学图片(Images) MD Consult 提供超过 5 万张医学图片的检索功能,这些图片来自于 MD Consult 收录的参考书籍,包括照片、图表等。检索到需要的图片后,可以进行最多 4 张图片的对比。浏览图片时可进行打印图片、通过 E-mail 发送图片等操作。

10. 新闻报道(News) 在新闻报道中提供了医学新闻的检索,可按三个主题(排行新闻(Top Stories)、专辑新闻(Stories By Specialty)、原创新闻(Original Reporting))浏览新闻,最下方为热点新闻排行(Recent Top Stories),并提供医学新闻 RSS 服务、免费注册后接受医学新闻 E-mail 等功能。

11. 继续医学教育(CME) 在线的医学教育服务,阅读图书或完成相应的医学教育课程与测试,能够得到由 Cleveland Clinic Foundation Center 和 Albert Einstein College of Medicine 两家机构提供 AMA(American Medical Association,美国医学协会)继续教育学分,这些学分在北美被很多医学院校承认。

三、检索结果的显示、评价、分析与管理

(一) 检索结果的显示

全部检索结果可分别点击上文中的不同模块得到不同领域与方向的检索结果。与其他数据库不同,MD Consult 数据库的检索结果分两种模式显示,Recommended Resources(推荐资源)和 Top Results from All Sections(各模块首选检索结果),见图 7-2-3 和图 7-2-4。

Recommended Resources(推荐资源)模式检索结果列表中,系统根据检索策略给出系统认为最重要或最切合的检索结果,以各模块下推荐不多于 5 条相关文献或资源,并且只显示推荐的检索结果,不显示更多其他的检索结果。这种模式非常适合临床医生进行临床查询。

Top Results from All Sections(各模块首选检索结果)模式下的检索结果,按各模块显示被列为首选的检索结果,从三五条到多条不等,也可以在各模块展开得到该模块全部检索结果。包括 Reference Books(参考书籍)、Journals / MEDLINE®(医学期刊)、The Clinics(北美临床杂志)、Patient Education(病患教育)、Drug Information(药物信息库)、Practice Guidelines(诊疗指南)、Images(医学图库)和 News(医学新闻),见图 7-2-4。

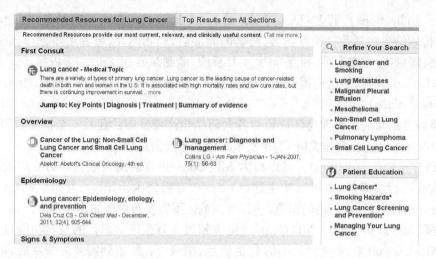

图 7-2-3　MD Consult 数据库检索结果——推荐资源模式

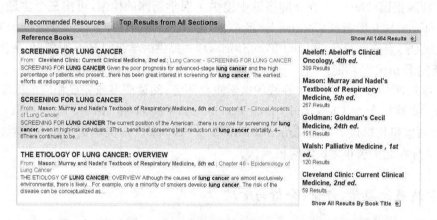

图 7-2-4　MD Consult 数据库医学期刊界面——各模块首选检索结果模式

(二) 检索结果的评价

从上文检索结果显示,尤其是 Recommended Resources(推荐资源)模式检索结果列表,用户可以根据对系统推荐的资源的阅读与浏览来评价检索结果是否满足需要或切题,评估是否修改和调整检索策略。

(三) 检索结果的分析

系统会自动分析用户给出的检索策略,并在 Refine Your-Search(精炼检索结果)内给出相关的关键词。如图 7-2-3 所示的例子中,使用"lung cancer"检索文献时,系统自动给出的精炼词有 Lung Cancer and Smoking、Lung Metastases、Malignant Pleural Effusion、Mesothelioma、Non-small Cell Lung Cancer、Pulmonary Lymphoma、Small Cell Lung Cancer。

(四) 检索结果的管理

在单篇论文检索结果页,除查看全文外,还可以对检索结果进行打印或发送到电子邮件。

四、小结

MD Consult 区别于其他数据库的特点是它基于权威、全面的资源为临床诊疗提供循证证据,提供鉴别诊断的依据和规范化的治疗建议,适合疑难病例研讨和案例的归纳总结,可以为医生提供临床热点探讨、自我考查、继续教育以及权威、即时的学科发展动态,帮助医生更好地解决工作中的问题,满足了医生的临床诊断与科研的职业需要。MD Consult 为医生和医学生提供了权威医学信息及智能化的服务平台,其移动版(http://m.mdconsult.com/),方便业务工作者使用移动工具随时随地利用 MD Consult 的综合医疗资源。

第三节 Wiley Online Library

一、Wiley-Blackwell 和 Wiley Online Library 概述

(一) Wiley-Blackwell 概述

约翰威立国际出版公司(John Wiley & Sons Inc.)成立于 1807 年,全球总部位于美国新泽西州。2007 年,John Wiley 与另一家著名的学术出版公司 Blackwell 合并,称为 Wiley-Blackwell。公司核心业务是出版科技、医疗及学术(STM)方面的期刊、百科全书、图书以及在线产品和服务,提供专业图书、订阅类产品、培训材料以及在线应用程序和平台,供本科生、研究生和终身学习人员用的教育材料。二百多年来,为来自包括文学、经济学、生理学/医学、物理、化学与和平奖等各类别的四百多名诺贝尔奖获得者出版了他们的著作。

(二) Wiley Online Library 概述

Wiley Online Library 为用户提供更多途径,获得更加丰富的内容,Wiley Online Library 于 2010 年 8 月取代 Wiley InterScience,所有内容和许可均已转至新平台,并能够为用户和订户提供无缝集成访问。

John Wiley & Sons 出版有 1 500 种学术期刊、9 000 种图书以及 120 余种的参考工具书、百科全书等,Wiley Online Library 数据库包含以上全部出版物中的文献超过 400 万篇,以及实验室操作手册和资料库,包括来自 Wiley-Blackwell,Wiley VCH,JosseyBass 在内的出版物。学科范围涵盖生命科学、基础科学、医学、人文社会科学等领域。

2012 年 6 月统计,Wiley Online Library 收录有数据库子库(Database)13 个,期刊(Journals)2 144 种,图书(Books)12 052 种,丛书(Book Series)25 种,实验室指南(Lab Protocols)18 种。ISI JCR2009 年报告显示有 1 013 种 Wiley Blackwell 期刊被 Web of Science 收录,在 227 个学科分类中有 36 种期刊排名第一,332 种期刊在其学科分类中排名前十。

二、Wiley Online Library 检索方法

进入 Wiley Online Library 主页,页面分为五个区域。如图 7-3-1,分别为个人账户管理与工具栏区、基本检索区(Search)、字顺浏览出版物区(Publications A—Z)、学科浏览区(Browse)及用户资源区(Resources)。

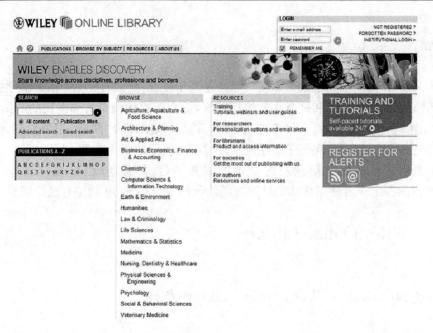

图 7-3-1 Wiley Online Library 主页界面

（一）个性化服务管理与工具栏

个人账户：利用邮箱免费注册个人账号，使用个人账号登录后，可以使用相应工具保存内容、订制邮箱提醒等功能享受到 Wiley Online Library 的各种个性化服务。获取功能中的漫游功能（Roaming Access）非常实用，Wiley 授权的以 IP 地址控制的 EAL 用户，注册并登录 My Profile 后，在有效 IP 地址内，可以激活漫游功能。漫游功能激活后 90 天内，用户在任何地点访问 WOL，只需登录进入 My Profile 即可访问全文，而不受 IP 的限制。90 天后如果仍然需要漫游，可重新激活此功能。这对于高校用户，尤其是外出度过寒暑假的用户尤其适用。保存功能可以保存文章或书目、保存出版物、保存检索式，管理提醒功能等。

工具栏：包括主页、帮助、出版物（Publications）、学科浏览（Browse By Subject）、资源（Resources）、关于我们（About Us）等功能按钮。如图 7-3-1。

（二）字顺浏览检索方法

点击出版物（Publications）或直接点击字顺浏览出版物区（Publications A—Z）的任意字母，进入出版物浏览字顺浏览检索界面。如图 7-3-2 所示，某字母开头的资源全部按字顺排列，需要注意的是访问者的使用权限，有黄色开锁标志（ ）的表示当前机构订阅用户有全文查阅与下载权限，带有免费（Free）标志（ ）的为所有用户均可免费使用和获取资源，紫色开锁并带有开放（Open）标志（ ）的为开放式存取资源。同时也可以按出版类型期刊（Journals）、图书（Books）、丛书（Book Series）、数据库子库（Database）、实验室指南（Lab Protocols）进行精炼，也可以按照全部内容（All content）和出版物名称（Publication titles）进行检索。

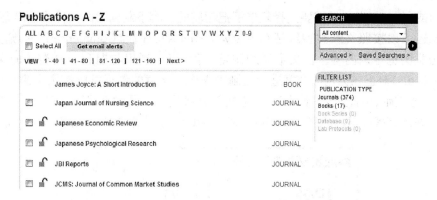

图 7 - 3 - 2 Wiley Online Library 出版物字顺浏览界面

点击出版物名称后,直接进入出版物详细浏览界面。在出版物详细浏览界面可按刊期浏览文章,也可以在本刊内检索相关内容。期刊工具(Journal tools),包括订制内容提醒(Get New Content Alerts)、RSS 定制服务(Get RSS feed)、保存到我的文件(Save to My Profile)、获取样本(Get Sample Copy)、推荐到图书馆(Recommend to Your Librarian)等操作,如图 7 - 3 - 3。

图 7 - 3 - 3 Wiley Online Library 期刊按刊期浏览文章界面

检索或浏览,可以根据需要选择复选框把相应的内容下载到我的文件或输出题录信息。期刊文章还可以按照文章类型综述(Review Articles)、评注(Commentaries)、论文(Articles)等分类浏览当期内容。在文章详细浏览界面,可以利用与期刊工具类似的文章工具(Article Tools)对正在浏览的文章进行定制等操作。文章的浏览可以按照文摘、HTML 格式全文、参考文献、引证文献、下载 PDF 全文等方式进行。同时在 Wiley Online Library 可以把文章进行分享,比如分享到 Facebook 和 Twitter 等网络中去,如图 7-3-4 所示。

图 7-3-4 Wiley Online Library 分享功能界面

（三）主题浏览检索方法

全部内容都可以按照主题划分浏览,包括 17 个大的学科:农业水产和食品科学(Agriculture, Aquaculture & Food Science)、建筑规划(Architecture & Planning)、艺术与应用艺术(Art & Applied Arts)、商业经济金融与会计(Business, Economics, Finance & Accounting)、化学(Chemistry)、计算机与信息科学(Computer Science & Information Technology)、地球环境科学(Earth & Environment)、人文科学(Humanities)、法律与犯罪学(Law & Criminology)、生命科学(Life Sciences)、数学与统计学(Mathematics & Statistics)、医学(Medicine)、护理牙科学与保健(Nursing, Dentistry & Healthcare)、物理和工程学(Physical, Sciences & Engineering)、心理学(Psychology)、社会和行为学(Social & Behavioral Sciences)、动物医学(Veterinary Medicine),及 123 个二级学科。

点击二级学科,可以进入二级学科页面,页面包含此学科的产品与此学科在 Wiley 中的情况说明,主题(Topics)下列有该学科的下属学科。点击浏览全部产品(View all products)查看该学科下全部产品,按字顺排列,可通过出版类型进行精炼。接下来的使用与字顺浏览检索相同。

（四）检索

Wiley Online Library 主页界面左上角为基本检索框,可以输入检索词在全部内容(All content)和出版物名称(Publication titles)中检索。基本检索在大部分页面都会出现,其中全部内容包括网站中的全部可检内容,而出版物名称限定在出版物名称字段。基本检索方便易用。基本检索下方为高级检索(Advanced search)和已存检索式检索(Saved search)链接。

点击高级检索(Advanced search)进入高级检索界面,高级检索提供 13 个检索字段,包括全部字段(All Fields)、出版物名称(Publication Titles)、文章题名(Article Titles)、作者(Author)、全文(FullText)、文摘(Abstract)、作者机构(Author Affiliation)、关键词(Keywords)、基金机构(Funding Agency)、ISSN 号、ISBN 号、文章 DOI 号、参考文献(References)。提供多字段布尔逻辑组配检索,AND、OR、NOT,时间限定(Specify Data Range)。

点击已存检索式检索(Saved search)进入个人账户,选择曾经保存过的检索式,再次运行检索或激活检索定制(Active search alert)。这种检索方式需要与个人账户同时使用,可以帮助用户根据已经编写好的检索式重新运行检索,从而查找并关注最新文献。如果使用激活定制服务,用户无需进入数据库,利用电子邮箱接收最新进展即可。

检索结果页面为题录排列,可以对检索式进行编辑和保存操作,对检索结果进行保存到个人账户(Save to profile)和输出题录(Export Citation)操作,输出题录有多种格式,如 Plain Text、EndNote、Referece、Manager、RefWorks、ProCite、BibTex 等,供用户把选中的文献保存到本地文本或直接导出到文献管理软件,加以深入研究和利用。精炼可以按照文献出版类型进行分类,期刊、图书、丛书、数据库子库或实验室手册等。全文获取权限由 🔓 来标记。

(五) 资源(Resources)

针对不同的用户,Wiley Online Library 提供不同的资源以供利用。首先是培训资料,包括在线研讨会、视频、用户指南和实时培训等。这些培训资料帮助初级用户了解 Wiley Online Library 并掌握检索与利用技巧,同时也为资深用户最大限度地利用 Wiley Online Library 提供学习辅助资料。培训资料包括教程(Tutorials)、工作坊(Workshops)和用户指南(User Guides)。教程向用户提供免费的可在线获取的音频资料,包括 Wiley 主要产品的多语种(中、英、日等)自学课程。有在线图书馆(Wiley Online Library)、循证医学(Evidence Based Medicine)和数据库参考工具(Databases and Reference Works)三个系列的详细资料。工作坊是在线指导论坛,帮助用户最大限度地利用 Wiley 的产品。用户指南提供英语、日语、韩语、中文简繁体等语种的下载,供用户了解 Wiley 产品的特点和使用方法。

科研人员工具提供个性化的服务与邮件提醒,与个人账户同时使用。对于研究人员查找、管理和利用文献来说,更进一步的功能有创建我的文件(Set up "My Profile")、引文跟踪(Citation Tracking)、参考文献管理(Reference Managers)、预览(Early View)、内容提醒(Content Alert)、保存检索式(Saved Search Alerts)、计次付费(Pay-Per-View)、RSS 定制、推荐给图书馆(Recommend to Librarian)。

图书馆员工具包括客户管理(Customer Administration)、新闻和更新(News and Updates)、在线获取(About Online Access)、营销资源(Marketing Resources)。通过期刊列表、变化、收藏范围、价格列表、过刊列表等详细内容,提供给图书馆员 Wiley Online Library 的新闻、工具、创意等帮助图书馆员扩大资源收藏范围并提高资源的利用率。

协会学会工具包括协会服务(Society Services)与评价(Testimonials)。Wiley-Blackwell 为超过 700 家领先的科技、医药和学术协会代表出版了超过 900 种期刊,在很多方面都拥有与协会学会合作成功的经验。

Wiley Online Library 有独立的网站提供给期刊文章或图书作者个性化与周到的服务工具。另外,也针对广告商和公司、媒体、代理等分别有不同的资源与服务工具。

三、检索结果的显示、评价、分析与管理

(一) 检索结果的显示

检索结果以列表的形式显示,默认相关度降序(Best Match)排列,也可以选择按日期降序排列(Date)。显示内容为题名、来源出版物、作者、在线出版日期和 DOI 号,也可以查看概要或文摘(Summary\Abstract),点击阅读 PDF 全文,查看参考文献和请求权限,见图 7-3-5。

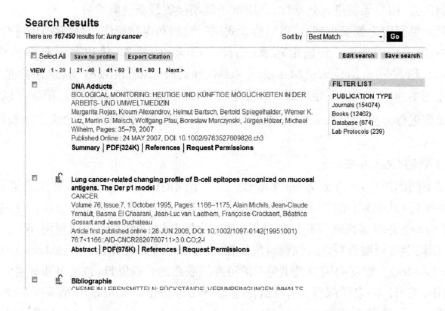

图 7-3-5　Wiley Online Library　检索结果列表界面

点击检索结果列表中的题名,进入到单篇论文细节页,见图 7-3-6。此页面包含了论文所在期刊的使用工具(Journal Tools)、期刊目录(Journal Menu)、相关信息(About This Journal)等信息。同时也揭示了该篇论文的详细信息,包括论文题录信息、文摘、参考文献、被引情况、全文链接和论文工具。

(二) 检索结果的评价

通过检索结果排序与对检索结果的简单浏览,查看检索结果中命中论文数,结合自身判断,对检索结果进行评价。在评价的基础上对检索结果也可以点击编辑检索条件,编辑检索功能返回高级检索页面,将保持所选定的检索关键词和选项,见图 7-3-5。

(三) 检索结果的分析

单篇论文的使用权限,同样通过图标进行提示,黄色开锁标志( )的表示当前机构订阅用户有全文查阅与下载权限,带有免费(Free)标志( )的为所有用户均可免费使用和获取资源,紫色开锁并带有开放(Open)标志( )的为开放式存取资源。同时也可以按出版类型期刊(Journals)、图书(Books)、数据库子库(Database)、实验室指南(Lab Protocols)进行精炼,见图 7-3-5。

(四)检索结果管理

在单篇论文细节页,可以对检索结果进行导出引文管理,可利用纯文本、EndNote、Reference Manager 及 RefWorks 格式,输出引文数据。在注册了个人账号并登录后,浏览一篇论文或章节,点击标题可将论文保存至"我的文档",或将检索条件保存至我的文档见图 7-3-5 和图 7-3-6。

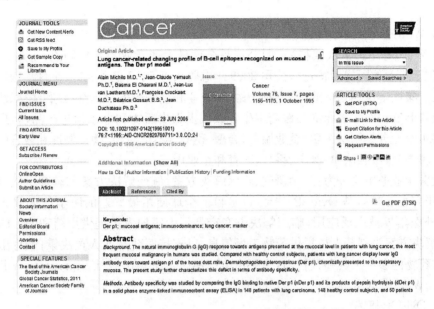

图 7-3-6 Wiley Online Library 检索结果细节界面

四、小结

Wiley Online Library 不仅出版 STM 专业期刊和图书资源,更以一个在线图书馆的平台提供了多样化的资源,将其出版的资源更好地展示给用户,供用户利用。考虑到在购买范围内的单个用户异地利用数据库的便利性,Wiley Online Library 提供了漫游功能。缺点是无法像 ScienceDirect 一样明确购买范围内的全部资源,需要浏览全部资源,再通过权限标志(锁头)来识别。Wiley Online Library 中数据库资源(Database)中还包含了两个非常重要的循证医学数据库 The Cochrane Library 和 EBM Guidelines: Evidence-Based Medicine,在本书第八章第五节中有详细阐述。

除了 Wiley Online Library 的资源外,IEEE 与 John Wiley & Sons 公司合作推出了电子书数据库 IEEE-Wiley eBooks Library。从 2001 年起,IEEE Press 和 John Wiley & Sons 公司合作,把 IEEE 作者的书籍引入世界范围的技术领域中。IEEE 与 Wiley 目前已将超过 400 本的图书转化为电子版本,每年至少增加 40 本新书,为读者提供更广范围的在线研究内容。涵盖领域:生物工程、电路理论与设计原理、电路与元件、设备与系统、计算和处理(包括硬件与软件)、工程材料、介质与等离子体 、电磁场与电磁波、信号处理与分析、机器人技术等。这些电子书的访问平台不在 Wiley Online Library 上,而是与 IEEE/IET Electronic Library 在同一平台,访问地址为 http://ieeexplore.ieee.org。

第四节 OvidSP

一、概述

(一) Wolters Kluwer 概述

荷兰 Wolters Kluwer(威科)集团公司是全球最大的专业出版集团之一,成立于1878年,总部位于荷兰的阿姆斯特丹。公司2009年总收入近54.7亿美元,居全球出版巨头排名的第四位。集团下设四个事业部,分别为医学、企业和金融服务、会计税收和法律、法律税务和欧洲监管制度。医学事业部为医药卫生各领域提供出版物和电子信息产品,客户遍布全球。威科主营业务是制定医学、企业服务、金融、税务、会计、法律、规章制度和教育领域的信息产品解决方案,出版法律、医学、科技、教育和企业用书。

涉及医学业务主要分为:医学研究、临床解决方案、制药解决方案和教育出版四类。其中,医学研究主要产品是 OvidSP 平台,也是目前全球使用最普遍的医学信息服务平台之一,在国外医学界被广泛应用;临床解决方案产品可为医护人员提供用药和处方的各种方案;制药解决方案为制药人员提供药物市场信息,以支持医药从业人员决策;教育出版产品是医疗和药物的参考工具和教科书,主要由全球第二大医学出版社 Lippincott Williams & Wilkins(LWW)负责出版。

(二) OvidSP 概述

Ovid 公司是全球著名医学信息服务商,1998年成为 Wolters Kluwer(威科)子公司。2007年开发的 OvidSP 平台,旨为医药领域的科研人员、医护人员、学生、信息管理人员等顾客提供单一的、在线的开放服务系统。通过其检索平台,可以检索电子期刊(Journals@ovid)、电子图书(Books@ovid)以及近百种数据库。

电子期刊 Journals@Ovid:提供访问包括 Lippincott Williams & Wilkins(LWW)、美国医学协会和 Adis International 医学药学核心期刊等2500(All Ovid Journals 期刊2589种和心理学 Psyc Journals@Ovid 期刊95种)多种医学期刊,最早可回溯到1993年。大多为高影响因子的核心期刊,部分期刊回溯至1993年。最具优势的是 LWW 出版的280种生物医学期刊,著名的期刊有 Circulation、Annals of Surgery 等,同时也包含药理学和治疗学期刊专辑 Adis International 涵盖的20多种药学方面的重要期刊,如 Drugs 等。

电子书 Books@Ovid:提供包括 LWW、Adis International 在内及其他出版社出版发行的2200多本医学类电子图书,涉及医药、护理、生命科学等相关主题的专著及教科书电子书。

数据库 Databases@Ovid:收录的数据库来自于世界级60家权威出版机构,共涉及近200个主题,包括世界最著名的医学数据库 Medline 在内,共300多种世界顶级的医学和生命科学数据库。可访问生命科学、医学、农业、生物、工程技术等领域数据库近百种。著名的数据库包括 Medline、BIOSIS Previews、EMBASE、PsycINFO、EBM Reviews(循证医学数据库)、Agricola、Adis R&D Insight、三维视频解剖学数据库 Primal 3D 等。

二、OvidSP 检索方法

OVID 平台上整合的资源内容丰富、来源权威,自整合更新 OvidSP 后,检索界面简洁清新,功能全面。提供中文简体界面。

OvidSP 支持个人账户(Personal Account,My Workspace)的个性化服务功能,如图 7-4-1 所示。通过注册账号或订购用户 IP 登录后,进入 OvidSP 主页界面,在此界面上的工具栏可以检索(Search)、浏览 OvidSP 期刊(Journals)、电子书(Books)、我的工作区(My Workspace)和原图(Primal Pictures)。

(一) 检索

进入检索前,需选择相应的资源范围:Ovid 图书、Ovid 全文期刊、用户订购期刊、心理学全文等相应资源,如图 7-4-1 所示。

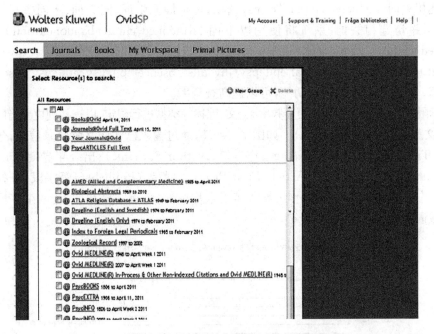

图 7-4-1　OvidSP 登录后主页界面

Ovid 期刊检索有五种方式,基本检索(Basic Search)、文献检索(Find Citation)、字段检索(Search Fields)、高级检索(Advanced Ovid Search)、多字段检索(Multi-Field Search)。默认基本检索,限定区可对检索条件进行限定,如图 7-4-2 所示。

1. 基本检索(Basic Search)　OvidSP 检索支持自然语言检索,输入检索词或检索语句皆可。输入的多个检索词之间,空格执行布尔逻辑 AND 运算。输入一句话,系统会自动抽取主要词语(去除 for/or/in/on/the 等介词冠词等,提取出名词、形容词、短语等)作为检索词,执行检索,如图 7-4-2。

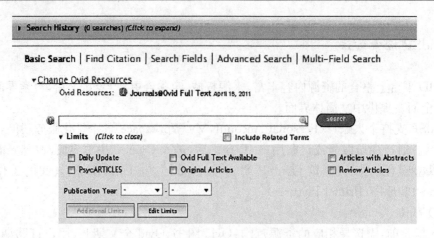

图 7-4-2 OvidSP 检索途径及限定条件界面

勾选相关词(Include Related Terms)选项,可扩展派生词、同义词、不同拼写等。如输入 child * 并勾选相关词,系统将使用以下词 abandoned child/abandoned children/child abandoned/children abandoned/absence seizures/absence epilepsy/childhood absence epilepsy/petit mal seizure/petit mal epilepsy/juvenile absence epilepsy/epilepsy absence 自动运行检索。这种扩展相关词的功能,可以提高查全率。

检索限定区可对出版时间、更新频率、全文、综述等类型进行限定,以查找到更专指的文献。

2. 文献检索(Find Citation) 如图 7-4-3,通过输入已知的文献题录信息,包括题名(Article Title)、刊名(Journal Name)、作者姓(Author Surname)、出版年卷期(Publication Year/Volume/Issue)、起始页(Article First Page)、出版者(Publisher)等字段,查找到特定文献。其中刊名需要输入全称,作者输入需姓全称在前,名首字母在后,这两个字段都可以使用后截词检索(Truncate Name)。

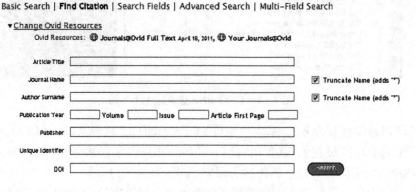

图 7-4-3 OvidSP 题录检索界面

3. 字段检索(Search Fields) 如图 7-4-4,在检索框输入一个或多个检索词,选择包括作者(Author)、文摘(Abstract)、全文(Full Text)、题名(Title)等内容字段和刊名(Journal Name)、出版年卷期(Publication Year/Volume/Issue)、页码(Pages)、出版类型(Publication Type)等限定字段在内 27 个检索字段,也可以选择全部字段(All)。如果已经登录个人账户,可以通过字段后的加号 和减号 来把相应的字段添加到"我的字段(My Fields)"中,或者从我的字段中删除。

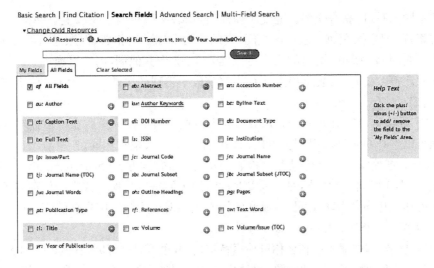

图 7-4-4　OvidSP 字段检索界面

4. 高级检索(Advanced Ovid Search)　高级检索提供关键词检索(Keyword)、著者检索(Author)、题名检索(Title)和刊名检索(Journal)四个入口。

选择关键词检索(Keyword),输入检索词或包含布尔逻辑运算的检索语句,运行检索。这里的关键词包含题名(Title)、文摘(Abstract)、全文(Full Text)和图片说明(Caption Text)四个字段。输入的检索词为含有禁用词词组或短语,必须用双引号""(半角)括起来。截词检索、位置检索适用,字段限定为".",字段名缩写,如 child*.ti,ab 表示检索题名或文摘中含有 child 的词的文献。

选择著者检索(Author),输入作者的姓或姓名都可,但输入全名时,姓全称在前,名首字母在后,中间以空格隔开。著者检索不区分大小写。

选择题名检索(Title),输入检索词或检索语句,系统会在文献题名字段执行检索,返回命中文献。

选择刊名检索(Journal),输入刊名全称或刊名全称的起始部分单词和截词符$,系统在刊名字段运行前后截词的检索,返回刊名中含有输入词的文献。刊名检索不能使用刊名缩写进行检索。

高级检索适用于对检索技巧和检索式构造熟练掌握的用户,支持命令检索,运用得当,这种检索方式的查准率与查全率能够得到很好的保障。在高级检索中检索文献时,输入的检索词会被系统自动通过主题词匹配(Map Term)由自由词转化为主题词运行检索。OvidSP 支持的检索规则和常用运算符如下:

支持布尔逻辑运算,使用 AND、OR、NOT 来连接检索词或检索历史中的检索式序号来构成复杂检索式进行检索。

字段限定检索:使用方法为检索词.字段缩写名1,字段缩写名2,如 stem cell.ti,ab 表示要查找题名或文摘中含有干细胞的文献。

截词符:$置于词尾为无限截词符,代替任意一个字符;$n 置于词尾表示最多可以替代 n 个字符。

通配符:强制通配符♯用于后截词与中间截词,代替且必须代替1个字符;可选通配符?用于后截词与中间截词,代替0或1个字符。使用通配符可以帮助查找到同一个单词英语与美语的不同拼写,提高查全率。通配符使用时,前缀必须有两个及以上的字符。

位置算符:ADJ 插在两个检索词之间,表示这两个词必须相邻,但顺序可变;ADJn 插在两个检索词之间,表示两个词之间最多可以插入 1~n 个其他词,词序可换。

词频限制符:/freq=n 表示检索词在指定字段中出现的次数至少为 n。使用方法:检索词.字段名缩写./freq=n。

5. 多字段检索(Multi-Field Search) 多字段检索为字段选择后在检索框输入检索词,各字段间可以选择布尔逻辑组配。可供选择的字段与字段检索相同。

6. 系统会把检索操作自动保存为检索历史,点击检索历史(Search History)可以看到检索历史,按操作时间的倒序排列。可以对检索历史的每一个检索式进行保存与定制操作,也可以把检索式用布尔逻辑组配,生成新的检索式。退出后检索历史被清除。

(二) 浏览 OvidSP 期刊(Journals)

期刊浏览检索框中输入期刊名称可检索特定期刊,也可以按订阅情况(Filter by Availability)浏览 Ovid 期刊和购买的其他资源,如对 Psyc 期刊进行浏览。Ovid 期刊有 2 589 种,浏览时按字顺排列。期刊名精炼(Filter by Title)提供期刊名的字顺浏览,学科精炼(Filter by Subject)提供 16 个学科的期刊浏览。通过各种方式检索到的期刊以刊名列表或完整列表形式(Title View/Full View)的字顺排列如图 7-4-5,带加号的星星符号( )提示可以把对应的期刊添加到最爱(Add to Favorite)进行期刊定制,完整列表形式还提供 E-mail 与 RSS 定制功能。

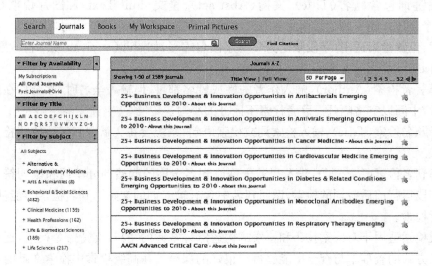

图 7-4-5 OvidSP 期刊浏览界面

(三) 浏览 OvidSP 电子书(Books)

图书浏览检索方式有,浏览全部图书(Browse All Books)、基本检索(Quick Search)、字顺浏览检索(Browse By Title)和学科浏览检索(Browse By Subject)。使用各种检索方式查找到图书后,图书以列表形式(包含封皮、书名、责任者、出版商、ISBN 等信息)按字顺排列在结果列表中,如图 7-4-6。点击图书封皮或书名,进入特定图书。可以对本书或全部图书的内容进行检索,也可以根据左侧提示及关键词链接到书的各部分内容中去,如前言、目录、封底等。OvidSP 检索平台的图书(Books)以 HTML 格式呈现供阅读,提供保存到本地(TXT/HTML 等格式)、打印(Print)、E-mail 等操作对内容进行保存。

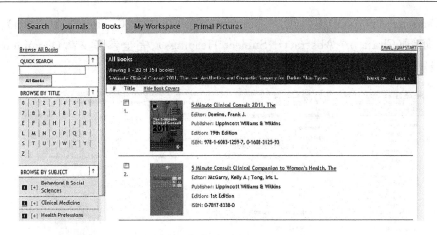

图 7 - 4 - 6　OvidSP 图书浏览界面

（四）个性化服务

OvidSP 检索平台通过个人账户（My Workspace）提供个性化的服务。通过电子邮箱等信息注册个人用户的账号。我的工作区（My Workspace）提供我的课题（My Project）、我的检索与定题通告（My Searches & Alerts）、我的期刊目录订阅服务（My eTocs）、安装工具栏（Install Toolbar）。

用户可以在我的课题（My Project）中建立多个课题收藏期刊文献，可以对个人收藏的期刊进行管理、排序等操作。我的检索与定题通告（My Searches & Alerts）可以把检索历史中的检索式保存并定制服务，获得定题通告的服务。我的期刊目录订阅服务（My eTocs）提供特定期刊的定题服务功能，使用此功能可以得到期刊更新时的即时到邮箱的通知服务。安装工具栏（Install Toolbar）提供培训、帮助等文档，帮助用户更好更深入地利用 OvidSP。

（五）原图（Primal Pictures）

原图提供解剖学的各种图片。包括系统解剖（Systemic Anatomy）、局部解剖（Regional Anatomy）、运动医学和疗法（Sports & Therapy）、专题（Speciality Titles）、外科（Surgery）等。

点击进入后出现各解剖图片，根据不同器官或生理部位进行进一步的浏览，一直到找到最终的细节图片，血管、神经与肌肉、骨骼可以任意搭配，点击图片上各部分结构可以查看相应的文档说明，可提供 360 度全方位的查看。图片的提供方式是视频播放，将整个解剖说明通过 FLASH 播放给用户观看，也可以把组成的任意部位的任意角度所呈现的图片直接下载，供教学使用。

三、检索结果的显示、评价、分析与管理

通过基本检索方式检索命中的文献会自动按照相关度即文献星级（SCORE）排序，文献的星越多，与检索式越匹配，也就是相关度与准确性越好。

（一）检索结果的显示

检索结果列表（如图 7 - 4 - 7）左侧最上面为检索信息（Search Information），包括使用的检索词及系统实际执行检索包括的相关词（You Searched）、命中文献数（Search Returned）、排序（Sort By）和定制检索结果显示方式（Customize Display）。排序除基本检索自动相关度排序外，还支持数据库、作者、题名及期刊名的正序与逆序排列。定制检索结果显示方式(Customize Display)提供题录(Citation)、题录加文摘(Citation+Abstract)、题录加文摘加主题词(Citation+Abstract+Subject Headings)、完全参考文献(Complete Reference)和自定义字段的显示字段(Custom Fields)选择等,如图 7-4-8。

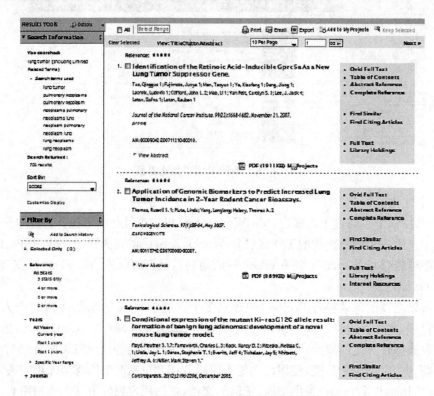

图 7-4-7 OvidSP 检索结果列表界面

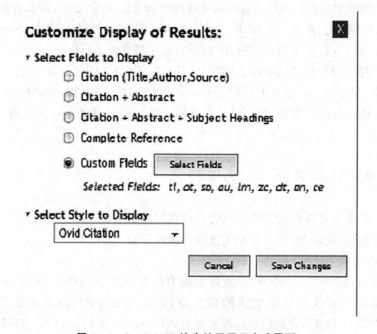

图 7-4-8 OvidSP 检索结果显示方式界面

（二）检索结果的评价

OvidSP 平台在检索时，检索词能够自动转换为包含检索词在内的全部相关词，并执行检索，查全率较高。用户可以通过对检索结果记录的阅读和对检索史的评价，包括检索信息中提示的相关词，调整新的检索词、检索式或者检索途径。

（三）检索结果的分析

除了根据文献的星级排序分析命中文献与检索主题的相关度外，检索结果精炼可以通过相关度（Relevancy）、年代（Years）、期刊（Journal）、出版类型（Publication Type）四种方式进行，如图 7-4-7。

（四）检索结果的管理

检索结果输出方式有打印（Print）、邮件（E-mail）、输出（Export）和保存到我的项目（Add to My Projects）。检索结果列表中，黄色突出显示为命中的检索词，紫色突出显示为相关词命中。

点击检索结果列表中的命中文献题目，可进入特定文献的详细浏览界面。在有全文权限的情况下，可以直接浏览文献 HTML 格式的全文和图表，同时提供全文 PDF 格式的下载，并能够把文章中出现的图表直接输出导入到 PPT 中去，包括图表说明和来源。

四、小结

OvidSP 提供了一个集合图书、期刊与图片资源的检索与利用平台，用户可以通过多种检索手段检索到需要的文献，并直接查看与下载全文，尤其是其平台整合了原世界知名医学书刊出版公司 LWW 的期刊与图书资源，其医药学文献资源更加丰富。其平台上的图片资源——原图（Primal Pictures），更是为医药教学提供了大量多样且丰富的图片素材。

第五节 EBSCOhost

一、概述

（一）EBSCO 概述

EBSCO Industries, Inc. 是一家从事多元化产业经营的跨国公司，1944 年成立于美国，总部位于美国阿拉巴马州伯明翰市。EBSCO 是公司创始人 Elton B. Stephens 及 Company 的缩写。公司主要产业有文献信息产品和服务（电子期刊与数据库、文献代订服务等）、渔具（世界最大的鱼饵生产商）、地产与酒店等。

EBSCO Information Services（简称 EIS），文献信息服务是 EBSCO Industries, Inc. 的一个业务部门，全面负责文献信息相关产品和服务。最早的业务是期刊代订服务，借助为美国军方机构提供期刊代订服务，公司逐渐发展壮大。目前在 23 个国家设有办公室，服务于全球 200 个国家和地区的客户，主要服务对象是研究型大学、科学院所、大型医疗机构以及公司等，是世界最大的订阅代理服务商。EIS 的主要业务有：期刊代订（包括纸质刊和电子刊，并提供相关的增值服务）、参考文献数据库、文献资源管理工具等。

(二) EBSCOhost 概述

EBSCO Publishing(简称 EP)是 EIS 的一个分支部门。EBSCO 自 1986 年开始出版电子出版物,开发了近 100 多个在线文献数据库,涉及自然科学、社会科学、人文和艺术等多种学术领域,目前 EP 运营 EBSCO 旗下自有数据库的业务。这些数据库基于 EBSCOhost 平台,统称为 EBSCOhost 数据库。旗下著名的数据库有 ASP(Academic Search Premier,学术期刊集成全文数据库)、BSP(Business Source Premier,商业资源电子文献全文数据库)、MEDLINE、ERIC(教育资源文摘数据库)等。

1. ASP(Academic Search Premier),学术期刊集成全文数据库,是当今世界上最大的综合学科学术期刊数据库。提供近 4 700 种出版物的全文,其中超过 3 600 多种为同行评审期刊,100 多种顶级学术期刊可提供最早回溯到 1975 年的索引、文摘以及 PDF 文档。ASP 数据库收录期刊的主题范畴涵盖社会科学、人文科学、自然科学和多文化学科领域的各个学科,如生物学、工程学、物理、化学、医药卫生、教育、艺术、文学等,并包含图片信息。资源更新频率是每日更新。

2. BSP(Business Source Premier),商业资源电子文献全文数据库,世界上最大的全文商业数据库。BSP 包含 2 300 种期刊的全文,包括 1 100 多种同行评审学术商业刊物,提供最早回溯到 1886 年的全文。BSP 数据库收录期刊的主题范畴包括国际商务、经济学、经济管理、金融、会计、劳动人事、银行等,其中包括著名的《每周商务》(Business Week)、《福布斯》(Forbes)、《哈佛商业评论》(Harvard Business Review)、《经济学家预测报告》(Country Reports from the Economist Intelligence Unit)等。资源更新频率是每日更新。

3. MEDLINE,美国国家医学图书馆开发的联机医学文献分析和检索系统。

4. ERIC(教育资源文摘数据库):由美国教育资源信息中心提供的著名的教育文献数据库,收录超过 130 万条记录,可链接到 32.3 万全文记录,最早追溯到 1966 年的数据。

5. Regional Business News(地方商业新闻全文数据库),收录来自美国超过 80 个地方商业出版机构的新闻全文信息,分布范围从大都市到乡村。

EBSCOhost 平台其他数据库主要包括:Business Wire News(商业新闻专线全文数据库)、History Reference Center(历史参考文献中心)、Newspaper Source(报纸资源数据库)、Professional Development Collection(职业教育数据库)、EBSCO Animals(EBSCO 动物数据库)、World Magazine Bank(世界杂志数据库)、Computer Source(计算机资料库)、Psychology & Behavioral Sciences Collection(心理学和行为科学数据库)、Military Fulltext(军事全文数据库)、Fundand Wagnalls New World Encyclopedia(芬氏和华氏新世界百科数据库)等。

二、EBSCOhost 检索方法

以 ASP 为例介绍 EBSCOhost 的检索。

已经购买 EBSCOhost 使用权限的用户登入后,首先选择相应的一个或多学术资源库进入检索,选择两个以上资源库进行检索时,只显示共有的检索功能。提供中文简体界面。

EBSCOhost 界面显示,工具栏有出版物浏览检索(Publications)、科目主题词检索(Subject Terms)、参考文献检索(Cited References)和更多检索(More),检索区域提示有检索选项(Search Options)、基本检索(Basic Search)、高级检索(Advanced Search)、视觉检索(Visual Search)、检索历史(Search History)等信息,如图 7-5-1。

图 7-5-1 EBSCOhost 检索及基本检索界面

（一）EBSCOhost 检索规则及算符

布尔逻辑算符：AND/OR/NOT（算符不区分大小写），布尔逻辑算符连接检索词时之间需要加空格隔开。词组中以空格隔开的多个词，若没有用双引号括起来，默认为逻辑与 AND 关系。

位置算符：Nn 算符，表示检索词之间最多可以加入 n 个其他词，检索词的顺序任意；Wn 算符，表示检索词之间最多可以加入 n 个其他词，检索词的顺序必须与输入顺序相同。

词组检索：""，表示把引号内的所有词作为一个词组进行检索。

通配符"?"：只替代一个字符，如 educat??（educated, educator）。

截词符"*"：可以替代一个字符串，只用于词尾（自动单复数检索），表示后截断，例如：输入 comput*，检索结果：computer, computerized, computing 等。

括号："或"检索优先，优先级顺序：()＞NOT＞AND＞OR。

字段限定：限制字段用法为字段代码在前，检索词在后，之间以空格隔开，如 TI lymphocytic leukemia，表示在题名字段检索"淋巴细胞性白血病"的文献。EBSCO 数据库常用限制字段如下：AB（文摘），AU（著者），AN（记录号），IS（ISSN），GE（地理标识），SO（刊名），SU（主题词），TI（题名），TX（所有字段）、KW（著者提供关键词）。其中著者字段表达为：姓在前，名首字母在后，而对有运算符的检索式进行字段限制时要用括号括起检索式，例：KW (clone OR cloning)。

复杂检索式可以由多个检索词构成，检索词之间用布尔算符、位置算符、截词符连接而成。

（二）基本检索

基本检索由一个检索框与检索选项组成，在检索框中可以输入一个或多个检索词，也可以输入由多个检索词、算符、逻辑关系等构成的复杂检索式。

检索选项包括检索模式（Search modes）、检索结果（Limit your results）等限定方法。布尔运算符/词组（Boolean/Phrase）表示支持布尔逻辑检索与词组检索，忽略禁用词。查找全部检索词语（Find all my search terms）表示检索词之间进行逻辑与运算。查找任何检索词语（Find any of my search terms）表示检索词之间进行逻辑或运算。智能文本检索（SmartText Searching）表示可以输入尽可能多的检索文本，如词组、句子、篇章或全部页面（上限是 5 000 个字符）。应用相关字词（Apply related words）表示系统在运行检索时包含检索词的同义词或名词的单复数。也可以在文章的全文范围内搜索（Also search within the full text of the articles）表示检索范围扩大到文献的全文。

检索结果限定包括文献全文（Linked Full Text）、参考文献（References Available）、同行评审学术（同行评审）期刊（Scholarly (Peer Reviewed) Journals）、出版物（Publication）、

出版时间(Published Date from)、出版物类型(Publication Type,包括期刊、图书、报纸、一次文献、教育报告等)、页数(Number Of Pages)、图像快速查看(Image Quick View)、图像快速查看类型(Image Quick View Types,包括黑白照片、彩色照片、图、表格等)等限定,如图7-5-2所示。

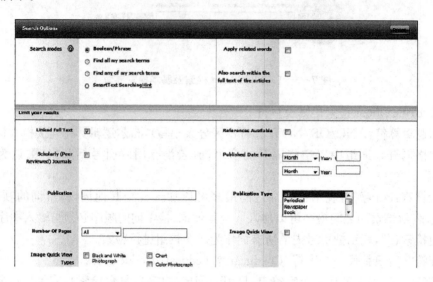

图7-5-2　EBSCOhost检索选项展开界面

（三）高级检索(Advanced Search)

高级检索提供更多检索方式和检索选项,适合各种需求的读者使用,使检索更加便捷、准确。与基本检索相比,高级检索的检索输入区增加到3个,在每个检索输入区后增设了检索字段限定,用户可根据需要选择限定检索字段,也可以添加行获得更多的输入区。限定检索字段包括作者(AU)、文章题目(TI)、主题词(SU)、摘要(AB)、索取号(AN)、作者关键词(KW)、刊名(SO)、ISSN、ISBN等,如果不加限定,系统默认的检索字段(Default Fields)为文章题名、作者、摘要、期刊名等字段。各检索输入区之间可根据需要选择合适的布尔逻辑组配方式,高级检索的限定区增加了文献类型选项(Document Type)和封首语(Cover Story)限定,其他限定和扩展检索均与基本检索相同。如图7-5-3。

图7-5-3　EBSCOhost高级检索界面

（四）视觉检索(Visual Search)

视觉检索是一种全新的检索方式,它可对检索结果采用可交互的可视图方式呈现,并可用鼠标拖曳的方式增加主题词限制和选择检索结果。检索式编制规则与基本检索相同,输入检索式后还可点击输入框下的检索选项对检索式和检索结果进行限制,检索选项设置与高级检索基本相同。完成检索后,系统将以可视图方式将检索结果显示在输入框下方。如图7-5-4。

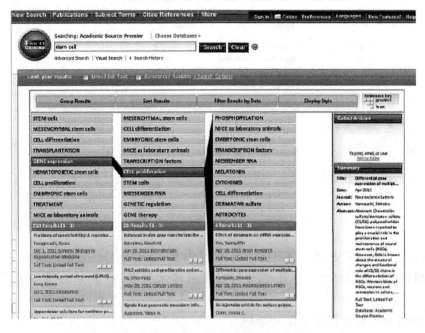

图7-5-4　EBSCOhost视觉检索界面

运行检索后,检索结果以默认柱状风格(通过显示风格(Display Style)设置,有块状(Block)和柱状(Columns)两种风格)反馈在检索结果页左侧,默认主题分组(By Subject),也可以通过结果分组(Group Results)选择为来源出版物分组(By Publication)。结果显示工具栏除可以对检索结果分组和设定显示风格外,还可以对检索结果排序,如按时间(By Date)或按默认的相关度(By Relevance),同时提供按时间精炼检索结果(Filter Results by Date)功能。

运行检索后获得的检索结果,以默认为例,可以通过点击检索结果上方显示的主题进行二次深入检索,在二次检索结果中再点击相应主题再次深入检索,直至检索到需要的文献。点击检索结果中的特定文献可以看到文献的预览信息,包括题名、著者、文摘、刊名等,也通过鼠标拖拉至收藏文献(Collect Articles)并点击"添加到文件(Add to Folder)"进行收藏和保存。

(五) 检索历史(Search History)

每一次运行检索,系统都会自动生成一个检索历史,并按操作的先后给出检索式编号。这些检索式的信息保存在检索历史中。点击检索历史(Search History)随时可以查看已经运行过的检索,或对检索式再次进行布尔逻辑关系组配,生成新的检索式。对于检索历史,可以进行很多操作,包括打印检索历史(Print Search History)、恢复检索(Retrieve Searches)、检索定制(Retrieve Alerts)和保存检索或定制(Save Searches / Alerts)。更新检索结果(Refresh Search Results)操作可以把选中的检索历史重新运行得到新的检索结果。如图7-5-5。

图 7-5-5　EBSCOhost 检索历史界面

单独每一条检索历史记录都可以进行 RSS 定制、再次运行（Rerun）、显示细节（View Details）、编辑（Edit）等操作。显示细节可以揭示检索平台、检索方法、使用的数据库等信息。

（六）出版物浏览检索（Publications）

通过工具栏出版物浏览检索（Publications）进入浏览相关数据库的出版物，可以按照字顺浏览数据库收录的所有期刊，也可输入关键词查找所需的期刊。每种期刊都提供了出版者信息、收录文献的起止年份、全文记录的起止年份、出版物类型、所属科目等资料，并在右侧提供具体卷、期的链接。通过 PDF Full Text 和 HTML Full Text 标志用户对于出版物的全文阅览权限。对于没有全文权限的文献，提供链接到全文功能。

（七）主题词（Subject Terms）检索

点击"主题词（Subject Terms）"按钮，系统即进入主题词检索界面，利用规范化主题词检索，检索效率高，相关性大。首先输入一个检索词浏览 EBSCO 数据库的规范主题词表（可以选择按字顺、词语包含或词语相关性浏览，use 后面的为规范化的主题词。然后选择系统给出的主题词并选择合适的逻辑组配方式添加到检索框，重复操作添加多个主题词，最后执行检索即可检索到所需的文献。

（八）参考文献（References）检索

点击"参考文献（References）"按钮系统进入参考文献检索界面，如图 7-5-6，可以检索某篇文章、某位作者、某个出版物、某一段时间内甚至数据库中所有的参考文献，用于检索特定文献被哪些文献引用过。系统提供被引著者、被引篇名、被引出处、被引年份和所有被引字段 5 个检索入口。注：在 EBSCO 系统中，不是所有的数据库都提供参考文献检索功能。

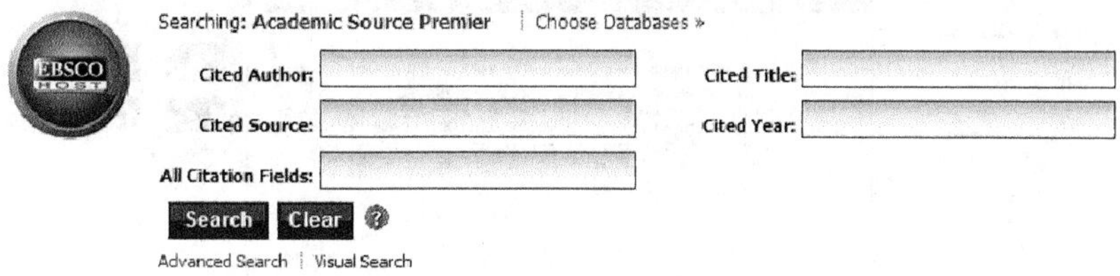

图 7-5-6　EBSCOhost 参考文献检索界面

（九）图像(Images)检索

点击"图像(Images)"按钮系统进入图像检索界面,可进行特定种类的图像的检索。方法:输入检索词,检索词之间可用逻辑算符组配,例如:football AND China,页面下方为检索限定区,限定项包括:人物照片(Photos of People)、地点照片(Photos of Places)、地图(Maps)、自然科学照片(Natural Science Photos)、历史图片(Historical Photos)以及标志(Flags),如果不作选择,则在全部图片库中检索,也可以将检索结果扩展为"自动'添加'检索词语"。

（十）索引词表(Index)检索

点击"索引(Index)"进入索引词表检索,系统提供包括作者、作者关键词、文献类型、主题词、语种等在内的18个字段的检索词索引。可以从以上18个字段中选择并浏览选词,也可同时在浏览输入框内输入关键词浏览,得到与输入词及浏览字段相关的结果词,然后选择检索词和逻辑组配方式,可同时选择多个检索词,再点击"添加",系统将自动在检索框内生成检索式,重复以上步骤最后执行检索即可得到检索结果。

（十一）特定文献匹配器(Citation Matcher)

通过文献的客观信息匹配到特定的文献,包括出版物名称、出版日期、年卷期、起始页码、作者、题名、获取号等。其中出版物名称、作者、题名三个字段支持使用通配符进行截词检索,但不支持布尔逻辑组配检索。

三、检索结果的显示、评价、分析与管理

（一）检索结果的显示

执行检索后检索结果会返回在检索结果列表,如图7-5-7。检索结果列表显示区内,命中文献默认以主要信息(Brief)格式显示,包括题名、著者、来源、DOI、主题、所属数据库、添加至文件(Add to Folder)、全文等信息。排序方式有时间降序(Date Descending,默认)、时间升序(Date Ascending)、来源(Source)、著者(Author)、相关度(Relevance)。页面选项打开可以对页面的检索结果、图片、布局等进行调整,检索结果能够以标准(Standard)、仅题名(Title Only)、主要信息(Brief)、详细(Detailed)四种格式显示,图片快速浏览功能可以打开或关闭,每页显示结果数可以为5/10/20/30/40/50,平面布局可以划分为三个区域、两个区域或直接一个区域显示。

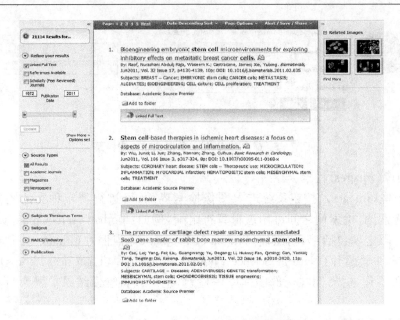

图 7-5-7　EBSCOhost 检索结果界面

（二）检索结果的评价

EBSCOhost 平台在检索时，在检索选项中有检索相关词选项，选定后检索系统能够自动匹配与检索词相关的词汇或概念，并执行检索，查全率较高。用户也可以直接使用查准率较高的主题词检索法。运行检索后，用户可以通过对检索结果记录的阅读和对检索史的评价，包括命中检索结果中出现的相关词，调整新的检索词、检索式或者检索途径。

（三）检索结果的分析

检索结果界面左侧为精炼检索结果区，显示检索执行后返回的命中文献数，精确检索结果（Refine your results）等信息。检索结果可以按全文（Linked Full Text）、有参考文献（References Available）、同行评审（Scholarly (Pear Reviewed) Journals）、出版时间（Publication Date）等信息和限定精炼，点击更多（More）打开检索选项，与基本检索、高级检索相同的检索选项设置。资源来源限定（Source Typey），可以根据全部来源（All Results）、学术理论期刊（Academic Journals）、杂志（Magazines）、报纸（Newspapers）来选择限定范围。另外可根据主题词表（Subject Thesaurus Term）、学科主题（Subject）、北美产业分类体系（NAICS/Industry）、出版物（Publication）进行检索结果的再次精确。

（四）检索结果的管理

定制提醒、保存与分享功能可以对检索结果进行下载保存、定制邮件提醒、RSS 定阅、分享到 Facebook 或 Google 中去等直接与互联网相接的功能。需要注意的是，如果需要下载文献相关信息，需要把相应的文献添加到文件夹中去，再到文件夹中进行下一步的操作：打印、E-mail、存盘或输出到文献管理软件。如果下次登录仍想使用文件夹功能，可以注册并登录个人账号，享受个性化的服务。

检索结果界面最右侧为相关图片区，根据运行检索式的内容，系统自动搜索相关图片并返回检索结果，以四个小图为简单显示，可根据需要点击更多（Find More）来发现全部相关图片。图片结果列表会在图片旁标明图片的来源与图片相关信息介绍，也可以再次精炼图片或把图片添加到文件夹中进一步操作。

四、小结

EBSCOhost 不仅是一个全文数据库的整合平台，在其平台上也整合了多家数据库公司的二次文献库，这一部分内容在本书第三章第八节有详细介绍。EBSCOhost 是一个全文资源和二次文献资源兼有的资源检索平台，它不仅涵盖多种医药资源，对于其他如艺术、商业等社会科学的资源也兼收并重。同时，在 App Store 中有 EBSCOhost 的移动终端，在机构购买用户的授权范围内激活后，可以通过移动设备在授权范围外的网络环境下使用 EBSCOhost 的资源。

第六节 Springer

一、概述

（一）Springer Science+Business Media 概述

德国施普林格（Springer Science+Business Media，Springer 隶属于此集团，又译斯普林格）出版集团是世界上最大的科技出版机构之一，也是世界著名的 STM 出版集团。1842 年成立于德国柏林，至今已有近 170 年发展历史，期间多次与其他公司或集团合并、购买与被售。从 1996 年开始联合 Urban and Vogel、Steinkopft 和 Birkhauser 等著名 STM 出版商通过 SpringerLink 系统提供学术期刊及电子图书的在线服务，是世界上最早提供 STM 在线信息服务的出版集团之一。

目前 Springer 旗下的电子产品多种多样，SpringerLink（电子出版物平台）、SpringerMaterials（数值数据库）、SpringerProtocols（实验室指南）、SpringerImages（图像百科数据库）等。2006 年，Springer 将 BMC（BioMed Central）买下后，成为世界上最大的 OA 出版商之一。

SpringerLink 于 1996 年启用，是一个专为科技及医学研究人员设计的综合数据库，提供科技、医学、社会科学期刊、图书、参考工具书和实验室指南，目前是全球最大的科技及医学信息在线数据库。

SpringerMaterials（数值数据库）是全球最大，经过严格筛选与同行评议的科学、工程领域物质数值数据库，它以 Landolt-Börnstein 丛书为基础，汇总了科学、工程所有领域最经典的物质数据，包含 91 000 余篇线上电子文献，相当于超过 190 000 页印刷版文献数据量（精选自 400 余部大型参考工具书）。访问地址为 www.springermaterials.com。

SpringerProtocols（实验室指南），包含 20 000 多分子生物学和生物医学的实验室指南，其中很多都是来自经典的丛书系列，例如：《分子生物学方法》(Methods in Molecular Biology)。目前 SpringerProtocols 数据库和 SpringerLink 在同一个平台上。

SpringerImages（图像百科数据库）提供超过 200 万张照片、图表、统计图、表格和其他视觉材料。SpringerImages 包 18 个学科子库，内容涵盖整个科学、技术和医学（STM）领域。现在，用户可以更方便地搜索图像，获取更多信息。

（二）SpringerLink 概述

SpringerLink 系统在 1996 年启用，目前服务全球 600 个集团用户、35 000 余间机构，并为 200 000 位用户提供出版提示服务。SpringerLink 系统的内容丰富全面,有期刊、电子书、电子参考工具书、电子丛书、实验室指南等。各类资源的学科范畴涉及各个研究领域,涵盖不同学科,提供超过 2 765 种经同行评阅的期刊和 20 000 余本在线电子书,且每年增加超过 3 000 本电子书、电子参考工具书和电子丛书。

SpringerLink 系统目前包括 2 600 多种期刊的电子全文,近 45 000 种图书,1 200 多种丛书,近 190 种参考工具,超过 23 000 种实验室指南。这些资源都被划分为 13 个学科:建筑和设计(Architecture and Design)、行为科学(Behavioral Science)、生物和生命科学(Biomedical and Life Sciences)、商业经济(Business and Economics)、化学和材料科学(Chemistry and Materials Science)、计算机科学(Computer Science)、地球和环境科学(Earth and Environmental Science)、工程学(Engineering)、人文社会和法律(Humanities, Social Sciences and Law)、数学和统计学(Mathematics and Statistics)、医学(Medicine)、物理学和天文学(Physics and Astronomy)、职业和应用计算(Professional and Applied Computing)。另有两个专题图书馆:中国在线科学图书馆(Chinese Library of Science)和俄国在线科学图书馆(Russian Library of Science)。

SpringerLink 自 2010 年更新至最新版本后,对浏览器的要求较高,只有使用 Google Chrome、Firefox、IE8 和 Safari 才能完整地显示 SpringerLink 的全部工具与功能。

二、SpringerLink 检索方法

SpringerLink 国内用户可以通过以下访问网址(http://springer.lib.tsinghua.edu.cn;http://springer.metapress.com;http://www.springerlink.com)访问。SpringerLink 提供免费的目次、摘要和索引给因特网的用户,任何人都可登记注册个人账户并且使用 SpringerLink 的免费服务,合法的订阅者则可以检索、阅读和下载订阅的全文数据。需要注意的是 SpringerLink 的资源还包含 OA 资源,OA 资源可供任意类型的用户使用。

SpringerLink 主页包含检索区(Search)、资源学科浏览区(Browse)、出版类型资源浏览区(Browse Publications by Content Type)和资源字顺浏览区(Browse Publications by Title),如图 7-6-1。

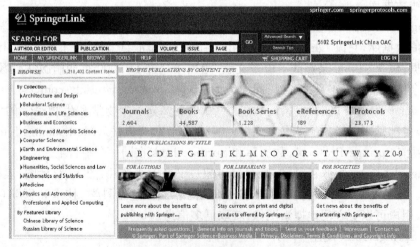

图 7-6-1　SpringerLink 主页界面

（一）检索规则与运算符

布尔逻辑运算，可使用 AND、OR、NOT 来将检索词组配成复杂的检索式。

截词符号不需要使用，SpringerLink 系统会自动检索以所输入检索词为开头的全部词。

化学结构和数学符号等特殊内容，检索时需要放在引号中进行检索。

（二）检索方法

1. 资源学科浏览（Browse） SpringerLink 系统的期刊、图书、丛书、参考工具和实验室指南等资源被划分为 13 个学科，另有两个专题图书馆。用户可以根据需要选择相应的学科或专题浏览资源。

点击学科分类进入，可浏览某特定学科的全部资源，包含各种出版类型和 OA 资源。如图 7-6-2 所示。在浏览到某特定学科的全部资源后，这些资源以具体的文献名称按字顺排列显示，可以在这些资源中进行二次检索，精炼检索结果。资源以 Online First（待刊文献）、Open Access（开放存取）和 Samples（样例）分别显示，默认显示 Online First 资源。检索结果的精炼也包括特定学科下的二级学科分类和不同出版类型的精炼。

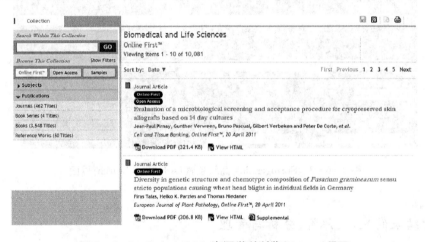

图 7-6-2 SpringerLink 资源学科浏览（Browse）界面

2. 出版类型资源浏览（Browse Publications by Content Type） SpringerLink 系统的全部资源按出版类型不同划分为期刊、图书、丛书、参考工具和实验室指南五种，其中实验室指南是 Springer 的另一电子产品，但在检索与使用上，与 SpringerLink 处于同一平台。点击任意一种出版类型，进入出版类型资源浏览（Browse Publications by Content Type）可获得特定出版类型下的全部资源，这些资源以出版物的名称按字段排列，同样以 Online First、Open Access 和 Samples 分别显示，可以在检索结果内二次检索，并根据不同的学科分类来精炼检索结果。

3. 资源字顺浏览（Browse Publications by Title） SpringerLink 系统的全部全文资源可以按照题名的字顺进行浏览和使用。点击任意字母，进入资源字顺浏览（Browse Publications by Title），检索结果以具体文献名称按字段排列。对浏览到的检索结果可以根据学科分类、出版年、入 SpringerLink 数据库时间、出版类型和语种进行精炼。

4. 检索 SpringerLink 检索有基本检索和高级检索两种，基本检索包含缺省、责任者（Author or Editor）、出版物名称（Publication）、卷（Volume）、期（Issue）、页码（Page）。其中缺省字段包含题名（Title）、文摘（Abstract）和全文（Full text）。在检索框输入检索词或检索式,再在其他字段给出相应的出版限定,检索文献资源。检索范围为文章题名、文摘全文、出版物名称、图书和实验室指南的目录等。

SpringerLink 高级检索(Advanced Search)如图 7-6-3,包含内容检索、引文限定、出版物分类和时间限定及检索结果排序等功能,帮助用户更精确地找到所需要的文献资源。内容检索(Content)检索区可以输入相应的检索词和检索式,并选择限定在全文(Full Text)、题名与文摘(Title & Abstract)、仅题名(Title Only)三个字段,也可以直接给出所需文献的 DOI 号或责任者(Author 或 Editor)。引文(Citation)包含出版物相应的题名、DOI、ISSN、ISBN、卷期页码等信息的检索。出版物分类和时间限定(Category and Date Limiters)将提供图书、期刊和实验室指南三种限定,时间为全部时间或特定时间段限定。检索结果可选择按相关度、出版时间和字段排序。

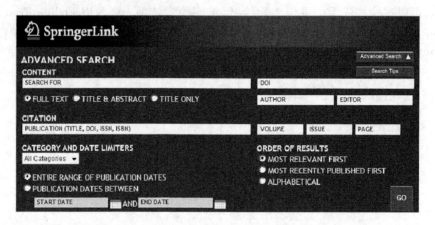

图 7-6-3　SpringerLink 高级检索(Advanced Search)界面

三、检索结果的显示、评价、分析与管理

检索结果默认按相关度(Relevance)降序排列,也可以选择按照时间(Date)、题名字顺(Title)排列。命中的检索词以黄色突显在检索结果列表中。检索结果列表显示文献的题名、部分文摘、作者、来源等预览信息。文献的全文信息以 PDF 和 HTML 两种格式显示,电子图书还有(Look Inside)功能,OA 资源另有 Supplemental 功能。用户是否对特定文献有全文权限,系统以绿色标志██标示出来,对于检索结果按出版物期刊、图书等列表显示,绿色三角图标██标示部分全文权限。检索词命中中提示与全文获取指示都可以在首页工具栏的工具按钮设置。点击文献题名链接,进入特定文献的详细浏览界面,可以提供 HTML 格式的全文浏览(如有 HTML 格式全文),包括参考文献(References)、输出引文(Export Citation)和相关信息(About),相关信息包括关于本文、关于本刊、关于本书等内容。用户可以把特定文献的相关信息进行下载、打印等操作,也可以直接点击 PDF 全文链接浏览和下载全文。

根据提示,免费注册用户的个性化服务账号,享受有订阅权限的全文服务和个性化服务。在注册 SpringerLink 账号时也会获得一个 MetaPress ID 账号,可以用来登录其他 MetaPress 数据库享受个性化服务。

SpringerLink 数据库的个性化服务提供给用户的个性化功能主要有 Favorites(我的最爱)和 Alert(定题服务)、保存检索式等。系统进行检索操作后,使用保存(Saved this Item)按钮保存检索和定制服务。浏览特定出版物并进入到出版物详细浏览界面使用保存按钮保存出版物的提醒定制。

四、小结

SpringerLink 数据库由于集团公司经常有与其他公司的合作、合并与被合并,所以资源范围与平台也在不停变化,这一点用户需要在使用其资源时注意到文献信息源的变化。

第七节 Karger

一、Karger 概述

S. Karger(卡尔格)公司于 1890 年创立于德国柏林,1937 年公司总部迁至瑞士的巴塞尔。创始人撒母耳·卡尔格(Samuel Karger)立志将公司发展为专注于生物医学和科技(STM)出版公司,以满足社会对医学专业期刊不断增长的需求。历经 120 多年,已经成为一家完全专注于医学文献的出版社著名生物医学出版公司。

卡尔格公司每年出版 83 种生物医学期刊(包括印刷版和电子版)和 150 种左右的丛书和专著,包括增刊和专论,广泛涵盖生物医学各相关领域,共 41 个学科。大部分的 Karger 丛书也都被收录于 MEDLINE 文献库里。

Karger 知名期刊系列如下:

【血液学】Acta Haematologica
——连续 50 多年报道国际血液病学的研究。

【泌尿和肾脏学】American Journal of Nephrology
——在跟踪报道基础肾脏学领域里是最快的。

【泌尿和肾脏学】Blood Purification
——在血液净化研究方面的权威报道。

【心血管系统】Cardiology
——是一本关于心血管医药,心血管外科及其病理药理的国际期刊,在心脏病学方面极具价值。

【牙科,口腔外科及其医药】Caries Research
——报道龋齿预防与流行病学方面的最新成果。

【外周血管疾病】Cerebrovascular Diseases
——报道有关中风的最近研究。

【基因和遗传】Cytogenetic and Genome Research
——是染色体和基因组研究方面的权威期刊。

【皮肤病和性病】Dermatology
——发表对皮肤疾病独一无二而又准确的观察。

【胃肠道学,肝脏学】Digestion
——是一本关于胃肠病学的国际期刊,报道临床研究成果。

【免疫学】International Archives of Allergy and Immunology
——是 WAO 的官方期刊。

【传染病学,微生物学,病毒学】Intervirology
——是一个病毒学创新研究的论坛。

【外周血管疾病】Journal of Vascular Research
——报道微循环、淋巴以及血管生物学的各个领域里的最新研究成果。

【泌尿和肾脏学】Nephron
——将临床实践、试验科学、生理学集中在一个出版物上。

【内分泌学和新陈代谢】Neuroendocrinology
——是一本和神经内分泌有关的基础和临床的国际性期刊,报道脑部激素相互作用。

【肿瘤学】Oncology
——是一本关于研究和治疗肿瘤的国际性期刊,可以找到自世界各地的关于肿瘤的基础及其临床上的研究发现。

【耳鼻喉科】ORL
——是一本关于耳鼻喉科及其相关学科的期刊,报道来自世界各国的研究和实践。

【胃肠道学和肝脏学】Pancreatology
——是 International Association of Pancreatology 和 European Pancreatic Club 的官方期刊。

【精神病学】Psychotherapy and Psychosomatics
——在 2009 年,最高影响因子 5.368。

【呼吸系统】Respiration
——是 European Association for Bronchology and Interventional Pulmonology 的官方期刊。

二、Karger 检索方法

Karger 数据库国内访问方式有两种,北京大学镜像(http://karger.bjmu.edu.cn)和国际主站点(http://www.karger.com)。通过访问地址进入数据库平台的主页,如图 7-7-1。

Karger 数据库主页有工具栏,包括检索、登入、登出和帮助等;资源浏览区;左侧新闻与服务区和最主要的热点区。左侧新闻与服务区上侧为 Karger 数据库各资源变动的新闻,下侧提供相关的特别服务,如 Karger 医院列表、电子图书列表、图书与会议展览日程等。热点区是 Karger 数据库内资源的最新变化。

(一)资源浏览

资源浏览区可根据学科指南(Subject Guide)、期刊(Journals)、图书(Books)、其他资源(Resources)等来浏览检索 Karger 数据库的资源。工具栏提供检索按钮(Search)。

1. 学科指南(Subject Guide) 点击学科指南按钮进入学科指南检索,学科指南检索包含层级列表检索与字顺检索两部分。层级列表检索(Hierarchical List)下有三个学科:人类医学(Human Medicine)、人文学科(Humanities)与自然科学(Natural Sciences),这三个大的学科范畴下分别还有 42、3 和 7 个二级学科,有的二级学科下设有三级学科,可依次按学

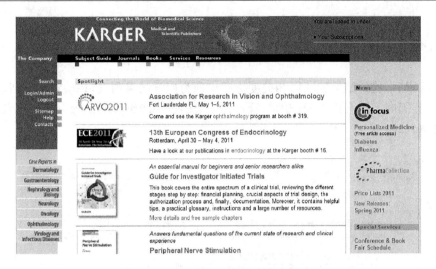

图 7-7-1 Karger 数据库主页界面

科范围的缩小确认要查找的学科领域。

学科字顺检索把全部学科按字顺排列,点击列表中的学科,可检索到特定学科领域内的全部出版物。

2. 期刊(Journals)浏览检索 Karger 数据库的全部期刊按字顺排列,点击期刊名称链接进入特定期刊详细浏览界面,该界面包括特定期刊的详细信息,如编者、出版信息、刊期等。也可以通过刊期(Issues)选择相应刊期进行文献浏览,浏览刊期时绿色对号(✓)标志用户已经有订购权限,可以浏览与下载全文,文摘与目次免费浏览。

3. 图书(Books)浏览检索 Karger 数据库的全部图书按字顺排列,点击图书名称链接进入特定图书详细浏览界面,该界面包括特定图书的详细信息,如责任者、出版信息、ISBN 号等。通过在线获取查看图书的目录、全文或单次付费全文。该书的全部章节显示名称、作者、来源与全文、免费预览、免费文摘等内容。图书的文摘提供免费浏览,全文的下载需要分章节进行。

4. 其他资源(Resources) 针对以下六种不同的用户,作者(Authors)、图书馆员(Librarians)、书店销售人员(Booksellers)、广告商(Advertisers)、产业(Industry)和学生(Students),Karger 数据库提供不同的资源以供更深入地服务。

(二) 检索(Search)

1. 检索规则 可以使用布尔逻辑 AND、OR、NOT(逻辑或用—表示,用法用空格—检索词)检索;检索语言多样,并且自动修正拼写错误;通用词等不被识别和检索词前加上空格加号 +紧接着通用词,则能够实现通用词的检索;词组检索使用引号实现。

2. 简单检索 检索有两种方式,简单检索与高级检索。简单检索只有一个检索框以供输入检索词和检索式,检索范围为全部网站,包括图书期刊的信息、资源、服务页,也包括期刊图书的文章和目次。

3. 高级检索 因为 Karger 数据库的检索是一种网页检索,所以高级检索与 Google 等搜索引擎的高级检索类似,包括检索词的布尔逻辑选择、词组检索、检索词出现的位置、相关度与时间排序、搜索范围是否全网站或特定资源、丛书选择、期刊选择、时间限定等。

三、检索结果显示、评价、分析与管理

运行检索后,检索结果默认以相关度排序排列为检索结果列表,在检索结果列表上方显示命中数量,同时系统会提供相应的与检索词相关的进一步细分的概念以缩小检索范围,提高检索效率,如图7-7-2。

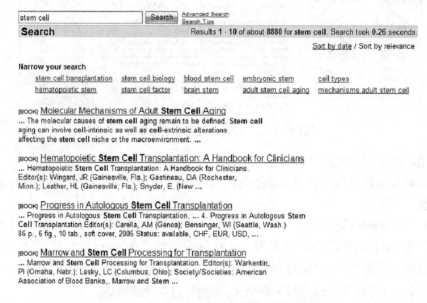

图7-7-2 Karger数据库检索结果列表界面

点击命中资源名称,进入图书章节页面,显示特定章节的详细内容,或浏览全文内容,如果是PDF文件则可以阅读文摘或直接下载全文。

四、小结

Karger提供了医药卫生科学的期刊与图书、丛书的专门数据库,其数据库内涵盖了医药领域多个学科的全面的全文资源,是用户利用和检索医药全文资源的重要信息源。

第八节 Thieme

一、概述

Thieme是一家具有百年历史的国际性科学和医学出版社,1886年成立于德国,致力于为临床医师、科研人员和学生等专业人士提供高品质的图书、期刊产品。Thieme是德国最大的医学出版社之一,其出版的主要领域包括:神经外科学、医学影像学、耳鼻咽喉科学、整形外科学、眼科学、听力学、听力与语言学、药学、互补医学和化学。

Thieme出版期刊和图书没有统一在一个数据库平台,而是通过Thieme-connect期刊

服务平台提供期刊电子资源服务,而电子图书资源则通过 Thieme E-Book Library 访问。

(一) Thieme-connect

登录 Thieme-connect(https://www.thieme-connect.com/ejournals),用户可以浏览 Thieme 出版的医学、化学和生命科学期刊,大部分期刊提供待刊文献(eFirst),通过网络可即时获取最新出版的文章。Thieme 出版的高品质期刊有 130 种,其中医学期刊涵盖了外科学、内科学、神经科学、运动医学、内分泌学和药理学等领域。医学期刊包括著名的 10 种 Thieme 专题研讨会(Seminar)期刊,用户可以从中获得相关医学领域诊断与治疗的最新专题会议内容及最新发展动向。化学与药学期刊也都是学术界认可的权威的期刊,包括 Thieme 最引以为豪的两种化学期刊 Synthesis 和 Synlett,这两种期刊在化学合成领域有重大影响,是从事相关领域工作的科研人员必备的期刊。

(二) Thieme E-Book Library

Thieme E-Book Library(http://ebooks.thieme.com/bookshelf)是专门为医科学生、临床医师和健康学教授设计的医学彩色电子书籍,它系统地覆盖了医学院校开设的全部课程,包括学科间基础科学的内容。Thieme E-Book Library 数据库包括 Thieme 出版社出版的 52 本附精美彩图的医学电子丛书。四十多年来,Color Atlas 以简洁的方式表达复杂内容的品质已经被全世界的学生、老师和医生所认可,目前该丛书在全世界读者超过七千万名。

2010 年新版新增如下功能:

1. 学科涵盖医学院校开设的所有临床医学课程。
2. 界面更加简洁,易于使用,访问速度流畅。
3. 检索功能更加强大,可按学科、按书目进行检索,也可实现图片中注释文字的检索。
4. 提供图书整本和章节下载。
5. 新开发的 iOffline 软件,安装方便,支持图书的离线阅读。
6. 增加书签、读书笔记等个性化功能,还可以共享读书笔记。

二、Thieme 资源检索方法

(一) Thieme-connect 检索方法

Thieme-connect 有四种检索方法,学科浏览(Subject List)、字顺浏览(Alphabetical List)、基本检索(Quick Search)和高级检索(Advanced Search),见图 7-8-1。

1. 学科浏览(Subject List)

学科浏览包括神经外科学、医学影像学、耳鼻咽喉科学、整形外科学、眼科学、听力学、听力与语言学、药学、互补医学和化学在内的 46 个学科,用户可以根据不同的学科分类浏览需要的期刊,再进入期刊页面浏览文献。

2. 字顺浏览(Alphabetical List)

用户可以根据字顺浏览全部期刊,包括已经停刊(Discontinued)的期刊,再进入期刊页面浏览文献。eFirst 标志提示期刊是否包含优先出版的待刊电子文献全文。右侧精炼区可以筛选德文和英文期刊,并通过 Journals Listing Text File 把全部期刊列表下载到本地。

3. 基本检索(Quick Search)

基本检索的规则如下:不区分大小写;支持元音变化;截词符"*"可取代任意一个字符;

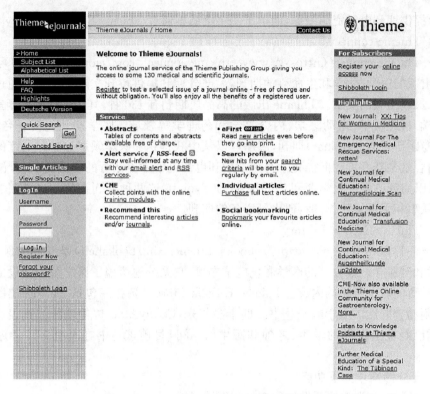

图 7-8-1 Thieme-connect 数据库主页界面

多个检索词之间默认布尔逻辑与运算。

4. 高级检索(Advanced Search)

高级检索提供全文(Full text)和作者(Authors)字段的检索,全文字段可将输入的多个检索词之间进行布尔逻辑"与"和"或"的组配,也可以使用精确词组检索。作者字段姓在前,名在后,分别在不同的检索框中输入。检索控制条件包括语言(全部、德语、英语)、学科和来源期刊。右侧增加选项包括期刊的年、期、文章 DOI 号、合著者、作者机构等。另外也可以选择检索结果的按日期排列方式。

(二) Thieme E-Book Library 检索方法

Thieme E-Book Library 数据库 2010 年更新为现有版本。因为图书质量精而数量少,Thieme E-Book Library 图书的主页主要为图书列表的显示,其可根据题名字顺(正序和倒序)和作者字顺(正序和倒序)四种方式选择排列,也可以根据短文(Thumbnail)、列表(List,默认)和题名(Title)选择显示方式,如图 7-8-2。

检索方式为学科专题(Specialties)的浏览检索和检索区检索。

1. 学科专题浏览检索 学科专题包括解剖学(Anatomy)、听力学(Audiology)、基础科学(Basic Sciences)、化学(Chemistry)、临床学(Clinical Sciences)、牙科学(Dentistry)、皮肤病学(Dermatology)、内科学(Internal Medicine)、神经内科学(Neurology)、神经外科学(Neurosurgery)、营养学(Nutrition)、肿瘤学(Oncology)、眼科学(Ophthalmology)、整形外科学(Orthopedic Surgery)、骨科学(Osteopathy & Manual Medicine)、耳鼻喉科学(Otolaryngology)、病理学(Pathology)、放射技术(Radiological Technology)、放射学(Radiology)和学生教育(Student Education)等,共 20 个专题。

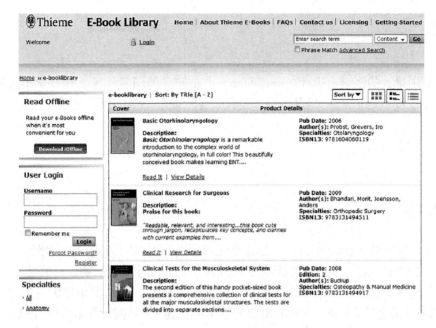

图 7-8-2 Thieme E-Book Library 数据库主页界面

点击各学科专题名称,可检索到此学科专题下的电子图书列表。

2. 检索　Thieme E-Book Library 数据库主页界面右上角为简单检索,在检索框输入相应的检索词,检索范围为图书内容,点击 Go 运行检索,用户可以勾选词组匹配(Phase Match)进行词组检索。

点击高级检索按钮进入高级检索界面,高级检索与简单检索类似,区别在于可以使用布尔逻辑关系 AND、OR、NOT 把检索词组合成检索式输入到检索框中进行检索。

三、检索结果的显示、评价、分析与管理

(一) Thieme-connect 检索结果

检索结果列表包含命中文献的作者、题名(德语和英语两种)、来源、全文(HTML 和 PDF 两种格式),点击题名可以查看文章文摘,还可以直接点击文献来源期刊的当期文献。注册用户也可以保存检索式。

(二) Thieme E-Book Library 检索结果

通过学科专题或字顺浏览到合适的图书,可以通过(View Details)查看特定图书的详细出版信息、内容介绍等,也可以阅读全文(Read It)。全文阅览可以在本文中检索内容,也可以在线打印图书或提取文字。

系统进行检索后返回检索结果,因 Thieme E-Book Library 数据库检索限定都是在图书内容(Content)中,故检出的结果全部是图书的内容,以页码提示,按字顺排列。点击检索结果列表中命中的页码订购用户可以直接阅读全文文档,也可以在正在阅读的图书中进行二次检索。

四、小结

作为德国最大的医学出版社之一,Thieme 也是知名的国际性医学和科学出版社,虽然旗下的资源数量不是非常多,但其中很多是代表各专业学协会出版的,品质非常高。

第九节 SAGE

一、概述

SAGE 出版公司于 1965 年创立于美国,为著者、编辑和学协会出版期刊和图书,与全球超过 250 家专业学术协会合作,提供国际化的科技医药和人文社科出版物。目前已经出版了超过 630 余种高品质学术期刊,50% 为学协会和研究机构的官方刊物,其中健康科学期刊有 165 种,每年出版新书超过 700 本。SAGE 出版的学术期刊为 100% 同行评审,其中各学科的期刊都在其相应领域内排名靠前,包括如临床医学中的《神经科学专家》(The Neuroscientist)、《美国运动医学杂志》(The American Journal of Sports Medicine),护理学中的《护理学生物学研究》(Biological Research for Nursing)、《哺乳》(Journal of Human Lactation)。

SAGE 全文期刊的电子访问平台是由美国斯坦福大学 HighWire 公司开发的 SAGE 期刊在线(SAGE Journals Online,SJO),访问地址为 http://online.sagepub.com/。SJO 平台上的电子期刊(包括 SAGE Premier、SAGE Subject Package、SAGE Full-Text Collections 和 SAGE Deep Backfile)均每日更新数据。另外 SAGE 还有一个集期刊与图书、教科书、参考工具书于一体的访问平台 http://www.uk.sagepub.com/home.nav。目前 SAGE 针对我国有以下两个包库可购,一个是现刊数据库(1999 年至最新)——SAGE Premier(现刊全库)是 SAGE 公司 2005 年向全球用户推出的期刊全文数据库,可在线访问 570 余种 SAGE 高品质学术期刊全文,学科范围涉及人文社科、科技和医药等 40 个学科领域。还有一个深度过刊回溯数据库(第 1 卷/1 期-1998)——SAGE Deep Backfile(过刊全库),对应 SAGE Premier 内期刊的回溯全文数据库,共计收录 384 种期刊,涵盖人文社科、科技和医药等 40 个学科领域。目前 SAGE 公司已经和中国国家图书馆达成了过刊的全国访问协议,国内科研院所单位仅需缴纳部分管理费用即可访问回溯资源。

二、检索方法

为保证资源的全面性,图书资源与期刊资源兼顾,本书阐述 SAGE 资源总平台 http://www.uk.sagepub.com/home.nav 和 SAGE Journals Online 两个平台的检索方法。

(一) SAGE 资源总平台检索方法

SAGE 的主页上包括了登录注册区(My Account)、检索区、资源浏览区。个性化的用户账号可以免费注册,登录后可以使用相关的定制、设置使用偏好等功能。检索区和资源浏览区都可以根据资源类型,如图书、教科书、参考工具书、期刊等来进行检索或浏览,SAGE 的资源也提供按学科类别来浏览。见图 7-9-1。

1. 检索　SAGE 主页只有一个基本检索框,选择全部(All SAGE)、图书(Books)、教科书(Textbooks)、参考工具书(Reference Books)、期刊(Journals)资源范围,在检索框中输入检索词,点击 GO 运行检索即可,见图 7-9-1。

2. 浏览　资源浏览可以根据不同的资源类型,图书(Books)、教科书(Textbooks)、参考工具书(Reference Books)、期刊(Journals)资源进行资源浏览。基本的浏览方式是字顺浏览,也可以根据学科浏览,或两者交叉使用,得到需要的资源,见图 7-9-1。

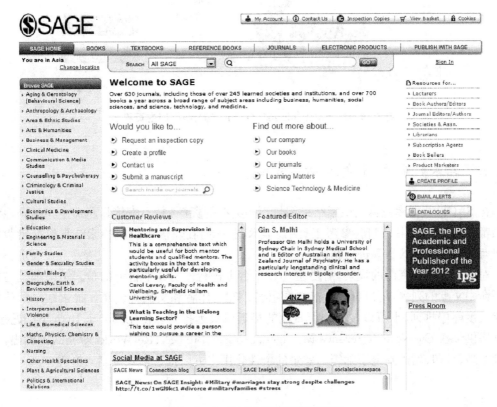

图 7-9-1　SAGE 数据库主页界面

(二) SAGE Journals Online 检索方法

1. 检索　SJO 检索有基本检索与高级检索两种方式,还有检索历史的管理。基本检索简单明了,输入检索词,点击运行即可在 SJO 全部期刊中检索相关文献。高级检索提供布尔逻辑运算,有作者、文摘、全文、关键词、DOI、参考文献、机构、ISSN 号,年卷期页码等 15 个检索入口供选,也提供年代限定、排序方式选择等操作,帮助用户提高检索效率。见图 7-9-2。

2. 浏览　SJO 提供题名字顺与分类两种浏览资源的方式,题名字顺浏览和分类浏览都可以限定个人账号设定的偏好期刊或本机构购买期刊。

3. 个性化工具　个性化工具 My Tools 由用户免费注册后登录使用,可以帮助用户实现定制电子邮箱提醒、管理账户、设定偏好(最喜爱期刊)、保存检索历史、标注引文等功能。

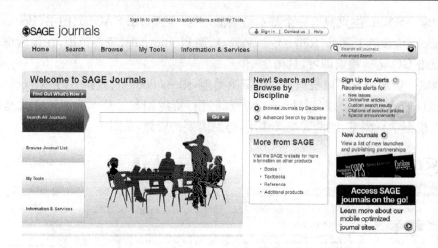

图 7-9-2 SAGE Journals Online(SJO)数据库主页界面

三、检索结果的显示、评价、分析与管理

在 SAGE 数据库主页上检索结果都是不同类型的资源,并不直接显示命中文献。检索结果都是相应的图书、期刊、参考工具书、学术图书等,在左侧可以对检索结果根据出版类型、学科分类、出版状态等进行精炼。

对于全文文献资源的检索,需要在 SJO 平台上进行。SJO 平台上的检索结果都是与检索词命中文献的列表,用户可以直接查看题名、来源、作者和文摘等信息。检索结果默认按照相关度降序排列,也可以按照出版日期的最近或最远排列。使用 Check Item 下载题录,SJO 提供包括 EndNote、Reference Manager、ProCite、BibTeX、RefWorks 等格式的输出,保存到本地、打印、发送到电子邮箱。登录的个性化用户可以把检索式定制为提醒。

四、小结

SAGE 数据库中虽然医药期刊并不多,仅有 160 余种,但作为学协会的合作出版社,对于医药领域的用户来说,其资源价值比较高。

第十节 日本电子期刊出版系统 J-STAGE

一、概述

"日本科学技术信息集成系统"(Japan Science and Technology Information Aggregator, Electronic,简称 J-STAGE),由日本科学技术振兴机构(Japan Scienceand Technology Agency,简称 JST)开发,是一个学术期刊电子平台。目的在于向全世界及时发布日本科学技术研究的杰出成果和学术进展,系统收录了日本各科技学会出版的文献(以英文为主),包括 1 472 种电子期刊,122 种会议录以及研究报告等。收录文献以学术研究类为主,涉及科学技术的各个领域,包括数学、物理、化学、机械、能源、化工、生物、医学、农业、环境科学、电子电气、计算机、信息科学等。

该系统于1999年10月开始运作,期刊语种主要为英语(21.1%),还有日语(30.2%)和英日双语(48.7%),绝大多数日语期刊文章都有英文题名和文摘,所有文献的题录和文摘均免费开放。多种期刊可以免费浏览全文(系统中标明"free",详细清单可查询"免费电子期刊列表"),大部分会议录和研究报告可以免费浏览全文,部分期刊的全文需要授权用户才能获取,全文有HTML和PDF两种格式。

与其他国家把科研文献作为学术资源出售给科研机构的运作模式不同,日本鼓励日本学会团体向世界及时发布研究成果,学会运作文章,但由J-STAGE享有版权和对外免费公布文献。J-STAGE系统支撑着整个联机出版进程:从接受手稿、评判稿件、编辑出版,到移植全文、传递书目数据的全部程序,包括文章所附的视频和音频附录。

二、J-STAGE检索方法

J-STAGE的主页上包括了登录注册区(My J-STAGE)、检索区、资源浏览区和最新推荐区。个性化的用户账号可免费注册,登录后可以使用相关的定制、设置使用偏好等功能。检索区分为基本检索和高级检索,资源浏览区可能采用题名字顺、出版者和学科分类进行浏览期刊。最新资源推荐区为用户推荐最近更新的文章、刊期等,如图7-10-1。

图7-10-1　J-STAGE数据库主页界面

(一) 基本检索

基本检索可以通过文章题名、来源期刊、出版者和DOI或JOI号来检索文献。选择相应的字段,在检索框中输入检索词,点击运行检索即可,输入的多个检索词间进行布尔逻辑与的运算,支持英语和日语检索词检索。＋－＆｜！( ) ｛ ｝［ ］^～？:＼；,．＠＝／＃＄％'＿＜＞`以上符号被当做空格执行;支持截词检索,用"＊"来替代任意字符;用双引号""实现词组精确检索。编辑检索式时需要注意的是,检索式太过宽泛时,检索结果超过 2 000 条,只显示检索命中数,不显示命中文献,如图 7-10-1。

（二）高级检索(Advanced Search)

高级检索可能通过限定文献出版类型（期刊、会议录）、文献属性（包括全文文章、带补充材料文章和带引用链接文章等）、语种（英语、日语）、出版年限、字段选择（包括题名、作者、关键词、全文、文摘、ISSN、作者单位、来源等）和学科分类等条件来限定检索结果,提高检全检准率。高级检索提供一个翻译助手,可以把题名、文摘、全文、关键词和参考文献（"Article Title"、"Abstract"、"Full Text"、"Keyword(s)", and "Reference"）字段的检索词在英语和日语之间互相翻译,如图 7-10-2。

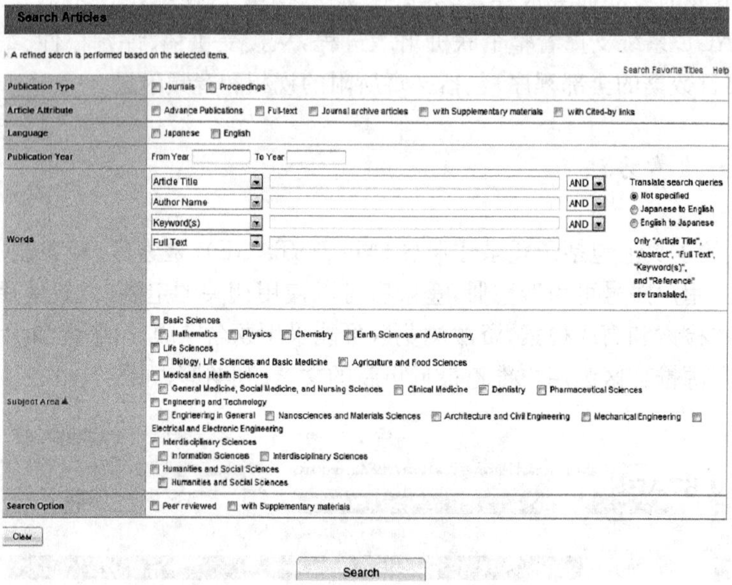

图 7-10-2 J-STAGE 数据库高级检索界面

（三）资源浏览(Search Titles)

资源浏览区可能采用题名字顺(Titles)、出版者(Publishers)和学科分类(Subject Areas)进行浏览期刊。浏览结果按期刊名称字段排列,并有期刊的卷期范围,期刊的全文权限通过绿色书本标志（📗）来标示。字顺浏览结果也可以根据出版类型（期刊、会议录和最新资源）、语种（日语、英语和英日双语）和学科范围等对浏览结果进行精炼。

三、检索结果的显示、评价、分析与管理

J-STAGE 数据库检索结果按列表形式显示,用户可以直接查看命中文献的题名、作者、来源、文摘等信息,也可以通过全文标志下载全文。检索结果默认相关度降序排列,也可以选择按出版日期和题名字顺排列。检索式和检索命中文献数显示在检索结果最上方。用户可以综合检索结果命中数与浏览检索结果评价检索效率,考虑是否更新或调整检索策略。左侧检索结果精炼区按照文献出版类型、文献属性、全文权限、题名、学科分类、作者、出版年和搜索选项各指标降序排列,用户可根据需要对检索结果进行精炼,如图 7-10-3。需要注意的是,导出文献题录(RIS 和 BibTeX)只能在单篇文献详细浏览界面进行。

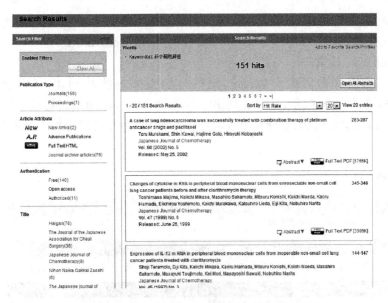

图 7-10-3 JSTAGE 数据库检索结果界面

四、小结

日本也是医药发达国家,相应的日本医药学术期刊资源也是用户利用的重要信息源,尤其是有 J-STAGE 这样免费获取日本全国范围内的学术期刊电子资源的平台,对用户来说,是一个不可忽视的资源。

第十一节　OA 资源

一、HighWire Press

(一) HighWire Press 概述

HighWire Press 是美国斯坦福大学图书馆所属的电子期刊出版机构。1995 年由美国斯坦福大学图书馆创立,最初仅出版著名的周刊"Journal of Biological Chemistry",是目前全球最大的提供开放存取以及其他免费全文的 STM 文献出版商之一。该出版社致力于出版具有高影响因子、经同行评议的临床、人文和社会科学方面的在线文献,其合作伙伴包括有影响力的学术团体、大学出版社及其他学术出版机构。

HighWire 主要收集生命科学、医学、物理科学以及少部分社会科学方面的出版物,除期刊外,还有一些图书、参考工具书等学术出版物,截至 2012 年 6 月 11 日,共收录有 1 692 种学术出版物。访问地址为 http://highwire.stanford.edu/,该平台提供全部出版物的检索,还可以检索 Medline 收录期刊中的近 2 000 万篇文章,可看到文摘题录。

HighWire 数据库收录的资源中,包括在国际学术界享有崇高声誉的 Science Magazine,The New England Journal of Medicine,PNAS 以及 JAMA 等许多全球知名的高影响因子期刊。HighWire 数据库收录的文章总数已达 660 万多篇,其中超过 2 000 多万篇文章可免费获得全文(截止到 2012 年 5 月),这些数据仍在不断增加之中,其中的免费期刊列表可以由此网址查询 http://highwire.stanford.edu/lists/freeart.dtl。

(二)HighWire 检索

HighWire 数据库的资源可以通过浏览与检索来查找与利用。INFO,LISTS & LINKS 提示资源的种类、数量,并单独列出全部免费全文资源的列表链接。浏览检索可以通过题名、出版者、主题(文章主题和出版物主题两种)三种方式浏览检索所需的文献,如图 7-11-1。

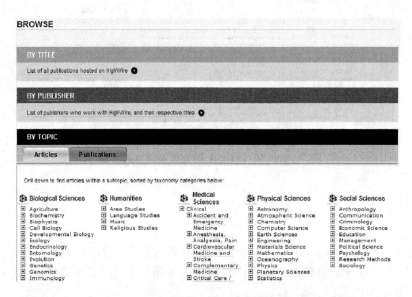

图 7-11-1 HighWire 数据库资源浏览检索界面

基本检索,在检索框中输入相关检索词进行全站检索。高级检索可以在全文、题名文摘、题名和著者字段检索文献,检索词可以是逻辑"与"和逻辑"或"的关系,也可以进行词组检索,各检索字段间的关系为逻辑"与"。另外可以通过引文年卷页码信息和年代限定来精炼检索,检索范围有 HighWire 主站,也可以包括有 PubMed。文献类型可以限定为综述文献,如图 7-11-2。作者检索时格式为"姓全拼,名首字母缩写或名全称",中间以逗号相隔。支持布尔逻辑检索与括号组配,构成复杂检索式。

图 7-11-2 HighWire 数据库资源高级检索界面

HighWire 检索结果 点击检索结果后的文摘、全文、期刊网站、引用图链接,可以分别获取文摘、全文(HTML 和 PDF 两种格式)、特定期刊网站主页和特定文献的被引用情况。HighWire 数据库提供个人账号注册,可以通过个人账号进行个性化的设置,享受个性化服务。

二、BioMed Central

(一) BioMed Central 概述

BioMed Central,是伦敦生物医学中心生物学和医学开放存取全文电子期刊,简称 BMC。BMC 是生物医学领域的一家独立的新型出版社,隶属于伦敦生物医学中心,以出版网络版期刊为主。2006 年被 Springer 收购,成为 Springer 出版集团一部分。BMC 出版社基于"公开研究资料对于促进科学发展极为重要,若以付费订阅方式取用则会妨碍而非便利科学交流"的理念,坚持在 BMC 网站免费为读者提供及时、经同行评议且可永久免费使用的服务机制,供世界各国的读者免费检索、阅读和下载期刊全文等信息服务。BioMed Central 期刊刊登的所有文章大多数内容均经过严格的同行评议以保证有效的质量控制。同行评议的具体形式由刊物编辑负责。在某些情况下,如 BMC 医学报刊的所有文章,审阅人员需要在每篇文章的审阅稿上署名,文章发表的经过(初稿、审阅报告、作者答复等信息)亦在网上连同文章一起刊出。BioMed Central 刊物发表的所有研究文章都即时存档并进入 PubMed Central 的文题索引,所有文章都可以通过 PubMed 非常便利地查阅。BioMed Central 尽可能地以各种国际入档形式支持非垄断性的研究数据库,保证此种研究的安全和能被经常查阅的功能,同时还把研究文章存入其他相关的数据库。

BioMed Central 平台上现有 243 种经过同行评审的期刊,其中 65 种冠有 BMC 字样的期刊为 BMC 出版,18 种由 SpringerOpen 出版,4 种由 Chemistry Central 出版,另外还有 33 种已经停止出版的存档期刊。其中包括著名的 Journal of Biology、Genome Biology 以及 Arthritis Research 等,内容涵盖生物学和医学范畴。大部分期刊为 OA 刊物,部分期刊的研究型文献(research articles)为 OA 资源,其他文献如综述等需要定购。

Faculty of 1000 是由 BioMed Central 出版的新型在线研究辅助工具,创建于 2002 年,由总共超过 4000 位专家学者评议,提供目前世界上最重要的生物和医学论文信息及研究趋势。Faculty of 1000 和一般检索系统不同之处在于,它所收录的是 1 000 多位世界最好的生物学家所推荐的文章,并附有推荐人的评述。它把 Faculty 们按研究领域分为 17 类,分别是:生物化学、生物信息学、生物技术、细胞生物学、化学生物学、基因组学与遗传学、进化生物学、发育生物学、生态学、免疫学、微生物学、分子生物学、分子医学、神经生物学、生理学、植物学和结构生物学。

(二) BMC 学科范围

BMC 出版的系列期刊都在刊名上冠以"BMC"字样,它们的学科范围涵盖了生物学和医学的所有主要领域,包括:麻醉学、生物化学、生物信息学、生物技术、癌症、细胞生物学、微生物学、分子生物学、植物生理学、遗传学、进化生物学、医学情报与决策、医学教育、医学道德、家庭护理、皮肤病、血液病、心血管疾病、内分泌失调、临床病理学、基因组生物学、放射医学、护理学、免疫学、老年病学、眼科学、口腔医学、关节炎诊断与治疗、药理学、生理学、儿科学、外科学、泌尿学和妇科学等 65 个分支学科。

（三）BMC 注册

BMC 网站具有多种服务功能，很多期刊将重要文章在主页上重点介绍，并提供最新的文献和评论。用户无需注册，便可浏览、简单检索和下载 BMC 网站上的所有文献。但是，如果需要使用高级检索功能，则必须注册（注册是免费的）。注册方法是，详细填写联系信息（contact details），选择个人感兴趣的学科领域并简述研究背景（scientific interests）。注册用户可以得到以下各项信息服务：登录 BMC 网站，查阅 BMC 上所有与自己研究领域相关的最新研究成果；利用高级检索功能查询 BMC 和 PubMed 数据库中的文献；查看所有 BMC 期刊上可以开放获取的文章；对相关文章发表评论（利用电子邮件方式）；向 BMC 申请以 email 方式提供服务，定期收到相关领域最新发表的文献；在 BMC 期刊上发表自己的文章。

（四）BMC 浏览检索

BMC 平台提供期刊和文章两种浏览检索方式。期刊资源可以按照刊名字顺浏览（Journals A—Z）和学科主题分类浏览（Browse by subject）。文章资源可以按照全部文章（All articles）、最受欢迎文章（Most popular）、我的最新文章（My latest articles）和选集文章（Article collections）四种方式浏览。

1. 期刊浏览　按刊名字顺浏览：所有 BMC 开放存取期刊按刊名字顺排列，刊名后有"all research articles open access; subscription required for other ; free trial available"表示所有研究性论文均为开放存取，其他类型文献需订购，评论性文章和报道性文章（reviews or paper reports）在注册后一个月内可免费获取。以施普林格公司的马头形"🐎"标志由 SpringerOpen 出版的 OA 期刊，以六角形"⬡"标志由 Chemistry Central 出版的期刊。

在最下方点击存档期刊（Archived journals）可以获得 33 种已经停止出版的或更名的期刊列表，点击特定期刊刊名可以浏览该刊出版过的全部文献。

继续点击刊名进入期刊主页，可选择点击 issues 或 articles 浏览文章，凡是标有"Open Access"的均为开放存取的文章；标有"Free"的为可以免费获取的文章；标有"Subscription"标志的表示需订购；标有"Highly accessed"的为高访问量文章。若文献类型为评论性文章和报道性文章（reviews or paper reports）则可以通过注册订阅免费获取，通常在注册后一个月内可免费获得全文。

"Subject areas"（按学科主题分类浏览）：BMC 将所有出版物按 65 个学科主题进行分类，每个学科包含的期刊按刊名字顺排列于学科主题名称下方供读者浏览。进入期刊后的浏览方式与刊名浏览相同。

2. 文章资源浏览　全部文章（All articles）资源浏览按照文章发表的时间倒序排列，在新版平台上可以对显示项进行设置，以引文格式（Citation）或编辑概要格式（Editor's summary）显示，也可以把选定的文章发送到 EndNote 等文献管理软件中去。

最受欢迎文章（Most popular）可以按照 30 天内、一年内、全部时间段内的最多浏览量文章和最多转发量文章进行浏览。我的最新文章（My latest articles）需要配合个人账号的个性化设定功能使用。选集文章（Article collections）把全部文章按年代分布，并在每年给出如综述系列、主题系列、交叉学科等选集给出文章。

"Open Access"表示该文章为开放存取，"Subscription" 表示该文章为订购用户才能获取全文。

（五）BMC 检索

BMC 系统提供基本检索和高级检索两种查询功能。在 BMC 主页右上方检索框即为基本检索(Quick Search)区域，基本检索的范围为全部字段 All fields(full text)。基本检索对全部用户免费开放，但高级检索功能和检索结果精炼需要注册用户(免费)才能使用。

点击高级检索(Advanced search)进入 BMC 高级检索，如图 7-11-3。BMC 高级检索页面高级检索提供多字段检索，字段间默认布尔逻辑与的关系，检索入口有全部字段、引文和文摘、题名＋文摘＋正文、文章号、作者、题名和参考文献等 20 个字段供选择。最后一行可以通过排除进行布尔逻辑非的组配。同时可以设定时间限定，并给出检索结果排序方式及每页显示检索结果数等，也可以保存检索策略。

图 7-11-3　BMC 数据库高级检索界面

三、PubMed Central

（一）概述

PubMed Central (PMC)是一个免费的生物和生命科学期刊文献获取网站，它隶属于美国国立卫生研究院和美国国家医学图书馆(NIH/NLM)。为与 NLM 收集与保护生物和生命科学文献的宗旨保持一致，PMC 作为 NLM 的印刷期刊资源的数字备份而成立。PMC 成立于 2000 年 2 月，由美国生物技术信息中心(NCBI)管理与运行。访问网址为 http://www.ncbi.nlm.nih.gov/pmc/。

PMC 的核心原则是免费存取，它成立的目的是长久保存数字资源，宗旨是虽然随着技术的发展现有格式的电子资源可能会过时，但保持电子资源的易获性和可获性的最好方式就是坚持不断地一直获取和利用资源。基于此宗旨，PMC 提供免费存取版权保护下的期刊资源。PMC 本身不出版期刊，它的资源来自于像 NLM 一样的有公共存取政策的出版商和基金会。出版商自愿选择是否免费公开自己的文献资源。除了本身搜集的资源外，PMC 也与其他机构合作。截至 2012 年 6 月 11 日，免费获取的全文有 2 400 万篇，现有全部免费期刊 1 084 种，NIH 打包期刊 230 种，部分选择性免费期刊 1 729 种。

（二）检索方法、检索结果

除了在全文获取可以直接免费链接到全文文献外，PMC 数据库与 PubMed 数据库的检索方法与检索结果的显示、评价、分析和管理几乎完全一致，如图 7-11-4，故检索详情请见本章第三章第二节 PubMed 数据库。

图 7-11-4　PMC 数据库主界面

四、小结

OA 资源的存在有其一定的合理性与现实意义，也是医药信息源的一个选择。

第十二节　信息资源共享平台

信息资源共享是文献信息机构按照互利互惠、互补余缺的原则，在一定范围内进行信息资源建设的协调与分享，主要通过资源协调采购、编制联合目录、集团订购数据库、馆际互借、文献传递等形式实现。用户可以通过信息资源共享平台获取和利用更加广泛与全面的资源。

一、国家科技图书文献中心（NSTL）

（一）概述

在国务院批示《关于科技文献资源共建共享工作的报告》的背景下，国家科技图书文献中心（National Science and Technology Library，简称 NSTL）于 2000 年 6 月 12 日成立。NSTL 是一个虚拟的科技文献信息服务机构，成员单位包括中国科学院文献情报中心、工程技术图书馆（中国科学技术信息研究所、机械工业信息研究院、冶金工业信息标准研究院、中国化工信息中心)、中国农业科学院图书馆、中国医学科学院图书馆。网上共建单位包括中国标准化研究院和中国计量科学研究院。

根据国家科技发展需要,按照"统一采购、规范加工、联合上网、资源共享"的原则,采集、收藏和开发理、工、农、医各学科领域的科技文献资源,NSTL中心设办公室,负责科技文献信息资源共建共享工作的组织、协调与管理,并面向全国开展科技文献信息服务。NSTL网络服务新系统(http://www.nstl.gov.cn/)于2002年12月25日开启服务。除中心站外,NSTL在全国范围内各个地区设置了35个镜像站,全面提供分布式文献服务。

(二) 资源构成

NSTL的资源包括期刊、图书、专利、会议、科技报告等多种类型。2012年NSTL订购外文期刊17 901种,学科涵盖了自然科学的各个领域,同时少量涉及经济、金融、图书馆等学科。NSTL订购的外文期刊以美英两国为主,占到总量的50%以上,同时也包括日本、德国、荷兰、瑞士、法国等主要科技发达国家,85%以上是英语期刊。对于著名出版社出版的自然科学类期刊,如Elsevier、Wiley、T&F、Springer和OUP等已经基本收藏齐全。2012年NSTL收藏的以印刷本方式订购的外文期刊学科分布中,医药卫生居榜首占19.52%,相关生物科学也高达10.03%的占有率。从资源构成的全面性与医药卫生较高的学科文献比例来看,NSTL是医药卫生领域非常重要的文献共建共享资源保障体系。

(三) 服务项目

1. **文献服务** 包括二次文献浏览与检索、全文文献下载和原文传递、代查代借等。在NSTL网络服务系统上提供各类型科技文献题录和文摘的免费浏览和检索,订购用户可以直接获取全文,也可以根据需要提交原文请求和代查代借申请表,获取全文文献。原文传递服务快捷准确,如Email传递的原文24小时即可获取。二次文献浏览与检索、目次浏览等服务免费使用,全文下载与原文传递有收费项目。但对于很多科研单位,NSTL提供免费开放服务,公益性质的科研机构、高校等单位提交申请即可免费使用NSTL的系统和文献。

2. **参考咨询** NSTL提供实时咨询和非实时咨询服务,由来自理、工、农、医各成员单位的多位科技文献咨询员为用户提供该项服务。参考咨询服务回答用户在检索利用科技文献过程中遇到的诸如图书馆馆藏、服务、规则、文献检索与利用等问题。另外NSTL也提供个性化定制、个人图书馆、预印本服务等服务。

3. **系统服务** NSTL网络服务系统(http://www.nstl.gov.cn/)提供现有资源的各项服务,此系统的资源多为NSTL成立之后,也就是2000年之后的文献,最早的文献不超过1995年。对于需要较新文献的用户来说,该系统可以满足文献需求。除此之外,针对用户对低使用率的回溯资源的需求,解决尚未被中心覆盖的早期重要科技资源的缺失问题,NSTL提供回溯资源平台——外文回溯期刊全文数据库平台(Archive Date Service System,http://archive.nstl.gov.cn/Archives/)。NSTL外文回溯期刊全文数据库平台目前已购买的回溯资源包括:Springer回溯数据库、Nature回溯数据库、OUP(牛津大学出版社)回溯数据库、IOP(英国物理学会)回溯数据库、Turpion回溯数据库,目前共有1 122种期刊,分20大类,文章总数300多万篇。这部分资源,尤其是回溯的医药卫生学科资源,国内较难获取。

二、中国高等教育文献保障系统(CALIS)

(一) 概述

中国高等教育文献保障系统(China Academic Library & Information System,简称CALIS),是经国务院批准的我国高等教育"211工程"、"九五"、"十五"总体规划中三个公共服务体系之一(另外两个是中国教育和科研计算机网CERNET、现代化仪器设备共享系统)。CALIS的宗旨是在教育部的领导下,把国家的投资、现代图书馆理念、先进的技术手段、高校丰富的文献资源和人力资源整合起来,建设以中国高等教育数字图书馆为核心的教育文献联合保障体系,实现信息资源共建、共知、共享,以发挥最大的社会效益和经济效益,为中国的高等教育服务。

CALIS在北京建立了文理、工程、农学、医学4个全国性文献信息中心,构成CALIS资源保障体系的第一层,主要起到文献信息保障基地的作用。其中文理、工程两个全国中心分别设在北京大学和清华大学。以两校图书馆和学校各方面条件为基础,加上本项目专项资金的投入,将拥有相对丰富的文献数据库资源以及最强大的网上检索服务和文献传递的手段,从而作为"211工程"重点学科建设的最终文献保障基地;农学和医学两个全国中心则分别设在中国农业大学和北京大学医学部,作为CALIS与全国农业信息网和全国医学信息网的连接点,扩大文献资源共享的范围,同时又作为同类院校图书馆的协作牵头单位,开展相应的资源共享活动。

(二) 资源构成

从1998年开始建设以来,CALIS管理中心引进和共建了一系列国内外文献数据库,包括大量的二次文献库和全文数据库,采用独立开发与引用消化相结合的道路,主持开发了联机合作编目系统、文献传递与馆际互借系统、统一检索平台、资源注册与调度系统,形成了较为完整的CALIS文献信息服务网络。截至2012年3月底,参加CALIS项目建设和获取CALIS服务的成员馆已超过800家。

(三) 服务项目

CALIS推出的"e"系列服务之一,包括学术搜索门户e读和文献提供门户e得。

1. e读学术搜索服务　e读学术搜索引擎整合全国高校纸本资源和电子资源,提示资源收藏与服务情况,通过一站式检索从海量资源中快速发现与获取有用的信息。集成的资源包括全国联合目录、外文期刊网、学位论文、教学参考书、高校特色库、古籍等9 000多万条数据。原文获取通过集成本馆OPAC、电子资源全文阅读、章节试读和CALIS馆际互借实现。

2. e得文献获取服务　e得(易得)(http://www.yide.calis.edu.cn)是CALIS文献提供服务门户,是面向用户的服务网站,为用户提供从文献检索到原文获取一站式文献提供服务。用户使用注册账号获取原文文献,描述为"一个账号、全国获取"、"可查可得、一查即得"的一站式服务的原文文献获取门户。它集成了电子原文下载、文献传递、馆际借书、单篇订购、电子书租借等多种原文获取服务。结合专业馆员提供的代查代检服务,可在CALIS各类检索工具覆盖的文献资源之外,帮助用户在全国乃至全世界范围内查找并索取包含中外文的图书、期刊、学位论文、会议论文、专利标准等各种类型的电子或纸本资源全文。

支撑e得全文服务的不仅有800多家CALIS高校成员馆,还有以国家图书馆、上海图书馆为代表的众多公共图书馆,NSTL、科学院图书馆为代表的各类科技情报所,CASHL、外国教材中心、CADAL等为代表的教育部资源共享项目,以及以方正阿帕比、同方知网、维普资讯、万方数据等为代表的国内资源数据库商。

3. e问　访问地址为http://yiwen.calis.edu.cn/,是高校图书馆员联合问答平台和信息素养教育课件展示平台。高校图书馆员联合问答提供本站、维基百科、百度知道、百度百科的答案搜索,也提供咨询员服务,实时咨询台提供实时咨询和表单咨询两种提问方式。用户可以查询提问所有与图书文献、学科知识等相关的问题,如"如何在Science网上投稿?"或"查物性参数选哪个数据库好?"这种知识问题。信息素养教育课件展示平台提供按课件名、作者名、作者单位和课件格式查找课件,也可以根据课件展示浏览相关课件。

CALIS还包括更多的其他服务,如科技查新、收录引证、课题咨询等。

三、江苏省工程技术文献信息中心

（一）概述

"江苏省工程技术文献信息中心"（简称"中心"）是2004年江苏省启动建设的四大科技公共基础服务平台之一,也是江苏区域科技创新的文献信息保障服务平台。"中心"是非独立法人虚拟的工程技术文献信息服务机构,通过集成我省科技、文化、教育三大系统的省科技情报研究所、省农科院情报所、省技术监督情报所、南京图书馆、南京大学、东南大学、南京农业大学、中国药科大学、南京医科大学和南京工业大学等十家单位现有工程技术文献信息资源,并建立与与国家科技图书文献中心和长三角区域的文献信息资源共享合作,以共知共享共建的方式构建文献信息资源保障服务体系,联合向全省开放服务。

（二）资源构成

中心平台资源类型包括中外文的期刊、学位论文、会议论文、专利、图书、科技成果、法律法规、企业科技报告、标准等资源。包括的数据库资源有中国标准文献服务系统、中外专利全文数据库、读秀平台、CNKI中文期刊全文数据库、万方数据库资源系统、维普中文科技期刊数据库、国务院研究发展中心网、中国博士学位论文全文数据库、中国优秀硕士学位论文全文数据库、中国重要会议论文全文数据库、中外专利信息服务平台、江苏省标准化院中文标准检索、中国科学引文数据库（CSCD）、新兴市场信息（ISI EMIS）和Apabi年鉴资源数据库,此外中心平台还整合了国家科技图书文献中心（NSTL）—南京镜像的资源。

（三）服务项目

通过与十家共建单位的文献信息资源共建与共享,中心平台向全省范围,不区分企事业单位开展文献保障服务。

1. 文献服务　通过中心服务平台（http://portal.e-library.com.cn/）提供文献资源的检索、浏览服务,注册用户直接阅读电子图书、下载电子资源全文。对于较难获取的文献,用户可提出代查代借申请,获取全文传递服务。

2. 参考咨询　包括定题服务、收录引用和检索咨询。为企业提供和监测竞争对手信息及行业动态信息,定制智能化的信息推送服务系统;为企业的技术攻关以及新技术、新产品、新材料、新工艺、新设备、新流程的研制开发和应用提供国内外技术资料;通过对信息资源的重新组织、深度加工,为某个产品或某个行业,提供具有深度和广度的专题数据库,提供即时的、个性化的信息服务。

3. 资源报道　提供科技资源报道统计服务、科技发展前沿的跟踪服务以及决策研究,行业、重点产业的专题情报研究等信息服务,并提供资源推送订阅。

四、小结

无论是全国范围的还是地区内的信息资源共建共享体系,都是为了整合更多的资源,提供更全面广泛资源的保障,为用户利用资源提供便利的条件。

第十三节 全文获取

通过本书这七个章节的学习,我们可以总结出用户获取全文的信息来源包括多种途径:第一种途径:二次文献数据库,通过二次文献数据库的检索,获得题录和文摘资源,而通过二次文献数据库还提供题录对应的全文整合或链接,如 SinoMed 提供维普全文资源的整合、PubMed 和 Embase 提供对应的全文的多个数据库商地址链接。第二种途径:合适的全文数据库直接检索、下载和利用全文,如中文的 CNKI、维普、万方和本章前十一节所提到的各类型全文数据库,这类型的数据库可以直接获取全文,无需二次查找。第三种途径:公共搜索引擎也提供部分文献的全文链接,如谷歌学术(http://scholar.google.com/)和 Scirus(http://www.scirus.com/)。第四种途径:一站式检索平台,包括本书前面提到的读秀学术搜索和接下来阐述的 SwetsWise Linker。第五种途径:信息资源共建共享系统,见本章第十二节。

成立于 1901 年的荷兰 Swets 公司提供 SwetsWise 篇名检索和 SwetsWise Linker 电子期刊导航与链接两种西文资源整合共享平台。

一、SwetsWise 篇名检索

(一)概述

SwetsWise 收录了全世界四百多个出版社的两万余种文期刊的篇名目次(TOC)信息,期刊学科覆盖范围广泛,有理、工、医、农、人文社会各类学科。用户可以通过 SwetsWise(http://www.swetswise.com.cn/eAccess/searchArticles.do)平台论文检索(Article Search)查询所需的文章,如果用户所在图书馆有该篇文献的访问权,点击即可通过链接获得全文信息。

(二)检索方法

1. 论文检索(Article Search) 分为基本检索(Basic Search)和高级检索(Advanced Search),基本检索通过字段限定、学科分类、发表时间等内容查找所需要的论文,如果论文在用户所在图书馆购买的任意外文数据库中,即可点击链接,下载全文。高级检索通过更多条件的选择及限定,提供更加准确细致的查找途径,如图 7-13-1。

2. 内容检索(Content Search) 包括论文基本检索与高级检索(Article Search)、出版物浏览(Publication Search)、学科分类检索(Subject Search)、数据库检索(Database Search)和出版者检索(Publisher Search)。出版物浏览提供资源导航服务,all your publications 选项可以获得用户所在图书馆购买的西文期刊导航清单。通过学科分类检索(Subject Search)了解某一学科的资源清单。

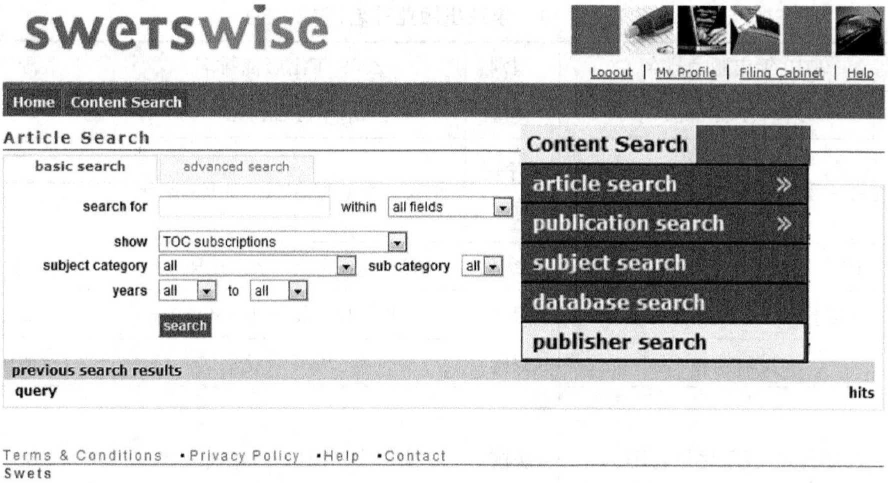

图 7‑13‑1　SwetsWise 篇名检索平台主页界面

二、SwetsWise Linker 电子期刊导航与链接

SwetsWise Linker 电子期刊导航与链接整合了图书馆馆藏纸本期刊、单本电子期刊、全文期刊数据库、文摘库、电子书、OA 期刊等资源，为用户一站式检索资源并同时获取全文提供了平台。同时，用户在文摘数据库中检索到的文章，可以通过 SwetsWise Linker 利用 DOI 号或 PMID 号直接链接到全文。电子资源导航可以提供电子期刊、电子书和会议录的查找浏览资源，按学科、DOI、PMID 查找浏览资源，电子资源链接提供从 OPAC、文摘库和 SwetsWise 篇名检索结果到全文的链接。

本章小结

本章节重点介绍了外文全文电子资源的来源，从电子期刊到电子图书、电子丛书，分布在不同的出版集团的电子数据库产品中获得所需要的生物医药类全文途径。美国《出版商周刊》(Publishers Weekly)2011 年 7 月 1 日发布的最新全球出版业强社年度统计排名——"2010 年全球出版巨头排名"，培生集团(Pearson)连续三年荣登榜首，励德·爱思唯尔(Reed Elsevier)和汤姆森—路透集团(Thomson Reuters)分列于第二名和第三名，荷兰威科(Wolters Kluwer)排名第四，威利(Wiley—Blackwell)排名第十三，施普林格(Springer)排名第十九。该出版产业全球排名由顾问公司 Ruediger Wischenbart 汇编，英国《书商》(The Bookseller)、法国《刊物》(Livres Hebdo)、德国《书业报告》(Buchreport)和美国《出版商周刊》(Publishers Weekly)联合出版。排名基于出版商自己报告的年度销售收入，仅包括图书、刊物和商业运作的专业信息数据库等"出版"部分的收入。根据 2009 年及 2010 年销售收入的前 20 名排名见表 7‑13‑1。

表 7-13-1 全球出版业排名(前 20 名)

排名	2010 年出版商排名	国别	2009 年出版商排名	国别
1	培生(Pearson)	英国	培生(Pearson)	英国
2	励德·爱思唯尔(Reed Elsevier)	英国/荷兰	励德·爱思唯尔(Reed Elsevier)	英国/荷兰
3	汤姆森·路透(Thomson Reuters)	加拿大	汤姆森·路透(Thomson Reuters)	加拿大
4	威科(Wolters Kluwer)	荷兰	威科(Wolters Kluwer)	荷兰
5	贝塔斯曼	德国	贝塔斯曼	德国
6	拉加代尔出版/阿歇特图书	法国	拉加代尔出版/阿歇特图书	法国
7	Planeta 集团	西班牙	麦格劳·希尔教育(McGraw-Hill Education)	美国
8	麦格劳·希尔教育(McGraw-Hill Education)	美国	Planeta 集团	西班牙
9	阿格斯蒂尼出版社(De Agostini Editore)	意大利	圣智学习出版公司(Cengage Learning)	加拿大/美国
10	霍兹布林克(Holtzbrinck)	德国	学乐集团(Scholastic)	美国
11	圣智学习出版公司(Cengage Learning)	加拿大/美国	霍兹布林克(Holtzbrinck)	德国
12	学乐集团(Scholastic)	美国	阿格斯蒂尼出版社(De Agostini Editore)	意大利
13	威利(Whiley)	美国	威利(Whiley)	美国
14	霍顿·米夫林·哈考特(Houghton Mifflin Harcourt)	美国	霍顿·米夫林·哈考特(Houghton Mifflin Harcourt)	美国
15	集英社(Shueisha)	日本	集英社(Shueisha)	日本
16	小学馆(Shogakukan)	日本	讲谈社(Kodansha)	日本
17	讲谈社(Kodansha)	日本	小学馆(Shogakukan)	日本
18	施普林格(Springer Science and Business)	德国	哈珀·柯林斯(Harper Collins)	美国
19	哈珀·柯林斯(Harper Collins)	美国	施普林格(Springer Science and Business)	德国
20	Informa	英国	Informa	英国

全文资源的利用最重要的是信息源的选择,这些具有悠久出版历史且实力雄厚的出版集团的电子产品分布了全世界绝大部分的主要生物医药资源,也涵盖了 Medline 收录期刊的绝大部分,是生物医药工作者、研究人员和师生查找和利用全文资源的良好信息源。同时,也可以看到医学电子资源多元化、多媒体化的发展,图片、FLASH、视频等资料充实到全文资源中的趋势。而在易用性方面,电子资源的使用突破了图书馆的围墙,修改化的服务突破了网络地址的限制,而现今电子资源的市场已经深入到了 PDA、IPHONE、ITOUTH 等随身携带的电子阅读器上,并能够通过互联网连接 Apple Store 等软件使用或购买,如 Elsevier 的 ScienceDirect、Wiley 等数据库都已经做到这一点。

(范晓磊)

思考题:
1. 什么是待刊文献?
2. 什么是信息资源共享?
3. 有哪些途径可以获取电子资源全文?

第八章 常用参考工具资源

参考工具,英文名为 reference books 或 reference works,是作为工具使用的一种特定类型的书籍。具体而言,它是根据一定的社会需要,以特定的编排形式和检索方法,为人们广泛汇集、迅速提供某方面的经过验证的浓缩的基本知识或知识线索,专供查考的特定类型的书籍如词典、手册、指南等工具书。

一般而言,参考工具具有以下特点:

1. 查考性:作者编写工具书的宗旨不像普通图书那样,供人们系统阅读,提供系统的知识,而是以其丰富的资料汇集供人们查考,解决疑难问题,提供知识和文献线索。如字典、词典仅供查找解决字、词的音、义、形的问题,年鉴、谱表专供查找知识线索。

2. 概述性:一部工具书,总是广采博收论据,旁征博引群书,力争做到简明、精确、广泛、概括,可为读者提供有关学科或某一事物的全面系统的梗概。

3. 易检性:工具书编写的格式(即体例)特殊,且都按照一定的检索层次性的序列编排起来,而普通图书一般按问题以及学科本身的系统分章节论述与编排。

参考工具书的作用则大体可归纳如下几个方面:解决疑难问题、指引门径、提供参考资料、节省时间精力。

参考工具书常用检索方法则有部首法、笔画笔顺法、号码法、音序法、分类法、主题法、时序法和地序法。

参考工具书因其选材、加工、编排方式不同,答疑解难的范围、角度和要求也不同,形成很多不同的类型。常见类型有字典、词典、百科全书、名录、年鉴、手册、图录以及表谱等。

参考工具书因其参考性、易检性、知识性、权威性等众多的优点而成为人们学习和研究不可缺少的助手,但传统印刷型工具书又因其体积大、利用相对困难等缺点,难以充分发挥它的作用。随着因特网的发展,网上涌现出越来越多的各种类型的网络版参考工具书,又称在线参考工具书或者虚拟参考工具书。

与传统的印刷型工具书相比,它具有下列许多特点。

1. 内容更丰富:电子资源存储量大,使电子参考资源比传统工具书的内容更加丰富。虽然一些电子版的工具书是以印刷版为基础,但它们不拘泥于印刷版的内容,而是在此基础上增加了许多新的内容,如增加新条目、检索途径、建立同因特网站点的链接、综合多种工具书的内容等。

2. 使用更方便:传统工具书虽然有众多编撰方法,但是具体到每一种工具书,因为工作量和篇幅的限制,一般是以某一种方法为主来编排正文,配以一两种其他辅助检索手段,这样,一种工具书的检索途径和方法也就两三种。而网络资源的检索则真正实现了方式的多样和便捷,不但可以实现关键词、单字等传统的检索,还可以实现真正的全文检索,并有高级检索功能,如逻辑检索、组合检索、模糊检索等,各查询窗口可以任意切换,实现了实时检索。

3. 数据更新周期短:电子参考工具可以随时增加新内容,打破了传统工具书不易更新的弊端。传统参考工具书一般不反映有争议性的问题,只反映比较成熟的论点、论断。特别是百科全书,因为卷帙浩繁,编修需要投入大量的人力、物力及较长的出版时间,因而难以及时反映最新的科研动向及发展情况。电子版的工具书则有效避免了这一弊端,可及时更新。

4. 资源具有共享性:图书馆文献资源共享借助网络终于得以实现。在因特网上,免费资源发展迅速,机构名录、地方年鉴、词典、百科全书等一般可免费使用,对于一些收费工具书网站,用户也可免费浏览其部分内容。

5. 界面友好:传统工具书一般需要掌握一定的检索方法,而网络工具书则基本上采用关键词检索方式,只需在检索框输入相应关键词进行检索,相关内容就会呈现在眼前,一般上网用户都会使用,不会产生陌生感。

第一节 词典

所谓词典,就是语词的读音、解义及其用法的工具书。汉语中,字典、词典有区别。字典是解释汉字的形、音、义及其用法的工具书;词典是解释词语的概念、意义及其用法的工具书。虽然二者有区别但不能断言分开。字典、词典的类型很多,仅从文种上划分有单种语言、双语及多种语言对照词典;从注释繁简、篇幅长短上区分,有词典、词汇;通常根据取材范围、编辑目的区分,有综合性、专业性、缩略语等类型。如《中华大字典》、《辞源》、《辞海》、《中国百科大辞典》、《牛津英语词典》等都属于综合性词典;《现代科学技术知识辞典》、《英汉科技大词库》、《汉英科技大辞典》、《农业辞典》、《英汉畜牧科技词典》、《英汉园艺学词典》等都属于专业性词典;《英汉缩略语词典》、《科技英文缩写词典》、《英汉农业缩略语词典》则属于缩略语类型的词典。

一、中文通用词典

(一)金山词霸

金山词霸是由金山公司推出的一款词典类软件,从 1997 年推出到目前为止,属于国内占有量较高的词典软件。金山词霸目前分为个人版、企业版还有手机版,并有在线翻译网站,官方网址为 http://www.iciba.com。

1. 个人版

金山词霸采用全新界面,并按照不同需求,分为几个版本,主要为金山词霸 2012 免费版,2010 牛津旗舰版以及 2010 牛津特惠版。

金山词霸免费版除原有功能外,新增海量词典,提供真人语音、屏幕取词等功能。

金山词霸 2010 牛津旗舰版收录全部 6 本牛津权威词典(《新牛津英汉双解大词典》、《新牛津美语大词典》、《牛津英语习语词典》、《牛津英语搭配词典》、《牛津英语同义词词典》和《牛津短语动词词典》),共有 98 个专业 147 本词典辞书,32 万纯正英美式真人发音,海量词库实时更新。

2010 牛津特惠版则收录 2 本牛津权威词典,涵盖 98 个专业 143 本词典辞书,32 万纯正英美式真人发音,海量词库实时更新。

金山词霸 2012 版见图 8-1-1。

图 8-1-1 金山词霸 2012 版

2. 企业版

金山词霸 2009 企业版是金山软件为企业级用户定制的产品,产品在技术上采用了领先的 C/S 应用模式,由企业服务器和金山词霸客户端组成,充分满足了企业对多用户统一管理的需求。客户端总计收纳词典 140 余本,收词总量 500 万条,例句 200 万余条,同时收录收纳 200 万条实用例句,覆盖法律、计算机、医学、生物、体育、机械、IT 互联网、地理、文学、社会等各专业学科,以及日常用语、新闻报道、文学作品、成语俚语等生活相关表达。内置全文翻译、网页翻译,支持中日英语言翻译。

3. 其他版本

此外,金山词霸针对不同操作系统平台,推出了 Mac OS X 版本以及手机版,充分满足各类人群的需求。

(二)有道词典

有道词典是网易有道推出的与词典相关的服务与软件(图 8-1-2)。按照服务类型的不同,分为桌面版、网络版和手机版。

1. 桌面版

有道词典的桌面软件被称为有道桌面词典,其官方下载地址为 http://cidian.youdao.com。

有道桌面词典采用了软件伴服务的方式:桌面端的软件只带有较小的词库,软件只负责一些必要的取词、弹出窗口和展示结果等功能;而相应的服务器端,则维护了海量的词典数据,同时负责智能取词、例句和百科的搜索等复杂的功能。最新版的桌面词典还集成了机器翻译功能。

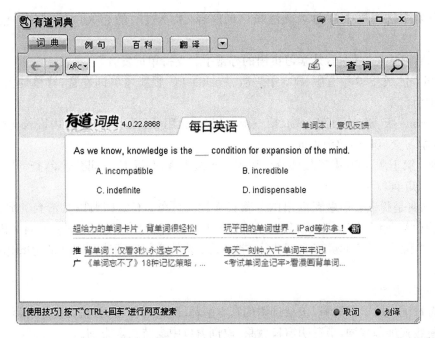

图 8-1-2　有道词典

有道词典支持中、英、法、日、韩五种语言，不仅提供常规的英汉、法汉、日汉、韩汉互译以及汉语词典和全文翻译的功能，还收录了各类词汇的网络释义、例句和百科知识。除此之外，有道词典的取词、划词还融合了"指点"释义，除了提供常规的翻译外，还会同时提供给用户更多资讯，包括新闻、影视资讯、百科、人物等。

有道词典提供网络释义、屏幕取词、速查功能、全文翻译、汉语词典、多语种查询、划词翻译、词组和同近义词和海量例句功能。

为了满足广大用户对整句翻译的需求，有道词典中集成了全文翻译功能。全文翻译系统采用了基于统计算法的机器翻译技术，与传统的规则翻译方法不同的是，这是通过汇集有道收录的数以亿计的中英文网页及文档，以整句为单位使用统计算法对原文进行多重模糊匹配，并结合语法规则进行优化与校正后得到的翻译结果，代表了目前机器翻译技术发展的方向。全文翻译支持中英、中日、中韩、中法互译。当输入一段文本后，程序会自动进行语言检测，也可以点击语言选择框自主选择翻译环境，点击"翻译"按钮即可查看翻译结果。

2. 网络版

有道词典的在线词典服务被称为有道海量词典，其网络地址为 http://dict.youdao.com。网络版基于有道搜索引擎后台的海量网页数据以及自然语言处理中的数据挖掘技术，大量的中文与外语的并行语料（包括词汇和例句）被挖掘出来，并通过网络服务及桌面软件的方式让用户可以方便地查询。

3. 手机版

有道词典的手机软件的官方下载地址为 http://m.youdao.com/help/cidian。

有道手机词典支持的机型包括：S60、Java ME、iPhone OS、Windows Mobile 以及 Android。其基本特点为：

- 内置超过 10 万中英文单词短句，无需上网即可轻松查词。支持即时提示。
- 在输入单词的前几个字母后，根据提示即可找到想要输入的单词。支持网络释义。

- 从数十亿网页中自动萃取最新单词解释,永不过时的超大网络词库。包含海量例句。
- 数百万中英文例句,是学习英语的好帮手。支持单词发音。
- iPhone 版、S60 第五版、S60 第三版、Pocket PC 版新增单词发音,背单词更有把握。内嵌长句翻译。
- iPhone 版、S60 第五版、S60 第三版、JAVA 通用版、Pocket PC 版内嵌长句翻译,方便英语的学习交流。摄像头查词。
- S60 第五版、S60 第三版部分机型支持摄像头查词,纸上单词随身译,查词更轻松。

（三）QQ 词典

QQ 词典是腾讯公司最新推出的一款桌面词典软件。QQ 词典以其清爽的界面、丰富的词库,提供海量词汇的丰富解释,包括词语的基本解释、网络解释和例句、百科等内容。同时,QQ 词典强大、灵活的屏幕取词功能,带来无干扰的全新取词感受。网址为 http://dict.qq.com。

QQ 词典功能有:
- 海量词汇的丰富解释,包括词语的基本解释、网络解释和例句、百科等内容。
- 便签式屏幕取词,半透明窗口效果,取词窗口中支持二次查询。
- 首页推送中国文化词汇,提供更好的文化翻译体验。
- 增强版词典,提供中英文各 100 万海量词库增强版,更大程度提升离线翻译体验。

（四）灵格斯词霸

灵格斯词霸(Lingoes)是一套免费的桌面字典/词典软件,软件首个版本于 2006 年 9 月 1 日发布。软件同时有不带词典文件及预带基础词典的版本,用户还可以自行下载其他附加词典。目前该软件支持的操作系统包括 WinME、Win2K、WinXP、Win2003、Vista 和 Windows 7,同时操作系统中 IE 内核的版本须在 6.0 以上。灵格斯词霸网址为 http://www.lingoes.cn。

特色:灵格斯词霸最初版本的主程序大小只有 1.5 MB,目前最新的 2.5.3 版主程序也仅有 3 MB,其中还内置了一部实用的英汉词典。软件包含了多语种词典支持,多语言多向翻译,词语索引列表,联机词典,游标屏幕取词,划词翻译,剪贴板取词,支持真人语音库,TTS(Text To Speech)语音合成引擎支持,全文翻译(智能识别语种)和热键控制自定义等功能。通过词典的配合,可以查询翻译全世界包括英语、法语、德语、俄语、西班牙语、葡萄牙语、意大利语、汉语(简体中文和繁体中文)、日语、韩语、越南语、瑞典语、阿拉伯语、土耳其语、波兰语及世界语等 80 种语言文字。

灵格斯可以让用户自主安装需要的词典,很多优秀的词典,如《牛津高级英语词典》、《牛津高级英汉双解词典》、《朗文当代英语词典》、《柯林斯高级英语学习者词典》、《现代英汉词典》、《英文同义词反义词辞典》、《高级汉语词典》、《中文同义词反义词辞典》等词典在很大程度上满足了用户学习英文的需求,是计算机用户不可或缺的辅助工具。

该词典具有主程序体积小,占用系统资源少,多语言词典,多向翻译,接口美观,词典开放式管理,免费使用等特色。

除了语言翻译,灵格斯还具有类似网络搜索的功能。通过内置的各种词典、百科全书和网络释义等工具,灵格斯可以提供比网络搜索更为精确的解释功能。

二、新编全医药学大词典

《新编全医药学大词典》原名《网际金典》,是北京金叶天盛科技有限公司于 1997 年研发而成,现在已经过数次大规模的改版升级,每次升级都给用户带来新的体验效果,大大提高了用户的忠诚度,是当今医药翻译软件产品的龙头,在国内医生桌面占有率达到了 80%。

作为国内第一款医学专业电子词典,《新编全医药学大词典》上市十年受到了医药卫生行业专业人员极大好评,北京金叶天盛科技有限公司于 2010 年 10 月推出最新版本——《新编全医药学大词典 2011》。主要特点为:

(一) 数据全面升级

1. 升级后总词汇量高达 400 万条,医学词汇 260 万条,通用词汇 140 万条。
2. 新添 10 万条医学双语例句。
3. 内含国家名词委员会 50 本数据以及 3 本权威医学术语词表。术语词表包括:MeSH 主题词、中医药主题词和 SINOMED 术语集。
4. 新增人名地名词典,涉及各国人名、地名及其简介。
5. 新增缩略语词典,涉及医学、分子生物、地区机构、商务等领域的缩略语。
6. 更新 2000 余份英文药品说明书,目前词典小药箱内包含 5000 份中文说明书和 2000 份英文说明书。

(二) 全新亮点功能

1. 多功能检索平台:集词典检索、例句检索、全文翻译和医脉通网站浏览于一身。
2. 词典实现了立体复合化检索:新增的"词罗盘"和"医学术语"功能分别以放射状环形图和树形结构图的形式将中西医术语间的关联关系展露无遗。
3. 鼠标指译和划词取词:多种屏幕取词模式,协助用户无障碍阅读英文资料。
4. 背单词:时尚的桌面模式,让背单词不再枯燥。
5. 词汇每日升级:社会变化、科技发展使得新词锐词频出,联网状态下系统会自动提示今日更新的词条。
6. 我的足迹:分类记录检索足迹,方便重新查看检索结果。
7. 自动换肤:新颖别致的实用功能,搭配时尚元素的色彩变化带来全新的视觉感受。

(三) 操作环境

操作系统:中英文 Windows2000/XP/2003/Vista/Win7。

三、国外英语词典

(一) 牛津英语词典

《牛津英语词典》(Oxford English Dictionary,简称 OED)是由牛津大学出版社出版的词典,被视为最全面和权威的英语词典。目前,该词典收录了 35 500 主词汇,字母数目达 35 000 万个,词典收录的词汇达到 616 500 个。另外,词典共列出 137 000 条读音、249 300 个词源、577 000 个互相参照和 2 412 400 句例子。

2000 年 3 月,词典的网络版(OED Online)开始提供订阅,并每季进行修订,网址为 http://www.oed.com。目前提供的为《牛津英语词典》第三版。

鉴于印刷版销售额逐年下降,而在线阅读的需求日益增长,《牛津英语词典》预计从第四版起将停止推出印刷版,全部改为网上付费阅读。

牛津词典网站见图 8-1-3。

图 8-1-3　牛津词典网站首页

(二) 梅里亚姆-韦伯斯特

梅里亚姆-韦伯斯特公司(Merriam-Webster,也译作"梅里厄姆-韦伯斯特")是美国权威的辞书出版机构,它出版的书籍——尤其是词典,在中文里往往被称作"韦氏词典"。梅里亚姆-韦伯斯特公司的印刷或电子出版物中包括著名的《韦氏大学词典》系列(Merriam-Webster's Collegiate Dictionary,这个系列的词典为美国最常用的案头参考书籍),《韦氏新国际英语词典》系列(习称"韦氏大词典",Webster's New International Dictionary)。

《韦氏大学词典》深得美国人青睐,主要因为它具有 150 年历史,数代美国人在它的哺育下长大,它在美国的地位相当于中国的《新华字典》。曾经有人这么评论过:"韦氏词典是划时代的,它的出现标志着美语体系的独立。"韦氏大学词典目前已发展到第 11 版,是美国大学中通用的词典之一,受到大学生的普遍欢迎。第 11 版收词 22.5 万条,词义 20 余万条,提供词的产生年代,具有实用性和可读性,多义词按年代顺序排列,并增加用法说明,是韦氏词典各版中使用面最广泛的词典。

1997 年《梅里亚姆-韦伯斯特词典》开始提供在线查询(http://www.merriam-webster.com),可以向读者提供免费查询词义的服务。

四、小结

词典的类型多种多样,用户可以根据自己的需求来进行选择。如果是通用型,可以使用金山词霸一类的软件,如果是医学用途,《新编全医药学大辞典》则是最好的选择,英英翻译则以国外词典为宜。值得注意的是,各大词典纷纷推出网络版,用户也可用浏览器直接访问使用。

第二节 百科全书

"百科全书"一词源于希腊文 enkyklios(范围)和 paideia(普通教育)二词,经过词衍义,演化为"诸科学问之总汇"或"知识分类概要"。英文的"百科全书"一词源于希腊文,称为 encyclopedia。

所谓百科全书即是百科知识的总汇。"百科"指众多学科,"全"是指系统、完整之意,它包括自然和社会科学各个领域最全面、最系统的知识,它是一种大型的综合性工具书。

实际上百科全书是人类知识的结晶,多采用条目形式对各个学科知识的定义、概念、原理、方法、历史和现状等作出符合其实际面貌、内容的解释和叙述,对一些内容丰富、历史悠久、影响深远的课题,则可用上数页,数十数百页的篇幅专文论述。百科全书备有完善的检索体系,读者能够迅速而准确的查获答案。其中,我国古代"类书"也属此类。百科全书一般在 10 卷左右称为"百科全书",20 卷以上者称为"大百科全书"。就其收录范围、学科性质和通俗程度,可分为综合性、专业性和通俗性三种百科全书,通俗性百科全书如《旅游百科全书》等,这里仅将综合性、专业性百科全书作以介绍,如:《永乐大典》、《古今图书集成》、《中国大百科全书》、《大英百科全书》、《苏联大百科全书》、《麦克劳希尔科学技术百科全书》、《食品科学百科全书》、《现代管理百科书》等属于此类。

一、中国大百科全书

《中国大百科全书》由中国大百科全书出版社出版,是一部全面介绍人类各门学科知识的综合性百科全书。

1978 年,国务院决定编辑出版《中国大百科全书》,并成立中国大百科全书出版社,负责此项工作。此后,《中国大百科全书》第一版的各分卷陆续出版,至 1993 年,全书所有学科 74 卷出齐。

《中国大百科全书(第二版)》则由国务院批准于 1995 年 12 月正式立项,于 2009 年正式完成。

除了一般的纸质版本外,《中国大百科全书(第二版)》也提供了网络版本,其数据来源于专业权威的《中国大百科全书》和中国百科术语数据库,内容浩瀚、功能强大、操作简便。

《中国大百科全书》网络版的数据共分为下列五大学科领域。

哲学社会科学:包括财税金融、法学、经济学、军事、考古学、民族、外国历史、哲学、宗教等。

文学艺术:包括电影、美术、外国文学、戏剧、戏曲曲艺、音乐舞蹈、中国文学等。

文化教育:包括教育、体育、图书馆、博物馆、新闻出版、语言文学等。
自然科学:包括地理学、地质学、化学、环境科学、力学、心理学、中国传统医学等。
工程技术:包括电工、电子学与计算机、纺织、航空航天、建筑园林、交通等。

《中国大百科全书》网络版网址为 http://ecph.cnki.net,其检索引擎为著名的中文检索软件 TRS,使多个读者可以同时在线检索使用,通过不同的检索途径获得所需要的信息,其主要特色为:

- 提供多卷检索、条目顺序检索、条目分类检索、全文检索、组合检索和逻辑检索等功能;
- 设有热链接,方便读者查询相关性信息的内容;
- 设有大事年表,收录了各学科具有重大历史意义的事件;
- 可以直接复制内容资料,方便用户使用;
- 设置条目文字及图片内容的打印功能。

此外,中国大百科全书出版社将定期为用户提供具有准确性、权威性的更新资料数据,使产品更具数字化特性。

二、国外百科全书及网络版

(一) 不列颠百科全书

诞生于 1768 年的 Encyclopedia Britannica(中文译名《不列颠百科全书》,又称《大英百科全书》,简称 EB),历经两百多年修订和再版,发展成当今享有盛誉的 32 册百科巨著。不列颠百科全书由世界各国、各学术领域的著名专家学者(包括众多诺贝尔奖得主)为其撰写条目。该书囊括了对人类知识各重要学科的详尽介绍和对历史及当代重要人物、事件的详实叙述,其学术性和权威性为世人所公认。

不列颠百科全书公司 1994 年推出了 Britannica Online(《不列颠百科全书》网络版),是国际因特网上的第一部百科全书。世界各地的用户都可通过网络查询不列颠百科全书的全文。不列颠百科全书公司以其强大的内容编辑实力及数据库检索技术,成为全球工具书领域的领航者。2012 年 3 月,不列颠百科全书公司宣布放弃印刷版,全面转向电子化。

目前,《不列颠百科全书》网络版已被世界各地的高等院校、中小学、图书馆及政府机构等普遍应用于教学和研究中,是世界上使用最广泛的电子参考工具之一。除印刷版的全部内容外,《不列颠百科全书》网络版还收录了最新的修订和大量印刷版中没有的文字,可检索词条达到 100 000 多条,并收录了 24 000 多幅图例、2 600 多幅地图、1 400 多段多媒体动画音像等丰富内容。不列颠百科全书公司还精心挑选了 120 000 个以上的优秀网站链接,从而拓宽了知识获取渠道。可以说,《不列颠百科全书》网络版是人们必备的学习和研究工具(图 8-2-1)。

《不列颠百科全书》网络版网址为 http://www.eb.com,该网络版为付费使用,购买后方可获得使用权,目前包含了所有不列颠百科全书公司出版的参考工具书,主要有:

Encyclopedia Britannica——《不列颠百科全书》完整版;

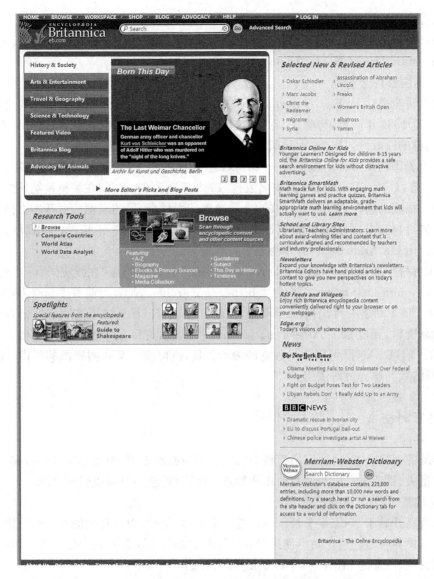

图 8-2-1 不列颠百科全书

　　Britannica Students,Elementary,and Concise Encyclopedias——《不列颠百科全书》学生版、初级版及简明版,各种不同的版本适合各个层次读者的需求;

　　Merriam-Webster's Collegiate Dictionary and Nesaums——韦氏大词典及英语同义词字典;

　　World Atlas——交互式世界地图全集,收录超过 215 个国家,同时链接地图、国旗及各国统计资料;

　　Britannica Books of the Year——《不列颠百科全书》精选年度参考书;

　　Related Website——相关参考网络资源,有超过 200 000 个以上的优秀网站链接,这些资源是由 EB 作者群精心挑选出来的;

　　Britannica Spotlights——不列颠百科独家收录的特殊主题深度介绍,内容不断增加;

　　Timelines——大事纪年表,按 14 个主题线索展开纪年,涵盖文学、艺术、科学、技术、环境、建筑、探索、生态、少儿、体育、音乐、医学、宗教、女性和日常生活。

另外,该网站收录超过 124 000 篇文章、23 000 篇传记,可连接 150 余种在线杂志与期刊,如 Education Digest、Soccer Digest、USA Today Magazine 等。

（二）美国百科全书

美国百科全书(The Encyclopedia Americana,简称 EA),是标准型综合百科全书。EA 于 1829 年至 1833 年问世,初版 13 卷,是美国出版的第一部大型综合性百科全书,在英语百科中,其内容的权威性仅次于《不列颠百科全书》。

该书由美国四大百科出版商之一 Grolier 公司出版。《美国百科全书》经多次修订、补充,1912 年曾以 The Americana 的书名发行,1918 年至 1920 年间,在编辑赖纳斯的主持下,进行了较大幅度的增补,扩充到目前的 30 卷,《美国百科全书》的篇幅此后基本上固定下来。以后,《美国百科全书》采用连续修订制来更新其内容,并从 1923 年起,每年出版《美国百科年鉴》(Americana Annual)一卷,作为全书的补编。

《美国百科全书》1995 年版有 CD-ROM。1996 年推出网络版《在线美国百科全书》(Encyclopedia Americana Online),网址为 http://go.grolier.com,目前有 2 500 万字,45 000 条目,提供了 6 100 条书目,图表 1 000 幅,地图 984 幅,15 万个链接连通 3 万余百科条目。为了包括新资料,还收录了 Americana Journal 和《华尔街日报年鉴》(Wall Street Journal Almanac)。信息丰富,既可以作为独立的参考工具,也可视为互联网资源的指南。《美国百科全书》网络版同样为付费使用。

三、网络百科全书

与传统的百科全书相比,网络百科全书往往不由权威专家,而由志愿者进行编辑。由于其词条数量大、更新迅速以及免费使用等特点,网络百科全书目前也受到青睐。

（一）维基百科(Wikipedia)

维基百科开始于 2001 年 1 月 15 日,是一个自由、免费、内容开放的百科全书协作计划,参与者来自世界各地。这个站点使用 Wiki 系统,大部分页面都可以由任何人使用浏览器进行阅览和修改,网址为 http://www.wikipedia.org。

Wiki 一词来源于夏威夷语的"wee kee wee kee",原本是"快点快点"的意思。在这里 Wiki 指一种超文本系统。这种超文本系统支持面向社群的协作式写作,同时也包括一组支持这种写作的辅助工具。可以在 Web 的基础上对 Wiki 文本进行浏览、创建、更改,而且创建、更改、发布的代价远比 HTML 文本为小;同时 Wiki 系统还支持面向社群的协作式写作,为协作式写作提供必要帮助。与其他超文本系统相比,Wiki 有使用方便及开放的特点,所以 Wiki 系统可以帮助读者在一个社会网络内共享某领域的知识。

维基百科本身有三个引人注意的特点,正是这些特点使维基百科与传统的百科全书有所区别:

首先,维基百科将自己定位为一个包含人类所有知识领域的百科全书,而不是一本词典。其次,计划本身也是一个 Wiki,这允许了大众的广泛参与。维基百科是第一个使用 Wiki 系统进行百科全书编撰工作的协作计划。还有一个重要的特点,那就是维基百科是一部内容开放的百科全书,内容开放的材料允许任何第三方不受限制地复制、修改,它方便不同行业的人士寻找知识。

（二）百度百科

百度百科是百度公司推出的一部内容开放、自由的网络百科全书，其测试版于 2006 年 4 月 20 日上线，正式版在 2008 年 4 月 21 日发布。百度百科旨在创造一个涵盖各领域知识的中文信息收集平台。百度百科首页为 http://baike.baidu.com。

百度百科的全部内容对所有互联网访问用户开放浏览。词条的创建和编辑只能由注册并登录百度网站的百度用户参与，用户不可匿名编写词条。

百度百科所含内容的基础分割单位是词条。一个词条由下面若干部分组成。

百科名片：分为词条概述和基本信息栏两部分。词条概述是对一个词条所对内容的概括性描述，由 250 字以内的文字叙述和一幅插图组成，必要时，文字中可以插入内链；基本信息栏是一个以表格形式，对单义项的名词类词条所特指事物的基本信息进行归纳整理的、独立于词条正文的信息模块。百科等级达到 4 级、词条审核通过率达到 85% 的用户有权限编辑百科名片。

词条正文：是词条的主体部分多张标注 20 字内描述的插图。当词条内容较多时，各个方面的信息需用一级标题进行梳理和划分。二级标题则是对一级标题下内容的再划分。使用多个段落标题的词条，在正文上方会出现目录模块，对文中的段落标题进行索引。用户点击目录即可直接到达相应段落的内容（一级目录、二级目录最多不可以超过 40 字）。

参考资料：词条中引用的有公信力且可供查证的资料，包括书籍、论文、杂志、网络资源等，一般情况下，非官方的博客以及各种论坛、贴吧不适合作为信息的参考来源。

开放分类：指用户根据词条的不同属性而自主添加、修改的分类关键词，最多设置五个。

相关词条：与当前词条具有较为紧密的横向关联的词条的列表，旨在使用户的阅读更具连续性，进一步了解与该词条相关的知识。

扩展阅读：百度百科中的"扩展阅读"，就是以该词条为中心，扩展到相关作品或词条的阅读。扩展阅读作为原词条精读和略读的补充，可以拓展阅读者的思维，扩大阅读者的视野，便于加强本词条与其他词条和学科的联系。使所学的知识网络化、立体化、综合化，并且，可以在知识的相互比较、补充、融会贯通和重新构建中，使阅读者开拓思路，涌现创意。

百度百科中的"扩展阅读"，可以不与正文中的内容一一对应，用于填写与词条内容纵向、横向相关的扩展性内容，方便浏览词条的用户丰富知识。"扩展阅读"这个全新的模块，必须放置在词条正文的最下部。

百度百科收录的内容包括具体事物、知名人物、抽象概念、文学著作、热点事件、汉语字词或特定主题的组合，例如："花"、"中国"、"百子论文"、"唯物主义"、"2008 年北京奥运会"。一般而言，词条需有一个单一的主题；若多个事物有相同的名称，重名事物需在以该名称命名的词条中分不同段落阐释。

四、小结

百科全书一般而言可分为传统式和网络百科式，传统式如《不列颠百科全书》主要由出版社选择的专家编撰，权威性较高，但更新速度慢。网络百科式则由互联网用户撰写，特点在于更新速度快，由于采用共同撰写的方式，需要注意其中的不完善甚至谬误之处。

第三节 药典

药典,英文名为 pharmacopoeia,是一个国家记载药品标准、规格的法典,一般由国家药品监督管理局主持编纂、颁布实施,国际性药典则由公认的国际组织或有关国家协商编订。制定药品标准对加强药品质量的监督管理、保证质量、保障用药安全有效、维护公民健康起着十分重要的作用。

药品标准是药品现代化生产和质量管理的重要组成部分,是药品生产、供应、使用和监督管理部门共同遵循的法定依据。药品质量的内涵包括三方面:真伪、纯度、品质优良度。三者的集中表现是使用中的有效性和安全性。因此,药品标准一般包括以下内容:法定名称、来源、性状、鉴别、纯度检查、含量(效价或活性)测定、类别、剂量、规格、贮藏和制剂等。

药典是从本草学、药物学以及处方集的编著演化而来。中国最早的药物典籍,比较公认的是公元659年唐代李淳风、苏敬等22人奉命编纂的《新修本草》。全书54卷,收载药物844种,堪称世界上最早的一部法定药典。15世纪印刷术的进步促进了欧洲近代药典编纂的发展。许多国家都相继制定各自的药典。1498年由佛罗伦萨学院出版的《佛罗伦萨处方集》,一般视为欧洲第一部法定药典。其后有不少城市纷纷编订具有法律约束性的药典。其中纽伦堡的瓦莱利乌斯医生编著的《药方书》赢得了很高的声誉,被纽伦堡当局承认,被定为第一本《纽伦堡药典》于1546年出版。到20世纪90年代初,世界上至少已有38个国家编定了国家药典。另外,尚有区域性药典3种及世界卫生组织(WHO)编订的《国际药典》。

一、中国药典

中国药典始自1930年出版的《中华药典》。1949年中华人民共和国成立后,已编订了《中华人民共和国药典》(简称《中国药典》)1953年、1963年、1977年、1985年、1990年、1995年、2000年、2005年、2010年版共九个版次。

1951年在北京召开第一届中国药典编纂委员会第一次全体会议,会议对药典的名称、收载品种、专用名词、度量衡问题以及格式排列等做出决定。第一部《中国药典》1953年版由卫生部编印发行。1953年版药典共收载药品531种,其中化学药215种,植物药与油脂类65种,动物药13种,抗生素2种,生物制品25种,各类制剂211种。药典出版后,于1957年出版《中国药典》1953年版第一增补本。

1965年1月26日卫生部公布《中国药典》1963年版,并发出通知和施行办法。1963年版药典共收载药品1310种,分一、二两部,各有凡例和有关的附录。一部收载中医常用的中药材446种和中药成方制剂197种;二部收载化学药品667种。此外,一部记载药品的"功能与主治",二部增加了药品的"作用与用途"。

1979年10月4日卫生部颁布《中国药典》1977年版,自1980年1月1日起执行。1977年版药典共收载药品1925种。一部收载中草药材(包括少数民族药材)、中草药提取物、植物油脂以及一些单味药材制剂等882种,成方制剂(包括少数民族药成方)270种,共1152种;二部收载化学药品、生物制品等773种。

《中国药典》1985年版于1985年9月出版。1986年4月1日起执行。该版药典共收载药品1489种。一部收载中药材、植物油脂及单味制剂506种,中药成方207种,共713种;

二部收载化学药品、生物制品等776种。1987年11月出版《中国药典》1985年版增补本,新增品种23种,修订品种172种,附录21项。1988年10月,第一部英文版《中国药典》1985年版正式出版。同年还出版了药典二部注释选编。

1990年12月3日卫生部颁布《中国药典》1990年版,自1991年7月1日起执行。这版药典分一、二两部,共收载品种1 751种。一部收载784种,其中中药材、植物油脂等509种,中药成方及单味制剂275种;二部收载化学药品、生物制品等967种。

《中国药典》1995年版自1996年4月1日起执行。这版药典收载品种共计2 375种。一部收载920种,其中中药材、植物油脂等522种,中药成方及单味制剂398种;二部收载1 455种,包括化学药、抗生素、生化药、放射性药品、生物制品及辅料等。一部新增品种142种,二部新增品种4种。二部药品外文名称改用英文名,取消拉丁名;中文名称只收载药品法定通用名称,不再列副名。

《中国药典》2000年版于1999年12月经第七届药典委员会常务委员会议审议通过,报请国家药品监督管理局批准颁布,于2000年1月出版发行,2000年7月1日起正式执行。2000年版药典共收载药品2 691种,其中一部收载992种,二部收载1 699种。一、二两部共新增品种399种,修订品种562种。这版药典的附录作了较大幅度的改进和提高,一部新增附录10个,修订附录31个;二部新增附录27个,修订附录32个。二部附录中首次收载了药品标准分析方法验证要求等六项指导原则,对统一、规范药品标准试验方法起指导作用。现代分析技术在这版药典中得到进一步扩大应用。

《中国药典》2005年版经过第八届药典委员会执行委员会议审议通过,于2005年1月出版发行,2005年7月1日起正式执行。本版药典收载的品种有较大幅度的增加。共收载3 214种,其中新增525种。药典一部收载品种1 146种,其中新增154种、修订453种;药典二部收载1 967种,其中新增327种、修订522种;药典三部收载101种,其中新增44种、修订57种。本版药典收载的附录,药典一部为98个,其中新增12个、修订48个,删除1个;药典二部为137个,其中新增13个、修订65个、删除1个;药典三部为140个,其中新增62个、修订78个、删除1个。

2010版《中国药典》于2010年7月1日正式实施。《中国药典》2010年版收载的品种达到了基本覆盖《国家基本药物目录》的品种。该版《中国药典》收载品种总计4 567个,其中新增品种1 386个,新品种增幅达43%,修订幅度达70%,均为有史以来最高水平。其中,一部中药新增品种占《中国药典》2010年版(一、二、三部)(中药、化学药、生物制品)全部新增品种总数的73.5%,为《中国药典》2005年版(一部)收载总数的88.9%,中药品种收载数量几乎翻了一番,尤其是新增了长期以来欠缺国家标准的中药饮片标准,中药饮片标准达到822种。

下面是2010版《中国药典》的主要内容。

(一) 凡例:名称与编排、检验方法与限度、标准品、对照品、精确度。

(二) 正文:名称(英文和汉语拼音)、结构式、性状、鉴别、检查、含量测定、类别、贮藏、制剂等。

(三) 附录:制剂通则、检测方法和指导原则、滴定液的配制与标定等。

(四) 索引:一部,中文、汉语拼音、拉丁名、拉丁学名;二部,中文索引、英文索引;三部,中文索引、英文索引。

二、国外药典

（一）美国药典

美国药典/国家处方集（U. S. Pharmacopeia/National Formulary，简称 USP/NF）。由美国政府所属的美国药典委员会（The United States Pharmacopeial Convention）编辑出版。USP 于 1820 年出第一版，1950 年以后每 5 年出一次修订版。NF1883 年第一版，1980 年 15 版起并入 USP，但仍分两部分，前面为 USP，后面为 NF。

美国药典正文药品名录分别按法定药名字母顺序排列，各药品条目大都列有药名、结构式、分子式、CAS 登记号、成分和含量说明、包装和贮藏规格、鉴定方法、干燥失重、炽灼残渣、检测方法等常规项目，正文之后还有对各种药品进行测试的方法和要求的通用章节及对各种药物的一般要求的通则。可根据书后所附的 USP 和 NF 的联合索引查阅本书。

现以 2009 年 USP 32-NF 27 为例介绍，该版收载了 4 303 项各论、220 多种检验方法。USP 32-NF 27 的印刷版以三卷一套的形式出版。第 1 卷包括总目录、序言部分、USP 凡例、USP 通则、试剂、指示剂和溶液、参考图表、食品补充剂；NF 27 凡例、NF 27 各论和 USP 32-NF 27 完整索引；第 2 卷包括总目录、USP 凡例、USP 各论 A-L 和 USP 32-NF 27 完整索引；第 3 卷包括总目录、USP 凡例、USP 各论 M-Z 和 USP 32-NF 27 完整索引。目前最新版本为 USP 35-NF 30 第二增补版，发表日期为 2012 年 5 月 31 日。

除了印刷版，USP-NF 还发行电子版。最早的 USP-NF 电子版是 1992 年的软盘 DOS 版本，光盘版则是在 1994 年 6 月出版。1997 年 2 月，Windows 操作系统取代了 DOS 操作系统。从 2000 年 USP24-NF 19 开始，美国药典委员会在发行其印刷版的同时，还发行光盘版。除此之外，还有网络版地址为 http://www.usp.org。

对于在美国制造和销售的药物和相关产品而言，USP-NF 是唯一由美国食品药品监督管理局（FDA）强制执行的法定标准。此外，对于制药和质量控制所必需的规范，例如测试、程序和合格标准，USP-NF 还可以作为明确的逐步操作指导。

（二）英国药典

英国药典（British Pharmacopoeia，简称 BP）是英国药品委员会正式出版的英国官方医药产品与药物标准集，是英国制药标准的重要资源，也是药品质量控制、药品生产许可证管理的重要依据。该药典囊括了几千篇颇有价值的医学专题论文，其中有几百篇是医学新论。它不仅为读者提供了药用和成药配方标准以及公式配药标准，而且也向读者展示了所有明确分类并可参照的欧洲药典专著。对于制药厂和化学工业、政府管理者、医学研究院及学习制药的学生都是一部必不可少的工具书。

英国药典 2012 版法定生效时间为 2012 年 1 月 1 日。与本版同时发行的还有英国药典（兽药）2012 版，此外还有第 7 版欧洲药典以及增补版 7.2，BP 的使用者可以方便地在本版中找到相关内容。英国药典 2012 版包括 CD-ROM 和网络版。每年一月、四月和七月，BP 的相关内容会与欧洲药典同步更新。

与之相关的网站有两个，其中一个是 http://www.pharmacopoeia.gov.uk，功能包括增加 BP 责任人的信息，提高 BP 调整的透明度，并为使用者提供政策服务。另外一个网站是 http://www.pharmacopoeia.co.uk。为使用者提供 BP 和 BP（兽药）的在线查阅服务以及链接和英国批准药物的名称的补充等内容。

(三) 欧洲药典

欧洲药典(European Pharmacopoeia)为欧洲药品质量检测的唯一指导文献,由欧洲药品质量管理局(EDQM)负责出版和发行。欧洲药典第7版为欧洲药典最新版本,2010年7月出版,2011年1月生效。网址为 http://www.edqm.eu/en/Homepage-628.html。

欧洲药典第7版包括两个基本卷,以后在每次欧洲药典委员会全会做出决定后,通过非累积增补本更新,每年出3个增补本。第7版累计共有8个非累积增补本(7.1—7.8)。EDQM网站上提供了一张表格,介绍出版的时间表以及执行的日期。最初的两卷包括第7版完整的内容,以及欧洲药典委员会在2009年12月全会上通过或修订的内容,共收载了2 130条个论,330条含插图或色谱图的总论,以及2 457种试剂的说明。变化的内容(插入或删除的内容)在页边标注出。

自2011年1月起,在欧洲药典成员国,包括欧盟国家,将执行第7版并取代第6版。欧洲药典有英文版与法文版,英语与法语是欧洲委员会的官方语言。欧洲药典有印刷版、USB版和网络版。

《欧洲药典》的基本组成有凡例、通用分析方法(包括一般鉴别实验,一般检查方法,常用物理、化学测定法,常用含量测定法,生物检查和生物分析,生药学方法),容器和材料、试剂、正文和索引等。

《欧洲药典》正文品种的内容包括:品名、分子结构式、CA登记号、化学名称及含量限度、性状、鉴别、检查、含量测定、贮藏、可能的杂质结构等。

(四) 日本药典

日本药典(The Japanese Pharmacopoeia,JP),又名:日本药局方。由日本药局方编辑委员会编纂,日本厚生省颁布执行。分两部出版,第一部收载原料药及其基础制剂,第二部主要收载生药、家庭药制剂和制剂原料。

2011年,日本厚生劳动省制定了日本药典第16版,其英文版本下载网址为 http://jp-db.nihs.go.jp/jp16e。

三、小结

药典的重要特点是它的法定性和体例的规范化,这是读者在查找和使用各国药典中尤其需要重视的。除此之外,各国药典根据国情不同,对相同药物往往有不同的规定,使用中应酌情考虑。

第四节 年鉴、手册

年鉴又称年报、年刊,是一种每年一期的连续出版的工具书。它以当年政府公报和文件,以及国家重要报刊的报道和统计资料为依据,及时汇集了一年内的社会科学和自然科学等领域的重大事件、重要时事文献、科学技术的新进展和统计数据,有些还附有大量图表和插图等。年鉴编辑单位具有一定权威性,多为政府有关部门、学术团体或研究机构,也有由报社编辑部门或大百科全书出版社编辑出版的。

年鉴可以说是大百科全书的补充。大百科全书篇幅浩大,内容极其丰富,尽可能反映出科技发展的新水平、新成就,但是,由于出版周期过长,如一部全书至少要八至十年才能修订完，因此，为了适应这一发展趋势，弥补缺陷，大百科全书编辑部门都按年编辑出版年鉴。年鉴就其编辑内容、性质和用途可分为记事、综述和统计年鉴，就其取材范围又可分为综合性、专门性和区域性年鉴。

手册的名称很多，有指南、便览、要览、一览、宝鉴、必备、大全、全书等。不管名称如何，它们都是汇集某一方面的重要文献和基本知识，专供经常翻查文献的随身备用的参考工具书。手册编排体例简便、易查，一般以分类排列，近代手册都附有字顺索引。

手册的主编人员大多是专业知识造诣很深的科学家或职业作家。手册属于二、三次文献。但是有的手册还包括了作者的直接经验和科研工作的结晶，因而还具有一次文献的性质。随着科学技术的不断发展，作者必须及时增删，选用时必须择优录用，注意版次。

一、年鉴

（一）中国年鉴网络出版总库

中国年鉴网络出版总库由中国学术期刊（光盘版）电子杂志社出版，网址为 http://acad.cnki.net/Kns55/brief/result.asp x？dbPrefix＝CYFD。

中国年鉴网络出版总库是目前国内最大的连续更新的动态年鉴资源全文数据库。内容覆盖基本国情、地理历史、政治军事外交、法律、经济、科学技术、教育、文化体育事业、医疗卫生、社会生活、人物、统计资料、文件标准与法律法规等各个领域。

数据库目前收录了中国国内的中央、地方、行业和企业等各类年鉴的全文文献，共 2 200 种、15 876 本、13 188 483 篇。

专辑收录年限为 1912 年至今，专题分为：

1. 年鉴内容按行业分类可分为地理历史、政治军事外交、法律、经济总类、财政金融、城乡建设与国土资源、农业、工业、交通邮政信息产业、国内贸易与国际贸易、科技工作与成果、社会科学工作与成果、教育、文化体育事业、医药卫生和人物等十六大行业。

2. 地方年鉴按照行政区划分类可分为北京市、天津市、河北省、山西省、内蒙古自治区、辽宁省、吉林省、黑龙江省、上海市、江苏省、浙江省、安徽省、福建省、江西省、山东省、河南省、湖北省、湖南省、广东省、广西壮族自治区、海南省、重庆市、四川省、贵州省、云南省、西藏自治区、陕西省、甘肃省、青海省、宁夏回族自治区、新疆维吾尔自治区、香港特别行政区、澳门特别行政区、台湾省共 34 个省级行政区域。

此外，读秀数据库中提供部分年鉴全本的阅读。

（二）Gale Virtual Reference Library

Gale Virtual Reference Library 是全球最大的虚拟参考工具书数据库。涵括 4 000 多种参考工具书，提供超过 277 万篇文章，每篇文章提供 HTML 和 PDF 格式，并提供全球通用的引用信息。数据库收录了 Elsevier，Springer，John Wiley，SAGE 等著名出版社出版的参考工具书。检索的文章可以翻译成 8 种国家的语言，其中包括中文。涵盖范围包括艺术、传记、商业、教育、环境、一般参考书、历史、信息及出版、法律、图书馆学、文学、医学、文化研究、国家和世界、宗教、自然科学、社会科学、科技技术。大部分的参考工具书都是在世界范围内获奖的参考工具书，具有非常大的权威性和通用性。网址为 http://www.gale.cengage.com/servlet/GvrlMS。

二、手册

(一) Sigma-Aldrich 手册

Sigma-Aldrich 数据库是一种可检索数据库,可通过产品名称、全文、分子式、CAS 登记号等进行检索,检索的结果包括产品名称、登记号、分子式、相对分子质量、贮存温度、纯度、安全数据等。但如果需要查阅 MSDS(Material Safety Data Sheet,即"化学品安全说明书"、亦可译为"化学品安全技术说明书"或"化学品安全数据说明书"),需注册。在欧洲国家,MSDS 也被称为安全技术/数据说明书 SDS(Safety Data Sheet)。国际标准化组织 ISO11014 采用 SDS 术语,然而美国、加拿大、澳洲以及亚洲许多国家则采用 MSDS 术语。MSDS 是化学品生产或销售企业按法律要求向客户提供的有关化学品特征的一份综合性法律文件。它提供化学品的理化参数、燃爆性能、对健康的危害、安全使用贮存、泄漏处置、急救措施以及有关的法律法规等十六项内容。网址为 http://www.sigmaaldrich.com/chemistry/aldrich-chemistry/aldrich-handbook.html。

(二) Merck 系列手册

Merck Index 中文名为《默克索引》,1889 年首版。报道 1 万余种常用化学品、药品、生物试剂的资料,记录的内容包括:分子式和相对分子质量、标准化学名称(包括 CAS 采用的名称)、普通名称和俗名、商标及其拥有者、公司代码、CAS 登记号、物理和毒理数据、治疗应用、商业应用等。文献类型包括化学文献、生物医学文献和专利文献。对制药行业具有一定的参考价值。最新版为 2006 年的 14 版。网址:http://www.merckbooks.com/mindex/index.html。

首次出版于 1899 年的《默克诊疗手册》(The Merck Manual of Diagnosis and Therapy)是连续出版最久、在全世界使用最广泛的英语医学教科书,最新版本是 18 版。该书几乎囊括了人类所患的各科疾病,如内科、外科、小儿科、妇产科、精神科、眼科、耳鼻喉科、皮肤科和口腔科等。一些特殊病症,如烧伤、高温损害、放射反应及损伤、运动损伤等书中也有所述及。英文网址为 http://www.merckmanuals.com/professional/index.html,中文网址为 http://www.msdchina.com.cn/merck-manual/Pages/home.aspx。

(三) Beilstein/Gemlin CrossFire

Beilstein 和 Gmelin 为世界上最庞大和享有盛誉的化合物数值与事实数据库,前者收集有机化合物的资料,后者收集有机金属与无机化合物的资料。许多图书馆都定购有印刷本贝尔斯坦有机化学手册(Beilstein Handbook of Organic Chemistry)及盖墨林无机与有机金属化学手册(Gmelin Handbook of Inorganic and Organmetallic Chemistry),这两部工具书有 100 多年的出版历史,是化学、化工领域最重要的参考工具。

Beilstein/Gmelin CrossFire 数据库是 MDL Information Systems 公司的信息产品,数据按季度更新。CrossFire Beilstein 数据库是世界上最大的关于有机化学事实的数据库,数据来源于 175 种期刊,已收录 900 多万个化合物和 900 多万个反应。作为最基本的化学文献数据库,CrossFire Beilstein 能帮助有机化学研究人员形成新思路、设计合成路径(包括起始原料和中间体)、确定生物活性和物理性质、了解外界环境对化合物的影响等。主要数据的索引分为 3 部分:化学物质部分收集了结构信息及相关的事实和参考文献,包括化学、物理和生物活性数据;反应部分提供化学物质制备的详细资料,帮助研究人员用反应式检索特定的反应路径;文献部分包括引用、文献标题和文摘,化学物质部分和反应部分的条目与文献部分有超链接。

CrossFire Gmelin 是金属有机和无机化学领域收录数据最广泛的数据库,收录了 1772 年至 1975 年 Gmelin Handbook of Inorganic and Organometallic Chemistry 数据,文献记录有 160 万个化合物、130 万个结构和 130 万个反应,以及 1975 年以来摘自顶级期刊的记录 90 万条。数据库可以用结构、亚结构和反应式检索。化学物质部分收集了结构信息及相关的事实和参考文献,包括化学、物理和生物活性数据;反应部分提供化学物质制备的详细资料,帮助研究人员用反应式检索特定的反应路径;文献部分包括引用、文献标题和文摘,化学物质部分和反应部分的条目与文献部分有超链接。

三、小结

年鉴出版及时,篇幅适中,报导新颖,材料完备、系统,有明显的总结性和连续性的参考价值,从而为广大科技人员迅速、系统的提供了新资料,成为读者利用参考工具书常查阅的重要参考工具书。

第五节 循证医学数据库

一、循证医学简介

循证医学(Evidence-Based Medicine,EBM)是最好的临床研究证据与临床实践(临床经验、临床决策)以及患者价值观(关注、期望、需求)的结合。EBM 是运用最新、最有力的科研信息,指导临床医生采用最适宜的诊断方法、最精确的预后估计和最安全有效的治疗方法来治疗病人。EBM 强调医师应认真地深思熟虑地将目前所得到的最佳证据,用于对每一个病人进行健康服务时的决策。使我们提供的医疗服务建立在目前所能获得的证据基础上。

传统医学是以经验医学为主,即根据医师的经验直觉或病理生理等来处理病人,根据经验和生物学知识阅读教科书、请教专家或阅读杂志。现代医学模式是在经验医学的同时强调循证医学,在仔细采集病史和体格检查基础上,要求临床医师进行有效的文献检索,运用评价临床文献的正规方法,发现相关性较高信息,最有效地应用文献即证据,根据证据解决临床问题,制定疾病的预防措施和治疗措施。

循证医学的哲学与科学根基由来已久。随机对照试验是循证医学证据的主要来源。20 世纪初,人类疾病的诊断与治疗往往处在对动物的科学理论及试验工作基础上,而二者之间缺少充分科学的相关联系。随着临床医学近几十年的迅速发展,人们越来越认识到动物试验不能取代人体试验,因为人体远较动物复杂,而且人体受思维、语言、社会、心理等的特殊影响,因此对长期以来单纯根据病理生理机制指导临床治疗的状况发生了疑问。许多学者认为临床随机对照试验(Randomized Controlled Trial,简称 RCT)在医学上的广泛开展可与显微镜的发明相媲美,根据临床研究结果来处理病人的观点已经形成。大样本、多中心的 RCT 取代了以前分散的个别的观察性研究以及临床经验总结。RCT 的出现是临床医学研究新纪元的里程碑,它出现不久就成为药物干预的评价基准。临床医学研究方法的显著进步已导致临床实践的巨大变化。

由于以下六方面的需要,使人们对开展循证医学越来越感兴趣。
- 每日临床工作的需要;
- 需要好的证据;
- 需要好的方法来整理文献提供的资料;
- 学习途径改进上的要求;
- 希望站在该领域前沿,不断用新的知识武装自己,消除诊断技能及临床判断之间的距离;
- 为繁忙的临床医师节约时间:为他们每天在处理病人中碰到的问题提供简单的程序得到正确的答案。

20世纪70年代起是知识爆炸时代,由于下列四方面的发展,为循证医学的开展提供了可能。

1. 临床流行病提供了评价证据的方法

临床流行病是一门科学地解释和观察临床问题的方法学,其对临床研究进行设计、测量、评价的方法在20世纪70年代起由David Sackett为首的加拿大McMASTER大学临床流行病组制订。他们对诊断、治疗、病因、预后等临床研究和医学文献评估制订的标准已广为出版,这些标准成为日后评估证据科学性的标准,为开展循证医学奠定了基础。

2. 开创了获得证据的方法

（1）Meta分析:1976年由Glass提出,Meta分析通过综合多个目的相同的研究结果,以提供量化结果来回答根据临床情况提出的研究问题,这是目前进行系统综述的一种研究手段和方法。

（2）系统评价:又称系统综述,是系统全面地收集全世界已发表或未发表的临床研究,筛选出符合质量标准的文章,进行定量综合,得出可靠的结论。系统评价的方法基本同Meta分析,但比Meta分析更为严谨,需事先定方案,进行预审,并在发表后不断更新。系统评价为临床提供了质量高、科学性强、可信度大、重复性好的证据,以指导临床实践,也为临床科研提供重要信息。

（3）Cochrane中心:20世纪90年代成立的Cochrane中心以及随后成立的Cochrane协作网,是生产、储存、传播、更新医学各领域防治效果的系统综述。Cochrane现有系统综述专业组50余个,几乎涵盖了临床医学各专业。

3. 二次性医学期刊的出现

20世纪90年代起全世界出现的二次期刊,是在收集原创性文献基础上,对其科学性进行评价,按照Meta分析和系统综述原则进行综合并予以发表。目前如ACP杂志、Evidence-based Medicine均是二次性期刊源。

4. 制定和应用有效方法进行终身学习和改进临床实践

20世纪90年代初在国际杂志JAMA上发表的系列文章"使用者指南"帮助临床医师进行终身学习并指导改进临床实践。1992年由Gordon Guyatt领导的加拿大McMASTER大学临床流行病教学组首次在JAMA上指出循证医学的名字,1995年由被称为循证医学之父的Sackett等书写专著陈述循证医学含义及方法。

二、循证医学数据库

循证医学的实践包括三个步骤:首先是提出问题,即决定找什么样的证据;其次是寻找证据,即如何检索有关证据;最后是利用证据解决问题,包括评价证据并如何用于解决临床问题。因此如何获取证据以及证据的质量就成为了开展 EBM 的关键。

(一) The Cochrane Library

The Cochrane Library 为医疗人员在大量的医学文献中选择、摘录合用的医学信息(图 8-5-1)。它可以提供可信赖的参考资源,且快速取得与临床问题相关的研究、评论或评估性文章,同时提供科学的方法,以制订临床个案的理想医疗计划。The Cochrane Library 包含数千种卫生保健的解答,且每季度更新和扩充内容,目前由 John Wiley 为 Cochrane 协作网(The Cochrane Collaboration)出版,网址为 http:// www.thecochranelibrary.com。

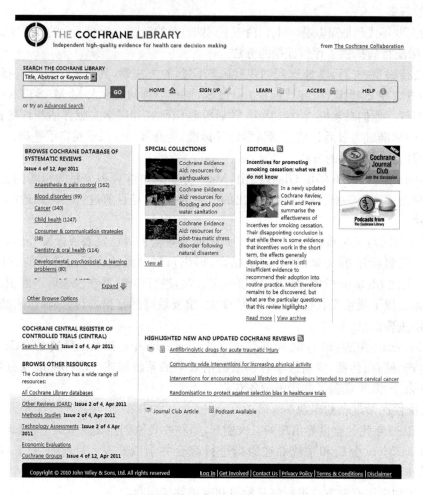

图 8-5-1　The Cochrane Library

The Cochrane Library 是由多个数据库组成,以协助查找可信赖的医疗卫生保健实证,它不仅包含几百种疾病状况,也包含各种不同的主题,如避免受伤、替代疗法和自然疗法是否会影响健康等。

1. Cochrane Database of Systematic Reviews(Cochrane Reviews)　Cochrane Systematic Reviews 探讨预防、治疗和康复的疗效,用来协助医生、决策者、病人和其它卫生保健相关人员做选择,大部分的 Cochrane Reviews 是由随机对照试验(RCT)得来。

2. Database of Abstracts of Reviews of Effects(Other Reviews)　该库包括非 Cochrane 协作网成员发表的普通系统评价的摘要,是对 Cochrane 系统评价的补充。DARE

的特色是唯一收录经过评选的系统性评论摘要,每篇摘要包括评论的概要及质量评语。

3. Cochrane Central Register of Controlled Trials(Clinical Trials) 收录由文献数据库和其他出版来源所出版的临床试验文献,每篇文献包括篇名和来源,部分含摘要。

4. Cochrane Database of Methodology Reviews(Methods Reviews) 收录由 The Cochrane Collaboration 提供的方法学的系统性评论文献全文数据。

5. Cochrane Methodology Register(Methods Studies) 提供临床试验方法的文献、信息来源,包括期刊文献、图书和会议录等;这些文献来源包括 MEDLINE 数据库和人工查找取得的数据。

6. Health Technology Assessment Database(Technology Assessments) 提供卫生医疗技术的评估,包括维护健康所需的预防、康复、注射疫苗、药物、仪器、医疗与外科程序等。此数据库的目的是在改善卫生保健的质量和成本效益。

7. NHS Economic Evaluation Database(Economic Evaluations) 卫生保健的经济性评估的文献摘要;所谓经济性评估,是指成本效益、成本效能的分析,有关成本效益的信息较难被证明、鉴定和解说,NHS EED 可协助决策者从全世界搜集系统性的经济性评估,并鉴定其质量及优缺点。

此外 Cochrane 还提供如下功能:
- 相关参考可直接链接至 MEDLINE 摘要和 ISI Web of Science;
- 容易浏览的评论参考文献链接至引用期刊文献;
- Wiley InterScience 的通报服务可按照关键词、作者和其他参数设定让用户可以随时掌握个人相关领域的最新讯息。

(二) Clinical Evidence

Clinical Evidence(临床实证),由英国 BMJ 出版集团出版,网址为 http://clinicalevidence.bmj.com(图 8-5-2)。

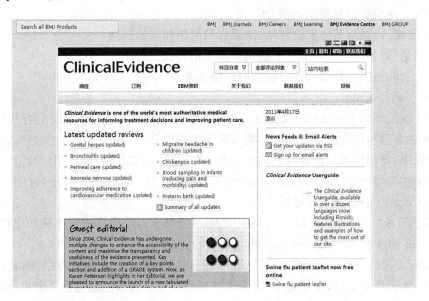

图 8-5-2 Clinical Evidence

Clinical Evidence 是一个定期更新的,针对常见临床病症提供干预治疗方法的最权威的循证医学资源。它提供病症的概述,以及用于该病症的预防和治疗干预手段的优缺点总结;该数据库强调支持特定干预手段的最佳可得证据,重在为患者带来最佳结果;涵盖了临床治疗和护理中超过 80% 的常见病症。其特点为:

- 现收录 650 多个临床病症以及超过 3 100 种的治疗方法;
- 收录的证据来源 10 000 多种同行评审期刊中的文章;
- 提供了每种病症的描述、治疗要点和治疗方法的益害总结;
- 参考引文可链接至 PubMed 和 Cochrane 等参考资料;
- 还提供用药安全通报、国际指南和最新研究证据的及时更新。

有三种查找所需实证的方式:章节浏览、查阅全部评论列表及使用搜索工具。

按章节查找:点击"章节"标题,将显示一个按字母顺序排列的章节弹出列表。如选择了其中一个章节,就会出现一个新的窗口,显示可用的系统评论内容。

按列表查找:点击"全部评论列表"标题,将显示一个按字母顺序排列的评论弹出列表。点击此窗口上方的字母条,即可找到相关实证。

按搜索工具查找:这种方式在查询不同评论中出现的诊疗方式或条件时显得特别有用,如在查询皮质类固醇激素时,结果会以列表的形式出现,显示查询内容的文本片段,查询的关键词将突出显示,方便对文本进行精确评估。结果将按相关程度排列,并提供查询结果所在位置的清晰路径。

定位感兴趣的评论内容之后,Clinical Evidence 将以标签式子菜单的形式显示信息。对于所链接的全文,不同条件下的干预疗法都在表格中进行了总结。所有内容都按其有效性进行分类,并配有图标,以方便查阅。

除此之外,Clinical Evidence 还提供了一系列工具,提供相关信息,主要分为下面几点。

EBM 工具:工具解释了 BMJ 临床实证中使用的一些统计和临床术语,同时还介绍了临床诊断中进行风险评估与度量的概念。

EBM 链接:提供与其他实证材料、出版物及组织相关的链接。

药品信息:提供与国际高质量药品信息资源的链接。

EBM 培训:提供免费的统计与诊断测试培训模块。

(三) Fisrt Consult

First Consult 由 Elsevier 出版发行,用来支持最佳临床方案,培养医生有效的决策能力;帮助医生合理利用资源、改善流程,提高临床检查的效率,并通过循证的治疗方案达到最佳的治疗效果;增加医务工作者与病人的交流,提高病人的依从性;深入用户所需,可以极大地提高医生的工作效率。目前 First Consult 隶属于 MD Consult 数据库平台(图 8-5-3)。

First Consult 的功能主要包括:

1. 鉴别诊断(Differential Diagnoses) 按照 A—Z 字母顺序排列的体征和症状列表,以及超过 1 800 种诊断,并可按照年龄和流行性进行比较、阅览。

2. 临床主题(Medical Topics) 提供持续更新的患者评估、诊断、治疗、测试和预防等方面权威的循证医学信息,主题涵盖 23 个学科领域。每项疾病主题包含 7 个主选项:概要、背景、诊断、治疗、结果、预防和相关资源,每项主选项又包含 6~12 个子选项,提供深入阅览,内容每周更新。

3. 操作程序(Procedures) 通过视频剪辑、动画演示和关键步骤说明,提供系统、清晰、权威的操作系统、并可获得专家推荐的临床要点,每项操作都遵循循证医学指导。

First Consult 为医生及医学生提供或者评估诊断、管理和预后等方面权威的持续更新的循证医学指导,可以帮助医生及医学生提高诊断及外科技术。

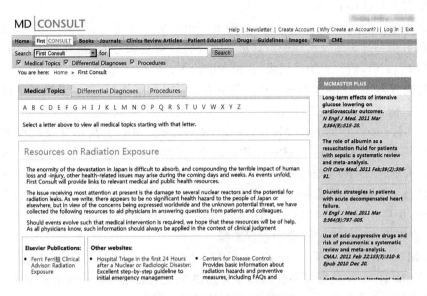

图 8-5-3 First Consult

（四）OVID EBM

OVID 公司在互联网上提供了多个与 EBM 相关数据库,这些数据库从不同的角度向用户展现了循证医学的信息,统称为 EBM Reviews,可用同一种 OVID 信息检索界面进行检索和浏览。

循证医学数据库由 All EBM Reviews-Cochrane DSR,ACP Journal Club,DARE 和 CCTR 等组成,是由医药界人士及医学相关研究人员研发的一套数据库,收录了临床循证的基础资料。循证医学文献作为临床决策、研究的基础,供临床医生、研究者使用,可节省阅读大量医学文献报告的时间。除总库 All EBM Reviews 外,可分别检索七个子数据库和一个全文库。

1. EBM Reviews-ACP Journal Club(由 American College of Physicians 精选生物医学领域富有创见的研究文章和系统评论,以便随时掌握内科学重大进展,及时了解业界动态)。收录有由美国内科医师学会出版的 ACP Journal Club 期刊,还包括 BMJ 出版的 Clinical Evidence 的内容,它们分别从 100 余种生物医学期刊中按循证医学的要求选择论著,对其进行摘要,并对该文献临床应用价值进行评论。使用该库临床医师可很快掌握医学知识的新进展并在临床实践中进行应用。

2. EBM Reviews-Cochrane Central Register of Controlled Trials(CCTR,临床试验中心登记库,在 Cochrane 等国际组织的协调下,收录和登记临床试验信息,并提供文献来源)。CCTR 是国际 Cochrane 协作网成员通过对医学期刊、会议论文集和其他来源进行手工检索和计算机检索收集到的随机对照研究(RCT)或临床对照研究(CCT),提供题录、摘要等信息。

3. EBM Reviews-Cochrane Database of Systematic Reviews(Cochrane DSR,系统评价

资料库,收录由 Cochrane 协作网系统综述专业组在统一工作手册指导下完成的系统综述,包括系统综述全文和研究方案)。这是 Cochrane 图书馆的主要组成部分,它收录了由 Cochrane 协作网 49 个系统评价专业组完成的系统评价,包括系统评价全文(Topic Reviews)和研究方案(Protocols)。

(1) 系统评价全文:是由各 Cochrane 专业评价组完成的系统评价的全文,它综述原始研究报告的数据并准确地做出结论。其正文涉及研究背景和目的,研究对象的纳入和排除标准,文献检索策略,研究方法及结果、讨论和结论等。

(2) 研究方案:Cochrane 系统评价的研究方案至少包括标题、著者及联系地址、研究背景、研究目的、研究对象及联系地址。

4. EBM Reviews-Cochrane Methodology Register(CMR,方法学评价数据库)。由英国服务系统评价与传播中心(NHS—CRD)建立,提供由该中心以及 ACP Journal Club、Journal Evidence-Based Medicine 的有关专家等慎重评价过的以往发表的高质量的系统综述的结构式摘要,内容涉及诊断、治疗、预防、康复和普查等方面。CMR 目前已收集到约 35 万余个记录,提供题录、摘要等信息,目的是建立一个没有偏见的、多语种的、并可在任何时间、任何地点都可获得的系统评价的数据来源。

5. EBM Reviews Full Text-Cochrane DSR,ACP Journal Club,and DARE。OVID 系统将多个 EBM Review 数据库整合而形成并提供全文的数据库。检索方法与上述数据库相似,只是在检索结果的前面分别提示各数据库的检索结果。

6. All EBM Reviews-Cochrane DSR,ACP Journal Club, DARE,and CCTR。顾名思义,该库也是一个整合数据库,比上数据库多了 CCTR,内容更加丰富。同时也增加了"Tools"图标的相应检索功能,即主题词检索。关键词检索可同时从篇名词、摘要词、文本词、标题词、短标题等字段中查找。

7. Clinical Evidence。由英国医学杂志(BMJ)出版社主办,更新及时。以文献评价为依据,主要针对临床具体问题提供最新的预防和治疗方面的内容,包括现有的证据或明确有无证据。或者说它是一个收集全部临床干预影响或作用证据的摘要型出版物。

(五) 其他循证医学信息源

1. 系统评价资源

(1) SUMSearch 网址为 http://sumsearch.org,最大优点是能帮助临床医生快速获得所需的证据,对临床实践很有帮助。可同时检索 Cochrane 系统评价(CDSR 摘要,PubMed,NGC)、AHRQ(美国卫生研究质量管理机构的资料库)和 Merck Manual 等,可针对病因、诊断、治疗、预后等进行检索。

(2) TRIP Database 网址为 http://www.tripdatabase.com,收录 70 个以上的高质量医学信息资源,并与相关杂志和电子教科书进行链接。其中即有 Cochrane 系统评价摘要,也有循证医学方面的杂志和相关网站上的系统评价、相关问题问答、在线高质量医学专业杂志的原始研究和评价性文章、指南、电子教科书等,因此既可直接检索出二级研究杂志上的系统评价等,也可对一些在线的高质量的原始研究杂志进行检索。

(3) Doctors Desk 由英国国家保健服务(系统)卫生保健电子图书馆(NeLH)建立,网址为 http://drsdesk.sgul.ac.uk,主页上有 EBM Search 检索框,输入检索词即开始检索循证医学方面的指南、系统评价或研究论文。Doctors Desk 中指南来自 SIGN、NICE、PRODIGY 和 NeLH,循证医学文章来自 Clinical Evidence、Bandolier、Cochrane Review、ACP

Journal Club 和 Effectiveness Matters。

2. 循证医学网络电子期刊

(1) ACP Journal Club　网址为 http://acpjc.acponline.org,该网站收录了《美国内科医师学会杂志俱乐部(ACP Journal Club)》电子版(1991年至今,双月刊)。定期筛选临床方面的主要期刊,查找最佳的原始与评论性文章,将挑选出的文献逐篇撰写更详细的摘要并摘录其中重要的临床实践证据,同时还评论该文献对临床应用上的价值。

(2) Best Evidence Topics（BETs）　英国曼彻斯特皇家医院提供的急诊医学服务的循证医学网站,网址为 http://www.bestbets.org。该网站的在线数据库允许访问者通过浏览或检索方式查找感兴趣的内容。主要内容有临床问题、临床表现、检索策略、检索结果、相关文献列表、评价、临床概要等。

(3) Badolier　一种登载使用循证医学方法制作的,为临床医生等提供诊治等的印刷型和电子版刊物(自1994年以来按月出版),网址为 http://www.medicine.ox.ac.uk/bandolier,收集包括以临床研究为基础制作的系统评价以及从二级研究杂志中选择的信息等。该出版物的特点是收集内容广泛,除治疗外还包括诊断性试验。

(4) Evidence-Based Nursing(EBN Online)　英国医学杂志出版集团和英国皇家护理学会共同出版的1份季刊,网址为 http://ebn.bmj.com。

(5) PEDro　悉尼大学物理治疗证据中心建立的物理治疗证据数据库,网址为 http://www.pedro.org.au。数据库提供物理治疗方面的系统评价、随机对照试验等方面的各种信息。

3. 循证临床实践指南网络资源

(1) National Guideline Clearinghouse(NGC)　美国国家指南交换中心,网址为 http://www.guideline.gov,是一个循证临床实践指南数据库,由美国卫生健康研究与质量机构(Agency for Healthcare Research and Quality,AHRQ)、美国医学会(American Medical Association,AMA)和美国卫生健康计划协会(American Association of Health Plans,AAHP)联合制作,提供结构式摘要,并能进行指南之间的比较,对指南内容进行分类,部分指南全文可链接,对指南的参考文献、指南制作方法、指南的评价、指南使用等提供链接、说明或注释。

(2) CMA Clinical Practice Guidelines　加拿大临床实践指南,网址为 http://www.cma.ca/index.php/ci_id/54316/la_id/1.htm,由加拿大医学会 CMA 维护,指南包括来自加拿大各地和各机构团体提供的临床实践指南。

(3) Scottish Intercollegiate Guidelines Network(SIGN)　苏格兰校际间指南网,网址为 http://www.sign.ac.uk,建于1993年,重点关注癌症、心血管疾病和心理卫生等,提供全文。

三、小结

现代医学的迅速发展导致大量医学文献的出现,新的医学证据不断产生,这些医学证据只有被临床医师掌握和应用,才能对临床决策产生影响。因而,掌握并熟悉循证医学数据库应该是临床医师必需的。此外,随着移动因特网的推进,以后循证医学参考工具将朝着移动化的方向进展。

(王云峰)

第六节 常用医药参考工具

一、MICROMEDEX 数据库

(一) MICROMEDEX 数据库概述

MICROMEDEX 数据库(http://www.thomsonhc.com)1974 年创建,1996 年成为美国 Thomson Healthcare(汤姆森卫生保健信息集团)成员,MICROMEDEX 医药信息系统(Micromedex HealthCare Serives)包含 3 000 多种期刊精华,由 20 多个国家,450 名临床专家编辑修订,目前世界上已有超过 90 多个国家,9 000 多个医疗机构使用这个主要针对临床医生、临床诊断的数据库。美国 87% 的中大型医院都使用 MICROMEDE 数据库,得到美国国会认可,为美国国会审查医药法案时的标准参考资料。MICROMEDEX 数据库所有信息由专业人员组织编纂,以光盘或者网络版的形式定期更新出版。

MICROMEDEX 数据库面向医疗人员提供全方位的综合的可直接应用于临床实践的最新信息,是典型的综述型事实性收费数据库,与一般的文摘索引型或者全文型数据库有很大的区别,能对医药信息的需求提供一步到位的解决方案,提供的是实时的正确的药物信息、疾病信息、毒物信息、传统医学信息以及对病人的卫教事实信息,MICROMEDEX 数据库提供的信息翔实可靠,内容新颖、客观,检索结果附有参考文献,摘录的每条信息的实质内容都是基于已有的研究结果,包括随机对照试验的结果、病例对照研究的结果等。因此,MICROMEDEX 数据库为循证医学提供了很多高质量的证据信息。该库在 CALLS 医学中心设有镜像。(http://flysheet.bjmu.edu.cn:81)

(二) MICROMEDEX 数据库内容

MICROMEDEX 数据库主要由 Drug Information(药物信息作用)、Disease Information(疾病信息数据库)、Toxicology Information(毒物信息数据库)、Complementary & Alternative Medicine Information(替代咨询医疗数据库)和 Patient Education Information(病患卫教数据库)五大内容组成。

直接点击进入 2.0 格式(图 8-6-1-1):

图 8-6-1-1 MICROMEDEX 登录界面

它的工具栏主要有 Drug Interactions:药物交互作用,包含完整信息、特定主题、商品名查询、警告信息、使用咨询;Trissels™2 IV Compatibility:静脉注射相容性;Drug Identification:药物辨识;Tox & Drug Product Lookup:毒物与药品查找;Drug Comparison:药物比较;Calculators:各式医学公式及计算器。

MOBILE:使用移动版 MICROMEDEX,可以用于 iPhone,iPad,BlackBerry,Android 系

统，同时可用于其他掌上设备(Palm OS,Pocket PC)内含药物基本信息、交互作用、适应证、疗效与剂量等药物资源。用户可以免费使用摘要报告。

MY SUBSCRIPTION：订购的数据库内容。

MICRPMEDEX GATEWAY：登录页面。

LOG OUT：退出数据库。

HELP：在线帮助。

MICROMEDEX 数据库包含的内容。

1. Drug Information(药品信息数据库)：是 Micromedex HealthCare Series(HCS)中最主要的数据库资源，提供使用者药品的详细咨询服务，其中包括药品介绍、使用剂量、药物交互作用等。它包括15个专门数据库，下面介绍其中10种常见的专门数据库。

(1) DRUGEDX System(药品咨询数据库)：由药物评估、药物咨询及产品目录三个子库组成。其中药物评估库主要提供药物剂量、药代动力学、注意事项、药物交互作用、FDA核准与未核准的适应证、临床应用、副作用、药物交互作用、怀孕用药安全分级与药物疗效比较等信息；药物咨询系统提供深入的药物资料，例如哪一类的药物会引起某种副作用、某种疾病为何首选某药物、过往药物咨询中心常被询问的问题等；产品目录库则提供产品及制造厂商资料，包括药物的商品名、剂型、包装等。该库还提供正在进行临床试验的新药信息。涵盖的药物包括有FDA认证的药物、北美地区的药物、医师处方用药和非处方用药。

(2) DRUG—REAX System(药品交互作用数据库)：包括8 000个以上的药物名称，同时将商品名及俗名加以区分，提供与辨识药物和药物的交互作用(含副作用加成效应)，药物和食物的交互作用，药物和疾病的交互作用，药物和酒精的交互作用，还加入了药物跟草药的交互作用，药物对妊娠和母乳哺育的影响等信息，帮助医师及药师查询药物是否产生交互作用，交互作用的影响及临床重要性。

(3) DRUG IDENTIFICATION TOOL/IDENTIDEX System(药品辨识系统)：快速辨识不知名的药片与胶囊，提供4 500处方用药和非处方用药的商品名和药品名，以及药品成分和化学物理性质等信息，还可检索超过74 000种检索词查找制药商印码与特征，如药物的编号及药物颜色、大小、形状等来区分剂型，输入产品上的编码即可找出药物生产厂商、产地、成分，并可以链接至POISINODEX System 数据库。

(4) Index Nominum International Drug Directory(全球药品指南)：数据来源于瑞士药物学会(Swiss Pharmaceutical Society)。指南提供5 300种国际药品、药品衍生物信息，42 000种商品名之别名、化学结构与制造商的信息，128 000个药物的同义词供读者使用查询，包括药物的分子式，治疗等级等。

(5) MARTINDALE：The Complete Drug Reference(马丁戴尔药典)：由英国大不列颠药物学会所属的药典出版社编辑出版的一部非法定药典，该数据库收录了5 500多篇药物专论，6万种专利制剂、600种疾病治疗顾问、200篇草药专论、5 000种草药制剂和32个国家10 900多家生产商的信息，包含国际上各种临床用药、试验中的草药、诊断药剂、农药、色素、防腐剂和有毒物质。内容涉及药理学与治疗方法、药典、同义字或化学名、化学式、物理化学特性、商品名(包括制造商、原产国及厂商执照等)、交互作用、药代动力学、注意事项(包括使用禁忌)等。对处方药、认证药物的指证、药效学、毒副作用等提供简洁准确的描述，方便快捷的检索药品的用法、副作用、分子式、同义药名、制造商及商品名信息。

(6) P&T QUIK Reports（药事委员会报道）：提供药物和治疗委员会的摘要报告，由一系列医院处方书中关于药物的摘要性文章组成，对处方药、药物的指证、药效、毒理作用提供简洁准确的描述，具有标准的格式。

(7) Physicians' Desk Reference(PDR)（医师参考指南）：药师、临床医师的参考书。提供 2 800 多种美国食品药物管理局认证许可的处方和非处方用药的信息以及 250 家制造商信息。美国定期把药厂的产品介绍和说明书汇编成册，形成 PDR，每年综合汇编一次，介绍市场上的新药，内容全面，同时出补充本。可查询药物的相互作用、副作用、建议剂量、临床药理学、儿科用量及禁忌证等，还包括常用的非处方药和营养补充剂及眼科用药的信息，以及最新的 FDA 批准的处方药、非处方药和特殊眼用药。

(8) USP DI（药品参考指南）：收录了北美地区 11 000 多种经美国 FDA 批准的处方药和非处方药的相关信息，包括药物分类、适应证、药理学、药代动力学、副作用剂型、药物相互作用等，提供了最全面的、客观的、可靠的药品信息。由 35 位医师、药剂师、护士、科学家以及健康方面的专家自愿组成的顾问小组不断地检查校正，确保信息准确，及时更新。该库分为专业库和非专业库两部分：I Drug Information for the Health Care Professional 主要面向医学专业人员，II Advice for the Patient 主要面向患者。

(9) IV Index With Trissel's™2 System（静脉注射咨询数据库）：提供 145 种普遍应用的和应急应用非肠道药物的结构配伍报告、两种药结合的试验报告以及包括沉淀、混浊度、气化及颜色变化的结构配伍试验结果。帮助医师了解有潜在危险的静脉注射组合。特别提供由 Lawerence Trissel、MS、FASHP 汇编的 Trissel's2 数据库中的非口服兼容性信息，以及会造成兼容冲突结果的鉴别因子。

(10) Dosing、Therapeutic Tools（剂量、治疗工具）：提供图表，药物剂量换算程序诊断和治疗的法则等工具，是临床人员迅速诊断、治疗的参考工具。

其他几个数据库：

- REDBOOKTM System：提供快速查询美国食品药物管理局认证许可药品价格的功能。
- Drug Points System（药物要点数据库）：快速在检索摘要中获得所需的重要药物信息，并精确指出必要的数据，如分类、管理、适应证、禁忌证、交互作用与不良反应，并可以链接到 DRUGEX 的专题来查阅该药物的详细信息。
- KINETIDEX（治疗性药品监测）：提供精确与互动的工具，以协助针对每个病患调配最适剂量，并且保留个别记录以作为日后的参考依据，KINETIDEX 善用贝氏数学以自动快速地计算药物动力学参数，来提供个别病患针对万古霉素、氨糖类抗生素、茶碱、毛地黄素与丙基戊酸的剂量建议。目前只提供光盘版。
- AltMedDex：是完整且实证的草药、健康食品、维生素与矿物质的医药专题，包含全面的草药医学、饮食、维生素信息，同时提供临床上的运用、剂量、疗效、不良反应与交互作用的信息。
- AltMedDex® Protocols：提供健康照护专业人员关于整合辅助医疗于一般照护处置上的建议。
- AltMedDex POINTS®：可实时获取重要的草药与食品健康信息，并提供明了必要的数据，如剂量、管理、适应证、禁忌证、交互作用与不良反应。亦可链接到 AltMedDex 查阅更详细的药物信息。

2. Disease Information(疾病信息数据库)：提供医学上常用的一般疾病与急诊、慢性疾病的循证医学相关信息，资料包括常见与特殊的临床症状、检验结果和用药须知。它包括以下几个专门数据库：

(1) DISEASEDEX™ General Medicine System(疾病咨询数据库)：用来支持疾病管理与医疗决策，DISEASEDEX 让医师可以快速参照目前最新可供选择的各式疗法信息，以减少医药疏失、避免不必要的测试与手术、降低医疗处置的成本并且提升病患的就诊结果。提供关于药学、毒物学及急诊用药、病患教育信息的循证医疗检索系统，包含平常的卫生保健疾病的诊疗方式、疾病发展的预测以及参考文献等医护人员需要的信息，临床医疗人员可迅速得知最新医疗护理及治疗的方法，并针对特定疾病及不同的状况，选择最佳的治疗方法，减少诊断上的错误并降低整体医疗成本。

(2) DISEASEDEX™ Emergency Medicine System (急诊医学数据库)：依据美国国家医学图书馆（NLM）所提供的主题词表，提供超过 40 000 条关键词与同义字的资料，其内容包含临床医学评论文献(Clinical Reviews)，主要包括临床表征状、放射检查数据、药物与非药物疗法以及适当医疗处置的信息。能在急诊情况下提供快速且有效诊断与医疗处置的协助，它是急诊医疗人员实时的治疗方式与急救照顾的指导依据。

(3) Visual Dx System (病状表征诊断决策支援系统数据库)：主要提供病症表征在皮肤上面的疾病信息的查询，内容取自 University Rochester、New York University 及 University California Los Angeles 所建立的影像数据库，包含各种疾病的症状体征、诊断与处置等信息，共收录 10 000 余幅高画质医学影像图片并由专家学者提供详细的解说，是教学研究与临床医疗诊断时具有参考价值的信息来源。

(4) Lab Advisor(实验室检查咨询数据库)：临床医生可以快速地获得疾病化验方法、化验结果等相关方面的知识，并且帮助医生在多个有效的化验结果中选择最具有参考价值的检测结果。

(5) ClinicalPoints：实时取得最重要的急诊照护信息，以了解医疗处置、诊断与相关重点资料。

(6) ORDER SET SOLUTION：提供最常见的诊断，最佳的医疗处置实物以及检测步骤，内容符合医疗服务中心、联合委员会、健康照护研究质量局等的质量标准，并通过内建的提示传达必要的治疗。

3. Toxicology Information(毒物信息数据库)：提供药品的毒性分析并提供详细的处理步骤及治疗方法。有下面 5 个专门的数据库。

(1) POISINDEX® System (毒物咨询数据库)：鉴定数十万种商品、药品、生物产品和制剂、化学产品(包括家用产品、工业产品、工业用化学产品等)毒性成分，并提供详细的处理步骤和治疗方法，提供超过 1 000 个详细探讨临床疗效、治疗、毒性等的管理及处置规则。POISINDEX® System 内容区分为两部分：Product/Substance Identification(产品/物质辨识系统)和 Toxicological Managements(毒物管理)。

(2) REPRORISK System (遗传疾病数据库)：有助于鉴别化学品的潜在危害，减少中毒。该库主要包括下面几个数据库。

- REPROTEXT：包括化学品和物理因素对人类生育的全程健康影响。
- REPOTOX：包括物理、化学制剂对生育各方面产生的影响，包括生育、性别鉴定及哺乳。
- TERIS：包括药品及环境因素致畸的最新信息。
- Shepard's Catalog of Teratogenic Agents Shepard：包括致畸试剂方面最新信息，涉

及各种化学品、食品添加剂、药品污染物及细菌。

(3) TOMES System(公共安全卫生数据库):提供工作环境中危害人体健康的化学物质的信息及安全操作手册。内容包括 MEDITEXT Medical Managements(医疗管理) 和 HAZARETEXT Hazard Managements(灾害管理)。

(4) TOMES Plus:协助工作场所的安全管理,提供环境中化学品的医疗与危害风险的参考文献,其中涵盖急性化学品接触的诊疗指南、疏散步骤、人身保护程序与化学控管及处置信息。

(5) PHARMACEUTICAL MSDS®(药品安全说明书):提供超过 1 000 个的美国药典药物及化学物质安全数据表。

(6) ToxPoints®(毒物指南):实时获得最关键且所需的毒物信息,以及了解包含临床疗效、医疗处置与毒性的必要资料。

4. Complementary and Alternative Medicine(替代咨询医疗数据库,简称 CAM):此系列涵盖补充食品医学、食疗、传统医疗法及对病人的卫教资料,以相关的医学报道方式说明,并提供病患相关的医疗教育信息。它主要有下面几个数据库。

(1) AltMedDexTM System(另类药品咨询数据库):有关传统草药和食疗的医学信息,内容包含 Alternative Medicine Evaluations (药物评估)和 Alternative Medicine Consults (药品咨询)两个数据库。

(2) AltCareDexTM System(病患照护):提供病患各种健康状态的草药、健康食品、维生素与辅助疗法的信息,是病人的健康教育资料。

(3) Herbal Medicines(草药药典):提供国际上有关传统草药的咨询和食疗的实证医学报道。

(4) AltMed-REAXTM for the Patient:交互作用(病患版)

(5) AltMed-REAXTM for the Professional:交互作用 (专家版)

5. Patient Education Information(病患卫教数据库):提供病患关于疾病和用药的常识以及长期医疗照顾的须知,它包括两个数据:CareNotes System(病人教育咨询系统),提供给病人的健康教育资料,帮助医务人员教育病人,收录了 3 000 篇以上的资料;AfterCare Instruction(病后自我护理指南),提供病人进行康复后的自我护理知识。

(三) MICROMEDEX 数据库检索方法

MICROMEDEX 数据库提供简单关键词检索方式,即基本检索(Search by Term),只需在提问框中输入检索词,点击【Search】即可得到相应的检索结果,需要注意的是 MICROMEDEX不支持布尔逻辑运算,输入多个检索词,系统默认词与词之间为"AND"逻辑运算关系,系统会自动检索各个词的不同表达方式。

关键词检索可以查询药物、疾病、检验的名称,两个以上的药物名称,同时可以查询药物对疾病的影响。

1. 关键词检索(Search by Term):通过整合平台,检索 MICROMEDEX 中所有已订购数据库,可查询药物、临床诊治信息、急诊医学、紧急护理程序、毒物处理和生殖风险数据等。比如寻找药物 Amoxicillin(阿莫西林)方面的文献(图 8-6-1-2):

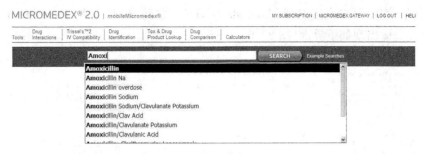

图 8-6-1-2　Amoxicillin 检索

（1）输入 Amoxicillin（阿莫西林），系统提供下拉式菜单，可以直接点选系统提供的关键词，也可以保持原有的输入词。

直接按下 enter，或者点击 search 进行查询，出现下图（图 8-6-1-3）：

图 8-6-1-3　Amoxicillin 检索结果

通过 360°药物仪表板，可以查找出剂量、副作用、药物图片等信息。

用户可以通过其他信息和药物工具得到更加翔实的信息，如下图（图 8-6-1-4）：

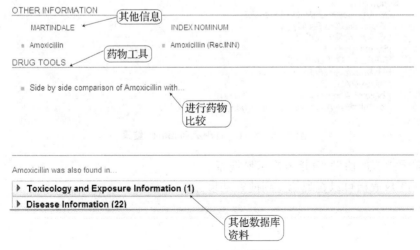

图 8-6-1-4　检索结果

通过其他信息,可以直接点开 Martindale(马丁代尔药典)和 Index Nominum 查询相关信息,Martindale 出现如下界面(图 8-6-1-5):

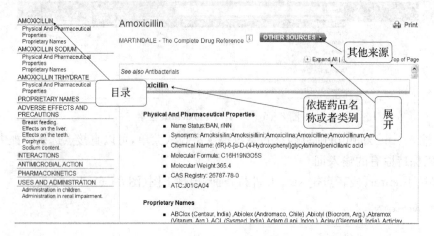

图 8-6-1-5　Martindale 检索

Index Nominum 出现如下界面(图 8-6-1-6):

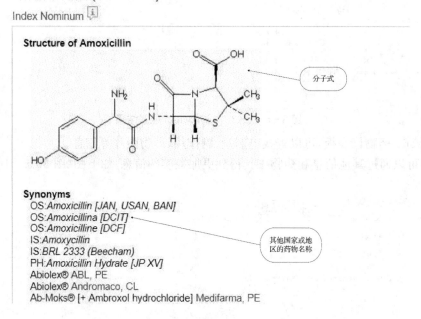

图 8-6-1-6　Index Nominum 结果

如果需要更多的协助,直接点击示例搜索。

通过 360°仪表板可以直观地找到搜索结果(图 8-6-1-7):

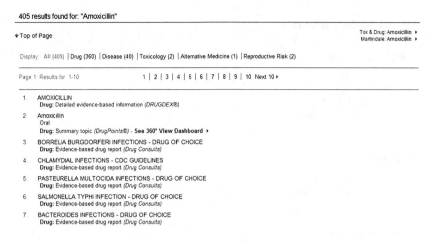

图 8-6-1-7　360°仪表板

点击查看文件摘要,出现如下界面(图 8-6-1-8):

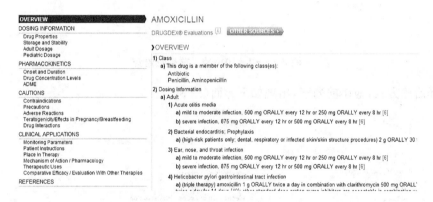

图 8-6-1-8　分类结果

可以点击 Clinical Effect,得到检索结果。

同时可以检索药物一般的和严重的不良反应等相关文献。

(2) 利用特定数据库查询疾病:如 Ectopic pregnancy(宫外孕的)DINOPROST(地诺前列素)治疗的成人剂量(图 8-6-1-9)。

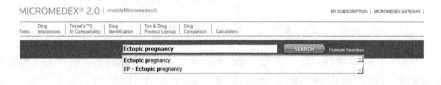

图 8-6-1-9　宫外孕检索

在检索框中输入 Ectopic pregnancy(宫外孕),点击 search,出现如下界面,打开药物信息共有 17 条(图 8-6-1-10):

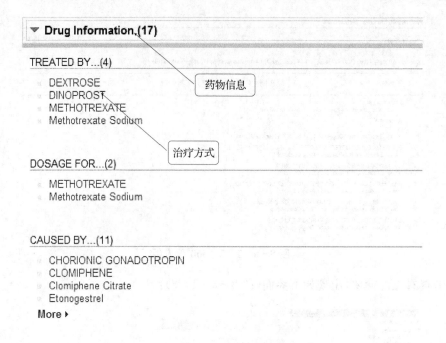

图 8-6-1-10 地诺前列素治疗

选择治疗方式,地诺前列素,出现如下界面(图 8-6-1-11):

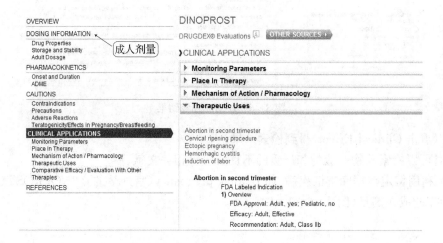

图 8-6-1-11 成人剂量

2. 利用特定工具栏查询:例一个患者使用了 Warfarin(抗凝药华法林),Verapamil(扩血管药维拉帕米),是否可以使用降血脂药物 Simvastatin(辛伐他汀)。

(1) 逐一添加三种药物(图 8-6-1-12)。

(2) 点击提交(图 8-6-1-13)。

出现严重的不良后果,需要进行医疗干预避免严重的不良反应。

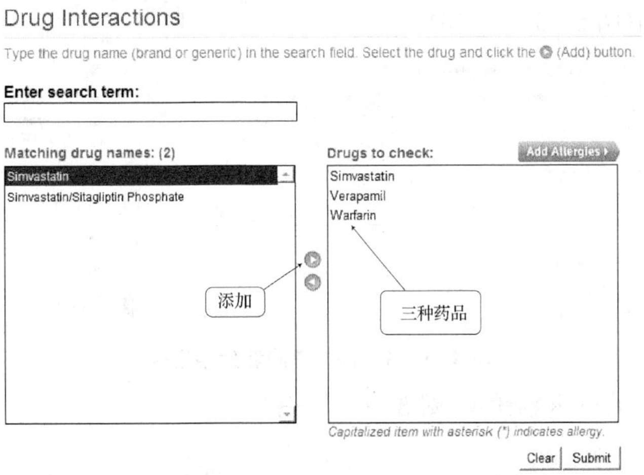

图 8-6-1-12　选择三种药物

图 8-6-1-13　药物交互作用

Trissels™2 IV Compatibility 静脉注射相容性,提供使用 Y 形导管时的药物与溶剂相容性,药物混合使用的相容性,注射给药时的药物与溶剂相容性。

输入药品名称(图 8-6-1-14):

(1) 输入药物名称,Potassium chloride(氯化钾)。

(2) 选择药物,点击添加药物。

(3) 重复添加药物,直到全部添加完毕,点击 submit,得到检索结果,Potassium chloride(氯化钾)和 Y 管大部分相容,小部分不容。

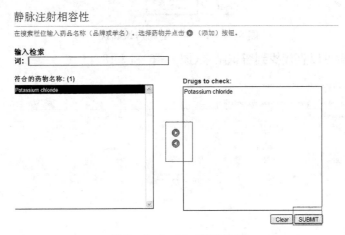

图 8-6-1-14　静脉注射

出现如下界面(图 8-6-1-15):

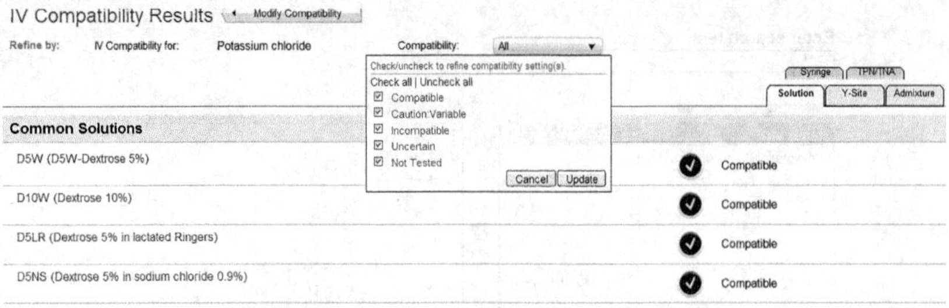

图 8-6-1-15 静脉注射相容性

Drug Identification 药物辨识(图 8-6-1-16):

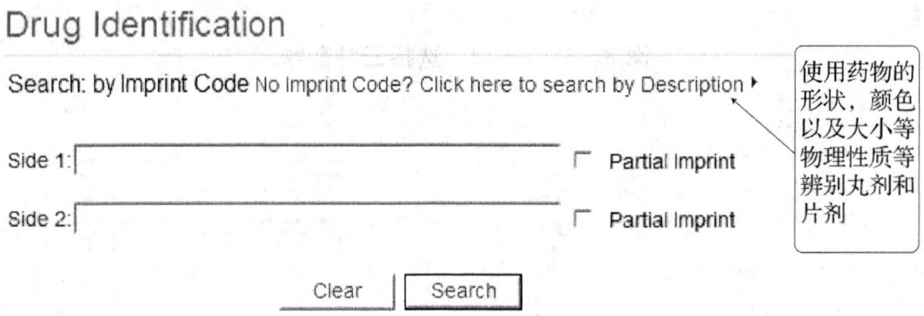

图 8-6-1-16 药物辨识

进行点击操作(图 8-6-1-17):

图 8-6-1-17 药物辨识确认

直接点击搜索可以直接找到辨识结果(图 8-6-1-18):

图 8-6-1-18 辨识结果

Tox&Drug Product Lookup(药品查找)(图 8-6-1-19):输入药品名称,氯化钾(Potassium chloride)选择 00696,可以在选择框中勾选自己的要求,最后点击 submit。

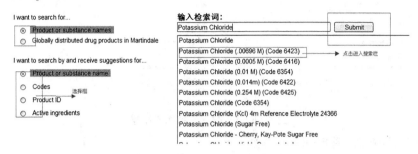

图 8-6-1-19 药品查找

出现界面如下图示(图 8-6-1-20):

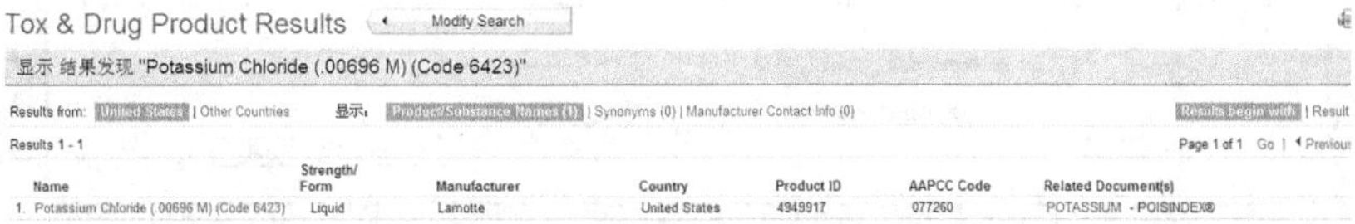

图 8-6-1-20 结果

Drug Comparison 药物比较,输入药物(图 8-6-1-21)。

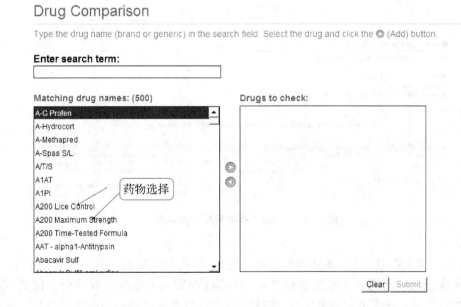

图 8-6-1-21 两种药物比较

至少选择两种药物,最多选择 20 种药物进行对比。药物比较结果见图 8-6-1-22。

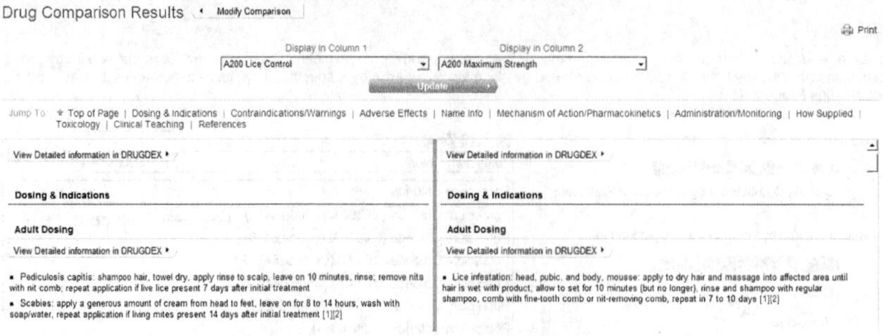

图 8-6-1-22 药物比较结果

药物用量计算器(图 8-6-1-23)。

选择按照字母顺序列表排列:

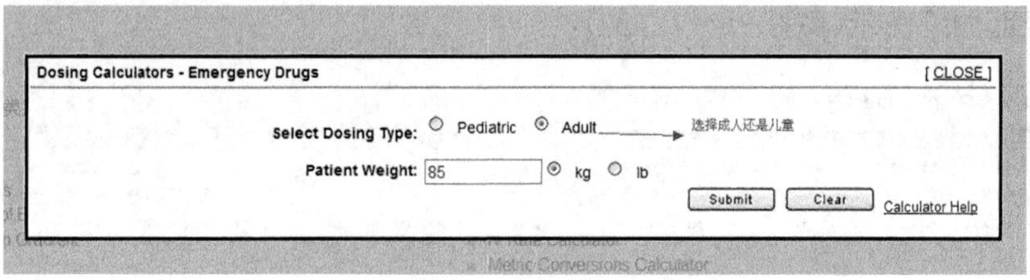

图 8-6-1-23 药物用量计算

选择成人还是儿童,选择患者的体重,进行检索。出现如下界面(图 8-6-1-24):

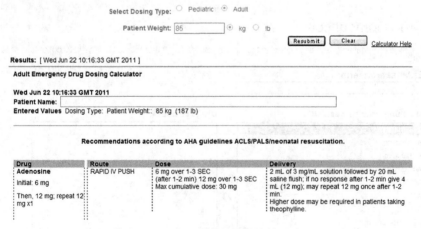

图 8-6-1-24 药物用量计算结果

(四)小节

通常的文献型数据库主要提供摘要等提示性内容,用户所需的文献可能分散在多个文献中,为了求证某一问题需要查阅多篇文献,MICROMEDEX 数据库提供全方位的、综合的、可直接应用与临床实践的最新信息,能对医药信息的需求提供一步到位的解决方案,相关的检索结果附有参考文献,摘录的每条信息的实质内容基于研究成果,包括随机对照研究的结果,病例对照研究的结果。

(尹二林)

二、Pharmaprojects 数据库

(一) Pharmaprojects 数据库概述

Pharmaprojects 数据库(http://www.pharmaprojects.com)由英国 PJB 出版公司编制及发行,是处于世界领先地位的智能型收费数据库,对世界范围内的新药研究开发的动态随时进行汇总和评价,跟踪研发中的新药的各阶段、公司活动和治疗进展等,提供药品行业优秀的竞争情报,帮助评估公司的潜在竞争对手、分析和发现行业内的机会和发展趋势,提供研发中新药的最完整综合性信息,是从事医药生产、科研、教学、经营管理的人员和医疗卫生工作者及时了解世界范围内药物研究开发进展和动态的必备工具。

Pharmaprojects 数据库是国际药物研制开发的商业智能资源,它跟踪国际上处于开发过程中的每一个重要新药和处于研究发展活跃阶段的候选药物,提供给医药界研究人员新产品开发的全面资料,为医药高等院校、科研机构及企业,在申报研究课题、审议开发新药及生产新药可行性报告时,提供重要的参考作用。生产企业还可以从其中直接选择生产品种,投放市场,Pharmaprojects 数据库记载了每种开发药物的药理、毒理、动物试验、治疗作用和药理活性、临床前(P)、I 期临床(C1)、II 期临床(C2)、III 期临床(C3)、临床试验(C)、已上市(L)、可转让等各个阶段的重要数据。Pharmaprojects 数据库对新药研究开发的信息随时进行跟踪,并且定时的作补充、更新,既开展联机检索服务,又出版光盘数据库。但是因为光盘数据库更新慢无法满足用户的信息需求的快捷性,已经陆续停刊,现在主要提供联机检索服务。

(二) Pharmaprojects 数据库内容

1. 研究开发中的药物信息

Pharmaprojects 数据库截至 2010 年,共报道 1 667 家药品制造商研制开发的、覆盖 218 个治疗领域的 36 778 余种药品,监控着约 7 000 个药物的更新信息,并及时对新药研究、开发信息进行跟踪,同时还记载了自 1980 年以来的累积药物数据资料。收录 26 000 个开发中的药物,每月都有 1 000 多个药物的更新信息,每个药物都包含:药物名称、开发阶段、各国上市情况、药理数据、化学数据、专利情况、主要事件和开发进度等。

(1) 主要信息:该药物名称、开发阶段、各国上市情况。

(2) 该药物开发公司的情况:原始开发公司、国家、开发状况、上市国家。

(3) 药理数据:药效分类及代号、药物用于该适应证的开发状况、药理作用描述、适应证描述、给药途径等。

(4) 化学数据:化合物代号、CA 注册号、相对分子质量、分子式、化学名、结构式。

(5) 专利情况:专利国家、专利号码、专利优先号、优先日期等。

(6) 各国上市情况:上市国家、上市情况、上市时间、批准情况等。

(7) 主要事件:记录了该药物开发过程中的重大事件。

(8) 开发进度:记录了药物开发的进度、市场估测。

(9) 细节信息:详细记录了该药物的市场,临床使用前以及临床情况。

2. 开发厂商及科研项目信息

Pharmaprojects 数据库收录的开发厂商内容包括:

(1) 公司概况以及该公司研究开发的药物、公司业务活动。

(2) 主要子公司及其附属机构,与其他子公司、学术机构的重要合同、协议以及最近的

财经状况。

(3) 与产品许可转让负责人联系的途径,厂商的地址、电话、传真等。

(4) 如有新建公司,则该公司的简介和所研究开发的药物信息资料被及时收入。

通过对上述信息的分析可以全面得知该公司新药研究开发的总体情况以及各个品种研究开发的进展状况。

3. 治疗领域药品信息

根据药物的治疗作用代码对药物进行了专门的细分,比如代码 A 为消化/代谢药物;B 为血液/凝血药物;A4B 为胃动力药物;A5B 为保肝药,共 197 种。

详细内容有:

(1) 与相关治疗类别的对照比较。

(2) 属于该治疗类别的一些疾病的定义和其他习用的治疗学术语。

(3) 现有疗法的简单评述。

(4) 发病率、市场规模、未来市场估计。

(5) 研究开发中的药物或化合物的前景或趋势评价。

(6) 治疗的药理学策略依据探讨。

4. 广泛上市或中止开发的药品及许可转让信息

Pharmaprojects 数据库的印刷载体创刊于 1980 年,已经完成了上千种药物的开发研究并广泛上市。完成开发的药物并已经上市就不再收录,而有些药品虽然上市但仍在继续开发就保留在 Pharmaprojects 数据库中,数据库还收录了被中止研究开发、撤销或长久未见研究开发报道的药物或化合物的信息,介绍了中止开发的药物曾经达到的阶段,还提供某些新药许可转让机会。

5. 化学结构及化合物的药理活性信息

Pharmaprojects 数据库化学结构信息有化合物结构图、分子式、相对分子质量、美国化学文摘化学物质登记号及创制者。Pharmaprojects 数据库将所有药物或化合物按照药物作用分类,每一类别的药物或化合物按开发阶段排列。按照治疗类别,可以查询到某一药理作用类别的所有信息,了解此类药物可有哪些适应证,探索出何种药物具有开发的价值。

(三) 数据库检索途径及方法

1. 登录数据库,出现的界面(图 8-6-2-1):

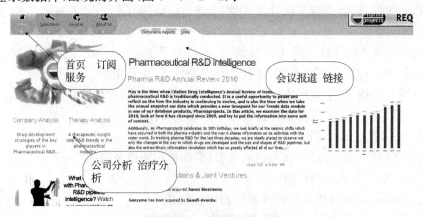

图 8-6-2-1 Pharmaprojects 登录界面

2. 安装软件。http://www.pharmaprojects.com/subscribers/install.htm。将检索软件(Pharmaprojects Version 5.2)下载到电脑,进行安装、注册,用个人信箱登录,随后访问安装的软件即可(图8-6-2-2)。

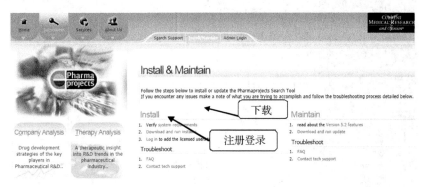

图 8-6-2-2 注册登录

3. 进入检索界面,左栏有8个检索途径(图8-6-2-3):

图 8-6-2-3 8 种检索途径

Tree Search(目录树检索)、Browse Search(索引检索)、Form Search(分子式检索)、Trend Analysis(趋势分析)、Structure Search(结构检索)、Company Profile(公司信息)、Therapy Profile(治疗信息)、Search History(检索史)。

每个检索途径下又有若干分支检索途径,可以检索到主要制药公司的有关信息,可以找到某一适应市场的所有药物生产厂商。还可以通过某药物文件中的公司超级链接进入公司或治疗类别的文件。使用【Search History】可以保存检索式,方便以后检索同一内容。

中间栏为 Tree Search(目录树检索)有11种路径(图8-6-2-4):

① Main Details(主要参数);② Company/Status Data(公司/状态数据);③ Activity Data(活动数据);④ Pharmacokinetics(药代动力学);⑤ Chemical Data(化学数据);⑥ Patent Data(专利数据);⑦ Country Data(国家数据);⑧ Ratings(评级)⑨ Major Events(重大事件);⑩ Alert Service(提醒服务);⑪ Latest Change(最新变化)。

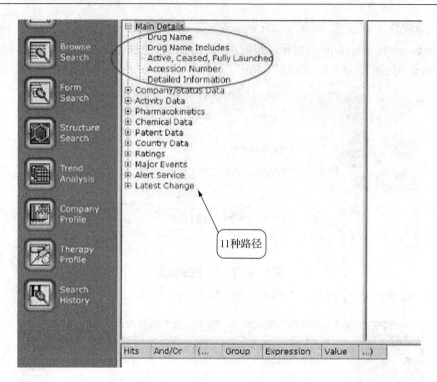

图 8-6-2-4 11种检索路径

点击各路径前(＋)可以看见每个途径又分为许多分支(图 8-6-2-5)：

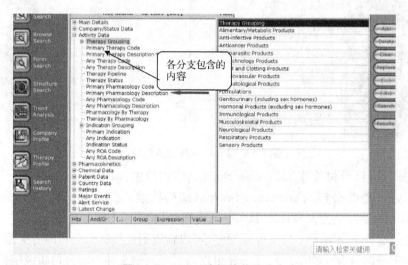

图 8-6-2-5 路径前若干分支

点开"Main Details"，可见其包括：

① Drug Name(药品名)；② Drug Name Includes (药品同类物)；③ Accession Number(编号)；④ Active，Ceased，Fully Launched(积极推出的)；⑤ Detailed Information(详细信息) 5 个分支。

(1) Company/ Status Data(公司/状态数据) 包含 11 个分支(图 8-6-2-6)：

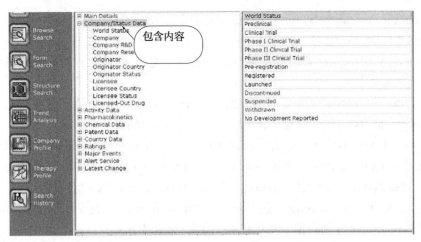

图 8-6-2-6 Company/Status Data 11 个分支

① World Status（世界地位）；② Company（公司）；③ Company R&D Pipeline（公司研究方向）；④ Company Research Focus（公司的研究重点）；⑤ Originator（起源）；⑥ Originator Country（起源国家）；⑦ Originator Status（原始状态）；⑧ Licensee（被许可人）；⑨ Licensee Country（被许可国家）；⑩ Licensee Status（被许可状态）；⑪ Licensee-Outing Drug（被许可外的药物）。

（2）Activity Data 包含 19 个分支（图 8-6-2-7）：

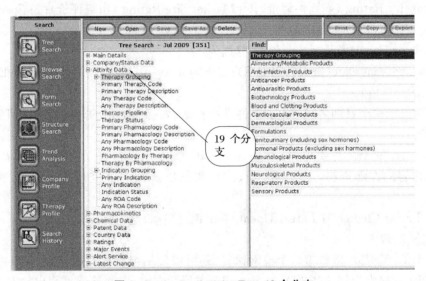

图 8-6-2-7 Activity Data 19 个分支

① Therapy Grouping（治疗组）；② Primary Therapy Code（原始治疗编码）；③ Primary Therapy Description（原始疗法说明）；④ Any Therapy Code（疗法编码）；⑤ Any Therapy Description（疗法说明）；⑥ Therapy Pipeline（治疗管道）；⑦ Therapy Status（治疗状态）；⑧ Primary Pharmacology Code（原始药理编码）；⑨ Primary Pharmacology Description（主要药理学说明）；⑩ Any Pharmacology Code（药理学编码）；⑪ Any Pharmacology Description（药理学说明）；⑫ Pharmacology By Therapy（药理治疗）；⑬ Therapy By Pharmacology（通过药理学治疗）；⑭ Indication Grouping（适应组）；⑮ Primary Indication（主要适应证）；⑯ Any Indication

(任意适应证);⑰ Indication Status(适应证状态);⑱ Any ROA Code(ROA 编码);⑲ Any ROA Description(ROA 说明)

(3) Therapy Grouping 可以选定某一特定的治疗类别,检索到在这一特定范围内的处于研制活跃阶段的药物。

(4) Pharmacokinetics 包含 $T_{\frac{1}{2}}$(半衰期)Bioavailability(口服生物利用度)。

(5) Chemical Data(化学数据)展开后有 6 个分支,分别为:

① Chemical Structure(化学结构);② Chemical Name Includes(化学名同类物);③ Molecular Weight(相对分子质量);④ Origin of material Code(材料原产地);⑤ Origin of Material Description(材料原产地描述);⑥ CAS Number(CAS 编号)。

通过化学名(Chemical Name)或 Chemical Name Includes(化学名同类物)进行检索。

(6) Patent Data(专利数据)展开有 4 个分支,分别为:

① Patent Country(专利国家)② Patent Number(专利编号);③ Patent Priority Country(专利优先国家);④ Patent Priority Data(专利优先权)。

(7) Country Data(国家数据)展开有 5 个分支,分别为:

① Country Grouping(国家分组);② Country Name(国家名称);③ Country Status(国家地位);④ Country Status(Year Launched)(今年新推国家地位);⑤ Licensing Opportunities(相关证书)。

(8) Ratings 展开还有 4 个分支,分别为:

① Novelty Rating(新颖性评价);② Market Size Rating(市场评价);③ Speed Rating(额定速度);④ Total Rating(总评价)。

(9) Major Event 展开有 3 个分支,分别为:

① Major Event Date(重大活动日期);② Major Event(重大事件);③ Major Event Details(重大活动详情)。

可以对处于两个日期之间的重要事件进行检索(如药物上市的时间或药物研制阶段改变的时间)。

(10) Alert Service 主要有 Major Event(Update)这一分支,可以检索每月更新的内容,得到更新内容的详细资料,还可与公司、治疗类别以及适应证进行组合检索,得到所需内容。

(11) Latest Change 有 Latest Update On(最近更新)这一分支。

4. 右栏检索

每一个子标题都可以作为一个检索途径,还可以使用组合检索即使用"AND"、"OR"。以 Drug Name 检索为例,选中"Drug Name"双击鼠标左键,右侧检索框列出数据库所有药名,可以在检索框"Find"中输入要检索的药名,也可以通过移动药名列表选择要检索的药名,然后双击选中的项目或点击右侧的【Add】,将此项加入到检索式列表,点击【Search】得到检索结果。点击【Results】浏览结果,点击【Profile】可以浏览每个结果的全部内容。除了药名检索,还提供了其他的检索,比如:

(1) 通过公司及药品市场状况(Company/ Status Data)检索某公司的情况或者某一特定的市场被批准的所有药物。

(2) 通过 Major Events 对处于两个日期之间的重要事件进行检索(如药物上市的时间或药物研制阶段改变的时间)。

（3）通过 Activity Data 项下的代码（显示代码的具体描述和同义词）检索某一类药的情况，如通过 Activity Data 中的 Therapy Grouping 可以选定某一特定的治疗类别，检索到在这一特定范围内的处于研制活跃阶段的药物。

5. 检索结果

通过上述的各种检索方法得到的检索结果，系统将自动生成一张包含"Originator, Generic Name, World Status, Any Therapy Code, Any Therapy Description"内容的标准格式的报告（图 8-6-2-8，图 8-6-2-9）。

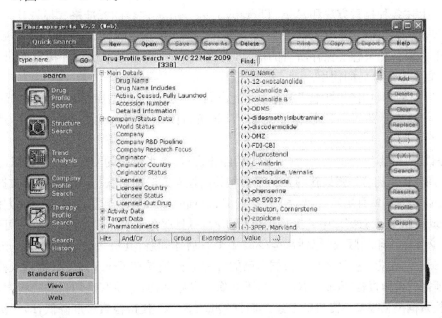

图 8-6-2-8　标准格式报告

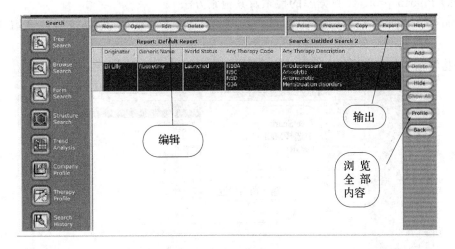

图 8-6-2-9　最终标准格式报告

(1) 通过【Edit】编辑报告的格式,包含的字段。通过【Open】【New】打开或新建报告。

(2) 选择报表中的某一结果点击【Profile】浏览全部内容,点击【Next】或【Prev】可向下或向上浏览所有命中化合物的信息。

(3) 每个药物文档都包含了与此药物有关的市场、各国的批准状况、临床使用前以及临床试验等详细信息。

(4) 可以通过【Find】快速查找到想要浏览的信息。

6. 检索结果的处理

针对上述各种检索方法和 Any Therapy Description 内容的标准格式报告,选择报告中某一结果,点击界面右侧"Protor、Generic Name、World Status、Any Therapy Codefile"可浏览全部内容。如果想要保存所需的信息,通过 Export 或者 Export All 按钮输出,保存到本地电脑上,方便以后的使用。

注:报告左端如出现"灯泡"图标表示此条目为最近一次数据库更新后加入的新化合物"片剂",图标表示最近一次数据库更新后,此条目的信息有很大变化,可跟踪浏览详细信息。

印刷版和光盘版 Pharmaprojects 已先后停止发行,每张最新的 CD 光盘包含以前的所有数据,查询者只需拥有一张最新的 CD,掌握相关的检索方法即可获得所有所需的数据。光盘版 Pharmaprojects 每月更新 1 次,相比之下,Pharmaprojects Web 数据库的使用就方便得多,Pharmaprojects Web 数据库中数据每周更新 1 次,一旦服务器有新增数据,用户即可知晓,并查阅,不必像使用印刷版或光盘版,至少需 1 个月后才知晓,其最大改进是增加了快速检索(Quick Search)功能。查询者只需根据自己的检索需求,直接在 Quick Search 框输入检索词即可获得所需的检索报告(Search Report),不必像光盘版那样,即使有确切目的的检索,也须通过树形检索框浏览很多不需要的信息。而且 Quick Search 使得检索难度降低,即使初次接触 Pharmaprojects 数据库的查询者也会很快掌握查询技巧,获得有用信息。

(四) Pharmaprojects 数据库的检索及其检索方法

Pharmaprojects 数据库提供 Quick Search(快速检索),用户可以快捷地获取所需的信息。

如检索新型抗抑郁药 Venlafaxine(文拉法辛)的研究状态(图 8-6-2-10)。

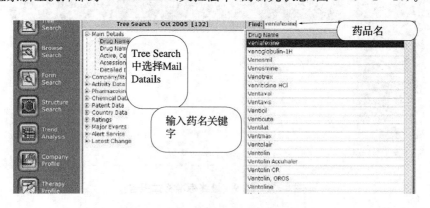

图 8-6-2-10 药品 Venlatafine 检索

在 Tree Search 中选择 Mail Datails,点开 Drug Name,在右侧检索栏输入药品名,Venlafaxine(文拉法辛),点击 Add(添加),点击 Search,(图 8-6-2-11)。

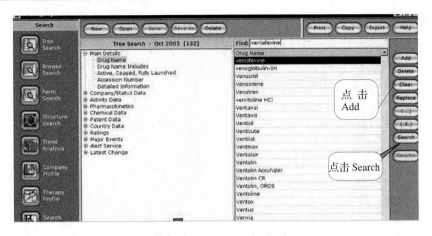

图 8-6-2-11　药品名添加

生成一张包含"Originator，Generic Name，World Status，Any Therapy Code，Any Therapy Description"内容的标准格式的报告(图 8-6-2-12)。

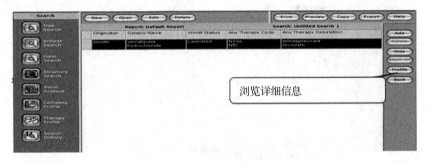

图 8-6-2-12　标准报告

展开各个分支,会出现治疗说明、作用靶点、给药途径、适应证、来源、专利信息、不同国家所处的状态、预期销售额及排名、临床药理数据等详细数据(图 8-6-2-13)。

图 8-6-2-13　各个分支详细情况

检索制药公司 Pfizer(辉瑞制药公司)目前的研究状态(图 8-6-2-14)。

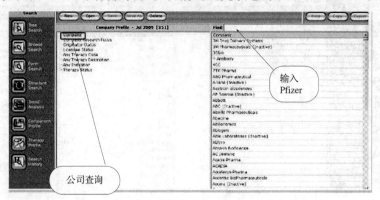

图 8-6-2-14　公司查询

输入 Pfizer,点击 Result,出现 163 种药物(图 8-6-2-15)。

图 8-6-2-15　163 种药物

查询 Pfizer 公司,点击 Search,出现下列一张关于 Pfizer 建立日期、性质、研究方向、邮编、地址、简介等详细信息的界面(图 8-6-2-16)。

图 8-6-2-16　检索结果

（五）Pharmaprojects 数据库和其他数据库的简单对比

Pharmaprojects 数据库因为费用相对低廉，可以多用户同时进行访问，很多的医务工作者大量使用该数据库，但是 Thomson Pharma 数据库的信息更新速度相对于 Pharmaprojects 数据库更快，数据更全面和准确，正在被越来越多的医务工作者使用。

Thomson Pharma 是美国汤姆森科技公司推出的含有全面医药信息的数据库，该数据库自 2005 年 1 月上市以来，主要面向制药和生物技术企业，为他们提供动态信息化平台，并能针对药物研发的各个阶段提供各种解决方案，从而满足那些工作在药物研发不同阶段的专业人员对信息的需求，是面向制药和生物技术公司的动态信息化解决方案的平台。它含有制药和生物技术公司，Thomson 公司提供的生物制药、公司、专利以及金融方面的最前沿的信息，这些大量优质的信息以强大的检索工具为载体并被整合为一个完整的解决方案，令医药企业不同领域的专业人员都可获取他们所需要的信息。通过 Thomson Pharma 用户可以方便地整合所有可获得的药物相关的资源信息。

Thomson Pharma 数据库并且建立以下七大核心领域的动态报告：药物（包括研发、临床、上市等各阶段信息）、专利、文献和新闻、公司（财务金融、药物注册信息等）、靶标、化学（合成反应、物化生物性质、ADMET 等）以及基因序列等。使用 Thomson Pharma 用户可以评估潜在的市场，开展世界级的研究工作，进军新的药物研发领域，取得市场领先地位，更快更好地作出决策。但是 Thomson Pharma 的使用费用较高，而且只能单用户进行登录查阅，一定程度上阻碍了它的发展速度。

Pharmaprojects 数据库和 Ensemble 数据库相比，Ensemble 在专利数据方面更全面，Ensemble 为药物研发提供超过 167 000 种生物活性化合物包括化学结构在内的必要信息，超过 275 000 篇生物医学的参考资料和会议文章，引用了超过 33 000 个专利文献。数据库利用用户容易掌握的界面将数据、文本和图像资料有机地结合起来，便于查询，Ensemble 可从药品专利开始，再通过其临床前和临床研究资料，直至注册信息、市场概况及其他方面的相关资料来跟踪药物。数据库每月更新一次，每年增加约 10 000 种新数据库中化合物。

Ensemble 数据库包括以下信息：分子式、化学名、公司代码、通用名、商标、工业和其他资源、注册信息、药物治疗活性和作用机制、研发阶段、CAS 登记号、专利信息（题目、发明者、应用、编号、出版日期、优先号和出版日期）、相关文献（作者、题目和出版物）和化学结构。

（六）小结

Pharmaprojects 数据库收录了 26 000 个开发中的药物，并且每月都有 1 000 多个药物的更新信息，Pharmaprojects 数据库数据每周更新一次，提供 8 大路径、若干小路径检索，检索界面简单，检索功能强大，用户可以通过 Find 进行一站式的检索，可同时进行多项整合检索，跟踪国际上的新药开发动态、寻找新药报批机会以及市场合作开发伙伴和分析市场收益，研究开发策略，通过多练习一定可以熟练地掌握 Pharmaprojects 数据库。

(尹二林)

三、Lexi-comp 数据库

(一) Lexi-comp 数据库概述

Lexi-comp(http://www.lexi.com)出版公司1978年创立，2011年4月27日被荷兰威科集团收购，30多年来，Lexi-comp公司出版了Drug Information Handbook、Pediatric Dosage Handbook等30多本专业医学教参书，为医疗保健行业提供药物信息、临床资料，为医师、药师、护理人员、检验人员以及学校的医务工作者，提供了帮助，协助医师做出正确的判断，患者可以得到更好的治疗。

(二) Lexi-comp 内容

1. Lexi-comp公司的产品主要包含的内容

Lexi-Durgs Online(核心药物)、Pediatric Lexi-Durgs Online(儿童用药)、AHFS Essentials(Adult and Pediatric)药学参考电子书(成人，儿童用药)、AHFS Drug Information(Adult and Pediatric)药学参考电子书(成人，儿童用药)、Lexi-Durgs International Online(药物相关资讯)、Geriatric Lexi-Drugs Online(老人用药)、Natural Products Online(天然药物)、Pharmacogenomics Online(基因药理学)、Infectious Diseases(传染性疾病药物)、Nucle,Biological,and Chemical Agent Exposures(核能，生物化学剂暴露)、Lab Tests and Diagnostic Procedures(药物实验及诊断)。

Lexi-comp公司的产品还包括在线产品(Lexi-comp Online)、PDA产品及集成产品。PDA掌上产品主要支持iPhone & iPad、BlackBerry、Android系统 同时可用于其他掌上设备，Palm OS、Pocket PC等。

2. Lexi-comp Online 主要涵盖的内容

(1) 药物信息数据：Geriatric Lexi-Drugs (老人用药)、Pediatric Lexi-Drugs (儿童用药)、Nursing Lexi-Drugs (护理用药)、Dental Reference Library (牙医用药)、Lexi-Drugs Online (核心药物)、Lexi-Natural Products Online (天然药物)以及Drug-Induced Nutrient Depletion (药物与营养损耗)。

(2) 临床诊断信息：Clinician's Guide to Diagnosis (诊断指南)、Clinician's Guide to Internal Medicine(内科医学指南)、Infectious Diseases Database (感染性疾病数据)、Laboratory Tests Database (实验室检测)以及Poisoning & Toxicology Database (毒物与毒理学)。

(3) 附加功能：Patient Advisory Leaflets (病患教育)、LEXI-PALSTM (老年病患教育)、PEDI-PALSTM (儿童病患教育)、Drug Identification (药物资讯和图示)、Lexi-Interact TM (药物交互作用)以及Web Search (网络检索)。

3. Lexi-comp Online 各数据库的详细内容

(1) Lexi-Interact(药品交互作用分析工具)：针对单一药物，列举会产生交互作用的药物清单，图示分析药物配方(Drug Profile)，查找可能产生交互作用的药物，主要分析药物和草药的交互作用。依据危险程度的轻重分为A、B、C、D、X，可以快捷的查找出严重的药物反应，及时反映用药是否危险。

(2) Lexi-Drug ID(药物识别)：专门药品识别软件，识别各类药片标识、胶囊或其他口腔给药的药剂。用户点击"Drug ID"按钮，用户可以输入已知的药品信息，依据药片上的编码、给药量、药品结构、形状、颜色等进行检索。

(3) Lexi-CALC(药学计算器):是一个全面医疗评估工具,提供完整的药物相关计算功能(注射量,成人/儿童剂量转换)Lexi-CALC 可独立查找,也可以与 Lexi-Drugs 功能页面整合查找药物。

(4) Lexi IV Compatibility(药物相容性检测):I.V. 相容性是 King Guide 出版社与 Lexi-comp 合作,使用参照 King Guide to Parenteral Admixtures,提供 460 多种完全引用参考 parenteral 的药品,判断药品是否相容,列举确认相容药品解决方案。

(5) Patient Education(病患教育模组):为用户提供患者的健康状态以及药物等的重点说明,针对病患涉及的药物、疾病、症状、治疗资讯等信息,提供 18 种语言支持。Lexi-PALS(Patient Advisory Leaflets)病患用药须知给病患提供简单精确的参考资料。主要包含三个方面:Ⅰ. Adult-PALS 为患者提供咨询的说明书,涵盖 1 200 种成人药物;Ⅱ. Pediatric-PALS 为患者提供咨询的说明书,涵盖为父母或监护人写的 600 种小儿药;Ⅲ. Health-PALS 为患者提供咨询的说明书,涵盖 900 多个健康主题,还有另外的 1 700 个主题,针对特定的健康状况提供更深度的研究。

(6) Web Search(网络检索):可以查找其他医疗资讯网站的内容及其他医学文献,例如 PubMed、HighWire Press 等,直接列出相关文献结果,节约时间和成本。

(7) Lexi-Tox(毒化物资讯):提供处理中毒及用药过量的评估,就诊和治疗等方面的信息,整合有毒物质、解毒剂、污染物、家用产品、毒化物、药物识别等信息。

(8) Drug Plans(药物规则):提供全美 4 700 种处方用药的配方信息,提供个性化的服务。

(三) Lexi-comp 数据库检索

Lexi-comp 的检索界面简单,一目了然,进入 Lexi-comp ONLINE,出现如下界面(图 8-6-3-1):

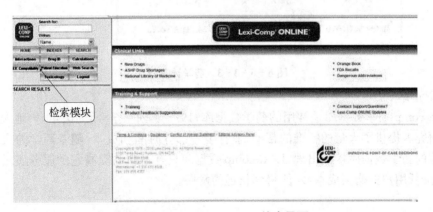

图 8-6-3-1　Lexi-comp 检索界面

根据检索模块,快速的查找相关药品信息。

例:检索华法林阻凝剂"Warfarin"的相容性以及成人/儿童剂量转换,输入药品名"Warfarin",点击"Interactions"进行检索,出现产品名称还有选择清单,进行相互作用的分析。

得到对应的检索结果(图8-6-3-2)。

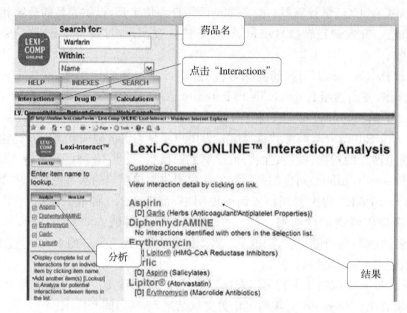

图8-6-3-2　Warfarin 检索结果

输入药品名"Warfarin",点击"Calculations"得到药学计算结果(图8-6-3-3)。

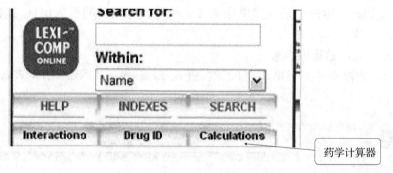

图8-6-3-3　药学计算器

(四) 小结

Lexi-comp 药学数据库是常用的药学数据库,1978年创立至今,为医生,护理人员,高校的药学研究者提供了大量的精准的帮助,节省了一部分时间和成本,随着药学的大力发展,许多其他的药学数据库接踵出现,Lexi-comp 数据库只有不断的提高它的服务质量,加快更新速度,降低用户的购买成本,才能得到长远的发展。

(尹二林)

思考题:
1. 常用的电子参考工具有哪些,各自有何功用。
2. 列出常见的药典名字及各自特点。
3. 循证医学的优势是什么? 并列举常见的循证医学数据库。
4. MICROMEDEX 是何种类型数据库,与一般的文摘型全文型数据库相比有何不同?
5. MICROMEDEX 数据库包含哪些内容?
6. MICROMEDEX 常用的检查方法有哪些? 如何快速查找同一种药品成人与儿童剂

量的转换？
7. Pharmaprojects 数据库包含哪些内容？如何快捷地找到这些内容？
8. Pharmaprojects 数据库检索路径有哪些？如何查找某药物的专利数据？
9. Pharmaprojects 数据库与本节介绍的其他药学数据库相比，有哪些优势哪些劣势？
10. Lexi-comp 数据库的内容有哪些？如何快速的查找某种药物的相容性？
11. Lexi-comp Online 主要涵盖哪些内容？如何进行深度检索？
12. 病患教育模组含有哪三部分？如何进行成人/儿童之间剂量的转换？

第九章 文献信息管理与利用

第一节 文献信息管理

传统的文献积累、组织和管理的方法主要是做笔记、写卡片和全文复印。

做笔记是积累科学研究资料或教学参考资料的一种方法,有助于提高写作阅读能力,锻炼思考,培养揭示问题本质的能力和准确简练表达自己的思想。

笔记通常分成下面几种:提纲式笔记;论题式笔记;摘要式笔记;引语式笔记。

科研工作者对自己的科研课题一定要积累尽量齐全,因此对收集到的个人专题文献予以阅读、标记、做笔记并加以科学的卡片编排以便查找,一直是科学研究和个人文献组织和管理的最经典方法。

现代文献信息管理的方法是在继承传统的文献积累、组织和管理的基础上,与计算机技术、电子文献和网络技术相结合发展而来,其收集、积累、组织和管理文献的手段更加丰富多样,主要体现在以下几个方面。

(一)电子阅览器的功能

作为电子全文的阅读器,CAJViewer、超星阅览器、书生阅读器、Apabi 阅读器和 PDF 阅读器等基本都具备书签、附注工具、文本编辑工具、高亮文本工具、标注工具、文本框工具、箭头工具、线条工具、矩形工具、椭圆形工具和铅笔工具等。方便读者在电子书刊上把重要的地方画线做记号或旁注供以后翻阅参考用。很多阅读器还支持全文检索。

(二)文献收集高效化

借助个人计算机、网络通信和网络数据库,大量的二次文献数据可以通过个人文献管理软件直接检索和导入个人文献管理软件;大量的网页、PDF 等一次文献可以直接下载并识别出文献的标题、作者等字段,导入时自动根据文件内容创建题录建立数据库。个人文献管理软件还支持不同二次文献数据的格式批量导入。

大量的作者自撰文摘已经不需要读者手工导入,可以批量导入。读者的心得笔记可以写入文献管理软件,并支持计算机全文检索。

(三)文献管理智能化

由于借助计算机管理文献,整个文献的添加、删除、编辑、排序、去重等管理高度自动化,另外自动分组、统计分析、形成统计图表、可视化文本工具等智能化管理标志了文献管理已经初步具有智能化的特征。

(四)引文写作一体化

自动化办公软件和文献管理软件关联,达到用户撰写文档时就能直接从文献管理软件数据库中搜索到指定文献,并以欲投稿期刊的参考文献格式插入文中指定位置,而无需手工输入,节省了时间,也减少了手工输入的错误率。另外,还提供多种期刊的全文模板,方便用户创造一个新的作品。

（五）资源中心化和交流、共享网络化

个人文献管理软件突破传统管理文献资源的限制，成为可以有效管理文档、图片、电子资源以及视音频资料的个人多媒体资源中心，即个人图书馆。

基于网络的文献管理软件与个人单机版文献管理软件的无缝连接，二者之间既相互独立也可以互传数据同步更新，把文献与文献、文献与活动、文献与人连接起来，在人际交流的互助互动过程中通过文献与知识共享，运用群体的智慧进行创新，以赢得竞争优势。

随着文献管理软件的不断改进，功能贯穿于个人知识管理的整个流程，即知识的积累获取、加工整合、交流共享与创新，大大提升了用户信息处理和知识吸收的效率。个人知识管理具有三个层次：① 对自己拥有的显性知识进行整理，使之条理化、有序化；② 对自己的知识结构进行评估，开展建构性学习；③ 加强个人隐性知识的管理与开发，及时转化为显性知识，从而激发个人知识的创新。

文献信息管理软件

目前国内外常用的文献信息管理软件有 EndNote、ProCite、Reference Manager、RefViz、Refworks、Biblioscape、Bookends、BibTex、Citation 7、NoteBook II Plus and NoteBuilder、Papyrus 7、Publish or Perish、Ref-11、Refer/BibIX、BookWhere、QUOSA、NoteExpress、医学文献王、文献之星等。其功能也从最初的单一文献管理，发展到集文献收集、整理、阅读、分析和创作为一体的软件工具。下面着重介绍国内外有代表性的四种文献信息管理软件。

（一）EndNote

EndNote(http://endnote.com/)是美国 Thomson ResearchSoft 公司开发的文献管理软件，现为 Thomson Reuters 集团旗下产品。该软件为收费软件，有个人版和大客户版。在其主页有 30 天全功能试用版下载。它与 Reference Manager 和 ProCite 被认为是当今世界上最优秀的三个文献管理软件。2012 年推出最新版本为 EndNote X6，下面以 EndNote X3 为蓝本，介绍 EndNote 安装的软硬件基本要求和主要功能的应用。

1. 安装的软件基本要求

（1）系统要求：Windows XP Service Pack 3（SP3）或者 Windows Vista 版本(或者 Mac OS X 10.4.x — 10.5.x)。

（2）应用软件：需要采用网络检索(Online Search)，需要安装 Web 浏览器。支持 Word 2003，2007，RTF，Microsoft Word，WordPerfect，OpenOffice，StarOffice，WordPad 文字处理软件。

2. 主要功能

（1）建立个人专题数据库：打开 EndNote，选择 Create a new library，新建空白数据库默认文件名为 My EndNote Library，也可在菜单栏选择 File→New，弹出 New Reference Library 对话框，选择路径并输入数据库名称保存。

个人专题数据库建立是文献管理及应用的基础，将不同来源的参考文献资料汇集成一个数据库文件，同时剔除来源不同的重复文献信息，便于分析、管理和应用。EndNote 建立个人专题数据库的方法有 4 种：直接联网检索、在线数据库检索结果导入、格式转换和手工输入。

① 直接联网检索并下载相关信息，即新建空白数据库后在 EndNote X3 窗口左侧的 My Library 的 Online Search 群组下有 PubMed、EBSCO、Web of Science、Worldcat 和 Library of Congress 等网络数据库和网上图书馆，多数需要订购。点击 more 可以选择直接显示在群组的常用数据库，以便使用者下次直接点选、查询。若选中 PubMed，在 EndNote Library 窗口下方，跳出 Online Search-PubMed MEDLINE at PubMed（NLM）检索窗口，表示已连上这个数据库。输入检索词 EndNote，点击 Search 按钮查找到文献 49 篇，点击 OK 就直接下载到本地数据库，见图 9-1-1。

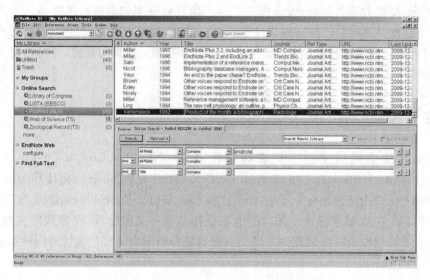

图 9-1-1　EndNote 直接联网检索

② 网上数据库检索结果导入，目前有很多网上的数据库都提供直接输出文献到文献管理软件的功能。如 Web of Knowledge(WOK)、Embase、ScienceDirect、Wiley InterScience、Ovid 等，WOK 可以直接输出到 EndNote。目前很多在线的专业杂志也提供与 WOK 有相同的文献导出功能。下面以 Wiley InterScience 为例加以说明。

从 Wiley InterScience 导入文献资料。登录 Wiley InterScience 网站，输入检索词检索到参考文献，选中后点击 Download Selected Citatations，输出格式选择 EndNote，输出形式选择 Abstract and citation（图 9-1-2），点击 Go 按钮，下载文献点击打开，文献条目会自动添加到现有的数据库中。

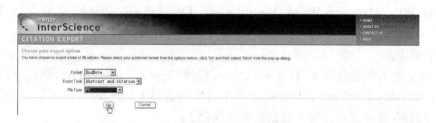

图 9-1-2　EndNote 网上数据库检索结果导入

③ 格式转换，由于许多数据库尚不能实现前两种方法建立 EndNote 个人专题数据库，只能采用格式转换的办法。比如中文数据库检索结果保存为文本，按照 EndNote 程序的要求

进行一定的替换,具体方式请参见英文说明书。也可以利用 Ultraedit 来编写宏,实现自动替换。

File→Import,弹出 Import 对话框,选择导入的文件,在 Import Option 中选择 Other Filters。

接着弹出 Import Filter 选择窗口。由于 EndNote 没有内置中文数据库的 Import Filter,需要用户自建相应的 Filter,然后才能继续完成上述格式转化过程。网络上有 EndNote 用户已经设置好的中文数据库 Import Filter 可供下载使用,也可以尝试自建。

中文的文献管理软件如医学文献王和 NoteExpress 对中文数据库支持更好,可以利用来实现格式转化后导入 EndNote 数据库。

④ 手工录入,主要针对少数几篇文献,无法直接获得电子文本。在打开的数据界面上点击工具栏图标 New Reference,或者在 References 菜单下选择 New Reference,都将弹出 New references 界面。

每条文献记录有多个字段组成,包括 Author、Year、Title 等。下拉菜单显示的是文献的类型,选择文献类型为期刊论文(Journal Article)、图书(Book)、专利(Patent),所显示的字段会有所差别。EndNote X3 中提供 39 种文献类型。

手动输入文献信息方式比较简单,首先选择适当的文献类型,按照已经设计好的字段填入相应的信息。输入完毕,点击右上角的关闭即可。并不是所有的字段都需要填写,可以只填写必要的信息,也可以填写的详细些。

注意:人名的位置必须一个人名填一行,否则软件无法区分是一个人名还是多个人名,因为各个国家人名的表示差异较大。关键词的位置也一样,一个关键词一行。

(2) 文献附件的管理

上述 EndNote 数据库"My EndNote Library"每一个数据项即为 1 条文献,包含的文献信息为题录式。一些文献可通过其他途径获得了 PDF 全文,或者相关图表、网络链接等。一些文献可能有读者自己的笔记,这些内容 EndNote 可以用来作为文献条目的附件进行管理。

EndNote 管理附件的方式有两种,一是将附件的地址记录在 EndNote 中,需要时打开链接即可;二是将文件拷贝到 EndNote 相应数据库的文件夹下面。第一种方式不对文件进行备份,占用空间小,但数据拷贝时,会引起链接对象的丢失;第二种方式需要将文件拷贝一份到数据库文件夹中,占用一定空间,数据库转移时能随附件一同带走,较为方便。对目前硬盘空间足够大的情况下,建议尽量用后一种方式管理附件。

记录中的 URL 字段,提供超链接的方式管理全文,在该界面的任意地方单击右键,URL→OpenURL Link 添加链接;该链接可以是网址,也可以是文件的相对地址。如果是网址,可以通过拷贝网址,然后直接粘贴的方式添加链接。

记录中 File Attachment 字段专用于管理 PDF 附件。可以通过右键的 File Attachment→Attach File 添加,也可以用直接拖拽的方式添加,还可以通过拷贝粘贴的方式添加。注意这里可添加的附件并不局限于 PDF 文件,可以是图片、音乐或其他格式文件等。添加到这里的文件也会被自动拷贝到数据库的文件夹下面。注意:在该栏位中最多可以附加 45 个不同的文件。

图片可以通过右键"Figure"的方式管理,以通过右键的"Figure→Attach Figure"添加。注意 Figure 下面只可以添加一个文件或图片。这里的文件也不限格式,可以是多种文件。

笔记的管理。阅读文献后，可在 abstract、notes 和 research notes 三个字段做笔记，每处记录量 32K。建议笔记做在 research notes 字段。EndNote 主界面有三个窗口，见图 9-1-1。其中右边上部显示论文条目，下部显示论文细节。右上下部显示窗口默认状态是 research note 不显示出来。若要在右上边列表内显示 note 或 research note，可在 Edit→preference 设置里修改，display fields 选项里修改 column 后面的下拉菜单，选择 research note 后，就可显示。EndNote 左上角的 style 下拉框选择 show all fields 就可在下方窗口显示 research note。据此在主窗口的粗览区和细览区都可直接浏览记录中 note 或 Research Notes 处的笔记，可极大地提高复习文献的效率。

（3）个人数据库的管理

建立好个人数据库后，需要对其管理，以便更好利用，EndNote X3 主要的管理功能有群组管理、排序、去重、搜索、压缩和与 EndNote Web 协同工作。

① 群组管理（Using Groups） 在 EndNote Library 左方的窗口为群组区块，并对应右方窗口来呈现该群组下所保存的参考文献。在一个新 EndNote Library 中，预设有 All References（Library 内所有的文献资料）、Unfield（还未归在哪一群组下的书目资料）和 Trash（自被 Library 删除，但还未永久删除清空之资料）三个群组，见图 9-1-3。在这三个常固定在的群组上方，可建立汇总所有小群组之大群组（Group sets）项目；大群组下一共可组织最多 500 个个人群组（Custom groups）与智慧群组（Smart groups）项目。所谓 Custom group，是指经个人意志所设的群组分类；就是图中显示的 Create Group，而 Smart group 指基于检索策略，而自动整合、产生之群组。通过群组能够将大的数据库细分成小的组别便于浏览。

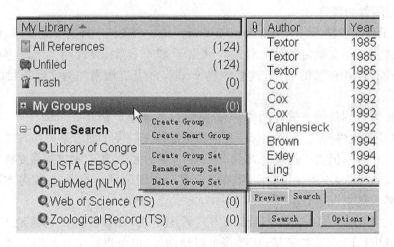

图 9-1-3 群组管理

群组建立后，群组内文献可以在 All References 群组中通过选中拖曳到新的群组，任意一篇文献可以同时加到不同群组，删除自定义群组中文献并不会清除数据库中该文献信息，反之删除数据库条目将自动清除所有群组中该条目信息。

② 排序（Sorting the Library） 对数据库中的文献可以按几个字段用升序或者降序排序，也可以直接点击相应的栏位，如：点击 Year，数据库就会根据 Year 进行升序或降序排列，再点击一次，次序会反过来；点击 Title 或 Research notes 都有同样的效果。在 EndNote 中不仅在主窗口点击栏位名会进行升序或降序排列，在一些子窗口同样具有这种功能。

③ 去重(Finding and Deleting Duplicate Reference)　在建立数据库过程中由于多途径导入文献,不可避免出现文献重复现象,需要去除重复的文献。选择菜单"Reference→Find Duplicates",这样可以发现重复文献,然后选择"Reference→Delete References"即可清除重复文献。

有时发现两篇文章明显是重复的,可用 Reference→Find Duplicates 查找时却没有发现重复文献,另外有时明明没有重复文献,却查找到多篇重复。问题在于重复文献的认定标准上。在 EndNote 使用偏好设定中默认的确定两篇文献重复的标准是:两篇的作者、年代和题目相同就认为是同一文献。可以添加和减少条件。查找重复文献的标准有严格匹配和忽略空格与标点。可选择"Edit"→"Preferences Duplicate"修改去重标准来提高去重效果。

④ 检索(Search for References)　选择要查找的群组,主窗口下参考文献预览区选择"Search"按钮,即出现高级检索界面。可以选择检索的组群、字段、检索条件和布尔逻辑符下拉框来制定检索策略,输入检索词,点击"search"就可以看见结果。在检索词输入框后的＋/—按钮,可以增加或者减少搜索条件。

Match Case 复选框:勾此选项将限制检索词汇皆为小写字母,如果在句子开头找到大写或是所有都是大写字母,EndNote 将不命中。

Match Words 复选框:勾此选项将限制检索到完全相符的词汇,不使用截词功能。

⑤ 压缩(Compress)　选择 File→compressed library 可以将数据库所有相关文件压缩成一个文件,便于拷贝传输。

⑥ 与 EndNote Web 协同工作　EndNote Web 是一个网络版的文献管理软件,功能基于 EndNote 单机版。联机登录 Web of Science 后注册登记个人账户即可使用。Web 版和单机版之间可以进行文献数据复制拷贝;通过 Web 版 EndNote 编辑的 Word 文档离线使用单机版编辑时将自动更新本地数据库。

(4) 个人数据库的应用

① 与 Word 整合利用数据库撰写论文(Cite While You Write,CWYW)

EndNote 最重要功能之一是在用 Word 撰写论文或书籍时,可以自动插入、编排文献,即所谓边写边引 Cite While You Write。可以轻松引用参考文献、图表,输出符合投稿要求的参考文献格式。

安装 EndNote 成功后,在 Word"工具"菜单中自动添加上 EndNote 子菜单。

同时,在工具栏中也可以显示 EndNote 快捷工具。如果没有,可以设置 Word 视图→工具栏→EndNote X3 勾选后即可出现。

所有 CWYW 功能均可以由 EndNote 快捷工具栏实现,其各项功能见图 9-1-4。

• 插入参考文献(Find Citation(s))　可以在撰文过程中插入,也可以在文章编辑完成后插入。打开 EndNote 数据库,在 Word 中将鼠标指在要插入文献的位置,点击快捷工具栏中的"Find Citation(s)",将会弹出"Find & Inserts My References"对话框,输入检索词,点击"Find,EndNote"将自动在全部字段中查找,选定要插入的文献后单击"Insert"即可。

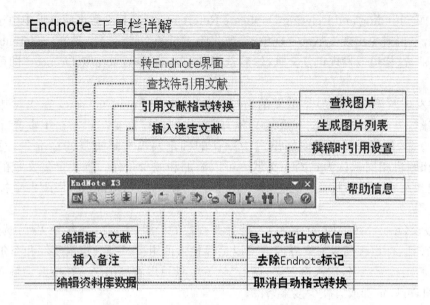

图 9-1-4　EndNote 工具栏详解

注意：上述例中仅有一篇文献符合检索条件，如果同时有多篇符合，可以按住 Ctrl 键同时用鼠标选择多篇文献。建议每次插入引文后保存 Word 文档。

• 引用文献格式转换（Format Bibliography）　单击快捷工具栏中的"Format Bibliography"图标即可启动进入。点击"Browse"选择指定期刊参考文献输出格式（Styles），确定后 Word 文档中的参考文献就会按照设定的杂志格式要求自动重新编排。

EndNote 内置的 Styles 中不包含中文期刊，这为中文期刊投稿带来一些麻烦。可以通过菜单"Edit"→"Output Styles"→"New Styles"建立符合中文期刊要求的输出样式。或者在网络上查找一些 EndNote 用户编辑好的中文期刊参考文献格式添加到自己的 EndNote。

• 去除 Endnote 标记（Remove Field Codes）　投稿前杂志社通常要求去除 EndNote 标记。单击快捷工具栏上的图标即可实现。把去除 EndNote 标记的文档另存为其他名字，保存未去除 EndNote 标记的文档供以后编辑。

② 利用论文模板撰写论文

EndNote 中除了提供 3 700 多种杂志的参考文献格式以外，还提供了 200 多种杂志的全文模板。如果投稿这些杂志，只需要按模板填入信息即可。

打开 EndNote 本地数据库后，"Tools"→"Manuscript Template"，选择要投稿的期刊，如 Nature。选择模板后，自动弹出向导，依次按要求输入即可。按照向导输入完成后，即自动生成 Word 文档，根据提示在相应区域内输入相应内容即可。

③ 统计分析

EndNote 中 Subject Bibliographies 可以根据不同的主题生成统计列表，可以利用该功能进行简单的统计分析。EndNote 可以将不同来源的数据库整合起来分析。下面简介常用统计功能。

• 文献出版年的统计　通过对某一主题每年发表文章数量的分析可以了解到这一领域发展的趋势。

EndNote 分析过程如下：选中待分析的数据库文件，点击"Tools"→"Subject Bibliography",进入 Subject-Fields 窗口,选择"Year",然后点击"OK"即可对数据库中的文献按发表年代进行统计。根据年代列出每年的文献。这是默认的显示方式,可以对结果的显示方式进行修改。输出结果可以导入 Excel 进行简单绘图直观显示。

- 不同作者发表文章的统计　对指定群组可以通过与上面类似方法统计不同作者发表文章的情况,对输出结果按照文章数量排序,可以明确哪些人在这一领域研究最多,跟踪这些专业前沿领军人物的最新研究情况。
- 关键词分析　统计关键词的频率,了解热点方向。

（二）RefViz

RefViz 是由 Thomson 公司和 Ominiviz 公司合作开发用于文献信息分析的收费软件。现为 Thomson Reuters 公司旗下产品,可在 RefViz 网站（http://www.refviz.com/）下载安装 30 天免费版试用,最新版本 2。安装此工具后,就可以借助 EndNote 菜单的"Tools"→"Data Visualization"调用它提供可视化文本分析。

1. RefViz 工作原理

RefViz 运用数学方法对每条参考文献进行分析,建立数学表达式,再运用聚类运算法则,将概念相同或相似的文献自动进行分组,并自动生成散点图和矩阵图来表现文献的分布规律和文献之间的相关性,从而为用户更好地了解学科研究状况和查找合适文献提供参考。每个文件夹图标表示一组文献,每组文献之间根据相互的类似程度进行排列。图标的大小代表文章数的多少,分布的位置靠得越近,内容越相似。

2. RefViz 的主要特色

（1）文献信息分析和归类,通过直观的二维图形将各文献之间的相互关系显示出来。用户可以根据这种功能快速分析海量的文献,迅速获取自己感兴趣的信息,掌握一系列文献的主题内容,从而可以有选择地阅读文献,节约大量的时间。

（2）用户可以根据文献之间的相互关系了解某一学科领域的发展动态,发现新的学科生长点,从而开拓研究思路,提高研究效率。

（3）RefViz 可与文献管理软件 EndNote、Reference Manager 和 ProCite 无缝链接,提供了在重要主题和标题下可视化浏览相关文献的一种方法。

（4）RefViz 内含的检索工具 Reference Retriever 为用户进行跨库检索提供了方便。

3. RefViz 视图创建及其功能

RefViz 可对两种来源的文献数据创建视图,见图 9-1-5。

（1）通过直接检索网络数据库导入本地的数据库文件创建视图

启动软件或者点击菜单"File"→"New View",弹出"Create New View"对话框,选择"Searching database(s) using Reference Retriever",点击"OK"按钮,则会弹出"Reference Retriever"对话框,点击"Add/Edit Data Sources"按钮,弹出可检索的网络数据库对话框,有 PubMed, Web of Knowledge（包括 Web of Science, Current Contents, BIOSIS Previews, CAB Abstracts, INSPEC, WOK Proceedings）, OVID（包括 MEDLINE, PsycINFO, ERIC）, OCLC（包括 MEDLINE, PsycINFO, ERIC）, CSA 等,选择数据库,点击"OK"按钮。输入检索词,然后点击"Search"按钮即执行检索。

（2）利用文献管理软件所建立的数据库文件创建视图

RefViz 可与文献管理软件 EndNote、Reference Manager 和 ProCite 无缝链接,提供了在重要主题和标题下可视化浏览相关文献的方法。

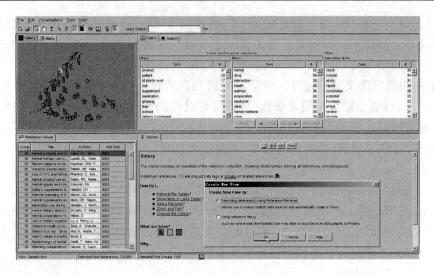

图 9-1-5 RefViz 主界面和视图创建对话框

RefViz 会根据用户选择的数据库资源,同时在多个数据库中进行检索。检索到的文献数量,会首先显示,并根据选择的资源下载相应的文献,且自动去重复,自动创建视图。

(3) Galaxy 视图

Galaxy 视图中一篇文献是以一个独立的小点(■)表示,文献组在 Galaxy 视图中用(▣)表示,图标的大小表示文献数的多寡。在视图模式下,有时候部分文献会叠加在其他文献上方,因此,实际的文献往往比看起来的要多。如将鼠标停留在图标上,就会显现这个图标反映的文献组号、文献数量以及主要关键词的浮动窗口,见图 9-1-5。

Galaxy 是相似性视图,文献或文献组越相似在图中分布的位置越靠近。视图的布局仅由分析结果决定,同一篇文献与不同的文献在一起分析结果会不同。通过对 Galaxy 视图的形状、分布等整体布局分析,可以快速大致了解文献的主体信息。

(4) Matrix 视图

Matrix 视图为表格样式,显示的是文献组与关键词之间的相互关系。在 Matrix 视图中,列标签总是代表文献关键词,而行标签默认代表文献组的主词,也可以通过视图下方的 Rows 选项将行标签设置由 Groups(文献组)改为文献的 Major Topic(主词表)。单元格的颜色表示行标签和列标签的相关性,红色越深表示相关性越强,蓝色越深表示两者相关性越弱。同 Galaxy 视图一样,如将鼠标停留在单元格上,就会显现这个单元格反映的文献组号、主要关键词、相关性以及文献数量的浮动窗口,见图 9-1-6。

(5) 主词工具(topic)

Topic 窗口共有三栏,分别是 major topic(主词表)、minor topic(辅词表)和 descriptive terms(描述词表)。其中主词表和辅词表提取自标题和摘要(或 notes),descriptive terms 包含除主词表、辅词表以及 stopwords(停用词表)外的词汇,以及分布在除标题和摘要以外的信息也会出现在此处。所有栏位的词除了 stopwords 外都可以进行检索。

选中所有的文献,浏览主词表和辅词表,根据用户的专业知识和想了解的内容,可能会发现有些词列在辅词表甚至描述词表中,但很重要,选中后可以通过 promote 按钮,将这些词提升为主词;如果主词中有些词对分类没有意义,可以选中通过 demote 按钮降级到辅词表甚至描述词表。经过调整之后,topic 的词汇表不会即刻随着选择而变化,而会显示一句

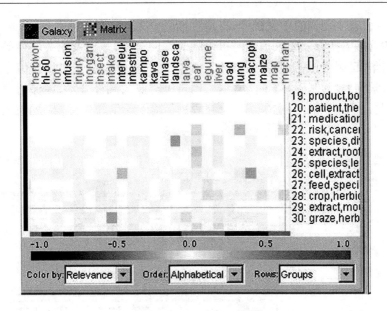

图 9-1-6 Matrix 视图

红色字体的提示:"Topics frozen — changes pending. Reprocess or Reset"。即词汇权重调整后,要进行新的视图点击 reprocess 按钮,也可以选择放弃,点击 reset 按钮,恢复到调整前的状态。

（三）QUOSA

QUOSA 起源于 1996 年,是收费软件,试用版可在 http://www.quosa.com/或 http://www.ovid.com/quosa 上下载,其获取全文功能可使用 20 次,最新 PC 版 8.07,可提供 Ovid 全系列数据库、NCBI 全系列资源、Google、Google Scholar 以及美国专利局专利全文及专利摘要系统（USPTO）等免费网络资源的网络检索。

QUOSA 是查询（Query）、组织（Organize）、储存和共享（Save & Share）以及分析（Analysis）这几个英文单词首字母的组合,说明其主要承担这四种角色与功能。QUOSA 主要特色是可以自动查找网络数据库及其相关网络资源,并自动选择要下载的 PDF、HTML 等全文资料建立数据库。QUOSA 能成批分析文献资料,萃取出整批文献中与主题相关之概念,建立特定主题相关的知识树。其书目与全文的同步储存,是其在数据挖掘与分析文献资料时的最主要功用。

（四）医学文献王

"医学文献王"是北京金叶天盛科技有限公司研制的收费软件。全中文操作界面。2004 年推出第一版,最新版本为三版。http://www.kingyee.com.cn 可下载试用版,试用期 3 个月。

主要功能：支持 PubMed、Cnki、万方、中华医学会数字期刊、维普等直接检索和数据批量下载导入,支持 PubMed、CNKI 及中华医学会期刊数据库定题检索,检索得到结果会直接导入专题数据库。PDF 智能识别导入可以导入未加密、非图片格式的 PDF 文件,对 PDF 文件的内容进行分析,识别出文献的标题、作者等字段,导入时自动根据文件内容创建题录信息,并将题录信息与全文关联保存。支持通过 IE 右键,以题录格式将检索结果导入。

提供本地检索最新 MeSH 词表的所有数据,包括该主题词的副主题词、相关主题词、树状结构等,并且含有主题词的中文翻译,支持直接用中文主题词来检索。

数据库的管理支持参看题录信息时可以随时调阅全文、笔记及相关文件等。对阅读过的文献可做精华、已读标记,方便对文献的复习利用。"医学文献王"以《新编全医药学大词典》的《英汉医学词典》为基础,对外文数据采用英汉对照的翻译技术,在保留原文风格的同时,可以对标题、摘要、关键词、主题词四个字段进行瞬间汉化,方便读者快速阅读英文文摘。见图9-1-7。

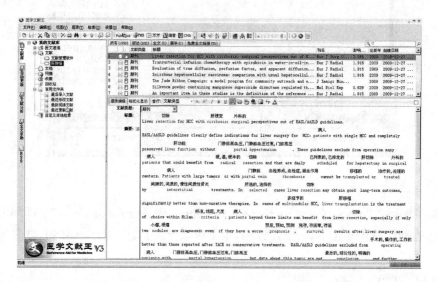

图 9-1-7 "医学文献王"3V 主界面和文摘翻译界面

文献分析是对文献王数据库里的文献按作者、出版年等字段进行统计,从而得出相应的结果。在引用参考文献时,支持近 8 000 种中外生物医学期刊的参考文献著录格式。

(周晓政)

第二节 医药信息分析与挖掘

一、概述

(一)信息分析

信息分析旨在通过已知信息揭示客观事物的运动规律。这些信息是客观上已经产生和存在的,这些规律也是客观事物运动本身所固有的、本质的规律。信息分析的任务就是要运用科学的理论、方法和手段,在对大量的(通常是零散、杂乱无章的)信息进行搜集、加工整理与价值评价的基础上,透过由各种关系交织而成的错综复杂的表面现象,把握其内容本质,从而获取对客观事物运动规律的认识。在人类社会发展到须臾不可离开信息的今天,信息分析的意义极其重要,它不仅存在于科技和经济领域,而且还遍及广泛的社会领域,并对社会的发展和变革产生影响。

信息分析是指以社会用户的特定需求为依托,以定性和定量研究方法为手段,通过对社会信息的收集、整理、鉴别、评价、分析、综合等系列化的加工过程,形成新的、增值的信息产品,最终为不同层次的科学决策服务的一项具有科研性质的智能活动。

所谓信息分析就是根据特定问题的需要,对大量相关信息进行深层次的思维加工和分析研究,形成有助于问题解决的新信息的信息劳动过程。它是情报研究流程的一个重要环节,侧重于对信息进行精加工,既与研究对象有关,又与研究目标和任务相连。

（二）医药信息分析

医药信息资源的迅猛增长,医药领域研究的不断深入产生更多的医药信息资源,国际医学合作和交流的日益频繁及卫生信息化发展的趋势,医药信息分析的需求不但在数量上而且在种类上都在增加,各级医疗机构和相关部门都需要针对性的信息服务。医药信息分析不仅需要宏观分析来揭示医药信息的普遍规律和一般方法,同时也需要微观信息分析来提供专业领域的特殊规律和专门方法。

医药信息分析:根据研究课题的目标,收集国内外相关医药信息,对有价值的医药信息进行综合分析,编写出有根据、有对比、有分析、有评价和有预测的报告,为医学教学、科研、临床决策、卫生服务、卫生管理和市场活动提供知识管理和科学服务。

（三）医药信息分析的特点和类型

医药的学科性质是不仅涉及人类健康和疾病,还需要基础自然学科的支撑,同时医药研究也延伸至自然科学、社会科学和应用科学等其他领域。医药包括了基础医学、临床医学、预防医学、药学、卫生管理学、康复医学等学科。这种医药学科的性质决定了医药信息范围广泛,学科门类繁多,并且呈跨学科与学科交叉的信息趋势发展,从而医药信息的分析也涉及以上学科和领域并为决策服务。

医学研究的临床对象是人类,而人类生活在社会中,这样导致医学以社会为基础,医药信息涉及社会的方方面面,医药信息分析的应用与作用也更复杂,不确定同时存在一定的局限性。

根据医药信息与医药信息分析的特点,医药信息分析可以采用不同的方法按照不同的标准,可以划分为不同的类型。

1. 按性质划分,可以分为定量分析、定性分析和定性定量相结合分析。定性分析方法一般不涉及变量关系,主要依靠人类的逻辑思维功能来分析问题;而定量分析方法主要是依据数学函数形式来进行计算求解。定性分析方法有比较、推理、分析与综合等;定量分析方法有回归分析法、时间序列法等。由于信息分析问题的复杂性,很多问题的解决既涉及定性分析,也涉及定量分析,因此定性分析和定量分析方法相结合的运用已越来越普遍。

2. 按领域划分,可以分为医药科技信息分析、临床决策信息分析、医药专利信息分析、医药市场信息分析等。

3. 按内容划分,从信息分析的研究内容上看,主要有跟踪、比较、预测、评价等几种类型。

跟踪型信息分析。跟踪型信息分析是基础性工作,是一种跟踪基础数据和资料内容的信息分析。跟踪型信息分析又可分为技术跟踪型和政策跟踪型两种。常规的方法是收集和加工信息,建立文献型、事实型和数值型数据库作为常备工具,加上一定的定性分析。这种类型的信息分析可以掌握各个领域的发展趋势,及时了解新动向、新发展,从而发现问题、提出问题。

比较型信息分析。比较型信息分析是决策研究中广泛采用的方法。只有通过比较,才能认识不同事物间的差异,从而提出问题、确定目标、拟订方案并做出选择。比较可以是定性的,也可以是定量的,或者是定性与定量相结合。

预测型信息分析。预测型信息分析涉及的范围非常广泛,大到为国家宏观战略决策进行长期预测,小到为企业经营活动提供咨询的短期市场预测,其工作方法大致可以分为定性预测和定量预测两大类。所谓预测,就是利用已经掌握的情况、知识和手段,预先推知和判断事物的未来或未知状况。

评价型信息分析。评价型信息分析一般需要经过以下几个步骤:前提条件的探讨;评价对象的分析;评价项目的选定;评价函数的确定;评价值的计算;综合评价等。评价的方法有多种多样,如层次分析法、模糊综合评价法等。评价是决策的前提,决策是评价的继续。评价只有与决策联系起来才有意义,评价与决策之间没有绝对界限。

二、信息分析流程

医药信息分析的主要流程有课题选择、课题分析、医药信息收集、医药信息鉴别与整理、医药信息理论与技术分析和得出结论或预测。

前两个过程与一般课题的选择与分析类同。而医药信息收集需要收集的信息有文献信息和非文献信息,文献信息有图书、期刊、报纸、学位论文、会议论文、专利、标准和科技报告等,在本书的前面章节都已经涉及。

医药信息文献信息搜集的主要过程通过检索来完成,检索的方法有手工检索与计算机检索,在信息技术日新月异的发展变化下,计算机检索已经成为检索的主流手段。检索的信息源也可以根据需要的医药信息类型来选择二次信息源或一次信息源,通过了解信息源的收录范围、学科、信息源本身的权威性等,选择合适的信息源。再通过常规法、顺查法、倒查法、追溯法等检索方法来收集医药信息资源。而对于专业的信息分析人员,还应该掌握实际调查医药信息的能力,如通过信息调查的问卷法、站点法、E-mail 法等获得原始的医药信息。

通过熟练利用检索技巧和检索手段获得并占有医药信息后,就需要对占有的信息进行整理、鉴别和技术分析。医药信息整理可以通过内容整理、形式整理等手段把信息分类、排列等形成具有内在机制的一个或多个整体。信息鉴别则包括从信息的可靠性、先进性、适用性和科学性的角度进行鉴别,除粗取精,去伪存真。通过各种医药信息分析理论与技术对占有且经过整理的信息进行分析是医药信息分析的要点,也是医药信息分析流程中最重要的一环。医药信息分析阶段是一项综合性很强的思维活动,需要运用各种方法、手段将获得的经过整理加工后的信息进行定性或定量分析,得出结论。医药信息分析的创造性和智能性的特点正是通过本阶段才充分体现出来的。它侧重于相关分析、理论构架的形成、研究方法的选择与比较、模型的建立、评估和优势分析、预测分析等。通过以上这些具体分析(有时只进行其中某些部分),实际已得出主要结果。再加上对这些结果的一些自我评价,就可以着手撰写初步报告。

三、医药信息分析技术

信息技术的发展促使了信息分析技术的完善,医药信息分析技术可以借用信息学的分析理论与技术,也可以使用独特的医药信息分析技术与方法进行。

(一) 定性分析法

定性分析法是信息分析常用的技术与方法，通常有比较法、分析与综合法及推理法。比较法也称对比法，是对照研究对象间差异性和共同性的逻辑思维方法，是医药信息分析中最基本、最常用的方法。在医学研究领域，比较法对于疾病的鉴别诊断、病因分析、疾病防治、药物疗效评价、科技成果鉴定等方面有重要的意义

分析法是将研究对象的整体分解成部分、要素、单元、环节、层次并分别加以研究的思维方法。分析法对于现代医学解剖学、组织胚胎学、生理学、病理学、免疫学、遗传学与药理学的建立有重要作用，使医学认知摒除模糊不清。

综合法是在思维中把构成事物的各个部分、因素、方面、层次、环节的认识结合起来加以研究的逻辑方法。综合法既与分析法对立，又与它紧密结合地应用。

推理法是从一个或几个已知的判断得出一个新判断的思维过程，推理法常用的有归纳推理、演绎推理。

(二) 专家调查法

专家调查法是以专家作为调查对象，依靠专家的知识和智慧，通过收集资料、分析问题、调查研究、评估和预测作出判断的一种方法。尤其在医学领域，很多问题的解决都需要依靠专家长期积累的临床经验。专家调查法在医药信息获取和分析中都具有重要作用。专家调查法常用的有同行评议法、头脑风暴法、德尔菲法和团体焦点访谈法等。

同行评议(Peer review)也称专家评审法，是定性评价法中的一种，同行评议在科学研究中的应用非常广泛，尤其是信息源的选择和分析过程中的应用。BMC 出版的在线研究辅助工具 Faculty of 1000 就是一个很好的同行评议分析法的例子，Faculty of 1000 收录的是 1 000 多位世界最好的生物学家所推荐的文章，并附有推荐人的评述，这些经过同行评议的医药信息分析法的资源能够提供目前世界上最重要的生物和医学论文信息及研究趋势。

(三) 定量分析法

定量分析法是依据统计数据，建立数学模型，并用数学模型计算出分析对象的各项指标及其数值的一种方法。医药信息分析常用的信息计量学方法、引文分析法、追溯法、回归分析法、时间序列分析法等都是定量分析法。定量分析法的优点是科学、严谨，能反映一定的客观性。

信息计量学 1979 年由德国学者昂托·纳克提出，20 世纪 90 年代后得到国际学术界的广泛认可。我国这方面研究的专家有邱均平、许文霞、武夷山等学者。医药信息作为信息的一个专门学科领域，直接继承利用了信息计量学的理论与方法，医药信息计量常用且著名的工具有 ISI Web of Science、PubMed、中国生物医学文献数据库、中国科学引文数据库等，这些数据库或检索工具内部的信息挖掘功能和信息分析功能能够很好地反映医药信息的内在联系与特点。

医学文献计量学也继承和借鉴了文献计量学的理论与方法，常用的理论有洛特卡定律、布拉德福定律、齐普夫定律、文献信息的增长与老化规则等，文献计量学方法中的影响因子、H 指数、半衰期等概念也被广泛地应用于医药信息的分析与评价中。其中引文分析法是最常用的方法之一，引文分析从引文入手，利用图书馆情报学、统计学方法分析与深入研究医学文献间的关系，医学文献的引用与被引用说明了医药信息知识和情报内容的继承与利用，也标志了医学的发展和沿革。

回归分析法可以对非确定性的关系来表述相关关联，如人身高与体重的关系、血压与年

龄的关系等,这些关系不确定不能用函数来表达,但具有统计规律,可以用回归来表达。在临床医学研究和药物研究中,会得到大量的实验数据或统计数据,要找出其中的数学规律,通常就会使用到回归分析方法。回归分析法有简单的一元线性回归和最小二乘估计,还有多元线性回归等方法。

(四) Meta 分析

Meta 分析是循证医学研究的重要手段,是一种定量分析方法。Meta 分析是指汇集同类研究的多个相互独立的研究结果进行定量分析,以期获得一个综合性结论的统计方法,又称荟萃分析、整个分析、综合分析、二次分析、元分析、共分析、再分析或超分析等。Meta 分析不只是一种统计方法,本质上也是一种观察性研究。区别于其他研究的是 Meta 分析利用的是二手资料,是对别人研究结果进行再分析,收集已经存在的独立研究结果资料,无需对各独立研究中的每个观察的对象的原始数据进行分析。

Meta 分析的意义在于它增大了样本量,同时也增加了统计分析的检索功能,当同类相互独立的研究结果出现矛盾的时候能够给出较合理的解释,Meta 分析的结论也更具代表意义和参考价值,并且能从中发现某些单个研究中未阐明的问题,提出新的研究课题和方向。需要注意的是,只有对搜集的研究进行同质性检验,异质性分析,并把同质性因素进行合并的 Meta 分析才可能有意义。而由于随机对照试验(RCT)的 Meta 分析得出的结果一般偏倚较小,因此结论的准确性和可靠性最高。

20 世纪 60 年代 Meta 分析思想最早应用于教育、心理学等社会科学领域,70 年代扩大到医学健康领域,80 年代开始盛行,被广泛应用到医学研究的各个领域。最早应用于随机对照试验(RCT),后来扩展到任何实验和观察性研究,由定性研究发展到定量研究。Meta 分析在现代医学中主要应用于以下领域:人群中重大健康问题,如心脑血管疾病问题,恶性肿瘤问题等;病因研究中因果联系的强度和特异性;预防、治疗或干预等措施影响的强度和特异性;临床研究手段问题,如诊断试验方法的有效性、临床药物的疗效判定等;疾病治疗的成本效益问题等;卫生策略效果评价等。

Meta 分析的主要步骤有:提出需要和可能解决的问题,拟定研究计划;确定检索策略,检索相关文献;制定纳入标准,评价文献质量并筛选合格的研究;提取纳入文献的数据信息;统计分析;报告和解释结果等六步流程。

Meta 分析常用的工具有专用的 Meta 分析软件和通过统计软件等。Meta 分析专用商业软件有 CMA(Comprehensive meta-analysis)、MetaWin、Weasyma、DSTAT 等,免费软件有 Meta Calculator、RevMan(Review Manager)等,还有一些通用软件也具有 Meta 分析功能,如 SAS、STAT 等。其中 CMA、MetaWin、Weasyma 和 RevMan 都有友好的界面和丰富的功能,包括计算和绘图,简单易用,并包含效应值计算、固定和随机效应统计模型、异质性检索、亚组分析、累计 Meta 分析、Meta 回归等基本功能,MetaWin 还提供非参数检验和检验统计量间的转换功能,CMA 还包括了敏感性分析,也是目前应用最广泛的 Meta 分析软件。

根据一系列的流程,最终需要把研究成果展示,对于医学生来讲,医药信息的分析与利用的最终目的通常是撰写综述文献。医学综述是研究者在对医学文献进行阅读、选择、比较、分类、分析和综合的基础上,用自己的语言对某一问题的研究状况进行综合叙述的情报研究成果。综述文献贵在资料翔实,详尽地占有权威性的全面的资料是基础,并尽可能地引用一次文献增加可靠性。但综述不应该只是资料的罗列,而是经过严谨的思维活动和整理归纳总结出评论,并得出重要结论。

医药信息挖掘可以通过利用多种文献管理工具或专门数据分析软件来实现,后者如SPSS,前者有本章第一节提及的各类文献管理软件。此外,各个文献数据库,包括二次文献数据库和全文数据库都提供医药文献的相关信息挖掘功能。在各个数据库中,数据挖掘是一个过程,这个过程由专门的数据库人员编写的应用,把大量的信息、工具、方法简化,针对不同的功用,设置适合的探究方法与工具,用户再使用各类应用工具,得到数据挖掘的结果。

第三节 知识产权

无论是二次文献数据库还是全文数据库,包括文献管理软件,从文献的检索、获取和利用,始终贯穿着知识产权的约束。

一、知识产权

(一) 知识产权概述

知识产权这一术语,最早于18世纪中叶出现在西方活字印刷术的诞生地德国。在当时,它主要指文化领域中作者的创作成果所享有的专有权,即我们现在所称的版权或著作权。后来随着科学技术的不断发展,其含义范围也逐渐扩大,尤其在20世纪60年代之后,逐渐被绝大多数国家及所有国际条约、国际组织采用,成为包含一切智力创作成果的专有权。知识产权(Intellectual Property)又称智力成果权,知识产权是基于创造成果和工商业标记依法产生的权利的统称(教育部高等学校法学专业核心课程《知识产权法教学指导纲要》)。知识产权的对象是知识,客体是对知识进行的行为,知识产权是一种私有财产权。知识产权的构成有著作权和工业产权(专利权、商标权等)。

《世界知识产权组织公约》第2条第8款规定的知识产权包括:① 对文学、艺术和科学作品享有的权利;② 对演出、录音、广播等享有的权利;③ 对一切活动领域内的发明享有的权利;④ 对科学发现享有的权利;⑤ 对外观设计享有的权利;⑥ 对商标、服务标记、厂商名称和标记享有的权利;⑦ 禁止不正当竞争享有的权利;⑧ 对在工业、农业、科技、文艺领域内一切其他智力活动成果享有的权利。我国的《民法通则》和其他科技立法所规定的对知识产权的保护范围是:① 著作权(包括计算机软件的保护);② 专利权(包括发明、制造专利、实用新型和外观设计专利);③ 商标权(包括服务标记、厂商名称和标记);④ 发现权;⑤ 发明权;⑥ 科技应用技术成果权;⑦ 技术机密;⑧ 商业机密;⑨ 禁止不正当竞争。

(二) 知识产权的主要特征

知识产权主要具有以下特征:① 专有性。专有性也称垄断性或独占性。它是指知识产权专属权利人所有。知识产权所有人对其权利的客体享有占有、使用、收益和处分的权利。权利所有人有权许可或者不许可他人使用其获得的知识产权。而他人未经知识产权所有人的许可,不得制造、使用或销售已获得的专利权、商标专用权或者版权的智力成果,否则就构成法律上的侵权行为,将受到法律制裁。② 地域性。知识产权的地域性,就是对权利的一种空间限制。任何一个国家或地区所授予的知识产权,仅在该国或该地区的范围内受到保护,而在其他国家或地区不发生法律效力。如果知识产权所有人希望在其他国家或地区也享有独占权,则应依照其他国家的法律另行提出申请。一般讲,除本国已经加入的国际条约或双边协定另有规定之外,任何一个国家都不承认其他国家或者国际性知识产权机构所授予的知识产权。③ 时间性。知识产权的法律保护除受空间(即地域)的限制外,还要受时间的限制。知识产权都有法定的保护期限,一旦保护期限届满,权利即自动终止。这一点同其他产权有很大的不同,它可以几年、几十年以至几代人占有财产,并没有时间的限制,而知识产权却有法定的占有时间。有些知识产权的保护期限可以有条件地延长,但需履行法定手续。

二、著作权

(一)著作权概述

《中华人民共和国著作权法》(简称《著作权法》)第五十六条规定,著作权(copyright)即版权。由于著作权客体(作品)往往是著作权主体(作者)人格的延伸,因此,著作权有较专利权、商标权更为复杂的内容,也是知识产权中较为复杂的一种无形产权。

著作权是指基于文学、艺术和科学领域的作品所依法产生的权利。著作权有狭义和广义之分。狭义的著作权指的是文学艺术和科学作品的作者依法享有的权利,包括人身权利和财产权利两个方面的内容,它基于作品的创作而产生;广义的著作权除了狭义的著作权之外,还包括传播者的权利,学理上称为著作邻接权,具体为表演者、录制者和广播组织依法享有的权利,它基于传播活动而产生。在我国《著作权法》上,邻接权称为"与著作权有关的权益",它除了包括表演者权、录制者权、广播组织权外,还包括出版者的版权设计权。

(二)著作权立法与实施

我国从20世纪80年代初就开始了著作立法的准备工作,1985年,国务院批准成立国家版权局,负责有关法律、规定的起草和实施。1990年9月,著作权法正式颁布;1991年6月1日正式实施。2001年10月27日,第九届全国人民代表大会常务委员会第二十四次会议发布《关于修改〈中华人民共和国著作权法〉的决定》,与此同时,与著作权配套的实施条例、计算机软件保护条例以及著作权仲裁条例等也相继出台,初步形成了较为完整的著作权保护法律体系。最新的知识产权法律法规相关文件是2011年1月10日,最高法院、最高人民检察院、公安部、联合发布的《关于办理侵犯知识产权刑事案件适用法律若干问题的意见》。

(三)著作权的性质与特征

《中华人民共和国著作权法实施条例》第二条规定:"著作权法所称作品,是指文学、艺术和科学领域内具有独创性并能以某种有形形式复制的智力成果。"从这一定义出发,一般认为,著作权法保护的作品必须具备以下条件:① 必须是文学、艺术和科学领域内的智力创作;② 必须具有独创性;③ 必须能够以有形的形式复制。有的观点认为,作品的内容合法也是构成条件之一,即作品的表现形式应当符合法律的规定。

著作权是指作者因创作文学、艺术和科学作品而依法享有的权利。它首先是一种民事权利,具有民事权利的一切性质和特征。著作权法以权利为核心,只规定权利人所享有的权利,权利人以外的其他人都是义务人。义务人以不作为来保证权利人享有的权利,这一点与所有权的本质特征一致,因而著作权应属于专有权、绝对权。

(四)著作权保护范围

著作权法保护的表达不仅指文字、色彩、线条等符号的最终形式,当作品的内容被用于体现作者的思想、情感时，内容亦属于表达，同样受到著作权的保护。

作为一种民事权利，著作权既包括人身权，又包括财产权。这种人身权，在中国，包括发表权、署名权、修改权及保护作品完整的权利；在国外，有些国家的法律还规定包括追续权（即美术作品、文学作品、音乐作品的手稿被出售后，如果购买人再转售他人并得到了比购买时支付的金额更高的价款，那么该作品的原作者有权要求在这一差额中取得一定比例的收入）。而著作权中的财产权，则是指著作权人享有许可他人使用其作品并由此获得报酬的权利，它包括复制权，表演权，播放权，展览权，发行权，摄制电影、电视、录像权，改编权，翻译权，注释权，编辑权等。

三、网络著作权

网络作品是一个泛指概念，包括两种类型：一类是现实中就存在的作品，如文字、口述、音乐、美术、摄影、电影、电视等；另一类是网络上的作品，包括网络上发布的主页、文字、网络的三维动画、图标等，这些作品自创作出来就依赖于数字而存在，并没有经过传统载体。这两种形式都属于网络作品。

网络作品只要能满足著作权的要求，就应该受到著作权法的保护。确定一件数字作品是否具有著作权，取决于该作品与其传统形式作品之间的关系。目前普遍的观点是：一件传统作品的数字形式并非完全独立于该作品原有形式的，即作品的数字化并没有产生新的作品，只要一件作品具有独创性，无论是其原作品还是数字作品，都应享有著作权。

早在1997年，德国就由联邦议院通过了世界上第一部规范互联网的法律——《多媒体法》，我国目前没有专门针对网络作品的法律法规，但2011年初最高法院、最高人民检察院、公安部联合发布的《关于办理侵犯知识产权刑事案件适用法律若干问题的意见》中有多条规定涉及了互联网相关内容，如明确规定了关于侵犯知识产权犯罪案件的管辖问题："侵犯知识产权犯罪案件的犯罪地，包括侵权产品制造地、储存地、运输地、销售地，传播侵权作品、销售侵权产品的网站服务器所在地、网络接入地、网站建立者或者管理者所在地，侵权作品上传者所在地，权利人受到实际侵害的犯罪结果发生地。"

网络著作权的保护范围有：复制权、发行权、传输权、署名权、修改权和保护作品完整权、权利标示权、技术保护权。

四、著作权侵权规定

我国《著作权法》第四十六条和第四十七条列举了侵犯著作权和著作邻接权的行为类型。

1. 未经著作权人许可，发表其作品的。这种行为侵害了权利人的发表权。但需注意，发表权仅能行使一次。如果作者将作品发表之后，他人又对作品在网上发行等，则不是对发表权的侵害。这时，侵害的是信息网络传播权。

2. 未经合作作者许可，将与他人合作创作的作品当作自己单独创作的作品发表的。这种行为把其他合作作者对作品的贡献排除在外，把合作作品据为己有，是对他人整体著作权的侵害，既侵害了署名权，也欺骗了社会公众。

3. 没有参加创作，为谋取个人名利，在他人作品上署名的。这种行为侵犯了作者的署名权。

4. 歪曲、篡改他人作品的。这种行为侵害的是保护作品完整权。侵害保护作品完整权的行为包括两大类：一类是对作品本身进行了改动；另一类是对作品本身没有改动，但对作品进行了其他利用，如改变作品的用途，使作者的名誉或者声望受到损害。

5. 剽窃他人作品的。剽窃和抄袭是一个意思，这种行为既有违道德，也违反法律。

6. 未经著作权人许可，以展览、摄制电影和以类似摄制电影的方法使用作品，或者以改编、翻译、注释等方式使用作品的，本法另有规定的除外。

7. 使用他人作品，应当支付报酬而未支付的。这主要是指那些按照著作权法关于"法定许可"的规定，某些使用他人已发表的作品，可以不经著作权人许可，但应当按照规定支付报酬的情况。

8. 未经电影作品和以类似摄制电影的方法创作的作品、计算机软件、录音录像制品的著作权人或者与著作权有关的权利人许可，出租其作品或者录音录像制品的，本法另有规定的除外。

9. 未经出版者许可，使用其出版的图书、期刊的版式设计的。

10. 未经表演者许可，从现场直播或者公开传送其现场表演，或者录制其表演的。

11. 未经著作权人许可，复制、发行、表演、放映、广播、汇编、通过信息网络向公众传播其作品的，本法另有规定的除外。

12. 出版他人享有专有出版权的图书的。

13. 未经表演者许可，复制、发行录有其表演的录音录像制品，或者通过信息网络向公众传播其表演的，本法另有规定的除外。

14. 未经录音录像制作者许可，复制、发行、通过信息网络向公众传播其制作的录音录像制品的，本法另有规定的除外。

15. 未经许可，播放或者复制广播、电视的，本法另有规定的除外。

16. 未经著作权人或者与著作权有关的权利人许可，故意避开或者破坏权利人为其作品、录音录像制品等采取的保护著作权或者与著作权有关的权利的技术措施的，法律、行政法规另有规定的除外。

17. 未经著作权人或者与著作权有关的权利人许可，故意删除或改变作品、录音录像制品等的权利管理电子信息的，法律、行政法规另有规定的除外。

18. 制作、出售假冒他人署名的作品的。

19. 其他侵犯著作权以及与著作权有关的权利的行为。

第四节　文献利用与学术规范

一、图书馆合理使用文献的挑战

数字化信息是以网络为依托，在线高效传输并具有信息量大、复制容易的特点的信息。面对这一新变化，原有的著作权法确实在某些方面存在缺漏，一些固有的概念、原则已无法解释。2001年我国《著作权法》经人大通过正式颁布，这标志着我国对知识产权的保护进一步完善，也表明国内与知识产权相关的法律法规正逐步与国际接轨。新著作权法最显著的特征就是扩展了著作权人的专有权利，规范了著作利用的相关要素，同时也缩小了"合理使用"的范围。

数字技术的应用,使受版权保护的作品和其他资料的存储、传输、存取、复制能够以惊人的容量和速度进行。网络环境下图书馆就在法律允许的合理使用范围内,利用已经购置或可经合法途径获取的网络公共资源,这其中包含了甄别、挑选等重要的工作流程,并最大限度地满足读者合理使用,是图书馆在数字化时代合理使用文献的挑战。这种挑战具体表现在网络作品复制的严格限制,这种限制涉及图书馆对于电子文献的下载打印形成纸质作品长久保存的问题;而2001年新《著作权法》规定需要经过著作权人的同意才能够上网传播其作品,则使图书馆意识到网络文献传递的是受到限制,并需要约束被传递用户的责任;而作品保存问题最为严重,出版商的加密文献受到著作权的保护后,图书馆只有作品的存取使用权,而丧失了长期永久保存的权利,这对图书馆作为保存人类文化及遗产的社会功能造成了冲击。

这些问题是否得到妥善解决,关系到图书馆数字化建设能否健康发展,以及读者能否拥有一个公平的、和谐的信息资源使用环境。

二、文献利用过程中的侵权行为

从图书馆角度,可能造成的侵权行为有恶意下载、非法传播、大量复制、未按要求支付报酬等。从用户个人角度来讲除了恶意下载外,多为学术腐败和违反学术规范。

(一) 恶意下载

数字文献资源服务的方式主要有三种:购买全文镜像,镜像索引+包库和账号许可。购买全文镜像通常是在局域网内共享数字资源,不受广域网带宽和服务商流量限制,但是占用本地的服务器等设备和存储空间,并且需要定期手动更新数据库资源。镜像索引+包库只在本地存储索引,通过客户端来控制访问并发用户数量。账号许可方式有两种,一种是图书馆购买账号,访问远程厂商服务器获得资源;另一种是账号与IP地址段进行绑定,访问时数据库根据IP地址来识别用户是否具有购买权限。这两种方式的访问都是需要远程访问厂商的服务器,而为了保护自己的合法权益,数据库商会对各用户的使用情况进行实时监控,当某用户集中访问或批量下载某资源时,可能会被服务商认为用于非教育科研目的,并认定为恶意下载。

下载他人电子数据库的内容超出法律规定或合同约定允许的数量的行为,在有的文献中提及的一个标准是:一个IP在一分钟内发出下载请求超过45次/篇时,就构成所谓恶意下载。另外,使用法律法规或合同约定不允许的方式下载,如使用下载机器人等下载工具也是恶意下载行为。恶意下载具体指三种行为:整本下载电子图书或者整卷、整期下载期刊论文;在下载过程中,使用了智能下载工具或软件;短时间内大批量集中下载同一数据库的文献。

通常数据库厂商认为某用户进行了恶意下载后,产生的处罚主要有:暂停违规的具体某个IP地址或地址段的使用权;暂停某违规机构或高校的全部使用权;经济措施如大幅涨价,法律措施如诉讼等。

恶意下载的解决办法有两种,一种是在购买时与数据库商签订合同时就明确约定恶意下载的准则,同时应当争取图书馆和公民的合理获取权,从有益于公共利益和符合教育和研究等目的的合理使用权出发,可以界定电子数据库许可协议至少应当不作限制地允许使用者阅读、下载和打印用于教学或科研目的资料。还有一种是采用技术手段与宣传相结合，进行用户教育，明确知识产权的合理使用范围。通常的手段是控制单个IP流量和并发数才是解决问题的关键。

（二）学术规范与学术不端

学术腐败是人们对各种不道德或不诚实的学术行为的概括。学术腐败行为的表现有：剽窃、伪造或是拼凑包装制造学术泡沫等。其中剽窃是侵犯版权的行为之一。剽窃的违法性表现如下：违反《民法通则》和《著作权法》；没有法律上的依据，不属于"合理使用"使用的范围；未经权利人同意或许可。我国著作权的保护范围50年是指财产权，允许未经许可的出版、改编或翻译，而人身权即使超过使用期限，法律不允许直接抄袭或署名等。

1992年，由美国国家科学院、国家工程院和国家医学研究院组成的22位科学家小组给出的学术不端行为的定义是：在申请课题、实施研究报告结果的过程中出现的捏造、篡改或抄袭行为，即不端行为主要被限定在"伪造、篡改、抄袭"(FFP)(Fabrication, Falsification, Plagiarism)三者中。

国际电气和电子工程师协会(IEEE)的文件把论文剽窃分为5个层次，根据其情节轻重给予相应的惩罚：

（1）未注明出处，全文复制一篇论文，将导致在该文章记录中注明违规，并吊销违规者在IEEE刊物上的发表权利达5年。

（2）未注明出处，大量复制（达一半的篇幅）一篇论文，处罚同上。

（3）未注明出处，照搬句子、段落或插图，可能导致在该文章记录中注明违规，并且必须提交向原始作者的书面道歉以避免被吊销发表权利达3年。

（4）未注明出处，不恰当地复述整页或整段内容（通过改变个别单词、词组或重排句子顺序），要求做出书面道歉以避免被吊销发表权利和可能在该文章记录中注明违规。

（5）注明出处，复制一篇论文的很大一部分而没有清楚地表明谁做了或写了什么，要求书面道歉，并且必须修改论文以避免被吊销发表权利。

教育部教社科在《关于严肃处理高等学校学术不端行为的通知》的文件中，对高校学术不端行为给出了具体的界定，其中包括① 抄袭、剽窃、侵吞他人学术成果。② 篡改他人学术成果。③ 伪造或者篡改数据、文献，捏造事实。④ 伪造注释。⑤ 未参加创作，在他人学术成果上署名。⑥ 未经他人许可，不当使用他人署名。⑦ 其他学术不端行为。

（三）一稿多投与二次发表

1. 一稿多投

一稿多投是指同一作者或同一研究群体不同作者，在期刊编辑和审稿人不知情的情况下，试图或已经在两种或多种期刊同时或相继发表内容相同或相近的论文，国际上也称该种现象为重复发表(repetitive publication)、多余发表(redundant publication)或自我剽窃(self-plagiarism)。

严格意义上完全重复发表的文献很少，尤其是英语论文，但比较常见的是某课题发表的成果论文相似度比较高。多数相似论文处于灰色地带，即同一问题的不同研究对象，或同一批研究对象的不同数据表达，因为论文作为我国科研单位尤其是高校的研究人员的重要产出成果和学术水平评价的重要指标，国内的很多课题都存在这种相似论文的发表。但一稿多投行为受到科学界的严厉指责，它不仅把科研成果和科研信息分裂成零散的碎片，也搅乱了依据科学成果的发表所建立的学术奖赏机制，投稿过程中也浪费了期刊版面及编辑和审稿人的时间,发表后也可能对所在期刊的声誉造成不良影响,甚至被追究知识产权责任。

一稿多投行为在同行评议稿件过程中被发现,通常会被退稿,有些期刊编辑部可能会在退稿的同时函告作者所在单位。如果论文已经发表,并被相关的期刊发现,作者声誉会受到严重影响,期刊将在一定期限内拒绝该作者的投入,并在期刊上发表关于该作者一稿多投的声明,并列入目次页,供同行检索,如 Medline 数据库就收录这样的声明,甚至在专业群体中进行通报。

但并不是所有的类似发表行为都被认为是重复投稿或一稿两(多)投,以下行为是正常的论文发表行为:① 在专业学术会议上做过口头报告,或者以摘要或会议板报形式报道过的研究结果,但不包括以会议文集或类似出版物形式公开发表过的全文;② 对首次发表的内容充实了 50%或以上数据的学术论文;③ 有关学术会议或科学发现的新闻报道,但此类报道不应通过附加更多的资料或图表而使内容描述过于详尽。但以上再次投稿均应事先向编辑说明,并附上有关材料的复印件,以免可能会被编辑或审稿人误认为是相同或相似成果的重复发表。

2. 二次发表

二次发表或再次发表(secondary publication)是指使用同一种语言或另外一种语言再次发表,尤其是使用另外一种语言在另外一个国家再次发表。

目前,国际生物医学界明确界定以另一种文字重复发表为"可接受的再次发表"。由国际医学期刊编辑委员会制定、已被千余种生物医学期刊采用的《生物医学期刊投稿的统一要求》指出,以同种或另一种文字再次发表,特别是在其他国家的再次发表,是正当的,(对于不同的读者群)可能是有益的,但必须满足以下所有条件:① 作者已经征得首次和再次发表期刊编辑的同意,并向再次发表期刊的编辑提供首次发表文章的复印件、抽印本或原稿。② 再次发表与首次发表至少有一周以上的时间间隔(双方编辑达成特殊协议的情况除外)。③ 再次发表的目的是使论文面向不同的读者群,因此以简化版形式发表可能更好。④ 再次发表应忠实地反映首次发表的数据和论点。⑤ 再次发表的论文应在论文首页应用脚注形式说明首次发表的信息,如:本文首次发表于××期刊,年、卷、期、页码等(This article was based on a study first reported in the...)。

三、反学术不端软件

(一) 国外反剽窃软件

CrossCheck 是由 CrossRef 推出的一项服务,用于帮助检测学术论文是否存在剽窃行为。CrossCheck 的软件技术来自于 iParadigms 公司的 iThenticate。CrossCheck 使用方便,用户通过客户端将可疑论文上传,然后系统将该论文与 CrossCheck 数据库中的已发表文献进行比较,最后报告给用户可疑论文与数据库中已发表文献的相似度,以百分比表示,并将相似的文本标示出来,这种对比是与多篇文献的对比,所以返回的结果也包括了多篇文献的相似度百分比。

CrossCheck 的报告是基于计算机技术原理的执行,过程是经过执行一系列查询与比较算法后生成的数字和提示而已。为了保证公正与公平,被软件标注的可疑论文或剽窃部分文字,需要由相关研究领域的专家(期刊主编、编委或审稿人等)对相似论文进行仔细比较,才能作出比较客观的结论。

（二）国内反学术不端软件

中国知网开发研制的"学术不端文献检索系统"系列包括学术论文、科技期刊和社会科学期刊三个系统，分别对不同的学术文献进行反学术不端检测。

"学位论文学术不端行为检测系统（TMLC2）"专门针对毕业生的学位论文而研制，系统以《中国学术文献网络出版总库》为全文比对数据库，可检测抄袭与剽窃、伪造、篡改等学术不端文献，可供高校检测学位论文和已发表的论文，并支持各高校自建比对库。

"科技期刊学术不端文献检测系统（AMLC）"是目前在出版社和期刊编辑部中使用最广泛的一个学术文献不端审查软件。它以《中国学术文献网络出版总库》为全文比对数据库，可检测抄袭与剽窃、伪造、篡改、不当署名、一稿多投等学术不端文献，可供期刊编辑部检测来稿和已发表的文献，并支持各刊自建比对库。

"社科期刊学术不端文献检测系统（SMLC）"针对社会科学类期刊的学术不端检测，以《中国学术文献网络出版总库》为全文比对数据库，可检测抄袭与剽窃、伪造、篡改、不当署名、一稿多投等学术不端文献，可供期刊编辑部检测来稿和已发表的文献，并支持各刊自建比对库。

这些智能系统使用时，只要将任意一篇文章与资源库中的文献进行比对，系统便能检测出哪些词句或段落跟以往的论文有雷同之处。根据总复制比的不同，系统会用不同的颜色予以反映。同时，系统包含了总重合字数、总文字复制比、总文字数、总章节数等多个总检测指标，从多个角度反映了文字复制的特征，快速准确分析待检文献的复制关系。对于待检文献的每一章节，又制定了文字复制比、重合字数、最长段落、段落数、引用复制比等多个子检测指标，来反映该章节的检测情况。

四、尊重知识产权，合理利用文献

（一）数字环境下图书馆合理使用文献的对策

在数字环境下图书馆合理使用电子资源或文献可以从以下几个方面着手保护著作权：

1. 把购置或建设的资源流通范围做以限定　目前国内的图书馆大多采用此办法来有效限定数字资源的传播，把数字资源的访问权限限定在图书馆或学校的局域网范围内，不把资源上到互联网上，以免引起大范围的非法传播与传输。而对于文献传递，在非营利的原则下，可以把国家、省级、地市级和县级各数字图书馆联网所形成的网络看成一个"大局域网"，实现资源共享，既能够充分发挥国家数字图书馆的效能，又对增加基层图书馆资源起到极大的帮助。

2. 直接购买版权　图书馆是公益性的服务机构，同时承载着为社会存储和收藏知识、信息和文献的重要职责，对于版权的保护是必须要严格执行的，但同时由于这种公益性，可以向国家或相关主管部门申请专门的版权购买资金，由政府出钱来服务大众。

3. 制定版权保护和管理措施　针对不同的版权状况，需要采取不同的版权管理措施。版权的保护有期限限制，超过保护年限，许多作品会自动进入公共领域，不需要经过许可，也不必支付报酬，便可以制作成数字化形式。对于已经取得版权的作品，要采取相应的措施向用户宣传，发出公告并承担监督自己用户在利用数字资源时的行为，保护版权。图书馆在提供资源的同时，严格限定作品与资源的大量复制或非法复制。

4. 引进先进的管理技术　成熟的数字版权保护技术，可以保护版权和版权方的经济利益,同时也可以使图书馆利用电子资源时对用户的行为从技术上进行约束。运用先进的安全加密技术和网络技术对数字产品进行版权保护,使用户对电子图书以浏览和借阅为主,传播和永久下载被加以限制。

5. 寻求政策和法律的帮助　从图书馆角度促进更有针对性的网络作品、数字版权的立法,同时,在保护合理的版权的原则下将合理使用条款扩展到数字环境,争取利用网络向用户提供信息的豁免权。

（二）个人用户合理利用文献的对策

1. 合理引用　基于对论文引用中侵权行为的各类规范,结合出版业中编辑工作者的实际执行方法,我们总结以下合理引用的行为。① 真实引用,必要引用:克服学术权贵崇拜,真实引用对于研究和论文本身有价值的文献,避免为了引用而引用。② 尊重作者原意,维持原貌,切勿断章取义:无论是作为正面立论的依据,还是作为反面批评的对象,都不能带有功利性或任意增删,而引用也都应当尊重被引者的原意,不可曲解引文,移的就矢,以逞己意。③ 标识明确,注释清晰:对于引用文献应给出明确的标识,以注释形式标注真实出处,并提供与文献相关的准确信息,便于他人核对引文,同时避免读者误会。

2. 合理变通　国内科学界和期刊界对同一论文采取不同文种发表尚未形成比较统一的认识或规范,为避免不必要的麻烦,作者可采取某些变通的做法,如:以某种语言发表原始性论文,以另外一种语言发表相关的综述或评论等,或在不同文种的专业网站上发布相关消息,以引起国内外同行的关注。

(范晓磊)

思考题:

1. 现代的文献积累、组织和管理表现在哪几方面?
2. 简述文献管理的功能与作用。
3. 医药信息分析有哪些手段?
4. 什么是知识产权?
5. 哪些行为侵犯了知识产权?
6. 在论文写作中如何避免侵权行为?

第十章　科研项目申报与科技查新

第一节　科研项目申报

一、科研项目申报概述

(一) 科研项目申报

科研项目申报是指申报者根据科研项目申报渠道发布的科研项目指南或通知，撰写和提交项目的申请书的过程。

(二) 科研项目申报的目的和意义

科研项目申报的意义就是鼓励创新。项目申报成功与否，关键是选题。选题的新颖性、独特性、前瞻性、必要性、可行性等都决定着整个科研活动的科学意义和价值。甚至可以说，如果做到选题正确，研究路线切实可行，就已经完成了整个研究工作量的三分之一。对于申报者而言就是根据项目要求利用自己所掌握的知识以及长期以来形成的观点和思想再加上别人的思想精华，实现隐性知识的显性化，激发创新思维，撰写项目申报书。其目的是使科研项目实行制度化和科学化的管理，提高了科研人员获取信息、管理信息、分析信息和利用信息的能力，保证科研计划圆满完成，出成果、出人才、出效益，提高竞争力。

(三) 科研项目的种类

科研的类型有许多，分类的方法也不尽相同。高校科研项目主要是指学校申请获准的纵向科研项目、横向合作科研项目以及校级科研项目。按照项目来自校内外的不同，科研项目可分为"校外科研项目"与"校内科研项目"。按照项目主管部门与合作单位的不同，校外科研项目又可分为"纵向科研项目"与"横向科研项目"，纵向科研项目是指列入国家各级科研主管部门科研发展计划的项目；横向科研项目是指接受省内外企事业单位委托，或与企事业单位合作的应用研究和开发研究项目。按照项目立项批准单位级别不同，纵向科研项目可分为国家级、省部级与厅市级科研项目；校级科研项目是指校级立项项目。按照项目合作方来自国内外的不同，横向合作科研项目可分为"国际合作项目"与"国内合作项目"。

联合国教科文组织对科技活动中"研究与发展"的定义分为三大类：基础研究、应用研究和试验发展。

基础研究指为获得关于现象和可观察事实的基本原理及新基础科学知识而进行的实验性和理论性工作，它不以任何专门或特定的应用或使用为目的。基础研究又可分为纯基础研究和定向基础研究。纯基础研究是为了推进知识的发展，不考虑长期的经济利益或社会效益，也不致力于应用其成果于实际问题或把成果转移到负责应用的部门。定向基础研究的目的是期望能产生广泛的知识基础，为已看出或预料的当前、未来或可能发生的问题的解决提供资料。

应用研究指为获得新知识而进行的创造性的研究,它主要是针对某一特定的实际目的或目标。

试验发展是指利用从基础研究、应用研究和实际经验所获得的现有知识,为产生新的产品、材料和装置,建立新的工艺、系统和服务,以及对已产生和建立的上述各项作实质性的改进而进行的系统性工作。

基础研究、应用研究和试验发展三者的主要不同在于:基础研究注重原始性知识的创新,研究人员注重期刊、专著、会议等一次文献的获取;应用研究注重技术手段和方法的创新,研究人员注重期刊、专著、会议、专利等一次文献的获取;而试验发展更注重研究成果的物化和规模化,直接面向经济建设主战场,为防病治病服务或进入技术市场,研究人员注重专利、期刊、图书、标准、药典、科技报告、产品样本等一、三次文献的获取。

(四) 主要科研项目介绍

1. 国家自然科学基金(http://www.nsfc.gov.cn,NSFC)

1986年初成立的国家自然科学基金委员会负责组织、实施、管理国家自然科学基金项目,并根据国家发展科学技术的方针、政策和规划,以及科学技术发展方向,面向全国资助基础研究和应用研究,基金主要来自国家财政拨款。

自然科学基金按照资助类别可分为面上项目、重点项目、重大项目、重大研究计划等,以及国家杰出青年科学基金,海外、港澳青年学者合作研究基金,创新研究群体科学基金,国家基础科学人才培养基金,专项项目、联合资助基金项目、国际(地区)合作与交流项目等,所有这些资助类别各有侧重,相互补充,共同构成自然科学基金资助体系。申请项目通过基金委所属的8个科学部受理并组织同行专家进行通信评议和会议评审的,项目批准后由各个科学部受理。8个科学部分别是:数理科学部、化学科学部、生命科学部、地球科学部、工程与材料科学部、信息科学部、管理科学部和医学科学部。年度"指南"发布时间在上一年的第12月。

(1) 面上项目:自然科学基金资助体系中的主要部分,包括自由申请、青年科学基金和地区科学基金3个亚类,其资助经费占自然科学基金项目总经费的60%以上,主要支持科技工作者在国家自然科学基金资助范围内自由选题,开展创新性的科学研究,促进各学科均衡、协调和可持续发展,资助期限一般为4年。

(2) 重点项目:国家自然科学基金资助体系中的另一个重要层次,主要支持从事基础研究的科学技术人员针对已有较好基础的研究方向或学科生长点开展深入、系统的创新性研究,促进学科发展,推动若干重要领域或科学前沿取得突破。重点项目基本上按照五年规划进行整体布局,每年确定受理申请的研究领域、发布"指南"引导申请;重点项目的申请要体现有限目标、有限规模和重点突出的原则,重视学科交叉与渗透,利用现有重要科学基地的条件。一般情况下,由一个单位承担,确有必要时,合作研究单位不超过2个,研究期限一般为4年。

(3) 重大项目:定位是面向国家经济建设、社会可持续发展和科技发展的重大需求,选择具有战略意义的关键科学问题,汇集创新力量,开展多学科综合研究和学科交叉研究,充分发挥导向和带动作用,进一步提升我国基础研究源头创新能力。重大项目采取统一规划、分批立项的方式,研究期限为3~4年。

(4) 人才项目:自然科学基金委资助格局中的另一重要部分,主要由国家杰出青年科学基金(含外籍),海外青年学者合作研究基金,香港、澳门青年学者合作研究基金,创新研究群体科学基金和国家基础科学人才培养基金组成。人才项目资助期限和费用各亚类不同,其中国家杰出青年科学基金资助期限为4年。

（5）国际（地区）合作交流项目：资助体系将整合归纳为四类资助项目，即：国际（地区）合作交流项目（将原来的国际合作研究项目、留学人员短期回国工作讲学合并）；国际会议项目（包括在华国际会议项目和组织间双/多边学术会议项目）；国际（地区）合作研究项目（包括重大国际合作研究项目和组织间协议合作研究项目）；以及外国青年学者研究基金项目。

（6）联合资助基金项目：自然科学基金委为推动产学研结合，引导其他政府部门或产业界在双方共同关心的领域或方向上投入经费，支持基础研究和应用基础研究，以解决实际应用中的基础科学问题而共同出资设立的资助类别。联合基金分为联合资助基金和联合资助项目两种类型，前者是在一定时间内，每年按照"指南"资助一批项目，后者是对某一特定项目共同出资资助。

（7）专项项目：自然科学基金会为专门支持或加强某一领域或某一方面而设立的专款资助项目。目前包括数学天元基金、科学仪器基础研究专款和重点学术期刊专项基金等，其中数学天元基金项目不参加各类项目的限项检索，科学仪器基础研究专款项目计入重点项目的限项范围。

2. 国家社会科学基金（http://www.npopss-cn.gov.cn/）

国家社会科学基金是在全国哲学社会科学规划领导小组的领导下的社科研究领域层次最高、权威性最强的研究基金项目，该项目实行三级管理体制。全国哲学社会科学规划办公室全面负责国家社科基金项目的管理；各省（自治区、直辖市）社会科学规划办公室和在京委托管理机构，受全国社科规划办的委托，管理本地区和本系统的国家社科基金项目；项目负责人所在单位在上级管理机构的指导下，具体负责管理本单位的国家社科基金项目。项目设重点项目、一般项目、青年项目、后期资助项目、西部地区社科研究项目，每年评审一次。成果形式为研究报告、论文、专著等，研究报告、论文的完成时限一般为1年，专著一般为2~3年。除重要的基础研究外，鼓励以研究报告、论文为项目的最终成果形式。年度课题指南发布时间在上一年的第四季度，自年度课题指南发布之日起开始受理申报，期限一般为三个月。

3. 高技术研究发展计划（863计划）（http://program.most.gov.cn/）

1986年11月，党中央、国务院批准启动了以跟踪国际高技术水平、缩小同国外的差距、力争在我国有优势的高技术领域有所突破为目标的"国家高技术研究发展计划"，简称"863计划"。该计划从世界高技术发展趋势和中国的需要与实际可能出发，坚持"有限目标，突出重点"的方针，选择生物技术、航天技术、信息技术、激光技术等7个领域15个主题作为我国高技术研究与开发的重点。

专题课题通过公开发布指南方式落实。专题课题申请指南主要通过科技部和863计划网站公开发布，原则上每年发布一次，发布时间在每年的3月份。

项目分为重大项目和重点项目。重大项目主要是围绕国家战略需求，以原型样机或重大技术系统为目标；重点项目是瞄准特定的技术方向，以核心技术或单项战略产品为目标。重大项目、重点项目任务通过定向委托、公开发布指南、招标（邀标）、定向发布指南等方式落实。

4. 国家重点基础研究发展计划（973计划）（http://program.most.gov.cn）

1997年6月4日，原国家科技领导小组第三次会议决定要制定和实施《国家重点基础研究发展规划》，随后由科技部组织实施了国家重点基础研究发展计划（简称973计划）。主要是对国家的发展和科学技术的进步具有全局性和带动性、需要国家大力组织和实施的重大基础性研究项目。项目的立项要按照"统观全局,突出重点,有所为,有所不为"的指导思想,在现有基础研究工作部署的基础上,鼓励优秀科学家和研究集体面向我国未来经济建设和科学技术发展的需要,开展多学科综合研究和学科交叉研究,提供解决重大关键问题的理论依据和形成未来重大新技术的科学基础。项目实行首席科学家领导下的项目专家组负责制,首席科学家对项目的执行全面负责。项目研究期限一般为五年。办理时间见每年初"973 计划指南"。

5. 国家科技支撑计划(http://program.most.gov.cn/)

国家科技支撑计划是面向国民经济和社会发展需求,重点解决经济社会发展中的重大科技问题的国家科技计划,于 2006 年起设立。支撑计划项目根据支持的方向和作用,分为重大项目和重点项目,按项目、课题两个层次组织实施。项目由若干课题构成。项目采取有限目标、分类指导、滚动立项、分年度实施的管理方式,实施周期为 3～5 年,申报时间见每年"指南"。

6. 教育部人才项目及科研项目

教育部的科研项目主要是面向全国高校实施的优秀人才计划项目,形成了定位明确、层次清晰、相互衔接的三个层次的优秀人才培养和支持体系:

第一层次以"长江学者奖励计划"为主,吸引、遴选和造就一批具有国际领先水平的学科带头人和学术大师。长江学者特聘教授构成两院院士的后备梯队。

第二层次以"高校青年教师奖"和"新世纪优秀人才培养计划"为主,培养、造就新一代优秀年轻学术带头人,这支队伍将作为长江学者特聘教授的后备梯队。

第三层次以"优秀青年教师资助计划"、"高等学校骨干教师资助计划"和"留学回国人员科研启动基金"等项目为主,吸引、稳定和培养一批有志于高等教育事业的优秀青年骨干教师。

(1) 长江学者奖励计划(http://www.cksp.edu.cn):为延揽海内外中青年学界精英,培养造就高水平学科带头人,带动国家重点建设学科赶超或保持国际先进水平,1998 年 8 月,教育部和李嘉诚基金会共同启动实施了"长江学者奖励计划"。"长江学者奖励计划"包括特聘教授、讲座教授岗位制度和长江学者成就奖。"长江学者成就奖"原则每年评选一等奖 1 名,奖励人民币 100 万元,二等奖 3 名,每人奖励人民币 50 万元。1998 年至 2006 年共有 97 所高校分八批聘任了 799 位特聘教授、308 位讲座教授,14 位优秀学者荣获"长江学者成就奖"。

(2) 新世纪优秀人才支持计划(http://www.moe.edu.cn):教育部设立的专项人才支持计划,支持普通高等学校优秀青年学术带头人开展教学改革,围绕国家重大科技和工程问题、哲学社会科学问题和国际科学与技术前沿进行创新研究。资助规模为每年 1 000 人左右,资助期限为 3 年,申报时间每年 6～7 月。

(3) 留学回国人员科研启动基金(http://www.cscse.edu.cn):资助对象是具有博士学位,在外留学一年以上,年龄在 45 岁以下,回国后在教学、科研单位从事教学、科研工作的留学回国人员,符合以上条件的留学回国人员在回国后两年内均可申请,常年受理。

(4) 高等学校科技创新工程重大项目培育资金项目(http://www.dost.moe.edu.cn):教育部为促进高等学校科学技术水平与科技创新能力的不断提高,为解决国民经济和社会发展中的重大科学技术问题作出更大贡献而设立的项目。资助额度一般为:培育资金项目不超过 40 万元;重大项目不超过 50 万元;重点项目直属高校不超过 10 万元,地方及部门高校不超过 2 万元(引导资金)。

(5) 高等学校博士学科点专项科研基金(http://www.cutech.edu.cn):用于经国务院学位委员会批准的高等学校博士学科点的基础研究和应用基础研究工作。面上课题、优秀年轻教师课题单项申请经费最高不超过 20 万元,重点课题单项申请经费最高不超过 50 万元,博士点基金资助课题的完成周期一般为 3 年。博士点基金申请的受理时间每年 2~3 月。

(6) 霍英东教育基金(http://www.hydef.edu.cn):由香港实业家霍英东先生出资一亿港元,与教育部合作,于 1986 年成立。旨在鼓励中国高等院校青年教师脱颖而出和出国留学青年回国内高校任教,对从事科学研究和在教学与科研中做出优异成绩的青年教师,进行资助和奖励。基金会设立高等院校青年教师基金,为优秀青年教师从事研究工作,每项提供 5 000—20 000 美元的资助;设立青年教师奖,为在教学和科研工作中做出突出贡献的青年教师个人进行奖励。为鼓励高等院校青年教师结合国民经济与社会发展的需要进行科学研究,霍英东教育基金会从 2003 年开始设立"优选资助课题"。

(7) 优秀青年教师资助计划(http://www.moe.edu.cn):国家教委为支持和鼓励我国留学人员学成后回国创业,在高等学校培养和造就一批年轻的骨干教师和学科带头人,1987 年设立了"国家教委优秀年轻教师基金",2000 年更名为教育部"优秀青年教师资助计划"。该计划主要支持高校青年教师从事基础研究和新兴学科、交叉学科的前瞻性研究,鼓励青年教师从事跨学科、跨单位的国内或国际合作研究,对边远地区或艰苦条件下的高校青年教师给予优先资助,每年支持 200 人左右。

(8) 教育部科学技术研究项目(http://www.moe.edu.cn):教育部主要为资助部属高校在理工农医领域及与之相关的交叉领域开展的科学和技术研究而设立。项目分为科学技术研究重点项目和科学技术研究重大项目两类。项目采取限额申报、专家评审、择优支持的基本原则。重点项目由申请者自主选题申报,重大项目须由申请者根据教育部发布的申请指南申报。重点项目于每年 9 月份申报;重大项目于每年 4 月份发布申请指南,5 月份申报。项目通过教育部科技管理平台实行网上申报(http://stmp.moe.edu.cn/moe/login.html)。项目执行期限原则为 2 年到 3 年。

(9) 教育部人文社会科学研究项目(http://www.sinoss.net/)是教育部面向全国普通高等学校设立的各类人文社会科学研究项目的总称。主要包括:

① 重大课题攻关项目。指以课题组为依托,以解决国家经济建设与社会发展过程中具有前瞻性、战略性、全局性的重大理论和实际问题,以及人文社会科学基础学科领域重大问题为研究内容的项目。选题由教育部向全国高等学校、科研院所及实际应用部门征集,面向全国高等学校招标。

② 基地重大项目。指为普通高等学校人文社会科学重点研究基地设立的、围绕基地学术发展方向进行研究的重大项目。选题由重点研究基地根据基地中长期规划确定,并经基地学术委员会审议通过后,报教育部统一组织招投标。

③ 一般项目。规划项目,含规划基金项目、博士点基金项目、青年基金项目,经费由教育部资助;专项任务项目,经费由申请者从校外有关部门和企事业单位自筹。选题由申请人根据教育部社科研究中长期规划和个人前期研究积累自行设计。鼓励申请人从实际应用部门征得选题并获得经费资助。

7. 卫生部科研基金资助项目

(1) 临床医学科研专项资金(http://www.cma.org.cn):主要用于支持具有国际水平

或在国内处于领先地位、社会效益好、需要继续发展的临床学科领域;目前暂未具有国际水平或国内虽未处于领先地位,但学科基础好,有发展前途且社会需求量大,给予支持便能很快处于领先水平的临床学科领域;已获得过临床学科重点项目建设资金资助,项目执行认真、进展顺利,并取得突破性进展,或有良好发展前景,可望取得突破性进展的临床学科领域。立项单位(项目执行单位)确定申请项目后,每年二月底以前向上一级主管单位(项目主管单位)提交临床学科重点项目申请。项目周期原则为1~3年。

(2)卫生行业科研专项经费(http://www.moh.gov.cn):重点支持《国家中长期科学和技术发展规划纲要(2006—2020)》提出的有关卫生行业发展中所面临的共性科技问题研究,支持推动卫生行业持续性发展的培育性、实用性、应急性和科技基础性工作研究。项目承担单位一般为中国大陆境内具有独立法人资格的科研院所、高等院校、内资或内资控股的医疗卫生机构及企业。适度向科研优秀团队(优秀科技人才所形成的优势技术集群)和研究基地(具备良好设备条件、优秀人才队伍和扎实研究基础的机构)倾斜。

8. 人事部基金项目

中国博士后基金(http://www.chinapostdoctor.org.cn/index.asp)创立于1985年,用以鼓励和支持博士后研究人员中有科研潜力和杰出才能的年轻优秀人才,使他们顺利开展科研工作,迅速成长为高水平的专业人才。对基础性、原创性和公益性的研究给予适当倾斜。在面上资助的同时,增加特别资助的方式,对在站期间取得了重大自主创新研究成果和在研究能力方面表现突出的博士后,给予一次性的特别资助经费。每年有2期申报(4月、9月)。

(五)科研项目申报程序

1. 研究指南:从主管部门或者网络获取各招标项目或资助渠道的"指南",认真理解和掌握"指南"的要求。了解支持方向和重点,选准研究领域并严格按照"指南"要求申报。在国家级科研项目评议中,不仅要重视立项依据、创新性、研究方法和技术路线、预期成果等,而且要求严格遵守申报指南规定,避免申报书在形式审查中就被否决。对于国家支撑计划、公益性行业科研专项等项目首先会向地方征集备选项目建议,应积极参加征集。一般认为,进入了备选项目建议的项目,在日后的申报中有优先。

2. 形式审查:主要包括两个方面,一是申报条件:项目申请人必须符合"指南"的要求。二是申请书的书写是否符合规范。上述任一不合要求,申请书将被筛除。

3. 同行评议(函审):选择同学科、同一方向,力求完全理解项目研究内容及意义的专家。申请人可申请回避某位专家;以会议形式代替函审,不讨论、不交流,独立评审,独立打分。

4. 专家会审:召开评审会,主审向与会专家介绍情况,接受质询;解答问题,面对面,充分讨论,打分。

5. 项目发布单位审定:审定项目,下达计划,划拨经费,进入项目实施和管理阶段。

二、科研项目申报书的撰写

项目申请书的撰写,是项目申请中最重要的一项工作。同行评议专家主要根据申请者提交的申请书按照评审原则和相应的评审标准进行评价,从而提出是否资助的建议。所以,高质量的项目申报书是项目申报成功的前提。本节以国家自然科学基金项目2012年申请书为例,简述申报书的撰写。

下载申报系统。申请书由信息表格(规范格式)及报告正文(自由格式)两部分构成。

信息表格为计算机录入专用表格,包括基本信息、项目组主要参与者和经费申请表三张表格,须按操作提示在指定的位置选择或按要求输入正确信息;经费申请表须按照《国家自然科学基金项目资助经费管理办法》认真填写,应保证信息准确清楚。

报告正文:参照以下提纲撰写,要求内容翔实、清晰,层次分明,标题突出。

(一)立项依据与研究内容(4000～8000字)

1. 项目的立项依据:包括研究意义、国内外研究现状及分析,需结合科学研究发展趋势来论述科学意义;或结合国民经济和社会发展中迫切需要解决的关键科技问题来论述其应用前景。附主要参考文献目录。

2. 项目的研究内容、研究目标,以及拟解决的关键科学问题(此部分为重点阐述内容)。

3. 拟采取的研究方案及可行性分析(包括有关方法、技术路线、实验手段、关键技术等说明)。

4. 本项目的特色与创新之处。

5. 年度研究计划及预期研究结果(包括拟组织的重要学术交流活动、国际合作与交流计划等)。

(二)研究基础与工作条件

1. 工作基础(与本项目相关的研究工作积累和已取得的研究工作成绩)。

2. 工作条件(包括已具备的实验条件,尚缺少的实验条件和拟解决的途径,包括利用国家实验室、国家重点实验室和部门重点实验室等研究基地的计划与落实情况)。

3. 申请人简历(包括申请人和项目组主要成员的学历和研究工作简历,近期已发表与本项目有关的主要论著目录和获得学术奖励情况及在本项目中承担的任务。论著目录要求详细列出所有作者、论著题目、期刊名或出版社名、年、卷(期)、起止页码等;奖励情况也须详细列出全部受奖人员、奖励名称等级、授奖年等)。

4. 承担科研项目情况(申请人和项目组主要参与者正在承担的科研项目情况,包括自然科学基金的项目,要注明项目的名称和编号、经费来源、起止年月、与本项目的关系及负责的内容等)。

5. 完成自然科学基金项目情况(对申请人负责的前一个已结题科学基金项目(项目名称及批准号)完成情况、后续研究进展及与本申请项目的关系加以详细说明。另附该已结题项目研究工作总结摘要(限500字)和相关成果的详细目录)。

(三)经费申报说明

面上项目申请经费的支出内容限额比例如下:国际合作与交流不大于15%;劳务费(只能用于研究生)不大于15%;管理费不大于5%。购置5万元以上固定资产及设备等,须逐项说明与项目研究的直接相关性及必要性。

(四)其他附件清单

随纸质申请书一同报送的附件清单,如:不具有高级专业技术职务、同时也不具有博士学位的申请人应提供的推荐信;在职研究生申请项目的导师同意函等。在导师的同意函中,需要说明申请项目与学位论文的关系,承担项目后的工作时间和条件保证等。

第二节 科技查新

一、科技查新概述

(一) 科技查新概念

科技查新的概念经历了一个不断发展、逐步完善的过程。1992 年 8 月《科技查新咨询工作管理办法》(征求意见稿)规定:"科技情报查新工作是指通过检索手段,运用综合分析和对比方法,为科研立项、成果、专利、发明等评价提供科学依据的一种情报咨询服务形式。"1993 年 3 月《科技查新咨询工作管理办法》(试行稿)规定:"查新工作是指通过手工检索和计算机检索等手段,运用综合分析和对比方法,为科研立项、成果、专利、发明等的新颖性、先进性和实用性提供文献依据的一种情报咨询服务方式。"2000 年 12 月科技部发布的《科技查新规范》对"查新"定义作了原则性的规定:"查新是科技查新的简称,是指查新机构根据查新委托人提供的需要查证其新颖性的科学技术内容,按照本规范操作,并做出结论。"本定义突出了查新双方即查新机构与查新委托人,突出了人在查新工作中的主要地位。2003 年《科技查新规范》修订稿中,定义如下:"查新,就是科技查新的简称,是指查新机构根据查新委托人的要求,按照本规范,围绕项目科学技术要点,针对查新点,查新其新颖性的信息咨询服务工作。"这一定义在突出查新双方的基础上更加突了查新的针对性,使查新的定义进一步完善和规范。

(二) 查新机构的资质认定

根据科学技术部于 2000 年 12 月发布的《科技查新机构管理办法》规定:

第七条 申请科技查新业务资质的信息咨询机构应当具备下列条件:① 具有企业法人或事业法人资格;② 具有 15 年以上与查新专业范围相关的国内外文献资源和数据库;③ 具备国际联机检索系统;④ 有 3 名以上(含 3 名)取得科技查新资格的专职人员,其中具有高级专业技术职称的不少于 1 名;⑤ 有健全的内部规章制度;⑥ 认定机关规定的其他条件。本条(四)款所称科技查新资格由科学技术部组织认定。

第八条 申请科技查新业务资质的信息咨询机构,应当提交下列材料:① 法定代表人签署的申请书;② 法人资格证明;③ 该机构的查新业务规章;④ 在申请查新专业范围内,能够证明具有从事查新业务能力的相关材料;⑤ 认定机关要求提供的其他材料。

第九条 认定机关按照一定程序对申请科技查新业务资质的信息咨询机构进行认定。获得科技查新业务资质的信息咨询机构,由认定机关颁发科技查新业务资质证书、批准刻制科技查新专用章,在全国性报刊上公告。

第十条 科技查新业务资质证书由科学技术部统一制定。

科技部(原国家科委)于 1990 年、1994 年和 1997 年在全国范围内共授权了 38 家一级查新单位(也称国家级查新单位),中国医学科学院医学信息研究所和各省科技情报所都是一级查新单位。卫生部于 1993 年、1998 年和 1999 年分别确认中国医学科学院医学信息研究所、四川省医学情报研究所、湖南医科大学图书馆(现中南大学医学图书馆)等 26 个单位为卫生部医药卫生科技项目查新咨询单位。教育部于 1992 年、1995 年、2003 年、2004 年、2007 年和 2009 年在全国设立教育部部级科技查新工作站 78 所,细分综合类、理工类、农学类和医学类工作站。

（三）查新委托

查新委托人在申请科技查新前,可根据科研主管部门的要求判断是否需要查新,再选择相应资质的查新机构,并可在网络查找、下载科技部科技查新合同样本,仔细阅读《科技查新规范》的第 3、4、5、10 部分内容,做好科技查新前的准备工作。另外,查新一般需要 12 个工作日(节假日顺延)完成,所以委托人要做好委托时间的安排。

1. 查新委托人应当据实、完整、准确地向查新机构提供如下查新所必需的资料：

（1）查新项目的科学技术资料及其技术性能指标数据(附有关部门出具的相应的检测报告),其中,科研立项查新须提交:立项申请书、立项研究报告、项目申报表、可行性研究报告等。成果鉴定查新须提交:项目研制报告、技术报告、总结报告、实验报告、测试报告、产品样本、用户报告等。申报奖励查新须提交:奖项申报书及有关报奖材料等。

（2）课题组成员发表的论文或(和)申请的专利。

（3）参考检索词,包括中英文对照的查新关键词(含规范词、同义词、缩写词、相关词)、分类号、分子式、化学物质登记号。

（4）与查新项目密切相关的国内外参考文献(应当尽可能注明文献的著者、题目、刊名、年、卷、期、页),这些文献仅供查新机构在处理查新事务中参考。

2. 填写查新合同时,查新委托人应该特别注意以下三点：

（1）查新目的。通常分为立项查新、成果查新等。立项查新包括申报各级、各类科技计划,科研课题开始前的资料收集等;成果查新包括为开展成果鉴定、申报奖励等进行的查新。

（2）查新点与查新要求。查新点是指需要查证的内容要点,即查新委托人自我判断的新颖点。查新要求是指查新委托人对查新提出的具体愿望。一般分为以下四种情况：

① 希望查新机构通过查新,证明在所查范围内有无相同或类似研究。

② 希望查新机构对查新项目分别或综合进行对比分析,明确指出项目的创新之处。

③ 希望查新机构对查新项目的新颖性作出判断。

④ 查新委托人提出的其他愿望(其他查新要求)。

（3）查新项目的科学技术要点。着重说明查新项目的主要科学技术特征、技术参数或指标、应用范围等。

二、科技查新流程

科技查新工作的基本流程是接待查新委托人→查新受理→根据查新课题的专业特点安排查新员→查新员检索文献→撰写查新报告→审核员审核查新报告→出具正式查新报告。见图 10-2-1。

（一）查新受理

查新机构根据查新委托的内容确定接受查新委托后,与查新委托人订立科技查新合同,即完成了查新受理。科技查新机构在接受查新委托时,应注意如下几点：

1. 判断待查项目是否属于本机构承担查新业务的受理范围。如地市级科技查新机构不可以受理申请省级以上科技立项或成果鉴定用查新项目的委托(已获得上一级查新机构受理代理许可的情况除外);行业查新机构不可以受理本行业以外的科技查新委托。

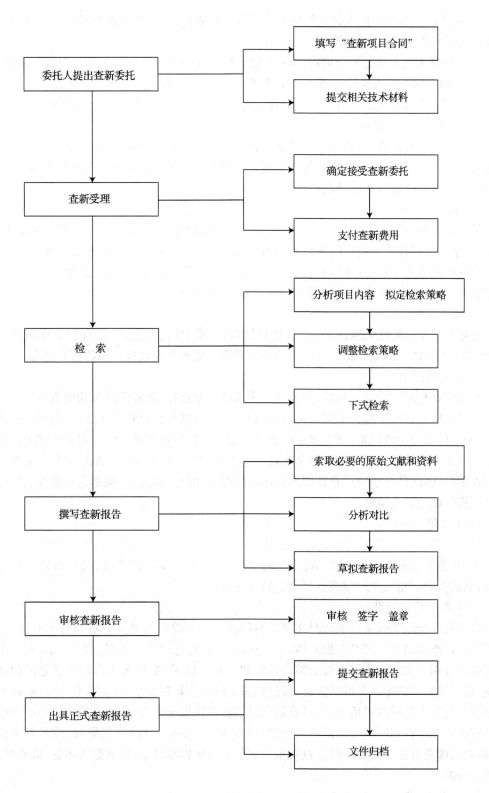

图 10-2-1　科技查新工作的基本流程

2. 初步审查查新委托人提交的资料是否存在缺陷；是否符合查新要求。判断查新委托人提交的资料内容是否真实、准确。

3. 与查新委托人进行充分地沟通与交流后，初步判别查新项目的新颖性表达的准确性。

4. 判断查新委托人提出的查新要求能否实现，确认能否满足查新委托人的时间要求。

5. 指导查新委托人正确填写科技查新合同，对委托人不是很明白的合同条款逐一解释。

（二）查新人员文献检索

在进行文献检索之前，查新人员认真阅读和把握查新合同中的查新点、查新项目的科学技术要点，如果有疑问要及时与委托人沟通，在对课题查新点准确理解的前提下，确定检索词、检索年限、检索方法和途径途径。

1. 确定检索年限

科技查新年限限定一般在 10～15 年。医药文献的"半衰期"较其他自然科学文献更短，因此，医学专业科技查新检索的最低回溯可以为 10 年。但因为医学各科发展速度不同，文献失效期相差很大，因而在具体查新工作中，可以针对不同学科、不同课题和委托课题的特殊需求等，在最低 10 年的检索回溯年限基础上做相应调整。

2. 确定检索范围

查新员因根据委托课题性质，选择具有针对性、质量高、覆盖面大、有权威性的检索刊物、数据库以及因特网上的相关站点作为检索范围。重要专业数据库不能够有遗漏。

3. 制定检索策略

在选定好相应的检索工具后，需要进一步考虑检索途径、检索词以及检索策略。

检索策略是在检索过程中所采用的措施和方法，包括分析检索课题需求、选择合适的数据库、确定检索途径和检索标识、建立检索提问表达式并准备多种检索方案和步骤等。检索策略是为了实现检索目标而制定的全盘计划和方案，直接关系到查新课题相关文献的查全率和查准率，因此最终影响对查新课题做出新颖性的评价。因此，必须制定周密的、科学的、有良好操作性的检索策略。

（三）文献对比分析

对检索到的相关文献进行浏览，对照查新要点，进行文献内容范围、分布状况和相关程度分析，初步确定密切相关文献；查阅初步确定的密切相关文献的全文，最后确定密切相关文献，然后将密切相关文献与查新要点进行对比分析。

（四）撰写科技查新报告

查新员在全面掌握第一手资料文献资料的基础上对检索出的文献进行分析对比，得出查新结论。查新结论一定要详细具体，实事求是，不能有任何的个人观点和意见。每一个观点都需要有相关文献为依据。查新结论须做如下具体说明：委托人认为自己课题的创新点描述；描述检索出的相关文献的情况；叙述相关文献与查新项目技术内容、技术路线、技术水平以及其他技术指标的对比分析；对查新项目的新颖性做出评价，包括查新要点中哪些国内外已有或正在进行相同或类似研究、研究的深度和广度如何；哪些尚无研究，或虽有类似研究，但委托课题有独特之处。科技查新报告须如实反映检索结果，以文献为依据，做到客观、公正、全面。

（五）查新审核

查新审核是保证查新质量必不可少的环节。完成查新工作以后，必须将全部资料交给审核员做最终审核。审核员必须是高级技术职称人员。应对查新报告所有的内容进行审核,最重要的是对查新结论进行审核。

(六) 查新资料归档

查新资料包括所有的原始资料,及委托人提供的课题或成果申报书及相应技术资料、委托书、合同书及其他相关资料、提交用户的查新咨询报告副本或复印件、反馈意见等,均须按要求建立查新报告数据库。

(周晓政)

思考题

1. 科研项目申报有哪些种类?
2. 简述科技查新委托要点。

参考文献

[1] 李桂龙.《中国大百科全书》的特点[J].常熟理工学院学报,1999(1):120-122.

[2] 高虎.略谈《中国大百科全书》[J].河南图书馆学刊,2002(2):58-60.

[3] 钟紫红.不同文种"一稿两投"的国际规范及我国应采取的编辑政策[J].编辑学报,2002(3):188-190.

[4] 许涛,吴淑燕.Google搜索引擎及其技术简介[J].现代图书情报技术,2003(4):58-61.

[5] 卢燕.循证医学与循证医学信息资源[J].图书馆学刊,2006(6):104-105.

[6] 陆玲宝,许明哲.美国药典的历史沿革和现状[J].中国药事,2007(5):360-361.

[7] 王朝晖.专利文献的特点及其利用[J].现代情报,2008(9):151-152,156.

[8] 淳于菱.基于局域网的中外专利信息检索系统及其应用[J].电力信息化,2008(12):91-93.

[9] 于新国.国家知识产权局免费全文专利文献资源及检索与利用[J].重庆图情研究,2008(3):36-38.

[10] 陈唯真,赵慧芳,杨腊虎.2010年版英国药典概览[J].药物分析杂志,2010(6):1167-1171.

[11] 周明霞,万仁玲,于靖,等.欧洲药典6.0版介绍[J].中国兽药杂志,2010(7):28-31.

[12] 曾佩瑜.循证医学的网络资源[J].医学信息(中旬刊),2010(9):2556-2557.

[13] 唐丽雅,王朝晖.基于ISI Web of Knowledge新检索平台的BIOSIS Previews(BP)数据库特色及其功能[J].现代情报,2009(1):112-114.

[14] 徐桂香,沈秀丽,王丽.基于ISI Web of Knowledge平台的BIOSIS Previews数据库特点及其检索方法[J].吉林大学学报(医学版),2007(3):604-606.

[15] 毕玉侠,隋晶波,崔淑贞.浅谈SciFinder Scholar检索系统的物质检索[J].现代情报,2009,29(10):159-161.

[16] 张红梅,勾丹.SciFinder Scholar数据库检索技巧[J].沈阳药科大学学报,2008,25(6):498-502.

[17] 张静.国际药学文摘(IPA)数据库分析[J].医学信息学杂志,2008,29(10):39-43.

[18] 黄晓明.OCLC FirstSearch系统国内专线免费检索数据库及使用方法介绍[J].现代图书情报技术,2003(S1):64-65.

[19] 张岚.EBSCOhost 2.0新功能及检索技巧[J].情报探索,2009(10):79-81.

[20] 刘鹏,刘二稳,许福运."EBSCO"数据库使用方法简介[J].山东建筑大学学报,2010,25(1):94.

[21] 范文,章飞彬.STN国际联机检索网络系统特点评析[J].大学图书情报学刊,2000(2):30,33.

[22] 张永梅.用dialoglink 5进行联机检索的方法[J].农业图书情报学刊,2010,22(5):104-107.

[23] 梁红妮.独树一帜的联机检索系统——STN[J].情报探索,2003(1):35-37.

[24] 田新玉,滕书瑶. Cochrane Library——循证医学数据库[J]. 中化医学图书馆杂志,2001,10(6):19.

[25] 张业衡,蒋勇青. 综合信息服务商的医学信息服务业务实例研究——以荷兰Wolters Kluwer集团公司为例[J]. 情报探索,2009(12):30-32.

[26] 张玉,张文举,李娜. 循证医学数据库的实现[J]. 医学信息学杂志,2009,30(1):36-39.

[27] 曹胜利,谭学余. 专业出版社数字出版的赢利模式与路径选择[J]. 科技与出版,2010(4):3-7.

[28] 余小兵. Google搜索引擎的核心——PageRank算法综述[J]. 电脑与电信,2006(12):4-6.

[29] 王凌. 国外医学专业搜索引擎[J]. 首都医科大学学报(社会科学版),2010(增刊):141-142,149.

[30] 苏建华. OJOSE与CNKI知识搜索的比较研究——兼谈学术搜索引擎的特点及发展趋势[J]. 现代情报,2007(8):80-82.

[31] 沈璐,尤建忠. 2010年全球出版巨头排名分析[J]. 出版参考,2010(30):37-38.

[32] 许培扬,张玢. GoPubMed用于医学科技查新的信息分析[J]. 医学信息学杂志,2008(10):25-28,49.

[33] 龚庆侠,雷润玲. GoPubMed:Google时代生命科学的搜索利器[J]. 西北医学教育,2009(6):12,30.

[34] 张士靖,杜建. GOPubMed:基于GO和MeSH的信息检索与分析研究[J]. 医学信息学杂志,2009(7):6-11.

[35] 科技期刊学术不端文献检测系统用户使用手册[R]. 中国学术期刊(光盘版)电子杂志社,2008.12.

[36] 郝建国. 长江学者"造假"再调查——科技成果鉴定只是走过场[N]. 华商报,2009-08-19(B9).

[37] 教育部社科司. 教育部关于严肃处理高等学校学术不端行为的通知[R]. 教社科[2009]3号,2009-03.19.

[38] 查先进. 信息分析与预测[M]. 武汉:武汉大学出版社,2000.

[39] 任胜利. 英语科技论文撰写与投稿[M]. 北京:科学出版社,2004.

[40] (日)山崎茂明. 科学家的不端行为[M]. 杨舰,程远远,严凌纳译. 北京:清华大学出版社,2005.

[41] 方平. 医学文献信息检索[M]. 北京:人民卫生出版社,2005.

[42] 柯平. 信息素养与信息检索概论[M]. 天津:南开大学出版社,2005.

[43] 周晓政. 医药信息检索与利用[M]. 南京:东南大学出版社,2006.

[44] 湛佑祥. 医学图书馆理论与实践[M]. 北京:人民军医出版社,2007

[45] 胡家荣,张亚莉. 医药信息素养[M]. 北京:人民军医出版社,2007.

[46] 李永强. 计算机医学信息检索[M]. 北京:中国中医药出版社,2007.

[47] 曹洪欣. 医学信息检索与利用[M]. 上海:第二军医大学出版社,2008.

[48] 谢英花,牛晓艳,马燕山. 医学信息资源检索与利用[M]. 北京:海洋出版社,2008.

[49] 隋莉萍. 网络信息检索与利用[M]. 北京:清华大学出版社,2008.

[50] 杨克虎. 生物医学信息检索与利用[M]. 北京:人民卫生出版社,2009.

[51] 徐一新,夏知平. 医学信息检索[M]. 北京:高等教育出版社,2009.

[52] 张建军. 医学文献检索[M]. 北京:军事医学科学出版社,2009.

[53] 章新友. 药学文献检索[M]. 北京:中国中医药出版社,2009.

[54] 马路. 医药电子资源的检索与利用[M]. 北京:人民卫生出版社,2009.

[55] 刘俊熙,盛宇. 计算机信息检索[M]. 2 版. 北京:中国铁道出版社,2009.

[56] 赵玉冬. 信息资源检索与利用[M]. 广州:中山大学出版社,2009.

[57] 隋莉萍. 网络信息检索与利用[M]. 北京:清华大学出版社,2008.

[58] 周向华. 社会科学文献信息检索与利用[M]. 合肥:安徽人民出版社,2009.

[59] 沈固朝,储荷婷,华薇娜. 信息检索(多媒体)教程[M]. 北京:高等教育出版社,2009.

[60] 刘军凤,刘树春. 中医药文献信息检索(供中医药、中西医结合专业用)[M]. 上海:上海科学技术出版社,2010.

[61] 罗爱静. 医学文献信息检索[M]. 2 版. 北京:人民卫生出版社,2010.

[62] 靳小青. 医学文献检索[M]. 北京:人民邮电出版社,2010.

[63] 黄如花. 信息检索[M]. 武汉:武汉大学出版社,2010.

[64] Mitsutoshi Wada. J-STAGE:System for publishing and linking electronic Journals in Japan[J]. Publishing Research Quarterly,2006,22(1):27 – 33.

[65] Wolters Kluwer treads water as recession bites[J]. Information World Review,2010(263):4.

[66] Jenuwine E S,Floyd J A. Comparison of Medical Subject Headings and text — word searches in MEDLINE to retrieve studies on sleep in healthy individuals[J]. J Med. Libr. Assoc.,2004,92(3):349 – 53.

[67] Gault L V,Shultz M,Davies K J. Variations in Medical Subject Headings (MeSH) mapping:from the natural language of patron terms to the controlled vocabulary of mapped lists[J]. J Med. Libr. Assoc.,2002,90(2):173 – 180.

[68] http://www.ncbi.nlm.nih.gov/books/NBK3827/#pubmedhelp. PubMed_Quick_Start

[69] http://www.gopubmed.com/web/gopubmed/WEB10O00h001000j1004000200010

[70] http://www.thomsonscientific.com/